朱子学の位置

朱子学の位置

木下鉄矢著

知泉書館

はしがき

本書第一章から第四章は、広島大学・東洋古典學研究会刊行『東洋古典學研究』の第六集（一九九八年九月）より第十八集（二〇〇四年一〇月）まで同じく「朱子学の位置」の表題で十三回にわたり連載した稿をまとめたものである。今回一同にまとめるに会し、若干の史料を追加し、誤読を正し、文言にも補訂を加えた。しかし、年二回、七年に及ぶ連載の裡に形を成した四章九五節の論述の流れには手を加えず、また引用書名の表記などを含め旧稿に現れる様々な振れにも無理には調整を加えなかった。各章は連載時のまま順に〈闘う民政官たち〉〈「母権」の現実〉〈馴致の理想と現実〉〈「中国」の現実〉と提題した。

連載の初回、すなわち第一章の冒頭には〈朱子学の歴史的・社会的な位置づけをあれこれの具体的なテキストの言句を問題化するなかで考察して行きたい。論述は問題化されたテキストを中心に他のテキストへと辿りながら視野を広げて行くという方法を採る〉と記して連載稿全体への導入としたが、本書ではこれをここに示し、第一章冒頭から削った。また第四章の後に「終章」として朱熹逝去前後の話柄を取り上げ、これに絡まる南宋・趙氏朝廷における〈「母権」の現実〉について概観し一旦の締めくくりとした。

連載を終えた後、同じ『東洋古典學研究』の第十九集（二〇〇五年五月刊）に〈「朱子学の位置」連載を終えるにあたり〉と題する文章を載せたが、本書ではこれを「あとがき」に活かした。

第一章では旧稿の様態を活かし本文中に「〈注〉」の形で載せたものもあるが、しかし全体としては「注」は本文の必要な箇所にポイントをおとし括弧に入れて挿入した。本書の基礎は具体的な箇々の史料テキストの「読み」をその言句に寄り添って深め、かつは広げて、他のテキストへと思い併せて行く作業である。「読み」の作業は様々な層に分けられる考察・着想の幅輳によって深め広げられる。したがって本書ではその「読み」の記述の不可欠な一部として、ポイントをおとし括弧に入れた「注」を本文中に繰り込むこととした。

最後に『徒然草』第八十二段の一節を本書前置きの辞に代えて記し置く。〈すべて何もみな、事の調ほりたるはあしきことなり、し残したるをさてうちをきたるは、おもしろく、いきのぶるわざなり、内裏造らるゝにもかならず造りはてぬ所を残すこと也と、ある人申《まうし》き〉。

目次

朱子学の位置

第一章　闘う民政官たち

本章の提題「闘う民政官たち」は、山崎正和氏の『鷗外　闘う家長』（河出書房新社、一九七二）からふと思いついて頂いたものである。しかしそのつながりは、すなわち本章に云う「民政官」と山崎氏が鷗外について云う「家長」とのつながりは、案外に深いものなのかも知れない。

一

宋の太祖・趙匡胤が建隆元年（九六〇）後周を継いだ時、その領域は一〇一の州を数え、その下に六三八の県が存在した。以降順次、建隆四年（九六三）に荊南（高氏「荊南」国）と湖南、乾徳三年（九六五）に蜀（孟氏「後蜀」国）、開宝四年（九七一）に広南（劉氏「南漢」国）、八年（九七五）に江南（李氏「南唐」国）と平定して州県を加え、その末年には凡そ州は二九七、県が一〇八六、戸は三〇九万五〇四であった。次いで太宗治下、太平興国三年（九七八）には陳洪進が漳・泉二州を献じ、また銭俶（銭氏「呉越」国）が入朝、翌四年（九七九）には太原（劉氏「北漢」国）を平定、その七年（九八二）には李継捧が来朝して夏・銀・綏・宥四州を献じたので、宋朝廷の統治する領域は漢・唐の旧態にほぼ復し、燕雲十六州を欠くのみとなった。北宋末の宣和四年（一一二二）には燕山府及び雲中府路を置いて、路が二六、京府が四、府は三〇、州二五四、監六三、県が一二三四、という情況であった。（『宋史』巻八五「地理志一」）

魏泰の『東軒筆録』巻三には次のように云う。

　五代の任官は軽重を権《はか》らず、凡そ曹掾・簿・尉に、齷齪無能にして以て昏耄に至り駆策に任えざる者有れば、始めて注して県令と為す。故に天下の邑、率皆《みな》治まらず。甚だしき者は誅求刻剝し、猥迹万状、今に至るまで優諢《ゆうこん》の言、多く長官を以て笑いものと為す。范文正公・仲淹の、天下に令して人を選ばしめ、三員の保任するを用《も》って、方《はじ》めて県令と為るを得《え》せしめんと乞うに及びて、当時其の言を推行し、是れ自《よ》り県令に人を得《え》、民政稍稍《ようやく》挙がれり矣。（中華書局、一九八三、点校本、三二頁）

「民政」の現実は「県」のレベルにあり、その実現の要《かなめ》はその各県の長官である「県令」にある。これが五代以来の慣例として下級の吏員よりようやくにたどり着いた無能者によって占められているため宋代になってもかなりの年月「民政」の実が挙がらなかった、というのである。

「州」のレベルについては次のような資料がある。なお「州」のレベルの地方単位としては「府」「州」「軍」「監」の四者があるが、このレベルを一般に「郡県」の「郡」を用いて言う。次の資料に出てくる「郡守」とは従ってこのレベルの単位の長官のことである。

五代以来、節旄を領して郡守と為る者、大抵は武夫・悍卒、皆な書《もじ》を知らず。必ず自ら親吏に署して代判せしめ、郡政一《いっ》に以て之に委《ゆだ》ぬ。権を擅《ほしいまま》にして不法なること多し。（乾徳三年、九六五、三月）戊戌、詔す。諸州の長吏、或いは代判を須《もち》うるならば、賓席の公幹なる者に任《まか》すを許すも、元の従人を使用するを得ること勿かれ、と。（『続資治通鑑長編』巻六、太祖・乾徳三年三月、中華書局、点校本第二冊、一九七九、一五〇頁。以下『続長編』と略称する。）

「賓席の公幹なる者」とは所謂「通判」のことを云うのであろう。今の条と同じ乾徳三年三月、三条後には次のようにある。

唐の天宝（玄宗の天宝年間、ここでは特に天宝一四年、七五五、に起こった安祿山の叛乱を捉えて云う）より以来、方鎮、重兵を屯《あつ》め、多くは賦入を以て自贍し、名づけて「留使」「留州」と曰う。其の上供するは殊に鮮《すく》なし。五代、方鎮益ます彊く、率《おおむ》ね部曲をして場院を主《つかさど》らしめ、厚斂して以て自利す。……趙普の相《しょう》と為るに及び、上《じょう》に勧めて其の弊を革《あらた》め去る。是の月、諸州に申《かさ》ねて命ず。度支経費の外、凡そ金帛の以て軍実を助くるものは、悉《ことごと》く都下に送り、占留するを得ること無し、と。時に方鎮、守帥を闕《か》けば、稍《ようやく》文臣に命じて権知せしめ、所在の場院には間《ま》ま京朝官・廷臣を遣わして臨監せしむ。又た転運使・通判を置いて之が条禁を為さしむ。文簿漸くにして精密と為る。是れに由《よ》り利は公上に帰して外権削れり矣。（『続長編』巻六、点校本第二冊、一五二頁）

唐の天宝年間以来、特には五代に極まった、軍閥割拠の状態を解体して統一政権の実を挙げ、その安定・永続を画らんとする趙氏宋朝政権の基本方針に関わる資料である。

これらの資料に窺えるのは、唐以来の軍閥割拠の拠点であった「方鎮」が「州」に引き継がれているという当時の認識である。「方鎮」軍閥の解体を基本課題とする宋朝政権の視線においては、この「州」なるレベルが政権存続の死命線を握る地方単位として現れていた。しかしその長官は当座のところ五代の人事をそのままに引き継いで、前の資料に言う如く「武夫・悍卒」によって占められており、しかも彼らは「皆な書《もじ》を知らず」という状態であったのである。

この時代の「武夫・悍卒」というのは如何なる性格の者たちであったのか。資料となるものを幾つか拾っておこう。

『続長編』巻二、建隆二年（九六一）七月――上《じょう》謂えらく。殿前衛士の虎狼の如き者、万人を下らず。張瓊に非ざれば統制する能わず。……（中華書局、点校本、第二冊五一頁）

また、太祖・趙匡胤が陳橋の駅において将士に擁立されやがて京師に戻った時の情勢を伝える『東都事略』巻一八・列伝一「范質伝」の一節。

時に質、方《まさ》に食に閤中に就《つ》く。太祖の入るを聞き、王溥・魏仁浦を率《ひき》い、府に就きて謁見す。質、溥の手を執りて曰く「倉卒に将を遣わすは吾儕《われら》の罪也」と。爪、溥の手に入る。幾《ほとん》ど血を出さんほどなり。溥、語無し。既に太祖に見《まみ》ゆ。質曰く「先帝、大尉を養うこと子の如し。今、身《み》（先帝すなわち周・世宗の亡骸）未だ冷えざるに、奈何《いかん》」

と。太祖は性《せい》仁厚なれば、嗚咽流涕して曰く「吾は世宗の厚き恩を受くも、今ま六軍の逼《せ》まる所と為る。一旦此《ここ》に至れば、将《はた》之を若何《いかん》せん」と。軍校・羅彦瓌、劒を按《にぎ》り声を厲《あら》げ、質に向かいて曰く「我輩《われら》に主《あるじ》無し。今日須《すべか》らく天子を得べし」と。太祖、之に叱《しっ》す。退かず。質、勢いの遏《とど》む可からざるを知りて曰く……

この「劒を按《にぎ》り声を厲《あら》げ……」には、太祖自身についての次のような二条が思い併される。

『続長編』巻一六、開宝八年（九七五）一一月——徐鉉及び周惟簡、江南に還る。未だ幾《いくばく》ならずして、国主（「南唐」の国主・李煜）復たび遣わして入奏せしむ。辛未、便殿に対す。鉉、李煜の大《だい》に事《つか》えるの礼甚だ恭なるも、徒に病を被るを以て、未だ朝謁するに任えず、敢えて詔を拒むに非ざる也、と言い、兵を緩めて以て一邦の命を全うされんことを乞う。其の言甚だ切至たり。上《じょう》、与《ため》に反覆すること四たびを数う。鉉の声気愈いよ厲《はげ》し。上《じょう》怒る。因りて劒を按《にぎ》り鉉に謂いて曰く「多言するを須《もち》いず。江南亦た何の罪か有らん。但だ天下たる一家、榻（寝台）に臥するの側《かたわら》、豈に他人の鼾《いびき》かきて睡《ねむ》るを容《ゆる》さんや」と。鉉、皇恐して退く。（点校本、第二冊三五〇頁）

『続長編』巻一六、開宝八年九月——上《じょう》、近郊に猟す。兎を逐う。馬蹶《けつまず》けば墜つ。佩刀を引きて乗る所の馬を刺す。既にして之を悔いて曰く「吾天下の主《あるじ》と為りて而るに輕がろしく畋遊を事とす。馬の過《あやま》ちに非ざる也」と。是れより遂に復た猟せず矣。（点校本、第二冊三四四頁）

太祖も固より「武夫」であった。その生業《なりわい》、技量は殺傷をこととする。反射的にそれへと心身が凝集するのでなければその生業《なりわい》は成り立たないのである。

五代から宋への変わり目に湖南の地に節度使であった周行逢の例は様々な点で興味深い。

後周・顕徳三年（九五六）春正月、世宗は淮南への親征を決定し、側面からの牽制攻撃として、武平軍（朗州、湖南省常徳）節度使・兼中書令・王進逵に南唐の鄂州（湖北省武漢）を攻めよとの詔を発した。王進逵は詔に従い鄂州へと向うが、途中、岳州（湖南省岳陽）団練使・潘叔嗣が西に朗州を襲うという反逆に遭い、急ぎ朗州に戻ってこれと戦うが、終に敗れて死した。潘叔嗣はしかし、この地の督府である朗州に拠るほどの気持ちはなく、武安軍（潭州、湖南省長沙）節度使・周行逢に任せんと、潭州より周行逢を迎えた。しかし朗州に至った周行逢は、主帥たる王進逵に反逆しこれを殺したとして潘叔嗣を市に斬った。秋七月、世宗は周行逢を朗州大都督・武平軍節度使・兼侍中とし、是れより潭・朗の地は遂に周行逢の有《たも》つ所となった。ついで宋朝・建隆初年に周行逢は兼中書令を加えられた（『旧五代史』巻一三三、点校本一七六六頁。『東都事略』巻二四。『資治通鑑』巻二九二）。すなわち宋に入っても五代・周における任命はそのまま引き継がれ、同じく武平軍節度使として認定されていたのである。「本領安堵」ということになろうか。

『東都事略』巻二四には次のように伝える。

> （周）行逢は鎮に在りては心を尽して治を為す。用うる所の官属は率皆《みな》廉介の士にして、条教簡約、民皆な之を悦ぶ。然ども性は猜忌、左右少しく（所見本は小に作る、今意を以て改む）も意に忤《さか》らうことあれば、必ず法に寘《お》く。夫人鄧氏諫めて曰く「人情に善悪あり。いずくんぞ一槩《がい》に之を殺すを得んや」と。行逢怒りて曰く「此れは外事。婦人何ぞ知らん」と。行逢既に帥と為る。夫人屈するを為さず。府治に入らず。躬《みずか》ら奴僕を率いて耕織し以て自給す。賦調、必ず期に先んじて輸送す。行逢、之を止《とど》む。従わず。曰く「税は官物也。若《も》し主帥自ら其の家を免ぜば、何ぞ以て下を率いんか」と。

簡単に人を殺す癖は拭い難かった、ということになろうか。夫人の独立した判断力と行動力にも注目すべきである。男達が殺傷を事とする軍事行動に従い、家を長期にわたって空けるとするなら、日常的な家政は一に掛かって夫人の裁量に待つことになるから、当然夫人の独立した判断力と行動力とが養われるわけである。これは何もこの周行逢の場合だけには限られない、当時に一般性をもった論点であろう。

『続長編』巻三は、周行逢が仏教を信仰したことを特に伝えて次のように載せる。

行逢は釈氏を崇信す。広く僧尼に度《ど》し、斎懺して輟《や》めず。僧を見る毎《ごと》に、老少と無く、輒《すなわ》ち之を拝し、匜を捧じ帨を執り、親しく煎洗を為す。因りて左右に謂いて曰く「吾は人を殺すこと多し矣。仏の力に仮りざれば、何を以てか其の冤《うら》みを解かんや」と。（点校本、第二冊七二頁）

人を殺傷することを生業《なりわい》とする者の心理を正直に伝えているとしてよかろう。その生業《なりわい》から彼らの心理が全く影響を受けなかったというのではない。多くは深刻な影響を受けていたのであろう。その影響の帳尻をどこに持って行くかは、一種の文化的なレベルでの問題となって行く。仏教のひろがりもその一つの現象であると今の資料からは見て取れる。そしてこのような心理的な要因から希求される仏教とは、決して、かの所謂「禅」ではあるまい。もっと生《なま》な心の慰藉を与えてくれる「宗教」として機能しているのである。さらに、このような心理の受け口となった仏教がどのような方向に向うかは、このような心理の慰藉が往々にしてすべてを忘れさせてくれる享楽の追求によって手軽に求められがちなことを考えるなら、おのずと明らかであるとも思われる。「宗教はアヘンである」というかの名言をここで思い出しておくことも無駄ではあるまい。

建隆三年（九六二）、周行逢はその将吏たちにその子・周保権のことを託して卒した。自分が死ねば衡州（湖南省衡陽）刺史の張文表が反乱を起こすだろう。そのときは楊師璠に討たせよ。もしそれが叶わぬならば、籠城して戦わず、宋朝廷に帰せ、との遺言であった。果たして張文表が反乱を起こしたので、周保権は楊師璠に命じてこれを討たせたが、一方、荊南（湖北省江陵）節度使・高保勖と宋朝廷とに救援を頼んだ。

建隆三年一二月丁亥（三日）、周保権は父の後を襲い、武平節度使として宋朝廷より正式の認可を与えられた。しかし、『旧五代史』の記すところでは、「四年、行逢、卒す。三軍、其の子・保権を立てて帥と為す」（巻一三三、点校本、一七六六頁）となる。節度使はその配下の将兵に擁立されてその位に即くという旧《もと》からの形に順《したが》った、という記述になっているのである。

『続長編』巻三、同月甲辰（二〇日）には「中使・趙璲等を遣わし詔を齎して潭・朗に宣諭し、張文表の闕に帰するを聴《ゆる》し、且つ荊南に命じて兵を発して周保権を助けしむ」（点校本、第二冊七七頁）と、中使・趙璲が事態収拾のため派遣されたことを載せる。

翌乾徳元年（九六三）正月、山南東道節度使・兼侍中・慕容延釗及び枢密副使・李処耘を司令官として湖南に派遣し張文表を討たせることとなった。しかしその裏には湖南へと至る途上にある荊南節度使の領州を接収するという太祖の意図が併されていた。

この月、楊師璠は張文表を破り潭州を攻略した。この間の事態につき『続長編』巻四は次のように載せる。

　初め、文表、王師の来伐するを聞き、潜かに款を（中使）趙璲に送る。……璲自ら詔を奉じて文表に諭し、其の帰順を得るを以て、甚だ喜び、即《ただち》に使いを遣わして之を撫慰す。師璠の兵既に入城す。火を縦《はな》ちて大いに掠す。而して璲も亦た継ぎ至る。明日、将吏を延昭門に饗す。指揮使・高超、其の衆に語りて曰く「中使の意を観るに必ず文表を活かさんとす。若《も》し文表、闕に至りて朗州を害さんと図らば、我が輩《ともがら》、遺類無けん矣」と。乃ち文表を市に斬り、尽く其の肉を臠《きざ》み食らう。……（点校本、第二冊八二頁）

如此して張文表は切り身とされて食われてしまった。

朝廷軍の指揮官・李処耘は予定通り先ず荊南節度使・高継沖を帰順させ、ここにその三州・一七県・一四万二千三百戸が宋朝廷に奉じられた。この勢いをかって、朝廷軍は朗州に向ったので、武平節度使・周保権は狼狽した。こうなっては朝廷に帰順して今後の保証を得るが得策と進言する者もいたが、指揮使・張従富らの意見に従い抵抗することと決した。その最終段階の戦いについて、『続長編』巻四は次のように載せる。

　乾徳元年……三月、張従富等、澧州の南に出軍し、王師と遇う。未だ鋒を交えるに及ばざるに、賊軍、風を望みて潰《つい》ゆ。李処耘逐《お》いて北のかた敖山寨に至る。賊、寨を棄てて走《に》ぐ。俘獲せるもの甚だ衆《おお》し。処耘、俘する所の体の肥なる者数十人を択《えら》び、左右に令して之を分食せしめ、少健なる者は悉く其の面《つら》に黥《いれずみ》し、先に朗州に入《い》ら令《し》む。……黥する所の俘、城に入るを得《う》。悉く言う「擒《とら》わるる者、王師の啗《くら》い食らう所と為る」と。賊衆大いに懼れ、火を縦《はな》ちて州城を焚《や》き、居民を駆略し、山谷に奔竄す。……（点校本、第二冊八六頁）

捕虜の内から太ったのを数十人択び皆なに食わせた、と云う。戦術なのだろうが、凄じい。先の「臠《きざ》み食らう」というのと関連するのだろうか。明らかに恐慌を与える心理戦術としての配慮を以てやっている以上、太ってうまそうなのを如何にもわいわいと油で口を光らせながら皆なで食ったのであろう。それを他の捕虜に見せびらかしたのである。ある一線を越えているが故にこそ相手を恐慌に陥れる効果があるのだろうが、しかしそれを大々的な心理戦術として実行する所からするならば、当時の「武夫」のある厳然たる凄じさは如何にも目を撃つものがある。そういうこともあり得る時代だったのだ、と。

乾徳二年（九六四）一一月、後蜀を経略するために、忠武節度使・王全斌、武信節度使・崔彦進、枢密副使・王仁贍（以上第一方面軍）、及び、寧江節度使・劉光義、内客省使・枢密承旨・曹彬（以上第二方面軍）が命ぜられ、歩・騎合わせて六万が、二方面軍に分かれて進討し、わずか六十六日にして国主・孟昶が降り、その州四六・県二四〇・戸五三万四二九を接収した。しかし成都に入城後、両方面軍間の対立も起こり、進駐軍内の意見が調整できず、身動きのとれないまま、

（王）全斌及び崔彦進・王仁贍等（すなわち第一方面軍の指揮官たち）は日夜飲宴し、軍務に恤《こころくだ》かず。部下の、子女を掠《さら》い財貨を奪うに縦《まか》せば、蜀人、之に苦しむ。（『続長編』巻六、点校本、第二冊一四七頁）

という状態であった。これに先立ち、

初め、劉光義等（すなわち第二方面軍）、夔州を発す。万・施・開・忠等の州の刺史は皆な迎え降る。光義は入城

すれば、尽く府庫の銭帛を以て軍士に給う。諸将の過《よぎ》る所、咸な屠戮して以て逞しくせんと欲す。独り曹彬のみ之を禁ずれば乃ち止む。故に峡路の兵は始終秋毫も犯さず。上《じょう》之を聞き、喜びて曰く「吾、其の人を任じ得たり矣」と。彬に詔を賜い、之を褒む。(『続長編』巻六、点校本、第二冊一四五頁)

という記事も見える。

討蜀軍は二方面に分かれて侵攻したが、劉光義の率いる第二方面軍については曹彬の制止により「屠戮して以て逞しくする」という事態を招かなかったと謂うのである。「ほしいままに殺し、したい放題を尽す」。これがつまり、むしろ通常に行われていた攻略戦における普通の将兵の振る舞いであったのであろう。またこの際にも、王全斌の率いる第一方面軍においてはその通りの事態が止める者もなく行われ、成都にも持ち込まれたのであろう。

藤木久志氏は『雑兵たちの戦場——中世の傭兵と奴隷狩り』(朝日新聞社、一九九五)において、日本の中世期、所謂戦国時代の戦場においては、雑兵たちを主役とする略奪、人狩りが行われ、それは決して偶発的・例外的な事態ではなく、むしろ当時の戦場とは、「凶作と飢饉のあいついだ戦国の世、懸命に耕しても食えない人々は傭兵になって戦場へ行った。戦場に行って、わずかな食物や家財や男女を奪い、そのささやかな稼ぎで、なんとか冬を行き抜こう。そんな雑兵たちにとって、飢えに見舞われる冬から夏への端境期の戦場は、たった一つのせつない稼ぎ場であった。そこには、村にいても食えない二、三男坊も、ゴロツキも悪党も、山賊海賊や商人たちも殺到して、活躍した。戦場にくり広げられた濫妨狼藉、つまり掠奪・暴行というのは、「食うための戦争」でもあったようだ。」(七頁)といった具合の、略奪・人狩りを一つの経済行為とする「稼ぎ場」でもあったとまとめておられる。この観点から見るなら、今の資料の、成都における「子女を掠《さら》い財貨を奪う」というのも、将兵の一時的個人的な消費に当てられる、すなわち戦時という非日常時における生物的欲望の無制限な発散の犠牲という単純な構図だけではなく、そこに蝟集する人身売買のルート、物品販売のルートとリンクしている、戦場における将兵の日常的経済行為であったのではないか、と疑われる。

問題は恐らく、兵卒の生身の暴力が一般民の日常生活に乱暴を働く、破壊する、というだけのことではなく、まさにその日常生活の維持、経済活動の維持の要所要所に「生身の暴力」が原資材として不可欠である、そういう人々、そういう集団、そういうルート、そういう情況が広く深く存在し、そのような生き方になずんだ人々が「軍」という集団に囲い込まれているだけではなく、例えば「州」という地方単位の長官として、公認された実権を握っていた、というところにあろう。

二

先に取り上げた『東軒筆録』の一条には、県令の選挙方法についての范仲淹の提案が実行されたことによって県令に人を得ることが増え、ようやく「民政」の実が挙がり始めた、とあった。ここでその范仲淹に関わる資料を見ておこう。

「奏乞択臣僚令挙差知州通判」――臣等窃《ひそ》かに以《おも》えらく。天下の郡邑、牧宰を重しと為す。其の人を得れば則ち化を致し、其の人を失えば則ち乱を召く。推択の際、慎まざる可からず。国家承平以来、輕がろしく授けること無きにあらず。応《ありとある》知州・通判・県令、挙薦擢任に因る者少なく、資考序進を以てする者多し。才と不才と、一塗に并進す。故に政《まつりごと》を能くする者は十に二・三も無し。政《まつりごと》を謬《あやま》つ者は十に七・八有り。……今、四方多事にして、民日びに以て困窮し、将《まさ》に盗と為らんと思わんとするに、復《かさ》ねて不才の吏をして之に臨ま使めば、賦役は均しからず、刑罰は当たらず、科率に度無く、疲乏に卹《あわれ》まず、上下相い怨むは、乱の由りて生ずる所なり。人を求めるに急ぎ早《つと》に其の弊を革《あらた》むることをせざるが若きは、誠に国家の深き憂い也。……臣范仲淹・臣韓琦。(『全宋文』9、巴蜀書社、一九九〇、四九八頁。『続長編』巻一四一、仁宋・慶暦三年五月、点校本、第一一冊三三八六頁)

この奏上の具体的な年月日は分からないと『続長編』には注記されている。范仲淹と韓琦の連名であるが、二人は、慶暦三年（一〇四三）の四月甲辰に共に枢密副使に任ぜられ、八月丁未には范仲淹が参知政事を拝しているので、この間に連名で奏上したものであることは間違いないだろう。（『続長編』巻一四〇・一四二。『宋宰輔編年録校補』、中華書局、一九八六、第一冊二四五・二四八頁）

同じく慶暦三年（一〇四三）九月、『続長編』巻一四三は、かの有名な范仲淹の「答手詔条陳十事」を載せるが、その第四事が「択官長」であり、今の話題を取り上げている。

四に曰く「官長を択ぶ」と。臣聞くならく。先王、侯を建て、以て共に天下を理《おさ》む、と。今の刺史・県令は、即ち古の諸侯、一方の舒・惨、百姓の休・戚、実に其の人に繫《か》かる。故に歴代盛明なるの時には、必ず此の任を重んず。今は乃ち賢・愚を問わず、能・否を較《くら》べず、累《かさ》ぬるに資考を以てし、陞《のぼ》して方面と為す。懦弱なる者は吏を検《ただ》す能わざれば、以て民を蠹《むしば》むを得《う》。強幹なる者は惟れ是れ名に近きも、率《おおむ》ね多くは物を害す。邦国の本、此れに由りて凋残す。朝廷至って憂勤すと雖も、天下何ぞ以て蘇息せん。……（『全宋文』9、四八八頁。『続長編』点校本、第一一冊三四三七頁）

また、

「論転運得人許自択知州奏」慶暦三年二月——臣窃《ひそ》かに見るに、古者《いにしえ》、内には公・卿・士大夫を置き、天子を助けて天下の政《まつりごと》を司察し、外には岳牧・方伯・刺史・観察使・採訪使を置き、諸侯・守宰を統領して以て之を分かち理《おさ》む。内・外皆な人を得れば、未だ大いに治まらざる者有らざる也。今の転運・按察使は古の岳牧・方伯・刺史・観察・採訪使の職也。知州・知県は古の諸侯・守宰の任也。内官は多しと雖も、然れども陛下と共に天下を理《おさ》むる者は、唯だ守宰、最も要《かなめ》なる耳《のみ》。比年以来、選択を知らず。非才・貪濁・老懦なる者、一切、例を以て之に除す。一県を以て一州を観、一州をもって一路を観、一路をもって天下を観れば、則ち率皆《みな》此《か》くの如し。其の間、縦《たと》い良

吏有りといえども、百に一・二も無し。……（『全宋文』9、六〇三頁。『続長編』巻一四四、点校本、第一一冊三四八一頁）

「共に天下を理む」「即ち古の諸侯」「内官は多しと雖も、然れども陛下と共に天下を理むる者は、唯だ守宰、最も要なる耳」などの言葉に参照するに、范仲淹にとって、「知州・知県」は誠に「国家」の根幹をなす職責であった。比喩を弄するなら、中央官庁の官吏は拡大された皇帝の権力的自我を構成する「一部」に過ぎないのに対し、知県・知州はその「分身」であった、と言えようか。或いは、逆に「皇帝」の方こそ、具体的で生《なま》の「民政」に携わる知州クラス三・四〇〇、知県約一二〇〇という「民政官」をバックアップする「分身」であったと言うべきか。

朱熹の次のテキストは、この点での当の「民政官」の、より突き詰めた感覚を示していて興味深い。光宗・紹熙四年（一一九三）一二月、朱熹は知潭州・荊湖南路安撫使に除せられ、翌紹熙五年（一一九四）四月に拝命して任地に向かい、翌月、五月五日に到着した。この間、光宗に帝位を譲って「至尊寿皇聖帝」となっていた孝宗は健康勝れず、遂に六月丁酉（八日）に崩じた。孝宗と光宗との関係は、嫉妬深いことで知られる光宗・李皇后の介入のため、まずいものとなって、内外を心配させていたが、今般孝宗が崩じたにもかかわらず、光宗は病のためその喪を自ら行う意志を示さず、太皇太后（高宗・呉皇后）の命により宰執が百官を率いて喪を発するという事態に至った。ここに、光宗を引退させ、皇子を皇帝位に即かせようとの画策が行われ、遂に太皇太后の聖旨により、七月甲子（五日）に寧宗が即位したのであった。黄榦の「朱先生行状」には「孝宗升遐す。先生哀慟して自ら勝うる能わず。又た、上《じょう》の疾を以て喪を執る能わず、中外洶洶たり、と聞き、益ます憂懼し、遂に省に申して、田里に帰らんことを乞う」（『朱熹集』、四川教育出版社、一九九六、第十冊、五八〇二頁）として、その申状の一部を載せる。以下、『朱文公文集』巻二三に収める「乞放帰田里状」より示す。

右、熹は叨《かたじけ》なくも聖恩を被《こうむ》り、濫《みだり》に民社を分かち、一道を兼領す。事任、軽きに非ず。顧みるに嘗て窃《ひそ》かに謂《おも》えらく。天下国家の長久・安寧なる所以は、唯だ、朝廷の三綱五常の教えの以て上《かみ》に建立修明すること有りて然る後に守藩述職するの臣の以て下《しも》に稟承宣布すること有るに頼《よ》る。所以《ゆえ》に内外相い維《つな》ぎ、小大順序し、彊猾姦宄の人と雖も、其の志を逞しくして乱を為す所無し。然らざれば則ち、一介の白面の書生を以て、彊《しい》て諸《これ》を数千百里軍民の上に置くも、彼亦た何《いずく》の所にか憑《たの》み恃《たの》みて能く其の衆を服せしめん哉。熹は至愚と雖も、自ら知ること、甚だ審《つまび》らけし。而して亦た粗《ほ》ぼ嘗て窃《ひそ》かに古今の治乱・安危・存亡の変を窺《うかが》えり矣。誠に恐る、朽鈍の餘、今日方面の寄《たのみ》に堪《た》えざらんと。……

「安撫使」は一路の民政・軍政を兼ねる重職である。このテキストで注目されるのは、このポストに即いている者としての朱熹の目があくまでも下なる「軍・民」に向いているということである。朝廷は上に置かれているが、その上からの視線を受け止める所で彼の存立が問題化するのではなく、あくまで下からの「軍・民」の視線、そこにこもる「服・不服」の気配に面《おもて》をさらして、なおその視線を受け止め得るか否かという所に彼の存立の現場は成り立っているのである。その上で、自らがその軍民の「上」に在り、軍民は「下」に在って仰ぎ見ているという「上下」関係はあくまでも朝廷が「上」に在って、その朝廷において、「君臣・父子・夫婦」三綱の「上下関係性」という垂直的な仕付けの意識がまさに垂直的に「建て／立て」られ鮮明にされているからこそ成り立っているとするのである。朝廷における「垂直性」の確立によって、そもそも軍民と自分との「垂直的関係」も有り得るのだということである。その秩序性の源泉がダメになれば、自分と軍民との間の垂直的関係は存立の根拠を失い、となれば自分は軍民の「上」にある者として存立し得ないこととなる。この垂直的関係は個人的・人格的・生物学的な優劣に本づく自然的秩序ではなく、朝廷による任命という形式的保証による秩序なのだからである。「一介の白面の書生」という口吻はそのような認識を告げているだろう。

「民政」の現場は人間関係の形式的な「垂直的秩序」という枠組みにおいて機能するのであって、朝廷はそのような基礎条件としての形式的な「垂直的秩序」を振りまく「形式的秩序型分配の源泉」である。この形式的な「垂直的秩序型」の感覚の存・否こそが、つまりは朱熹が「粗ぼ嘗て竊かに窺」った、古今に共通する、つまり普遍的な「治・乱」「安・危」「存・亡」の分かれ目なのである。

つづめるなら、具体的な「民政」の現場を可能にする形式的な「垂直的秩序」を一般的に保証しているのが「朝廷」であり、それを前提に具体的な「民政」の現場を実質的・主体的に実現するのが知州・知県などの「民政官」である、ということになろう。このような理解から、朱熹は、自分たち「民政官」存立の死命を決する「垂直的秩序」感覚の保証者としての立場を理解せずに混迷している時の朝廷にここで強い抗議を行ったのである。

三

宋代の世の中をどう理解すべきなのか。「皇帝独裁」「天子独裁」の確立が言われ、商業経済の拡大深化が言われ、太平の逸民を謳歌する人もいたが、しかし「民政」の現場である「知県」「知州」のレベルで見る時、ことは容易ではない。このレベルで見るなら、ある意味ではあの五代とそれ程には変わらない世の中が広がっていたらしい。民政の現場における決定的な変革は行なわれたのか。あの五代の世に戻ってしまう可能性は本当に排除されたのか。

以上に紹介して来た資料の中にも、そうと注意してみれば、その書き手たちの、良き「民政」の実現こそが五代の割拠状態を終焉させた宋朝国家存立の根幹であり、良心的且つ有能な「民政官」こそがその実現の頼みの綱であるという痛いような声が聞こえて来るであろう。今紹介した范仲淹の一連のテキストは仁宗・慶暦三年（一〇四三）のものであるから、太祖・趙匡胤の立帝（九六〇）からはおおよそ八〇年が過ぎているが、この間に例外的な事例はあっても、州・県における具体的な「民政」の現場の情況はたいして改善されたとは言い難かったのである。

だが一体、「民政」の現場などと言わなくとも、当時の人々の生《せい》の情況を考える時、その厳しさは今日の我々、すなわち所謂「二十一世紀」に踏み出した日本に暮らす我々にとってはほとんど想像を絶するものであったであろう。もちろん、我々の世の中においても種々の格差、生活感情の偏差は覆い難いが、なお、彼我の間には質的に違うのだと言いたくなるほどの大きな差が存在しているだろう。

確かな数字など確かめようもないが、当時の平均死亡年齢は何歳ぐらいなのだろうか。だがそんな統計学的数字よりも、現にその時代、生まれた子供はどれ位が無事に育ったのだろうか。

当時の人々の「行状」には、誰を娶り、「子」は何人、「女《むすめ》」は何人といった記事がかなり詳しく記載されているが、目につくのは、「夭」「早亡」などの文字である。また夫婦の死に別れも実に多い。夫人が二人、三人と記載される例はざらであり、つまり好色だ、一夫多妻制だから、というのではなく、人は成人にまで生き継いでもなおかなり簡単にこの世を去って行くものであったのだろう。婦人の場合には特に出産にかかる死の多さは逃れがたい事実であったと覚しい。

「行状」が遺されているのはそれなりの身分にあった人のものが中心となっていよう。所謂「民」の暮らしも考えた時、その情況は如何なるものであったのだろうか。厳密には分からない。しかし、たいして情況が良くなるとも思えない。

かりに一般的に、人は生まれても二十歳あたりの成人年齢にまで生き継ぐものは半分以下だったとしよう。これは決して突拍子もない想像ではない。むしろ、疫病や飢饉、様々な災害を考慮するなら大いにあり得る数字であろう。日本でもかつては子供二人に一人が育てばいい、と言われたと聞く。もしそうだとするなら、そこに生き、兄弟・朋輩がばたばたと死んで行く中を生き抜き、我が子がまたそのように死んでいく中で生きて行くということは如何なることなのだろうか。

程明道・伊川兄弟の父親・程珦は自ら簡潔な「墓誌」を作り、わざわざ人に、平凡だった自らの人生を飾り立てるような「墓誌銘」の製作を頼むな、としたが、その「自撰墓誌」（『河南程氏文集』巻一二「書先公自撰墓誌後」。点校本『二程集』、中華書局、一九八一、第二冊六四五頁）には次のように記載する。

> 侯氏を娶る。贈尚書比部員外郎・道済の長女、寿安県君に封ぜらる。先んずること三十八年に卒す。上谷郡君に追封さる。
> 男は六人。長は応昌、次は天錫、皆な幼亡す。次は顥、承議郎・宗正寺丞、先に卒す。次は頤、今ま通直郎為り。次は韓奴、蛮奴、皆な夭す。
> 女は四人。長は婆嬌、幼亡す。次は奉礼郎・席延年に適《ゆ》く。次は馮児、幼亡す。次は都官郎中・李正臣に適《ゆ》く。
> 孫男五人。端懿、蔡州汝陽県主簿・監西京酒。次は端中、進士の業を治む。次は端輔、早亡す。次は端本、進士の業を治む。次は端彦、郊社斎郎。
> 孫女八人。長は宣義郎・李偲に適《ゆ》く。次は仮承務郎・朱純之に適く。次は安定・席彦正に適《ゆ》く。次は未だ嫁せずして卒す。次は李偲の継室と為る。次は清河・張敷に適く。次は幼亡す。（『河南程氏文集』巻一二、点校本『二程集』第二冊六四五頁）

程珦は、程伊川「先公太中家伝」（『河南程氏文集』巻一二、点校本『二程集』第二冊六四六頁）によれば、真宗・景徳三年（一〇〇六）に生まれ、哲宗・元祐五年（一〇九〇）に、八五歳で亡くなっている。同じく伊川の「上谷郡君家伝」（同上同巻、点校本『二程集』第二冊六五三頁）によれば、夫人の侯氏は景徳元年（一〇〇四）に生まれ、歳十九で嫁いで来たというから、時に乾興元年（一〇二二）、程珦は十七歳である。

彼らは六人の男子、四人の女子をもうけたが、無事に育ったのは男子二人、女子二人、他は皆な幼くして亡くなっている。

程明道には自らの子のための墓誌が二篇遺されている（いずれも『河南程氏文集』巻四）。「程邵公墓誌」は、幼名「邵公」、名は「端慤」なる男子のためのもの。明道の次男として治平元年（一〇六四）に生まれ熙寧元年（一〇六八）に五歳で死亡（点校本『二程集』第二冊四九四頁）。伊川の「明道先生行状」の最後には明道の子女についての記載があるが、「端懿」と「端本」の二人を挙げるだけである（点校本『二程集』第二冊六三九頁）。ただし異本には「子三。早卒」とあると注記がある。しかし「卒」とは成人したものに言うのが普通であろうから、これには当たらない。先の程珦の自撰墓誌の「孫男」の項にも出てこない。もし出すなら、「端慤、幼亡」ということになろうか。程珦の自撰墓誌では、男子の最後に「韓奴」「蛮奴」の二人が挙げられているが、これは字面から言って「幼名」に他なるまいから、この二人に「幼亡」ならざる「夭」が使われているのは、まだ「名」を正式には与えられていない捨て名だけの早い段階で死亡したということを謂うのであろう。ただし伊川の「先公太中家伝」では「次は韓奴、次は蛮奴、皆な幼亡す」とするから、厳密に使い分けされていたというのでもなさそうではある。

明道の我が子への墓誌の今一つは「澶娘墓誌銘」（点校本『二程集』第二冊五〇一頁）。熙寧四年（一〇七一）に生まれ同一〇年（一〇七七）に七歳で死亡している。「衆皆な其の福ありて且つ寿《いのちなが》からんと意《おも》う。事には固より計る可きこと莫き者有り。命なるかな」。「始め痘瘡を病む」と言うが、薬方を誤ったこともあって命を落としたという。

銘は、

合して生まるれば、「来たる」に非ず。尽きて死ぬれば、「往く」に非ず。然り而して精気は天に本づき、形魄は地に帰れば、之を「往く」と謂うも亦た可なり矣。

である。

死は自然現象としての消滅であるに過ぎないが、それをこの子がどこかに行ってしまうのだと、あくまでもその存在を抱きしめ思い描くことの荒唐無稽と、しかしそれを肯定したくなるこの身の切なさとの背反をそのまま銘じたものか。伊川の「明道先生行状」には「女、仮承務郎・朱純之に適く」とのみ言うが、異本には「女三、夭」とあると注記する。程珦の自撰墓誌、「孫女八人」の最後に「幼亡」と言うものが「澶娘」であろうか。

その「孫女八人」の四番目に「次は未だ嫁せずして卒す」と云うのは、伊川が「孝女程氏墓誌」（点校本『二程集』第二冊六四〇頁）を書いた明道の娘のことであろう。嘉祐六年（一〇六一）に生まれ元豊八年（一〇八五）に二五歳で亡くなっている。母親の喪に服し、その余りに死に至ったと言う。

明道が亡くなったのは元豊八年（一〇八五）六月一五日。夫人の彭氏はその前年に亡くなっていた。その喪に服してこの娘の亡くなったのが元豊八年の二月二日。一年ほどの間にばたばたと三人が逝ってしまった。時に明道は五四歳。父親の程珦は八〇歳。伊川「先公太中家伝」には、

年八十、長子を喪う。親旧は其の慈愛すること素《もと》より厚きを以て、堪うる能わざらんと憂う。公は理を以て自処し、過ぐし哀しむこと無き也。（点校本『二程集』第二冊六四二頁）

と言う。

伊川・明道兄弟の例をそのまま一般化することはもちろん出来ない〈注〉。しかし当時の人々の「行状」「墓誌」などを見

るに、この例が決して特異なものでないことは明らかであるように思われる。むしろ注意されるのは、一般的に幼児の死亡が我々の時代より格段に多かったという情況の中で、一方、余り子供が死なずによく育つ家とそうでない家との差が大きいように観察されることである。医学が発達し、衛生状態が当時からすれば考えられない水準にある現代日本の都市部住民においては幼児の生存率はかなり高いものとなっているから、個々の家の間で現れるその点でのランダムは逆に相対的に低くなっているのであろうが、基本的に生存水準が低いところではその個々の場合におけるランダムな振れが率としては相対的に高くなって、個々での偏差率が高くなるからである。言わば子供の育ちの良い幸運な家・夫婦と、どうも育ちの悪い家・夫婦とがはっきりと明暗を分ける形で現れるのである。

〈注〉陶晋生「北宋韓琦的家族」（中央研究院歴史語言研究所会議論文集之一『中国近世社会文化史論文集』、一九九二）の「四　生与死」が、韓琦一族の二世代に亙る三二人について、その没年をまとめているが、年齢不明が一四、二〇歳以下が七名、二〇から三〇歳が三名、三〇から五〇歳が三名、五〇を越えての存命は四名とまとめておられる。氏も言われる如く、限られた資料のため不明の部分が多いが、参考とはなろう。

人々の日常生活において、病気と死への懼れは恐らくは今日の我々におけるよりも強烈なものであっただろう。それは先ずは、即物的に、医学の水準の問題であったであろうし、さらに衛生学的な水準の問題でもあったであろう。民政官がぶつかる最も通常の民生上の問題の一つがこれであったが、それはさらに、当時の一般的な水準に限定されて、人々が為すすべのない悲哀と恐怖心に囚われ、ある方向へと駆り立てられる状況を作り出しており、民政官はそのような、人々に取り付き押し流す心理状況にも直面し、闘わなければならなかった。

『続長編』巻一六、太祖・開宝八年一一月己巳朔に次のような記事が見られる。

瓊州（広南西路、海南島）言う「俗に医無く、民の疾病には但だ巫祝を求むるのみ」と。詔して、『方書』『本草』

を以て之に給う。邕州（広南西路、広西壮族自治区・南寧）の右江、毒薬の樹を生ず。宣化県の人、常に採りて之を貨《う》る。知州・侯仁宝、其の事を奏す。詔して尽く抜去せ令《し》む。仁宝は益の子也。（点校本、第二冊三四九頁）

両地方とも、南の「辺境地」といえる州県である。当地では病気の際に巫祝に頼る、或いは頼らざるを得ない状態であり、俗信に憑かれ恐怖心に煽られた群集心理上の病理現象とも言い得るような状況の出現はここだけではなく、当時広範に見られる世態であった。

宮崎市定氏の「宋代における殺人祭鬼の習俗について」は、当時民政官が直面したある極端な状況、「人を殺して、鬼を祭る」という習俗についての研究であるが、これを参考にいくつかの資料を紹介しておこう（『宮崎市定全集10 宋』、岩波書店、一九九二、三六九頁以下、もとは一九七三）。

太宗・雍熙二年（九八五）閏九月二四日の詔――嶺嶠の外、……応《あら》ゆる邕・容・桂・広の諸州にて、婚嫁喪葬衣服、制度〔に違い〕、並びに人を殺して以て鬼を祭り、病んで医薬を求めず、及び僧の妻孥《さいど》を置く等の事は、並びに本郡の長吏に委して、多方化導し、漸く以て之を治《おさ》めしめ、峻法以て煩擾を致すべからざらしめよ。（『宋会要輯稿』一六五冊、刑法二之三。ただし宮崎氏の訓みにそのまま拠った。三六九頁）

この資料は先の太祖・開宝八年の資料と関連させて読むことが出来るであろう。「本郡の長吏」すなわち知州がその状況に直面しており、しかもその対策としては「多方化導」が説かれている点が注目される。強制的に止めさせるのではなく、人々を「文明化」することによってこの風習と闘え、というのである。

宮崎氏はこれに続け、『宋会要輯稿』刑法二、太宗・淳化元年（九九〇）八月二七日の条を引かれ、それによって、「詔の下された範囲は大体において現今の四川・湖北・湖南・広東・広西の五省を含むから、殺人祭鬼の習俗は甚だ広い地域に亙っていたことが知られる。」と言われる（三七〇頁）。次に真宗・咸平元年（九九八）の資料を上げ、「不思議に次の仁宗以後、北宋が滅びるまで、はっきり殺人祭鬼に言及した記録が見えなくなる。」と言われる（同上頁）が、次の一条は、その欠を補うものであろうか。

『続長編』巻一一〇、仁宗・天聖九年（一〇三一）五月壬子……詔す「荊湖に人を殺して以て鬼を祭ると聞くが如きは、今自《よ》り首謀若《も》しくは加功（共犯）する者は、凌遅もて之を斬る。告者を募り、悉く畀《あた》うに罪人の家貲を以てす。官吏の捕獲する者は、其の賞、全伙の劫盗を獲《とら》えると同じくす」と。（点校本、第八冊二五五八頁）

これに拠れば、前の太宗・雍熙二年（九八五）閏九月二四日の詔には「峻法以て煩擾を致すべからざらしめよ」とあったが、これより以降は「凌遅」という極刑を以て対するに改めたということになる。

いずれにせよ、「殺人祭鬼」という我々の目を打つかなり特異な習俗が、宋朝国家の南域にかなり広く行き渡っていたらしい。

またこれに類する巫覡にまつわる俗信や仏像信仰の類も当時は広く見られる世態であった。次の二例を増しておく。

程伊川「先公太中家伝」――移りて龔州（広南西路、後ち潯州に含まる、広西壮族自治区平南県）の事を知す。時に宜州（広南西路、龔州の西北約一五〇キロ）の反獠・欧希範、既に誅せらるれど、郷人忽として其の（欧希範の神霊が）降りて「当《まさ》に我が為《ため》に南海（広州）に祠を立てよ」と言うと伝う。ここに於て其の神を迎えて以て往く。宜自《よ》り龔に至るまで、数州を歴《へ》たり矣。之を禁ずるもの莫き也。公は之を詰《なじ》ら使む。対《こた》えて曰く「潯州を過ぐるに、守は以て妖と為し、奉神の具を江中に投ず。流れに逆らいて上る。守懼れ、乃ち更《あらた》めて礼を致す」と。公曰く「試みに再び之を投ぜよ」と。越人は鬼を畏れること、官を畏れるより甚だし。皆な敢えて前《すす》むもの莫し。公は命を奉ぜざる者を杖《う》ち、之を投ずるに及べば、乃ち流れ去る。人方《はじ》めて其の妄為《た》るを信ず。（点校本『二程集』第二冊六四七頁）

程伊川「明道先生行状」――踰冠、進士の第に中す。京兆府・鄠県（陝西省・戸県）の主簿に調せらる。……南山の僧舎に石仏有り。歳どし其の首《かしら》、光を放つ、と伝う。遠近の男女聚まり観る。昼夜雑処す。為政者（知県・知州などを広く謂う)、其の神を畏れ、敢えて禁止するもの莫し。先生始めて至るに、其の僧に詰《つめよ》りて曰く「吾聞く。石仏歳どしに光を現す、と。諸有《これ》るか」と。曰く「然り」と。戒《いまし》めて曰く「復た見えるを俟ちて必ず先ず吾に白《つ》げよ。職事にして往く能わざれば、当《まさ》に其の首《かしら》を取りて就きて之を観るべし」と。是れ自《よ》り復た光有ることあらず矣。
（『河南程氏文集』巻一一、点校本『二程集』六三〇頁）

所謂「仏教」もここでは俗信の一種として現れ機能していたのであった。

四

子供が無事に育つかどうかという点では、病傷以外にも別の心配があった。伊川の「上谷郡君家伝」（『河南程氏文集』巻一二、点校本『二程集』第二冊六五三頁）はその母親である侯氏の伝であるが、次のような一節がある。

少女の方《まさ》に数歳なる、忽として所在を失う。乳媼の輩《ともがら》、悲泣叫号す。夫人罵《こえあら》げ、之を止《とど》めて曰く「当《まさ》に求め得《え》んとすべきに在り。苟《いやしく》も亡失したりなば、汝是《かく》の如かるは、将《はた》何をか為さん（捜し出して来なさい。いなくなってしまったのなら、あなたたち、こんな事をしている場合じゃないでしょ）」と。

少女が見つかったのかどうかは書かれていない。「乳媼の輩」の「悲泣叫号」して動かぬままに悲嘆に暮れている様には、我々の言う「神隠し」、さらには「人さらい」に遭ってしまったという絶望があるように感じられる。

伊川・明道の母・侯氏は皇祐四年（一〇五二）に四九歳で亡くなっているから、今の少女失踪の話はそれ以前の話である。先きほどの范仲淹の知州・知県の選挙方法についての改革の提言の背景となっているのは、そこにも「民は日びに以て困窮し、将に盗と為らんと思わんとす」と云う如く、当時各地で盗賊が横行し始めていたという情況があった。

例えば慶暦三年（一〇四三）六月甲子には、右正言・余靖が次のように言っている。

今ま天下は至大にして、官吏事《つとめ》に弛《ゆる》めば、細民聚まりて盗賊と為る。……南京《なんけい》（応天府、河南省・商丘県南）なる者は、天子の別都也。賊、城《まち》に入り、関を斬りて出ず。解州（山西省・運城市西南）・池州（安徽省・貴池市）の賊は十人に過ぎざるも、公然として城に入り、人戸に虜掠す。鄧州（河南省・鄧州市）の賊は二十人に満たず、而るに数年獲《と》うる能わず。又た清平（清平県。山東省・高唐県西南）の軍賊は城に入りて変を作《な》す。主者泣告するも、而るに軍使反りて門を閉めて出《い》ずるを肯んぜず。聞く所此《かく》の如し、而るに官吏皆な未だ嘗て重く責罰すること有らず。賊盗の衰息せんことを欲望するも、何に由りて得んや。……（『続長編』巻一四一、点校本、第一一冊三三八九頁）

「人戸を虜掠す」と言う場合、財物の掠奪だけではなく、人さらいもしたと取るべきであろう。『西遊記』などでお馴染みのことである。

これが辺境地帯となると次のようなことであった。

（范）仲淹又た言う。……其の二に曰く。臣聞くならく。淳化（九九〇〜九九四）中、太宗皇帝、辺戸饑荒し、人口を売りて蕃に入ること多きを以て、頗る之を憫惻し、時に使を遣わし、物貨を以て収贖し、各おの父母に還す、と。近年縁辺の漢戸、西戎の俘掠するを被ること少なからず。今既に人使を通ぜば、乞うらくは、聖意を出だし、内帑の物帛を以て、辺臣に委して漸次に蕃に陥りし漢戸人口を収贖せしめ、各おの其の家に還らしめ、父母子孫をして再び完聚するを得せしめん。……（『続長編』巻一四三、慶暦三年、点校本、第一一冊三四六一頁）

そういう情況が広く存在していたと見て間違いあるまい。

然らば、「数歳になったばかり」の「少女」が急に姿を消したとして、何らかの形で人さらいにやられたと先ずは考えるのが普通であったのかも知れない。侯氏の叱声にもこの世態を前提に、少女を人さらいから奪い返せという気迫がこもると覚しい。
どのようなルートがあったか知れたものではない。もし「細民」が困窮して売るものを考えるならば、一番高く売れるのは結局「人」であっただろう。自らの子であれ、娘であれ、これを売るルートについては、誘いもあれば、知りもしていたであろう。さらに困窮するか、自暴自棄になるのかは分からないが、「盗賊」となるのなら、人の子を攫って売り渡すことになるのは当たり前のことであろう。そもそも困窮した地域で食い詰めて「盗賊」になるとするなら、如何せんその地域に金目の物は「人」しかないのではないか。自分を売るか、子や娘を売るか、女房を売るか、人の子を攫って売るか、その選択肢は違っても、言わば同じ「苦界」の暴力として彼らの世の中にその道筋はついていたのであろう。

『明公書判清明集』（中華書局、一九八七、点校二冊本）巻一四「懲悪門」、「販生口」には呉勢卿（号は雨巌、建安の人、淳祐元年、一二四〇、進士）の「禁約販生口」なる書判を載せるが、それには次のように云う。

前後、生口《ひと》を販《う》る人、専一に饒（饒州、江西省・波陽県）管下に来たりて販売す。或いは荒歉・疾疫の年分に遇えば、径行して掠《かす》め去り、多くは是れ求食人家に売り与う。蓋し、良人家に売り与えるは銭を得ること少なく、求食人に売り与えるは銭を得ること多く、惟《た》だ利をのみ是れ嗜《むさぼ》り、直《た》だ是れ曾て把《と》りて人と做《な》し看《み》ず、猶お猪羊《いのこひつじ》を売るがごとき爾《のみ》。

生口を販る。婦女を掠《かす》める。良を抑えて賤と為す。三項の罪名、並びに徒配に該《あた》る。無知の人、故意に軽がろしく犯し、之に兼ねて、多くは、福建路の人に係る。

当職正《まさ》に給榜して約束《とりしまらん》せんと欲するに、忽として求食人・鮑翁なる者有りて状を入れ、称すらくは、是れは人口を帯して饒州を過ぐ、路に在りて人に奪去さる、と。行下して追究するに、乃ち是れ楽平（江西省・楽平市）の人口・季三娘并びに仏保、父母の病亡するにより販生口人《ひとうり》に掠去せられ、弋陽（江西省・弋陽県、楽平の南南東約五〇キロ）に至り、牙人《なかがい》の引きて求食人・鮑翁に売り与うるに係る。鮑翁因りて帯して饒州に過《よぎ》り求食せんとす。道に季三娘・仏保の親兄《じつのあに》に遇う。（親兄は季三娘と仏保をそれと）識認し、喚《わめ》き取りて前去す。兄妹離《さか》れて復た聚まる。家郷失いて復た帰る。身を風塵より脱して、再び良婦と為る。此れ天の之を憫《あわれ》む也。鮑翁は乃ち……（以下、判決主文、略す）……

別に給榜し、諸県に下して、約束す。如《も》し四月に入りて献香するに因りて販生口《ひとうり》を興すと、及び平時に販売する者有らば、諸色人の告捉して官に解《おく》るを許し、条に照らして、徒・断、施行す。（下冊、五四九頁）

南宋も末のこととはいえ、思い半ばを過ぐというものだろう。

これに拠れば、人をさらって販《う》るために連れて来る者がおり、それを受けて人売りのルートに載せる「牙人（仲買、ブローカー）」がおり、人売りの集まる販売市場が饒州である。そして最後の「約束榜（取り締まりお触れ書き）」の文言よりすれば、「四月に（饒州城内に）入りて献香する」人ごみの中に人売りの市が立てられていたらしい、ということになる。

その売りさばく相手としては、ここでは、「良人家」と「求食人家」とが挙げられている。「良人家」の方は自家の「奴婢・奴僕」として買い入れるのであろう。一方「求食人家」とは如何なる者のことなのだろうか。

『主張する〈愚民〉たち』（大澤正昭・石川重雄・大櫛敦弘・戸田裕司、角川書店、一九九六）の「八　街かどのくらやみ　販生口《ひとかい》・賭博《バクチ》」の「1　釈迦の前でヒトの売り買い」は今の書判を取り上げ、この「求食人家」に関し「相場より高値でヒトを購入する暇と金のある『求食人』なる者が単なる乞食であるはずがない。自然にあつまってきたり、買いあつめてきた乞食たちを束ねるボスであったにちがいない。」と解説しておられる（一九三頁）。

しかし少し気になるのは、今の書判に、「求食人家」に大抵は売り渡され、それは「良人家」に売るより、「求食人家」に売る方が値がいいからだとあって、「利益のことしか頭になく、人だなどとは全く考えずに扱い、まるで猪・羊を売る様な具合である」という点である。「猪・羊」とは食肉用の畜獣として言われていると考えてよかろう。「良人家」に売る方は、人を言わば「馬・牛」などの役畜と見なすものだが、「求食人家」に売るとは食肉獣として売る様なものだという含みがこの言い方には既にある様に感じられる。

古典的には桑原隲藏氏が「支那人間に於ける食人肉の風習」（『桑原隲藏全集　第二巻』岩波書店、一九六八、旧は一九二四稿）において示された様なレベルの問題を頭において、この「求食人家」についての文言も読むべきであるのかもしれない。桑原氏は南宋・荘綽の『雞肋編』の記述を踏まえて、「この兩脚羊とは兩脚を有する羊の意味で、人間を羊同様に食用するから起こった名稱である。」（一七三頁）と言われる。またこれも氏が指摘しておられる（一九六頁）が、唐・宋代に成立した本草書には医薬品材料として「人肉」が取り上げられており、今に見る『経史証類大観本草』（光緒甲辰武昌柯氏重校本、日本・廣川書店縮刷重刊、一九七〇）の巻十五や『重修政和経史証類備用本草』（四部叢刊所収）の巻十五には「人の部」が設けられており、「人肉は瘵疾（肺結核）を治す」などと書かれ、他にも皮膚・爪・膽などを載せるから、あるいは富家に不治の病に罹った者があればこれらの「医薬食材」を求め、これに供給する役割の者もあったのかもしれない。さすればその値の高さも説明出来るであろう。

先に「殺人祭鬼」の風習について触れたが、宮崎市が引いておられてそこでは省略した、『宋会要輯稿』一六五冊、刑法二之三、太宗・淳化元年（九九〇）八月二七日の資料には、

峡州（荊湖北路、湖北省宜昌市）長楊県の民向祚《しょうそ》、兄の向収《しょうしゅう》と共に富人の銭十貫を受け、之をして採生せしめら

る。巴峡の俗は、人を殺して犠牲と為し、以て鬼《き》を祀るに、銭を以て人を募りて之を求む。これを採牲と謂う。祚は其の兄と県民・李祈の女《じょ》を謀殺し、耳鼻を割截し、支節を断ちて以て富人に与う。郷民の告ぐる所となりて罪に抵《いた》る。……（『宮崎市定全集10』三七〇頁に参照す）

とある。

富人が銭を出して、言わば「下請け」させて「犠牲」を「採る」ことを「採牲」と謂うとあるから、同じ言葉付きとして、人に下請けさせて「食」を「求める」ことを「求食」といい、その「求食」に自ら当たり、「食材」を仕入れ納める業者を「求食人」と呼んだ可能性があろう。そしてこの場合、わざわざその様な下請けをさせる裏にはその「食材」が特殊なものであるという含みがあろう。「採牲」の「牲」が並の犠牲獣ではなく、「人」のことを裏に隠していたのと同じ言葉使いとしてである。その方が今の書判はよく分かる様に感じられる。人さらいが入口で、牙人を経て、奴婢・奴僕になるか、特殊な食材取扱人に渡るか、の、ふた別れになっているルートの存在がここで指摘されているのである、と。

さらに「殺人祭鬼」の風習も、今の「求食」とその「採牲」とが似た言葉使いなのではないかというところから考えるならば、その「採牲」をさせた富人は実は「人」を自らも食らう食材として求めていたのではないか、ということを考えさせる。「犠牲」とは神に食事をささげる、その食材とするということであり、更には「祭」とは、神に食をささげ、それを御下がりとして神と共に同じ命を食らう、すなわち「共食」するというところに重要な意義があろうからである。様々な理由から人は人を食むのであろうが、あるいは多く、人は自らを「鬼」に与らせるという形によって人を食い得る。そのための出で立ちが「殺人祭鬼」と当時の資料が呼びまとめた風習の正体であるのかも知れない。

ともあれ「求食人・鮑翁」は自分のしていることをれっきとした「商売」として考えている。お上に「商品」を盗られたと訴え出れば当然その法的保護を得て「商品」を取り戻せるものと、恬として疑っていないのである。まさに「無知の人」というものであろう。それほどにこの「商売」は当時の当地にあっては認知された生業《なりわい》であったのだろうか。

だが、ことはこれだけでは済まない。不思議なのは、いかな戦乱の世といえども、すべての人々が、例えば農業生産を完全に放棄したのではなかったということである。皆なが皆な盗賊や人さらいに成り終った時代は一度もなかった。誰かが種を蒔き、それを刈り取っていた。

今一つ、人が生まれ育てられることが完全に放棄された時代もなかった。人は少なくとも数年乳を与え、身にまとわりつかせて世話をする人なくしては通常生存しない。如何なる形態においてかは様々であろうが、「母子共生体」が人の生育の最も基本的な条件であることに変わりはないだろう。これがあらゆる個所で完全に放棄された時代はこれもまた一度もなかったに違いない。

五

では「民政」の現場とは一体どのようなものだったのだろうか。

【事例一】 欧陽脩「司封員外郎許公行状」（『全宋文』第一八冊二〇七頁）より。

許逖《きょてき》、字《あざな》は景山。世よ歙州（江南東路、安徽省・休寧県東）に家があったので、はじめ南唐に仕え、監察御史となった。南唐が宋に降るに及び、宋朝廷の試に応じ、

（1） 汲県の尉、冠氏県（河北東路、山東省・冠県）の主簿となる。凡そ主簿たること二歳、県民七百人が京師に至り、是非県令にと嘆願した。そこで知県となされたのであるが、しばしば北辺のことについて上書し、時の宰相・趙普

が高く評価したという。やがて、
（2）知鼎州（荊湖北路）に任ぜられた。州には蛮蜑が交え住まい、攻劫を生業《なりわい》とし、少年百余人が徒党を組んで出没し掠奪をするという有様であった。許公は州に至ると歎じて言うには、「それ政《まつりごと》は、民の庇《ひさし》也。威、先ず其の悪を去らざれば、則ち、恵《めぐみ》亦た人に及ぶ能わず」と。許公の政《まつりごと》が行われると、盗は皆な他境に逃げたが、公が去ると戻ろうという腹であった。両浙・江南に使となり、茶塩の利害を言上し、州県の役《えき》の節減を説き、帝の御意に称ったという。

（3）知興元府（利州路）となり、灌漑ダムの大改修を行った。旧《もと》のダムは、前漢・蕭何が作ったものと代々伝えて来たもので、民田四万余頃に水を導くものであったが、当時は使い物にならなくなっていた。許公は今は壊廃したこのダムを視察し、属僚に、「酇侯（蕭何のこと）は漢を佐《たす》けて天下を取ろうという忙しい時にもこんなものを作って農地を潤していたのか。昔の聖賢というのは、人に利益となることは何でもやったということだな。我々も、一時の労を惜しんで古人の遺《のこ》した万世の利益を廃れたままにしておいてよかろうものか」と言い、工徒を率いて自ら木石を治めた。その際に石を足に落とし、左足を傷めたが、なお益々精を出したという。ダムは完成し、農地は大豊作となり、嘉禾十二茎を朝廷に献上した。やがて、

（4）荊湖南路に徙されたが、そこは南に谿洞諸蛮と接しており、毎年侵入して来て州県を悩ませていた。許公は「鳥獣でも馴らせるのに、まして蛮といえどもまた人間ではないか（鳥獣可馴、況蛮亦人乎）」と言い、その酋豪を呼んで、禍福を言分けて話した。諸蛮は皆な公の言を信用できるとしたので、爾来三年、公のいる間は何事もなかった。

（5）都に戻ると、真宗はその能力を面称した。時に荊南（江陵府）が久しく治まらないことを言うものがいたので、真宗は公を度支員外郎に拜し、知府事とした。翌年、

（6）知揚州に徙された。揚州は南方の中心地であるため、南方の役目にあったり、そのままその地に死した官僚な

ど、皆なその家族を揚州に寄寓させていた。そのような家の子弟は民間に雑居し、権貴の筋を手ずるにし、法的にも優遇措置を受けて多少の罪は許されるものだから、下町に出入りして不法をはたらき、やがては自らの家をも滅ぼしてしまう者も出るという有様であった。公はそのような若者の内でも特にひどいものを捕まえ、笞《むちう》って、「これは役目としてやっているのではない。他でもない私は君の父兄になり代わって教えているのだぞ（此非吏法、乃吾代汝父兄教也）」と言った。若者はおおいに恥じ、かつは悔やみ、学問に励んで善人となり、これより風俗がおおいに化したという。任を終えて帰る途中、高郵の地に卒した。

（7）公は幼くして父を亡くしたが、母と兄に事えること誠に孝謹として有名であった。

（8）まだ南唐朝廷に仕えていた時、宋朝廷への使節の一員として友人・全惟岳が北に向かうに当たり、その留守家族を預かることになった。公は善く全惟岳の家をおさめ、その女《むすめ》数人を嫁に出してやった。李氏南唐が亡ぶに及び、公はその家族を連れて都に上り全惟岳に還したのであった。

（9）官職にあること四〇年、自らの家のことに気を割いたことはなかった。

（10）公は学を好んだが、特に「孫」「呉」の兵法が好きであった。初め南唐に仕え、宋朝の軍が迫った時、南唐の大将・李雄は兵数万を擁しながらも動かず、即くか離れるかを窺う情勢と見えた。李氏はこの情勢下、李雄の説得は公にしか出来ないとして、公を李雄のもとに行かせた。公の説得により李雄は李氏の命に聴《したが》い宋朝軍と対峙することになった。やがて李雄の軍は李氏の命により溧水に止め置かれた。しかし公はここを戦地としては敗れると判断、李雄に、李氏を説得するためここを離れるが、自分が戻って来るまでは自重して戦うなと言い置き李氏のもとへ向かった。しかし李雄は宋朝軍の挑発に乗って出戦、果たして敗死した。公は戻ると敗残の兵卒千人を収めて去った。

（11）公は気持ちを高ぶらせることがあまりない性格で、それで能く時に自立することが出来たのである（君少慷慨、卒能自立於時）。

【事例二】欧陽脩「尚書戸部侍郎贈兵部尚書蔡公行状」(『全宋文』第一八冊二〇三頁)より。

公、諱は斉、字は子思。祥符八年(真宗・大中祥符、一〇一五)、真宗は礼部所奏の士に対する試験の答案を査読中、公の賦に至り、天下を安んぜんとの意あるを見て、「これは宰相の器だ」と嘆じた。試験合格者については上位のもの数人を召し出し、面接の上で第一位を決めるのであったが、公が現れるや、衣冠偉然、進退に法有って、これほどの者はいないと、真宗は亟《すみ》やかに第一位を与えたのであった。

(1)初めに将仕郎・将作監丞に拝され、兗州(京東西路、山東省兗州市)に通判となった。長官の王臻は治政厳急であり、調べ上げることを好んだが、公は厳しさを和らげ、寛大を旨としたので裁判において不平を怨む者がいなかった。

(2)歳をこえ、濰州(京東東路、山東省・濰坊市)に通判となった。税印を偽造している者がいるとの告発があり、調べてみると、十年以上にも亙るため、連座する者数百人に及ぶという有様であった。公は「民によかれとすることも、遣り過ぎれば、かえって民の逃れどころを奪うことになる。所謂『法出でて姦生ず』とはこのことか。他でもない、為政者の過ちである」と嘆じ、その獄を緩くしたので、死一等を減ずるを得る者十余人、のこりは皆な釈放し不問に付した。濰州の人々は皆な「公がお目こぼしをしてくれたのは、自新して善人になれよとの心なのだ(公徳於我、使我自新為善人)」と考え、ためにその風化がおおいに興った。天禧二年(一〇一八)京師に戻り、やがて西京留守となり(この間、真宗治世の末期から仁宗治世の初期、章献皇太后の垂簾聴政が続いた時期における蔡斉の時流に抗する硬派官僚としての事績はここでは略す。第二章五節に参照)、

(3)知密州(京東東路、山東省諸城市)に改められた(『宋会要輯稿』食貨一之二四に「(仁宗・天聖七年)五月、龍図閣学士・知密州・蔡斉、言……」とあるので、天聖七年には知密州に改められていたことになる。李之亮撰『北宋京師及東西路大郡守臣考』巴蜀書社、二〇〇一、二七五頁、参照)。時に旱魃に遭い、公田の租数千石を除《のぞ》き、さらに、京東の

民租を悉く除《のぞ》き、塩禁を緩め、沿海交易によって食料を手に入れる道を開いて飢饉を救うことを請願した。東人は今に至るまでこの方策に頼っており、皆なが「吾人百万口をして活きて飢えざら使むる者は蔡公也」と言っている。のち都に召還され、景祐元年（一〇三四）には参知政事に至っている（『続長編』巻一一六、点校本、第九冊二七二二頁、および『宋宰輔編年録校補』巻四、点校本、第一冊二〇九頁、では景祐二年二月戊辰）。

（4）この間、南海の蛮酋がその部人を虐待したため部人八百余人が宜州（広南西路）に保護を求めて来たことがあった折には、叛蛮を受け入れるわけには行かないから、部に戻せとの議論に対し、公は独り、蛮が残酷より去って有徳に帰さんとし、生きんと求めているのだから、荊湖に入れ、間田を賜い、自営させるべきである、彼らを今拒否すれば、彼らとしては旧《もと》の部に帰るわけもなく、もし山谷に彼等が入り込んで潜むことになれば、後の憂いとなることは必定であろう、とした（范仲淹の「戸部侍郎贈兵部尚書蔡公墓誌銘」、『全宋文』第一〇冊四四頁、には「公曰く、当《まさ》に之を荊湖の間に内《い》れ、活かすに閑田を以てすべし、奈何《いかん》ぞ生くるを求めて来たるに之を兕虎に委《ゆだ》ねんや、蛮も亦た人也、義として必ず還らず、苟も散じて民盗と為り、従いて之を戮《ころ》さば、酷きこと又た甚だし焉、と」と蔡斉の語を記録する。「蛮も亦た人也」という語は、事例一の（4）に見た許逖の「況や蛮も亦た人なるを乎（況蛮亦人乎）」という語と通じ、彼らの勝れた民政官としての在処《ありか》を示しているであろう）。争論したが、公の意見は退けられた。果たして後数年、蛮乱が起こって将吏十余人を殺し、宜州・桂州以西は危険地域と化し、朝廷は大きな課題を抱え込むことになったのであった。景祐四年（一〇三七）、参知政事の任を解かれ、戸部侍郎として京師にあったが、

（5）後出でて知潁州（京西北路、安徽省阜陽市）となり、宝元二年（一〇三九）四月四日に疾を以て官に卒した。公の卒後、故吏の朱寀が潁州に至ると、潁州の吏民は彼を見て号泣し、馬前に拜し、公が嘗て行った治績の跡を指さしながら「此れ、公の迹也」と言ったという。其の為政に仁徳有ること、至る所、此《かく》の如し、と云う。

民政の現実は真剣勝負であった。民政官の為すべきことの基本は「民生」の安定に先ずは在った、と理解して間違いなかろうが、その民生の現実は厳しい状況にあった。もちろん州クラス三・四〇〇、県では一二〇〇を越えるのであるから、その状況も様々であろうが、概して言えば、前節までに見た如く、人々の生活の実際は、この時代、現在の日本においては想像を絶するとも言える水準にあった、と、この時代の種々の事柄を我々が「理解」しようとする場合には、先ずは覚悟して置いた方がよさそうである。民生は、生―死の境界線上で日常的に揺れていた、生理的・物理的状況としても、社会的状況としても「板子一枚下は地獄」であり、日々の生活に明け暮れる人々の心理的状況はその様な恐怖の上に揺れていた、と。

「民生」の安定とは、この揺れを「生」の側にしっかりと寄せるということであった。多くの場合、民政官の判断一つで十人・二十人というクラスで具体的な人の生死が変わり（事例二の（2））、飢饉時ともなれば、的確な決断がなされるか否かで、その地方全体の生存率・生存状況が大きく変わったのである（事例二の（3））。

事例一・（3）の灌漑ダムの改修にまつわる話は興味深い。このダムが旧《もと》は前漢初の蕭何が作ったものだというのは事実かどうか分からないが、あるいはそうとしてもよかろう。いずれにしてもそうと言い伝えられていたのである。とすれば、その地に住む人々にとっては、そのダムの機能を復活させた許公は、まさしく伝説の人・蕭何の再来、それ自体ただちに伝説となる人物・事業であったであろう。逆に言えば、この種の基礎設備の整備は、この地の人々の及びもつかぬ事業であり、千何百年前に作られたと伝えられる設備をただ消費するだけに過ごし、遂に頽廃するに委せていた、つまりその様な設備自体が彼らの人為をこえた伝説上のものであった、ということになろう。

許景山という有能な民政官は、さすれば、この地の人々にとっては千年に一度の人であり、伝説であった、ということになる。これがこの地この人々の実情であった。大規模な灌漑設備を作る技術や人力は現にどこかにあるが、それは現実のこの地方においてはほとんど起こり得ないものであり、実際には有能で良心的な民政官が中央政府の命で派遣されて来て現状を診断し、活を入れ、中心にならないことにはにっちもさっちも行かないのである。

言わば人々は「なるがまま」の生き方に沈淪していたということになる。この種の話は有能な民政官の話にはよく出て来る話柄であるが、しかしよくあるからといってその伝えるところを軽視するわけには行かない。

次の例は、程伊川の伝える彼の父親・程珦についてのものである。伊川の筆使いを含めて興味深い。

……英宗、位を嗣《つ》ぎ、恩を覃《ひろ》くす。庫部員外郎に遷され、磁州（河北西路、河北省磁県）の事を知す。磁城は趙簡子の築く所、東南隅の水泉悪しく、灌濯にも亦た用うる可からず。居民、久習に安んじ、婦女、晨《あさまだき》に出でて遠くに汲む。惟《ただ》に労なるのみならず、且は用うるに乏しく、風俗之を以て弊す。千余歳を歴《ふ》るも、慮を為す者無し。公、城曲の地を度《はか》り、曰く「此《ここ》は濠水を去ること数歩の近きにて、漸漬すること既に久しければ、地脈当《まさ》に変ずるなるべし矣」と。二井を穿つ。果たして美泉たる也。人甚だ之に頼る。（「河南程氏文集」巻一二「先公太中家伝」、『二程集』六四八頁）

「趙簡子」は孔子と同時代の人、紀元前四五八年に亡くなったとされる人物である（『史記』趙世家・六国年表）。久習になずみ、個々の家のあくせくとしたその日暮らしに明け暮れて、共同的な観点に立った多少の発意と工夫と努力を行なおうとするものも現れず、まるでそのまま古び滅びて行く惰性に身を任せているかの如く人々は暮れなずんでいた、ということになろうか。それだけ実際の生活は厳しかったということになろう。今目の前の必要を満たすに精一杯でそこを脱したスパンで誰も物を考えない。多少の余裕が出来たと思えば、戦乱が来る、飢饉が来る、盗賊が来る、税金取り立て人が来る。苦労は報いられない。毎世代毎世代身も心もすり減らしながら生きて行く。娯楽もあろうが、心を高め、自分たちの取り残された様な毎日の暮らしに意味を与え希望を抱かせてくれるものは少なかろう。大まかにはその様な暮らしが過ぎて行ったのだろう。そこに良心的で有能な民政官が現れればまるで救世主の様なものだろう。女たちが何時間もかけてわずかの飲み水のみならず、生活水までを汲みに行かなければならない毎日が、ここで劇的に変わるのである。

この種の話柄を通じて読み取れるのは、次の四つである。

一つは、良心的で有能な民政官の出現が、千年にもわたる歴代王朝の交替を通じても、個々の地方の立場から見れば、極めて希だったらしいということである。この前は何百年前、という話である。個々の民政の現場では、王朝交替などは遠いところの「お話」のようなものだったのだろう。

二つには、このレベルの地方で言うなら、多少の生活改善の努力ですら住民たちの自力では難しく、言わば危うく死の手から逃れての生活レベルを維持して行くのに精一杯で、人々はその日その日を暮らしていたらしいということである。

三つには、そこに時たま良心的で有能な、自分たちの生活の苦しさを真っ直ぐに見てくれ、その苦しさを設備条件の所から改善してくれる民政官が現れれば、人々はその民政官を「父」の如く「母」の如く慕い、終には祠を建てて祀る程であった、ということである。

四つには、したがって、その勝れた民政官がいなくなれば、その年月は想い出や伝説として残ろうが、再び日常の精一杯に維持出来るレベルに戻り、やがて徐々に低迷して行く、何かあればなすがままに沈淪して仕舞うだろう、ということである。

この四つは組をなして観察され推量されるべきものであると思われる。

事例一の（1）には県民七百人が許公を是非県令にと都に嘆願に出かけた（原文「県民七百人詣京師、願得君為令、遷秘書省校書郎、知県事」）と云うが、これを全くの「諛墓の辞」に類する戯言と取るだけでは事の軽重を失う恐れがあろう。むしろこれは、今述べた、良心的で有能な民政官が現れれば、それはその地方の多くの住民にとって死活問題、自分たちの生存状況を劇的に改善し保護してくれる「砦」の出現であり、是非確保せねばならない存在であった、という当時の人々の切羽詰まった状況を物語るものと先ずは素直に読むべきなのではなかろうか。
この種の例をつけ加えておこう。

『続長編』巻一六三、慶暦八年（一〇四八）二月戊寅――新知荊南・范仲淹を改め、復び知鄧州（京西南路、河南省鄧県）とす。仲淹は鄧に在ること二年、鄧人之を愛す。荊南に徙さるるに及び、衆、使者を遮りて留めんことを請う。仲淹も亦た留まらんことを願う。詔して其の請いに従う。（点校本、第一二冊三九一八頁）

欧陽脩「尚書戸部郎中・贈右諫議大夫曽公神道碑銘」――公、諱は致堯……知寿州（淮南西路、安徽省・鳳台県）に徙さる。寿は京師に近く、諸豪大商、権貴に交結し、其の声勢に恃めば、号して「難治」と為す。公は居ること歳余、諸豪手を斂《しま》い、敢えて公法を犯すもの莫し。人亦た其の何の術を以て然るやを見るもの莫き也。……故に公の寿に於けるや、尤も恵愛すること有り。既に去らんとするに、寿人遮り留むること数日、一騎を以て二卒を従えて逃げ去る。他州を過ぐるに、寿人猶お之を追う者有り。……（『全宋文』第一八冊二一九頁）

程伊川「明道先生行状」――沢州・晋城（晋城県、河東路、山西省・晋城市）の令に移る。沢人は淳厚、尤も先生の教命に服す。……先生の令為るや民を視ること子の如し。事を辨ぜんと欲する者、或は牒を持たざるも、径ちに庭下に至り、其の所以を陳ぶ。先生は従容として告語し、諄諄として倦まず。邑に在ること三年、百姓の之を愛すること父母の如し。去るの日、哭声野を振るわす。（「河南程氏文集」巻一一、『二程集』第二冊六三二頁）

楼鑰「鄞県経綸閣記」――始め慶暦七年（一〇四七）、荊国・王文公、明（明州）の鄞県に宰す。元祐中（一〇八六～一〇九三）、県治に閣を建て、以て遺愛を紀す。名づけて「経綸」と曰う。公の像を肖《かたど》りて祠《まつ》る。其の下に俯仰すること、百余年間。嘗て紹興（南宋・高宗、一一三一～一一六二）・淳熙（孝宗、一一七四～一一八九）に再興するも又た廃壊す。紹熙五年（光宗、一一九四）知県事・莆陽の呉君・泰初、之を新たにす。三月戊寅に起こし、踰月にして工を訖《お》わる。旧観復た還《かえ》りて加うる有り。記を郡人・楼鑰に求む。鑰、史牒を以て之を攷うるに、公の県為《た》りし時、世は承平に当たる。公は方《まさ》に書を読みて文章を為《つく》り、率《おおむ》ね三日に一たび県の事を治む。意を斯民に垂れ、之が為《ため》に隄堰を起こし、陂塘を決して、水陸の利を為す。穀を民に貸し、息を立てて以て償《つぐな》わし、新・陳をして相い易《か》わらしむ。学校を興し、保伍を厳にし、又た『善救方』を刻して、県門の外に立つれば、邑人之を便とす（『続長編』巻一六三暦仁宗・慶暦八年二月癸酉に「『慶暦善救方』を頒《わ》く。上《じょう》、始め福建の『獄に虫毒を以て人を害する者多し、福州の医工・林士元能く薬を以て之を下す』と奏するを閲《よ》み、遂に詔して其の方を録し、又た太医に命じて諸方の善く虫を治す者を集めて一編と為さしめ、参知政事・丁度に詔して序を為らしめて之を頒《わ》かつ」と。王安石の文集『臨川先生文集』巻八四に「善救方後序」あり。「……謹みて以て石に刻み之を県門の外の左に樹《た》て、観赴する者自ら得て有司に求めざら令《し》むと云う。皇祐元年（仁宗、一〇四九）二月二十八日序す」と云う）。此れ相《しょう》業の権輿也。公の鄞に于《お》けるや、厚し矣。……詩文の世に伝わりて、鄞の為《ため》に作りし者、班班たる也、……則ち又た、公の鄞に恋恋たるを知る也。熙寧（神宗の年号、一〇六八～一〇七七）、主（神宗）に遇うは、千載一時、尽《ことごと》く鄞に行う所の者を以て、之を推し広ぐ。嗚呼、一時に奉行する者、皆な能く公の鄞に在りしときの如くせば、則ち天下、豈に以て病と為さんや。天下、之を病とすると雖も、然ども吾が邑人の公に于《お》けるや、敢えて忘れることをせざる也。故に尸して之に祝《いの》り、以て今に至る。呉君の若きは、務めを知ると謂う可し矣。……（『攻媿集』巻五五、四部叢刊所収本に拠る）

これらの資料にほぼ「愛」という字が均しく出現していることにも注意しておきたい。

宋代の文化・思想は「士大夫」の文化・思想である、と言われることがある。しかし、それよりはむしろ、それは「民生の安定向上のために闘う民政官」の文化・思想である、と言う方が、適合性が高いのではなかろうか。

以上に見て来た様な、厳しく危険に満ちた現実に曝され生と死との境界線上に危うく揺れ動いている地方での実際民政の現場を体験し、良心的且つ有能な民政官としての闘いを経てきた人物たちがその担い手の中心に置かれる様な「民政経営」の実際から出てそこに戻って行く形で、彼らの思想・文化は形成され機能していたのではないだろうか。

　例えば宋代になって盛んに行われる農業技術・医療技術などなどの技術的な改良、利用しやすい形での集成、そして普及も、以上に見たような民政の現場の必須な分肢として、それを担う「民政官」の営為の一部として大成されたと考えられるのである。今の王安石の事例中に出る「又た『善救方』を刻して、県門の外に立つれば、邑人之を便とす」の一文は、その間の消息をよく伝える資料であろう。

　また「朱子学」の特徴をあれこれと考え併せるなら、これが地方での実際民政に携わり、闘い、民生の安定という一点を目指している「民政官」を主体的契機とする「思想」となっていることは疑問の余地がない様に思われる。例えば、かの「格物・致知・誠意・正心・修身・斉家・治国・平天下」も宋朝廷の招聘に応じ、共に天下を理《おさ》める協力者として、実際の民政経営に携わる州・県の「民政官」の視界に、ぴったりと適合している。〈注〉

〈注〉山内正博「南宋政権の推移」（『岩波講座　世界歴史9』一九七〇、所収）の「二　矛盾」に「この都市の繁栄の蔭に、農村では一体何が行なわれていたか。黙して語らぬ農民に代り、農本主義の伝統の上に新しい理想主義を説いた宋学が、この視角において始めて歴史にある役割を与えられることになる。……つまり彼（陸九淵）の学問は都市の政治の論理を支える一面をもっていたということであって、これは朱熹の門人たちが微職をもって地方の農村に潜行し、地味な活動によって住民の広汎な支持を得ていった経過と対比される。そうしてこの朱熹によって掘りおこされた農村の政治の論理こそは、南宋政権の側から見れば、その財政的基盤である旧地主層を硬化させ、彼らに非協力から抵抗への道を歩ませる危険な思想として映ったのではあるまいか。朱熹の論理はしかし決して破壊的なものではなく、地主・佃戸に支えられた農村の実態を凝視し、その奥にある普遍的な秩序の認識を基底として、天災や貨幣経済の浸透、更には法を口実にする官僚・胥吏の怠慢などによって破壊され、無気力化してゆく農民を、没落寸前において救済し、強烈な主体性の涵養によって新しい生産への意欲と方向とを与えようとするものであり、国家が基本的には農民の労働力に寄生している限り、その労働力を保存し発展させてゆこうとするこの論理は、むしろ国家の底辺を固め、権力を増大するはずのものである。それが危険視され警戒されたのは、まだこの論理が充分に理解されなかったことの他に……」（二五二―二五四頁）と述べておられる。「都市―農村」「国家―農民」といった図式による捉え方には些かの抵抗があるが、「朱子学の位置づけ」についての独特の深さをもった指摘として、依然貴重であると思われる。

そこに言う「格物・致知」なども、一般的な哲学的関心や認識論的関心において議論されたというよりも、先ずは各地のそれぞれに情況を異にする州・県に赴任した民政官にとっては、まさにその通りという現実であったであろう。当地の民情を見極め、如何なる処方を打つのか、灌漑設備の改修に手をつけるとするなら、その工法にも通じる必要がある、などなど。そしていずれにせよ人を組織して動かさなければ如何なる事業経営も当時は成り立たないから、その組織作りのノウハウを、そしてなによりも大切なのはその集まった人々に力を発揮する意欲を引き出す指揮者としての妙諦を心得る必要がある。明確な目的を示し、その事業に通暁し、時宜に応じて詳細・適確な指示を出し得る知識と自信を示さなければ、そして何より自身がその事業に誠心誠意に意味を見出し励んでいるのでなければ多数の人を動かすことは出来ない。これすなわち「正心・誠意」、といった具合である。

事例一に見た許逖が「孫子」「呉子」の兵法を好んだことがここで思い併されるべきであろう。兵法とは、要するところ多人数の兵を組織的に動かして如何に戦に勝つか、という人力の結集と効果的な発揮のためのノウハウを語るものだからである。

程伊川の伝える明道についての話柄をここで追加しておく。

程伊川「明道先生行状」――踰冠《はたちすぎ》、進士の第に中り、京兆府鄠県の主簿に調せらる。……府境に水害すれば、倉卒として役《えき》を興す。諸邑率皆《みな》狼狽す。惟《た》だ先生の部《す》ぶる所のみ、飲食茇舎、安便ならざる無し。時に盛暑、泄利大いに行われ、死亡するもの甚だ衆《おお》し。独《ひと》り鄜の人のみ死する者無し。至る所、役《えき》を治めるに、人《ひと》労せずして事集《ことな》る。嘗て人に謂いて曰く「吾の役《えき》を董《とりしき》るは、乃ち軍法を治むる也」と。……

……再期就《すなわ》ち沢州・晋城（河東路、山西省晋城市）の令に移る。……河東の義勇（郷兵の一種）、農に隙《ひま》あれば則ち教うるに武事を以てす。然れども文に応じ数に備うる而已《のみ》。先生至れば、晋城の民、遂に精兵と為る。……

……改めて簽書鎮寧軍節度（河北東路・開徳府、もとの澶州）判官事に差《つか》わさる。……会《たま》たま曹村埽（黄河の護岸堰堤）決す。時に先生方《まさ》に小呉（小呉埽。同じく護岸堰堤）を救護す。相い去ること百里（五六キロメートルほど）。州帥・劉公・渙（『続長編』巻二二四、熙寧四年、一〇七一、六月庚申に「詔して渙を知澶州に改む」、同巻二二八、同年一二月乙卯に「詔して知澶州・鎮寧軍留後・劉渙を工部尚書致仕と為す」と。李之亮撰『宋河北河東大郡守臣易替考』巴蜀書社、二〇〇一、四〇頁、参照）、事《こと》の急なるを以て告ぐ。先生一夜にして馳せ至る。帥、河橋に俟《ま》つ。先生、帥に謂いて曰く「曹村（埽）決すれば京城虞《うれ》う可し。臣子の分、身もて塞ぐ可くんば亦た之を為さん。請うらくは、尽く廂兵を以て（われに）付せ見《ら》れんことを。事或いは集《な》らざれば、公当《まさ》に親しく禁兵を率いて以て之に継ぐべし」と。帥は義烈の士、遂に本鎮の印を以て先生に授けて曰く「君自ら之を用いよ」と。先生、印を得《う》。城に入りて親を省みるに暇あらず。径《ただ》ちに決せし堤に走る。士卒に諭して曰く「朝廷の爾《なんじ》が輩《はい》を養うは、正《まさ》に緩急の為《ため》なる爾《のみ》。爾《なんじ》、曹村（埽）決すれば則ち京城に注《そそ》ぐを知る乎《か》。吾、爾曹《なんじら》と、身を以て之を捍《ふせ》がん」と。衆皆な感激して自ら効《ちからいた》す。論ずる者皆な以て「勢い塞ぐ可からず。徒《いたずら》に人を労する爾《のみ》」と為す。先生、善く汨《もぐ》る者に命じ、細き縄を銜《くわ》えて以て決口を渡らしむ。水方《まさ》に奔注すれば、達する者百に一《いっ》なるも、卒《つい》に能く大索を引きて以て衆を済《わた》し、両岸並進す。昼夜息《や》まず、数日にして合わす。其の将《まさ》に合わさんとする也《や》、大木有りて中流自《よ》りして下る。先生顧みて衆に謂いて曰く「彼の巨木の横《よこざま》に流れて口に入るを得《え》ば則ち吾が事済《ことな》れり矣」と。語纔《わず》かに已《お》わるに、木遂に横たわる。衆以て「至誠の致す所」と為す。

其の後、曹村（埽）の下《しも》、復た決す。遂に久しく塞がず。数路困擾し、大いに朝廷の憂いと為る。人以て「使《も》し先生、職に在らば、安《いず》くんぞ是れ有らん」と為す也。（『二程集』第二冊六三四・六三五頁）

さらに注意すべきは、彼ら州・県の現場にある民政官にとって、その州・県という民政の現場がそのまま「治国・平天下」の現場でもあった、ということである。

彼ら民政官たちは、宋代趙氏朝廷のもとにあっては、前の范仲淹の「陛下と共に天下を理《おさ》む」なる語が示す如く、皇帝の協力者としてその招聘に応じているのであり、決して所謂近代的な官僚の如く、縦割りの中で限られた権限を与えられ、組織として始めてまとまった機能を果たしうるように組み立てられている一種の「行政機械」の部品として働いていたのではなかった。現今、時になされるような、彼ら知州・知県を「地方官」と呼び、彼らが「皇帝の手足として地方に赴任して活躍した」などといった類の言い様はむしろ多くの誤解の元となるであろう。

現代の「官僚制」は西洋の「機械論」的存在理解と相互に適合的であり、我々もそれに知らず知らず犯されて、例えば宋代の官僚制についても、それを「官僚制」と観念したとたんに、そのように考えて仕舞いがちであるということには、よほど注意しなければならない。このことは「皇帝独裁制」「天子独裁制」といった言い方についても同様である。「独裁」などといっても、そもそも機械論的な意識が希薄であり、あの広大な地域をまるで一つの「機械」の如く動かし統治するなどといった考え方は、先ずは当時、当の皇帝以下、考えも及ばないことであったのではないだろうか。「機械論」的な構成原理に各員が訓育された組織ならば、上位者は「絶対的命令権」を有効なものとして下位者に強制出来ようが、そうでないところでは、結局は形式的な上下関係は強くとも、言わば協力者といった人間的《パーソナル》な感情の相互交流を前提としてしか、組織などは体《てい》をなして働かないのではなかろうか。

この間の当時における感覚は、皇帝によるあるポストへの任命を「拝」字によってあらわす表現法にも窺うことが出来るだろう。例えば、事例一の（5）、許遜が真宗により度支員外郎・知（荊南）府事とされたことを紹介したが、前後、欧陽脩「司封員外郎許公行状」の原文は、

会有司言荊南久不治。真宗拝君度支員外郎府知事（会たま有司、荊南久しく治まらず、と言う。真宗、君を度支員外郎・府知事に拝す。）

である。「拝する」のは真宗、という表現である。この「拝」という表現に就く限り、我々の所謂「任命」は、上位者から下位者に対する「命令」としてではなく、「礼」に則った「主」から「賓」に対する懇請であった、ということになろう。朱熹や王安石など、朝廷からの「任命」に対して執拗なまでに「拒否」を繰り返すが、これもこのような「拝」によって表現される当時の感覚を背景としていると覚しい。

宋代趙氏朝廷の皇帝を個々に見ていくならば、彼らは決して絶対的命令権を振るう「独裁者」などではなく、官僚たちとの協力関係のもとにあり、その良心的な協力を如何にうまく取りつけるかに腐心しているのである。

従って、彼ら知州・知県の意識においては、自分たちの「民政」はただちに「治国・平天下」の実際現場として考えられていたであろう。またそう考えられて、その「民政」が意味づけられていなければならなかった。なぜなら、この州・県という現場における為政の成否にこそ、宋代趙氏朝廷が唐・五代以来の軍閥割拠に終止符を打ち「天下」を収攬した行状を正当化し意味づける「実質」が存在していたからである。そして事実、時至れば、彼ら「民政官」キャリアーこそが、宰相、執政となり、皇帝の最高協力者として朝廷を主宰して、「共に天下を理《おさ》める」重責を担ったのであった。

六

事例二の（2）に、蔡斉の寛大な措置に対して、濰州の人たちが言ったという形で欧陽脩が紹介する中に「自新」という言葉が見える。この語は『史記』の孝文本紀にも見えるが、就中感銘深いのは、『世説新語』の第十五に「自新」と題して紹介されている二つの話であろう。乱暴や賊盗に堕ちている者が、あるきっかけで自ら自己変革を為さんと決心し善人へと向かう自覚的な努力をすることを謂う言葉である。事例二の「自新」もその意味で解することが出来るが、この言葉は実は、次のような程伊川のテキスト・言句の中にも出現し、更には勝れた民政官の「民」との関わり方を明かすキーワードとして朱熹に取り上げられるに至るという点で注目される。

もちろん、だからといって、これらの「自新」なる語が相い関連して、例えば継承的に学ばれて次々と現れたなどというつもりはない。民政官がそもそも民政官であるための中心課題、すなわち、基本的に如何なる方針で「民」に関わるのか、という問題にこの語は関わり、暗にもせよ、それぞれの民政官の根本的な有り様に関わって同じように出てこざるを得ない言葉であった、という点に注目したいのである。

先ず、伊川の「明道先生行状」に次のように出て来る。

先生は治を為すに、専ら寛厚を尚《とうと》び、教化を以て先と為す。甚だ迂なるが若きと雖も、而るに民、実に風動す。……小盗を犯す者有り。先生謂いて曰く「汝能く行いを改むれば、吾、汝の罪を薄くせん」と。盗は叩首して自新せんことを願う。後数月、復た穿窬す。捕吏、門に及ぶ。盗、其の妻に告げて曰く「我、大丞と約す、復た盗を為さず、と。今何の面目あってか之に見《まみ》えんや」と。遂に自ら経《くび》る。（「河南程氏文集」巻一一、『二程集』第二冊六三六頁）

今一つは、『河南程氏遺書』巻二上・二先生語二上に載せる、恐らくは伊川の言句と考えられる『大学』冒頭に対する次のような注解である。

『大学』は冒頭「大学の道は、明徳を明らかにするに在り、親民に在り、至善に止まるに在り」と、所謂「三綱目」に始まるが、よく知られるように、程伊川はその「親民」を「新民」に易えるべきであるとした(『河南程氏経説』巻五に「明道先生改正大学」「伊川先生改正大学」を載せるが、「伊川先生改正大学」には本文に「在親」と出してその下に「当作新(当《まさ》に新に作るべし)」と注記している。『二程集』第四冊一一二九頁)。

『河南程氏遺書』巻二上に次のように云う。

『大学』の「明徳を明らかにするに在り」とは、先ず此の道を明らかにす。「民を新たにするに在り」なる者は、人をして此の道を用いて以て自新せ使む。「至善に止まるに在り」なる者は、止まる所を見知す。(『二程集』第一冊二二頁)

ここにはただちに「在新民」と出して解説を行い、その言句中に「自新」なる語を使用している。明道、伊川、どちらの語とも示されていないが、先ず伊川の語と考えて間違いないだろう。「在親民」を「在新民」に易えるべきだと云う伊川の判断の基底には、「自新」なる言葉が響いている、あるいはたたみ込まれているのである。

朱熹は、この伊川による「改正」を承け、その『大学』に対する注釈書である『大学章句』において、本文は「在親民」と出すが、注解の冒頭、先ず「程子曰く、親は当《まさ》に新に作るべし、と」と紹介し、以降はそれに従い「親民」を「新民」として注釈する。

その、朱熹の「在親(→新)民」についての注釈には次のように云う。

「新」なる者は其の旧を革《あらた》めるの謂い也。言うこころは、既に自ら其の明徳を明らかにすれば、又た当《まさ》に推して以て人に及ぼし、之をして亦た以て其の旧染の汚れを去ること有ら使むるべし、と也。

「旧染の汚れ」などという言い方には、唯識系の「薫習《くんじゅう》」なる観念の影響を考えたくなるが、それはさておき、「新民」とは、こちらがきっかけとなって「民」をして自ら新たなら使むるということだ、ということであろう。

朱熹はよく知られる様に『大学』の体裁を、先ず「経」と「伝」とに分けて考え、注釈するのであるが、「経」に含まれる「在新民」に対する「伝」として「湯の盤銘」以下を当て、「右は伝の二章。新民を釈す」と云う。その注釈には次のように云う。

「湯《とう》の盤銘に曰く、苟《まこと》に日《ひ》に新たなれば、日日《ひび》に新たにして、又た日《ひ》に新たにす、と」に対する注釈――盤は沐浴の盤也。銘は其の器に名づけて以て自警するの辞也。苟は誠也。湯《とう》は、人の、其の心を洗濯して以て悪を去ること、其の身を沐浴して以て垢を去るが如きを以て、故に其の盤に銘す。言うこころは、誠に能く一日も以て其の旧染の汚れを滌《あら》いて自新すること有らば、則ち当《まさ》に其の已《すで》に新しき者に因りて、日日に之を新たにし、又た日に之を新たにすべし、畧《いささか》も間断すること有る可からず、と也。

「康誥に曰く、新民を作《おこ》す、と」に対する注釈――之を鼓し之を舞すを、之《これ》「作」と謂う。言うこころは、其の自新するの民を振起す、と也。

「詩に曰く、周は旧邦と雖も、其の命は惟れ新たなり、と」に対する注釈――詩・大雅・文王の篇。言うこころは、周の国は旧しと雖も、文王に至りて、能く其の徳を新たにして以て民に及ぼす、而して始めて天命を受く、と也。

「是の故に君子は其の極を用いざる所無し」に対する注釈――自新すると新民するは、皆な至善に止まらんと欲する也。

ここではっきりと「自新」という言葉を出す。湯の盤銘は、湯の「自警」であるから、そこで朱熹が「自新」と言うのは、湯自身についてであろう。

「自〇」という語法は、「〇」が他動詞の時には、「自分で、自分を、〇する」という意味であるから、「自新」とは、「自分で自分を新しくする」ということになる。最後の「君子」のところでは、「自新」「新民」共に「至善に止まる」ことが、その「新しくする」ことの「そうあらんと欲する」方向・目標だ、と言うから、先の事例二の(2)に「自新して善人になれ」というのと一致する。「新たにす」という他動詞は、自然に新しくなるという現象を謂うのではなく、旧を新に転換するという「意志的行為」を謂うのである。「意志的行為」であるから、その転換行為の発動には最初から目標が含まれている。言うなれば、「自新」とは、その目標が与えられ、動機づけられたからこそ、それをきっかけとして、「自分をそちらへ新しくする」という「意志」が生まれ、発動されるのである。そして発動されつづけなければならない。「間断（途切れること）」がその行為に有ってはならないのである。

『書経』康誥の語について、「其の自新の民を振起す」と云ううちの「自新」とは「民が自新する」ということであるに間違いはあるまい。しかし「自新」が今分析した如く、あるきっかけによって「至善」なる目標を鮮明にされそちらへの強い動機づけを与えられることによって発動し、そして発動し続けなければならないとするなら、その行為は途切れることのない様に「励まされ、勇気づけられる」必要があるということになろう。本文の「作」を、わざわざ「鼓之舞之」の意味だ（鼓之舞之之謂作）と朱熹が解説するのは、ここの「作」が「新しく作り出す」、つまり「創作する」（すなわち『論語』述而「述べて作らず」の「作」。朱熹の「論語集注」に「作は則ち創始する也」と）という意味ではなく、すでに有る可能性に発動のきっかけを与え、そして与え続けることによって立ち上げ、鼓舞するということなのだろう。「民」は「自新」する可能性を有つが、それは鼓舞されなければならないのである。

「自新」はその主体によって二つに分けられている。すなわち「湯」や「文王」や「君子」の「自新」と「民」の「自新」とである。「是故君子」のところに「自新・新民」と並べるから、「君子」は「湯」「文王」の側にいると考えてよかろう。「君子」の「自新」は湯が「自警」した如く自ら鼓舞する裡に進むのだろう。先取りして言うなら、聖人に至ることを決意し、聖人に「学ぶ」ことによって自ら鼓舞されながら、さらには、天地の営々たる持続する働きに鼓舞されながら、君子は努力を途切れさせない、と、朱熹は考えていたのだろう。〈注〉そしてそれがある質《しつ》を獲得すると、「民」に弾み・励みを与え及ぼし、それに鼓舞されて「民」が「自新」する、し続ける、という構図になる。そして「文王」についての朱熹の言い様からするなら、この構図の完成こそが、「天命を受ける」ことを文王にもたらしたのであるから、「天下を治める」とは、自身の絶えざる「自新」において、「民」の「自新」を励まし鼓舞し続けることに尽きる、ということになる。

〈注〉同じく「間断なかるべき」を説く、『論語』子罕第九「子在川上、曰、逝者如斯夫、不舎昼夜」に対する朱熹の注釈「天地之化、往者過、来者続、無一息之停、乃道体之本然也。然其可指而易見者、莫如川流。故於此発以示人、欲学者時時省察、而無毫髪之間断也」に参照。またそこに引く「程子語」の「自漢以来、儒者皆不識此義。此見聖人之心、純亦不已也。純亦不已、乃天徳也。有天徳、便可語王道、其要只在謹独」にも参照。所謂「道統論」において明道が漢より五代を無みして孔孟に接ぐとされる時のポイントはここにあると考えることが出来るだろう。努力することの虚しさに対して努力することの天地に遡る意味づけを行った、ということである。一九九九年に刊行した『朱熹再読』（研文出版）の第三章（岡山大学文学部紀要21「朱熹の存在理解について(3)」を改訂したもの）に参照されたい。

さらに割り込むならば、「自新」とは「いささかも間断することがあってはならぬ（不可畧有間断）」意志の持続を自らに励起し続ける、端的に自己意志的である意志行為であるのだから、ここに提示されている朱熹の思考は、善なることへの意志の自《じ》から他《た》に励起する、言わば「善への意志のダイナミズム」と云い得るものであろう。この誠に簡明な、人を起点とし人を結節点として波動する意志励起のダイナミズムこそ朱熹の政治学的思考の核心であると見定めておきたい。

ところで、この構図は具体的には「君子－民」関係を「間断なき」内面改新の自己励起から対他励起というダイナミズムの上に築こうとするものであるから、朱熹の現実に即して考えるなら、これはまさに「民」に直接関わる知州・知県など「民政官」の在り方を説いていると見ることが出来るだろう。つまり、ここに言う「君子」とは端的に我々が以上に見て来たような「民政官」その人であるのだ、と。

「民」に直接向かい合う当時の知県・知州などにとって何が一番大切なことだったのだろうか。彼らが直面した「民」の世界は、実は彼ら自身を含めてなのだが、一見安定し、賑わっているように見えながらも、実のところは極めて不安定な状態にあった。先ず、その生理的・物理的な生存状況自体が不安定であった。その上で様々な歴史的状況から来る、暴力依存、価値観の混乱、生きる目的の低迷化、人間性の自己放棄、群集心理の暴発、因習への沈淪、迷信・俗信の氾濫、自己閉塞状況、等々が日常化し、多くの人にとって到底暮らしやすい、日の明けるのが楽しみだといった暮らしではなかった様である。

どぎつく、元気な様だが、割って見れば、暴力依存症で、結局は生きる意味が見出せないが故の刹那主義的な虚無を抱えている「好漢」たち。清代・銭大昕は明・清の世間・世相を観察して、次の様な警抜な指摘を行っているが、これは宋代の世間・世態を考える時にも有効である様に思われる。

いにしえ、儒・釈・道の三教有り。明《みん》より以来、又た一教多し。曰く、小説。小説演義の書、未だ嘗て自らは以て「教」とは為さざる也。而るに、士大夫・農・工・商賈、之に習聞せざる無く、以て児童婦女の字を識らざる者に至るまでも、亦た皆な聞きて之を見るが如くす。是れ其の教えるところは之を儒・釈・道に較べるに更に広き也。釈・道は猶お人に勧むるに善を以てするも、小説は専《もっぱ》ら人を導くに悪を以てす。姦邪淫盗の事は、儒・釈・道の書の斥言《ゆびさしい》うに忍びざる所の者、彼は必ず相《かたち》を尽し形を窮め、津津《しんしん》として道《い》うを楽しみ、殺人を以て好漢と為し、漁色を以て風流と為す。喪心病狂、忌憚する所無し。子弟の逸居して教え無き者多し矣、又《さら》に此れ等の書有りて以て之を誘《いざな》う。曷《なん》ぞ其の禽獣に近きを怪しまんや。世人は習《なず》んで察せず、輒《すなわ》ち刑獄の日びに繁《しげ》く、盗賊の日びに熾《さか》んなるを怪しむも、豈に、小説の人心風俗に中《あた》る者、已《すで》に一朝一夕の故に非ざるを知らんや。世を覚《めざま》し民を牖《ひら》く責有る者は、亟《すみやか》に宜しく焚《や》きて之を棄て、流播せ使むる勿かるべし。……（『潜研堂文集』巻一七「正俗」）

「儒教」「仏教」「道教」ではなく「小説教」が世人に生き方を教えている、そこに登場する好漢・風流等が話の面白さによって人の心に刻みつけられ、それが人々の生き方のモデルとなっていると云うのである。

先の、五代・宋初の郡守には武夫・悍卒が任ぜられ、彼らは「皆な書《もじ》を知らず」とあったことをここで思い併せたい。しかし彼らとてなにがしかの生き方のモデルの様なものは持っていようし、娯楽的な「教養」も持っていたであろう。しかしそれらは「書」に「読む」ことによって手に入れたものではなかった。それは、所謂「文字の文化」に対する「声の文化」に属するもの（W－J・オング『声の文化と文字の文化』、桜井直文他訳、藤原書店、一九九一、参照）であっただろうし、彼らの物の考え方、受け止め方、反応・行動の仕方そのものが、文字によって可能になる、記録し、比較し、一貫性を求め、精密さを増して行く反省的吟味の回路を持たないものであったと考えられる。

銭大昕が指摘する「小説教」の強み、生々しい、強烈な感覚的形象の心への焼き付け、人を反省的吟味へと向かわせるのではなく、直接に欲望へと誘い動かすという強み、は、まさに「声の文化」に属する強みであり、彼の言う如く、「字を識らざる」「児童婦女」の心にまで、むしろ文字を知らぬ故に余計に強烈に入り込んで行く底のものだったのである。

宋代について考えるなら、その「民」の文化も、銭大昕が「小説教」に指摘した如き、まさに「声の文化」に基本を置いたものであったのではないだろうか。このことは当時の文化状況を考える時に常に問い返されるべき問題であると思われる。例えば先に見た「殺人祭鬼」「求食人」の問題にしても、そこに見られる強烈な恐怖と直接的な、文字の文化から言うなら無反省で短絡的な欲望の満足という思考態には、「声の文化」に生きる者の感情の暴発とハズレタような呑気さとの抱き合わせが感じられる。

実際のところ、「民」のレベルで見た時に、どの程度の識字率であったのだろうか。「郡守」になっているものが「皆な書《もじ》を知らない」と云われるのであるから、甚だ心許ないものであったとしか考えられない。

科挙によって招聘された識字者たちが「通判」などとしてそれらの「郡守」のもとに送られることによって、「文簿漸くにして精密と為る」ともあったから、こうして「民政」「行政」そのものが漸く、「声の文化」の個人的なザル勘定のものから「文字の文化」の一貫した前後の責任を問いうる「精密」なものへと変わって行ったのであろう。

然らば、この時代の「民政」とは、「民」の方にまで「文字の文化」を入れ込んでいこうとする「文化衝突」の現場でもあったということになろうか。

今の朱熹が説く「自新」も、その強調点は、現在を脱して未来を絶えることなく目指す一貫した意志を持続するという点であった。「声」は刹那に消えて行くから、頼りない声の記憶に頼る「声の文化」における思考は、繰り返しということは知っていても、一貫性やその感覚に本づく持続という考えには馴染みにくいであろう。従って進歩や向上といった思念にも馴染みにくいであろう。朱熹の言う「畧《いささか》も間断すること有る可からざる」意志の励起が「盤銘」という書記テキストによる「自警」に導き出されていることにはこの点まことに興味深いものがある。書記テキストに刻むことによってこそ、時の流れの浮沈・変転を越える意志や思考の確定と持続が可能となり、「途切れない」意志励起のダイナミズムも可能となるのである。

ともあれ、「文字の文化」に刻苦して属することを果たした人間が州・県の民政の現場に見たのは、むろん常にそうだというのではないが、往々にして、甚だ混乱し、動揺する人々の心理状況であったと思われる。それは生と死の狭間に危うく揺れ動いている生存・生活状況の中に在って、どうしたら良いのか分からず「なるがまま」に生き、善いも悪いも感覚的にしか考えられず、従ってしっかりとした指針もなく揺れ動き、飢饉や戦乱や、あるいはかつての戦乱の記憶や、盗賊、病気、突然の死、といった恐怖の上に浮動し、時に狂気に近い様な心身症、暴力依存などが観察される。

次に引くのは朱熹以後の資料、朱熹に私淑した真徳秀のテキストである。今の問題に対する民政官としての認識がよく煮詰められた言句であると思われる。

「咨目呈両通判及職曹官」――蓋し聞く。政《まつりごと》を為すの本《もと》は、風化ぞ是れ先んず、と。潭（荊湖南路・潭州。湖南省長沙市。『宋史』巻四三七に「（嘉定）十五年（一二二二）、宝謨閣待制を以て湖南安撫使・知潭州たり。理宗即位すれば（嘉定一七年、一二二四）、召して中書舎人と為す」と。李之亮撰『宋両湖大郡守臣易替考』巴蜀書社、二〇〇一、二六五頁）の俗為るや、素《もと》より淳古を以て称せらる。……今欲すらくは、本俗に因りて之を善に迪《みちび》かん、と。已《すで》に文を為《つく》りて諭告し、孝弟の行いを興して宗族隣里の恩を厚くせしむ。不幸にして過《あやま》つもの有れば、之に自新するを許して故習に狃《な》れること勿からしむ。……昔、密学（枢密直学士）・陳公襄、仙居（両浙路・台州、浙江省仙居県）の宰と為る。民に教うるに、「父は義、母は慈、兄は友、弟は恭」を以てす。而して人、化服す焉。古今の民、天性を同一にす。豈に昔に行う可くして今に行う可からざること有らん。惟だ薄を以て其の民を待すること毋れ。民も亦た将《は》た薄を以て自待するに忍びざらん矣。此れ、某《それがし》の同僚に望む所の者也。然り而して己《おのれ》を正すの道未《いま》だ至らず、人を愛《いと》しむの意孚《まこと》ならざれば、則ち教告有りと雖も、而るに民未《いま》だ必ずしも従わず。……（中華書局・点校本『名公書判清明集』巻之一、上冊一・二頁。『西山先生真文忠公文集』巻四〇「潭州諭同官咨目」）

ここにも「自新」が出て来る。これとも関わるが、重要なのは、陳襄の例を出して、民政の根本である「風化」を興すためのポイントを述べる部分である。「いつの時代の民であってもその性根は同じであるから、風化が昔は出来て今は出来ないというわけがない。ただ重要なのは、どうでもいい様な連中とぞんざいに民を扱ってはいけない。（そうせず、民を一人前の人間として待遇するなら、）民自身も、自分をどうでもいい、あってもなくてもいい様な者としてぞんざいにあしらう気には心が痛んで出来ない様になろう」と言う。

「民」が、皆なとしても、一人一人としても、自分という存在に「自覚」「自信」を持つ、それが「民」がしっかりとした折り目正しい生活（父は義、母は慈、兄は友、弟は恭）を作りあげて行く出発点である。「自新」にしても、この根本的な「自覚」「自信」がなければ為し得ないことであろう。なぜなら「自新」のその「自」がそもそもあやふやでは何も始まらないからである。

だがここで読み取るべきは、真徳秀の目には、「民」は先ずこちらの対し方によってその「自覚」「自信」を持つ様にしなければならない者、すなわち壊れやすい「自覚」「自信」の持ち主、「自分らなどはどうせ下らない死のうが生きようがどうでもいい代物だ」と居直れば言い出しそうな、あるいはひたすら運命に翻弄されるだけのおどおどとした者として、どうも映っているようだということである。それはかなりな程度、真実でもあったのだろう。確固とした自分に対する自信を持って生きている人間が少なく、少ないが故に、自分が「大切にされている」という感覚を先ず与え、これを梃子《てこ》にその「人ごこち」を蘇らせなければならないのである。

ともあれ、「民政官」としては、ここが最もデリケートなポイントであっただろうことは確かである。先の事例一の（4）（6）、事例二の（2）（4）等もこのポイントを彼らがもとより突いていたということの例であろう。当たり前ではあるが、これこそ昔から、勝れた「民政官」の勘どころだったのである。すなわち、

子曰く。之を道《みちび》くに政を以てし、之を斉《ととの》うるに刑を以てすれば、民免《まぬか》れて恥ずること無し。之を道《みちび》くに徳を以てし、之を斉《ととの》うるに礼を以てすれば、恥ずること有りて且《か》つ格《ただ》し。（『論語』為政第二）

である。

「徳」にしても「礼」にしても、相手を一個の人間として重んじるということが基本に含まれている言葉である。「礼」について言えば、人の立ち居振る舞いや物言い、特に人との関係において現れる立ち居振る舞いや物言いのレベルでの型式を問題にするものであるが、その問題の立て方は、それが人から見て「美しい」か否か、さらにはその「美意識」の基準として、そこに関わる人を、互いが一個の人間として重んじ合うという基本的な関係意識がそこに現れているか否か、という一点に向かう。「礼」をもって人に対するとは、何よりもその人を一個の人間として遇するということである。『儀礼』等を見れば分かる通り、「礼」が基礎とし刻み出す人間関係は、基本的に全て「主―賓」の関係である。それは、ある「場」の形式・機能において上下関係は設けられていて外《はず》せないが、しかし主・賓の両者はその互いの響き合いによってその「場」の機能を果たす「協力者」であって、互いに一個の人間として重んじ合うという関係意識を基本とする。同じ「主」を一方の極に置くとしても、「主―奴」の関係となれば、これは一方が一方を「家畜」扱いすることである。「礼」の思想とは、最良の伝統として、一貫してこの「主―奴」に対する「主―賓」の感覚を具体的な言動の形式として守ろうとする思想であった。贅言するなら、人をムチ打つ振る舞い、「切腹」介錯人の振る舞いが如何に華麗であろうとも、「礼」の思想からするならば、「美」以前の唾棄すべき振る舞いだということになる。

現実には、もちろん刑罰で縛り上げ、徹底的に叩きあげて言いなりにし、暴力によって人を大人しくさせるというのは、往々にして為される方法ではあるが、それでは伝統的な教養からして、「民政官」とはそもそも呼べないものとなってしまうのである（事例二の（1）（2）を参照）。

しかし、このポイントが本当に「民政官」によって担われるためには、「民」をも含めた「人間生存」の確実性についての確固たる「自覚」を支える「哲学」が必要であったであろう。なぜなら、以上に見て来た様に、人の生存条件は、この時代、我々には想像を絶する程に悪かったのであろうから、「人間生存」の確固たる確実性を信じるよりは、「儚い夢のようなもの」「泣くか、狂うか、いずれにしてもこの世に移ろわぬものなど何一つない」などなど、絶望の教えに身を委《まか》す方がむしろ心理的には通常であろうし楽でもあったであろうからである。そこを突っ切って、「断じて否《ノン》」「有るものは有る」「この世は夢ではない」「希望を以て日々に自分の生き方を新しく立てよ、人にはその力量がある」と言い切るには、そして先ず自らがこの意志と希望を、「民」への励起の起点として、確固として自らに打ち込むためには、仏教などの慰藉に頼る自他の心理に対する、強い意味で「哲学」的な闘いが必要であったと思われる。

　次のような、『河南程氏遺書』巻二一上・伊川先生語七上が載せる韓維と程伊川に関わる話柄は、当時におけるこの間の事情をよく伝えるものだろう。

　韓持国（韓維、持国は字《あざな》）、許に帥たり（許は京西北路・許州。河南省許昌市。元豊三年（一〇八〇）に潁昌府に昇格。『続長編』巻三二九に「(元豊五年、一〇八二、八月）甲寅、知潁昌府・資政殿学士・韓維を召す。再任す」と。李之亮撰『北宋京師及東西路大郡守臣考』巴蜀書社、二〇〇一、七八・七九頁では熙寧九年（一〇七六）から元豊六年（一〇八三）まで知許州・潁昌府に在任とする）。程子往きて見《まみ》ゆ。公に謂いて曰く「適《まさ》に市中に浮図《ふと》（仏僧）を聚《あつ》む。何ぞ也《や》」と。公曰く「民が為《ため》に福《さいわ》いを祈る也」と。子曰く「斯の民に福《さいわ》いする者は公《あなた》に在らざる乎《か》」と。（『二程集』第一冊二七〇頁）

仏教に頼るのではなく、知州その人がその州の「民」の幸福の、盤石の起点とならねばならぬことを謂う。韓維の「為民祈福」に対し「福斯民者不在公乎」と切り返す呼吸は伊川ならではのものである。

　実際民政の現場にある良心的且つ有能な「民政官」たちの闘いは、その闘いを支える「哲学」をまさに求めていた、あるいは向かっていた。

　太祖・太宗のブレインとして、宋朝政権の存立構想、簡単に言うなら「民政立国」の構想を提言しその構想を太祖・

太宗と共に実現して行った趙普について、

其の相《しょう》と為るに当たりては、朝廷に一大事に遇い一大議を定むる毎《ごと》に、纔《すなわ》ち第《だい》（自邸）に帰れば、則ち亟《すみやか》に戸を闔《と》じ、自ら一篋を啓《ひら》き一書を取りて之を読み終日する者有り。家人と雖も、測らざる也。翌旦に及びて出ずれば、則ち是《こ》の事決せり矣。之を用《もっ》て常《つね》と為す。後、普薨《こう》ず。家人始めて其の篋を開きて之を見るを得れば、則ち『論語』二十篇なり。（『東都事略』巻二六「趙普伝」）

などと伝えるが、〈注〉その目、すなわち「民政官」の目で読んで見れば、『論語』は確かに実際「民政」の現場にいて、その経営を任されている人間にとっては啓発されるところの多い書物であろう。「四書（『大学』『中庸』『論語』『孟子』）」が重視されて行くのも、まさにそれらが良心的且つ有能な「民政官」の目から見て自分たちを主体として書かれているとしか思われぬところがあったからであろう。

〈注〉もちろん一種の口碑の記録に過ぎないから、事実かどうかは分からない。しかし宋代のこれらの歴史書や随筆の類において好まれた話柄であることは確かである。本文はその限りでの議論である。洪業『洪業論学集』（中華書局、一九八一）所収「半部論語治天下辨」に参照。

しかし、これらの書物を単純に持って来てそのまま「哲学」とするわけにも行かなかった。それらテキスト自身の「読み」をもっとその目で先鋭にしなければならなかった。それには恐らく二つの理由をここで指摘しておくことが出来るであろう。

一つには、人々の絶望を受け止め、この世に生きることを益々儚いものとする「仏教」などの教説が流行していたこと。これと闘い得る「読み」の鋭さが要求される。「民」を治めるには「愛」が重要だ、と生《なま》な言い方をしたのでは、「仏教」には「愛」の字が溢れているのであるから、分けが分からなくなってしまおう。

今一つは、「民政官」は州・県合わせるだけでも、北宋末で云えば一五〇〇以上、良心的且つ有能な「民政官」がその全てに就いているなどとは到底考えられないであろうが、優秀な「民政官」を育成して行かなければにっちもさっちも行かないことは目に見えている。そのための教育理念、教育機関、教程、教科書の整備などがその観点から求められていた。

しかし、仏教を向こうにまわして闘うということは当時並大抵のことではなかったであろう。よほどすっきりとした闘いへと煮詰め、しかも「愛」などといった基本語の区別なども系統的にしかも精密に示すとなると、ことは容易《たやす》くない。しかも彼らが生きている現実は仏教に慰藉を求める以外ないような様相を波はあるが示し続けていた。

程頤・朱熹に従えば、ここで「明道先生」が現れた、ということになる。

七

宋代、知州・知県は、以上の如く、不安定な状況にともすれば低迷する民生を培醸し励起する闘いの前線にあった。しかしこの時代、彼ら民政官はこの民政という闘いに生きるだけではなく、一方でまさに身を挺し兵を指揮して文字通りに「闘う」戦闘指揮官でもなければならなかった。

時代や地域によってその状況に変化があることは言うまでもない。しかし知州・知県はその地域の人命を暴力的な侵害者の手から守る前線指揮官でなければならなかったのである。

彼らを、あるいは彼らが担った文化や思想を従来時に強調される如き「文弱」一途のものと価値づけることは出来ない。地域の「安全」の保持は先ずは知州・知県など担当民政官の責務であり、州・県という現場での、兵を率いての毅然たる行動力と指導力とが要求されていたのである。

蘇轍『龍川別志』巻下に范仲淹と富弼に関わる次のような話が載せられている。

慶暦（仁宗、一〇四一～一〇四八）中、劫盗の張海、数路に横行し、将《まさ》に高郵（高郵は府・州・軍・監の内の軍である。以下の本文に出る「知軍」「軍中」などの「軍」はこのような地方単位のこと、「軍隊」のことではない。淮南東路。江蘇省高郵市）を過《よぎ》らんとす。知軍の晁仲約、禦《ふせ》ぐ能わずと度《はか》り、軍中の富民に諭して金帛を出ださしめ、牛酒を市《か》い、人をして迎え労《ねぎら》わしめ、且つは厚く之に遺《おく》る。海は悦びて径《ただち》に去り、暴を為さず。事（朝廷に）聞《きこ》ゆ。朝廷大いに怒る。

時に范文正（范仲淹）、政府に在り、富鄭公（富弼）、枢府に在り。（「政府」は「政事堂」「中書」とも呼ばれ、民政を掌監した最高官署、宰相、参知政事がここで民政にかかる審議を行った。「枢府」は「枢密院」、軍政を掌監した最高官署。「政府」「枢府」を合わせて「二府」とも呼ばれ、国家の「民政」と「軍政」という並立する機能にかかる最高機関と理解されていた。）

鄭公議して仲約を誅し以て法を正さんと欲し、范公は之を宥《ゆる》さんと欲し、上《じょう》の前に争う。富公曰く「盗賊公行し、守臣戦う能わず、守る能わず、而して民に醵銭せ使めて之を遺《おく》る。法の当《まさ》に誅すべき所也。誅せざれば、郡県、復た肯いて守る者無し矣。聞くならく、高郵の民、之を疾《にく》み、其の肉を食らわんと欲す、と。釈《ゆる》す可からざる也。」と。

范公曰く「郡県の兵・械、以て戦守するに足らば、賊に遇いて禦《ふせ》がずして又《さら》に之に賂《まいな》うは、此れ法の当《まさ》に誅すべき所也。今高郵に兵と械と無し。仲約の義、当《まさ》に勉力して戦守すべしと雖も、然れども、事、恕《ゆる》す可き有り。之を戮するは恐らくは法の意に非ざる也。小民の情、財物を醵出して殺掠を免《まぬか》るるを得ば、理として必ず之を喜ぶ。而るに其の肉を食らわんと欲すと云えるとは、伝うる者過《あやま》つ也」と。

仁宗釈然として之に従う。仲約之に由りて死を免《まぬか》る。

既にして富公慍《うら》みて曰く「方今、法の挙《おこ》なわれざるを患う。方《まさ》に法を挙《おこ》なわんと欲するに、而るに多方之を沮《こば》む。何ぞ以て衆を整えんや」と。

范公密かに之に告げて曰く「祖宗以来、未だ嘗て軽がろしく臣下を殺さず。此れ盛徳の事、奈何《いかん》ぞ軽がろしく之を壊《こぼ》たんと欲するや。且つ吾と公と此《ここ》に在るに、同僚の間、同心なる者幾《いく》ばくか有らん。上《じょう》の意と雖も、亦た未《いま》だ定まる所を知らざる也。而るに軽がろしく人主を導きて以て臣下を誅戮せしむれば、他日、手滑れば、吾輩《われら》と雖も、亦た未《いま》だ敢えて自ら保たざる也」と。

富公終《つい》に以て然りと為さず。……


仁宗・慶暦三年（一〇四三）八月丁未に范仲淹は参知政事に、富弼は枢密副使となり、同五年（一〇四五）の正月乙酉に両者同じく罷せられて、范仲淹は知邠州・兼陝西四路縁辺安撫使、富弼は京東西路安撫使・兼知鄆州、となっている（『続長編』巻一四二・一五四、点校本、第一一冊三四一七頁・第一二冊三七四〇頁、『宋宰輔編年録校補』第一冊二四八・二五九頁）から、今のことはこの間のこととなる。

『続長編』は今の記事を巻一四五、慶暦三年一一月に載せるが、あわせて邵伯温『邵氏聞見録』に載せるもの（中華書局『邵氏聞見録』点校本、一九八三、巻八、七九頁）を注記し、それでは話が「光化軍」（京西南路、湖北省老河口市北）での事件となっているが、これについては「蓋し謬りなり」とし、『龍川別志』に従う、とする。しかし続けて、これに賊盗の名を「張海」とするのは「亦た恐らくは誤り」とし、本文ではその名を削去したと云う。「蓋し慶暦の間、賊・王倫、京東に起こり、淮南を掠す。張海、陝西に起こり、京西を掠す。張海嘗て淮南を過《よぎ》るを聞かざるなり。范仲淹の正伝も亦た王倫を指し、張海を称さず。伝の載する所の守令の当に誅すべき者は、但だに仲約一人のみならざるも、今は但だ『別志』に従うのみ。王堯臣の『慶志』、此の事を記すに、亦た邵伯温と同じ。但だ王倫を称し、張海を称さず。伯温、蓋し誤るなり」と。

その『邵氏聞見録』に載せるものから少しく引いておく。

……時に盗、京西に起こり、商（商州、永興軍路。陝西省商県）、鄧（鄧州、京西南路。河南省鄧県）、均（均州、京西南路。湖北省丹江口水庫）、房（房州、京西南路。湖北省房県）を掠す。光化知軍、城を棄てて走ぐ。……范公曰く「光化、城郭無く、甲兵無し。知軍、所以《ゆえ》に城を棄つ。乞うらくは其の罪を薄くせよ」と。仁宗之を可とす。朝より罷りて政事堂に至る。富公怒ること甚だし。范公に謂て曰く「六丈（范仲淹のこと）、仏と作《な》らんと要《す》る耶」と。范公笑いて曰く「人何ぞ仏と作《な》るを用いん。某《それがし》の言う所に理有り。少しく定めよ。君が為に之を言わん」と。富公益ます楽しまず。范公従容として曰く「上は春秋鼎盛、豈に之に人を殺すを教えんか。手滑るに至れば、吾輩《われら》の首《く》領《び》皆な保たず矣」と。……

朱熹の『五朝名臣言行録』（四部叢刊所収宋刊本）七之二には『龍川別志』のテキストを採録し、「遺事」を注記する。その「遺事」から少しく引いておく。

……退きて政事堂に至る。昌言して曰く「朝廷、異時には四方の無事なるを以て、肯《うべな》いて郡県に設備を為さず。吏の敢えて城隍《からぼり》を治め兵卒を閲《ととの》えるを以て請いと為す者は、狂妄を以て之を坐《つみっ》く。一旦、事、不虞に生《お》こるや、吾輩《われら》自らに咎《とが》を引かずして、専《もっぱ》ら死を以て外臣に責《せ》む。誠に青史に愧ずること有る也」と。

范仲淹に関する話柄として、多くの異本を持つテキストであるということになる。

歴史的事実としての真偽についてはこれを留保するとして、しかし別の見方をするなら、それぞれのテキストがそれぞれに州県の城郭や知県・知州についての当時の認識の一斑を伝えていると読むことが出来るだろう。

数え上げるなら、以下のようになろうか。

（1） 知州・知県は、「法」において、その州城・県城に拠って守戦する義務がある。これを放棄することは死罪に相当した。同じ慶暦三年に日付けられる、欧陽脩の「論韓綱棄城乞依法箚子」には次の如く云う。

臣伏して見るに、前《さき》の知光化軍・韓綱は、近ごろ兵士を酷虐せしが為《ため》、兵士等の乱を作《な》して州県を攻劫するを致し、朝廷を驚動し、上《かみ》には君父の憂いを貽《おく》り、下《しも》には生民の患いを致す。而るに又た法を畏れず、城を棄てて遁走す。其の罪状顕著なれば、便《すなわ》ち合《まさ》に誅夷すべし。……

窃《ひそ》かに以《おも》えらく、獄を断ずるの議は、両端を過ぎざる而已《のみ》、正法有れば則ち法に依り、正法無ければ則ち情を原《たづ》ぬ。今ま韓綱の犯す所、法に明文有りて、情に恕《ゆる》す所無し。謹んで律文を按ずるに、「主将、城を守り、賊の攻むる所と為るに、固守せずして棄つる者は、斬《ざん》」と。此れ、韓綱の、法に於て当《まさ》に斬《ざん》すべきこと、明文有る也。

……当初、乱兵には未だ器械有らず。韓綱の手下、自ずから六十餘人の乱せざるの兵士有り。又《さら》に官庫の器甲有り。既に力を尽くして禦捍する能わず、又《さら》に城を閉じて堅守する能わず、公然として手下の兵士を将《もっ》て全家を津送《はこ》びて船に上《のぼ》すれば、便《すなわ》ち牌印を城池に棄てて去る。……方今、盗賊憂う可きの際、若《も》し天下の州県皆な韓綱に效《なら》い、賊を見れば便《すなわ》ち走らば、則ち在処の城池は皆な賊の有《ゆう》と為らん。陛下の州県、誰か肯いて之を守らん。此れ韓綱の情、又た恕《ゆる》す可き無き也。……（『全宋文』第一六冊五一一頁）

韓綱の棄城遁走については『続長編』巻一四四、慶暦三年十月、点校本、第一一冊三四七八頁、に見える。

（2） 漢語として「城」と云う場合、例えば「州城」や「県城」と云う場合には、言うまでもなく一種の城郭都市、その城郭都市を囲んで築かれている城郭を謂うと考えてよかろう。「光化、城郭無く、甲兵無し。知軍、所以《ゆえ》に城を棄つ」「吏の敢えて城隍《からぼり》を治め兵卒を閲《ととの》えるを以て請いと為す者は、狂妄を以て之を坐《つみ》く」などの言葉に、この州城・県城の城郭が当時「兵卒」と対になって州・県という国家装置の死守すべき防衛線と観念されていたことを読むことが出来るだろう。

（3） しかしながら、今引いた言葉からは同時に、州県の治署が置かれている町が必ず堅固な城郭を備えていたとは言えないらしく、城郭に囲まれていないといった状態のものも存在したことが分かる。そのような防禦城郭は州・県といった国家装置の存立・維持にとって必須であると考えられているが、当時その整備に当たることはなおざりにされ、むしろある時期、政策的にその整備が忌避されていたらしい。言うまでもなく宋代趙氏政権が五代時代の経験から、地方兵権の強大化を嫌い、これをあくまで従属的な弱体に置くことを基本的な政策としたことと関わろう。

（4） 『龍川別志』に就けば、帝前を退いて後の、范仲淹の富弼に対する密語には、皇帝権への「牽制」の意識があ、、らわなのではないだろうか。あるいはそれが強権へと暴走する可能性を洞察し、それを防がんとする臣下としての皇帝への心理戦略が漏らされている、ということになろうか。あるいは皇帝も政争の中で動揺し傾斜し憎悪への抑制を失う普通の存在であって、そのことを政争の中で生き抜いて行かねばならぬ人間はよくよく肝に銘じておかねばならない、皇帝に政争解決の魅力的な方法である「粛清」への嗜好を教えてはいけない、ということなのであろうか。いずれにしても、このあたりの話柄は、皇帝制度の下に生きる有能な臣僚たる范仲淹というこの「名臣」において、皇帝への忠誠心が彼の人格を破壊してもいないし、また全てを吸収してもいず、独立した思考力と道徳的勇気がそれと拮抗する形で自覚されていたことを示唆している。

この逸話は、逸話として広く臣僚における皇帝への忠誠心から独立し拮抗する思考力と道徳的勇気の自覚的設定の重要性を教えるものとなっている、と読むことが出来るであろうが、しかし我々にとって興味深いのは、このテキストが堂々と、『名臣言行録』なり『続長編』なりに採録されていることである。忠誠心と独立した思考力との両立は容易《たやす》い問題ではない。この拮抗が個々の臣僚に刻み出す精神のダイナミズムがここでは公然と当時の士大夫に語りかけられているのである。

八

ここで改めて知州・知県についての『宋史』職官志の記事を見ておこう。

知州

府・州・軍・監――宋初、五季（五代）の患を革《あらた》め、諸鎮の節度を召して京師に会せしめ、第《だい》（邸宅）を賜いて以てこれを留め、朝臣に分命して、出でて列郡を守らしむ。「権知軍州事」と号す。「軍」とは兵を謂う。「州」とは民政を謂う焉。其の後、文・武の官、参じて知州軍事と為る。二品以上及び中書・枢密院・宣徽使の職事を帯するは、判某府・州・軍・監と称す。諸府、知府事一人を置く。州・軍・監も亦た之《かく》の如し。郡政を総理するを掌る。条教を宣布し、民を導くに善を以てして其の姦慝を糾《ただ》し、歳時に農桑を勧課し、孝悌を旌別す。其の賦役・銭穀・獄訟の事、兵・民の政《まつりごと》、皆な総べる焉。……

河南・応天・大名府（陪京。西京・河南府、南京・応天府、北京・大名府）の若きは則ち留守使公事を兼ぬ。

太原府・延安府・慶州・渭州・熙州・秦州は則ち経略安撫使・馬歩軍都総管を兼ぬ。

定州・真定府・瀛州・大名府・京兆府は則ち安撫使・馬歩軍都総管を兼ぬ。

瀘州・潭州・広州・桂州・雄州は則ち安撫使・兵馬鈐轄を兼ぬ。

潁昌府・青州・鄆州・許州・鄧州は則ち安撫使・兵馬巡検を兼ぬ。

其の餘の大藩府、或は沿辺の州軍、或は一道の衝要に当たる者は、並びに兵馬鈐轄・巡検を兼ね、或は沿辺安撫・提轄兵甲・沿辺渓洞都巡検を帯ぶ。

……（巻一六七、中華書局、点校本、第一二冊三九七二頁）

知県

県令――建隆元年（太祖、九六〇）、天下の諸県に令して、赤・畿を除くの他、望・緊・上・中・下有り（「赤・畿・望・緊・上・中・下」は県のランク付け）。民政を総治するを掌る。農桑を勧課し、獄訟を平決す。徳沢・禁令有れば、則ち治境に宣布す。凡そ戸口・賦役・銭穀・振済・給納の事、皆な之を掌る。時を以て戸版を造り、及び二税を催理す。水・旱有れば、則ち災傷の訴有り、分数を以て蠲免す。民、水・旱を以て流亡すれば、則ち之を撫存・安集し、業を失わ使むること無し。孝悌・行義の郷閭に聞ゆる者有れば、事実を具《つぶさ》にして州に上し、激勧して以て風俗を励ます。

若し京・朝・幕官なれば、則ち「知県事」と為す。戍兵有れば、則ち兵馬都監或は監押を兼ぬ（原注「宣教郎以下は監押を帯ぶ」）。

……（巻一六七、点校本、第一二冊三九七七頁）

県には県令以外に「主簿」と「尉」が置かれるが、職官志に拠れば、開宝三年（太祖、九七〇）の詔として、千戸以上の県では令・簿・尉を置くが、千戸から四百戸まででは令と尉のみ置き、令が主簿の事務を取り扱い、四百戸以下では、簿と尉を置き、主簿が「知県事」を兼ねるとする。主簿は文書事務を扱い、尉は「弓手」を率いて警察業務を担当する。「弓手」は吏役の名目であって、宋初の規定では、一万戸以上の県では五〇人（後に三〇人）以下、千戸未満では一〇人まで、の人数を、三年ないし七年交替の割当で土地の富裕戸より出すものである。主簿、尉ともに所謂「選人七階」・「幕職州県官」の最下ランクに数えられる（ただし京畿赤県の主簿・尉は一ランク上）ものである。宮崎市定氏によれば、「選人」とは「京官」への「選を待つ人」という意であり、「併し本人は或いは科挙の及第者であったりして、十分に京官となりうる資格を有していて、流外の胥吏などとは全然異なった有資格者なので、これを掌る中央の役所も流内銓なのであった。選人はいわば、流内の無品の官で、ある条件が揃えば直ちに改官して太常丞（後に正八品）乃至奉礼郎（後に正九品）などの京官となり得る」（『宮崎市定全集』10「宋代官制序説」二九八頁）、その意味では「文官」の階位の最下層を占めるものということになる。とはいえ、梅原郁氏によれば、「幕職州県官の最も下のポストは、だから下県か中下県の県尉というわけだが、科挙合格者はこんなところから出発するのではない。下県の簿尉に任命される者は、進納人（買官した者）と流外（胥吏出身）であり、その上も、中下州までの判司は、摂官（主として広南で行われる現地任用）と恩蔭出身で占められる。」（「東方学報」第四八冊、一九七五、「宋初の寄禄官とその周辺」、一四〇頁）ということである。職官志には続けて、南宋では「沿辺諸県の間、武臣を以て尉と為す。……亦た或は文・武、通差す。」（点校本、一二冊三九七八頁）と云う。

知州・知県についての職官志の記述からだけでも、この職責がその任に当たる人間に誠にダイナミズムに富んだ能力を要求していることが理解されるのではないだろうか。

ダイナミズムに富むとは、すなわち、平時の事務的業務の統括のみならず、天災・人災にかかわらない緊急事態に対して的確な対処を要し、その一環として軍事官としての職務権限を付与されているのである。例えば宋代官僚制の中心的担い手であると認定されている所謂「科挙出身」、特には「進士科出身」の官僚たちは、まさしく文官中の文官として観念されているかと思われるが、彼らがそのキャリアーにおいて、おおよそは必須のポストである「知州」の職責は、一州ないし数州の軍事指揮官を兼ねるものでもあった。ここでは彼は「文官」と「武官」の対立を越えてその両者を統合するダイナミックな指導力を発揮しなければならないのである。しかも民生の安寧を目的とする民政官の芯を通しながら。

このことはむろん今の職官志に「戍兵有れば、則ち兵馬都監或は監押を兼ぬ」と云われる「知県」においても同じであろう。

もちろんよく言われる如く文官たる彼らがそのようなポストにある時、おおむねは下僚となっている武官にまかせっきりにして自らは手を下さなかったとも考えられる。しかし宋朝国家が置かれている状況はそれほどスタティックに、国権行使における文官による民政と武官による軍政との対称的な分担を許すものではなかった。

九

宋代の軍事制度は五代以来の制を承け、しかもこれを、基本的には文官のコントロールの下に置き武臣が力を持つことがないようにするという方針を貫きつつ形成され、塗り重ねられ、変更されて行った。今紹介した知州・知県の記事に現れる「経略安撫使」「馬歩軍都総管」「巡検」や「兵馬都監」「監押」などに関わる宋代兵制の有り様を、王曽瑜氏の『宋朝兵制初探』（中華書局、一九八三。以下『初探』と呼び頁数を示す）によりながら一瞥しておきたい。

王氏は時代的には、北宋前期・中期、北宋後期、南宋期、の三期に大きく分けて述べられている。行論の都合上、北宋前期・中期の様を中心に紹介するに止める。英宗までがその時期である。

この時期兵員組織として考えるべきものは、⑴禁兵、⑵廂兵、⑶郷兵、⑷蕃兵、⑸土兵（神宗以後が重要）、⑹弓手、である（六六頁）。

禁兵は、皇帝の宿衛に当たる「班直」とその他に分かれる。その他には「捧日」「天武」「龍衛」「神衛」（以上「上四軍」）などといった「番号」が与えられ、正規には、都（一都一〇〇人）――指揮（一指揮五〇〇人）――軍（一軍二五〇〇人）――廂（一廂二五〇〇〇人）、という編成をとる。ただし現実にはこの通りに充足されてはいない。これらの編成を取る禁兵はそれぞれ「殿前都指揮使司」「侍衛親軍馬軍都指揮使司」「侍衛親軍歩軍都指揮使司」、所謂「三衙」に統括される。

この、廂――軍――指揮――都、という編成において、各単位の統兵官としては、廂には「都指揮使」、軍には「軍都指揮使」「都虞候」、指揮には「指揮使」「副指揮使」、都には馬兵系に「軍使」「副兵馬使」、歩兵系に「都頭」「副都頭」、両者ともその下に「軍頭」「十将」「将虞候」「承局」「押官」が有る。

重要なことは、禁兵が地方へと駐箚したり、実際の軍事行動に移る時には、廂と軍の単位は無視され、「指揮」単位で随意に合成部隊が構成されたことである。したがって、実際にはこの「指揮」なる単位が基本的な軍事編成単位であるということになり、「廂」「軍」という単位とその統兵官ポストは名目上の「虚銜」へと棚上げされるということになる。（二九頁）

今一つ重要なことは、今述べた如く禁兵が地方に駐箚する際には三衙統括下の編成を崩して随意に合成部隊を作って行うため、その編成と統兵官の組織は、地方駐箚の部隊では意味を持たなくなってしまうことである。そこで、これらの駐箚部隊については、別に実際の軍事行動に即した指揮を行う指揮官を任命してこれを統括するが、これを「率臣」と呼び、具体的には、「安撫使」「経略使」「経略安撫使」「都部署」「副都部署」「部署」「副部署」「都鈐轄」「鈐轄」「副鈐轄」「都監」「副都監」「監押」などが有る。「部署」の名は後、英宗の諱「趙曙」を避けて「総管」と換えられた。また「巡検」という名称もこの「都監」「監押」などと同類のものである。（六一頁）

知州・知県に関わる前に引いた職官志の記事に出て来たのはこちら、「安撫使」など「率臣」の方の名称である。

これら実動の指揮官職は、ことの性質上、あくまで臨時的な委嘱権限であり、禁兵組織に固有する性質のものではない。むしろ実際の軍事行動における指揮官を兵員組織に固有のものとせず、臨時的とすることによって、その兵員集団が指揮官と兵員との強い連帯意識を醸成して強力な指揮官個人の軍団へと変質することを阻止することが、これらの施策の基本理念となっているのである。またこれらの臨時指揮官職を多くは文官である知州・知県に託することによって、武官を牽制することが図られたのである。（六三―六五頁）

禁兵は、京師の防衛に当たるものと、地方に駐箚するものとに分けられ、そのバランスをとることが宋初よりの方針であったが、駐箚については、同じく兵と指揮官とがそこで固定して結び付きを深めることを阻止するために、三年、二年、半年と、土地によって違いはあるものの絶えず部隊の配置替えを行う「更戍法」を行った。

しかし一方では府・州・軍に徐々にこれとは別の留め置きの禁兵が設置されるようになり、これが多くなって、禁兵に中央軍と地方軍との区別が実質化した。この地方留め置きの禁兵を「就糧禁兵」と云う。仁宗時代の統計では、開封府駐営の禁兵、すなわち中央軍が六八四指揮、南北各路の「就糧禁兵」、すなわち地方軍が一二四三指揮、となり、地方軍が二倍近くに達するという規模になっていた。（五八―六〇頁）

神宗は軍の強力化を目指して、「将兵法」と呼ばれる禁兵の編成替えを行い、将官と兵員との結び付きを強めた軍組織を作ろうとした。この施策が適応された禁兵を「系将禁兵」と呼び、この部分では、知州・知県はその指揮に関与出来なくなった。ただしこの施策に掛からなかった禁兵も多く、これを「不系将禁兵」と呼ぶ。こちらは「州郡の兵」と観念されている。この神宗の施策に反対した司馬光の「乞罷将官状」は知州・知県と地方軍兵との関係についての当時一般の様子を示しているだろう（一〇一頁前後）。

司馬光の「乞罷将官状」には次の様に言う。

臣伏して以《おも》う。州県なる者は百姓の根本。長吏なる者は州県の根本。根本危うければ、則ち枝葉何ぞ以て安らかなるを得ん。故に古より以来、凡そ州郡を置けば、必ず其の武備を厳にし、長吏を設くれば、必ず其の侍衛を盛んにす。以て其の権を重くし、其の人を驕らしむるに非ざる也。乃ち百姓を安んじ、朝廷を衛《まも》る所以なれば也。……夫れ兵なる者は、不軌を威して文徳を昭《あきら》かにする所以《ゆえん》、誰か能く兵を去らん。州県虞《うれ》いなければ、則ち国家安んぜり矣。州県守らざれば、則ち国家危うし矣。

臣窃かに見るに、国朝以来、総管・鈐轄・都監・監押を置きて将帥の官と為す。凡そ州県に兵馬有る者は、其の長吏未だ嘗て兼同管轄せざることあらず。蓋し知州は即ち一州の将、知県は即ち一県の将なるが故なり。先帝、四夷を征伐せんと欲し……（『全宋文』第二八冊二〇七頁）

『続長編』巻三五五、元豊八年（一〇八五）四月庚寅（二七日）にも載せる（点校本、第二四冊八四九九頁）。神宗が崩じたのは三月戊戌（五日）。「先帝」とは神宗のことである。

冒頭、州・県こそが民政の現場であることを述べ、兵力はその民政を安護することを目的とするのであるから、当然に、その現場にはそれぞれに兵力が置かれ、そしてその指揮権はその現場の中心たる州県の長官が握るのだ、という原則が歴史的な展望（省略部分）を踏まえて展開され、国初以来の制度がこの原則に則ったものであることを述べている。以下「将兵法」がこの原則に反し、州県の長官から指揮権を奪うものであり、これでは「万一、非常の変有らば、州県の長吏何ぞ以て其の衆に号令し、姦宄を制禦せん哉」と続くが、「将兵法」の出現を今の引用の最後「先帝、四夷を征伐せんと欲し……」と神宗の発想に遡って語り出すあたりには、そういう、民政に関わらない「征伐せんと欲する」という発想そのものが、そもそも国政の基本原則にはずれるものだ、との批判が込められていよう。

既に引いた范仲淹の言葉にも「今の刺史・県令は、即ち古の諸侯」「内官は多しと雖も、然ども陛下と共に天下を理《おさ》むる者は、唯だ守宰、最も要《かなめ》なる耳」（一三頁）とあった。司馬光のここの言葉は、神宗・王安石の所謂「新法」改革、ここでは特に「将兵法」という兵制改革の経験を踏まえて、その「州・県こそが国政の現場だ」という認識が鮮明且つ具体的となっていると覚しい。いずれにせよそれは、司馬光一人の認識というよりは、宰執に至るまでの当時の政治学的思考が知州・知県という現場経験を通じて継承していた有力な一つの現実「認識」であり、また彼らが制度を批判し変えて行く時の基底となっている「認識」でもあった。

民政の現場にあって、知県・知州たちは、たとえ彼が文官系に属するものであろうとも、生身の武力を率いてまさに自分で戦わなければならない、これが宋代に広がっていた数々の州・県における現実であった。もちろん無能者もいれば、逃げ出す者もいたが、果敢に戦う者、さらに果敢一方だけではなく招撫を含めた硬軟自在の対応を為し得る者もいた。現場の状況に的確冷静にしかもその人ならではの独創的な対応を機敏に果たす「カッコよさ」こそ語り継がれ、継承され、一代の気風を築く核心となる。所謂「士大夫」なる言葉も、彼らがある価値を込めて自称する時には、その核心にこの「カッコよさ」への感覚があるのではないだろうか。その手の、誰でもないその人の「カッコよさ」がなければ、なかなかに兵や下僚は自らの命までをあずけてついて行きはしないものであろう。宋という時代は「皇帝と民に仕える文官にして有能なる指揮官・軍政官、且つ卓越した民政官」という「カッコよさ」のモデルを後世に遺したのではないだろうか。

一〇

実例に就いて考察を広げておこう。

【事例一】

仁宗・慶暦二年（一〇四二）一〇月甲寅、翰林学士・兼龍図閣直学士・王堯臣は、涇原路安撫使となった。これは当時対西夏の前線地帯である涇州・原州・渭州・儀州等を所轄とするものである。翌三年正月辛卯、王堯臣の議により、渭州・籠竿城を徳順軍とした。

ここは旧《もと》、曽瑋が開き、籠竿など四寨を置き、弓箭手を募集し、田地を与えて、耕・戦自守させたところであったが、後に将帥がこれを侵したので人々が恨み、徳勝寨の主である姚貴に無理強いして立て籠り反旗を翻した。

王堯臣はこの時ちょうど付近を通り掛かったので、事の利害を説いた書状を城中に射《い》させ、かつは近辺の兵を以て攻撃した。

下役のもの（吏）は、「公は奉使して且《まさ》に（都に）還らんとす。帰りて天子に報ずるのみ。貴の反するは、公の事《しごと》に非ざる也」と云ったが、王堯臣は「貴は土豪にして、頗る士が心を得《う》。然ども初めは叛する者に非ず。今其の未定なるに乗じて速やかに之を招降せざれば、後《のち》必ず事を生じ、朝廷の患いと為らん」とその深慮を示した。

姚貴は王堯臣の読み通りに自ら投降し、王堯臣が曽瑋の時代通りにすると保証したので、人々は散じたのであった。

（『続長編』巻一三八・一三九、点校本、三三一五・三三四二頁。また欧陽脩「尚書戸部侍郎・参知政事・贈右僕射・文安・王公墓誌銘」、『全宋文』一八冊三三七頁）

王堯臣は天聖五年（一〇二七）進士第一で及第し、枢密副使、参知政事に至った人物である。

【事例二】

慶暦三年は、地方軍の反乱や、「盗賊」が横行した年であった。中でも「王倫の乱」はよく知られる。

慶暦三年五月癸巳（二七日）、京東安撫司より「本路の捉賊虎翼の卒・王倫等が沂州の巡検使・御前忠佐・朱進を殺して以て叛したので下級武官を派遣した」との報告があった（『続長編』巻一四一、三三八一頁。『宋会要輯稿』第一七六冊・兵一〇之一四。以下『宋会要』と略称する）。

同年七月乙亥（一〇日）には、江・淮制置発運使より「軍賊・王倫を和州において捕殺した」との報告があった。王倫は沂州（山東省臨沂）に反乱を起こし、北上して青州（山東省青州市）を犯さんとしたが、入るを得ず、転じて淮南（淮南東路）に向かった。通過せる州県の巡検・県尉は皆な畏れ避けて敢えて出兵する者もなかった。揚州に至り、ここで兵が出て山光寺の南で戦闘が行われた。京東安撫使の陳執中は都巡検の傅永吉を派遣してこれを追わせていたが、制置発運使の徐的がこれら諸道の兵を合わせて攻撃、歴陽（淮南西路・和州、安徽省和県）に王倫は破れ、殺されたのである。歴陽県の壮丁・張矩等がその首を得たのであった（『続長編』巻一四二、三三九八頁。『宋会要』第一七六冊・兵一〇之一四―一五）。

八月辛亥（一七日）に論功行賞の結果が出ているが、次の如くである。

李熙古　和州通判・都官員外郎──→職方員外郎・知鳳州
傅永吉　京東同提挙都巡検・左班殿直・閤門祗候──→礼賓副使・兼閤門通事舎人
宋璘　沂州巡検・三班借職──→右侍禁・閤門祗候
鄭安　指使・散直長行──→三班奉職・差使
李九皐　殿侍→三班借職
趙鼎　和州編管人・前西頭供奉官・閤門祗候──→供奉官
張矩　和州歴陽県壮丁──→三班奉職
陳明　→三班借職
尚亨　→三班借職

軍校・許千等七人　遷擢
徐的　淮南・江・浙・荊湖制置発運使・兵部員外郎→工部郎中・直昭文館
（『続長編』巻一四二、第一一冊三四一八頁。『宋会要』第一七六冊・兵一〇之一四－一五。『宋会要』では「李熙古」が載せられていない。また「尚亨」を「禹亨」に作る。）

武官の品階「武階」は、最下位から並べると、三班借職・三班奉職・右班殿直・左班殿直・右侍禁・左侍禁・西頭供奉官・東頭供奉官（以上「小使臣」ランク）、内殿崇班・内殿承制（以上「大使臣」ランク）、供備庫副使・礼賓副使……（「諸司副使」のランク。さらに「諸司使」のランク）、となる。三班借職・三班奉職は従九品であり、これ以上が正式の「武階」であるが、この下にさらに見習としてのランクがあり、「殿侍」はそれである。梅原郁氏の言葉を借りれば、「殿侍は恩蔭や軍功で比較的安易に授与されたらしく、蕃夷や帰明人の現地で仕える人などもその中に加えられている。……実例にあたってゆくと、殿侍は三班差使殿侍某々と、上に三班差使の肩書を持つ場合が多い。これは三班院から派遣された殿侍ということで、その臨時が三班借使であり、そのほか陝西、河北など路の軍政長官の特別命令で一定任務を持つ指使などもあった。」（「東方学報」京都第五六冊、一九八四、所収「宋代の武階」、二二九頁、傍点は木下。「武階」についての前後の記述はこの論文に負うところが大きい）。「閤門祗候」は、武官における、文官の館職にあたる付加的な名誉品号であり、「閤門通事舎人」はその上位の品号である。

張矩・陳明・尚亨について言う「歴陽県壮丁」とは、県尉に率いられた「弓手」を謂うのであろうか。各地の「郷兵」（各地で徴用ないしは募集によって建てられた部隊）の名号の中には「壮丁」というものも見えるのでそれに当たるのかも知れないが、いずれにしても現地民採用の兵員を謂うと思われる。功に応じて「奉職」「借職」という最下位にもせよ正式の武官として認定されたということになる。

趙鼎なる人物は、「和州編管人」とあるので、罪に坐して「西頭供奉官・閤門祗候」を落とされ、和州に「預かり」の身となっていたものである。赦免を得る絶好の機会と見たのであろうか、混成軍に加わって戦闘に参加したのであろう。功により旧に戻った、ということになる。「趙」であるから「宗室」出身であるのかも知れない。

李熙古と徐的は官銜よりして明確に「文官」である。戦闘が実際には如何なる形で展開したのか分からないので、彼らが如何なる形で戦闘に関与したのかは分明でないが、直接的な陣頭指揮に立っていた可能性もあろう。

この賞升の表を眺めれば、当時このような場合に如何なる人々がその実際の戦闘に参加したのか、の一斑を知ることが出来る様に思われる。

欧陽脩の「論沂州軍賊王倫事宜箚子」（『全宋文』第一六冊四五二頁）によれば、王倫の反乱は最初は四・五〇人の規模であったが、高郵軍に至った時には二・三〇〇人規模になっていたと言う。和州ではどの程度であったかはよく分からないが百のオーダーであったことはほぼ確かであろう。

一方『宋会要』第九七冊・職官（黜降官）六四之四三－四四に載せる、同じ王倫の乱に関わる処分者の記録は、如何に多くの官吏がこの手の事態に逃げ腰であったかについて知らせているであろう。すなわち、翌慶暦四年の正月一一日には、「金銀を率斂して軍賊・王倫に与うると及び怯懦にして賊を避けるに坐するが故なり」として、巡検などの武官と共に、県尉・知県を含む一五人の処分が発令され、ここには、前に（五九頁）范仲淹が弁護したことを紹介した「高郵軍知軍・太常丞・晁仲約」の名前も見える。三任官分の勒停（停職処分）の他、両任官分の韶州編管（広南東路・韶州に身柄預かりの処分）とされている。また、同月一三日には、「軍賊・王倫、境に入るに怯懦なるに坐するが故なり」として、滁州（和州の北）通判・呉幾復や県尉・県令を含む八人の処分が発令されている。

王倫軍を討ち果たした混成軍を指揮した「徐的」については、『宋史』巻三〇〇にその伝が載せられている。それによれば、徐的は建州・建安の人、進士の第に擢せられ、欽州（広南西路）の軍事推官に補せられたが、土地柄が「煩鬱」なために「瘴癘」に死ぬ者が多かったので、転運使・鄭天監に州城をその患いのない場所に移すことを提案、中央朝廷に申請を要望した。これは認められ、鄭天監は徐的を監督者として特に留めてこの工事に当たらせた。徐的は自ら用具を手にして役夫と労苦をともにし、城郭を築き、楼櫓を立てて、戦守に備え、城内の区画割りをして軍・民を分居せしめ、府舎・倉庫・溝渠・廛肆の類を作り、民は皆な之を便とした。呉県の知県、常州通判などを経て、知臨江軍となり、広南西路提点刑獄に擢せられた。時に安化州(『宋史』巻九〇・地理志六に「慶遠府。下。本と宜州。……咸淳元年(一二六五)、度宗の潜邸せるを以て慶遠府に升す。……県四。……羈縻州十、軍一、監二。(夾注)温泉州、環州、鎮寧州、領県二。蛮州、金城州、文州、蘭州、領県三。安化州、領県四。迷昆州、智州、領県五。……」と。『続長編』巻八九・真宗・天禧元年(一〇一七)五月に「乙巳。撫水州を改め安化州と為す。本州の首領・蒙承貴の請うに従う也」と)の蛮が軍を襲いその将吏を殺した。軍の兵卒たちは、その責任を問われ誅せられるのではないかと畏れ、いっそ反乱を起こそうと謀った。逸早くこの状況を察した徐的は自ら宜州(広南西路。広西・宜山県)に急ぎ、「賊敵を討って功を立て、それによって罪を贖えばよい」と説得し、皆なこれに従った。知徐州に改められ、荊湖北路転運使に徙された。時に辰州(荊湖北路。湖南省沅陵県)の蛮・焙士義が寇を為したが、徐的は恩信を開示し、蛮党は過ちを悔いて自ら土地に戻ったのであった。やがて淮南・江・浙・荊湖制置発運副使となり、泰州(淮南東路。江蘇省泰州市)の海安・如皐県の漕河が塞がっているのを改浚することを提案する奏上を行った。中央よりの認可が下りぬまま、徐的は必要に応じて兵夫を動員して浚渫を行い、これによって滞留していた塩三〇〇万を出荷して、銭八〇〇万緡を得た。かくして制置発運使となり、時に今の王倫の一件に当たったのである。この後には度支副使・荊湖南路安撫使となって蛮叛を収め、あるいは討平し、その酋・熊可清など千餘級を斬したが、桂陽(荊湖南路)に没した。

実行力に富んだ経営官であり、征討官である。発運使となれば、先ずは広域の財政監督を担当する役目であろうが、実績もあり、またそもそも名目上の差遣内容に関わらず、必要な働きをするという覚悟もあり、またそれを許す余地のある体制でもあったのであろう。「王倫の乱」の際にも、この人物がきっかりとした発動・指揮を行って兵を糾合し戦闘を行ったと考えてよいだろう。

【事例三】喬行簡「忠簡公（宗沢）年譜」（全宋文研究資料叢刊之二『宋人年譜集目・宋編宋人年譜選刊』巴蜀書社、一九九五、一四一―一四四頁）より。

宗沢、字は汝霖、義烏（浙江省義烏市）の人。仁宗・嘉祐四年一二月一四日（一〇六〇、一、二〇）に生まる。元祐六年（一〇九一）、三三歳、進士科及第。廷対において時弊を直言すること万言餘、ために末甲に置かれた。

（1）元祐八年（一〇九三）、三五歳、大名府・館陶県・県尉。県長官の職務を摂掌した。紹聖二年（一〇九五）、三七歳、時に御河（隋代開削の永済渠によった運河。館陶県の西から北を通過している）浚渫の大工事が朝廷により行なわれたが、厳寒の期に当たり、役夫の道に行き倒れる者が多く、工事を急げとの督促が激しかったのであるが、宗沢は時に大名府路・安撫使・知大名府であった呂恵卿（紹聖元年一〇月より同三年一〇月まで、『北宋経撫年表』参照、中華書局・点校本、一二二―一二三頁）に、春になるまでの工事中止を一身の責任において認められたいと上書し、朝廷に上聞されるに及び、その認可を得た。翌々紹聖四年（一〇九七）、御河の浚渫はなった。呂恵卿は前年一〇月に鄜延路・経略安撫使に転じ、その際に公をその幕府に置かんと要請したが、宗沢は辞退した。

（2）元符元年（一〇九九）、四〇歳、衢州・龍游県（両浙路）の県令となった。学校を建て、師儒を設け、経術を講論し、ために県の風俗は一変し、科挙に及第する者が相継いだ。里閭には悪少が群れをなして困らせていたが、宗沢は州に相談し、その内の壮強な者を登録して軍部隊を編成し、それによって悪少乱暴の風が収まった。

（3）元符三年（一一〇〇）、四二歳、文登県（京東東路。山東省文登市）の県令となるが、母・劉氏の喪に服す。

（4）徽宗・崇寧二年（一一〇三）、四五歳、萊州・膠水県（京東東路。山東省平度市）の県令となる。温包なる者が力に恃んで人々を苦しめていたが、宗沢は前後の罪状を調べ法に糾《ただ》した。また強賊百餘人が県境を侵したが、「公は僚属を率いて親しく之を捕らえた」。また「一士族の女《じょ》、掠せらる。旁郡に匿《かく》され、獲《え》る能わず。公、径《ただ》ちに賊塁に造《いた》り、女《じょ》を取りて以て出ず。斬首五十級、其の廬を焚《や》く。州、功を朝に奏す。文林郎に進めらる」。

（5）大観三年（一一〇九）、五一歳、承直郎（所謂「選人七階」の最高位）、晋州・趙城県（河東路）の県令となる。

（6）政和三年（一一一三）、五五歳、薦を以て奉議郎に改めらる（所謂「改官」、ここで「京官」になったのであるが、下甲に置かれたせいか、科挙及第から二三年目である）。萊州・掖県の知県となった（「選人」の場合は「県令」であり、「京官」となれば「知県」となる）。以後、登州通判、巴州（利州路）通判を経て、

（7）靖康元年（一一二六）、六八歳、九月に、朝奉郎・直秘閣・知磁州（河北西路）となるが、この時既に金軍は河北の諸州県城を攻略しつつあり、磁州も敵騎の蹂躪を経ていた。宗沢は「義勇」を募集して部隊を編制し、守備を立て直した。時に太原府が破れ、知府が投降する事態となった。河北・河東両河に官たる者皆な言い訳を設けて太原府救援に趨かなかったが、宗沢は単騎にて羸卒十餘人を従え太原に向かった。河北義兵都総管となる。一一月には、康王が金軍への再度の使者として磁州を通過、しかし宗沢はこの使者行は危険であると言上した。康王はこれに従わず、出立しようとしたので、宗沢は策略を以てこれを阻止、康王は遂に相州（磁州の南）に引き返した。閏一一月戊申（一七日）、康王は兵馬大元帥となり、宗沢は兵馬副元帥となった。速《すみ》やかに入京して王室を守れ、との欽宗の命であった（『資治通鑑長編紀事本末』巻一四五）。宗沢は次いで大元帥承制となった。

（8）靖康二年・建炎元年（一一二七）、六九歳、大名府、開徳府（河北東路南部）に転戦、度々敵を破る。京師が陥落、徽宗・欽宗が金軍に拉致されたと聞くや、大名府に至り黄河を渡って両帝を奪い回さんと謀ったが、勤王の兵の至る者一《いっ》としてなく、遂に康王に状を送り、帝位に即《つ》き民心を安んずるよう懇請するに至る。五月、康王が南京《なんけい》・応天府

に即位した。行在に赴けとの詔あり。六月、入対。七月、知開封府。また東京留守に除せらる。八月、京城留守・兼開封尹。城壁を繕《なお》し、隍池を浚《さら》い、器械を治め、義勇を募り、東京・開封府の実力を整備し、行在にある皇帝・高宗の帰京を懇請して、これに備えた。「巨盗」王再興・丁進・李貴・王善・楊進・王大郎などの兵・百餘万を招き、東京麾下の軍団としてまとめた。

（9）建炎二年（一一二八）五月、范世延と子の宗穎を行在に派遣して皇帝の帰京を懇請、六月には各地の兵力と連絡をとってこれらを糾合し進発せんと謀るも、権臣の忌嫉を招き、阻止された。ために憤りが内積して疾《やまい》となり、疽《しょ》（悪性のできもの）を背に発し、七月一二日に卒《しゅっ》した。

『朱子語類』巻一三〇の一六七・一六八条に、朱熹の宗沢に対する評価が見える。「浙人は出来が弱々しいのも極《きわ》めつけだが、ところが宗汝霖という人物を生み出した。剛毅果断そのものだ。（浙人極弱、却生得一宗汝霖。至剛果。一六八条）」「天下には、人才がないなどと謂うことは出来ない。靖康・建炎の時代など、士大夫についていては今は擱《お》くにしても、盗賊の内にだって人物がいたものだ。宗沢は東京で諸路の豪傑を糾合したが、その数は誠に多かった。（天下不可謂之無人才、如靖康・建炎間、未論士大夫、只如盗賊中、是有多少人。宗沢在東京収拾得諸路豪傑甚多。一六七条）」。


【事例四】『東都事略』巻一一一「忠義伝」より。

張克戩、字は徳祥。張耆（真宗朝において武臣出身ながら枢密院使にまで至った人物である。『東都事略』巻五〇）の曽孫であり、その恩蔭によって三班借職を授けられたが、後、進士科に及第した。

河間県（河北東路）、呉県（両浙路・蘇州）の知県となり、治績を挙げた。

従弟の張克公が御史中丞となり、蔡京の罪を論じ、ために蔡京は左僕射を罷せられた（崇寧五年、一一〇六、二月。『宰輔年録』七二三頁。同じ『東都事略』巻一〇五「張克公伝」では、御史中丞になったのは政和初年、時に張商英を弾劾した、となっている）。しかし蔡京が再び左僕射となる（大観元年、一一〇七、正月。『宰輔年録』七三一頁）と、張氏への報復を行い、ために張克戩も廃せられた。

踰年、知祥符県（開封府）とされた。……庫部員外郎となり、出でて知汾州（河東路、太原府の南）となった。時に金軍が侵入、その一派が太原を襲い、その一部が汾州にも来寇、劫掠をほしいままにした。

援軍は来ず、州城は危機に陥った。張克戩は「力を畢《つく》して捍禦し、昼夜少しくも懈《おこた》らず。城を守るの功を以て、初めに直秘閣を加えられ、直龍図閣に進められ、右文殿修撰に除せられた」。

やがて太原が陥落し、汾州はいよいよ危なくなった。張克戩は軍・民を集めて言った。「太原既に陥つれば、吾固《もと》より亡びるを知れり矣。然ども義、朝廷に負《そむ》き、父祖を辱め、子孫に累《わずら》わすに忍びず。此の城と終始を同じくせざれば、以て吾が節を明らかにする無し」と。衆皆な泣きて対《こた》う。「公は（吾らが）父母なり。願うらくは尽く死なん」と。使者を間道沿いに走らせ京師に援軍を請うも、終に応えはなかった。太原が陥落した後も、汾州州城は一月《ひとつき》以上持ちこたえた。一日《いちじつ》、金軍の諸酋が城壁下に並び、降伏を勧めたが、張克戩は城上より罵《ののし》りやめず、砲を放って一酋を倒した。翌日金軍は総攻撃に掛かり、ついに西北の城壁を破り、城内に侵入した。金軍の侵入するを聞くと、張克戩は朝服を身に着け、南の方《かた》、遥かに京師に向かい、香を焚《た》き（原書は「焚書」に作るが、他の史料に照らして「香」に作る）、拝舞して、自決した。その家の難に死するもの凡そ八人。

　このような抵抗を行った州県城はむしろ少なかった。ここに見る張克戩の言動は、県城・州城を預かる知県・知州としての期待される覚悟を表しているものであろう。ただし、その自決に至る「香を焚《た》き拝舞する」場面が伝える、彼の朝廷と皇帝に対する一種の美意識に貫かれた忠誠心は、彼が真宗の子飼いとも言うべき「武臣」の子孫として恩蔭に与《あずか》ったというその特別な皇帝との関わり方とも関係しているだろう。

程伊川は、「今の時代には宗子の法がなく、ために朝廷に世臣無し、もし宗子の法を立てるならば、人は祖先を重んじ、本根を重んじることを知るだろう。（今無宗子法、故朝廷無世臣。若立宗子法、則人知尊祖重本。『河南程氏遺書』巻一八、点校本『二程集』二四二頁）」と述べたが、ここに描かれる張克戩の心事はまさに「世臣」のものと言えるのかも知れない。

個人的な断絶を越える心事の継承の決定的な重要性が、程伊川が「宗子の法」を説く時の背景にあり、それがまた「朝廷」を衛護し、正しくあらしめる「世臣」の心事とも繋がっていることは注目に値しよう。

言い換えるならば、恐らくは、基本的に一種の「能力主義」であり、その意味では個人が「家」から切り離されて臣下となる「科挙」の体制が、程伊川によってこのような形で批判されていること、そして、宋代の皇帝官僚制を考える時に所謂「科挙官僚」を中心に据えていたのでは見えなくなってしまう「世臣」の心事が実はそれなりに存在し、累代の親任官としてのある働き、あるいは独特の美意識を形成していたらしいこと、これらのことを、宋代の士大夫文化について考える時、我々は忘れずに問題化して行かなければならないだろう。

程伊川にしても、その高祖の程羽は「尚書兵部侍郎、贈太子少師」（「書先公自撰墓誌後」。『河南程氏文集』巻一二、『二程集』六四五頁）であり、「太宗朝、輔翊の功の顕《あきら》かなるを以て第《だい》（邸宅）を京師に賜わりし」（伊川「明道先生行状」。同上巻一一、『二程集』六三〇頁）人物であった。またその父親の程珦は、「天聖中、仁宗皇帝、祖宗の旧臣に念及し、例として子孫一人を録せば、郊社斎郎に補せら」（「書先公自撰墓誌後」）れた人物であった。すなわちその意識において、伊川もまた「世臣」であったと言い得ようか。

【事例五】朱熹「少傅劉公神道碑」（『朱文公文集』巻八八）より。

劉子羽、字は彦脩。建州・崇安県・五夫里の人。生まれたのは哲宗・紹聖四年（一〇九七）。父考は資政殿学士・贈太師・忠顕公・劉韐。

（1） 劉韐は、靖康元年（一一二六）六月に、真定府路安撫使より河北河東宣撫副使に変わり、太原が金軍に陥落すると、河北河東宣撫使とされ、ついで京師に呼び戻された。

以下、劉子羽の生涯を生《な》した思いの核芯の理解を外さないためにも、彼の父考・劉韐が自死するに至る経緯を、主に『三朝北盟会編』巻七五「（靖康二年正月十六日）金人、劉韐に官を受くるを逼《せま》る。韐、之に死す」の下に引く劉子羽自身が筆記した記録「言父死節（父の節に死するを言う）」によって示しておきたい。この経緯を取り囲む当時のより大きな状況については、同じく『三朝北盟会編』巻七〇・七一の月日条による日録を「――」を置いて補遺しておく。

（『三朝北盟会編』は、光緒三四年刊、許涵度校刊本、上海古籍出版社影印、一九八七年、を用いる。）

靖康元年（一一二六）十一月十六日、亡考《なきちち》が引対した。既に金軍は黄河を渡るとの報もあり、即日、提挙京城四壁守禦に除せられた。亡考《なきちち》は京城を視察、城壁の堅固でなく、兵員の惰弱にして、また援軍も至らざるをもって、上《じょう》（欽宗）の前に、金軍の攻撃前に和議の使節を送る一方、康王を兵馬元帥として天下に援軍を求める方策を力説した。上《じょう》もこれを然りとした。

十八日、同知枢密院事・聶昌が金軍への和使として（『三朝北盟会編』巻六四、靖康元年一一月二二日癸未に、「耿南仲、粘罕に使して河東を割き、聶昌、斡离不に使して河北を割く。書を軍前に持す」と云う。黄河を金と宋との国境にしようとの金からの提案を承けての使節である）京師を出たので、亡考《なきちち》が、聶昌が領していた都大京城四壁守禦使（『三朝北盟会編』巻六四、靖康元年一一月二〇日辛巳に、「都大提挙守禦使を増置す。辺報交馳して風伝一ならず。人心定まらざれば、乃ち都提挙守禦使司官を増す。並びに枢密・聶昌を以て之を領す」と云う）に除せられた。

継いで宰相であった唐恪が宮祠し、何㮚《りつ》が宰相となる（『三朝北盟会編』巻六五、靖康元年一一月二六日丁亥に、「少宰・唐恪、尚書右僕射を罷し、観文殿大学士・中太一宮使に除す」、巻六六、閏一一月一日壬辰朔に、「門下侍郎・何㮚、尚書右僕射に除す」と云う）と、何㮚は和議の推進ではなく金軍との交戦を強く主張、亡考《なきちち》はこれに対し軽率な交戦は許されぬと極言した。朝廷より通達があり、「国を誤り民を揺らす」として、職名を剝奪、官位五ランクを降し、宮祠とされた。

閏十一月二五日、何㮚が出兵、併せて郭京に兵を領《ひき》いて京師の陳州門（宣化門。外城南壁東方の門）より出戦せしめたが、利を失う。金軍はこの勝機に乗じ、遂に京師外城の南壁上の防衛線を陥落、その壁上を占拠した。

――二六日、大雪。金人が外城四壁の防衛兵器・設備を毀した。四壁上に占拠した金軍は城壁の外側に設けられていた防御設備を一旦毀して城壁の内側に付け直し、また城外に向けられていた兵器の矛先を回《めぐ》らせて城内へと向け、城外から城壁上へ上る「慢道《ゆるやかなみち》」を造営、その壁上から城内へは「弔橋《つるしばし》」を繋け降ろした。これらの工事は三・四日ならずして完成した。これにより金軍は京師外城を京師防衛の設備から京師を封鎖し攻撃する設備に転換し、その城壁上に待機して京師を睥睨したのである。京師外城に十六ある城門もすべて金軍に押さえられ、四壁上には宋兵の姿は一人も見えない状態となったが、劉延慶が西壁中央の万勝門を奪い返して脱出、これに附いて軍民数万人が城外に逃れた。当初四壁上に占拠した金軍は、城内に下って「縦火屠城（火を縦《はな》ち城を屠《ほふ》る）」せよとの命令を下したが、何㮚が百姓《ひゃくせい》を率いて巷戦（市街戦）に及ばんとし、その来たること雲の如くであったので、金軍の兵たちもうかうかとは壁上より城内に下りず、そのような情勢の間隙に乗じて「和議」に持ち込もうという動きが現れ、城中の人心も幾分安んじた。宋朝廷は景王及び謝克家を請命使として金軍に派遣し生霊の全活を趣旨とする「請命《いのちごい》」を行った。この間、欽宗は、黎明より城中に伝呼して百姓《ひゃくせい》衆庶を招集していた宣徳門（皇城の南壁正門）に赴いた。門上に「腕を露《あらわ》し欄《てすり》に凭《よりかか》り」「大呼」して、集まった百姓《ひゃくせい》衆庶に語りかけた。軍民はどうしたいのか。謀《かんがえ》のある者は今ここで献陳せよ。朕はそれに従うぞ。

云々。士庶の心配は皇帝が京師を見捨てて立ち退くことであり、楼下より泣きながらにこのことを訴えた。欽宗が大呼して「宗廟の重きを以て豈に敢えて此《ここ》を離れんや」と応えると、士庶は号泣し、欽宗も亦た泣涕した。一方、景王が金軍にもたらした「請命書」に「御宝（天子の印璽）」が捺《お》されていたことから、金の左副元帥・粘罕は、欽宗が京師に止まり、城中の人心・秩序もいまだ完全には中心を失って崩壊するに至っていない状況を察知、去る一一月一三日に三鎮（太原・中山・河間）割譲による和議の使節「告和使」の副使として粘罕の下に派遣され、そのまま粘罕の軍中に留まっていた徽猷閣学士・李若水を、すでに外城を陥し封鎖した京師城内に帰還させ、欽宗に京師に止まって政務を掌握し、内乱による国家の崩壊を招かぬよう要請、また宰相・何㮚が金軍に来使して事を議するよう伝えさせた。かくして宰相・何㮚が即日金軍軍前に出使、粘罕に会見し、領地割譲による講和への道が開かれた。

——二七日、大雪。この日も欽宗は宣徳門上に赴いた。軍民数万、「万歳」を呼して号泣し、欽宗も亦た大哭した。金国よりの使者がその宣徳門に詣《いた》り欽宗に会見。欽宗が手を額に加え「寧《むし》ろ朕を害するも城中の軍民を害する勿《なかれ》」と云うと、金の使者は「両国は已に和好を通ず。城中、秋毫も動かさず」と応えたので、「両国已に和す。只だ何㮚等の還るを候《ま》ちて誓書を写《か》かん。軍民の知悉するを仰ぐ」と掲榜した。何㮚が金軍より帰還。金軍が上皇（徽宗）との軍前における直接の和議を望み、上皇の出城を求めていることを伝えた。欽宗は、上皇の出城はその病もあって無理であるので自らが金軍軍前に赴くこととした。

——二八日、何㮚が再び金軍軍前に出使。上皇出城の免除を願い、皇帝（欽宗）出城の意を伝えた。粘罕はこれに従った。

二八日、亡考《なきちち》は内東門に召見され、上《じょう》より「卿の言に従わずして乃ち今日のこと有り。何㮚、朕を誤つ」との言葉があった。

二九日、亡考《なきちち》、駕に従い出都、南薫門（外城南壁中央の門）に至る。

――三〇日、欽宗は京師南郊・青城にある金軍の寨に赴いた。

――一二月一日、欽宗は青城に滞在。粘罕、斡离不が宋からの「降表（降伏の上表）」を索《もと》めたので原稿を作成、粘罕の削改を承けて「降表」を完成した。

――二日、欽宗、青城に滞在。「降表」を金人に奉ず。粘罕・斡离不と会見。宮城に帰還。

一二月初二日、駕、南郊外にある金軍の寨より帰還。

初三日、亡考《なきちち》、割地官に充《あ》てられ、金軍軍前に赴くことを命ぜらる。

初五日、亡考《なきちち》は早朝に出門、金軍軍前に至る。後に知ったことではあるが、金人は亡考《なきちち》が知真定府であった時の声望故に亡考《なきちち》を用いたいと索《もと》め、このような形で亡考《なきちち》をその軍前に赴かせたのであった。寿聖院に留め置き、金の僕射・韓政を館伴として差《つかわ》し、「国相（粘罕のこと）久しく資政《あなた》（劉韐のこと。資政殿学士であった）の名を知り、今ま任用せんと欲す」と誘うが、亡考《なきちち》は但だ力辞するのみであった。

――靖康二年（一一二七）正月一〇日、欽宗は、金人からの金国皇帝に加える徽号について軍前に面議したいとの要請を受け、再度青城に赴いた。

靖康二年正月一三日、韓政が亡考《なきちち》を呼び出す。「欽宗が再度青城に滞在しているが、金軍内では已に宋の宗社を廃滅して別に異姓を立て、あわせて太上皇（徽宗）を取ると議した。国相（粘罕）は已に資政《あなた》に政の役目（すなわち僕射）に代わるようにと説《い》っておられる」と伝え、さらに「異姓を立てた後は兵連なり禍い結ぶのであるから、金国に仕えて富貴を取る方がよいだろう」と申し添えた。亡考《なきちち》は寿聖院にもどると使臣の陳瓘たちを呼び、「主上は已に出られた。虜は我が宗社を滅ぼさんと欲し、乃ち我を用いんと欲している。わたくしは当《まさ》に我と我が身の振り方を図《かんが》えねばならぬ」と告げ、手ずから一札子を写《か》かれた。その文言は、
大金《だい》、予《われ》を以て罪有りと為さずして予《われ》を以て用う可しと為す。夫れ貞女は両夫に侍せず。忠臣は両君に事《つか》えず。況

や主憂うれば臣辱められ、主辱めらるれば臣死すをや。順なるを以て正《ただしき》と為すは妾婦の道。所謂「大丈夫」は、富貴も淫する能わず、威武も屈する能わず。予《われ》、今日、所以《ゆえ》に死すること有る而已《のみ》。


であったが、この札子を陳瓘に付し、持ち帰ら令《し》めた（いま紹介している子羽の「言父死節」後に載せられている「靖康小録」に拠れば「京師城内にいた私・子羽に渡すべく隙に乗じて持ち帰るよう託した」のであった）。

正月一六日、亡考《なきちち》は沐浴・更衣し、衣緣にかけて自ら縊《くび》れた。

敵人雑類は相いともに「劉相公は忠臣たり」と歎泣し、金軍の寨中に陳瓘たちを尋ね共に寿聖院西南の岡山に欑《さん》（仮に埋葬すること）し、壁柱の間に大きく「劉資政、某処に欑《さん》す」と書き付けた。

三月二九日、陳瓘が金軍軍前より逃げ帰って来た。

四月初四日、金人が北へと帰り去った。

初六日、亡考《なきちち》のための棺《ひつぎ》と衾《かたびら》を具《そろ》えて（いま紹介している子羽の「言父死節」後に載せられている「靖康小録」に拠れば「私・子羽は陳瓘と」）京師城外へ出た。故将の王欽字が兵を以て防護してくれた。亡考《なきちち》は浅い土の中に仮に埋葬されていた。凡そ七十日にもなるが、その顔色は生きているかのようであった。当日護送して京師城内に戻った。


劉子羽はこの国史にも載せられる人物の嗣子である。若くしてこの父親の恩蔭により将仕郎に補せられ、様々な官歴を経た後、紹興一二年（一一四二）に祠禄（提挙江州太平観）をもって郷里の福建路・建寧府・崇安県に帰り、郷里にあること五年、紹興一六年（一一四六）に五〇歳をもって卒《しゅっ》した。

以下、朱熹の「少傅劉公神道碑」に戻って辿る。
（2）二四・五歳、知越州（両浙路、浙江省・紹興市）となった父・忠顕公に随い越州に赴く。時に睦州（越州の西方）に方臘の乱が勃発、杭州が陥落した。越州域は杭州と川一つしか隔てていないので、越州の人心は大いに動揺し、官吏には逃避する者も多かった。中に船を仕立てて去らんと願う者がいたが、忠顕公は「吾は守臣なり。当《まさ》に城《じょう》と存亡すべし。動くを為さず」と語ったと云う（『東都事略』巻一一一）。乱軍は衢州・婺州を陥落、やがて越州の城壁下に迫った。子羽は忠顕公を佐けて州城を守り、「羸卒数百を以て睦寇・方臘数十万衆を破り、其の城を全う」した。忠顕公はやがて知真定府・真定府路安撫使となった。子羽はやはり共に赴き忠顕公を佐けた。時に金軍が入寇、大兵を以て真定府城を囲んだ。子羽は方略を設け、城壁上に登って拒守すること数月、金軍はついに攻めあぐねて去った。忠顕公が節を以て死すると、子羽は父の遺体を衞護して郷里の建州・崇安県に帰葬し、必ずやその讎恥に報《むく》いんと誓った。

（3）　朝廷は子羽の才幹あるを認め、御営使軍の事に参ぜしめた。

高宗は即位後ただちに従来の枢密院・三衙の体制とは別に御営司を設立、各地各様の軍の寄せ集めが実情である南宋朝廷下の軍団に統制を与えようとした。宰相・執政が分担して当たる御営使・御営副使が置かれて御営軍を掌管、やがて旧来の枢密院は有名無実の存在となった。しかしこの御営司麾下の部隊にしても、実情は有力武将たちの部隊に形式的に統制の網を掛けただけであり、必ずしも朝廷麾下に緊密にまとまる一つの軍団としての実が挙がっていたのでもなかった。この御営司に関わった武将としては王淵・劉光世・韓世忠・張俊などの名が挙げられるが、一方同じく「同都統制」の名目は与えられていても、一向に朝廷には出頭せず、その統制下に組み込まれようとしない武将もいた。范瓊などがそれであった（『宋朝兵制初探』一二九頁）。

子羽はこの御営司軍の経営にここで参画することになった。時あたかも叛将・范瓊が強兵を擁して揚子江の上流に拠点を置き、行在に来《き》もせず、兵を釈《と》こうともしないので、「中外洶洶」という状況であった。

そのような状況の中、知枢密院事・張浚は子羽と密謀し、范瓊の誅殺を計画した。口実を設けて范瓊を張俊・劉光世等と共に行在に召還、都堂にて一同相談を為し、やがて食事を出した。この機に事を決さんと示し合わせてのことであろうが、食事が終わっても互いに目を見合うばかりで時が過ぎて行く。この時子羽は廡下に控えていたが、時の過ぎるままに范瓊が事を察するを恐れ、急遽、勅書用の黄紙を手に取って諸将の前に進み、その黄紙を振りかざし、范瓊に向かい、「下れ。勅あり。将軍、大理（大理寺。司法を掌る官署）に詣《いた》りて置対す可し」と言った。范瓊は為す術《すべ》も知らず茫然自失、子羽は左右のものに命じ、これを輿中に拘束、張俊の兵を以て獄に送らせる一方、范瓊が引き連れて来ていた部隊のもとに劉光世を送り、范瓊が嘗て京師が金軍に囲まれた時に金軍側について徽宗・欽宗を脅迫、出城させて金軍の手に陥《おとしい》れた責任を数え上げて詰《なじ》らせ、かつ、その部隊の兵には、「誅する所は瓊のみに止む。汝等《ら》は固より天子自ら将《ひき》いるの兵也」と曰わしめた。部隊の兵は皆な武器を棄てて「諾」と応えたので、これを他の部隊に組み入れ、情勢は頃刻にして定まった。范瓊は竟《つい》に誅に伏した。

（4）　張浚はこれによりますます子羽のことを買うようになり、みずからが川陝宣撫処置使として赴任するに当たり、子羽を参議軍事として指名し、同行させた（建炎三年、一一二九、四月、張浚、知枢密院事、三三歳。同五月戊寅朔、川陝宣撫処置使。子羽も時に三三歳。同年の生まれである）。秦州（甘粛省・天水市）に至ると張浚は幕府を立て、永興軍路・環慶路・秦鳳路・涇原路・熙河路の五路に諸将を配備し、五年の準備期間を置いて金への反撃に転ずると決めた。しかし翌《よく》建炎四年（一一三〇）、金軍が江・淮を侵さんとする勢いは激しく、張浚はこれを牽制して敵勢を分け撓《たわ》めんがため、ついに五路の兵を合わせて進軍する決意を固めた。子羽は五年の準備を置くという本来の計画にはずれる時期尚早の挙と争ったが、張浚は、東南の危急を救うには仕方ない、とし、北上して富平（陝西省・富平県の北）に至り、五路の混成軍、歩兵一二万、馬兵六万とされる兵力を以て金軍と会戦した。だが遂に敗北（建炎四年、一一三〇、九月二三日）。金軍は勝利に乗じて進攻、張浚の差配する川陝宣撫司は秦州より興州（利州路、陝西省・略陽県）まで下げられた。人心の動揺は大きく、官属には宣撫司を揚子江沿いの四川からの出口に当たる夔州（四川省・奉節県）にまで下げるように建策するものもいた。子羽はその意見を「孺子、斬《ざん》す可き也」と叱りつけ、「いまだ手つかずに残っている四川を金軍は久しくねらって来たが、一《いつ》に北から四川へと入る経路が険隘なる鉄山桟道（甘粛省・徽県の東南の山、四川に至る嘉陵江沿いの桟道）しかないという理由から軽々には四川に手を出さなかったというに過ぎない。今ここを堅守しないで四川に金軍を深く引き入れて仕舞い、こちらは揚子江が四川から東へと抜けて行く夔州・三峡の地に逼塞するというのでは、遂に漢中の地との連絡もなくなってしまおう。ここで進退の計を失えば、いくら悔いても及ばない。幸に現在、金軍は掠奪に忙しく近辺にまでは押し寄せていないから、宣撫司は興州に駐留すべきであり、かくしてこそ、外には漢中の望みを繋ぎ、内には四川の人心を傷つけないで済む。急ぎ官属を派遣して諸将を召集し、敗残の兵を集め、険隘の地に配備して、壁塁を築《きず》き、敵の隙を見て動く戦法を採れば、まだ十分に前《さき》の富平での敗北を取り返すことも可能であろう。何故このような戯言《ざれごと》を口にするのか」と言分《ことわ》けた。張浚もこの子羽の言を是《ぜ》とした。しかし子羽の提言に云う、北に出でて敗残の諸将や兵を再び収拾するという危険な任務に当たろうとする者はおらず、子羽自らがこの任を担って興州より単騎北上して秦州に至り、腹心の部下を諸方に分遣、散亡していた諸将を召集した。諸将はこの子羽の命を聞くや喜び、兵衆を引き連れて来会した。子羽は驍将・呉玠に命じて和尚原（陝西省・宝鶏市の西南）に柵を立てて大散関（渭水流域から南に分け入りやがて四川に至る嘉陵江水系へと渡り行く要衝）を守らしめ、兵を分けて各要塞を守備させた。金軍はこの守備の有様を偵察して知り、敵《かな》わぬと手を引いて去った。翌年（紹興元年、一一三一）、金軍がふたたび来攻したが、呉玠が大勝、四川はこれによって安定し、宣撫司は閬州（四川省・閬中市。嘉陵江の中流にある城市）に移された。

（5）子羽は、この宣撫司から離れ一人関外に留まることを申請した。諸将の取りまとめと内外の連絡を行いたいとの趣意であった。翌年漢中は飢饉に襲われた。子羽は適切な手を打ってこれを克服したが、折からふたたび金軍が来冦した。この度は、商州（陝西省・商県）金州（陝西省・安康市）という東寄りのルートで四川に入らんとした。金軍は金州から西北西に道を採って漢中盆地に入らんとし、既に漢中盆地と金州との境に位置する饒風嶺に兵を配備して待ち構えていた子羽・呉玠との間に戦闘が始まった。金軍は死士を募り、間道沿いに呉玠の背後に回ったので、呉玠は子羽に共に漢中に戻ろうと求めた。子羽はこれを不可とし、自らはわずか三〇〇に満たぬ兵を従え、三泉（陝西省・寧強県の西北・陽平関、嘉陵江が四川に入る直前の要衝）に下がって守備線を張った。

士卒と粗糲を同じくし、草牙・木甲を取りて之を噉《く》らうに至る。玠に書を遺《のこ》して訣《わかれ》を与う。玠、之を持ちて泣き下る。馳せて公に赴かんと欲するも、未だ果たさず。其の愛将・楊政なる者、大いに軍門に呼《よ》ばわりて曰く「公、今行かざるは是れ劉公に負《そむ》くなり。政輩《ら》も亦た且《しばら》く公を舍《お》きて去《ゆ》かん矣」と。玠乃ち来たりて三泉に会す。時に虜の游騎甚だ迫る。玠、夜、寐《い》ねず。起きて視る。公、方《まさ》に甘寝して自若たり。旁《かたわら》に警伺（原本「何」に作る。『南軒集』巻三七に「伺」に作るに拠る）する者無し。遽《にわか》に公を起こし、請いて曰く「此れ何等の時にして簡易なること是《かく》の若きや」と。公、慨然として曰く「吾の死するは命なり、亦た何をか言わん」と。玠、慚《は》じ嘆じて泣き下り、竟に留まるを果たさず。公は潭毒山（四川省・広元市の東北）の、形、斗抜にして、其の上は寛平にして泉水あるを以て、乃ち塁を築いて之を守る。粟を儲《たくわ》うること十餘万石、尽く将士の家属を柵中に徙《うつ》す。石《いし》を積むこと数十百万、下に蜀に走る道に臨む。数日にして虜果たして至る。数十里の間に営す。一夕、候騎、虜の大軍且《まさ》に至らんとす、と報ず。諸将皆な色を失う。入りて計を問う。公曰く「始めに公等と云何《いかん》。今ま寇至る。避けんと欲するや」と。令を下して蓐食せしめ、遅明に馬に上り、先に戦地に至る。前は山角に当たり、胡牀に拠りて坐す。諸将追い及び、泣き請いて曰く「某輩《それがし》乃ち当《まさ》に死を此《ここ》に致すべし。公の宜《よろ》しく処《お》るべき所に非ざる也」と。公、動くを為さず。虜攻む可からざるを知り、亦た引き退《しりぞ》く。

（6）金軍が漢中に侵入して以来、四川の人心はふたたび大いに動揺した。宣撫司の官属は争って子羽を批難、張浚に司治を閬州から潼川（四川省・三台県。嘉陵江流域の西、涪江流域に属す。涪江は合川市で嘉陵江に合流する。北から四川への侵入線である嘉陵江という戦略拠点から総司令部が離脱することになる）に移すことを要請し、張浚もこれに折れて司治を潼川に徙す令が発せられた。しかし、令が下ると宣撫司麾下の軍士たちは納得せず、憤怒に駆られてその令の布告牓を壊す者が出る始末であった。子羽は張浚に書簡を送り、「こちらは既に死守した、金軍はここを守る私を越えて南に下ることは敢えてしない情勢である、もしここを守ることが出来なければ、私は死ぬ、司治を徙すのはそれからでも遅くはなかろう、軽挙妄動すれば、兵将は憤怒に駆られ公の墳墓を齕《かみくだ》く者さえ出てこよう、如何」と述べた。張浚はその書簡を啓くや悟るところあり、ただちに司治の移動を取り止めた。

この時、虜の大酋、撒离喝・兀朮輩《ら》、兵を主《つかさど》り事を用う（『三朝北盟会編』巻一九六所載「（明庭傑）呉武安公功績記」に「紹興二年……撒离喝と四太子、前日の敗に懲りれば敢えて和尚原を窺わず」「紹興四年春二月、賊復た大いに入る。撒离喝・四太子、蓄忿すること日久し。兵数十万を糾合し……」と云う。『建炎以来繫年要録』巻一一、建炎元年十二月癸亥（八日）に「撒離喝なる者は金主・晟（太宗）の従弟也」と云う。兀朮は『金史』巻七七に「宗弼、本名は兀朮。太祖（阿骨打）の第四子也」と云う。「呉武安公功績記」などの「四太子」とはすなわち兀朮のことである）。必ず蜀を取りて以て東南を窺わんと計り、其の選募戦攻、蓋し已に餘力を遺さず。而るに我の謀臣・戦将、亦た敢えて必守の計を為す者無し。独り公と張公とのみ心を協《あわ》せ力を戮《あわ》せ、毅然として身を以て兵衝に当たる。将士、公を視て感激争奮し、卒《つい》に蜀境を全うし、以て上流を蔽《ふさ》ぐ。寇退けば、又た方《まさ》に相い与《とも》に計を定め、軍政を改紀して以て再挙を図る。

（7）しかし、中央朝廷では張浚について讒言が行われ、子羽も亦た罪を得て白州（広南西路）に移された（紹興四年、一一三四、四月四日。『三朝北盟会編』巻一五八。『宰輔年録』九九四頁。朱熹は三年としている）。時あたかも川陝宣撫副使に除せられた呉玠は、自らの今あるは劉子羽が自分を見出し薦用してくれた恩義によると、自らに対する宣撫副使に除すとの命を返上して劉子羽の罪を贖《あがな》いたいと上疏した。士大夫たちはこの呉玠の義俠を多とした。（朱熹「神道碑」原文、「始め呉玠、裨将為りて未だ名を知られず。公独り之を奇とし張公に言う。張公与《とも》に語りて大いに悦び、尽《ことごと》く諸将を護《ひき》い使む。是《ここ》に至りて上疏して仮る所の節伝棨戟を還して公の罪を贖わんことを請う。士大夫是れを以て玠の義なるを多とし、而して公の人を知るに服す」。『建炎以來繫年要録』巻八二、紹興四年十一月癸丑（八日）に、「単州団練副使・白州安置を責授せる劉子羽、放ちて遂便せ令む。初め子羽既に貶せらるるに、会《たま》たま呉玠、川陝宣撫副使に除せらる。乃ち奏して新命を辞し、且つ言う。『臣は紹興元年自《よ》り散亡を収集して和尚原に踏逐され、軍馬を屯駐して敵路を控扼す。宣撫使・張浚の、参議・劉子羽を差《つか》わし、鋒鏑を冒して散関より出で、臣と辺事を商議せしむるを蒙る。子羽は臣の愚魯を知りて以て駆策す可しと為し、和尚原の地の利を知りて以て必守す可しと為し、之を浚に言う。遂に臣を差《つか》わして秦鳳路経略使に充《あ》て、専ら臣に委ねて戦守して金人を捍禦するを措置せしむ。銭糧・器用の類の如きは、子羽力を悉くして応辦し、殊に闕少すること無し。此に因り原下の戦、屢しば金人を破る。……今年春に至り、金の四太子（宗弼、本名は兀朮、太祖・阿骨打の第四子）等、再び歩騎十餘万の衆を領いて攻め、殺金平（殺金坪。呉玠が仙人関の側に金軍の侵入に備え築いた塁）を犯す。血戦すること累日、敵兵敗走し、僅かに無虞を保つ。此れ豈に臣の功ならんや。乃ち子羽の臣を知りて薦抜するの功也。今ま驟かに異数を加うるを蒙る。望むらくは成命を浚と子羽とに追還して少しく典刑を寛めん』と。上曰く『……子羽の自便するを聴《ゆる》す可し』と。……」。巻八三、紹興四年一二月戊戌（二四日）に、「単州団練副使に責授せる劉子羽、右朝散大夫・提挙江州太平観に復す。時に呉玠復た両鎮の節を辞し、且つ言う。『子羽は累年従軍し、亦た薄《いささ》か忠勤の録す可き有り。……伏して望むらくは、聖慈特に臣の前件の官を納めて少しく子羽の罪を贖うを許し、近地に量移して以て自新するを得せ使めん』と。三省勘会す。子羽の呉玠に与うる書の論ずる所の辺事、跡状考う可ければ、乃ち元の官に復し宮観を与う。翌日詔す。玠、風義に篤し、と。詔を降して奨諭す。士大夫、此を以て、玠の義なるを多とし、而して子羽の人を知るに服す焉」。）

やがて張浚は知枢密院事に戻され（紹興四年一一月一四日、『三朝北盟会編』巻一六四。『宰輔年録』一〇〇一頁）、次いで右僕射すなわち宰相となった（紹興五年二月一三日、『三朝北盟会編』巻一六六。『宰輔年録』一〇〇二頁）。かくして

張浚は、

大いに、兵を合わせて北討を為すの計を議す。公を召して闕に赴かせ、西師に諭指し、且つ辺備の虚実を察せ使む。公、還りて奏すらくは、虜、未だ図る可からず、宜しく益々兵を治め、広く営田し、以て幾会を俟つべし、と。

（8）後、知泉州（紹興六年、一一三六、八月癸卯（八日）、『建炎以来繋年要録』巻一〇四）。やがて落職・漳州安置（紹興八年五月、『三朝北盟会編』巻一八三）。そして沿江安撫使・知鎮江府。紹興一二年に待制の館職を再び許された折に（紹興一二年正月一六日、『三朝北盟会編』巻二〇八「知鎮江府劉子羽、徽猷閣待制に復す」）、金国との講和は、

本より久遠の計に非ず、宜しく間暇の時に及びて、城塁を修め、器械を除《おさ》め、舟楫を備え、以て時変を俟つべし。

と述べ、宰相・秦檜の不興を買った。これに乗じて批難を行う者もあったので、ついに罷して太平祠官と為され（紹興一二年一一月一四日、提挙江州太平観、『三朝北盟会編』巻二一二）、家郷、福建路・建州・崇安県の地に帰った。

張浚と秦州に赴いたのが三三歳。知鎮江府を罷めて建州に帰ったのが、紹興一二年、四六歳の時。この朱熹の筆に成る神道碑の云う所に従えば、南宋初、最も適確な戦略構想を持ち、それによって南宋という国家が立ち行く戦略的な配備の余地を金から守り抜いた当代随一とも云うべき人物ということになる。

今の神道碑の前後に、「且つ吾蚤《つと》に吾が父を失い、少傅公、実に之を収め教う」「熹の先人、晩に公に従いて游ぶ。疾《やまい》病《おも》きに書を寓《よ》せ、家事を以て寄《たのみ》と為す。公、惻然として之を憐れみ、熹を収め教うること子姪の如し。熹、幼き自《よ》り公の左右に拝するを得《う》……」と云う。

朱熹の父・朱松が亡くなったのは、紹興一三年（一一四三）三月二四日、建州城南の寓舎においてであった。時に四七歳。朱松も紹聖四年（一〇九七）の生まれ、劉子羽と同年である。朱熹はこの時一四歳。朱松は徽州・婺源県（現在は江西省の東北部）の出身であるが、福建路・建州との縁は、政和八年（一一一八）に建州・政和県の県尉として赴任

して以来のことである。その父、すなわち朱熹からは祖父に当たる朱森もその建州・政和の官舎で亡くなり、政和・護国院の側に寓葬した（朱松『韋斎集』巻一二「先君行状」）というから、当初から故郷を家族ぐるみで出ての建州への赴任であったらしい（以上、日付け等は『朱文公文集』巻九七「皇考・朱公行状」）。大黒柱である父・朱松が亡くなれば、残された小家族には、いわば父祖の地に暮らしている場合とは異なる身寄りの覚束なさがあろう。母、すなわち朱松の夫人・祝氏も朱松と同郡の人であった。収入もなくなるわけである。朱松は自分の死後に残されるその小家族の庇護を、この劉子羽に頼んだのであった。

慶元初年の生まれである羅大経の『鶴林玉露』甲編の巻二には、この間の情景を次のように伝えている。

初め、文公の父・韋斎、疾革《やまいあらた》まれば、手自ら書を為《つく》り、家事を以て少傅に属《たの》む。韋斎歿す。文公、年十四。少傅、室を其の里に築くを為し、母を奉りて焉《ここ》に居ら俾《し》む。

少傅の手書、白水の劉致中に与えて云う「緋渓に於て屋五間を得《う》。器用完備す。又た七倉の前に於て地を得《う》。以て樹《う》える可し。圃の蔬す可き有り。池の魚す可き有り。朱の家、人口多からざれば、以て居す可し」と。

文公、卓夫人を視ること猶お母のごとしと云《いう》。

「卓夫人」は、劉子羽の継室・慶国夫人・卓氏。（これは穿ち過ぎかもしれないが、「卓夫人を視ること猶お母のごとし」というテキストには、朱熹の実母・祝氏に有る「母性」の弱さを読むことも可能であろう。少年の朱熹は卓夫人により強い自らにとっての「母性」を見たのだと。）

朱熹が今紹介した「少傅劉公神道碑」を作製した経緯は、その冒頭に詳しい。すなわち、劉子羽の長子である劉珙が淳熙五年（一一七八）七月に建康の府舎に亡くなったのであるが、疾革まり、これが最後と覚悟した時、劉珙は「友なる朱熹」に宛てて手紙を認《したた》め弟に託した。その文言は、

珙の不孝、先公少傅の墓、木、大拱なるに（父の墓に植えた木は拱《ひとかかえ》もある大きなものになったのだが）、而るに碑は

未だ克《よ》く立てず。蓋し猶も待つこと有れば也。今、国家の讎《あだ》、未だ報ぜず、而して珙は恨みを銜《ふく》みて死す矣。是れを以て子《し》（あなた）に累《わずら》わさん。如何。

であった。国家の讎に報いることを志とした父・子羽の墓に碑を建てるには、その志を継ぐべき者として、その讎に報じることの成るを以て父の志を完成させたその暁を頼まなければならないが、自分はそれも出来ずに死んで行くという無念を「友」たる朱熹に託したいと云う。それは父・劉子羽の志を知る一人としてその志を継いでほしいという気持ちでもあろう。この気持ちに朱熹は応えた。

熹、書を発《ひら》き、慟哭して曰く。「嗚呼。共父（珙の字《あざな》）、遽《にわか》に此に至る耶。且つ吾、蚤《つと》に吾が父を失う。少傅公実《じつ》に之を収め教う。共父の責《つとめ》は乃ち吾が責《つとめ》也。」と。

朱熹にとって劉子羽は、血こそ繋がってはいないが、朱松という「父」を失った日々に手厚い庇護を受けた、まぎれもなき「父」であった、ということになろう。朱熹の追憶の中、この人はおくびにも自らの事跡を誇ったりはしなかったが、世間に出て聞いてみれば、共に戦った将士も残っており、そこにいるのはダイナミックな意志と情熱、洞察力と行動力をもった第一級の人物であったのである。

二

范仲淹の「岳陽楼記」（『全宋文』第九冊七七五頁）に載せられる「天下の憂うるに先んじて憂い、天下の楽しむに後れて楽しむ」なる言葉は、宋代「士大夫」の志をよく表明したものとして知られる。

この言葉は、洞庭湖の絶景に開ける岳陽楼に上った人々が、時に接した風景の明暗と自らの抱える感懐との共振によって惨憺として憂うると、また、怡然として楽しむとの二つに分かれることを述べ、これを承けて、「嗟夫《ああ》、予《われ》嘗て古の仁人の心を求む。或は二者の為すに異なる。何ぞ哉《や》。物を以て喜ばず、己を以て悲しまず」と提示し、「廟堂の高きに居りては則ち其の民を憂い、江湖の遠きに処りては則ち其の君を憂う。是れ進むも亦た憂い、退くも亦た憂うなり。然らば則ち何《いず》の時にか楽しむ耶。」と来て、「其れ必ずや、天下の憂うるに先んじて憂い、天下の楽しむに後れて楽しむ、と曰わんか。」というものである。

「それ必ず……と曰わんか（其必曰……乎）」とは、誰が曰うのか。文脈からいって、「古の仁人」に成り変わって、その意を継げば、という范仲淹の忖度、「古の仁人」に同化しての口吻と取るべきであろう。では、「古の仁人」とは誰であるのか。むろん「嗟夫、予嘗求古仁人之心」と来るだけで、「孔子」のことだとは見当がつくところでもあろう。がしかし、件《くだん》の「天下の憂うるに先んじて憂い、天下の楽しむに後れて楽しむ」を「其必曰……乎」と投げかけた上で、「噫《ああ》。斯《こ》の人微《なか》りせば、吾、誰と与《とも》にか帰らん（微斯人、吾誰与帰）。時に六年九月十五日（慶暦六年、一〇四六）」と終わる部分にその「古の仁人」の影像は吐き出されている。

すなわち「微斯人、吾誰与帰（斯《こ》の人微《なか》りせば、吾、誰と与《とも》にか帰らん）」なる語が、『論語』微子篇第六章、長沮・桀溺の、誰にも元来変えることなど出来もしない「滔滔」たる「天下」を何とかしようなどとあがくのは罷めて、世の中など捨ててしまえ、という嘲罵に対する孔子の「憮然」たる述懐の語、

鳥獣は与《とも》に羣を同じくす可からず。吾、斯の人の徒と与《とも》にするに非ずして誰と与にかせん。天下に道有らば、丘、与《あずか》り易《か》えざるなり。（鳥獣不可与同羣。吾非斯人之徒与而誰与。天下有道。丘不与易也）

に本づくものであることは明白である。

范仲淹が「岳陽楼記」で述べたのは、天下の命運に責任を負う覚悟、個人的な「憂い」や「楽しみ」を越えて屹立する、天下の広がりと重さに拮抗する責務への自覚を芯とする生き方の提示であった。そしてそのような責務の自覚の底

には、共に生きる人々の命運に無関心では居られないではないか、という感覚、それを失えばそもそも自らが「人」ではなくなるだろう、という感覚、一種の人として生きることの根底に突き当たるとも謂い得る「人」としてのパッションが脈打っており、それがここで最後に孔子の言葉を踏まえて吐き出されているのである。言葉もここまで重ね来れば、後はまさに日付けを刻み付けるだけであろう。

我々が以上本章にかなり詳しく紹介して来た人々の生涯を生《な》す思いの核芯も、まさにこの「共に生きる人々の命運への我が生《せい》をも賭する責務の感情」であろう。これこそが、「孔子」の説いたところであり、所謂「孔孟の教え」の他に替え難い人間的パッションの発出する源泉となっているものであった。

宋代の国家体制は、歴史的な事情のもと、このようなパッションを持つ人物を国家の担い手として発現させる可能性を強く誘う体制であった。中央政府の最高担当官となることを期待される「進士科」出身のエリートたちも、知県・知州という、民政・軍政を兼ね、危機に当たってはその地の民生の「安全」と国家の「安全」とを現場において担う軍事司令官でもある、まことにダイナミックな試練に立たされ、選抜されたのである。

一二

そのようなパッションを持つ人物たちが、様々な試練を乗り越える時に深く自覚せねばならないのは、自らが投げ込まれている民政・軍政「現場」の状況の最終決定を他人委せにするのではなく、自らに決然として引き受ける「自主自任」の覚悟に立つ必要であっただろう。彼らの生涯を生《な》す思いの核となっているのはこの「自主自任」の断固たる感情である。そのことは、これらの人々が示す、これとは逆の生き方、すなわち自らが投げ込まれている状況の最終決定を他人に、あるいは鬼神なり釈仏なりの他者にゆだねる「他主委任」に終始する生き方に対する断固たる拒否、あるいはそのような「弱い」感情が自らに纏わり附くことに対する警戒や嫌悪の例からも確かめられるだろう。注目されるのは、そのような「弱さ」への警戒、嫌悪がしばしば次のような形、すなわち「婦女」的生き方への峻拒という形で表明されることである。

例えば第一〇節、事例五の（1）にみた劉韐の例。彼が自ら縊れるに際し子羽に遺した書き付けには、

夫れ貞女は両夫に侍せず。忠臣は両君に事《つか》えず。況や主憂うれば臣辱められ、主辱めらるれば臣死すをや。順なる（「順」は「逆」に対する。物事の流れに素直に流されて行く在り方が「順」、一方ある流れに逆らって立ち向かって行く在り方が「逆」である）を以て正《ただしき》と為すは妾婦の道。所謂「大丈夫」は、富貴も淫する能わず、威武も屈する能わず。予《われ》、今日、所以《ゆえ》に死すること有る而已《のみ》。

とあった。

また例えば同じ事例五に出た張浚の死に臨んでの振る舞い、

（南宋・孝宗・隆興二年、一一六四、八月）二十有二日に至りて始めて疾《やまい》に寝《い》ぬ。二十八日、疾病《やまいおも》し。日・時、子の栻等に命じて前に坐らせ、国家四郡を棄つること無きを得んか、と問い、且つ命じて奏を作り致仕を乞わしむ。日暮、婦女に命じて悉く去らしめ、夜分にして薨ず。（朱熹『朱文公文集』巻九五下「張公行状」下）

などである。

「男子は婦人の手に絶えず、以て終わりを斉《はら》う也」とは、『穀梁伝』荘公三二年に見える語であるが、これは司馬光の『司馬氏書儀』巻五・喪儀一「初終」にも引かれている。また孫奭の死に臨んでの場面にも出てくる話柄である（『続長編』巻一一二、点校本、第九冊二六一九頁、『涑水記聞』巻四）。ある種の「女嫌い」が「孔孟の教え」の基本にあるように思われるが、それがここで復活して来ている感がある。

むろんこれらのテキストは、彼らが死に臨んで姿勢を正しわざわざそうした、という気合いを伝えんとする記録であ

ろうから、ここに示される言葉なり行動なりは当時の一般的な風尚とはずれるところがあったのであろう。むしろ当代士人の大方に見られる婦女になずむ風尚に対する反発を我々はこれらの話柄に読むべきなのかもしれない。

いずれにせよ、今の劉韐の「順なるを以て正《ただしき》と為す」と「富貴も淫する能わず、威武も屈する能わず」なる語に、我々は「他主委任」と「自主自任」という人の在り方の決定的な対置、言葉を換えれば、自死の決断をも支える、「他主委任」を断絶する「自主自任」への決定的な思いを読むことが出来るだろう。そしてそれが、「大丈夫」と「妾婦」の別に重ねてここに提示されているわけである。

しかし思うに、この重ね合わせ、すなわち「大丈夫＝自主自任」「妾婦＝他主委任」という対置を仕立てる劉韐の言説に、単なる「男尊女卑」感情の吐露を見るだけでは、我々は彼らの生涯を生《な》した思いの核芯を見損なってしまうのではないだろうか。それはまた彼らが生きた時代についての理解を逸してしまうことでもある。

本章に「闘う民政官たち」としてたどって来た宋代士人たちの生涯を一方に勘案し、私はこれらの、「婦女」的な在り方を峻拒して「男子」の在り方を屹立せんとする言説や行動が示唆するものを次のように読んでおきたい。すなわち、彼らが闘った「闘い」は、人の生の形姿《フォルム》に働き、歴史の脈路を導くある根元的な「闘い」、バッハオーフェンの所謂「母権制」的な自他にわたる心性に対抗して「父権制」的な意志を打ち込まんとする「闘い」であった、と。次章以下、この宋代士人に特徴的な「母権制」的心性との闘いの様相とその歴史的脈絡を追求する。

第二章　「母権」の現実

『続資治通鑑長編』など、宋代士人の遺した、あるいは編纂した「歴史書」や「史料筆記」を読んでいると、皇太后や皇后などに関わる「ゴシップ」記事が目立った形で出てくる。朱熹の編纂した『五朝／三朝名臣言行録』にもそれらは採取されており、彼らが士人として朝廷政治に参与し民政官として活動する際に重大な規定力を有つ朝廷の最高意志決定の過程に、皇后や皇太后といった女人たちが参画していたという事実が、宋朝廷の根幹に関わるといった口吻で記されている。朱子学が、当の朱熹や、朱子学に参じた人々を含め、宋朝廷の政治過程に使命感を以て関与した人々の政治学的経験を吸収する形で形成されているとするなら、朱子学を歴史的・社会的に位置づけて行くに際し、これらの皇太后や皇后に関わる「ゴシップ」記事に表される当時の士人たちの政治学的意識の深層を探る必要があるだろう。

一

例えば『続長編』を概見するところ、地方行政制度や経済政策や刑事訴訟・裁判制度などの制度・政策の整備に関する記事、各地の民政官たちから報告・申請される事項についての記事などには、事柄の性質上「ゴシップ」的な色合いは少なく、女人が主体者として登場する事はない。これは国家統治の実務担当者に女人が含まれていないから当然の事である。一方朝廷において決定が行われる官僚人事、国家・朝廷の根幹に関わる事柄については、その最終的な意志決定は、基本的に、その意志決定の過程に関わる人々の生々しいぶつかり合い、かけひきによって果たされるものとして、我々の感覚では、客観的記述とは到底言い得ない「ゴシップ」の形で記述されている。この部分は多くは各種の「史料筆記」の記載を比較検討し最も妥当性が高いものを編集する形で記載され、その検討作業、結果は、注記として加えられている。一見するところ、如何にも厳密な史料批判が施され、事実として確定された記事になっていると信頼したくなるのではあるが、しかし、その「史料筆記」から取ったという事の性質上、やはりそれは一種の「ゴシップ」として取り扱われるべきであろう。ここに皇太后や皇后といった女人が、皇帝に対する強い影響力をもった存在として多く現れる。

この最高国家意志の決定過程において、皇帝は決して絶対的な決定者ではなく、むしろ多くは宰執の議定に従い、また皇后、皇太后、内宮勢力（妃嬪・女官・宦官）の影響を受けて形の上での最終決定を引き受ける存在である。ただし単なる傀儡とはもちろん言い得ず、多くの場合、皇帝も主体者として宰執、皇后・皇太后、内宮勢力と生々しいぶつかり合いを経て最終決定の引き受け手となるのである。

したがって事の性質上、その生々しい決定過程は「ゴシップ」という形においてしか外部に漏れ出ない。というより、宋代の士人は国家意志の決定を初めとする人間の意志過程というものを「ゴシップ」という形において把らえるのを常としたのである、と言う方が良かろうか。生々しいぶつかり合いは、それぞれの全人格が、知力、体力、声音《こわね》、身体表現を動員して行なわれる。それをそのまま記録する事など元来出来はしないし、内宮勢力と皇帝、皇后と皇帝のぶつかり合いなどは元来漏れるはずのないところがある。だがなぜかそれは信憑性の高い筋から漏れる事もある。しかし、確かかどうかはそれこそ分からない。だがそこに「ゴシップ」は生まれる。宋朝廷国家に参与した士人たちは自らをある価値づけの元に「士大夫」と呼称したが、この「士大夫」という言葉には、士大夫社会に「士大夫」と認められて初めて自らを「士大夫」と為し得るのだ、という士大夫社会の世論審査という過程が含まれている。その意味で「ある価値づけ」が自身行われているのである。そしてこの「士大夫社会（あるいは士大夫社交界）」は朝廷国家の主体的な担い手集団であるという基準の上に成り立っていたから、その世論は特に国家の最高意志が決定される生々しい過程に関心が深かった。そこに「ゴシップ」が生まれ、流通し、記録される「場」があったのである。宋代に多く作製された「史料筆記」の類の生まれ読まれるのはまさにこの「士大夫社会」においてであった。

朝廷における最高意志決定の過程こそ、人の世に重大な影響を及ぼす、歴史過程の核心だと観念するならば、それを

「ゴシップ」の形で理解する歴史の把らえ方は、「ゴシップ」史観と簡単には呼ぶことが出来るであろう。『続長編』や、さらには『資治通鑑』、朱熹の『名臣言行録』などに何らかの歴史観があるとするならば、それはまさにこの「ゴシップ」史観と言うものなのではなかろうか。

しかし「ゴシップ」は「ゴシップ」である。どこまでを事実とし得るのかは元来分からない。例えば司馬光の『日記』など、その場にいた当事者が記載したものだとしても、信憑性は高いと言うものの、字句通りかどうかは分からない。多くは又聞きの類を記載し、さらにはかなり伝承された段階での記載となるから、同じ話でも字句の隅々にはかなりの異同が発生し、したがって複数のバージョンが存在することになる。それらを突き合わせて見ても、砂上の楼閣だ、と言われれば、それを押して事実だと言うことは難しい。しかし具体的な国家意志の決定過程、すなわち政治過程を理解するためにはこれらの「ゴシップ」に基づかざるを得ない。確度は不安定である。科学的な確度の高い研究が好まれる今日「政治史」研究が好まれない理由であろう。しかし今日でもそうである如く有りと有る人間の意志決定過程が生々しいぶつかり合いの内に果たされるとするなら、科学的な確度の高い研究が可能なように囲い込まれた歴史的過程の一部が、当の歴史の過程においても囲い込まれ確度の高い機械的過程として全歴史に重大な「演繹的」影響力を有っていたかどうかは分からない。今日における研究確度の高さを当の歴史における重要性にすり替えているだけなのかも知れない。

本稿では以上述べた類の「ゴシップ」に属する史料を多く読み解くのであるが、その場合には記載者を含む「士大夫社会」に流通していたというレベルで先ずは読む。したがってそこに暗に形成されていたであろう「ゴシップ」史観に本づく歴史理解を問い、その限りでの分析を主に行う。例えば朱熹も、そのような理解を踏まえて北宋以来の「出来る男」たちの経験を反芻したのであろうからである。

二

司馬光『涑水記聞』の巻一、第五条には次のように言う。すなわち、太祖・趙匡胤が周の恭帝より受禅する前後についての一段である。

周の恭帝は幼冲なれば、軍政は多く韓通に決す。通は愚愎、太祖は英武にして度量有り、智略多くして屢しば戦功を立つ、是れに由りて将士皆な愛服して心を帰す焉。将《まさ》に北征せんとするに及び、京師の間に諠言して「出軍の日、当《まさ》に点検を立てて天子と為すべし」と。富室或は家を挈《ひきつ》れて外州に逃匿するも、独り宮中のみ之を知らず。太祖之を聞きて懼る。密《ひそ》かに以て家人に告げて曰く、「外間詾詾たること此くの如し。将《はた》之を若何《いかん》せん」と。太祖の姉、或は即ち魏国長公主と云う、面は鉄色の如き、方《まさ》に厨に在り。麪杖（麵棒）を引き太祖を逐いて之を撃つ。曰く、「大丈夫、大事に臨みては、可・否は当《まさ》に自ら胸懐に決すべし。乃ち家間に来たりて婦女を恐怖せしめるとは何ぞや」と。太祖黙然として出ず。

（中華書局、唐宋史料筆記叢刊、点校本、一九八九年、四頁。以下これによって条数・頁数を示す。この話は『邵氏聞見録』巻一にも見える。唐宋史料筆記叢刊、点校本、一九八三、一頁。以下これによる。）

太祖の逸話には大振りで素直な人柄を伝えるものが多いが、その一つである。男たちの家の女人に対する隔たりのない信頼感、これが趙氏の家風であったかのごときである。

太祖には、「母」なる存在への素直な尊重の気分の現れる逸話が目立つ。

太祖が陳橋駅で諸軍校に迫られ、黄衣を身上に加えられて無理やり皇帝と為されてしまった一段の前後、『宋史』本紀一は次のように載せる。

太祖は轡《たずな》を攬《と》り、諸将に謂いて曰く「我に号令すること有り。爾《なんじ》能く従う乎」と。皆な馬より下りて曰く「唯だ命あるのみ」と。太祖曰く「太后と主上は、我皆な北面して之に事《つか》うれば、爾輩《なんじら》驚犯するを得ず。大臣は皆な我に比肩すれば、侵凌するを得ず。……」と。恭帝及び符后を西宮に遷《うつ》し、其の帝号を易《か》えて「鄭王」と曰い、而して符后を尊して「周太后」と為す。（中華書局、点校本、四頁）

『涑水記聞』『続長編』には同じ一段、「少帝及び太后は、我皆な北面して之に事う」に作る（三頁）。

また、『続長編』巻六、

乾徳三年（九六五）二月庚申――孟仁贇、成都より至る。（蜀主）孟昶上す所の表に「自ら過咎を量るに、尚お切に憂疑す」等の語有り。詔して之に答う。其の略に曰く「既に自ら多福を求めば、当《まさ》に尽《ことごと》く前非を滌《あら》うべし。朕は食言せず。爾《なんじ》過ぎて慮ること無かれ」と。答うる所の詔、仍《な》お名よばず。また昶の母を呼びて「国母」と為す。（二四九頁）

同年六月庚戌――孟昶卒す。……初め昶の母・李氏、昶に随いて京師に至る。上《じょう》、屢しば命じて肩輿もて宮に入らしめ、之に謂いて曰く「国母よ、善く自愛されよ。戚戚と郷土を懐かしむこと無かれ。異日当《まさ》に母《ぼ》を送り帰すべし」と。李氏曰く「妾《われ》をして安《いずく》にか往か使めん」と。上《じょう》曰く「蜀に帰る耳《のみ》」と。李氏曰く「妾《われ》の家は本と太原。儻《も》しくは并門（太原の別称）に帰老するを獲《え》んこと、妾《われ》の願い也」と。時に上《じょう》已に北征の意有り。其の言を聞き、喜びて曰く「劉鈞（北漢の主）を平らぐるを俟ちて、即ち母《ぼ》の願う所の如くせん」と。因りて厚く賚賜を加う。昶の卒《しゅっ》するに及び、李氏は哭せず。酒を挙げ地に酹《ふりか》けて曰く「汝は社稷に死する能わず。生を貪りて今日に至る。我の死に忍ぶ所以の者は、汝在るが為《ため》のみ。今汝既に死ねば、吾安《いずく》んぞ用《もっ》て生きん」と。因りて食らわず。数日にして亦た卒《しゅっ》す。（一五五頁）

『東都事略』巻一二三にも載せるが、「劉鈞」は「劉承鈞」に作る。また最後に「(因不食而卒)太祖聞而哀之」と附ける。「国母」なる語は後に遼の国主の母后に対しても用いられる。また別に宋朝廷・趙氏自身の皇后に対しては「天下母」という語が用いられるので、「国母」はこれに対する語として使用されているのであろう。「母」なる女人に「紳士的」とも言うべき独特の敬意が払われている。あるいは「騎士道」的と言った方が良かろうか。太祖は騎馬を善くする武人の気風に育った人であったからである。

太祖が自らの母・杜太后を尊んだことはよく知られた話柄である。

太祖即位す。尊して皇太后と為す。太祖、太后を堂上に拝す。衆皆な賀す。……(『宋史』巻二四二「后妃」上、点校本八六〇六頁)

太祖初めて登極せし時、杜太后尚《な》お康寧たり。常に上《じょう》と軍国(軍事と国政)の事を議す。猶《な》お趙普を呼びて「書記」と為す。嘗て之を撫労して曰く「趙書記よ、且《しばら》く心を尽すを為せ。吾が児《こ》未だ事を更《へ》ざる也(このこはまだまだですからね)」と。太祖、趙韓王を寵待すること左右の手の如し。……(『涑水記聞』巻一、九頁、二〇条)

昭憲(杜)太后は聡明にして智度有り。嘗《つね》に太祖と大政を参決す。疾《やまい》篤きに及び、太祖、薬餌に侍して左右を離れず。太后曰く「汝自ら天下を得る所以を知る乎」と。太祖曰く「此れ皆な祖考と太后との餘慶也」と。太后笑いて曰く「然らず。正に柴氏、幼児をして天下に主たら使むるに由る耳《のみ》」と。因りて太祖に敕戒して曰く「汝、万歳の後、当《まさ》に次を以て之を二弟(趙光義)に伝うべし、則ち汝の子を并せて亦た安きを獲るべき耳《のみ》」と。太祖頓首し泣きて曰く「敢えて母の教えの如くせざらんや」と。太后因りて趙普を榻前に召して約誓の書を為《つく》らしむ。普、紙尾に於て自ら署名して「臣普書す」と云う。之を金匱に蔵し、謹密なる宮人に命じて之を掌《つかさど》らしむ。(『涑水記聞』

巻一、九頁、二一条）

『涑水記聞』の二条はともに朱熹の『五朝名臣言行録』に採られている。二一条の方は、太祖から太宗への皇位継承、太祖の男子がいるにも関わらず太祖の弟・光義（太宗）が継承したことを正当化するために太宗自身と趙普が組んで作り上げた話だともされる（秦玲子「宋代の后と帝嗣決定権」、『柳田節子先生古稀記念・中国の伝統社会と家族』汲古書院、一九九三、所収、六二頁、参照）。さもあろうが別の意味でも面白いテキストではある。すなわちここに杜太后は軍・国の大政にも関わるがっしりとした太祖の保護者として姿を現しているのである。創業の主・太祖もここでは幾分可愛げである。

『宋史』巻二四二「后妃」上の冒頭には、

　昭憲杜后は実に太祖・太宗を生み、内助の賢、母範の正、蓋し以て宋世の基業を開く者有り焉。其の太祖に「無逸」を以て天下を治むるを訓えるを観て、太宗神器の伝を予め定むることに至れば、宗社に慮りを為すこと、蓋し益ます遠し矣。

と総評している。

一方、太祖のその父に対する心事については特に逸話を見ないということになる。『宋史』巻一「太祖」一には、周の世宗三年（九五六）の次のような話柄が載せられている。

　宣祖（太祖の父・趙弘殷）、兵を率いて夜半に城下に至る。門を開けよと伝呼す。太祖曰く「父子は固より親なるも、（城門の）啓《あけ》・閉《しめ》は王の事也」と。詰旦、乃《ようやく》ち入るを得《う》。

なにかしら情が薄いという感じがする逸話である。

父・宣祖も騎射を善くする武人であり、各地に転戦していたとするなら、むしろ戦乱の時代に太祖兄弟は杜太后の専一なる保育によって生きのび成長したと考えられるから、母親に比べて父への情が薄くなるのは当たり前なのかも知れない。また武人の気風として、一人前になった以上同じ武人の父も、親子というよりは武人同士の協力・競争関係に互いになっていたのかも知れない。「王の事也」と厳粛に筋を通す辺りはそのようにも考えられるであろう。

三

秦玲子氏は「宋代の后と帝嗣決定権」(『中国の伝統社会と家族』汲古書院、一九九三、所収)において、宋代、「輩行の一番高い后には、皇帝が帝嗣の決定を表明できないときに帝嗣を決定する権限が存在したこと」を明らかにされたが(なお同氏「宋代の皇后制から見た中国家父長制――および、伝統のファジーさと伝統を使う個人について――」、『アジア女性史――比較史の試み』、明石書店、一九九七、所収、にも参照)、このことは遡って五代にも見られる事柄である。すなわち漢の高祖・劉知遠の皇后・李氏の例である。

『資治通鑑』巻二八六「後漢紀」一、には、先ず次のように紹介する。

高祖・天福一二年(九四七)二月戊寅――帝還りて晋陽(山西省太原市西南)に至る。議すらくは、民財に率《したが》いて以て将士に賞さん、と。夫人・李氏、諫めて曰く……帝曰く「善し」と。即ち民に率《したが》うを罷《や》め、内府の蓄積を傾けて将士に賜う。中外之を聞き大いに悦ぶ。李氏は晋陽の人。(中華書局、点校本、九三四三頁)

『旧五代史』巻一〇四「漢書」六、后妃列伝第一に拠れば、李氏は、高祖・劉知遠が微賤の時、晋陽の別墅に牧馬した折に掠取した女人であった。晋陽は太原府に属する。

李氏はやがて皇后となり、隠帝が乾祐元年(九四八)二月辛巳朔に一八歳で即位すると皇太后となった。この隠帝は余りまじめな質《たち》ではなく、同平章事の李濤が先帝以来の功臣である楊邠・郭威（後の周・太祖）を排斥して外に出そうとした時には、楊・郭両名は「太后に見《まみ》えて泣訴し」、太后は怒って隠帝に「国家勲旧の臣、奈何《いかん》ぞ人の言に聴《したが》いて之を逐うや」と譲《せ》めた、隠帝は「此れ、宰相の言う所なり」と逃れ、その李濤が「此の疏は臣独り之を為《つく》る、他人は預からず」とかぶったので、遂に李濤に政権を奪うという形で責任をとらせた、など、朝廷内の抗争に無責任な形で載せられて行く弱さがあった。これが結局、後に隠帝自らが陰謀めいた重臣たちの粛正に乗り出し、朝廷を恢復不可能な不信の淵に立たせ、やがて自らを臣下に「弑」させる結果となったのである。この無謀な皇帝・隠帝の振る舞いに当時有効な「後見」としての人望を皇太后・李氏が担ったのであった（『資治通鑑』中華書局、点校本、九三九〇頁。以下同じく、頁数だけを示す）。

　帝の即位以来、枢密使・右僕射・同平章事・楊邠、機政を総《す》べ、枢密使・兼侍中・郭威、征伐を主《つかさど》り、帰徳節度使・侍衛親軍都指揮使・兼中書令・史弘肇、宿衛を典《つかさど》り、三司使・同平章事・王章、財賦を掌《つかさど》る。邠はすこぶる公・忠。……弘肇、京城を督察すれば、道に遺《わす》るるを拾わず（落とし物を拾い盗る者がいないほど治安が行き届いた）。是の時、契丹蕩覆するの餘を承け、公も私も困竭するも、章は遺利を捃摭し、出納に吝《お》しみ、以て府庫を実《み》たす。……是《ここ》を以て国家ほぼ安んず。（九四二九頁）

という状態であったが、

　帝の左右の嬖倖浸《ようや》く事を用い、太后の親戚も亦た朝政に預かることを干《もと》む。（九四三〇頁）

という事態により、隠帝と重臣たちとの間に軋轢が進行する。

しかし、「帝は年益ます壮んにして、大臣の制する所と為るに厭《あ》く」（九四三〇頁）という状態で、やがて左右の者に「邠等専恣・終当為乱（邠等専恣にして終《つい》に当《まさ》に乱を為すべし）」（九四三一頁）と焚き付けられた。

帝は遂に（李）業・（聶）文進・（後）匡贊・（郭）允明と邠等を誅さんことを謀る。議既に定まれば、入りて太后に白《つ》ぐ。太后曰く「茲《こ》の事、何ぞ軽がろしく発す可けんや。更に宜しく宰相と之を議すべし」と。（李）業時《とき》に旁に在り。曰く「先帝嘗て言う、朝廷の大事、書生に謀り及ぶ可からず。懦怯、人を誤つ」と。太后復た以て言うを為す。帝忿《いか》りて曰く「国家の事、閨門の知る所に非ず」と。衣を払って出ず。（九四三一頁）

乾祐三年（九五〇）十一月丙子（一三日）の旦《あさ》、入朝した楊邠・史弘肇・王章の三人が広政殿より飛び出した甲士数十により殺害され、彼らの一族一党が粛正された。さらに隠帝は「密詔」を発し、侍衛歩軍都指揮使・王殷、枢密使・兼侍中・郭威、監軍・宣徽使・王峻を殺害しようとしたが、この「密詔」は翌一四日、郭威に漏れる所となり、情勢に迫られて郭威は軍を挙げるに至った。

同月二〇日には東京（開封）北の劉子陂に皇帝側と郭威側の両軍がにらみ合うこととなる。太后は「郭威は吾が家の故旧、死亡身に切《せ》まるに非ざれば、何ぞ此こに至らん」云々と隠帝の軍陣への出御を止めようとしたが帝は聴かずに出御、ただしこの日はにらみ合うだけに終わった。翌二一日、隠帝は再び軍陣に、再びの太后の力止を振り切って出御した。だが戦闘が進むにつれ皇帝側から郭威側に降る者が増え、暮れ方までには皇帝側の軍の多くが郭威側に寝返った。翌二二日、隠帝は開封に戻るが、その玄化門において逆に門上より左右に射掛けられ、西北に逃れたが、やがて乱兵に「弑」されたのである。郭威は同日開封に入り、私第に戻った。（九四三一―九四三八頁）

ここで、皇帝が様々な対抗する勢力のぶつかりあう状況の中心にあって横死するという事態が発生したわけである。この帝位空白の出現に面して当時の政治意識は如何にこの空白を回収すべく動いたか。如何なる手続きによって動いたか。以下は『資治通鑑』が詳細に伝えるこの動きである。（九四四〇頁以下）

（1）同月二三日、郭威は百官を帥いて太后に「早《つと》に嗣君を立つるを請う」奏上を行う。

（2）太后は高祖の弟の劉崇・劉信の二人、高祖の男子の劉贇・劉勳の二人（贇は実は崇の子であるが、高祖は之を愛し、養うこと子の如くした、と但し書きがある。同姓・他姓を問わず「養子」とする風が当時盛んであった。特に武人においては、と当時を伝える史料に観察される。待考）を挙げてこの内より候補を絞るようにと「誥」を以て百官に議を下した。

(3)　郭威と王峻は太后に見《まみ》えて、高祖の子・開封尹の劉勳を推薦した。

(4)　太后は劉勳は病床にあって起つこともかなわないと告げた。

(5)　郭威は出でて諸将に告げた。諸将は自らの目でこのことを確かめることを請う。太后は劉勳が身を横たえる寝床を左右のものに命じて高く持ち上げさせ、諸将に納得させた。

(6)　そこで郭威と王峻は相談して高祖の子・劉贇を候補とすることと決め（議立贇）、

(7)　二六日、百官を帥い、劉贇が大統を継ぐことを正式に表請し、

(8)　太后はこれを受けて、所司に「誥」して、日を択び、法を備えた上で、劉贇を迎え、皇帝位に即けることを命じた。（太后の誥令・新君を迎える儀注を草したのは郭威がこれと見込んだ翰林学士・范質であった。）

(9)　郭威は太師・馮道らを派遣し徐州に劉贇を迎えに行かせた。

(10)　二七日、郭威は百官を帥いて、新皇帝が宮闕に到着するまでには十日余りを要するため、その間の最高権の空白を埋めるために、太后の「臨朝聴政」を請うた。

(11)　二九日、太后が始めて「臨朝」した。王峻を枢密使にするなどの重要人事が決済された。この間、契丹軍が侵攻したとの報が入り、太后は郭威に大軍を以ての攻撃を「敕」し、国事と軍事をそれぞれ別員に臨時的に委任（兼委）することとした。一二月一日、郭威が開封を出発。

(12)　劉贇が馮道らと共に京城へ向かう道にあった。一二月一五日、郭威は大軍を帥いて滑州にいたが、劉贇が派遣した慰労の命を郭威麾下の諸将は不安げに左右を見るだけで拝受せず、自分たちがいずれにせよ郭威について京城を屠

陥するという大罪を先に犯した以上、複《ふた》たび劉氏の皇帝が立てば我々を粛正するのではないか、と私語したのであった。
（13）一二月一六日、諸将の動揺を知った郭威は澶州に向かい、一九日、澶州に着。翌二〇日早朝、出発せんとするに、将士が突然騒ぎ出し、郭威に皇位に即くことを強要。黄旗を裂いて郭威に被《き》する者あり、皆なで郭威を抱え挙げて万歳を叫び、南へと、すなわち京城へと向かう。
（14）その途次、郭威は太后に「牋」を上し、「（漢の）宗廟を奉じ、太后に事《つか》えて母と為す」ことを請うた。（今は亡き漢・高祖・劉知遠と李太后の養子となるということを意味する。これによって皇位継承の正当性を得るわけである。この点、当の郭威の皇位を継承した世宗が、本姓・柴、太祖・郭威のまさに異姓の「養子」であったことにも参照出来るであろう。また、『旧五代史』巻一一〇「周書」一、太祖紀第一の記載に拠れば、太祖・郭威自身が、「或は云う、本は常氏の子、幼くして母の郭氏に適《とつ》ぐに随い、故に其の姓を冒す焉」とも言われる出自なのである。後に范仲淹について取り上げる事情と比較すべきである。この「牋」に応えて太后が下した「誥答」は、『旧五代史』巻一〇四「漢書」后妃列伝第一に載るが、「侍中は功烈崇高、徳声昭著……載《ここ》に来牋を省《み》るに、母の如く見待せん、と。深意に感念し、涕泗横流す」云々とその申出を承諾し、「仍お戎衣・玉帯を出だし以て周の太祖に賜う。周の太祖即位し、尊号を上して徳聖皇太后と曰い、太平宮に居らしむ……」と述べる。以下の（19）に「郭威が即位後に太后に「昭聖皇太后」の尊号を上したことが出るが、つまり郭威は太后に認められて彼女の養子となり、その形で太后を周朝・郭氏の正式の皇太后としたのである、ということになる。）
（15）二五日、郭威が開封城外に到着、宿営。竇貞固が百官を帥いて拝謁し、皇帝位への即位を「勧進」した。
（16）二六日、太后は劉贇を廃して「湘陰公」とする「誥」を出す。
（17）二七日、太后は郭威を「監国」とする「誥」を出す。百官・藩鎮よりの郭威に即位を勧める「勧進」が相継いだ。
（18）翌・広順元年（九五一）正月五日、太后は「誥」を下し、監国・郭威に符宝を授け、皇帝の位に即位させた。

「広順」に改元。

(19) 正月七日、旧《もと》の漢の李太后に「昭聖皇太后」の尊号を与えた。

以上十九段に分かって辿ったが、これら一連の手続きの進行の中で、これらの手続きの正当性を基礎づける超越的な命令権者として「太后」という存在が機能していることは見逃しようがなかろう。劉氏から郭氏へという易姓革命の正当化をすら、すなわち王朝を越える命令権者としてさえここでは機能しているのである。郭威はその「子」となることによって、その易姓を平和裡に遂行させ得る正当づけの「装置」を得ようとした。すなわち「母」と認定される存在は、朝廷の交替を超越する権威賦与の基礎命令権を帯びた存在として、将士の心理を鎮静せしめ得る機能をここで果たしているのである。「父」亡き後の「母」とは、「父」の継承を争う、いずれは殺し合い互いに尽滅するに至るしかない「兄弟」たちの遣る辺のない争いに超越して、これを沈静せしめ、自省せしめ得る唯一の生ける存在だということになろうか。

いずれにしても、この李太后の果たした機能は、秦氏が明らかにされた、宋代における最高輩位にある「后」の有つ機能・権限の直接の先例だと考えることが出来るのではないだろうか。前《さき》に紹介した宋の太祖にまつわる杜太后の話柄にしても、李太后の働きの以上紹介した範囲内に入るのであるし、そもそも太祖・趙匡胤はその李太后の機能によって建てられた周朝子飼いの将官であり、また先に見た如く、将士に擁立され、仕方なく「太后」にすがって帝位に即くという形を郭威と酷似する形で示しているのである。

所謂「陳橋駅の事変」が起こったのが建隆元年(九六〇)、郭威擁立の事件が乾祐元年(九五〇)、登場人物の中には、将士を含めて重なる者も多かっただろう。そして太祖・趙匡胤を含めて、そのような近い記憶の中で自らの振る舞いの再演性を感じていただろうということになる。母后の機能が宋代において独特に強調されるのは、このような特定の歴史にその皇家と朝廷が出自を同定していたからなのではないだろうか。

さらに今一つ注目しておくべきは、李太后にまつわる話が、異姓継承の話であり、「異姓養子」の話に関わっていることである。

父系継承制度の典型的な規律としてよく指摘される「宗法」の観念では、父系継承を行うのはあくまで同姓の範囲に限られるのであって、「姓」こそが重大なのである。異姓の者が宗廟を継ぐことは出来ない。また異姓養子となることは当の男子としては元来の姓を捨て、その宗廟の祭祀を途絶えさせ、傷つけることにもなろうから、到底為し得ない大罪だということになろう。したがって、郭威が「養子」となり、周の世宗がやはり異姓の養子となって皇位を継承していることは、「宗法」の観念からは承認しがたい事態ではないのだろうか。しかし、当時、この異姓養子は逆にその具体的な父系継承を正当化する論理として使われ、実際それとして承認されていたかの如くなのである。なぜなのであろうか。

北宋・英宗の時代、朝廷は所謂「濮議」に明け暮れたと言われるが、英宗が仁宗の実子ではなく濮王の子だということで祭祀上濮王をどう位置づけるのかとして疑義が展開されたのである。同姓養子の問題であるが、もしもそこで問題化を行っている父系継承についての秩序意識が郭威の時代にそのまま生きていたとするなら、とんでもないと、それはまさに「易姓革命」に他ならないと大問題になったのではなかろうか。

だが郭威の時代、そのことが乗り越え難い大問題であるとは考えられていなかったようである。端的に言うならば、そのような「宗法意識」は当時の朝廷に関わる社会においてそれほど有力な規範力を有っていなかったらしい。したがって、もしもその種の「宗法秩序」の存在を以てある社会を「儒教社会」「礼教社会」「中国社会」と呼び得るとするなら、当時の郭威たちが生きた「社会」は到底「儒教社会」「礼教社会」「中国社会」、あるいはそもそも「中国」とも呼ぶことなどは到底出来ない底の「社会」だったと考えた方が良かろうとなる。

先ず、当時は戦乱の世の中であった。それも、戦闘員と市民が区別されて、市民に戦禍が及ぶことを正義に反する行為だと互いに批難しあうような整った戦争の時代ではなかった（もちろんそのようなものが現実にあるとしてのことだが）。契丹軍は漢・天福一二年（九四七）正月にその国主を擁して京城・開封に入城したが、例えば『資治通鑑』などが記すその行跡はすざまじい。所謂戦犯の告発・処断が行われるが、皆なで切り刻み、脳を抉り出して食らわせるのである。晋の百官は正月一日に城外北方に出ていた晋の国主を遥拝すると服を換えて契丹の国主を迎え入れたのであり、すでに契丹の国主に事《つか》える百官となったのであるが、それはまさに異形の習俗と気風をもった国主であり、集団であった。先んじてすでに契丹に事《つか》え、枢密使・兼政事令に任ぜられていた趙延寿がこの時、契丹の兵員に廩食を配給することを契丹の国主に上請すると、その応えは、

我が国に此の法なし。

というものであり、

乃ち胡騎を縦《はな》ちて四出せしめ、牧馬を以て名と為し、分番に剽掠し、之を「打草穀」と謂う。丁壮は鋒刃に斃れ、老弱は溝壑に委《かさ》なる。東・西両畿より、鄭・滑・曹・濮に及ぶまで、数百里の間、財畜殆ど尽く。（九三三四頁）

ということであった。

このような混乱の中、生きのびるのがやっとの状態で逼塞し、あるいは我が身一つ、あるいは母子だけの頼りなさに剝き出されて文字通りに「東西南北」している人々にとって、「宗法」の維持という規範意識は、もし嘗てはそこにあったのだとしても、その意味を崩壊し続けていたであろう。父が亡くなり、あるいは他出している隙に、母と共に侵攻した軍団に接収されれば、その子がそこで如何に生きていくかに礼法事は余り関わるまい。混乱の中で遺棄され、あるいは生きはぐれ、あるいは死にはぐれた子供が、多生の縁で連れて来られれば、愛育するものも出てこよう。

いま契丹の枢密使・兼政事令として名前の出た趙延寿にしても、『旧五代史』巻九八の伝に拠れば、「本姓は劉氏」、

父は県令となったこともあったが、梁の開平年間（九〇七－九一一）の初め、滄州節度使・劉守文が邑を陥れ、その偏将であった趙徳鈞が延寿とその母を「手に入れ（獲）」、「遂に之を養いて子と為《し》た」というものであった。

先に紹介した『資治通鑑』九四三一頁のテキストには、宰相と相談せよという李太后に、李業（実は太后の弟である）が先帝、すなわち漢の高祖・劉知遠の言葉として「朝廷の大事、書生に謀り及ぶ可からず、懦怯、人を誤つ」なる言葉を引いて反論していた。『資治通鑑』はさらに、我々が先に李太后・郭威に関わって言及した漢朝廷の重臣たちの中にも、「書生」や「文官」に対する軽蔑を表すものがいたことを記している。

例えば乾祐三年（九五〇）四月、漢朝廷は、契丹が侵攻し河北に横行しても各藩鎮は自身を守るに精一杯、その横行を防ぐものがいない情勢に鑑み、郭威を鄴都（大名府、河北省大名県東北）に鎮せしめ、諸将をまとめる要《かなめ》として契丹に備えようとした。史弘肇は郭威に枢密使のままに鄴都に赴任させようとしたが、蘇逢吉はこれに、「故事に之無し」として反対した。弘肇はこれに対し「枢密使を領せば則ち以て便宜に事に従う可く、諸軍畏服し、号令行われん矣」と主張、帝は卒《つい》にこれに従った。郭威は、如此して鄴都留守・天雄節度使、枢密使たることは「如故（そのまま）」として派遣された。後日、宴会の折、蘇逢吉の我に対する反対を根にもっていた史弘肇は逢吉に、

国家を安定するは、長槍・大剣に在り。安んぞ毛錐を用いんや。

とどなりつけた。これに財政担当の王章は横から「毛錐無ければ、則ち財賦、何に従いて出だす可きか」と応じている（九四二二頁）が、別には、

章は聚斂すること刻急たり。……塩・礬・酒麹の禁を犯す者は、錙銖・涓滴なるも、罪は皆な死たり。是《これ》に由りて百姓愁怨す。章は尤《もっと》も文臣を喜ばず。嘗て曰く「此の輩は、之に握算を授くれば、縦横するを知らず。何ぞ用うるに益有らん」と。（九四二九頁）

とも記される。

高祖・劉知遠にしても、史弘肇、王章にしても、単なる個人的な好悪・利害の感情に駆られてこう言っていると取っては事を誤るであろう。これが、彼らが経験から理解した時代の真実であったということが出来るのではないだろうか。

この時代に「国家」を建て、維持して行くというのであれば、文臣・書生にまかせていてはダメだというのが彼らの感覚であった。繰り返される契丹の侵攻に曝され、まさしく草刈り場として荒らされ、群小の軍閥の暴力は歯止めなく残虐になり、気息奄奄、このまま「中国」自体が沈淪して行くのではないかという時に、それを防御する「国家」維持のためには軍兵の強化が第一であり、そのための「苛斂誅求」は必要な措置である、と、例えば王章は考えていたであろう。そして「故事」の有無を論拠に、現実に必要な措置にクレームをつけ、「書かれた」事に拘泥して眼前の厳しさに適切に対応出来ない「文臣」「書生」に「懦怯」「縦横するを知らず」という投げ付けを行ったのであろう。

「中国」という価値に関わる郭威、劉知遠の言葉が次のように記載されている。契丹の国主が開封に入り、晋朝廷を接収して、居座り続けていた状況の中での発言である。

　知遠又た北都副留守・太原の白文珂を（契丹の主に）遣わして奇繒・名馬を入献せしむ。契丹の主、知遠の観望して至らざるを知る。文珂の還るに及び、知遠に謂わ使めて曰く「汝は南朝に事《つか》えず、又た北朝に事《つか》えず。意欲何か俟つ所なるや」と。蕃漢孔目官・郭威、知遠に言いて曰く「虜の我を恨むこと深し矣。王峻言いえらく、契丹は貪残にして人心を失う。必ずや久しく中国を有つ能わず、と」。或るもの知遠に兵を挙げて進み取るを勧む。知遠曰く「用兵には緩有り急有り、当《まさ》に時に随いて宜しきを制すべし。今、契丹の新たに晋の兵を降すこと十万、京邑に虎拠するも、未だ他変有らず。豈に軽がろしく動く可けんや。且つ其の利とする所を観るに、貨財に止まる。貨財既に足れば、必ずや将《まさ》に北に去らんとせん。況や冰雪已に消ゆる

をや。勢い久しく留まり難し。宜しく其の去るを待つべし、然る後に之を取れば、以て万全たる可し」と。（九三三六頁）

「貪残」なだけでは有《たも》ち得ない「中国」、「貨財」を取り立てる気持ちだけには終わり得ないその主たるの気持ち、いわば剝き出しの欲望と歯止めなき暴力だけに動き反応するのではない独自の価値たる「中国」なるものが、疑い得ない規範として、そして「取る」べき目標として、これらの「武人」たちの発言の根柢に揺曳している。

しかしその「中国」なる価値の現実は、この時代やはり気息奄奄たるものであった。そもそも何がその価値の中心なのかということも現実の中でよくは分からなくなっていた。と、そのように宋代の「士大夫」たちはこの時代のことを考え始め、それに続く自分たちの時代をそれとは違うものにしようと反省し、その生命線を「中国」なる価値の根本にある「聖人」の伝統、「孔孟」の「学」に厳しく求めた。北宋も半ば過ぎ、司馬光の『資治通鑑』がそのような視線で史料の語る「ゴシップ」を取り上げ記載していることは疑い得ないと思われる。そしてそのような歴史理解の一端には、「儒学」の習得とその規範に従って国政に参与し発言する人々は、「書生」「文臣」として現れざるを得ず、五代・漢朝廷の気風の中では「懦怯たり」「縦横を知らず」と批判される側にあって、これまた気息奄奄たる様であったのだ、という理解が存在し、その理解が以上に紹介した「ゴシップ」の記載によって漏らされているのだ、となる。

したがってその記載に直ちに拠って、その「ゴシップ」の細部、特にある発言の字句の細部までを事実とするわけにはもちろん行かないが、例えば司馬光の捉えていた「真実」に寄り添う形でその記載を「真実」を伝えるものとして考量することは出来るであろう。歴史研究の真実性とは、このような人同士のぶつかり合いやその人の意志・決断の内的な理解という点になると、それの伝える「真実性」に頼るしか行かないのではないだろうか。むろん複数の史料の「真実性」を比較考量し、それぞれの史料の「傾向性」を相対的に割り出すことは必須である。

その限りで、以上の史料から窺えるのは、――例えば劉知遠や郭威の時代、父系同姓集団における世代継承の純化と社会的な出自の認定という制度は存在していたが、その強固な規範性は存在していなかった。もしそれ以前にそのような規範性が強固に機能していた社会があったとする（思い込まれているほど確実ではないだろう）なら、その規範性はこの時代「崩壊」していた。後の時代に朱子学などにおいて「宗法制」が宣揚されるが、それはこの時代とそれに引き続く時代、すなわち宋代、の現実において、その規範性が相対化され微弱となっていたものを、「中国」という価値の「崩壊」という事態であるとの危機感から、これを強固に再建しようという「ある人々」の歴史的な自己理解に本づく意志によって「中国」なる価値の自己規律の確立のために定立されたものである――ということである。

このような強固な規範性が「崩壊」していたとするなら、そのさなかに「漢・李太后」の皇位継承に関わる超越的命令権が発効している以上、この現象を、秦氏が宋代の「后」の帝位継承に関わる権限・権威を「ここで思い出されるのが、滋賀秀三氏の描写するところの中国家族法における家族観と妻の位置である。すなわち皇帝の意志が明らかでないときにそれを補佐する后の権限とは、まさしく男子なき場合、夫の代弁者として夫の死後、後継ぎを決める寡婦の権利と同根であろうと思われる」（前掲「宋代の后と帝嗣決定権」六三頁）として、「中国家族法」に基礎づけられた如くには、簡単に考えられない、ということになる。もし前《さき》にも述べた如く五代社会から宋代社会への継続、その朝廷や皇家における気風の連続性が強いとするなら、宋代における「后」の権限・権威についても、単純に「中国家族法」といったものに基礎づけるわけには行かないのではないだろうか。

このことには次のような事情も絡んで来る。すなわち、例えば漢の高祖・劉知遠が「沙陀部」の人だった（『旧五代史』巻九九「漢書」一、高祖紀上、など）という事情である。大まかに言うならば、五代と呼ばれる王朝の、その皇家、朝廷、諸将、騎馬を善くする武人たちの気風・習俗は、その出身地域、出自などから見て、陳寅恪氏の所謂「胡化」（『唐代政治史述論稿』）されたものであったと考えられるのである。氏は唐代・安禄山の乱を画期として「河北」地域が、特にこの「胡化」を被り、他の地域と画然とその文化を異にする地域となっていたのだとされたが、だとするならば、例えば宋の皇家の出自はその河北もかなり北の涿郡（現在の北京の南）とされ（『宋史』巻一「本紀」一）、太祖の母・杜氏の出身はやはり河北の定州（『宋史』巻二四二「后妃」上）であり、その気風・習俗の基本にその「胡化」の影響があると考えることは、十分に可能であろう。

とするならば、ここでもまた、五代及び宋における皇家・朝廷の気風を考える場合に単純に「中国家族法」といったものを基底に置くわけには行かないと思われるのである。

四

前《さき》に少しく紹介した、周の太祖・郭威の出自に関する『旧五代史』に載せる「或伝」は、我々が朱子学へと至る「士大夫」たちの政治学的意識を考える際のキー・パーソンとしてたびたび出会って来た范仲淹の出自に関わる話柄に酷似する。ここでそれを紹介しておこう。

先ず『旧五代史』巻一一〇「周書」一、太祖紀第一の記載を再録しておく。

太祖……姓は郭氏、諱《いみな》は威、字《あざな》は文仲、邢州・堯山（邢州は河北省）の人也。或は云う、本は常氏の子、幼くして母の郭氏に適《とつ》ぐに随い、故に其の姓を冒す焉。……后、唐・天佑元年・甲子の歳（九〇四）の七月二十八日、帝を堯山の旧宅に生む。……帝、生まれて三歳、家、太原に徙る。居ること何《いくばく》もなくして、皇考《ちちうえ》、燕軍の陥れる所と為り、王が事に歿す。帝は未だ齠齔（歯の抜けかわる年頃）に及ばざるに、章徳太后、蚤世す。姨母の楚国夫人・韓氏、提携・鞠養す。……帝は時に年十八、吏を壺関（山西省・長治市北）に避け、故人の常氏に依る。……

欧陽修「資政殿学士・戸部侍郎・文正范公神道碑銘」には次のように述べる。

A　公、諱《いみな》は仲淹。字《あざな》は希文。五代の際、世よ蘇州に家し、呉越に事《つか》う。太宗皇帝の時、呉越、其の地を献ず。公の皇考《ちちうえ》、銭俶の京師に朝するに従う。後、武寧軍（徐州。江蘇省徐州市）・掌書記と為り、以て卒《しゅっ》す。

B　公は生まれて二歳にして孤（父なき子）、母夫人は貧しくして依るべ無ければ、再び長山（淄州長山県。山東省鄒平県の東・長山鎮）の朱氏に適《とつ》ぐ。既に長じて其の世家を知れば、感泣して去り南都に之《ゆ》く。学舎に入る。一室を掃き、昼夜講誦す。其の起居飲食は人の堪えざる所なるも、而るに公の自刻すること益ます苦《はげ》し。居ること五年、大いに六経の旨に通じ、文章・論説を為《つく》るに必ず仁義に本づく。（朱熹の『五朝名臣言行録』ではここまでを一条として採っている。）祥符八年（大中祥符八年、一〇一五）、進士に挙げらる。礼部の選は第一。遂に乙科に中り、広徳軍・司理参軍と為る。始めて帰りて其の母を迎え以て養う。

C　公の既に貴きに及び、天子、公の曽祖……諱《いみな》は夢齢を太保と為し、祖……諱《いみな》は賛時を太傅と為し、考《ちち》・諱《いみな》は墉を太師と為し、妣《はは》・謝氏を呉国夫人と為す。

D　公は少《おさな》きより大節有り。富貴・貧賤・毀誉・歓戚に於て、一も其の心を動かさず。而して慨然として志《こころざし》天下に有り。常に自ら誦《くちずさ》みて曰く「士は当《まさ》に天下の憂うるに先だちて憂い、天下の楽しむに後れて楽しむべき也」と。其の上《かみ》に事《つか》え人に遇うに、一に自信するを以てし、利・害を択びて趨・捨するを為さず。其の為すこと有る所には必ず其の方を尽す。曰く「之を為すこと我自《よ》りする者は当《まさ》に是《かく》の如かるべし。其の成ると否《いな》とは、我に在らざる者有りて、聖賢と雖ども必《ひっ》する能わず、我豈に苟《かりそめ》にせん哉《や》」と。（『全宋文』一八冊、二二五頁）

ここで范仲淹は、恐らく郭威とは、そして五代の「異姓養子」となり異なった姓の父系に帰属して「冒姓」した人々とは全く異なる「規範」を目指して行動している。純正な父系継承を目指して「母」を一旦捨てているのである。

この間の事情は、楼鑰の手になる『范文正公年譜』により詳しい。范仲淹が母の再嫁先・朱の家を出て南都に向かったのは大中祥符四年（一〇一一）、二三歳の年のことであった。

四年辛亥。年二十三。　世家のことを詢《たず》ね知り、感泣して去り、南都に之《ゆ》く。……（欧陽修の記述と同じ句が続く）……按ずるに、『家録』に云う――公は朱氏の兄弟《けいてい》の浪費して節無きを以て、数《しばしば》之を勧止す。朱の兄弟《けいてい》楽しからず。曰く「吾は朱氏の銭を自ら用うぞ、何ぞ汝の事に預からん」と。公、此れを聞きて、疑い駭《おどろ》く。告ぐる者有りて曰く「公《あなた》は乃ち姑蘇・范氏の子なり。太夫人、公《あなた》を携えて朱氏に適《とつ》ぐ」と。公は感憤自立し、決して欲すらく、自ら門戸を樹立せん、と。琴と剣を佩《お》び、径《ただち》に南都に趨く。謝夫人、亟《すみやか》に人をして之を追わ使む。既に及べば、公は之に故《ゆえん》を語り、十年を期して第《だい》に登り、来たりて親を迎えん、と――

五年壬子（一〇一二）。年二十四。「朱説」の名を以て進士・礼部第一に挙げらる。

……

八年乙卯（一〇一五）、年二十七。　蔡斉の榜に登り、乙科第九十七名に中《あた》る。……

天禧元年（一〇一七）。年二十九。　文林郎・権集慶軍節度推官に遷さる。始めて「范」姓に復す。……

この『年譜』の冒頭には定型の如く范仲淹の属する父系を辿り記す中でこの間の事情をまとめて記載するが、そこには「范」姓への復帰の際のより詳しい事情が記されている。

初めて広徳軍司理に任ぜらる。後ち母夫人を迎え侍して姑蘇に至り、「范」姓に還らんと欲す。而るに族人に之を難ずる者有り。公、堅く請いて云いえらく「止《た》だ本姓に帰らんと欲するのみ。他に覬《うかが》う所無し」と。始めて許さる焉。天禧元年に至りて亳州節度推官と為り、始めて奏して「范」姓に復す。

范氏への還姓を難ずるほどの「族人」がいたのなら、すなわち范仲淹の父が死亡して范仲淹母子が路頭に迷い再嫁するしかなかった折に范氏一族がそれなりにいたのなら、助ければよかろうものを、再嫁するにまかせたということは、当時、あるいは蘇州辺りでは、母が再嫁してその子が「冒姓」することに、五代の例に見られる如く、それほどの抵抗はなかったということなのであろうか。

ここでは、父系帰属が「男子」における社会的自我形成の基礎となる、という機構は、社会的には一種の「自然」的制度として存在するが、しかしその制度からの逸脱を厳しく矯正する強固な「規範」とはなっていない。事情に応じて、その父系帰属は変換が利く。ということは、そのような柔軟さの裡に形成されている人々の「社会的自我」も柔軟なものであり、事情に従順して変化する底のものであったのだろう、ということになる。個々人の「社会的自我」は社会的事情の上に浮動する柔らかいもので、事情に左右されない強固な「屹立する」底の「自己意識」はそのような人々の間ではむしろ珍しかったのだろう。范仲淹はしかし、当時の習俗においては幾分かは波立つことはあってもいずれは「おのずと丸く収まる」範囲にあったらしい、「母」によって行われた「父系」改変の虚偽に、「丸く」ではなく「尖った」反応を示したのであった。

欧陽修の記述に戻れば、この一段、すなわちBの部分が、AからCへという、「墓誌」や「伝」などと共通する「神道碑」の書き方の定型として行なわれる、記述対象である人物の「父系継承」を迹づける文脈に埋め込まれて存在していることは明らかであろう。すなわち、欧陽修はここで、「范仲淹」というひとりの男の、自身より「父」を喪失せしめた「母」の下《もと》を脱して自立し、自ら刻苦することによって、失われていた「父」の恢復とその継承へと自らを刻み出し高めて行く経緯、あるいはその心理のドラマを「語って」いるのである。

その「物語り」において、「父」とは、自らの父系であると同時に、「六経の旨」であり、「仁義」であり、そして真の「父」の継承者となったことを証明し認証するのは科挙の試練をくぐって「進士」となり、国政に参与する「官」の道に正式に入ることである。如此自らが真実なる「父系」の真の継承者であるという「真実性」を何よりも自己の裡に形成し確立し得たが故に、范仲淹は「始めて帰りて其の母を迎え」たのである。

欧陽修はこの「父系」的自我確立の物語を承けて、范仲淹という人物の特質を、次にDにおいて范仲淹自身の言葉を引きながら簡潔にまとめている。要するところ、確乎たる「自信（自己信頼）」によって「天下」の命運に屹立して参画することを志した、ということである。これを以て以上の「物語り」の結末をつけたということが出来よう。

『年譜』の「四年辛亥」条に引く「家録」の「感憤自立、決欲自樹立門戸」という言葉を襲って、ここに語られている「物語り」を簡潔に「男子自立の物語」としてまとめておこう。そしてこの「男子自立の物語り」には、

（1）その「自立」が強固な「父系」的自我に結実して確乎たる「自立」となるのは「六経の旨」・「仁義」に至る「刻苦勉学」を通じてである、

（2）如此して確立した強固な「父系」的自我の存立は天下の命運に参与することによって発効し実証される、

という二点が基準標点として組み込まれている。

この二つの基準標点を含む「男子自立の物語り」が「朱子学」の基本となっていることは恐らくは贅言するを要しない。しかしこれを、五代の、前《さき》に紹介して来た史料から観るなら、あるいは同時代のより「現実」に柔軟な人々の社会的自我の状況から観るなら、これは当時随分と独特な「物語り」であったのかも知れない。しかしやはりこの范仲淹辺りを境にして、この「物語り」を模範とするような気風を有《も》つ人々が一つの時代、一つの伝統を作り上げて行ったと言うことも出来るであろう。前章「闘う民政官たち」の章で取り上げた人々は実はおおむねそのような人々であった。

五

「自立」が基本だ、という「こと改めて」の意識が、范仲淹の次のような重大な場面における発言にも窺える。仁宗・明道二年（一〇三三）三月二九日、章献皇太后・劉氏が崩じた。『続長編』は皇太后の「遺誥」をめぐって次のように記す。

甲午（二九日）。皇太后崩ず。遺誥、「太妃（楊氏）を尊して皇太后と為す。皇帝聴政するに祖宗の旧規の如くせよ。軍・国の大事は、太后と内中に裁処せよ。諸軍に緡銭を賜え。」

乙未（三〇日）。帝、皇儀殿の東楹に御す。号慟して輔臣に見《まみ》え、且つ曰く「太后疾みて言う能わず。而るに猶お数《しばしば》其の衣を引く。属《たの》む所あるが如し。何ぞや」と。奎（薛奎・参知政事）曰く「其れ袞冕に在る也。然ども之を服《つ》ければ何ぞ以て先帝（すなわち真宗）に見《まみ》えん乎」と。帝悟る。后服を以て斂《おさ》む。即ち呂夷簡（同平章事）に命じて山陵使と為す。既に遺誥を宣せば、閤門、百官に趣《うなが》して太后（楊氏）に内東門に賀せしむ。御史中丞・蔡斉、色を正して台吏に追班すること毋れと謂い、入りて執政に白《もう》して曰く「上《じょう》は春秋長《た》けて、天下の情偽に習《なじ》みたり。今始めて親政す。豈に宜しく女后をして相い継ぎて称制せ使むべき乎」と。執政以て奪うこと無し。

夏四月丙申朔。詔を下して助けを求む。遺誥の「皇帝、太后と軍・国の大事を裁処せよ」の語を刪去す。

……

始め、太后（劉氏）の疾、劇しきを加うるに、侍御史・孫祖徳、政を還さんことを請う。已にして疾、少しく間《ゆる》む。祖徳大いに恐る。太后の崩ずるに及び、諸もろの嘗て政を還せと言う者、多く進用さる。庚申（四月二五日）祖徳を擢げて兵部員外郎・兼起居舎人・治諫院と為す。

太常博士・秘閣校理・范仲淹、右司諫と為る。仲淹、初め、遺誥の、太妃を以て皇太后と為し、軍・国の事に参決せしめんとするを聞くや、亟《すみやか》に上疏して言へらく「太后は母の号也。未だ保育するに因りて代立する者を聞かず。今一太后崩ずるに、又た一太后を立つれば、天下且《まさ》に、陛下は一日も母后の助け無かる可からざらんかと疑わん矣」と。時に已に「参決」等の語を刪去す。然ども「太后」の号は訖《つい》に改めず。止《た》だ其の冊命を罷《や》むる而已《のみ》。（九冊二六〇九―二六一五頁）

章献皇太后が乾興元年（一〇二二）二月に真宗が崩じ仁宗が即位して以来、所謂「垂簾聴政」を足掛け十二年にわたって行なったことはよく知られているが、その死に際しての遺言において、共に仁宗の養育に当たった太妃・楊氏を自らの後継に指名し、皇帝の有つ最高統治権の共同行使権を彼女に設定しようとしたのであった。

この最高統治権の共同行使権の設定は、皇帝の「母」であるというところに根拠を置いており、それが故に遺言は先ず楊氏を「皇太后」とすることを言うのである。

蔡斉の発言と范仲淹の発言は同じ趣旨であるが、しかし、范仲淹の文言は、皇帝の人格にまで踏み込んで、「母」の助けへの依存の気持ちを皇帝はいつまでも立ち切れないのではないか、しかしそれではダメだ、と、皇帝その人の弱点を突く形になっており、それだけに「自立」を妨げる心理的な仕掛けの深奥の「弱み」にずばりと切り込んでしまっている、という感がある。「男子自立の物語り」において「母」なる存在は微妙な位置にある。

人は別に「自立」しなくても生きて行ける。むしろ「楽に／楽しく」生きて行けるのは人に頼って生きて行く方であろう。「母」なる存在に先験的に依存して生存・成長し得たというのは、大方の人間にとって身裡にあって否定し得ない事実であろう。しかし人が「自立」しようとする時には、この事実とそれにまとわりつく依存の心地よさがその心理の最深にあって障害となる。緊張と亀裂が生まれる。母なる存在がその「子」の「自立」を励まし、むしろ自らの影響力を自ら遮断するなら、それが一番よかろうが、なかなかそうは行かない。その時、「子」の側からこれを遮断することは極めて難しい。それは習俗や気風の問題でもあり、個々人の心理の内奥の問題でもある。范仲淹の場合は、母の再嫁のために「冒姓」を自分が知らずに行なっていた、ということに突如気付くという事件のお陰で、一気に「感憤自立」してその勢いのままに「母」から脱出出来たのであるが、これはやはり特殊であろう。

いずれにしても、皇帝とその「母」である皇太后との関係如何は、その影響の及ぶ範囲から言って、むしろ「天下の命運」に関わる一大事であると言うことが出来る。いずれの王朝も多かれ少なかれこの問題に大きな影響を受けて来たが、宋代の朝廷もこの問題に直面し続けたのであった。章献皇太后の時代はその問題の問題性が強く現れ、朝廷に参与する士人に強い危機感を抱かせた時期であった。

六

この、士人たちの章献皇太后の足掛け一二年間にわたる「垂簾聴政」に対する危機感のたゆたい方を見ていると、これはやはり、彼らにとっては、所謂「母権」が国政の中枢において発効し、「国権」を簒奪しようとしているという極めて深く広い範囲にも渉る危機感であった、と解釈することが端的に必要なのではないかと思われる。

『続長編』、すなわち南宋・李燾（一一一五－一一八四）の『続資治通鑑長編』のこの真宗から仁宗へと至る辺りを辿っていると、一見するところ平生《へいぜい》な「史料集」といった体裁ながら、ぎくりとさせられるような、しかしさりげない記載が出て来る。

真宗・天禧三年（一〇一九）六月、前後の関係は全く何も示されず、と言ってもそれが「長編」である以上それで良いのだろうが、突然次のような記事が出現する。

辛卯（六日）。太白、昼に見ゆ。占に曰く「女主昌《さか》ん」と。（七冊二一四八頁）

この記事が乾興元年（一〇二二）二月以降現れる章献皇太后の「垂簾聴政」を意味する伏線となっていることは明らかであろう。このさりげない「天象」「占星の判語」という公認された仕掛けの中で、李燾は章献皇太后をつまり彼女はまぎれもなく「女主」であったと決めつけているのである。彼女が「母」として幼帝を保護し補佐するという範囲を逸脱して、いわばその「母」たることをてこにして「人主」になりおおせていた、と、喝破しているのである。

劉氏が「皇后」となったのは大中祥符五年（一〇一二）一二月丁亥（二四日）、『続長編』は次のように記す。

丁亥。徳妃・劉氏を立てて皇后と為す。后、性は警悟。書史に曉《あか》るく、朝廷の事を聞きて、能く本末を記《おぼ》ゆ。帝の巡幸する毎《ごと》に、必ず以て従う。衣は纖靡ならず、諸宮人と少しくも異なること無し。荘穆（景徳四年、一〇〇七、に崩じた真宗の皇后）既に崩じて、中宮は虚位なれば、上《じょう》即ち之を立てんと欲す。后、固辞す。良《や》や久しくして、将《まさ》に（劉氏を皇后に立てるとの）詔を降さんとするに、而るに宰相・王旦、忽《にわか》に病を以て在告す。后、且に他議あらんかと疑い、復《ふたた》び固辞す。是《ここ》に于《おい》て中書門下、「早《つと》に母儀を正せ」と請う。后、卒《つい》に立つを得《う》。凡そ宮闈の事を処置するに、多く故実を引援し、適当せざる者無し。帝、朝より退きて、天下の封奏を閲するに、多く中夜に至る。后は皆な之に預かり聞く。周謹恭密、益ます帝の倚信する所と為る焉。（六冊一八一〇頁）

章献皇太后がまことに正しく有能な女人、皇后に相応しき女人であったことが記された記述である。だが李燾はこれに次のような注記を加えている。

此れは『実録』の旧文に因る。蓋し、垂簾の時の奏篇、其の勢い、此くの如かるを免れず。要するに、当に刪修す

べし。（六冊一八一〇頁）

章献皇太后が権力を握っていた朝廷において作製された記述資料であるから、斯様の賞賛べったりの記述になっているのだ、『実録』の本文をより真実に近いものに書き換えるべきだ（あるいは、この「長編」を「正本」に編集する時に、ということか）、というのである。

また章献皇太后が明道二年（一〇三三）三月二九日に奉じたその六月の一八日（辛亥）に孫奭が亡くなっているが、その記事は次のようである。

辛亥。太子少傅・致仕・孫奭、卒《しゅっ》す。帝、張士遜に謂いて曰く「朕、方《まさ》に奭を召さんと欲するに、奭、遂に死す矣」と。嗟惜する者、之を久くす。朝を罷《や》めること一日。左僕射を贈る。諡《おくりな》して「宣」と曰う。奭、性は方重、親に事えて篤孝、父亡くなるに、其の面を舐めて以て顙《あら》うに代う。疾甚だしきに、正寝に徙り、婢妾を屏け、其の子・瑜に謂いて曰く「我をして婦人の手に死な令《し》むること無かれ」と。（九冊二六一九頁）

その臨終の際の行動・言葉は『穀梁伝』荘公三二年の「（経）八月、癸亥、公薨于路寝。（伝）路寝、正也。寝疾居正寝、正也。男子不絶婦人之手、以斉終也」などによるものであろうが、このような個人的なこだわりの記録と思えるものを、一応「資治通鑑」たることを標榜するテキストに採録するのは、いささか唐突にも感じられる。

この話柄は『涑水記聞』にも見えるが、この一段の前には、孫奭が章献皇太后の「垂簾聴政」時代に次のように奏上した記事が出ている。

時に荘献明粛皇太后（「荘献明粛」は明道二年に与えられた謚号。慶暦四年に「章献明粛」に改謚された）、五日毎に一たび殿に御し、上と同じく政を聴く。奭、因りて言う「古の帝王は朝朝暮夕、未だ日を曠《むな》しくして朝せざること有らず。陛下、宜しく毎日に殿に御し、以て万機を覧るべし」と。奏、中に留められて報ぜず。然ども上と太后と常に之を愛重し、進見する毎に、常に礼を加う。（七五頁、一一二六条）

すなわち孫奭は、皇帝にのみその精勤を要請する形で、暗にではあるが、仁宗に親政を勧め、太后に退いて政権を仁宗に還すよう勧めた、と読める。章献皇太后はこれを無視したのである。それとの繋がりでその臨終の言葉を考えるなら、それは章献皇太后が長年に亙り皇帝の権を侵したこと、「婦人の手」に国権が弄ばれたことに対する長年来の「いら立ち」がここでこういう形で強く出たのだ、と考えることが出来るであろう。『続長編』が、この一見するところ硬派の儒学臣僚であった人物の単なる個人的なこだわりに過ぎぬかに見える話柄をここに記したのは、そのような意味をこの話柄に受け取り、またその意味をここに与えてのことであろう。

『続長編』に現れる、以上のような、国政に直接関わるのではない、いささか些細な記事を章献皇太后の「垂簾聴政」の前後に配して記載する李燾の行為に、我々は、李燾のむしろ直叙することを越える踏み込んだ批判意識を読むことが出来るであろう。ではその批判意識が標的として把捉しているのは一体如何なる事柄なのであろうか。より正確には、李燾は章献皇太后の惹きおこした政治現象を如何に把捉したが故に、この様な記載を行なったのであろうか。それは、それらの記事に現れる「女主」「婦人の手に死す」という言葉に参照するなら、「母」たることをてこに或る「婦人」が「国政」を簒奪する、まぎれもなき「女人支配」を行なった、という把捉であると記述出来よう。我々の言葉でこの記述を受け止めるなら、ここに動いている批判意識は端的に「母権支配」への「男子」たる士人からの危機意識である、と理解することが出来るだろう。

七

我々は、章献皇太后に体現された底の政治現象に対する「士大夫」たちの「批判意識」は、その心底において起発する意識のレベルで言うなら、「母権支配」への「危機意識」であった、と、理解を「母権」なる言葉に止《とど》める。しかしながら、このよく知られた「母権」という言葉を使うについては、誤解を防ぐために、予めの説明が必要であろう。

社会秩序の規定概念として「母権」乃至「母権制」というアイデアを提出したのはバッハオーフェンである。しかしこれは現今の民俗学・文化人類学・歴史社会学においては一種「亡霊」的な胡散臭いアイデアとして批判の対象となっているものでもある。確かに「乱婚制・母権制・父権制」という段階的進化が現実の歴史社会に実在する、或はした、という考えは実証科学的には支持し難いものであろう。我々もまた、このような歴史段階説に本ずいて、ある社会現象を「母権制の名残」などといった言い方、理解はしないつもりである。しかし以上に見て来た五代から宋代にかけての事例、特に章献皇太后などの「垂簾聴政」といった現象には、「社会的に認定されている母であるが故の権限」としての「母権」の発動が出現していると考えることが出来るのではなかろうか。

「或る女人が〈母〉であるという立場を根拠に、特定の〈社会団体〉特には〈国家〉において特定の権限・権威・権力をおおむねその団体の成員に承認されて与えられ保持する場合、その女人が〈母〉であるが故に承認されるその〈社会的ないし国家的権限を把持する根拠となる権威〉」を我々は「母権」と呼ぶことにしたい。

あるいは端的に「母たること」はそれ自体一つの「カリスマ」として社会的に機能し得る「権力源泉」である、とも言い得ようか。このような「権力源泉」をこそ我々は「母権」と呼びたい。したがって「母権制社会」とは、そのような権力源泉たる「母権」が支配的顕示的に発動される制度が一般的に機能しているような社会、ということになる。例えば、宋代、宋朝廷の政治支配が及んでいた社会について、これを「母権制社会」と理解しうるか、といえば、恐らく大勢としてはそうではあるまい。しかしでは「母権」そのものはその社会に存在せず、機能し得なかったか、といえば、それは違うであろう。人間関係において最も基本的かつ不可欠なものは「母子」関係であろう。「母権」がその「母子共生関係」によって発生している以上、ある意味ではあらゆる社会において、むろんここで全称命題を主張するわけには行かないが、「母権」が存在し、濃淡はあっても、その社会のあらゆる個所で母権は「プラス／マイナス」に機能しているであろう。

また、足掛け一二年にも及ぶ章献皇太后の「垂簾聴政」という現象などは、皇帝を取り巻く「社会」とも言うべき「内宮」では母権が優位する母権制社会が形成されており、皇帝がその形勢に自ら距離を置けない場合には、朝廷・百官という外側の「社会」はその母権的論理の伸張、皇帝政治、朝廷政治への浸入を阻止し難い、という意味で、当時の朝廷・百官は常に潜在的な「母権制」に直面していたとも言い得るであろう。

「母権」は「母」なる女人の即自的な内的資質に基づくものではなく、「母子関係」に基づく「子」からの依存の心情によって発生する「権限」である。したがって「母」なる人物が真に「母親らしい」か否か、そもそも本当の「生みの親」か否か、などといった事柄とは別に、受け手としての「子」の心理の中に、それだけで、すなわちその存在を「母」と観念するだけで、その「子」の「心情」「行動」における「母権現象」と呼び得るような「母権」の発現は可能である。いわば「母権」はむしろ「子」なる側が積極的に出現発動させる底の権威・権限なのである。

したがって、ある女人が「母権」を発効させる時に、それが当然その女人の有つ「母性」の発揮であるというわけではない。仮に「母性支配」という言葉を使用するとするなら、それはその女人が「母性的」であるが故にその支配的地位を得《え》、またその自ら把持した権限を運用する時にその具体的な内容において「母性的」であるということを意味するであろう。しかし「母権」の方はそもそもその権限を把持する根拠となる「資格被認権」を主には謂うのであって、その女人が如何なる性格・能力の人物であり、その「母権」の運用を実際に如何に行なうのかということとは直接には関係しない。

また、「母権」は「母系社会」と対応的であるというわけでもない。「母系制」の存在が社会的ないし国家的な権限を女性たちが占有している「女人支配」という事態を直ちに意味するわけではないことは早に強調されている通りである。逆に我々がここで設定するような意味での「母権」は、「父系社会」にあっても、その存在・出現を完全には抑圧・排除されているわけではない。

我々の規定から言えば、次のような逆説的状況も考えられる。すなわち、男たちが部族抗争に明け暮れているような社会では、一見するところはその社会の顕示的な制度は極めて強力な「男子支配」であり、特に政治権力は「男子支配」の体系として育って行こうが、男たちが集団を組み長期にわたって転戦するとなると、「母子共生」関係は「父」の長期の不在により、また敵対勢力の男たちの攻撃への防御のため、また「父」の戦死の現実より、より純粋・強力に形成・維持されるであろうから、家族関係の中では「母権」が自然とより強力となるであろう。「外」と「内」とが分けられ、外の明示的な制度の世界では「男子支配」が明確であるが、内では「母権支配」が圧倒するという現象である。このような社会ではこの外と内の違いに男たちはどう対処するのかという問題がいずれ起こって来る。男は「母」の元に育ち、成人してからも両方の領域を行き来しなければならないからである。一方女は「内」だけに終始することが「外」側から求められるから、この点での「内」「外」の使い分けは必要ではない。云々。

「母権」に対するのは「父権」であるが、しかしこれを「母権」と同型の規定によって設けることは出来ないのではないかと思われる。「母」なるものは「子」の成育にとって先験的であるが、「父」なるものは「母」ほどの「自然的な」先験性を持たないからである。むしろ「父子」なる親子関係の「母子」関係とは異なる形態意識の発生は、自然との闘い、他集団との戦闘などの「闘争」に勝ち抜くことが基本にある社会関係の中に生きる「男子」が、常に優位を目指し確保するという「構え」を取ることに伴って醸成された垂直的な「上・下」付けの意識を「親子」関係に持ち込んだ結果、ということなのではないか。そして「父権」的であることの基本は、その初発時から、そのような「闘争」社会に生きることがもたらす「上・下」的な垂直秩序の意識なのではないか、と思われる。我々としては、むしろこのような反省に立って「父権」なる概念を規定しておきたい。すなわち、「母権」は当人にとっても、特に「子」の存在、成育にとっては、先験的である「母子関係」という自己完結的な関係に本づく点であらゆる「制度」に先行する「心情」に源出して存在するが、「父権」の方は、「上・下」付けを基本とする制度的秩序意識を前提として「父子」関係にこれを適応するところに発生する「父たる者の上位命令権」である、と。すなわち「母権」は「母権制」に先行して独立に存在するが、「父権」は「父権制」に後れ「父権制」の「上下関係意識」に源出するのである。

なお、以上、我々が「母」と言い「父」と言っても、それは「子」との関係の在り方からそう呼ぶのであって、「母」が必ず「女人」、「父」が必ず「男子」というわけではない。「母」が「女人」であることは本来的な「子」の真実ではあろうが、具体的な現実において絶対的な命題であるのではない。

有りと有るおおよその社会の各人は先ずは「子」として「母」なる存在の体内より湧出する「乳」にすがり、その「暖かみ」に守られて、おおむねは数年以上に亙る運命的な絶対的保護の下に育つ。これは事の善し悪しを越えて「子」としての各人に先験的に与えられている事実である。その「母子共生」の生存経験が各人の心底深くに染み込んでいるとするなら、「母権」とは、むしろ各人の「心情」の「乳飲み子」という「過去」に根づく基底のところからその存立を保証されているものであろう。「母権」の問題性は、「母」たるその存在の個人的資質に還元すべきものではなく、「母権」を承認し発効させる「子」の「心情」の側にむしろ還元されるべき問題である。一方「父権」とはむしろ先行する「父権制」の貫徹を目指すところに存在根拠を持ち、「母への依存・融解」という各人の深みに埋められた「心情」に挑戦し、それを囲い込み、整序して、自我を屹立させるという「絶えざる父権制への意志」においてのみ成立するものである。

先に見た、欧陽修が范仲淹という人物に読み取った「男子自立の物語」は、まさにこの「意志」成立の物語であった、ということになる。

だがしかし、この「絶えざる父権制への意志」の戦いどころは、「母権」が根拠を置く「母子共生」の経験の「深み」、各人の心身に埋められた「依存・融解」への「落ち着き行き」という自我意識の下降運動の「深み」にまで至らざるを得ず、顕在的・潜在的な社会制度から各人の感性と思考の無意識的な襞《ひだ》にまで及んで、思わぬほどにひろく広がっているのである。

八

章献皇太后の「垂簾聴政」は足掛け一二年に及んだ。その長さから言っても、これを宋代政治史の単なるエピソードとして済ませてしまうわけには行かない。李燾の『続資治通鑑長編』や朱熹の『五朝名臣言行録』、あるいは司馬光の『涑水記聞』などを通覧するに、この「章献皇太后」をめぐる話柄はかなり目立つ形でよく拾い込まれている。それ程に、彼らの歴史意識なり政治学的意識なりにおいて、この「章献皇太后」の存在が大きな問題性を帯びていたのだ、と見ることが出来るであろう。

自らの属する集団の命運に目覚め、その命運を自覚的に明らめ、関与することをおのが使命として志す精神的営為が一つの思考分野をなして発揮され継承されて行く時、私はこれをその時代の「政治学的思考」と呼んでおきたいが、これらの編纂物が、李燾なり、司馬光なり、朱熹なりの「政治学的思考」の産物であることは言うまでもない。宋代の「政治学的思考」にとって、章献皇太后の出現は、自らが属すると自覚する「中国」なる集団の命運についての反省と意志の提立を促す危機感に貫かれた挑戦でもあった。

「章献皇太后」に関わる話柄の曲折を改めて辿っておきたい。

すでに紹介した如く、章献皇太后・劉氏の、太妃・楊氏を皇太后とし、「軍国の大事は、太后と内中に裁処せよ」と命じた「遺誥」一条の発布は際どいところで回避された、と『続長編』は伝える。『宋大詔令集』巻一四にはその「遺誥」を「明道二年三月乙未（三〇日）」の日付けで載せるが、これには「皇帝聴断朝政、一依祖宗旧規。如有軍国大事、与皇太后内中裁制（皇帝、朝政を聴断するに、一《いつ》に祖宗の旧規に依れ。如《も》し軍・国の大事有れば、皇太后と内中に裁制せよ）」と有る（鼎文書局、一九七二、史料彙刊之一、上冊七二頁）。『続長編』がその同じ「乙未」の条に「既宣遺誥、閤門趣百官賀太后於内東門（既に遺誥を宣せば、閤門、百官に趣《うなが》して太后（楊氏）に内東門に賀せしむ）」と言うごとく、この日にこのかたちのままに公表されたのであろう。それが、やはり『続長編』の記事によれば、「夏・四月・丙申朔、下詔求助、刪去遺誥『皇帝与太后裁処軍国大事』之語（夏四月丙申朔。詔を下して助けを求む。遺誥の『皇帝、太后と軍・国の大事を裁処せよ』の語を刪去す）」と言うごとく、すなわち「乙未」の翌日、四月一日に、この部分が改めて取り消された、という段取りなのである。

現実の政治過程というものはまことに際どい瞬間から成り立っている。あるいはそれを本質とするとも言いえようか。この「乙未（三月三〇日）」の一日、蔡斉ひとりが百官の拝賀を押し止め、ある種の惰性に流されていた朝廷世論を引き戻したのである。

このあたりの際どさは、実はそもそもこの章献皇太后が、真宗の「遺詔」に本づいて、「垂簾聴政」を行うようになった、その真宗の「遺詔」についても、存在した。乾興元年（一〇二二）二月戊午（一九日）、真宗は延慶殿に崩じたが、その遺詔は、

皇后を尊して皇太后と為し、淑妃・楊氏を皇太妃と為し、軍・国の事は兼《ふたつな》がら皇太后の処分に権取せよ。

というものであった。

『続長編』はこの遺詔をめぐる事情について、『王曽言行録』によって次のように伝える。

初め、輔臣、共に遺命を皇太后に聴く。退く。殿廬に即きて制を草す。「軍・国の事は兼《ふたつな》がら皇太后の処分に権取せよ」と。丁謂、「権」の字を去らんと欲す。王曽曰く「政《まつりごと》房闥に出づるは、斯れ已に国家の否運。『権』と称すれば、尚お後に示すに足る。且つ言、猶お耳に在り。何ぞ改む可けんや」と。謂乃ち止《や》む。曽又た言う「淑妃に尊礼すること太《はなは》だ遽《あわただ》し。須《すべか》らく他日に之を議すべく、必ずしも遺制の中に載せず」と。謂、怫然として曰く「参政顧《ただ》に擅《ほしいまま》に制書を改めんとする耶」と。曽、復た与辨するも、而るに同列に曽を助くる者無し。曽も亦た止《や》む。時に中外は洶洶たり。曽は色を正して独立す。朝廷、頼りて以て重しと為す。（巻九八。点校本、八冊二二七一頁）

朱熹の『五朝名臣言行録』巻五之一「丞相沂国王文正公」には、今の事情をやはり『沂公言行録』より示すが、

初め、章聖（真宗）、上仙（逝去）するも、外は尚お未だ聞かず。中書・密院、同じく入りて、起居を問う。召して寝閤に詣《いた》らしむ。東面して帷を垂らす。明粛（皇后・劉氏）、遺命を伝う。………

と、以下かなりの異同がある。

いずれにせよ、真宗の遺命は皇后である劉氏の口を通じて「輔臣（中書・密院）」たちに伝えられ、丁謂と王曽が中心となって、その耳で聞いたところに基づいて真宗の「遺制」を草定した、というのである。「権」が加わって「権取皇太后処分」となっていれば、これはあくまで「臨時」の措置、事情が許せばただちに皇帝親裁の「正常」態に戻すと

いうことになるが、丁謂はこの「権」字を外そうとしたのである。

とはいえ、このあたりの史料ともなれば、あるいは真実をどれほど伝えているのか、疑えば切りがない。しかし、まことに際どいところで、国権の行き所がさまよっている、とは言い得るであろう。というより、むしろ当時の朝廷国家の国権とはこのような不確定性を芯に抱え込んだものであり、その中心に位置する「皇帝権」こそそのような不確定性に常に芯のところから曝されており、国権の合理的な構築と運営にとっての実は最大のウィーク・ポイントとなっていた、と言うべきかも知れない。少なくとも、このような「ゴシップ」を史実として伝えていた士人たちには、例えば朱熹などを含めて、そう見えていたのであろうと思われる。

それにしても、劉氏が伝えた真宗の「遺命」は本当に真宗直々《じきじき》の「遺命」なのか否か。劉氏が自らを「皇太后」に認可し、皇帝権の共同行使権をここで正式に設定している、自作自演の口舌なのではないか。疑い出せば切りがない。

蘇轍の『龍川別志』巻上に、章献皇太后の、太妃・楊氏に「垂簾聴政」を引き継がせようとする「遺誥」に蔡斉が反対してこれを取り消させた件についての後日談が載せられている。

章献皇后崩ず。呂公（呂夷簡、時に宰相）は后の遺令を以て、楊太妃を冊して皇太后と為し、且つ垂簾を復びせんとす。士大夫、多く悦ばず。御史中丞・蔡斉、将《まさ》に百官の班を留《とど》めて之を争わんとす。乃ち止《や》む。許公（呂夷簡のこと、夷簡は許国公に封ぜられている）歎じて曰く「蔡中丞は吾が心を知らず。吾れ豈に楽しみて此れを為さん哉。仁宗は方《まさ》に年少なれば、禁中の事に主張する者莫《な》し」と。其の後、盛美人等、恣横して寵を争う。之を如何する無し。許公の意、或は是《ここ》に在らん矣。……

『続長編』は景祐元年（一〇三四）八月壬申の条、尚・楊二美人の追放処分を明らかにした詔の降下に絡めてこの記事を載せ、「其の後、盛美人等云々」の部分は「二美人の寵を争いて恣横するに及びては、卒《つい》に太后に頼りて之を排遣す」としている（巻一一五。点校本、九冊二六九六頁）。

尚・楊二美人の一件については司馬光の『涑水記聞』巻三、一〇九条（点校本五九頁）、及び巻五、一三七条（八四頁）に詳しい。

要は、次のようである。章献皇太后が崩じて、仁宗は始めて自分の思い通りに後宮で振る舞うことが出来るようになり、尚・楊二人の「美人」に泥み、「毎夕並びに上《じょう》に侍して寝す。上《じょう》の体、之が為《ため》に弊す。或は累日食を進めず。中外憂懼し、皆な罪を二美人に帰す」という有様であった。これに嫉妬した、もともと仁宗とはあまりそりの合わなかった郭皇后が、この二美人としばしば忿争する状態となった。一日尚氏が帝の面前で郭皇后を踏みにじるがごとき言葉を吐き、憤懣やる方のない郭皇后は尚氏の頰を批《う》った。帝がこれを庇ったものだから、郭皇后の手指が帝の頸に傷をつけてしまい、帝をひどく怒らせてしまった。入内内侍省都知・閻文応がこれに乗じ、帝に、この傷を「執政大臣」に見せて以後のことを謀るように勧め、帝にこの傷を見せられた宰相の呂夷簡は郭皇后の廃絶を勧めた。

呂夷簡がここで「廃后」を勧めたについては、次のような事情があったのだと、例えば『涑水記聞』巻五は伝える。

明道二年（一〇三三）四月己未、呂夷簡、罷せられて武勝軍節度使・同平章事・判陳州と為る。

或は曰く。荘献（章献皇太后）初めて崩ず。上《じょう》（仁宗）、呂夷簡と謀り、夏竦等は皆な荘献太后の党なるを以て、悉《ことごと》く之を罷《や》む。（上《じょう》、すなわち仁宗が）退きて郭后に告ぐ。郭后曰く「夷簡独り太后に附かざるや。但だ機巧多く、善く変に応ずるのみ（夷簡は夏竦などと違って自分だけは太后に追従しなかったなどと本当にそんなきれい事が言えるのですか。要するにうまく立ち回るのが上手なだけでしょう）」と。是れに由りて、夷簡を并わせて之を罷《や》む。是《こ》の日、夷簡、押班す。其の名を唱うるを聞きて、大いに駭《おどろ》く。其の故《ゆえ》を知らず。夷簡は素《もと》より内侍副都知・閻文応等と相い結べば、中詞（内偵）を為さ使む。之を久しくして、乃ち事の郭后に由るを知る。夷簡、是れに由りて郭

后を悪《にく》む。（点校本、一三五条、八四頁）

宰相の人事が、皇后の一言に影響を受け、当の宰相を頂点とする国家組織の与り知らぬ形で一決してしまう、という例である。このことが高級官員に、皇后に対する個人的な好悪の感情を惹き起こし、以後の政治状況に影響を与えて行く。

郭皇后の廃絶については、この動きを知った范仲淹が「不可」との諫奏を行なうなど、反対するものも存在したが、それもついに止めることは出来なかった。一方、尚・楊二美人も、今登場した閻文応の力によって内宮から追放されたのであった。

ともあれ、この一段に展開する一連の「ゴシップ」は決して例外的なものと捉えられてはならない。むしろ、「皇帝」を中心的な「符丁」とする朝廷政治の基本的な「矛盾構造」がここであらわになっていると読むべきだと思われる。

太妃・楊氏を、章献皇太后の「遺誥」のままに、後継の「皇太后」とした呂夷簡の、『龍川別志』が伝える言いわけも、この矛盾構造を痛いほど知っている「政治的知性」の――年少の「皇帝」では、この一大勢力たる内宮勢力を抑え切れない、そこにおいて「皇帝」の保護者として抑えを利かせる「母后」なしでは、「皇帝」は振り回されるだけである――という配慮を表している、と解釈出来よう。

見方を変え、仁宗自身に視点を置くならば、「皇帝」という「生《せい》」を生身の人間として生きるとは、内宮の女人たちに心身をからめ捕られながら、民政・軍政の最高責任者として機能しなければならないという、引き裂かれた「生」を生きることだった、と謂うことが出来るのではなかろうか。

真宗の例を『続長編』から一つ加えておこう。景徳元年（一〇〇四）、澶州にまで達した遼軍の侵攻に対処する宋朝廷の「決断」に関わる事例である。

先ず景徳元年閏九月癸酉に次のように言う。

是れに先んじて、寇準已に親征の議を決す。参知政事・王欽若、寇《あだ》の深く入るを以て、上《じょう》に密言し、金陵（江蘇省南京市）に幸《みゆき》されんことを請う。簽書枢密院事・陳堯叟は成都（四川省成都市）に幸《みゆき》されんことを請う。上《じょう》、復《ふたた》び以て準に問う。時に欽若・堯叟、旁に在り。準は心に、欽若の江南の人たりて故に南幸を請い、堯叟の蜀の人たりて故に西幸を請うなるを知れば、乃ち、陽《あからさま》には知らざるていを為して曰く「誰か陛下の為《ため》に此の策を畫《えが》ける者なるか。罪、斬《ざん》す可き也。今ま天子は神武たりて、而して将帥は協和す。若《も》し車駕親征すれば、彼はおのずから当《まさ》に遁去すべし。然らざれば、則ち奇を出だして以て其の謀《はかりごと》を撓《たわ》め、堅く守りて以て其の衆を老いしめん。労・逸の勢い、我、勝算を得たり矣。奈何《いかん》ぞ宗社を委棄して遠く楚・蜀に之《ゆ》かんと欲する耶」と。上《じょう》乃ち止む。二人是れに由りて準を怨む。……（巻五七。点校本、五冊一二六七頁）

そして同年一一月壬申に、

是れに先んじて、王超等に詔し、兵を率いて行在に赴かしむるも、踰月至らず。寇《あだ》益ます南侵す。上《じょう》は韋城（韋城県。河南省滑県東南）に駐蹕す。羣臣に復び金陵の謀を以て上《じょう》に宜しく且《しば》らく其の鋭きを避くべしと告ぐる者有り。上《じょう》の意稍《や》や惑う。乃ち寇準を召して之を問う。将《まさ》に入らんとするに、内人の上《じょう》に謂いて「羣臣輩《ら》、官家《おかみ》を将《もっ》て何《いずく》に之《ゆ》かんと欲する乎《や》。何ぞ速《すみ》やかに京師に還《もど》らざる」と曰うを聞く。準、入対す。上《じょう》曰く「南巡するは何如」と。準曰く「羣臣は怯懦にして無知、郷老婦人の言に異ならず。今、寇《あだ》は已に迫近し、四方は危心す。陛下は惟《ただ》に進尺す可くも、退寸す可からず。河北の諸軍、日夜鑾輿の至るを望《のぞみみ》る。士気当《まさ》に百倍なるべし。若《も》し数歩も輦を回《めぐ》らせば、則ち万衆瓦解せん。敵、其の勢いに乗ずれば、金陵も亦た、得て至る可からず矣」と。上《じょう》の意未だ決せず。（巻五八。点校本、五冊一二八四頁）

いったん退出した寇準は殿前都指揮使の高瓊を見つけ、その応援を得ることとして再び入対し、随い入って庭下に控え立っている高瓊に試問するよう真宗に水を向けた。これに応じて高瓊は決死の覚悟を述べ、帝の決断を促す、云々という経緯を経て「上《じょう》の意、遂に決す」となったのである。

如此して真宗の澶州への親征が行なわれた。しかしここでもまた関係者の間にある種の逡巡が起こる。「北城」「南城」と河を挟んで存在した澶州のその「南城」に行宮を置いて真宗をそこに止めようとする形勢に対し、寇準は強く帝に、渡河して「北城」へと進むことを要請した。ここでも高瓊が寇準を支持して活躍する。遂に帝は渡河することとなるが、その渡河のための「浮橋」に差し掛かると猶も帝車は進まなくなってしまう。高瓊はここで、輦夫の背中を突き打ち、「何ぞ亟《すみ》やかに行かざる。今已に此に至るに、尚《な》お何をか疑わん焉」とどやしつけ、その言葉に上《じょう》は輦を進めるよう命じたのであった。(巻五八。点校本、五冊一二八七頁)

この所謂「澶淵の盟」に至る一段は、宋朝国家の最大とも言い得る「転折点」と意識されていた(『続長編』巻五八、景徳元年一二月戊戌条が注記に引く『宋史全文』陳瑩中の語などに参照)。仮に金陵なり成都なりに朝廷を避難させるという挙に真宗がこの時出ていたとしたら、形勢は一変していただろう、とされるのである。時に頑として譲らず宋朝廷を支えたのはほとんど寇準独りであった。そしてその観点から編集された『続長編』の伝える史料には、様々な力の中で誠に頼りなく揺れ動く「皇帝」の生々しい姿が留められている。そしてここには「内人」の「官家」などという親昵な「物言い」だけに「肩ひじ張った」寇準の正言《せいげん》の足元をすくいかねない内宮社会の皇帝への影響力が記録されてもいるのである。

九

郭皇后を廃絶せんという呂夷簡などの動きに対する范仲淹など反対者たちの言句には、そもそも「皇后」なる女人が如何なる存在と意識されていたかが示されていて興味深い。そのキーワードは「母」である。

『范文正公年譜』明道二年（一〇三三）には次のように言う。

公は即ち中丞・孔道輔と、知諫院・孫祖徳等を率いて垂拱殿の門に詣《いた》り、伏奏すらく、皇后は当《まさ》に廃せざるべし、願うらくは、対して以て其の言を尽すを賜らんことを、と。殿門を守る者、扉を闔《と》じて通るを為さず。道輔、銅環を撫《う》ち大呼して曰く「皇后廃せらるるに、奈何《いかん》ぞ臺諫の入言するを聴《ゆる》さざらん」と。尋《つ》いで詔有り。宰相、臺諫を召し、諭するに当《まさ》に廃すべきの状を以てす。道輔等、悉《ことごと》く中書（政事堂。宰相などが議政する堂屋）に詣《いた》り、夷簡に語りて曰く「人臣の帝后に於けるや、猶お子の父母に事えるがごとき也。父母不和なれば、固より宜しく諫止すべし。奈何ぞ父に順いて母を出ださんか」と。……（『全宋文研究資料叢刊之二／宋人年譜集目・宋編宋人年譜選刊』巴蜀書社、一九九五年、七一頁。『続長編』巻一一三、点校本、九冊二六四八頁）

范仲淹自身のこの時の奏上には次のように言う。

后なる者は、陰教を掌《つかさど》りて万国に母なる所以、宜しく過失を以て軽がろしく之を廃するべからず。且つ人、孰《たれ》か過つこと無からん。……（『全宋文』九冊六〇九頁、「諫廃郭后奏」、による。原出は羅従彦『豫章文集』巻五「遵堯録」）

仁宗が廃后しようとしたことに対する臣下の言わば生命を賭けての反対であるから、ここに提示されている規定は真剣に考えられた皇后なる存在の位置付けであると考えてよかろう。端的に、皇后とは、宋朝の人士の正統意識において、「万国の母」として不可欠の権威をもつ国家機関であった。その廃絶は皇帝の自由にはならない国家的な事項と彼らに意識されていたのである。

章献皇太后・劉氏が皇后に立てられようとした時の、『涑水記聞』巻五が伝える逸話には次のようにある。

劉貢父曰く。真宗将《まさ》に劉后を立てんとす。参知政事・趙安仁以為《おも》へらく、劉后は寒微、以て天下に母たる可からず（不可以母天下）、沈徳妃の相門に出づる（沈徳妃は太祖・太宗両朝に宰相であった沈義倫の孫女。沈義倫は太宗の諱「光義」を避けて「沈倫」と改名した）に如《し》かず。……（点校本一四八条、一〇一頁）

同じく『涑水記聞』巻八には劉氏の立后に反対したのは李迪として、次のように言う。

上《じょう》の将《まさ》に章献后を立てんとするに及び、迪は翰林学士為り、屢しば上疏して諫め、章献の寒微に起こるを以て、天下に母たる可からず（不可母天下）、と。是れに由り、章献、深く之を銜《ふく》む。（点校本二一六条、一四六頁）

章献皇太后の出自についてはまことにシビアーな説がやはり『涑水記聞』に伝えられる。

貢父曰く。章献・劉后は本《もと》と蜀の人。播鼗を善くす。蜀の人・宮美、之を携えて入京す。美は鍛銀を以て業と為す。時に真宗は皇太子為りて、開封に尹たり。美、鍛するに因りて見《まみ》ゆるを得《う》。太子、之に語りて曰く「蜀の婦人に材慧なる多し。汝、我の為《ため》に一《いち》蜀姫を求めよ」と。美、因りて后を太子に納《い》る。……（点校本一四七条、一〇〇頁）

宮美、鍛銀を以て業と為す。鄰の倡婦・劉氏を納《い》れて妻と為す。播鼗を善くす。既にして家貧しければ、復た之を售《う》る。……王の帝位に即くに及び、劉氏は美人と為る。其の宗族無きを以て、更めて美を以て弟と為し、劉に改姓すと云う。（一六三条、一〇九頁）

つまり旧《もと》は妓芸を善くする「倡婦」であり、やがて宮美なる男の妻になっていたが、これが食い詰めたので再び身売りされ、皇太子時代の真宗の宮に入り、その寵愛を得たというのである。

『宋史』巻二四二「后妃」上の伝に拠れば、古くは太原に出で、後に益州に移った家柄であり、祖父は劉延慶、五代の晋・漢の間に右驍衛大将軍、父・劉通は虎捷都指揮使、嘉州刺史、劉氏はその二女であるが、父は太原遠征に従う途上に死没、幼かった劉氏は以後今見たような紆余変転を経ることになったと言う。

　こういう場合どこまでが本当か、未詳と言う他ないと思われるが、遠い出自が「太原」に置かれているのは、あるいは蜀の出身とされているのは、興味深い。今の史料に、真宗も「蜀の婦人に材慧なる多し」という。また「太原」という、古くは北魏の故地であり、北との混交が当たり前の地の出自として、気丈で才覚溢れる女人に賦与されるに相応しい地名がここに出現する。前《さき》に挙げた蜀主・孟昶の母（本章二節、本書一〇七頁）や五代・漢の高祖・劉知遠の皇后・李氏（本章三節、本書一一〇頁）などにも思い合わせるべきであろう。

　ともあれ、宋朝廷の士人たちにとっては、この劉氏の経歴は、「天下に母たる」皇后のポストに即くにはそもそも資格違反であると映ったようである。そこに個人的好悪の感情や、政治的判断、例えば劉氏の有能さに対する危惧、真宗が操り者になるかも知れないといった判断があったのかも知れないが、ここに持ち出される「母天下」という文字にはやはり我々の目を打つものがある。

孔道輔・范仲淹たちの郭后廃絶に対する反対行動は、結局認められず、孔道輔は知泰州に出だされ、范仲淹は知睦州に出だされることとなった。この処分を不服とする上疏が侍御史・郭勧、殿中侍御史・段少連、将作監丞・富弼から行なわれたが、すべて無視された。

　その段少連の疏には次のように言う。

　　臣は初め、非時に両府の大臣を召して皇后の道《どう》に入るを議すと聞く。一日の内に、都下喧然たり。以為《おも》へらく、天下に母儀するは、固《もと》より道《どう》に入るの理無し、と。翌日又た聞く、両府列状し后を降して浄妃と為すを乞う、と。

　（『続長編』巻一一三、九冊二六四九頁）

ここでは「母儀天下」という形が現れる。

「母儀」なる語は、皇后や皇太后などに関わる文書にもよく見える語である。参考となるものを『宋大詔令集』から原文のままに示しておく。

「乾興遺詔」すなわち真宗の遺詔。

……皇太子某、予之元子……付之神器、式協至公、可於柩前即皇帝位。然念方在沖年、適臨庶務、保茲皇緒、属於母儀。宜尊皇后為皇太后、淑妃為皇太妃、軍国事権兼取皇太后処分……（巻七。前出排印本二九－三〇頁）

「嘉祐遺制」すなわち仁宗の遺制。

……皇子某……可柩前即皇帝位。皇后以坤儀之尊、左右朕躬、慈仁端順、聞於天下。宜尊皇后為皇太后……（巻七。三〇頁）

「元豊遺詔」すなわち神宗の遺詔。

……皇太子某……人望攸属、神器所帰、可於柩前即皇帝位。然念方在沖年、庶務至広、保茲皇緒、寔繋母儀。皇太后聖哲淵深……宜尊為太皇太后、皇后為皇太后、徳妃朱氏為皇太妃。応軍国事、並太皇太后権同処分、依章献明粛皇后故事施行……（巻七。三〇頁）

皇太子に対すれば「母儀」、皇帝に対すれば「坤儀」ということになる。また「元豊遺詔」によれば、太皇太后に対しても「母儀」が言われている。

「立劉皇后制」哲宗・元符二年（一〇九九）九月七日。

……章婦道于家人、示母儀于天下……（巻一九。九一頁）

「冊孟皇后文」哲宗・元祐七年（一〇九二）五月丁酉。

……協宣陰教、母臨万方……（巻一九。九三頁）

「冊王皇后文」すなわち徽宗の王皇后。

……若時元吉、正名錫服、俾長首六宮、以母天下……（巻一九。九四頁）

「廃皇后孟氏詔」哲宗・紹聖三年（一〇九六）九月丙申。

皇后孟氏、旁惑邪言、陰挟媚道……失徳若斯、将何以母儀万邦……（巻二〇。九五頁）

「大行皇后謚議」真宗・景徳四年（一〇〇七）五月。

……徳冠六宮、母臨万国……（巻二〇。九八頁）

以上は皇后についての例である。皇后については主に「天下」なり「万方」などに対して「母儀」或は「母であること」が言われるという点が注目される。

皇太后については次の二例を代表とすることが出来るだろう。

「宰臣等上皇帝乞皇太后五日一次坐朝表允批答」乾興元年（一〇二二）七月。二月に真宗が崩じ仁宗が即位した年である。

昨者先帝登遐、沖人纘服、仰承遺命、誕告群方、允頼母儀、兼総軍国……（巻一四。六八頁）

「皇太后権同聴政制」嘉祐八年（一〇六三。排印本は「八」を「元」に作る）四月己卯。三月に仁宗が崩じ英宗が即位した年である。

朕承大行之遺命、嗣列聖之丕基。践祚之初、銜哀罔極、遂罹疾恙、未獲痊和。而機政之繁、裁決或壅、皇太后母儀天下、子育朕躬、輔佐先朝、練達庶務。因請同于聴覧、蒙曲賜于矜従……（巻一四。六八頁）

皇太后については、他の例を含めて、おおよそこの二種の「母儀」の使い方が観察される。すなわちその子としての皇帝から皇太后にその母としての保護者性という内実で「母儀」を言うもの（前者の例）、と、皇太后が先帝の皇后であった時に遡って「母儀天下」というような形で言うもの（後者の例）、の二つである。前者は特には皇帝に対する「母」という保護者たることが言われ、後者では「天下」に対する、「父」たる皇帝に並ぶ「母」たる皇后の働きが言われているのである。ただし今の嘉祐八年の「制」にも窺えるように、その皇后時代の「母儀」が今の皇太后としての「母儀」に流れ込んでいることは見落とせない。その意味では、皇太后の「母儀」とは、天下に「父」である皇帝と天下に「母」である皇后を、共に越え出てその両者への保護者としての「母」に成っているということになる。

考えるに、世襲皇帝制の下では、通常、先帝が亡くなってから次の皇帝が立つ以外にないのであるから、これを皇帝そのものの立場にたって見る限り、皇帝は如何に幼く経験不足であろうとも、その同じ「皇帝位を果たして行く」という経験を自らも当事者として経験した「男子」の長老、アドバイザーを身近に持ち得ない、ということになる。今の「制」には、まさに皇太后こそが唯一、前後の皇帝が並び立ち得ない交代として、経験が重複しながら引き継がれ行かない（或はそれが困難な）皇帝位継承に特有の「断絶性」をその「近み」にあって越え出ている存在、皇帝位の経験の連続性をその「近み」にあって保護する、経験豊かな「長老」としての役割を果たし得る存在と為っていた、という事情が読み取れる。皇帝は如何にあれ生ける「唯一者」であり、その決定的な資格が父系の血である以上、同姓の「男子」が、彼の「近み」に立つことは一切許されず、むしろその「近み」は「男子」にとって「簒奪者」の嫌疑に曝される危険な「近み」であった。

一〇

『宋大詔令集』の巻一一・一二「太皇太后（上・下）」、巻一三・一四・一五・一六「皇太后（一・二・三・四）」など

の史料を辿る時、そこに現れる一人の皇太后すなわち章献明粛・劉氏と二人の太皇太后すなわち慈聖光献・曹氏及び宣仁聖烈・高氏には、とりわけ政治的人格としての強い存在感がある。『続長編』は章献皇太后に関わって、「女主昌ん」なる占星の語を提示していた（本書一三〇頁）が、これらの時代、局面によって強弱はあるが、朝廷への安定した世の信望を支えていたのは、当の皇帝たち本人の気持ちを含めて、実はこれらの「母」や「祖母」たちではなかったのか、とさえ思えるほどである。

宋代「趙氏」政権の存立、その「国体」に関わるこれら「母后」たちの存在感の強さは、一代の功臣として時の朝廷を支えたとされる「男子」たち、例えば先にも出た真宗期の寇準、仁宗期から英宗、神宗、哲宗へと繫がっていく韓琦、司馬光、富弼、文彦博などと拮抗してさえいる。

慈聖太皇太后は、郭氏が廃后となった後に「詔聘入宮」し、景祐元年（一〇三四）九月甲辰、皇后に立てられた。宋初の名将、枢密使・曹彬（本書一〇頁以下参照）の孫娘である。英宗の時に皇太后、神宗の時に太皇太后。元豊二年（一〇七九）一〇月乙卯、六四歳で崩じた（『宋史』巻二四二「后妃」上。『宋会要輯稿』后妃一之三では六二歳）。したがって生まれたのは大中祥符九年（一〇一六）、皇后となったのが一九歳の年、ということになる。因みに仁宗は大中祥符三年（一〇一〇）の生まれ、この時二五歳となる。曹彬は真定府・霊寿（河北省・霊寿）の人であるから、皇太后のルーツは河北である。

その人となりは、慶暦八年（一〇四八）閏正月に衛卒が乱を起こして宮中の寝殿に至った事件の際の行動がよく示している。『続長編』巻一六五（点校本、一二冊三九七〇頁）、『宋史』巻二四二「后妃」上などによれば、仁宗は閏の正月一五日ということで、すでに正月一五日に行っていたにもかかわらず、かさねて「張灯」を行おうとした。これに曹皇后は強く反対して、取り止めさせた。その三日後、衛卒数人が屋を踰えて寝殿に至るという事件が起こる。時に曹皇后が帝に侍していたが、夜半に変乱の出来《しゅったい》を知ったのであった。帝は急いで出ていこうとするが、(夜半の軽挙は危うしと)曹皇后が閤を閉じて帝を抱持し、宮人を派遣して都知・王守忠などに兵を連れて護衛に来るように命じた。賊は福寧殿の下にまで至り、宮人を傷つけ、その悲鳴が帝の耳にまでとどく有様、宦官の何承用は帝を驚かすまいとの配慮から、宮人が小女子を叩いたものと偽ったが、曹皇后は「賊が殿下にあって人を殺したのです。帝が出ようとされているのです。出任せでは済みません」と叱りつけた。曹皇后は賊が火を放つは必定と診て、宦官に水を用意させ、賊が火をつけるに随いこれを消させた。この時に使い回した宦官には、曹皇后が自らその髪を切りとってしるしとし、それを証拠として後日恩賞を与えると言い渡したので、宦官たちは死力を尽くして賊と闘いこれを打ち果たした。とっさの処置は一に曹皇后に出たのである。后閤の侍女に乱卒と通じていたものがいた。当然誅すべきものではあるが、帝の左右に取り成しを求めるものがおり、帝もこれを赦そうとした。曹皇后は衣冠を具して帝に見《まみ》え、誅殺することを固く請うた。帝は杖打ちで十分だろうと言ったが、曹皇后は「此《か》の如ければ以て禁庭を粛清する無し」と、その不可なるを主張。帝は皇后にまあ坐るようにと命ずるが、曹皇后は立ったまま帝に要請して両辰を移し、この強硬な姿勢に帝も折れ、この侍女を東園に誅殺したのであった。

仁宗の後継、英宗は、即位した当初、神経症が高じて錯乱状態に陥り、この朝廷の危機を乗り切るために、前節に引いた嘉祐八年四月己卯の「皇太后権同聴政制」による要請が曹皇太后になされた。その前後の事情と、そこでの人々の反応・言句は当時の「政治学的思考」の内実をよく窺わせてくれるので、『続長編』を中心に辿っておこう。

(1) 慈聖・曹氏の有能で剛《つよ》い性格は仁宗に大きなストレスを与えていたようである。『涑水記聞』巻五の「嘉祐違豫」(点校本一四六条、九五頁以下)によれば、仁宗は、嘉祐元年(一〇五六)正月の元旦、大慶殿に出御して百官に臨んだ折に、突然心身喪失の症状に陥った。前日夕刻には宮架が折れるほどの大雪となり、その早昧爽《あさまだき》に仁宗は禁庭に素足を踏んで天に禱り、日の出の刻に及んでようやく雪空も晴れ上がる中、百官が整列している前での出来事であった。五日に契丹の使者を紫宸殿に饗応した折にも、言動がおかしくなったが、六日には契丹の使者の帰国の挨拶を受けている席において急いで禁中に扶け入れねば体裁が付かぬ状態となってしまった。そして翌七日、両府が内東門の小殿門に詣《いた》り起居していると、仁宗が「禁中より大呼して出でて曰く、皇后、張茂則と大逆を謀る、と。語極めて紛錯す」と伝える。

仁宗は時に四七歳。恐らくは長年にわたる皇帝としての心労をベースとするのであろう神経症が心神の喪失・錯乱に発症したのである。その錯乱の中で皇后の大逆陰謀が仁宗の口を突いて叫ばれていることは、皇后・曹氏の存在への仁宗におけるストレスの大きさがここで漏れ出たのだと解釈出来よう。

実は興味深いことに、前代の皇帝、真宗にもこれと同じような、心身錯乱の中での皇后・劉氏への言及の有ったことが伝えられている。すなわち『涑水記聞』巻六に次のように有る。

　真宗晩年に不豫す。嘗て宰相に対し盛怒して曰く「昨夜、皇后以下皆な劉氏に之《ゆ》き（「之」字は『続長編』巻九六、点校本七冊二二二五頁、に従う。『記聞』は「云」に作る。『五朝名臣言行録』五之二所引同じ）、独り朕を宮中に置く」と。衆は上《じょう》の眊乱誤言するを知れば、皆な応《こた》えず。李迪（時に宰相）曰く「果たして此《かく》の如ければ、何ぞ法を以て之を治めざる」と。良《やや》久し。上《じょう》寤《しょうきづ》きて曰く「是の事なき也」と。章献、帷下に在りて之を聞く。是れに由りて迪を悪《にく》む。（点校本一六二条、一〇八頁）

章献・劉氏は皇帝と宰相たちとの会話を陰で竊み聞いていたわけであり、李迪は結局「宮中の意」（『続長編』の語）もあって宰相を罷免されて、知鄆州に出され、仁宗が即位して章献皇太后が「垂簾聴政」を行うようになった乾興元年（一〇二二）二月、衡州団練副使に貶められ、章献皇太后が崩じた後再び宰相に戻されている（『宋宰輔編年録校補』一五四―一五五頁に参照）。

劉氏、曹氏といった「皇后」たちともなると、皇帝の妻として内宮に息をひそめ、所謂「内助の功」に逼塞していたのではない。賢勁なる意志と能力を有つ政治的人格として皇帝を掣肘し、強烈なストレスをその皇帝に与える存在でもあったのである。曹氏の場合には、その養い子である英宗にも強いストレスを与えており、それが英宗即位初期の混乱の遠因ともなっている。

（2）嘉祐八年（一〇六三）三月辛未（二九日）の夜、仁宗は突如危篤の様態に陥り、皇后が駆けつけた時には心の臓を指さしたまま口もきけない有様であり、投薬も役に立たず、真夜中、福寧殿に崩じた。左右の者は宮門を開いて輔臣を召集しようとしたが、皇后・曹氏は「此《か》くの際《みぎり》、宮門豈に夜に開く可けんや。且《しば》らく密《ひそか》に輔臣に諭して黎明に禁中に入《い》らしめん」と厳命し、医官は時に退出してしまっていたが、呼び戻して監視を付けた。言うまでもなく医官の口から情報の漏れるのを抑えたのである。情報が漏れれば、当時までの経験として、文字通り闇に紛れてどのような動きが宮中内外及び都下に起こるか分からないのである。

翌朝輔臣たちが寝殿に至ると、皇后曹氏は後継ぎについての議を定めた。そこで皇子を呼び入れ、仁宗の崩じたことを告げ、その跡を継ぐことを申し渡した。皇子、すなわち英宗は驚き、「某《それがし》敢えて為さず、某《それがし》敢えて為さず（「某」には英宗の諱「曙」を代入すべきか）」と言い、逃げ走ったので輔臣たちが捉え、てんでに髪を解き、御服を被《き》せた。ただならぬ慌ただしさで、しかし曹氏の手際とこれにただちに呼吸を合わせた宰相・韓琦の主動によりテキパキと事は運ばれ、同日中に仁宗の「遺制」（前節に一部を引用した「嘉祐遺制」）が作製・宣布され、英宗が仁宗の柩前に即位したのであった。英宗は時に三二歳である。（巻一九八、点校本、一四冊四七九二頁）

（3）英宗は「亮陰三年せんと欲し、韓琦に冢宰を摂《と》れと命ずるも、輔臣は皆な不可と言う。乃ち止む。」「冢宰を摂る」とは韓琦なる男子が皇帝の代行者そのものとなることを意味する。皇帝が政務に携われない際の一つの選択肢ではあるが、当時の政治意識にとっては最も避けなければならない危険な道である。（四七九三頁）

(4) 即位以来「輔臣の奏事に、帝は必ず本末を詳問し、然る後に裁決す。理に当《あ》たらざる莫《な》し。中外翕然として、皆な明主と称す」状態であった。(四七九五頁)

(5) だが四月四日の晩《おそ》く、帝は突然「疾を得《え》、人を知《みわ》けず、語言序を失う」状態となった。

(6) 五日、曹氏が皇太后となった。七日、「大斂」の日取りが問題となったが、帝の皇太后を避けたいという気持ちが裏に動いていたと云う。

(7) 八日。「大斂」が行なわれたが、「上の疾は増劇し、号呼狂走して礼を成す能わず。韓琦、亟《すみ》やかに杖を投げ簾《みす》を褰《から》げ、上を抱き持ち、内人を呼び、属《まか》せて意を加えて擁護せ令《し》め、又た同列と入りて太后に白《もう》す。詔を下し、聴政するの日を候《ま》ちて、太后の権同に処分するを請う(すなわち前節に引用した「皇太后権同聴政制」)。」となった。

(8) 一一日。輔臣は柔儀殿・西閣に入対し、皇太后は内東門・小殿に出御して垂簾聴政を行なった。最初の議定では、帝と皇太后とが一緒に東殿に赴き、垂簾して輔臣の奏事が行なわれる手筈になっていたが、帝は病気療養のために柔儀殿・東閣の西室に居し、皇太后はその東室に居するという臨時措置が採られたので、輔臣は先ず西室において帝の様態をうかがい、并わせて「軍・国の事」を奏上し、次いで皇太后が独りで東殿に赴き(……因奏軍国事、太后乃独御東殿)、輔臣はその簾前において「政事を以て復奏する」ということになったのである。軍政・民政の基本に関わる事案については皇帝に報告されるが、日常的な事項の裁決については皇太后に一任される、政務の分離が出現した、となろう。(四七九七頁)

(9) 早くから皇太后に還政を勧める者もおり、皇太后も一六日には還政の書を草させていたという記載もある(巻一九八、一四冊四八〇二頁)。しかし英宗の病状は一進一退の状態であったので、皇太后の「垂簾聴政」は続けられた。その内に問題となって来たのは、英宗と皇太后・曹氏との間にすれ違い、気持ちの葛藤が生じ、それが明らかとなって来たことであった。一一月の記事の最後に載せられる司馬光の「上皇太后疏」「上皇帝疏」(『全宋文』では二七冊六七一頁、六七三頁)、呂誨の「上皇太后書」はこの問題を取り上げたものである。要は、錯乱状態の中で英宗が皇太后の心を傷つける類の言辞をかさね、皇太后が我慢出来なくなり、両者の間に齟齬が生じ(両宮之間、微相猜望)「羣心憂駭し、寒からざるに慄《おのの》く」状態であること。ことは皇家のことであるから、まさに「宗廟社稷の憂」なること。この最高権力の共同行使権者の間に生じた隙に乗じて小人たちが事を起こさんとするだろうということ。皇太后に対しては、英宗の無礼は錯乱の上のことであるから水に流し、これまでの経緯をよく思い起こし、母后としての寛容を示してもらいたいということ。皇帝に対しては、皇太后は生みの親ではないものの、その育て養いの実は決して劣らぬ恩義のあるものであり、前非を皇太后に直接謝り、孝養を尽くして頂きたいこと。などである。

『続長編』は韓琦・欧陽修がからむはなはだ精彩に富む場面を載せてこの記事を終えている。その記載は蘇轍『龍川別志』を主要な資料としたと注記されているが、他の資料によってかなりの斟酌が加えられている。朱熹の『三朝名臣言行録』一之一には「龍川志」としてほぼそのままを載せているので、ここではむしろその『龍川別志』の方から示して置こう。巻下、中華書局・点校本九〇頁。

英宗、藩邸に在りしとき、恭倹好学、師友に礼下し、甚だ名誉を得《う》。嘉祐の末、仁宗不豫せば、大臣、宗室の子を選立せんと議す。仁宗勉めて衆議に従い、立てて皇子と為す。然ども、左右の近習に楽しまざる者多し。帝(英宗)は憂懼し、辞避する者之を久しうす。

仁宗の晏駕(薨去)するに及び、帝、即位す。憂いを以て心疾を得《う》。大臣は議して慈聖(すなわち曹氏)に垂簾を請う。帝の疾甚だし。時に不遜の語有り。后(曹氏)楽しまず。大臣に皇子を立つるに預からざる者有り、陰《ひそ》かに廃立の計を進む(『続長編』は、大臣中に英宗の廃立を企てる者がいたと云う点について「既に主名を出ださざれば、深く恐るるは必ずや之《これ》無からん。或は当時宦官輩に私《ひそか》に此の議有らんか、大臣には非ざる也」と注記している)。惟《た》だ宰相の韓琦のみ、確然として変わらず。参知政事・欧陽修深く其の議を助く。

嘗て簾前に奏事す。慈聖、嗚咽流涕し、具《つぶさ》に不遜の状を道《い》う。琦曰く「此れは病の故《ゆえ》なる耳。病已《や》めば、必ず爾《しか》らず。子の病むに、母之《これ》を容れざる可《い》けんや」と。慈聖、意懌《よろこ》ばずして曰く「皇親輩《ら》は皆な、太后、旧《ふる》き渦《うず》に兎《うさぎ》の子を尋ぬと笑う」（渦に落ちて溺れ失せてしまった幼気《いたいけ》な兎の子を英宗に当てているのであろう。もう戻らぬものの面影にしがみついていると笑っているのである）と。聞く者驚懼し、皆な退くこと数歩して立つ。独り韓琦のみは動かずして曰く「太后、胡思乱量するを要せず（取り乱してはいけません）」と。

少間《しばらくありて》、修乃ち進みて曰く「太后は仁宗に事《つか》えること数十年、（太后の）仁聖なるの徳、天下に著《しる》し。婦人の性は妬忌せざる者鮮《すくな》きも、温成（張貴妃）の寵せらる、太后は之に処すること祐如たりて、何の所か容《い》れざらんに、今母子の間にして反《かえ》りて忍ぶ能わざるや」と。太后曰く「諸君の之を知るを得ば、善し矣」と。修曰く「此の事何ぞ独り臣等のみ之を知らん。中外知らざるもの莫き也」と。太后の意稍《やや》和らぐ。

修復た進みて曰く「仁宗は位に在ること歳久し。徳沢人に在りて、人の信服する所なれば、故に一日晏駕するも、天下遺令を稟《う》け承《う》けて、嗣君を奉戴し、一人の敢えて異同する者無し。今、太后は一婦人（『続長編』は「今太后深居房帷」に作る。当たり障りのない表現となっている）、臣等は五六の措大なる耳《のみ》。挙足造事、仁宗の遺意に非ざれば天下孰《たれ》か肯《うべな》いて聴従せん」と。太后黙然たること之を久しうし、而して罷《や》む。

後数日、独り英宗に見ゆ。帝曰く「太后我に待するに恩無し」と。公曰く……帝大悟し、是れより復び太后の短を言わず矣。……

（10）治平元年五月戊申（一三日）、皇太后・曹氏は還政を断行した。『続長編』はこの一段を「蔡氏直筆」「邵氏見聞録」「韓琦家伝」「王巖叟別録」によって記載したと注記し、「家伝所載の『太后は還政を楽しまず』等の語に及びては、皆な聖徳を虧損し、且つ事実に非ざれば、今並びに削去す」と云う。朱熹の『三朝名臣言行録』一之一「丞相魏国韓忠献王」では英宗即位初期の情勢を「王巖叟別録」から多く採用しながら並べているが、そこには例えば「公、英廟の已に安らかなるに而るに曹后の未だ還政の意有らざるを潜察す。乃ち先ず……」「初め曹后、還政に難ず。公説きて曰く……」などと、皇太后・曹氏が還政に本来乗り気でなく、韓琦がこれに手を打ってうまく還政に持ち込んだ、という説を採っている。

いずれにせよ、ここでも、皇太后と韓琦が呼吸を合わせる形で、かなり唐突に、還政が行なわれたのであった。時に「枢相（枢密使・同平章事）」であった富弼はこの事態に全く与り知らず、「是れより琦を怨むこと益ます深し」と云う具合であった。

「還政」はいわば当の皇太后の政治的決断にかかっており、守るべき規則や原則があるわけではない。

さらに(9)に示した資料をも含んでまとめるならば、そもそも、皇帝位をめぐる状況、誰が即くのか、廃立するのか、退位するのか、宰相が代行する（(3)に参照）のか、母后が代行するのか、などの状況に関わる決定は、常に個々にそのときの状況を見据えながら適宜に行なわれる「政治的決断」によっていた、と見るべきであろう。或いはこれらの資料を伝えた士人たちにはそう考えられていた。もちろん伝統的な手続きや、判例的な規則、などはあろうが、それに従うかどうかも、またすでに一つの「政治的決断」であるような場所であった。なんとなれば、その国家を存立させている最終決断の場が他ならぬそこであり、それ自体を規定し得るそれの外側としての判断の場、例えば皇帝の判断を「順法」的なものに為し得る皇帝に上位する単一の「法廷」は存在していなかったのであるから、その場所そのものに関わる決定には計量可能な底の「法実務」的な考量は存在し得なかったからである。

明らかなのは、母子関係という最もプリミティブな親和感情に基礎を置いて、皇帝に不具合がある時の筆頭の代行権者として皇太后が、まさに動かし難いプリミティブさで一般的に認められていた、ということである。英宗と皇太后・曹氏との不和が国家の根幹を揺るがす事態として受け止められたのは、当時の政治学的思考において、この場面における最高権存立についての人々における承認心理の核芯が「法的」なものではなく「母子親和」の感情に基礎を置いていたからであろう。

しかし一方、例えば皇太后・曹氏を「一婦人」と言い放ち、仁宗の「遺令」への忠誠、「遺意」の継承を強調する欧陽修の言述は、それとは別の政治学的思考の筋を示しているだろう。すなわち、「母子親和」ではなく「父子継承」の感覚に基礎を置く考え方である。欧陽修はここで、「母」なる曹氏の、子にないがしろにされたという怒りを先ずその「母子親和」の感情を認め、強調し、訴えかけることで鎮め、やがておもむろに、しかし皇太后も我々輔臣も、父なる仁宗の実績とその継承によってこそ天下に認定されて有るのだ、という論点へと曹氏の心を導くわけである。

英宗はよく知られているように、仁宗の実子ではなく、太宗の四子・商王元份の子、濮安懿王・允譲の第一三子である。これを皇后が引き取り、保育して、仁宗の後継としたのであった。この間に紛糾が起こるのは当然の勢いであるが、この危機を斬り抜けて、英宗の存立を守り抜き、趙氏朝廷の混乱を最小限に食い止めたのは、以上に紹介した『続長編』での記載による限り、皇太后・曹氏と宰相・韓琦の二人であったということになる。しかしこれには後世に至るまでその評価をめぐって、様々な説、ゴシップが伝えられる。先に(10)でも言及した如く、『王巖叟別録』は、王巖叟が韓琦の門下であったからか、むしろ韓琦に主導権を与える記事となっているが、例えばその王巖叟の『魏公遺事』に対し、邵伯温の『邵氏聞見録』巻三などは特に批判を加えているのである。したがってこの間の事情が事実としてどうであったのか、となると、ある範囲の中でこうだっただろうと推測出来るだけだということになる。

その限りで、神宗期における話柄を、この『邵氏聞見録』から拾い、この時代には太皇太后となっていた曹氏についての後日談としておきたい。

光献太皇太后、元豊四年（一〇八一）春、感疾す。文字一函、封鐍の甚だ厳なるを以て、神宗に付して曰く「吾の死ぬを俟ちて之を開け。唯《た》だ、之に因りて人を罪する可からず」と。帝、泣き受く。后の疾愈ゆ。帝、復び此の函を納《おさ》む。后曰く「姑く之を収めよ」と。是の年の七月、后、上仙す。帝、函を開く。皆な仁宗の英宗を立てて皇子と為さんと欲せし時、臣僚異議するの書也。神宗、書を執りて慟哭す。太皇太后の遺訓を以て、敢えて其の人を追咎せず。故に帝、宮中に三年の喪に服し、礼を尽くし孝を尽くす者は、慈徳の報いる可からざるを知れば也。（巻三。中華書局・点校本二三頁。『続長編』巻三〇〇、元豊二年一〇月乙卯条、点校本、二一冊七三一四頁、注記に参照。）

神宗は英宗の長子。英宗は明道元年（一〇三二）正月の生まれ。四歳の時に宮中に引き取られ、曹氏の元に育てられたが、宝元二年（一〇三九）、八歳の時に皇子（仁宗の実子）が生まれたので実家、濮王の邸に帰り、ここで宮中で一緒に育てられた高氏を妻とし、慶暦八年（一〇四八）四月、高氏を母として神宗が生まれたのであった。仁宗の実子は育つ者がなく、後継となる実子のいない状態が長くなったので、嘉祐七年（一〇六二）八月に英宗は皇子とされ、よく八年に即位したのである。神宗にして見れば、曹氏の擁護がなければ父がそして自らが皇帝となることはなかった、ということになる。

二

英宗の妻、神宗の母・高氏が「もう一人の太皇太后」である。その曽祖は高瓊。真宗が澶州に親征するについて、寇準に協力し、武官ではあるものの厳として声をはげまし真宗の決断を促した勲功の臣である（本章八節、一四三頁）。時に殿前都指揮使であった。旧《もと》は燕の人であり、父・高乾の時に亳州・蒙城（安徽省北部）に移った家柄である。すなわちそのルーツは河北以北にある。諡《おくりな》は「武烈」。祖は高継勳。威武軍節度使・馬軍副都指揮使。諡《おくりな》は「穆武」。その第三子・高遵甫の女《むすめ》である。母は曹氏、慈聖光献・曹氏の姉《あね》である。その縁で宮中、仁宗皇后・曹氏の下《もと》で同年の英宗と一緒に育てられ、仁宗が二人をいずれ娶《めあわ》せるようにと慈聖皇后に言ったという。後、その言の通り英宗に帰《とつ》ぎ、神宗以下四人の子を生《な》した。治平二年に「皇后」。神宗が即位すると、「皇太后」。元豊八年（一〇八五）、神宗が崩ずると、その遺詔（すなわち本章九節に引いた「元豊遺詔」。一四八頁）によって、哲宗が即位、高氏は「太皇太后」となり、「応《あらゆる》軍・国のことは、並びに太皇太后、権同に処分し、章献明粛皇后の故事に依りて施行せよ……」なる命により「垂簾聴政」を行なうこととなった。

時に哲宗は一〇歳。宣仁太皇太后・高氏は五四歳である。高氏が亡くなるのが元祐八年（一〇九三）九月戊寅（三日）。この間の足掛け九年に亙り高氏の「垂簾聴政」が行なわれた。

宣仁太皇太后・高氏については次の二つの話柄が興味深い。

一つは神宗が崩じて政権が替わったので、司馬光が京師へと向かうにかかわる話である。『続長編』巻三五三、元豊八年三月壬戌、点校本、二四冊八四六五頁。

> ……会《たま》たま神宗崩ず。光は入臨せんと欲すれども、又た避嫌し敢えてせず。已にして観文殿学士・孫固、資政殿学士・韓維、皆な闕下に集まるを聞く。時に程顥、洛に在りて、亦た光に行くを勧むれば、乃ち之に従う。衛士、光を見て、皆な手を以て額に加えて曰く「此れ司馬相公也」と。民争いて光の馬を擁し、呼ばわりて曰く「公よ洛に帰ることなく、留まりて天子を相《たす》け、百姓を活《い》かせ」と。所在数千人、聚まりて之を観る。光懼る。会《たま》たま放たるれば辞謝し、遂に径《ただ》ちに洛に帰る。
> 太皇太后、之を聞き、主《しゅ》する者を詰問す。内侍・梁惟簡を遣わして光を労《ねぎら》い、当《まさ》に先にすべき所の者を問う。光乃ち上疏して曰く「……猶お、上帝垂休し、歳の大饑せず、祖宗の貽謀あるに頼《よ》りて、人に異志なし。然らざれば、天下の勢い、之が寒心するを為さざる可けんや。此れ皆な罪は羣臣に在るも、愚民は無知なれば、往々にして、怨

み、先帝に帰す。……

司馬光の上疏には、先帝、すなわち神宗に民衆の怨みが集中し、或は「異心」すなわち趙氏朝廷に易《か》わらんとする動きが潜在的にはあってもおかしくない、という危機感が表れている。これには先の、みずからを自然に奉り上げ始め、どこに向かうのか分からぬままに暴発しかけていた数千の群衆の高まりへのみずから感じた恐怖感が盛り込まれていると見て間違いなかろう。いわば、太祖・趙匡胤が奉り上げられた陳橋駅の事件（本書五及び一〇六頁に参照）の再現に立ち会っていたのかも知れないし、どこかから「司馬相公よ天位に即きたまえ」と声が挙がり、黄衣を被《き》せ掛けられたかも知れないという体験である。この種の「五代」式の天子擁立劇こそは、それをこれ限りにと否定し乗り越えようとしたまさに宋代趙氏国家存立のデッドラインであっただろう。

太皇太后もただちにこの司馬光に起こった事件の政治的な意味を見抜いている。「主する者を詰問す」とは、その群衆の偶発的に見える「デモ」に首謀者はいなかったのかとの詰問であり、しかも一方でただちにその嫌疑を自問しているであろう司馬光に慰問の使者を差し向け、安心を与えている。

次の話柄もこれに関わる。すなわち朝廷に復帰した司馬光が先ず奏上したのが、仁宗朝以来の勲功の臣・文彦博を現朝廷に赴かせ、人心に重きをなそうという人事政策であったが、これへの太皇太后からの許可がなかなか下りなかったことに関する資料である。『続長編』巻三七四、元祐元年四月己丑条の注記には「文彦博を召すは大事也。史の都《すべ》て縁由を載せざるは、深く疏略為れば、今特に之を出だす」と云う（点校本、二五冊九〇五四頁）。『宋宰輔編年録校補』巻之九、元祐元年四月壬寅「同日、文彦博太師、平章軍国重事」条が引く『丁未録』には次のように言う。中華書局、一九八六、五五九頁。

司馬光、入りて門下侍郎となる。首《はじめ》に彦博を薦《すす》む。而るに太皇太后、中使を降して光に宣諭して曰く「彦博は名位已に重く、又た人心を得《う》。今、天子幼冲なれば、其の震主の威有るを恐る。且《か》つ輔相中に於て、処《ところ》の安排する無し。又た已に致仕すれば、復起するを為し難し」と。光、是《ここ》に於て敢えて復た言わず。……

こちらは先ず同じ陳橋駅の事件を周の幼帝とその母后の立場に立って想起していると見てよいのではなかろうか。幼帝を擁する太皇太后側にとってはここがまさにデッドラインである。

この趙氏国家の出発点となった「陳橋駅―周の幼帝・母后からの簒奪」という風景をその後継者たちが想起し得る限りにおいて宋朝廷・趙氏の皇帝政権はその存立の意味を失わない。そしてどうやら、例えば太祖の母・昭憲太后の遺命が趙普を保証人とした逸話（一〇八頁）などを思い合わせると、ここをデッドラインとして双方が、すなわち「五代」であれば奉り上げられて簒奪者となったかも知れない勲功の臣と「母后」とが協力して皇帝の継承を擁護し、民政に孜孜として励む安定した連続政権を維持し五代の混乱を乗り越える民政国家を造り上げ維持して行く、というのが、「陳橋駅―幼帝・母后からの簒奪」という出自からする宋朝廷の担い手を自覚する者たちのみずからの「生《せい》」に意味あらしめる「基礎イメージ」となっていたと覚しい。

その意味では宋代趙氏国家における皇帝のイメージは五代における皇位継承のイメージを基礎として引き継いでいるといい得るであろう。政権の気が緩めば、潜在している「異志」が顕在化し、ただちに「五代」に後戻りしてしまうという危機意識が今の司馬光の場合のように当時の士人においては常に強調される。そして「母后」とはそのような危機において人心にある安定をもたらす継承の保証者という位置づけを、やはり五代の経験に重ねる形で保持していたのである。

二

皇位の継承を保証する「母后」の承認された権能は、北宋が滅び、南宋政権が成立する過程で、まさに先に見た五代・漢の高祖・劉知遠の皇后・李氏（本書一一〇頁以下）に匹敵する役割を果たした。その担い手となったのが、哲宗の皇后であった昭慈聖献・孟氏である。

孟氏は洺州（河北）の人。眉州防禦使・馬軍都虞候・孟元の孫女である。宣仁・高氏が哲宗の宮中に世家の女百余人を入れた時に一六歳であった孟氏も共に入ったが、宣仁・高氏と神宗の皇后であった欽聖・向氏に気に入られ、女儀を教えられた。元祐七年（一〇九二）五月哲宗の皇后となる。しかし帝に寵を得ていた劉氏と結んだ宰相・章惇が左道禱祠にかかる獄を宮中に起こし、紹聖三年（一〇九六）九月、孟氏はその咎により廃后せられた。

元符三年（一一〇〇）正月、哲宗が崩じ、神宗第一一子であった徽宗が即位、欽聖・向氏が同年七月まで皇太后として「垂簾聴政」を行った。その五月に、孟氏は復后されて「元祐皇后」となっている。しかし崇寧元年（一一〇二）一〇月、その七月に宰相となっていた蔡京などの主導により孟氏は復たび廃后せられた。

欽宗・靖康元年（一一二六）、金軍が侵攻、一一月には渡河し、京師城下に至った。閏一一月、京城が陥落。一二月、欽宗は李若水と弊政の改革を議し、その中で孟氏を再度復后し「元祐太后」と為す旨の決定をしたが、その詔はついに下される暇がなかった。靖康二年（一一二七）二月、金人は百官に、元《もと》の宰相、張邦昌に帝位に即くよう勧進する表を作らせ、三月、これにより張邦昌を立てて帝と為し、国号を「大楚」と称した。四月には金人は軍を引きあげたが、徽宗、欽宗、皇后、皇太子、六宮の位号ある者は皆な北へと連れ去られた。しかし孟氏だけは、廃后中ということにより、独り残された。

金人が退去すると、権領門下省・呂好問の勢いに押されて、張邦昌は百官を召集し、手書を降して、元祐皇后・孟氏を「宋太后」と為した。さらに密書を以て、甥の私邸にいた孟氏に、延福宮に入居するように要請。金人の行為により生じた帝位空白の危機を「太后」によって乗り越えようとしたのである。ただし、張邦昌の「宋太后」冊立の語には、太祖が周の太后を「陳橋駅―周の幼帝・母后からの簒奪」の後に西宮に迎え入れて尊重したという故事を用いたところがあり、張邦昌自身には、未だ趙氏に帝位を帰すつもりはなかったと、当時の者は覘《うかが》ったと云う。いずれにせよ、孟氏は「宋太后」となり、四月五日、延福宮に入り、翌六日、百官が延福宮の孟氏に朝した。翌七日には趙氏の危殆を救うために勤王の軍が雲集する中で、「大楚」を維持することなど児戯に等しい、ただちに孟氏の「垂簾聴政」を要請すべきだ、という情勢になり、九日、張邦昌は、孟氏を「元祐皇后」とし、徽宗第九子・康王の行方が定かでない状況のもと、軍・国の庶務について、元祐皇后・孟氏の「垂簾聴政」を仰ぎ、復辟に備えたいという趣旨の手書を降したのであった。元祐皇后は康王に手書を送った。一一日、内東門小殿にて「垂簾聴政」。張邦昌は「太宰」として資善堂に退処した。一五日、元祐皇后は手書を中外に告げ、康王に統を嗣がしめる、と公示した。五月一日、康王が南京に即位し、「建炎」と改元した。同日元祐皇后は東京に「垂簾聴政」を罷《や》め、「還政」を果たした。（『宋史』巻二四三「后妃」下。黄錦君『両宋后妃事迹編年』巴蜀書社、一九九七）

孟氏が哲宗の皇后として受冊した時、宣仁・高氏は「斯の人は賢淑、惜しむらくは福薄き耳《のみ》。異日国に事変有らば、必ず此の人之に当《あ》たらん」と言ったという（『宋史』巻二四三）。以上三節にわたって紹介して来た「母后」たちについて言うなら、仁宗期以来、慈聖・曹氏、宣仁・高氏、欽聖・向氏、昭慈・孟氏、と、互いに重なり合いながら、皇帝の即位如何と、即位初期の危険な時期を支え抜いた勝れた女人たちの伝統が内宮に継承されていた、と見ることが出来るであろう。これらの女人たちの出自には似通ったところがあり、向氏を除けば、いずれも河北にルーツを持ち、武官として活躍した人物の子孫である。その人物像も、柔弱で親昵な肌合いの女人ではなく、危機の中での判断力と行動力をもった賢勁なる質《たち》の女人である。これに先立つ章献・劉氏も遠くは「太原」に繫がる出自の人らしいが、やはり同様の質《たち》の女人であったと思われる。ただし章献・劉氏は「寒微」とされた身より帝の寵を得て皇后となったせいだろうか、以下に見られる如く幾分の弱点が見出されないでもない。

ともあれ、内宮の「世臣」とでも呼ぶべき一本の心棒が「母后」という形で北宋趙氏朝廷に通っており、その伝統を荷ってこそ、昭慈・孟氏は、金軍によって断絶された政権を南宋趙氏政権へと橋渡しし得たのであろう。内宮のみならず、広く内外の人士にとって、この「母后」の伝統こそ、最も自然で抵抗の少ない正統政権創出の力を持っていたのである。

先回りして言うなら、この女人たちの賢勁なる面影は、河北を重要な地域として展開した「五代」に見た「母后」たちにももちろん見分けられるであろうし、さらには「唐」へと遡り、北朝、北魏の「母后」へと繫がって行くように思われる。

一三

章献皇太后・劉氏にもどろう。彼女の風貌は、当時の歴史的な想像力にとっては、かの「則天武后」を思い出させるものがあったようである。これには、彼女の夫であった真宗が澶淵の盟の後、王欽若の「戎狄の性は天を畏れ鬼神を信ずるものであるから、符瑞を盛んに起こせば、戎狄は中国を憚《はばか》るようになるだろう」という言葉に応じて「天書」などの事件を作り出して行き（『涑水記聞』巻六、点校本一七八条、一二〇頁）、やがて「封禅」に至り云々と、よく知られる事態になるが、その途次、しばしば唐の玄宗への言及が現れ、真宗の有様が当時の歴史的想像力にとってはまさにかの「玄宗」を思い浮かべさせるものであったこともからんでいると思われる。

例えば、大中祥符六年（一〇一三）一〇月甲戌の孫奭の上疏に、

陛下、泰山に封し汾陰に祀し、躬《みずか》ら陵寝に謁し、今又た将《まさ》に太清宮に祠さんとす。外議籍籍として以謂《おも》へらく、陛下事事に慕いて唐の明皇（すなわち玄宗）に効《なら》う、と。豈に明皇を以て令徳の主と為さんや。甚だ然らざる也。明皇禍敗の迹、深き戒めと為すに足る者有り。独り臣のみ能く之を知るに非ず。近臣の言わざる者は、此れ、姦を懐《いだ》きて以て陛下に事《つか》うれば也。……（『続長編』巻八一、点校本、七冊一八五一頁。『全宋文』五冊三一八頁）

と云うのなどに参照。

真宗自身が皇帝としての自己像を玄宗に比定して安定させようとしていたのである。寇準が「天書」を認めなかったことはよく知られた話柄であるが、『続長編』ではこの辺り、一貫したほとんど唯一の批判者として孫奭の言説がしばしば現れる。

章献・劉氏が皇后となったのはまさにこの時代、大中祥符五年一二月のことである。皇帝自身とその「近臣」たちは「玄宗」への模倣を時代的に演出しようとしており、孫奭に言及される「外議」の底流には、そのような「玄宗」への引き当てを警戒し、むしろ「玄宗」という「唐」時代への歴史的批判が、当の真宗とその「近臣」をめどとして、強く形成されて行ったのではないだろうか。いわばこの時代の政治学的思考は、真宗の起こした政治的事件を具体的なきっかけとして、模倣・肯定的か、批判・否定的かに分岐しつつも、「玄宗」を中心とする時代に対面せざるを得なかった、と考えられるのである。そのような時代の思考の揺曳する中で、章献・劉氏は皇后となり、皇太后となったのである。もちろん皇后として、また皇太后として、真宗の線に添いながら、その「女主」としての像を自他共に作り上げて行く危険性は時代的にも十分あった、ということになる。

蘇轍『龍川別志』巻上に次のような話柄が載せられている。中華書局・点校本七八頁。朱熹『五朝名臣言行録』六之

六「参政・程文簡公（琳）」に採録。

章献、垂箔（「垂簾」に同じ）す。方仲弓なる者有り。上書して武氏の故事に依りて劉氏の廟を立つることを乞う。章献、其の疏を覧《み》て曰く「吾は此《か》くの祖宗に負《そむ》くの事を作《な》さず」と。裂きて之を地に擲《なげう》つ。仁宗、側に在り。曰く「此れ亦た忠孝に出づ。宜しく以て之を旌《あらわ》すべし」と。乃ち以て開封司録と為す。章献の崩ずるに及び、黜《しりぞ》けられて汀州司馬と為る。

程琳も亦た嘗て此《かく》の請うこと有り。而して人の之を知るもの莫《な》き也。仁宗、一日、邇英（邇英閣。侍臣による経史の購読が行われた）に在りて講官に謂いて曰く「程琳、心行不忠なり。章献の朝に在りて、嘗て劉氏の廟を立てんことを請う。且つ『七廟図』を献ず」と。時に王洙は侍読たりて之を聞く。仁宗は性・寛厚、琳は竟《つい》に宰相に至る。蓋し（仁宗に）宿怒無ければ也。

『礼記』王制篇には「天子は七廟。三昭三穆と大祖の廟として七」と有る。「七廟図」とは天子の廟制を画くものであり、文脈からしてこれを「劉氏」について立てるように献上したということになる。

『旧唐書』巻六、本紀第六「則天皇后」によれば、則天・武氏は并州・文水（太原の南西）の人。一四歳の時に太宗の宮に入り、太宗が崩じた後は感業寺に尼と為っていたが、高宗が見初め、ふたたび宮に入り、永徽六年（六五五）に皇后と為った。顕慶年間（六五六―六六一）以後は風疾に悩む高宗に代わって政務を執り、高宗と並んで「二聖」と称された。高宗が崩ずるのは弘道元年（六八三）一二月。三〇年になんなんとする間、実際は則天皇后が朝廷を取りしきっていた、ということになる。高宗が崩ずると、中宗が即位し、則天は「皇太后」と為ったが、即日より「臨朝称制」を行なっている。垂拱四年（六八八）五月には「聖母臨人、永昌帝業」なる瑞石が現れたというので「聖母神皇」と尊号を加えている。載初元年（六九〇）九月九日壬午、唐の命を革《かく》し、国号を改めて「周」と為し、改元して「天授」と為す。……乙酉（一二日）、尊号を加えて「聖神皇帝」と曰い、皇帝（すなわち中宗）を降して皇嗣と為す。丙戌（一三日）初めて武氏七廟を神都に立つ。……

すなわち方仲弓が上書して「武氏の故事に依りて劉氏の廟を立つることを乞う」とは、また程琳が『七廟図』を献ず」とは、まぎれもなく章献・劉氏に「宋の命を革《かく》し」、皇帝そのものになれということなのである。

この話柄は、『東都事略』巻五四「程琳伝」では、

章献聴政の時に当《あ》たりて、琳、嘗て「武后臨朝図」を献ず。章献の崩ずるに及び、仁宗、邇英に在りて侍臣に謂いて曰く「琳は心行佳からず」と。而して琳竟《つい》に大用さると云う。

『続長編』巻一八二、嘉祐元年（一〇五六）三月丁酉、点校本、一三冊四四〇〇頁、では、

鎮安節度使・同平章事・程琳……疾を得て遽《にわか》に卒す。丁酉、中書令を贈り、「文簡」と諡《おくりな》す。琳は人となり、敏厲厳深、政事に長ず。章献の時、嘗て「武后臨朝図」を上す。外人知るもの莫《な》し。帝、後に邇英に於て講読せしに、近臣に謂いて曰く「琳は心行佳からず」と。蓋し此れを指す也。然ども琳、卒《つい》に大用するを蒙《こうむ》る。議する者、上《じょう》の性は寛厚なれば宿怒無しと謂うと云う。

となっている。

両者とも「武后臨朝図」として挙げる。「武后臨朝図」であれば、則天・武氏が「皇太后」の時の「図」となって、穏やかな話となる。『続長編』が言う「議する者」とは、すなわち『龍川別志』での論評を謂うのであろうが、それならば、『続長編』は『龍川別志』の「七廟図」なる記載を知りながら、これより穏健な「武后臨朝図」という資料の方を採った、或いは変更したということになろう。そして仁宗の評語も、それに合わせて、「不忠」から「不佳」へと変更している。

いずれにしても、『龍川別志』の記載する話柄はなまなかのことではない。ここでは、当然のこと章献・劉氏はその

上疏を裂き破いて地に叩きつけているが、次の資料では章献・劉氏は別の姿を見せる。

『続長編』巻一〇七より示す。

（天聖七年、一〇二九）二月庚申朔。礼部侍郎・参知政事・魯宗道卒す。太后臨朝するに、宗道、屢しば献替すること有り。太后、唐の武后は何如なる主なるかと問う。対《こた》えて曰く「唐の罪人也。幾ど社稷を危うくす」と。后、黙然たり。時に上言して劉氏七廟を立つるを請う者有り。太后以て輔臣に問う。衆敢えては対《こた》えず。宗道独り曰く「不可」と。退きて同列に謂いて曰く「若し劉氏七廟を立つれば、嗣君を如何せん」と。（点校本、八冊二四九四頁。『五朝名臣言行録』五の三「参政・魯粛簡公」にも見ゆ。）

章献・劉氏の心事には危険な兆候があったということになる。魯宗道以外敢えて異を唱えなかった、と云うのは、こういう場合の心理としては臣下としての服従心や消極性に流されてのことなのだろうか。それとも事の意外さにあっけにとられたのであろうか。しかしいずれにしても、これを伝える士人たちにとっては、朝廷の状況を含めて、まことに危なかったの一語に尽きるのかも知れない。

ここで名の出た「程琳」は、字「天球」、永寧軍・博野（河北）の人。程伊川の「家世旧事」（『河南程氏文集』巻一二、点校本『二程集』六五七頁）に「族父・文簡公」（六五九頁）として出て来る人物に間違いなかろう。伊川・明道兄弟の故地はやはり「博野」、その父の名は「珦」。同じ排行で同じく「玉」偏の字を諱《いみな》としている。

一四

魯宗道と章献皇太后について、『続長編』はさらに次のような話を伝えている（巻一〇七、点校本、八冊二四九四頁）。

帝（仁宗）と太后と将《まさ》に同じく慈孝寺に幸《みゆき》せんとす。（太后は）大安輦を以て帝に前《さき》んじて行かんと欲す。宗道曰く「婦人に三従有り。家に在りては父に従い、嫁しては夫に従い、夫歿しては子に従う」と。太后、輦は（帝の）乗輿に後《おく》れよ、と命ず。

「大安輦」については、『宋史』巻一四四「儀衛志二」の「皇太后儀衛」に、

乾興元年（一〇二二）に仁宗即位し、章献太后、政に預かりしより、侍衛始めて盛んなり。礼儀院の奏を用いて、皇太后所乗の輿を製《つく》り、之に名づけて「大安輦」と曰う。天聖元年、有司言、……

とある。

また『続長編』巻一〇八、天聖七年（一〇二九）一一月癸亥、点校本、八冊二五二六頁には次のように言う。

癸亥、冬至。上《じょう》、百官を率いて皇太后の寿を会慶殿に上し、乃ち《それからはじめて》天安殿に御して朝を受く。秘閣校理・范仲淹、奏疏して言いえらく「天子には親に事《つか》うるの道有るも、臣為《た》るの礼無し。南面の位有るも、北面の儀無し。親を内に奉ずるが若きは、家人の礼を行なえば可也。今顧《かえ》って、百官と同列す。君体を虧《か》き、主威を損《そこな》う。後世の法と為す可からず」と。疏入る。報ぜず。……又た奏疏して皇太后の還政するを請う。亦たも報ぜず。遂に外に補せらるるを乞う。尋《つ》いで出でて河中府通判と為る。

この話柄は『涑水記聞』巻一〇では、

……冬至立杖、礼官は議を定めるに、章献太后に媚びんと欲し、天子の百官を帥いて寿を庭に献ずるを請う。仲淹奏し、以て不可と為す。晏殊大いに懼れ、仲淹を召し、之を怒り責め、以て「狂」と為す。仲淹は色を正し抗言して曰く……（点校本二八二条、一八二頁）

となっており、さらに厳しい状況を示す。『五朝名臣言行録』七之二はこれを採っている。

『続長編』巻一一一、明道元年（一〇三二）一二月辛丑、点校本、八冊二五九五頁、には、

直集賢院の王挙正と李淑に命じて、礼官と、藉田及び皇太后謁廟の儀注を詳定せしむ。礼官議して、皇太后宜しく皇帝の袞服に準じて二章を減じ、衣には宗彝を去り、裳には藻を去り、剣を佩びず、龍花十六株、前後珠翠を垂らすこと各おの十二旒、袞衣を以て名と為すべし、と。詔ありて其の冠に名づけて「儀天」と曰う。……始め、太后純《ひとえ》に帝者の服を被《き》んと欲す。参知政事・晏殊、「周官」王后の服を以て対《こた》えと為す。太后の旨を失う。輔臣皆な依違して決せず。薛奎独り争いて曰く「太后必ず此れを御《つ》けて祖宗に見《まみ》ゆれば、若何《いかん》ぞして拝せんや」と。固く不可なるを執る。終《つい》には納《い》れずと雖も、猶お少しく其の礼を殺《そ》ぐ焉。

と云う。

『五朝名臣言行録』五之四「参政薛簡粛公」には「墓誌」よりほぼ同様の記事を取っているが、「帝者の服」は「天子袞冕」となっている。また『湘山野録』よりこの事態に関わる記事を参照するが、薛奎の諫言について、

薛簡粛公は関右の人なれば、語気明直にして其の談を文《かざ》らず。独り簾外に於て口奏して曰く「陛下大謁するの日、還って漢児拝を作《な》す耶、女児拝なる耶」と。明粛答えること無し。是の夕に「罷《や》む」と報ず。

と伝える。

翌明道二年（一〇三三）二月八日甲辰、皇太后は垂拱殿に宿斎し、九日乙巳、褘衣、花釵冠を服し、玉輅に乗って、太廟に赴き、そこで袞衣、儀天冠に改め、内侍の賛導により七室に享した。皇太妃が亜献し、皇后が終献した。文徳殿に受冊し、帝の奉賀があり、還って天安殿に宿し、遂に東郊に赴いた（『続長編』巻一一二、九冊二六〇五頁）。文徳殿に受冊したその冊文は『宋大詔令集』巻一三に「明道二年皇太后尊号冊文」として載せる。

そしてその三月二五日庚寅には、皇太后不豫により大赦が行われ、二九日甲午に章献明粛・劉氏は崩じたのであった。

当時の士人にとってはわずかに虎口を脱したとの思いが強かったであろう。

五月七日辛未、屯田員外郎・龐籍が殿中侍御史となったが、奏上して、閤門に下して「垂簾儀制」を取り「尽《ことごと》く之を焚《や》く」ことを請うた。また一二日丙子には、宰臣・張士遜に命じ、「籍田記」及び「恭謝太廟記」を撰せしめ、翰林学士・馮元を編修官、直史館・宋祁を検討官としたが、宋祁は「皇太后謁廟の事は後世の法と為す可からず」と言上し、そのため「籍田記」を撰するに止めることとなった。（『続長編』巻一一二、九冊二六一六・二六一七頁）――といった具合である。

章献・劉氏が生きている間は、このように事態が動いていくのを止めることが出来なかった。劉氏がなおも生き続けていたら、この方向がなし崩し的にどこまで行ったかは、当時の人士にとっては心寒いものがあったであろう。

この明道二年一二月の上疏において、当時将作監丞であった三〇歳の富弼はこの「章献・劉氏」という事件について次のようにまとめている。本章八節で言及した仁宗・郭皇后の廃后をめぐる事件での范仲淹に対する処分を批判する上疏の一部である。

昔、荘献臨朝し、陛下は制を受く。事体太《はなは》だ弱し。而るに荘献の敢えて武后の故事を行わざる者は、蓋し一二の忠臣の之を救護し荘献をして其の欲を縦《ほしいまま》にするを得ざら使むに頼《よ》る。陛下、以て其の位を保つ可かりしは、実に忠臣の力也。……

「章献・劉氏」という事件は、宋代における政治学的思考の展開に大きな、或いは決定的な影響を及ぼした、と言うも過言ではないだろう。宋代の政治学的思考がそれとして自覚的に形成されて行く、その担い手となった初期の中心人物たち、例えば范仲淹、欧陽修、そして数朝にわたって宋朝廷の大梁とも目された勲功の臣たち、すなわち以上にも見た韓琦、文彦博、そして今の富弼などは、いずれもこの「章献・劉氏」という事件の只中にそのキャリアーを始めているのである。ある意味ではこの「事件」の洗礼を若くして受け、この「事件」を自らの政治学的思考を鍛え上げて行く起発点としていたと思われる。

范仲淹は天聖初年には三五歳と少し年上ではあるが、この「章献・劉氏」への対応はすでに何度か見てきた。

欧陽修は天聖八年の進士。時に二四歳。

韓琦は欧陽修より一歳年下、天聖五年の進士。時に二〇歳。

文彦博は欧陽修より一歳年上、やはり天聖中の進士である。

富弼は、欧陽修より三歳年上、天聖八年に茂才異等科（制科の一つ）に挙げられている。

富弼の今の上疏に見た認識は、すなわち彼個人に関わるだけではなく、宋代の政治学的思考の或る意味では出発点となっている認識であり、前《さき》に本章一〇節の（9）において紹介した史料中、欧陽修の言述が示す「母子の親和」を踏まえてしかもそれを「父子の継承」へと振り替えて行くという思考も、この出発点から考え抜かれた、当時の政治学的思考の到達であったと見ることが出来るのではないだろうか。

一五

章献皇太后が仁宗を擁して垂簾聴政を行ったことは、言うまでもなく、中国王朝史において特異な事態であるのではない。この事態の持つ意味、当時の士人たちに惹き起こした危機感の有り様を理解するには、この事態が置かれている歴史的な脈絡についての我々の視野を広げておく必要があろう。およそ三点を挙げることが出来る。すなわち先ず、母后が皇帝を凌駕する政治的意志を振るうことは宋朝廷が同時代において直面していた遼や金においてより特徴的に観察される事態であること。次に、これもよく知られているように、前漢劉氏朝廷の成立を画期とする伝統的な「中国」朝廷国家の歴史において、その当初より母后の権能は問題をはらんだ、しかし当の皇統の持続にとっては不可欠な政治的要因として出現していたということ。そして第三に、北魏に始まる北朝の歴史においてはさらに特徴的に母后の政治的支配が現象しているということ。この三点である。

一六

前《さき》に言及した、宋朝国家の存続が危殆に瀕したとされる、真宗・景徳元年（一〇〇四）、澶淵の盟にいたる遼軍の侵攻も、これを直接指揮したのは、遼の景宗・睿智皇后・蕭氏であったと伝えられる。時にその生子・聖宗が帝位にあったが、睿智・蕭氏は皇太后として国政を摂《と》っていた。『遼史』巻七一「后妃」には次のように言う。

景宗・睿智皇后・蕭氏、諱《いみな》は綽、小字は燕燕、北府宰相・思恩の女《むすめ》。早慧。……景宗崩ず。尊して皇太后と為す。国政を摂《と》る。……后は治道に明達し、善を聞けば必ず従えば、故に羣臣咸《み》な其の忠を竭くす。軍政に習知し、澶淵の役、親しく戎車に御して三軍を指麾す。賞罰信明なれば、将士、命を用う。聖宗、遼の盛主と称えらるるに、后の教訓すること多と為す。

聖宗が即位したのは遼・乾亨四年（宋・太平興国七年、九八二）。時に一二歳であった（『遼史』巻一〇）。

『続長編』巻五五、真宗・咸平六年（一〇〇三）七月己酉条には「契丹・供奉官・李信、来帰す。信、其の国中の事を言いて云いえらく」として、この睿智皇后・蕭氏をめぐる情報を載せる。それによれば、この蕭氏には男子が四人、女子が三人いたが、その男長子が聖宗であり、次が梁王、次が呉王、次は既に亡く、女子の長は「燕哥」、次が「長寿奴」、次が「延寿奴」。燕哥は蕭氏の弟・北宰相・留住哥に適《とつ》ぎ、長寿奴は蕭氏の姪・東京留守・悖野に適《とつ》ぎ、延寿奴はその悖野の母弟・肯頭に適《とつ》いでいた。延寿奴は猟に出た折に鹿に突かれて命を落とし、蕭氏はその夫の肯頭を縊《くび》り殺して殉葬した。また蕭氏には姉《あね》二人がいたが、

長は斉王に適《とつ》ぎ、王死せば「斉妃」と自称し、兵三万を領し、西鄙・驢駒児河に屯す。嘗て馬を閲するに、蕃奴・達覧阿鉢の姿貌甚だ美しきを見、因りて召して帳中に侍せしむ。蕭氏之を聞き、達覧阿鉢を縶《つな》ぎ、抶《う》つに沙嚢を以てすること四百、而して之を離《さ》く。踰年、斉妃、蕭氏に請い、以て夫と為さんことを願う。蕭氏之を許し、西のかた、達靼を捍《ふせ》が使む。尽《ことごと》く之を降す。因りて其の衆を帥いて骨歴扎国に奔《はし》り、兵を結びて以て蕭氏を簒《うば》わんと謀る。蕭氏之を知り、遂に其の兵を奪い、命じて幽州を領せしむ。
次は趙王に適《とつ》ぐ。王死せば、「趙妃」、会飲するに因りて蕭氏に寘毒するも、婢の発する所と為る。蕭氏之を酖殺す。

と伝える。

所謂「中国」的なる社会とは、全く別種の婚姻形態、女人の跋扈する世態が報告されたのであった。

この報告は次のように続く。

蕭氏は今年五十、景宗死せし自《よ》り、国事を領し、自ら太后と称す。国中管する所の幽州の漢兵、之を「神武」「控鶴」「羽林」「驍武」等と謂えるもの、約万八千餘騎。其の偽署将帥、契丹・九女奚・南北皮室の当直舎利及び八部落舎利、山後四鎮の諸軍、約十万八千餘騎。内五千六百は常に戎王を衛《まも》る。餘の九万三千九百五十、即ち時に入寇するの兵也。其の国境は幽州より東行すること五百五十里にて平州に至る。又た五百五十里にて遼陽城に至る。即ち「東京」と号する者也。又た東北六百里にて烏惹国に至る。……又た東南は高麗に接す。又た北は女神に至り、東に鴨江を踰《こ》ゆれば、即ち新羅也。

ここまでが李信のもたらした情報として紹介されているのであるが、終わりのあたりは国境の在り処を報告していて、この報告が宋朝側にとってはその北辺を犯し始めていた遼朝の内実についての初めての詳しい情報であったらしいという観がある。

同じく『続長編』の巻五七、真宗・景徳元年（一〇〇四）閏九月癸酉には、

契丹の主と其の母、国を挙げて入寇す。その統軍・順国王・撻覧、兵を引きて威虜・順安軍を掠す。魏能・石普等兵を帥いて之を禦《ふせ》ぐ。能、其の前鋒を敗り、偏将を斬り、印及び旂鼓・輜重を獲る。……是の日（原注、二十二日也）、撻覧と契丹の主と及び其の母、勢いを合わせて以て定州（河北省定州市）を攻む。……

と、その進攻の開始を記す。

巻五九、景徳二年（一〇〇五）三月丙寅には、遼と接する北辺・雄州（河北省雄県）の大姓であり、太宗朝以来家財を投じて遼域内の「豪傑」と交際を通じ、遼域内の事情を得ていた殿直・知雄州機宜司・趙延祚を侍禁・雄州北關城巡検に改め、京師に赴かせて、辺事について諮問したが、その折の趙延祚の言には、

国母の妹は「斉妃」と曰う。其の姉《あね》と協《かな》わず。国家遺《のこ》す所の金帛は皆な国主及び母に帰す。其の下、悉く及ぶ所無

し。……

と言い、巻六八、大中祥符元年（一〇〇八）二月丁卯には、遼に「契丹国母正旦使」として赴いていた宋摶（巻六六、景徳四年九月己卯条参照）等が戻っての報告にも、

契丹の居る所は「中京」と曰い、幽州の東北に在り。……宮中に武功殿有りて国主之に居り、文化殿、国母之に居る。……惟だ国母のみ固く盟好せんと願うも、而るに年歯漸く衰えたり。国主は仏を奉じ、其の弟・秦王・隆慶は武を好み、呉王・隆裕は道《どう》を慕い、道士を見れば、則ち喜ぶ。又た国相・韓徳譲は専権既に久しく老いて疾《やまい》多し。

と言い、蕭氏が遼朝権力の中枢にあることを窺わせるが、同時に宋朝側がそのような政情に基づいて対遼政策を構想すべき必要を認識していることが示されているだろう。

この睿智・蕭氏が亡くなったのは真宗・大中祥符二年（一〇〇九）一二月。時に五七歳。聖宗は三九歳。足掛け二八年、蕭氏は皇太后として国政を摂《と》ったということになる。蕭氏卒す、との通報を受けた宋朝廷はその甲辰（二四日）、廃朝七日を詔し、己酉（二九日）、真宗は内東門において制服発哀し、深甚なる弔意を表したのであった。『続長編』は巻七二、蕭氏についての総評を載せて次のように云う。

蕭氏は機謀有り、善く左右を馭し、大臣、多く其の死力を得《う》。是に先んじて、蕃人の漢人を殴りて死なする者は、償うに牛馬を以てす。漢人には則ち之を斬《ざん》し、仍《な》お其の親属を没して奴婢と為す（すなわち蕃人と漢人とでは同じ犯罪に対し蕃人に軽く漢人に重い刑が科されていたのである）。蕭氏は一に漢法を以て論《つみ》す。戎馬の入寇する毎《ごと》に、親しく甲《よろい》を被《き》て督戦す。通好するに及ぶも、亦た其の謀に出づ。然れども天性残忍にして、殺戮すること多し。始めて政を契丹の主に帰すも、未だ踰月ならずして卒す。……

これらの史料が伝える睿智・蕭氏の風姿、また彼女たちが跋扈していた「契丹」の風光を我々はいかに理解すべきな

のだろうか。

一七

『遼史』巻七一「后妃」を主な資料として遼の后妃たちの姿を見ておこう。

〈太祖・淳欽皇后。太宗・応天皇太后〉

『遼史』巻一によれば、太祖・耶律阿保機が皇帝位に即《つ》いたのが唐・天祐四年（九〇七）、この年四月には朱温が帝位に即き、国号を梁とし、年号を「開平」としているので、後梁・開平元年でもあるのだが、耶律阿保機は羣臣より「天皇帝」の尊号を、その皇后は「地皇后」の尊号を奉られている。その淳欽皇后は回鶻《ウイグル》の血を引くとされるが、「后妃」列伝によれば、「后は簡重果断、雄略有り」とされ、

行兵御衆、后嘗《つね》に与謀す。太祖嘗て磧を渡りて党項《タングート》を撃つ。黄頭・臭泊の二室韋（『旧唐書』巻一九九下に「室韋なる者は契丹の別種也」と云う）虚に乗じて之を襲う。后知れば、兵を勒して以て待ち、奮撃して之を大破す。名、諸夷に震《ふる》う。……其の渤海を平らぐるや、后、与りて謀有り。太祖崩ずるや、后、称制して、軍・国の事を摂《と》る。葬るに及び、身を以て殉ぜんと欲す。親戚・百官、力諫す。因りて右腕を断ちて柩《ひつぎ》に納《おさ》む。

と云う。

淳欽皇后を母とする、太祖の長子・耶律倍は皇太子となっていたが、その淳欽皇后が、「天下兵馬大元帥」であった、同じく皇后を母とする、太祖の第二子・耶律徳光を後継の皇帝に立てんと意欲していることを察し、羣臣を率いて后に

「皇子・大元帥の勲望は、中外の属《たの》む攸《ところ》、宜しく大統を承《う》くべし」と言上し、位を譲ったのであった。后は之に従い、かくて徳光が即日に帝位に即いた。これが太宗である。后は「応天皇太后」となった。（『遼史』巻三・巻七二）

太宗はこの位を譲ってくれた倍の長子の阮を我が子のように愛《いつく》しんだ、と巻五「世宗」紀には云うが、皇太后自身は自身の子であり、太祖の第三子である「少子・李胡」に意があり、太宗が崩じて、耶律阮が即位すると、

太后怒る。李胡を遣わし兵を以て逆撃す。李胡敗る。太后親しく師を率いて潢河の横渡に遇う。耶律屋質の諫めるに頼《よ》り、兵を罷《や》む。太后を祖州に遷す。応暦三年（九五三）崩ず。年七十五。

〈太宗・靖安皇后〉

淳欽皇后の弟・室魯の女《むすめ》である。穆宗の生母。「軍旅・田獵と雖も必ず与《あずか》る」と云う。太宗在位中、天顕一〇年（九三五）に崩じている。

〈世宗・懐節皇后〉

淳欽皇后の弟・阿古只の女《むすめ》である。世宗・耶律阮は淳欽皇后の孫であるから、母方の叔母との婚姻となる。景宗を生み、萌古公主を生んだが、その蓐にある時に、察割が乱を起こし太后と帝を弑した。后は歩輦に乗って察割に二人の遺体を引き取るべく直談判に及んだが、翌日殺害された。

穆宗・景宗については略す。景宗の皇后・睿智・蕭氏については前節に述べた。

〈聖宗・欽哀皇后〉

淳欽皇后の弟・阿古只の五世の孫。聖宗の冊立された皇后は睿智皇后の弟・隗因の女《むすめ》であった仁徳皇后であるが、この人の生んだ皇子二人は早くに亡くなり、宮人・耨斤の生んだ子を我が子のように育て、これが即位して興宗となった。聖宗が太平一一年（一〇三一、宋の天聖九年、章献皇太后の晩年に当たる）六月に崩じ興宗が即位すると、耨斤は自立して皇太后となり、興宗が普段より仁徳皇后に善く事《つか》えているのを心よく思っていなかった欽哀・耨斤は護衛の馮家奴などを使って仁徳皇后、北府宰相・蕭浞卜、国舅・蕭匹敵などを謀乱のかどで誣告させ、興宗の弁護を無視して仁徳皇后を上京に遷し、やがて殺害した。自身は皇太后として、政を摂《と》り、自らの誕生日を「応聖節」と定めた。重熙三年（一〇三四）、興宗を廃して少子・重元を立てようとしたが、重元がこれを興宗に通報し、逆に廃された。後、興宗は後悔して彼女を迎え孝養を尽くしたのであるが、その気持ちは彼女には通じなかった。崩じて後「欽哀皇后」と諡《おくりな》された。

〈興宗・仁懿皇后〉

欽哀皇后の弟・孝穆の長女。道宗を生む。道宗が即位すると皇太后となった。清寧九年（一〇六三、宋では仁宗が崩じて英宗が即位した嘉祐八年である）、皇太叔・耶律重元がその子とともに反乱を図っているとの密告が入ったときにはいち早く帝に厳戒態勢をとらせ、「戦に及ぶや太后は親しく衛士を督し、逆党を破る」はたらきをしている。大康二年（一〇七六）に崩ず。

以下は略に就く。

注意されるのは、皇后どおしが叔母と姪の関係でつながっていることが概ねである点である。また皇帝位の父子継承は定着していると見てよかろうが、淳欽皇后、欽哀皇后においては兄弟継承を持ち込もうとする彼女たちの意志が事件を惹き起こしている。或いは「太后常属意於少子李胡」「后陰召諸弟議、欲立少子・重元」と、「少子」なる言い方が現れる点から考えるなら、末子相続の風を彼女たちが承けているということなのかも知れない。

一八

金の太祖・阿骨打が皇帝の位に即き、「金」の国号を定め、「収国」の年号を立てたのは、宋の徽宗・政和五年（一一一五）に当たるその年の正月朔日のことである。その前年、遼に叛して挙兵した際の彼の行動を伝える『金史』巻二の記述は興味深い。すなわち、遼側の当方に対する兵員配備について探らせ、その手薄なことを知ると、太祖は諸将佐に機先を制せんことを曰い、衆は皆な「善《よし》」と決したが、そこで太祖は宣靖皇后に入見し、遼を討伐せんことを告げるのである。

遼の太平元年（一〇二一）生まれであり、遼によって「生女直部族節度使」とされた景祖からたどれば、その第二子が世祖、遼・重熙八年（一〇三九）生まれ、咸雍一〇年（一〇七四）に節度使を襲い、同じく景祖の第四子が粛宗、重熙一一年（一〇四二）生まれ、大安八年（一〇九二）に兄より節度使を襲い、同じく景祖の第五子が穆宗、重熙二二年（一〇五三）生まれ、大安一〇年（一〇九四）に節度使を襲う。次に節度使を襲ったのが、世祖の長子・康宗、清寧七年（一〇六一）生まれ、乾統三年（一一〇三）に節度使を襲っている。そして太祖は世祖の第二子、咸雍四年（一〇六八）生まれ、天慶三年（一一一三）に兄を襲い都勃極烈となっている。宣靖皇后は粛宗の妻・蒲察氏。ただし巻六三「后妃」上伝及び目録には「靖宣」に作る。世祖の妻・翼簡皇后は大安元年（一〇八五）に亡くなっている（「后妃」上）ので、この女人が最長老として位置していたのであろう。

宣靖皇后は、太祖の報告に「汝は父兄を嗣いで邦家を立つ。可なるを見れば則ち行え。吾は老いたり矣。我が憂いを貽《のこ》すこと無ければ、汝必ず是に至らざる也」と応《こた》え、太祖は感涙に咽び、觴を奉じて寿を為し、そのままに后を奉じ、諸将を率いて出門し、觴を挙げて東向し挙兵のことを皇天后土に禱った。酒を地に注いで禱り終わると、后は太祖に命じて正坐せしめ、僚属と会酒し、諸部に号令した。原文は「后命太祖正坐、与僚属会酒、号令諸部」、巻六五「后妃」上では「后命太祖正坐、号令諸将」とし、以下「自是太祖毎出師還、輒率諸将上謁、献所俘獲（是れ自《よ》り太祖出師して還《かえ》る毎《ごと》に輒《すなわ》ち諸将を率いて上謁し、俘獲する所を献ず）」と続く。僚属と会酒し、諸部に号令し、或いは諸将に号令したのは后の方だと読める。

これより以前、景祖の妻・昭肅皇后について「后妃」上には次のように云う。

后は賓客を喜ぶと雖も、而るに自らは飲酒せず。……酔いて喧呶する者有れば、輒《すなわ》ち自ら歌いて以て其の忿争を釈《と》く。軍中に笞罰を被《こうむ》る者有れば、毎《つね》に酒食を以て之を慰諭す。景祖、部に行くに、輒《すなわ》ち与《とも》に偕《とも》に行く。政事獄訟、皆な与《とも》に決す焉。

景祖の没せし後、世祖の兄弟、凡そ兵を用いるに、皆な后に稟《う》けて而る後に行く。勝つと負けるに皆な懲・勧有り。農月には親しく耕耘刈穫を課し、遠ければ則ち馬に乗り、近ければ則ち杖を策《つ》き、事《つとめ》に勤《つとむ》る者には之を勉まし、晏《おそ》く出で早く休む者には之を訓励す。

この女人の父は「石批徳撒骨只」と云い、「巫者」であったと云う。「凡そ兵を用いるに、皆な后に稟《う》けて而る後に行く。勝つと負けるに皆な懲・勧有り」と云うのなどは、或いは一種の「巫覡《シャマン》」としてこの女人が機能していたということなのかも知れない。

さらに溯れば始祖、諱《いみな》は函普なる人物が高麗からやって来たときには已に六十餘歳になっていたというが、完顔部に至り、そこに居着く内、完顔部が巻き込まれていた他族との争いの調停を頼まれ、完顔部の人より、「両族をして相い殺さざら使めば、部に賢女有り、年六十にして未だ嫁せざれば、当に以て相い配し仍て同部と為すべし」と約されたのでその調停を行い、この「六十の婦」を納め、併せてその貲産を得たという。（巻一「世紀」）その「年六十而未嫁」なる「賢女」などもやはり「巫覡《シャマン》」であったと考えることが出来るのではなかろうか。

景祖・昭粛皇后や粛宗・宣靖皇后にはその影が濃いように思われる。

一九

金の太祖が崩じたのは天輔七年（一一二三）八月、宋の宣和五年に当たる。九月に、世祖の第四子、太祖の同母弟である太宗が即位し、本年を天会元年と改めた。その三年（一一二五）には遼を亡ぼし、そして五年（一一二七）、すなわち宋の靖康二年二月には宋の徽宗・欽宗の二帝を降して庶人とすることを詔し、北宋朝廷を亡ぼした。一三年（一一三五）、太宗が崩じ、太祖の第二子・宗峻の子である熙宗が一七歳で即位した。

太宗の即位については、世宗の第五子・太祖の同母弟・杲、同じく世祖の最幼子・昂、太祖の第二子・宗峻、太祖の庶長子・宗幹が「宗親・百官を率いて帝位を正さんことを請う。許さず。固く請う。亦た許さず。宗幹、庶弟を率い、赭袍を以て体に被《き》せ、璽を懐中に置く」と云う。（巻三「太宗」紀）

熙宗については、天会八年（一一三〇、宋・建炎四年）に「諳班勃極烈」であった杲が薨じ、以来太宗の後継についての意が定まらないままに過ぎたが、その一〇年、景祖の孫・国相・撒改の長子・左副元帥・宗翰、太祖の子・右副元帥・宗輔、左監軍・完顔希尹が入朝し、国論勃極烈・宗幹と相談し、「先帝（太祖）の嫡孫」たる熙宗を立てるべしとして太宗に請い、これを「諳班勃極烈」としたのであった。

熙宗が後継に立てられると同時に、太宗の長子・宗磐が国論忽魯勃極烈、宗幹が国論左勃極烈、宗翰が国論右勃極烈・兼都元帥、宗輔が左副元帥とされた。熙宗が即位すると、一四年三月、宗翰が太保、宗磐が太師、宗幹が太傅とし

て、ならびに領三省事となった。（巻三「太宗」紀、巻四「熙宗」紀）

巻六三「后妃」上、「熙宗・悼平皇后、裴満氏」の条には次のように云う。

熙宗位に在るに、宗翰、宗幹、宗弼相い継ぎて政を秉《と》り、帝は朝に臨むに端黙たり。初年は国家多事なりと雖も而るに廟算制勝し、斉国は廃に就き、宋人は臣たるを請い、吏は清に政は簡にして、百姓業に楽しむ。宗弼既に没し、旧臣も亦た多く物故せば、后、政事に干預して、忌憚する所無し。朝官、往々にして之に因りて以て宰相を取る。

宗弼は太祖の第四子。皇統七年（一一四七、宋・紹興一八年）九月、太宗の子・太保・右丞相・宗固が薨じ、都元帥であった宗弼が太師・領三省事となり、都元帥・行台尚書省事は故のままとなっている。翌八年八月、宗弼は『太祖実録』を進上し、熙宗は香を焚き立ちてこれを受けた。その一〇月に宗弼は薨じている。

今の一段には金朝廷における世代交代がこの熙宗の時代に進行し、その間の軋轢に乗じて悼平皇后の政事への干預が出現したのだという「歴史認識」を読むことが出来るだろう。太祖の創業以来、金朝の伸長を担ってきた世祖・太祖由来の世代から、太宗の子の世代への交代である。

巻七六の「太宗諸子」の条には、宗磐について、

熙宗は宗室を優礼す。宗翰の没後、宗磐日に益ます跋扈す。嘗て宗幹と上《じょう》の前に争論し、即ち上表して退くを求む。……宗磐愈いよ驕恣す。其の後、熙宗の前に於いて刀を持ちて宗幹に向かう。都点検・蕭仲恭、呵《しか》りて之を止《とど》む。

と云う。宗磐は後反乱を謀り宗幹・完顔希尹のあばくところとなり誅殺された。

また、

海陵、熙宗の時に在りて、太宗の諸子、勢い強く、而して宗磐尤も跋扈し、鶻懶と相い継ぎて皆な逆するを以て誅せらるを見《み》、心に之を忌む。……簒立するに及び太廟に謁奠す。（宗弼の子である）韓王・亨は素《もと》と材武なりと号せば、右衛将軍を摂《と》らしめ、密《ひそか》に之に諭して曰く「爾《なんじ》、此の職を以て軽しと為すこと勿かれ。朕は太宗の諸子太《はなは》

だ強からんと疑う（強すぎると考えている）。卿《きみ》を得て左右を衛《まも》らしめば慮り無かる可き耳《のみ》」と。遂に秘書監・蕭裕と宗本兄弟を去らんことを謀る。

太宗の子孫、是に於いて尽く。

また、巻七七「宗弼」伝の賛に、

宗翰死して宗磐・宗雋・撻懶は富貴に湛溺し、人人、自らの為《ため》にするの心有り。宗幹独り立ちて之を如何《いかん》する能わず。時に宗弼無かりせば、金の国勢、亦た殆《あや》うしと曰わん哉。世宗に嘗て言有り、曰く「宗翰の後、惟だ宗弼一人のみ」と。虚言に非ざる也。

と云う。

あらしのような国家創設の荒業が見事に成功を収め、逆にそのような荒業を支えてきた一世代前の気強い気風が孤立していくような世態・気風がここに出現して来たのであろう。しかしまだ、この新しい世態・気風と見合った形で絡み合い人々を躾けていく制度・秩序・文化は十分には形成されていない。例えば皇帝位の継承にしても、兄弟継承の感覚がむしろ基本にあって、形式的な規範力を持った一元的な原則は確立されていなかったらしく、特に次の世代へと継承が飛ぶときには様々な軋轢が起こらざるを得ない。太宗の長子であった宗磐の驕恣・跋扈もそのような継承制度の不安定さが背景にあると見ることが出来よう。また今見たテキストが云うところを生かすなら、かの海陵の「荒淫」も熙宗の時代に胚胎したこの軋轢の中に出現したと言い得るのではないだろうか。

熙宗・悼平皇后の示す問題性も、そしてこの皇后を殺すに至る熙宗の抱えている問題性も、この同じ背景の中にあると思われる。

「后妃」上の記述をたどれば、裴満氏は天眷元年（一一三八）に皇后となり、皇統二年（一一四二）に太子・済安を生んでいる。時に熙宗は二四歳であり、喜ぶこと甚だしく、天地宗廟に告げ、弥月（生後満一月）には「皇太子」に冊立した。しかしこの子は一歳に満たずして薨じてしまう。この後継嗣が立たずに数年が過ぎたが、

　后は頗る熙宗を掣制し、熙宗は内に平らかなる能わず。無聊なるに因り、酒を縦《ほしいまま》にして酗《くる》い怒り、刃を手にして人を殺す。……之を久しくす。熙宗怒りを積み、遂に后を殺す。而して胙王・常勝の妃・撒卯を納《い》れ宮に入れて之を継がしむ。又た徳妃・烏古論氏、妃・夾谷、張氏、裴満氏を殺す。明日、熙宗弑に遇う。海陵已に熙宗を弑す。人心を収めんと欲し……

　熙宗の在位は足掛け一五年。宗弼の死はその一四年目。熙宗は宮中殺人の狂気にとらわれ、その熙宗を数人とともに押し入った寝殿中において自ら血しぶきに身を染めて殺害し、帝位を襲ったのが、廃帝・海陵庶人・亮である。

　海陵の「荒淫」についてはよく知られているので省略に就きたいが、我々のテーマとの関わりで、次の二点を補足しておきたい。

　先ず第一に、海陵の「荒淫」とは単に性的衝動の並外れた昂進という問題ではなく、むしろ自らの存在根拠であるが故に根源から自らの存在を脅かす、乗り越え得ぬ「母」なる女性という存在への乗り越え得ぬが故の屈折した敵意が、女性一般への狂気へと昂進した、すなわち自己破滅への衝動をも伴う底の攻撃欲に遷移している現象なのではないだろうか。そして、このような狂気への昂進が起こるについては、「母」としての乗り越え得ぬ女性性への敵意に乗ずる形で、自らの社会的自我の危機、そのような危機をもたらしている社会的軋轢への敵意、そして彼を取り囲む集団の気風が殺人・暴力を必ずしも咎めるのではない、荒っぽい行動性を持つことなどが背景として働いているのではなかろうか。

海陵における「母」なる存在との葛藤、敵意の形成は、巻六三「后妃」上に詳しい。

海陵は以上にも出て来た、太祖の庶長子・宗幹の次室・大氏の生子である。正室の徒単氏は恩愛深く、実母の大氏はこの正室によく勤めて二人は仲が善く、別の次室の子が酒に溺れるのを嫌った徒単氏はことの他海陵を可愛がった、と云う。しかし「海陵は自ら、其の母の大氏と徒単氏の嫡・妾の分を以て、心常に安らかならず」という状態であった。

海陵が熙宗を弑すると、二人の母は、人臣のなすべきことかは、と驚き、徒単氏は入宮して海陵にあったときにも、祝いごと一つも口にしなかった。そして「海陵は之を銜《ふく》ん」だ。

天徳二年（一一五〇）、徒単氏と大氏は共に皇太后とされた。徒単氏の生日の祝いの席、酒たけなわ、大氏は起って寿を為したが、徒単氏は坐客と話し込んでおり、大氏は長く跽《ひざまず》いたままにおかれた。この様子に、

海陵怒りて出ず。明日、諸公主、宗婦、太后と語りし者を召し、皆な之を杖《う》つ。大氏以て不可と為す。海陵曰く「今日の事、豈に能く尚お前日に如《し》かん邪」と。是れ自り嫌隙愈いよ深し。

天徳三年正月十六日の海陵の生日、宗室・百官を武徳殿に宴したが、「大氏は歓ぶこと甚だしく、飲して尽く酔う」、つまり実母の大氏が調子にのって泥酔し醜態をさらした、と云うのである。一方に酒に溺れることを嫌ったと云う正室・徒単氏を見ていたであろう海陵の目に、この実の母の醜態は如何に映っていたのであろうか。翌日海陵は中使を遣わして母に次のように言わせている。

太后は春秋高し。常日飲酒は数杯を過ぎざるに、昨は飲酒して沈酔するを見る。児の天子と為れば、固《もと》より楽しむ可きも、若し聖体不和なれば、則ち子が心安らかならず。其の楽しむことは安《いずく》にか在らん。至楽は心に在りて、酒に在らざる也。

やがて海陵は中都に大氏と共に遷り、徒単氏は上京に留め置かれることとなったが、大氏は徒単氏を懐かしがって已まなかった。貞元元年（一一五三）大氏は崩じたが、遺言は、自分に事《つか》えるのと同じように徒単氏に善く事《つか》えるようにとのことであった。その三年、海陵は徒単氏を中都に迎え、宮中に侍し、「見る者は以て至孝と為し、太后も亦た以て誠に然りと為す」状態であった。しかし、

宋を伐たんと謀るに及び、太后之を諫止す。海陵は心中に益ます悦ばず。太后に謁して還《かえ》る毎《ごと》に必ず忿怒す。人其の所以《ゆえん》を知らず。

太后にはいかにも「至孝」のさまに拝謁していたが、その後みずからの宮室にもどると遣り場のない憤怒に駆られて当たり散らした、と云うのである。

やがて海陵は徒単氏に異心ありと疑うようになり、四〇人の兵士を従えた暗殺団を送り、ちょうど太后はばくちに興じていたと云うが、彼らは至ると詔があると言ってそれを受けるべく太后を跪《ひざまず》かせ、跪くのを見計らって後ろより撃ちかかり、起きようとするのを再び撃ち、最後は之を縊《くび》り殺した。太后は五三歳であった。併せて数多くの女人を含む関係者を殺害したのであるが、太后の遺骸については、「海陵は命じて太后を宮中に焚き、其の骨を水に棄」てさせたと云う。積年の押さえ込まれ屈折した敵意が冷然とした狂気に昂進していると謂うことが出来ようか。

社会的な軋轢などについてはすでに前《さき》に紹介した史料に窺えるが、巻五「海陵」紀の次の記述も参考となる。

人となりは僄急、猜忌多く、残忍数に任す。初め熙宗、太祖の嫡孫なるを以て位を嗣ぐ。亮は意に以て（みずからの父である）宗幹は太祖の長子にして而して己も亦た太祖の孫なりと為し、遂に覬覦（分を過ぎた野望）を懐《いだ》く。

そして第二に、以上述べたような位置づけにおいて、「海陵荒淫」の風景には北斉の文宣皇帝や隋・煬帝の荒淫が思い合わされる。むしろこれらを思い合わせることによってそれらの「荒淫」の歴史的な位置づけ、その同型性が明確に

なる。そのような同型性をこれらの「荒淫」は示しているのである。

『北斉書』が描き出す文宣帝の例へと考察を広げておきたい。

二〇

文宣帝は高祖・神武皇帝・高歓の第二子、母は神武・明皇后・婁氏。

『北斉書』巻九「列伝第一」に、

神武・明皇后・婁氏、諱《いみな》は昭君、贈司徒・内干の女《むすめ》也。少《おさな》くして明悟、強族多く之を聘する（財を納《い》れて婚姻を求める）も並びに行くを肯《うべな》わず。神武（すなわち高歓）の城上に執役するを見るに及び、驚きて曰く「此れ真に吾が夫也」と。乃ち婢をして意を通ぜ使め、又た数《しばしば》私財を致し以て己を聘せ使む。父母已《や》むを得ずして許す焉。神武既に澄清の志有れば、産を傾けて以て英豪に結ぶ。密謀秘策、后、恒に参預す。渤海王妃に拝せらるるに及び、閫闈の事、尽く決す焉。

巻一「帝紀第一」に、

斉・高祖・神武皇帝……渤海・蓚（河北省景県の南）の人也。……神武既に北辺に累世せば、故に其の俗に習い、遂に鮮卑に同じたり。……少《おさな》くして人傑の表有り。家貧し。武明皇后を聘するに及び、始めて馬有り、鎮に給して隊主と為るを得《う》。（巻一）

巻一五「婁昭」伝には、

婁昭、字《あざな》は菩薩、代郡・平城の人也。武明皇后（すなわち明皇后・婁氏）の母弟（同母弟。母を同じくする姉弟）也。祖父・提は雄傑にして識度有り、家僮千数、牛馬、谷を以て量る。性、周給するを好み、士多く之に帰附す。魏・

太武の時、功を以て真定侯に封ぜらる。父・内干は武力有り。未だ仕えずして卒す。昭の貴なれば魏朝、司徒を贈り、斉、受禅せば、太原王に追封さる。

と云う。

代郡・平城は今の山西省・大同市の東北に在り、孝文帝が魏都を洛陽に移すまで北魏の都が置かれていた地である。婁氏は鮮卑の名流大家の女《むすめ》であった。高歓との婚姻においては彼女が主導権を握り、父母もそれに従わざるを得なかったのである。

この種の話として思い合わされるのは『東都事略』巻二一「張永徳」伝が伝える五代・周の太祖・郭威の后・柴氏にかかる婚姻逸話である。

柴氏は邢州・龍崗（今の河北省・邢台市）の「世家豪流」（『旧五代史』巻一二一）の女《むすめ》であった。本《もと》もと後唐・荘宗の内宮に嬪御となっていたのだが、荘宗が沒すると次の明宗は之を家に帰した。後唐の都・洛陽より龍崗への帰途、河の上《ほとり》に至った時、父母がここまで迎えに来ていたのであるが、風雨が激しく、旅宿に数日足止めを食うこととなった。時に、

一丈夫有りて、其の門を走り過ぐ。衣は弊《やぶ》れ自ら庇《おお》う能わず。后之を見、驚きて曰く「此れは何人なる耶」と。逆旅の主人曰く「此れは馬歩軍史・郭雀児なる者也」と。后、其の人を異として之に嫁がんと欲し、父母に請う。父母恚《いか》りて曰く「汝は帝の左右の人、帰れば当《まさ》に節度使に嫁ぐべし。奈何《いかん》ぞ此の人に嫁がんと欲するや」と。后曰く「此れは貴人、失う可からざる也。嚢中の装、半ばを分かちて父母に与え、我は其の半ばを取らん」と。父母は奪う可からざるを知り、遂に逆旅中に成婚す。所謂「郭雀児」とは即ち周の太祖也。后は毎《つね》に資《たす》くるに金帛を以てし、漢の高祖に事《つか》え使め、遂に高祖の佐命と為る。……

寒微の身より起こって王朝の創始者となった人物にまつわる一種の「貴女婚姻譚」と見ることも出来るであろう。範囲をそこまで広げれば、例えば宋の太祖・太宗の父・宣祖と母・昭憲杜太后の婚姻に関する、

> 宣祖、微なりし時、道、杜家荘に出ず。雪を門外に避《さ》く。荘の丁、状貌の英偉なるを見て延《まね》きて飲食を款《もてな》す。之を久しくするに主人其の勤謹なるを愛し、贅《むこどり》して第四女の壻《いりむこ》と為す。遂に太祖・太宗を生む。荘前に旧《も》と窪《みずたまり》有り。「双龍潭」と名づく。是《ここ》に至りて乃ち験《しるしあ》り。（『宋人軼事彙編』巻一。「龍」は皇帝の象徴、「双龍」という名が宋の太祖・太宗の出現を予兆していたと謂うのである。）

という話なども思い合わせることが出来る。

また古くは漢の高祖・劉邦と呂后との婚姻譚などもその一例であろう（『史記』巻八）。

さらには北魏・鮮卑拓跋氏の先祖・詰汾が山沢に田《かり》した時に天女が下り、「我は天女也。命《めい》を受けて相い偶《つれあ》う」と打ち明けたので、詰汾は天女と遂に寝宿を同じくし、約束により一年後に同処に至ってその天女より子を授《さず》かったが、その子こそが「始祖」であるという伝説（『魏書』巻一「序紀」）などもここで思い合わせるべきであろう。

漢の高祖の例と較べるならば、北斉の高祖、後周の太祖、そして北魏・詰汾の例においては男の側には偶然性、僥倖性、その意味では遍歴性が高く、むしろ男は受け身の側にある一方、女性の側が積極的に運命を示し取り、直截に行動して男に働き掛けるという特徴が看取される。漢の高祖の場合には、沛の令の客として沛に至った呂公に自らを売り込むべくハッタリを利かしてこちらから宴席に乗り込んで行くという話になっており、さらに呂公が劉邦の面相の尋常ならざるに見込んで娘を差し上げようと申し出たことに母の呂媼が怒って問い直した時、呂公は「此れ、児女子の知る所に非ざる也」と一喝している。この一喝には、その漢の高祖の死の枕頭に、後を誰にまかせるのかと問い、次は誰に次は誰にと食い下がる呂后に高祖が「此の後は而《なんじ》の知る所に非ざる也」と口を閉じたことが見合っているであろう。ここでは終《つい》に女人は男たちの生きる運命の圏域からぴしゃりと退けられる。

宋・宣祖の例は一見するところ「女」ではなく「主人」が見込んで婚姻に持ち込む点で漢・高祖の例に通じる。しかしたまたま通りかかった「杜家荘」に雪を避けて庇を借りたという行きがかり、また「贅壻」として婚姻を結んだことに鑑みれば、男の側の偶然性、遍歴性が際立つという点で、北斉の高祖、後周の太祖の例の側にあるのではなかろうか。こちら側には、或る種特徴的な、男の生き方、それへの評価の仕方、そして女人の側の男への積極的な評価行動とその男の「運命」をみずから示し取る意思の存在という、共通する世態・気風が明かされていると見ることが出来るだろう。

敢えて簡潔に言い切るならば、女人が運命を示し取る気風と男子がそうする気風との違い、或いは、女人が男子の運命である気風と男子が女人の運命である気風との違い、とも言い得ようか。

北斉・婁氏にもどれば、そもそもこの北斉朝廷においては他ならぬ明皇后・婁氏こそがその「運命」となっていたと謂うことが出来る。

婁氏は六男二女を生んだのであるが、夫の高歓（高祖・神武皇帝）が東魏・武定五年（五四七）正月に五二歳で亡くなるとその長子・高澄（世祖・文襄皇帝）が継ぎ、澄が二九歳で亡くなるとその第二子・高洋（顕祖・文宣皇帝）が継いだ。高洋が東魏より受禅しようとした時には婁氏は固く之を許さず、結局東魏・武定八年（五五〇）五月に高洋は遂に受禅したのだが、いったんは受禅をこの婁氏の反対により見送っていたのである。受禅後、婁氏は皇太后となった。この文宣皇帝・高洋が天保一〇年（五五九）一〇月、三一歳で崩ずると、その長子、文宣の李皇后を母とし、天保元年（五五〇）に六歳で皇太子となっていた高殷が一五歳で即位した。尚書令の楊愔たちが文宣・高洋の遺詔を受けて輔政し、文宣皇帝の同母弟である、すなわち婁氏の生《な》した常山王・高演（高歓の第六子）と長広王・高湛（高歓の第九子）を疏忌したので、太皇太后となっていた婁氏は密《ひそ》かに、その常山王・高演及び諸大将と相談し、翌年（五六〇、廃帝・乾明元年、孝昭帝・皇建元年）八月、楊愔たちを誅殺し、高殷を廃立して済南王とし、高演に命じて帝位に即かせ（孝昭皇帝）、自身は皇太后に復した。その翌・皇建二年（五六一、武成帝・大寧元年）一一月、孝昭帝が二七歳で崩ずると、「太后又た詔を下して武成帝を立つ」（巻九）となる。

巻六「孝昭」紀によれば、孝昭皇帝は廃帝・済南王に危害は加えないとの約束をしていたのであるが、その復興への恐れを押さえ切れず、済南王を晋陽宮に呼び寄せ（巻五）、之に鴆毒を行なおうとしたが済南王が従わなかったので、扼殺した。後に後悔黙し難く、孝昭帝は遂に熱病を発した。鄴では今は亡き文宣帝が誅殺された楊愔たちを引き連れ、復讐せんと音声《おんじょう》して西に向かう姿が目撃され、孝昭帝も晋陽宮において毛夫人と共にその姿を目撃、遂に危篤状態にと陥ったのであった。祓いに専心したが、亡霊は殿中に傍若無人に跳梁した。孝昭帝は兎に驚いた馬から堕ちて肋《あばら》を絶ち、死に至る床についた。これを見舞った母后・婁氏はすでに扼殺されていることを知らぬながらに廃帝・済南王の所在を三たび問い掛ける。が、孝昭帝に答え得るわけもなく、これを見た婁氏は怒り、「殺去せる耶《や》。吾が言を用いざれば、死ぬるも其れ宜《むべ》なるかな矣」と曰ったと伝える。婁氏はこの孝昭・演を「幼にして英特、早《つと》に大成の量有り」なる故か、早くより「愛重」したと云う。兄の文宣が遊宴に溺れるのを咎め、文宣もこの弟・孝昭を憚ったと云う。泥酔している文宣が東魏由来の宮人を孝昭に賜い、酔いが醒めると何も憶えていず、孝昭がその宮人を無断に奪ったのだと怒り、刀環で孝昭を乱築《めったづき》し、ために孝昭が困頓して伏せった時には「皇太后日夜啼泣し、文宣為す所を知らず」だったと記されている。文宣の心中に見えるのは、兄弟間での母親の愛情の軽重にからむ感情の内訌、そしてそこに母親の乗り越え得ぬ女性性が例えば「啼泣」という直接的であるが故に絡まり着く宿命としてのしかかっているという風景であろう。しかもこの「母」は今やその、過日「日夜啼泣」して思い遣ったほどの愛子《まなご》・孝昭帝に、自らも預かっていた簒奪劇の悪しき結末を廃帝・済南王を扼殺するという形で耐えきれずに拾い取って仕舞い弱り果てている孝昭帝に対し、私の言いつけを守らなかったのだから、死んで当然だ、と言い放っているのである。「母権支配」のダイナミズム、感情の赴くままに「子」をからめ捕り傷つける、それ故の「支配」の直接的な鮮烈さの秘密がここにあると言い得ようか。

武成皇帝が即位した翌年（五六二、大寧二年、河清元年）四月、婁氏は崩じた。六二歳。

河清四年（五六五、後主・天統元年）四月、武成帝は一〇歳となっていた皇太子・高緯に帝位を譲り（後主）、自身は太上皇帝として院政を行ったが、天統四年（五六八）、三二歳で崩じた。武平七年（五七六）、後主・高緯は皇太子・高恒に帝位を譲り、翌年（五七七）高恒は八歳で皇帝位に即いた。がこの年中に北斉は北周に接収されて潰えた。

巻九、婁氏の伝の最後には次のように云う。


太后は凡そ六男二女を孕む。皆な夢に感ず。文襄を孕めば則ち一断龍を夢む。文宣を孕めば則ち大龍を夢む。首・尾、天・地に属《つ》け、張口動目、勢状人を驚かす。孝昭を孕めば則ち蠕龍を地に夢む。武成を孕めば則ち龍の海に浴するを夢む。魏の二后を孕めば、並びに月の懐に入るを夢む。襄城、博陵の二王を孕めば、鼠の衣下に入るを夢む。后の未だ崩ぜざるに、童の謡《うた》いて「九龍は母死するも孝を作さず」と曰うこと有り。后の崩ずるに及び、武成服を改めず、緋袍なること故《もと》の如し。未だ幾《いくばく》ならずして三台に登り、置酒作楽す。帝女、白袍を進む。帝怒りて諸《これ》を台下に投ず。和士開、楽を止《や》めんことを請う。帝大いに怒り、之を撻《むちう》つ。帝は昆季の次《じ》に於て実に九。蓋し其の徴験《しるしあ》る也。


後の話柄は武成帝の嫌母の深さを示していると解釈出来よう。

前の話柄については、後からつじつまを合わせた「物語り」なのであろうか。『北斉書』にはしばしばこの種の夢見の予言譚、亡霊の出現・目撃の類の話が出て来るのでその一種と考えることも出来る。

例えば幼主・高恒について、

災異・冦盗・水旱ある毎《ごと》に、亦た貶損せず、唯だ諸処に斎を設け、此れを以て修徳と為す。雅《つね》に巫覡を信じ、解禱方なし。……嘗て出ずるに羣厲《らい》を見れば、尽く之を殺し、或は人の面皮を剝ぎて之を視《み》る。……諸宮奴婢・閹人・商人・胡戸・雑戸・歌舞人・見鬼人の濫《みだり》に富貴を得る者、将《まさ》に万数ならんとす。（巻八「帝紀第八」）

などとも伝え、この北斉治下の、シャーマニズムを基底とする世態を窺うことが出来る。

そのような背景を押さえた上で見るなら、婁氏の「夢見」にかかる話柄は、この婁氏なる女人がある種の「巫覡」的な霊感をそなえた人物であっただろうということ、そして彼女の夢見に示されたこの女人の自らの子とその子が担う皇帝位の運命についての透視が、そのような世態の中で信じられて機能し、一種の宿命としてこの王朝に纏わり着き、文字通りこの王朝を「宿命ずける」こととなった、という事実を伝えるものとして読むことが出来るであろう。そのような「生み出し宿命づける女人＝母」として婁氏はここに現れているのである。

すなわちこの婁氏において、我々の云う「母権支配」が典型的かつ強烈なダイナミズムをもって発現していたと見て間違いなかろう。しかしその「母権支配」の矯激さ、その当の「子」の側に屈折した敵意を生み出し、「母」にまとわる女性性一般への復讐としての「荒淫」に奔《はし》らせる「母・子」互いの中の矯激さは、婁氏やその息子たちの個人的な資質に全ての原因があるというよりは、彼らが巻き込まれ担わざるを得なかった「国家創設」という運動が彼らに抱え込ませた深刻な価値観の分裂・相克によって惹き起こされ続けた彼ら自身における人格分裂、アイデンティティー・クライシスに深く関わると考えることが出来る。

二

その相克とは、彼ら自身が育ってきた気風・世態と彼らが別して「漢」と呼び為す気風・世態さらには「思想」との相克である。

廃帝・高殷は李皇后を母とする文宣帝・高洋の長子であったが、この李氏が「皇后」となるについては次のような紛糾があった。

文宣皇后・李氏、諱《いみな》は祖娥、趙郡・李希宗の女《むすめ》也。容徳甚だ美《うるわ》し。初め太原公夫人と為る（高洋は東魏・天平二年、五三五、に「太原郡開国公」となっていた）。帝将《まさ》に中宮（すなわち皇后）を建てんとするに及び、高隆之・高徳正言いえらく、漢の夫人は天下の母と為す可からず、宜しく更《あらた》めて美配を択ぶべし、と。楊愔固く請うらくは、漢・魏の故事（「漢」は劉邦建国の「漢」、「魏」は曹丕建国の「魏」。『魏書』に拠るに、拓跋鮮卑の「北魏」国家の国造りは、この「漢」「魏」国家を基づくべきモデルとしていた）に依り、元妃を改めざれ、と。而して徳正猶お固く后を廃して段昭儀を建てんことを請い、以て勳貴の援に結ばんと欲す。帝、遂に従わずして后を立つ焉。（巻九）

この李氏の生子が廃帝・高殷であるが、巻五「廃帝」紀には次のような話柄を載せる。

文宣、毎《つね》に、太子は漢家の性質を得て我に似ず、と言いて之を廃せんと欲す。……

初め国子博士・李宝鼎に詔して之に傅《ふ》たらしめ、宝鼎卒《しゅっ》せば、復た国子博士・邢峙に詔して侍講せしむ。太子は春秋に富むと雖も、而るに温裕開朗にして人君の度有り。経業を貫綜し、時政を省覧し、甚だ美名有り。七年（天保七年、五五六）冬、文宣、朝臣の文学者及び礼学官を宮に召して宴会し、経義を以て相い質《ただ》さ令《し》め、親しく自ら臨聴す。太子、手筆して措問す。在坐、歎美せざる莫し。

九年（五五八）、文宣、晋陽に在り。太子、監国し、諸儒を集めて『孝経』を講ず。……

後、文宣、金鳳台に登り、太子を召し、手ずから囚を刃《きりころ》さ使む。太子惻然として難ずるの色有り。再三するも其の首《かしら》を断たず。文宣怒り、親しく馬鞭を以て太子を撞《つ》きて三たび下す。是れに由り（太子は）気悸《わなな》き語吃《ども》り、精神、時に復た昏擾す。

文宣・高洋自身にも分裂があろう。自身達の気風への固執と、「漢」的な気風やその「思想」である「経義」の重視、あるいはその必要感との相克、それが時に突発的にその「漢」的な思想に強く染められている息子「太子」高殷への腹立ちに変わるのである。

この高殷が廃立されるについても、太皇太后、叔父たち宗室、一般的な北斉朝廷世論における「漢」的なるものの浸透に対する警戒心、敵意が働いていた。文宣帝はしかし、その北斉朝廷においてまさに「漢」的なる政治意識の代表であったとも言い得る楊愔に皇太子・高殷の教育を任せ、崩ずるに当たっては、その補佐を言い遺したのである。

巻三四、楊愔の伝には、

楊愔は……弘農・華陰（陝西省華陰市東南）の人也。父は津、魏（北魏）の時、累ねて司空侍中と為る。愔は児童の時、口、言う能わざるが若し。而して風度深敏、門閭に出入するに未だ嘗て戯弄せず。六歳、史書を学び、十一、『詩』『易』を受く。『左氏春秋』を好む。幼くして母を喪《うしな》う。曾《かつ》て舅・源子恭に詣《いた》る。子恭之と飲す。何の書を読むかと問う。曰く「『詩』を誦む」と。子恭曰く「誦みて『渭陽』に至るや未だなる邪」と。愔便《すなわ》ち号泣・感噎す。子恭も亦た之に対《むか》いて歔欷《すすりなき》し、遂に之が為《ため》に酒を罷《や》む。……

と伝える。

その感情生活までが純然と「経書」によって馴致されている、これがすなわち「漢」的価値の理想としての士人の在り方であろう。思えば「太子」高殷が目指していたであろう皇帝像もここにあったのであろうが、無残にも父・文宣帝に文字通り蹴落とされたのであった。その父・文宣の矯激、廃帝・高殷の「精神」の「昏擾」も彼らにおける現実と目指すべきこの「漢」的価値との相克の中に起こった現象であると覚しい。

この楊愔は高殷を廃立した一種のクーデターの際に殺されたのであるが、その間際、諸王構逆して忠良を殺さんと欲する邪。天子を尊《たか》くし、諸侯を削り、赤心に奉国す。未だ応《まさ》に此に及ぶべからず。

と大言したと云う。

この言葉は最後に放たれた「忠良の臣」の叫びとして、一語一語が際立つ形で、この時代のこの政権が、その「漢」的な政治意識からして直面していると痛感されていた政治課題をまさに言い尽くしているのではなかろうか。すなわち、天子一尊の国家体制、それを可能にする、「忠良を殺さんと欲する邪」「赤心奉国」と云う言い方に表現されている「漢」的な「君臣」関係の確立である。

「漢」なるものとの相克は様々な側面を持つ複合的な、しかも矯激な発作的行動にも至り得る深い好悪の情を含む「文化衝突」であった。がしかし、政権の担い手たちにおいて特に重要なのは、今のこの問題、すなわち天子一尊と「国」なる観念を媒介として成り立つ双務的な「君臣」関係を基礎とする特定の国家体制を現に確立出来るかどうかであろう。これこそが、彼らにとって「漢」と呼ばれる伝統的文化体制が練り上げて来た「制度」であり、ある範囲、例えば「部族」と呼ばれるような集団を越えて運営維持される広域統治組織の確立が必要となってきた際には、畢竟学ばねばにっちもさっちも立ち行かない「観念」であった。

東アジアにおいて、この「漢」、すなわち「中国」が春秋・戦国時代以来多大の経験と知性を費やして練り上げて来た「制度」「観念」を越える、或いは別の「政体」はこの時代、或いは更に後までを含めて存在したのであろうか。確かなのは深刻な相克を経ながらも多くの武力討伐集団がやがてその討伐の成果として或る種の「支配の広域性」に到達した時、いずれにせよこの「政体」「制度」「観念」に学ばなければならなかったらしいということである。

この点で典型的な歩みを見せてくれるのは、北魏国家の例であろう。我々が以上に辿った北斉政権ももとよりこの北魏の今述べた「漢」的政体確立への言わば「七転八倒」とも言うべき経験と運動の上に転回したのであった。そしてこの大きな運動はそのまま唐に至るのである。

「漢」的価値として具体的に言及されるのは、今見た資料においては「経義」であり、『孝経』であったが、時には次のような形での「孔子」への言及が見られるのは注目される。北魏国家の歴史にも参照できるこの例を、ここで『遼史』に戻って見ておきたい。『遼史』巻七二「義宗・倍」伝。義宗・倍は太祖・耶律阿保機の長子、神冊元年（九一六）春に皇太子に立てられていたが、先にも見たように母の淳欽皇后・蕭氏の意向が弟・徳高にあるのを知ってこれに帝位を譲った人物（一七九頁）。その義宗が皇太子であった時の話である。

時に太祖、侍臣に問うて曰く「受命の君は、当《まさ》に天に事《つか》え、神を敬すべし。大いなる功徳有る者、朕、之を祀らんと欲す。何をか先にせん」と。皆な仏《ほとけ》を以て対《こた》う。太祖曰く「仏《ほとけ》は中国の教えに非ず」と。倍曰く「孔子大聖、万世の尊ぶ所、宜しく先にすべし」と。太祖大いに悦び、即ち孔子廟を建つ。皇太子に詔して春・秋に釈奠せしむ。

この義宗・倍はのち後唐に「亡命」し、後唐の明宗・李嗣源は先代・荘宗・李存勗の后・夏氏を妻として与えた。彼は書を市《あがな》うこと万巻、遼・漢双方の文章に工《たくみ》であり、嘗て『陰符経』を訳す、と云う。しかし、この「義宗・倍」伝は、これに付け加えて、

然れども性は刻急にして殺すを好む。婢妾微《わずか》にも過《あやま》てば、常に刲灼す。夏氏懼れて、髪を削りて尼と為るを求む。

と伝える。やはり或る種の払拭しがたい分裂がこの人にも存在していたと言うべきであろう。

三

金の海陵に戻るなら、彼が熙宗を殺害し、併せて曹国王・宗敏、左丞相・宗賢を粛清して帝位についたのが皇統九年（一一四九）一二月。太祖の孫・東京留守・曹国公・雍が官属・諸軍の勧進を受け、帝位に即いたのが正隆六年（一一

六一）一〇月（世宗）。海陵が瓜洲渡（江蘇省邗江県南瓜洲鎮）に弑されたのがその一一月。海陵の在位は足掛け一二年ということになる。世宗は即位した翌日、大定と改元するとともに、海陵の罪悪数十事を数え上げる詔を下しているが、大要は、皇太后・徒単氏を弑したこと、太宗及び宗翰・宗弼の子孫及び宗本諸王を殺し、上京の宮室を毀ち、遼の豫王、宋の天水郡王、郡公の子孫を殺したことなどである（巻五）。太宗の子孫については「七十餘人」を殺し「太宗の後は遂に絶え」た（巻七六「宗本」伝）、といった具合である。海陵の治世とは、「荒淫」と宗族・重臣に対する粛清の時代であったということが出来よう。

この時代を終わらせた世宗は「小堯舜」と称されたと伝えられる（巻八「賛」）。一代の名君ということになろうが、考えようによっては、海陵が宗族等の粛清を行っていたが故に、皇帝一尊の体制に入りやすかった、とも言い得るであろう。

この種の討伐集団が勝ち抜き平定して「皇帝」体制にたどり着いた王朝の場合、スタートして次の世代へと移っていく頃合いに粛清の時代が現れることがしばしば観察される。それには今述べたような創業時の力動する武闘集合体から持続的な統治体制集団へと移るときの政治的な生理が働くのであろう。その中でいわば昔からの気風が矯め直される過程が働き、その矯め直されざるを得ない気風・世態の一つが「母権」的気風・世態であり、「荒淫」はそれがこれらの例においては個人的な事情もからんで矯激な振り戻しも含む病理として現象するのであろう。

金朝においてはそのような粛清の時代を経て政治課題としての「中国」式の政体・気風への移行がこの世宗の時代に行われたと観察される。それをよく示しているのは、世宗の皇太子であった允恭の例である。

允恭が皇太子に立てられたのは、大定二年（一一六二）五月。世宗はこの時、この皇太子に、

礼に在りては嫡を貴ぶ。所以《ゆえ》に卿《きみ》を立つ。卿《きみ》は兄弟に友に、百官に接するに礼を以てし、儲位なるを以て驕慢を生ずる勿かれ。日びに学問に勉め、召命有るに非ざれば、須《すべか》らく侍食すべからず。（『金史』巻一九「世紀補」）

と訓戒を行っている。時に一七歳。この皇太子は、

学問に専心し、諸儒臣と承華殿に講義す。燕閑には書を観《み》、乙夜倦むを忘れ、翼日に輒《すなわ》ち、疑字を以て儒臣に付して校証す。……（同上）

という日常であったと云う。

次の話は先に見た、これらの朝廷における「漢」なるものとの相克という論点と関わって注目される。

十年（大定一〇年、一一七〇、允恭二五歳）八月、帝（允恭のこと）、承華殿に在りて経筵す。太子太保・寿王・爽、啓《もう》して曰く「殿下は頗る未だ本朝の語に熟さず。何ぞ左右の漢官を屏去《とりのぞ》きて皆な女直の人を用いざらん」と。帝曰く「諭徳、賛善及び侍従官、曷《なん》ぞ敢えて輒《すなわ》ち去《のぞ》かん」と。爽乃ち揖して退く。帝曰く「宮官の四員は之を『諭徳（徳を諭《さと》す）』、『賛善（善を賛《たす》く）』と謂う。義、見る可し矣（これらの官員がなぜ設けられているのかというその意義はその「諭徳」「賛善」という名称にはっきりとしているではないか）、而るに反って之を去《のぞ》かんと欲す。学無きが故也」と。

太子太保・寿王・爽とは、太祖・阿骨打の子・宗強の長子。すなわち世宗と同じく太祖の孫である（巻六九）。允恭からは叔父に当たる。「頗る未だ本朝の語に熟さず（頗未熟本朝語）」とはどの程度の事態を謂うのであろうか。すでにネイティブ・スピーカーとは到底謂えない状態、日常の使用言語がすでに「漢語」になっているということなのであろうか。そうとも読めるが、或いは皇太子が儒臣に取り囲まれ漢籍にばかり親しみ、「漢語」の世界に取り込まれてしまっていることへの強い危惧の念が言わせている言葉なのかも知れない。いずれにせよ後継の皇帝たる皇太子が「漢」の教養を人格の芯に据えんとしていることへの強い抵抗であることは確かであろう。

しかし皇太子・允恭自身はむしろこの寿王・爽の危惧を「学無きが故也」とまさに「漢」的な価値観から斬って捨て

ている。そもそもそのような危惧の存在にすら気がついていないかのようである。爽がその、自らの危惧に気付きもしない風な対応に面して「乃ち揖して退い」た、その心事は如何なるものであったのだろうか。北斉の文宣帝が自らの皇太子に囚人を手ずから斬れと迫った心事と共通するものがあろうが、しかしすでにその矯激さは持ち得ない、ということであろう。

世宗自身について見れば、

上、宰臣に謂いて曰く。近ごろ『資治通鑑』を覧《み》るに、累代の廃興を編次して甚だ鑒戒有り。司馬光の心を用いること此《かく》の如きは、古の良史も以て加うる無き也。……（巻七）

などと見える一方、当時一八歳の孫の章宗について、章宗が、原王に封ぜられ、判大興府事とされた時に、

（章宗が）入りて国語を以て謝す。世宗喜び、且つ之が為《ため》に感動し、宰臣に謂いて曰く「朕は嘗て諸王に本朝の語を習うことを命ず。惟れ原王の語、甚だ習いたれば（よく身に付けているので）、朕甚だ之を嘉《よみ》す」と。

とも伝える。寿王・爽の危惧を共有しているということになる。

允恭は大定二五年（一一八五）、世宗に先んじ四〇歳で崩じた。世宗は詔を発し、その妃・徒単氏及び諸皇孫の喪服は並びに漢制の如くするようにと命じた。翌二六年（一一八六）、允恭の子・璟が皇太孫とされ、二九年世宗が崩ずるとこの皇太孫が即位した。これが章宗である。

二三

以上に見てきた遼・金・北斉のいずれにしても、その当の朝廷の政治意識は「漢」との深刻なコンプレックスの中に

あったと謂うことが出来るであろう。そしてその複合的なコンプレックスの一駒として、所謂「言語」の相克が有ったことが今のテキストに窺える。しかしこの「言語」の相克には、実は或いはより深いと謂い得るかも知れない相克も関わっていた。それは「文字」を持つか、持たないか、W－J・オング謂う所の「声の文化」と「文字の文化」の相克である（『声の文化と文字の文化』日訳、藤原書店、一九九一。原著は一九八二）。

北斉の世態に就き、先に、その基底にシャーマニズムを見て取り、そのことと「母権支配」の持つ「宿命性」とは深く関わっているのではないかと述べたが、これにはまた、「文字の文化」によって馴致されてはいない「声の文化」が彼らの「生《せい》」の芯に活きていたことが深く関わっていると思われる。

今の章宗について、巻九「章宗」紀には、

（大定）十八年、金源郡王に封ぜらる。始めて本朝の語言小字及び漢字経書を習う。進士・完顔匡、司経・徐孝美等を以て侍読す。

と云う。章宗はこのとき一一歳である。

また、巻九八「完顔匡」伝には、大定一九年（一一七九）の話として、

七月丁亥。宣宗・章宗皆な学に就く。顕宗（前《さき》に出た、世宗の皇太子・允恭。宣宗・章宗の父である）曰く「毎日、先ず漢字を教う。申の時に至り、漢字の課畢れば、女直小字を教え、国語を習え」と。……

と云う。

章宗の母は孝懿皇后・徒単氏であるが、このときまでの幼少期どのような言語を主に聞いて育ったのであろうか。多言語状態であったのだろうか。先に紹介した世宗の言や今の顕宗の言葉によれば、単に文字だけのことではなく「国語」を「きちんと話せる」レベルが問われているようである。しかし片や「漢字」を習い片や「国語」を習うと云うに

就けば、普通には「漢語」を用いていたので、こと改めて「漢語」は課業とせず、その表記文字「漢字」を先ず習い、次いで「女直小字」と共に、あるいは「女直小字」の学習を通して「国語」を習った、とも考えられる。

ここに出る「女直小字」については、巻七三「完顔希尹」伝に、

金人には初め文字無し。国勢日びに強く、鄰国と交好するに、廼《すなわ》ち契丹字を用う。太祖、希尹に命じて本国の字を撰び、制度を備えしむ。希尹乃ち漢人の楷字に依倣し、契丹字の制度に因り、本国の語に合わせて、女直の字を製《つく》る。天甫三年（一一一九）八月、字書成る。太祖大いに悦び、命じて之を頒行せしむ。……其の後、熙宗（太祖、太宗の次、三代目の皇帝、その次が海陵王）も亦た女直字を製《つく》る。希尹製る所の字と倶に行い用いらる。希尹撰する所は之を女直大字と謂い、熙宗撰する所は之を小字と謂う。

また、巻四「熙宗」紀に、

天眷元年（一一三八）正月戊子朔。上《じょう》、明徳宮に朝す。高麗、夏、使を遣わして来賀す。女直小字を頒かつ。

……

五年（皇統五年、一一四五）五月戊午。初めて御製小字を用う。

と云うに参照できる。

自身の言葉を記録する文字ができたのは近々のことであり、その意味では「書く文化」は十分には熟していず、この「書く文化」の古来よりの成熟と蓄積をもつ「漢」の文化に彼ら自身の「言葉」は大きな脅威を受けていたと言い得るであろう。と同時に彼らのわが身にそぐう言葉による発想には、いまだ十分には「文字の文化」に馴致を受けていない「声の文化」の感性が強く息づいていた、おそらくは「漢」の「文字の文化」との相克の下に苦しみながら活きていた、と考えることが出来るであろう。

むろんこのような状況は、特には朝廷に参画する人々において先鋭であり、金朝廷が統治する諸地域、諸集団、諸社

会そして諸世代、諸個人において一様に存在し、消長したというものでもないだろう。むしろそれらにかかわって存在する濃淡の差が複雑な政治状況、社会状況、文化状況の動きを惹き起こす重大な要因となっていた事情をこれまでに紹介した史料に窺うことが出来るのである。

ともあれ金朝廷の例で云うならば、先に一八節で紹介した宣靖皇后・蒲察氏や昭粛皇后などの女人の場合、基本的に、「声の文化」に属する人々であった、と推測して間違いはないのではなかろうか。そこに彼女たちの生きる風光が広がっていた、と。

二四

前節に紹介した、女直大字の製作者・完顔希尹について、『三朝北盟会編』巻三には「兀室」の表記で言及し、次のように云う。上海古籍出版社影印・許涵度・光緒三四年校刊本、一九八七による。以下同じ。

兀室は奸猾にして才有り、自ら女真の法律・文字を製《つく》り、其の一国を成す。国人号して「珊蛮」と為す。「珊蛮」なる者は、女真語の巫嫗也。其の変通すること神の如くなるを以てなり。粘罕（宗翰）の下、皆な能く及ぶもの莫し。（巻三・一二葉）

清朝・乾隆帝下における再編本である四庫全書所収本・『三朝北盟会編』では、この「珊蛮」なる語は「薩満」という表記に改められている。これはすなわち、ここの「珊蛮」を満洲語の「薩満（saman）」に当たるとして改竄したものであろう。

ウノ・ハルヴァ著、田中克彦訳『シャマニズム　アルタイ系諸民族の世界像』（三省堂、一九七一、原著は一九三八）の「第二十一章　シャマン」には、冒頭、

シベリア諸民族の原始的な霊魂崇拝に根ざした世界観は、一般にシャマニズムと呼ばれている。というのは、そこでは一種の魔術師であるシャマンがすこぶる重要な役割を演じているからである。しかし、シャマンという名称を用いているのはマンシュー・ツングース系民族だけなのだが（ツングースšaman, saman　ゴルドśaman　マンシュー saman）、研究旅行家たちは、この語をもってシベリアの魔術師を一般的に呼ぶ名として、国際的に文献の中に定着させたのである。最初にシャマンのことを述べたのは、一六九二年に中国に旅し、一緒に旅行記を刊行したモスクワ大公の使節エーヴェルト・イスブラント・イデスと、同行のアダム・ブラントである。この語の起源について、説はまちまちである。固有の起源をもつと考える者もあれば、それに反対する者もあり、たとえばカイ・ドンネルに至っては、……（四〇五頁）

と云う。すなわちこの「珊蛮」なる「女真語」の記載は「シャマン」なるマンシュー・ツングース系民族の語の早い記録として注目されるのである。

迪木拉提・奥瑪爾著『阿爾泰語系諸民族薩満教研究』（新疆人民出版社、一九九五）、第一章・第一節「〈薩満〉名称的由来」では、この南宋・徐夢莘（一一二六－一二〇八）撰・『三朝北盟会編』巻三の「珊蛮」を「サマン（薩満）」についての現在知り得る最も早い記録とし（二・三頁）、その語義を「激情、動揺、狂気の人（激動、不安和瘋狂的人）」と解説している。

張志立・王宏剛主編『東北亜歴史与文化　慶祝孫進己先生六十誕辰文集』（遼沈書社、一九九一）所載、王宏剛「薩満教叢考」の「一、〈薩満〉詞源探析」ではこの「薩満」「珊蛮」などで表記される語についておおよそ次のように論じている。

この語は一般にツングース語であると認められ、普通、「興奮して狂い踊る人（因興奮而狂舞的人。原注に、『宗教詞典』上海辞書出版社、一九八一年版、第九二八頁）」の意であると解釈されている。しかし、我々は、この解釈はこの語のツングース語としての語源の在り処に届くものではなく、また「サマン（薩満）」の特徴と内実を捉えてもいない、と考える。

この「サマン」なる語は、現在、わが国北部に住まうマンシュー（満）、ホジェン（赫哲）、シボ（錫伯）、エヴェンキ（鄂温克）、オロチョン（鄂倫春）など、ツングース語族に属する五民族が、ツングース古語より沿用しているが、これら五民族の言語にかかわる様々な資料より判断する限り、この「サマン」なる語の語根義は「知道」「知暁」「通暁」の意であると認められる。マンシュー語ではSarが「知道」「通暁」、シボ語ではSarが「明暁」「知道」、ホジェン語ではSaが「知道」「明暁」、オロチョン語ではSaが「知暁」、エヴェンキ語ではSaが「通暁」「知道」の意味であるなど。一方、「亢奮」「瘋狂」「狂舞」「舞蹈」などを表す語は「サマン」の語幹との差異がはなはだしく、到底これらの動詞にこの「サマン」なる語が由来するとは考えられないのである。

他のツングース語族に属する言語資料などに参照するに、この「サマン」なる語の原義は「天意に暁徹し、併せて天地・四方に貫通する能力を持った特殊な人物」ということであり、甲骨文字の「巫」の字形に解釈される、古漢語中の「巫」なる語の原義と近いということが言えるであろう。ただしこの場合、我々が現在「巫」なる語に表し読み取っている様々な「巫術」の使い手を表す「巫師」という意味ではないということには十分に注意しておかなければならない。「サマン」は、当時の「部落」と「氏族」の利益を代表し、その意味では個人的な段階にとどまる「巫師」とはその修練、能力、役割において格を異にする位置を占めていたのである。

賀霊氏はシボ語における「サマン」に当たる語の分析（原注に、「薩満教及其文化」、『錫伯族歴史与文化』新疆人民出版社、一九八九年版、二〇四頁）において、そのSamenはSarmameなる語から出た可能性が強く、このうち

Sar（王氏の原文ではSanに作るが、誤植であろう）はシボ語で「知暁」「明暁」「通暁」の意味であり、mameは「奶奶」、すなわちその職専任の女性に対する尊称であると解析し、そこから、「サマン」は最初、「母系氏族社会」から生み出されたのであり、女性によって担当されていたのだ、と推定された。この推定はまことにあり得べきところを喝破されたものであり、伝えられる「サマン」神話と「サマン」の在り様にその迹をたどることが出来ると思われる。「暁徹」を意味する語根より発展して「サマン」なる語に到る過程には、この間の歴史的消息が含まれていると考えられるのである。（六四二―六四三頁）

王氏がここで「サマン」の語源にかかわって論じておられることが、歴史的事実としての真実を言い当てているのか否かは、この種の議論の根本にある覚束なさによって、そもそも判断がつかない、と言うべきであろう。しかし、『三朝北盟会編』の問題の一節が記述するところにはまことによく適合していると言うことが出来る。

この『三朝北盟会編』の記述は、それが含まれる一段の記載に資料名が特には指定されておらず、その情報の出自が不明である。しかしその遠慮のない言い様から見て、「女真」外部の「漢人」、さらに絞ればこの書の撰著者である徐夢莘、紹興二四年（一一五四）の進士であり民政官を歴任した南宋士人の目から整えられたテキストと見て間違いなかろう。

先ずここには兀室について「奸猾」と云うが、これを四庫全書本では「通変」に改竄する。漢人からする夷狄への見下しに基づく表現と感じ取っての改変であろう。しかしここに記載された「奸猾」という表現には、単に見下したと言う以上の、「中国」士人の、人の頭の良さ、あるいは鋭さと才能の豊かさに対する差異づけの意識を嗅ぎ取るべきであろう。一言でいうなら「学」のしつけに基づかない頭の良さ、鋭さ、奔放な、すなわち天与のひらめきに満ちてはいるが倫理的な自省のない才能の豊かさへの警戒、と言い得ようか。

すなわち、この人物は伝統的な資材などほとんど存在しないとおぼしい集団にあって「法律・文字」を製作し、言わば一国の設計を完成した（自製女真法律文字、成其一国）と云うのである。漢語で言うならば、「聖人」と謂うにふさわしい才知の人であった、となる。そしてこの記載の流れにおいては、それ故にこそ、彼は「国人」から「サマン」と呼ばれた、と謂うのである。逆に云うなら、「サマン」とはこのレベルでの独創的な才知を持つ、その意味で人に「神の如し」と感じさせる人物でなければならない、ということになろう。

さらにこの記載に窺えるのは、兀室自身は恐らく「サマン」そのものではなかっただろうということである。「サマン」はあくまで、この記述では「巫嫗」、すなわち女シャーマン、それも年配の女シャーマンを示す語であると指定されている。そのような語をその才知ゆえに男である彼が呼び名として与えられた、この男はその体《てい》の人物であった、と読めるのである。

『金史』巻四「熙宗」本紀によれば、

> 天眷三年（一一四〇）九月癸亥、左丞相・完顔希尹、右丞・蕭慶、及び希尹の子・昭武大将軍・把搭、符宝郎・漫帯を殺す。

とあり、巻七三「完顔希尹」伝には、

> 三年、希尹に詔を賜いて曰く、帥臣密奏す、姦状已に萌す……遂に死を賜う。并せて右丞・蕭慶……を殺す。是の時、熙宗に未だ皇子あらず、故に希尹を嫉む者、此の言を以て之を譖る。皇統三年（一一四三）、上《じょう》、希尹の実は他心なくして其の罪に非ざるに死するを知り、希尹に儀同三司・邢国公を贈り、改めて之を葬る。……大定十五年（一一七五、世宗）、貞憲と謚す。

と云う。

「賜死」前後の事情は『三朝北盟会編』巻一九七「金人殺兀室・蕭慶」条下所引の史料に詳しい。そこに載る苗耀「神麓記」には、名を「悟室」と表記し、「悟室」とは「三十」という意味であり、母の腹に三〇ヶ月入っていて生まれたが故に「悟室」と曰うのだと云う。出生からして異人だと伝えられていたのである。

その風貌については、

> 長ずるに身の長《たけ》は七尺餘、音《こえ》は巨鐘《おおがね》の如く、面貌は長くして黄色、鬚髯少なし。常に目を閉じて坐し、怒り睜《みは》れば環の如し。女真文字を創撰す。動くこと礼法に循い、軍旅の事、暗に孫・呉に合す。自ら謂へらく、張良・陳平の下に在らず、と。

と伝える。

以下「神麓記」が記す悟室「賜死」までの経緯は次のようである。すなわち一時入朝して燕京にいた兀朮（宗弼）が祁州・元帥府に往くに当たり、燕都・檀州門裏にある兀朮の甲第で行われた餞別の宴において、深夜一人居残り泥酔した悟室が兀朮の首《こうべ》を齩《か》み、「爾《なんじ》鼠輩、豈に我が齩《か》むを容《ゆる》さん哉。汝の軍馬、能く幾何《いくばく》かあらん。天下の兵は皆な我が有《たも》つ也」と言葉激しく絡んだ。兀朮は酔った振りをして厠に立ち、そのまま宗幹の下に騎して駆け込み、援けを求めたが、宗幹は悟室を酒の上でのことと庇った。兀朮は別れの挨拶にかこつけて皇后に涙ながらに訴え、皇后は、帝にはこちらから申しましょうから、先ずは往かれるようにと兀朮を送り出した。その途路、兀朮は急遽呼び戻され、悟室の不遜の言を帝に密奏する次第となったのである。

帝、すなわち熙宗の兀朮への応えは、

> 朕、老賊（すなわち兀室）を誅せんと欲すること久し矣。いかんぞ秦国王（宗幹）の方便に之を援くるや。此こに至るや、山後《さんご》よりの沿路、険阻なる処に朕をして居止せ令め、善好なる処には自ら捺鉢（行営すること。契丹語の音訳。『遼史』巻三一「営衛志」上に「有遼始大、設制尤密。居有宮衛、謂之斡魯朶、出有行営、謂之捺鉢、分鎮辺圉、

謂之部族」と。馮継欽・孟古托力・黄鳳岐著『契丹族文化史』黒龍江人民出版社、一九九四、第三章「契丹族的四時捺鉢」、参照）を作《な》す。我が骨肉の己に附かざる者を以て必ず誣して之を去り、自ら其の腹心を権要の務に任ず。此れ、姦状の萌し、惟れ尊叔（すなわち兀朮）、自ら之を裁《た》て。

という激しいものであった。

そして、この夜ただちに密詔ありと詐称して兀室の居第に入り、執らえ、罪を数え、死を賜わった、と云う。

『金史』巻四「熙宗」本紀によれば、この間、天眷三年（一一四〇）九月壬寅朔（ついたち）に宗弼が来朝、戊申（七日）に熙宗が燕京に至り、庚申（一九日）に宗弼が軍中に還り、癸亥（二二日）に完顔希尹に賜死、という日取りである。

『三朝北盟会編』巻一六六「金国主完顔亶（すなわち熙宗）立」の条下所引の帰正官・張滙「金虜節要」には、

亶立ちて三省六部を置き、官制を改易す。居る所を升《のぼ》せて「会甯府」と曰う。建てて「上京」と為す。左副元帥・粘罕を晋国王に封じ、領三省事とす。元帥府右監軍・兀室を尚書右丞相に除す。

と、粘罕・兀室両人にかかる配転を熙宗当初の人事の筆頭に挙げるが、その注には、

粘罕・兀室は乃ち亶の忌む所の者也。故に相位を以て其の兵柄に易《か》うる耳。然れども二酋は皆な傑黠の魁なるに而るに亶の遽かに能く其の兵柄を易《か》うる者は何ぞや。蓋し二酋……之に加うるに、二酋は燕・雲に在れば則ち衆を有《たも》つも、本土に在りては止だに匹夫なる耳。之（この配転人事）に抗わんと欲すと雖も、得《う》可からざる也。

と、当時の内情を解説する。粘罕（宗翰）と兀室（完顔希尹）こそ熙宗が最も畏れた軍事指導者であったという解説である。

宇文懋昭撰『大金国志』巻二七「開国功臣伝」兀室（崔文印校証『大金国志校証』中華書局、一九八六、による）に

は、

呉矢の反、諸王連座す。兀室、時に右丞相たり。謀を建て、兵を宮内に伏し、其の朝会するに因りて悉く之を禽殺す。撻懶も亦た誅死す。兀室、遂に左丞相に遷され、蕭慶右丞は左丞に遷さる。然れども熙宗は其の智数を畏れ、深切に之を忌む。

と云う。さらに同所には、その風貌について、

人となりは深密にして多智、目睛は黄にして夜に光あり。顧視すること虎の如し。

と云う。

前《さき》に引いた「神麓記」には「常に目を閉じて坐し、怒り睜《みは》れば環の如し」とあったが、おそらく虹彩の部分が浅く鮮やかな色彩を放つ「ひとみ」であったのであろう。虹彩が黒茶の場合には虹彩と瞳孔との違いは鮮明ではなく一つの「ひとみ」として見られるが、虹彩が浅く鮮やかな色彩の場合には虹彩と瞳孔がくっきりと分かれ、瞳孔は深く抜け入っているから、「ひとみ」は二重の内と外の円線に区切られた鮮やかな、まさに「虹彩」が玉器「環」の如く迫る異貌として現れるのである。

あるいはこの「環」の如き異貌とは、『史記』の巻七「項羽本紀」に太史公の言葉として「吾之《これ》を周生に聞く。曰く、舜の目は蓋し重瞳《ちょう》子、と。又た聞く、項羽も亦た重瞳子、と。羽は豈に其れ苗裔なるか。何ぞ興ることの暴《にわ》かなるや」と云う、その「重瞳子」に当たるものか。

また今の『大金国志』のテキストには「目睛は黄にして夜に光あり。顧視すること虎の如し」と云うが、これには『三朝北盟会編』巻三に女直諸族を紹介する、

……所謂「熟女真」なる者、是れ也。……「熟女真」に非ず、亦た「生女真」に非ざる也。……則ち之を「生女真」と謂う。又た辺遠を極めて東海に近き者は則ち之を「東海女真」と謂う。黄の髪鬢なる多く、皆な黄目睛緑な

る者、之を「黄頭女真」と謂う。

の中、「黄頭女真」のことが思い合わされるべきか。

ともあれ熙宗にはこの兀室に対する畏怖と、それと表裏をなす激しい忌避の感情が渦巻いていたと言うべきであろう。これはひとつには、金国の驚異的な軍事的成功を担ってきた在軍軍事指導者としての実績に立つ彼の、我を無視するが如き振る舞いに対する苛立ちと、これに重なって働いている、先にも指摘した「中国」風の制度と気風に泥み始めた意識による前代の気風、世態への嫌悪感に由来する心理的葛藤の現れと考えることが出来るであろう。しかしここにはさらに、いま示した『大金国志』に見える「其の智数を畏れ」や前の「兀室は奸猾にして才あり……国人号して珊蛮と為す」、或いはその「ひとみ」に強烈な個性を発散させていたらしい風貌についての記録に因んで、熙宗のこれらの心理的葛藤に浸透している別の位相を見て取るべきなのではなかろうか。すなわち兀室が発散している「サマン」に同定される体《てい》のある強烈で異形である「知」に対する熙宗の抱いていた「畏れ」という位相である。

二五

前に見た記載に現れる兀室が「兀朮の首《こうべ》を畝《か》んだ」という振る舞いは、一見矯激な仕儀に映るが、当初の金人においては酒宴の席のこととして当たり前のことであったらしい。

『三朝北盟会編』巻一六六「金国主完顔亶（すなわち熙宗）立」の条下に引く「金虜節要」には、

初め女真の域には、尚お城郭なし。星散して居す。虜主・完顔晟（すなわち太宗）は常に河に浴し、野に牧す。其の君たること、草創なる、斯《ここ》に見る可し矣。蓋し女真の初めて起こる、阿骨打の徒、君と為る也、粘罕の徒、臣と為る也、君臣の称《な》有りと雖も、尊卑の別無し。楽しみは則ち同じく享け、財は則ち同じく用う。舎屋車馬・衣服飲食の類に至るまで、倶に異なること無し焉。虜主の独り享くる所、惟だ一殿なるのみ。乾元殿と曰う。……其の殿や、遶壁、尽く大炕を置き、平居事無ければ則ち之を鎖す。或いは之を開けば則ち臣下と炕に雑坐し、偽妃后、躬《みず》から飲食に侍す。或いは虜主、臣下の家に復来す。君臣宴然たるの際には、手を携え背を握し、頭を噉《か》み耳を扭《じく》す。同歌共舞するに至りては、尊卑を分かつもの莫く、其の間故する無きこと、諸《これ》を禽獣に譬う。情は通じ心は一に、各おの覬覦するの意無し焉。

と云う。

『三朝北盟会編』によれば、宋の政和八年四月二七日（一一一八、五、一九）に、武義大夫・馬政、平海軍卒・呼延慶（平海は京東東路・登州に配備されていた禁軍の名）が、前年に登州・文登県に老幼二百人ばかりと共に舟に任せて漂着して来た遼・薊州の漢児・高薬師などと共に海路を経て女真の軍前に遼を夾攻せんとの事を議するために派遣された。馬政は童貫と登州の知事・王師中によって選任され、呼延慶は「外国語を善くし、又た船を辨ず」るが故に選ばれ、将校七人、兵級八十人と共に加わって女真軍前へと向かった（巻一）。彼らが実際に平海軍船に載って出海したのは同年八月四日（一一一八、八、二二）。閏九月九日（一〇、二五）、北岸に達し、上陸したが女真の警邏に捕らえられた。高薬師の弁論によって殺害を免れ、捕縛されたまま、阿骨打のもとへ護送されることとなった。阿骨打のもとに着いたのが同月二七日（一一、一二）。十余州を経、約三千余里の行程と云う。馬政は「願うらくは貴朝と共に大遼を伐たん」と来訪の意を告げ、正式の書信を携えてはいないが、この議の下《した》相談に派遣されて来たのだと述べた。阿骨打は「粘罕、阿忽、兀室と共議すること数日、遂に登州の小校・王美、劉亮等六人を質とし（人質として留め）、使を遣わして馬政と同《とも》に（宋に）来たらしむ」。その一二月二日（一一一九、一、一四）、馬政たちは登州に帰着し、京師に向かった（巻二）。

ここに初めて阿骨打たちがその姿を「中国史」の前に現すのである。

宣和二年（一一二〇）九月、馬政は宋朝廷の国書及び事目を携え、先に金国より国書をもたらしていた女真・斯剌習魯に随い、海路、金国に赴く役に再び任ぜられ、同年一一月二九日（一一二〇、一二、二二）、阿骨打のもとに着到した（巻四）。馬政の子、武挙出身、時に承節郎・京西北路武学教諭であった馬拡がこの時父に随行していたが、当地で実際に接した阿骨打たちの姿をその「茆斎自叙」に伝えている。以下、『三朝北盟会編』巻四に引くによりその記録を示す。

先ず紹介する一段は、雪中での巻狩りの最中のエピソードであり、そのリズムにあって阿骨打や粘罕の言葉はいかにも簡素で、しかも言うまでもなく馬拡との遣り取りは通訳を通して行われているので、その記載は訓読体には載せにくい部分が多い。ここでは翻訳に近い形で紹介する。

阿骨打は一日、並み居る酋豪を集め、荒漠に出《い》でて、打囲・射猟を行った。粘罕が私と轡を並べて馬を遣りながら、通訳を通して云った。「南朝の人間は文章が出来るだけで武芸の方はだめだと聞いているが、本当か。」私は答えた。「南朝は大国であるので、文と武は通常には両階に分かれている。しかし武にも文墨に深い者がおり、文にも兵務に暁《あか》るい者がおります。一概に言うわけにはいきません。」粘罕が云った。「教諭（すなわち馬拡を呼んだ）は兵書及第と聞くが、弓馬の方はそれ程でもないのか。」私は答えた。「武挙の出来は義策にこそあります。弓矢はたしなみ程度にとどまります。」粘罕は自分が佩びていた弓を私に渡して云った。「ちょっと駆けりながら弓を挽いてもらえないか。南人の手並みを見せていただければ有り難い。」私はそれで馬に鞭打ち弓を挽いて獲物を射る形をして見せた。粘罕は愕然たる様子であった。馬は積雪の中を進み、晴れた日であったが、日中も遂に雪は消えず、暮れた。阿骨打が私を呼んで云った。「南使は弓が出来ると聞いたぞ。明日は俺と獲物を射掛けに行こう。どうだ。」私は答えた。「武挙ものにて、生き物に中《あ》てるのは得意とは致しません。検分する程度でよいとお許しいただけるなら、あるいはお目にかけ得る程のことも御座いましょうか。」翌朝、阿骨打は一枚の虎の皮を敷いて雪の上に坐っていた。私に弓と矢一組を手渡した。その弓の弦は皮製であった。積もった雪のうずもりをひとつ指差し、射よと示した。再度その端に中《あ》てた。阿骨打は笑いながら云った。「すごいじゃないか。南朝の弓取りはみんなこんな風なのか。」……

以下、南朝すなわち宋国には弓取りとしてはかくかくの者たちがおり、私などは数にも入らぬという馬拡の答えを聞いて阿骨打は思いにふけった。「良久（ややひさし）」と云う。

乗馬した阿骨打の命により、馬拡は弓と獲物用の矢を与えられ、阿骨打に「獲物が出れば直ちに射よ」と云われる。行くこと二里ばかり、一匹の黄麞が躍り出《い》でた。阿骨打は皆に「皆はまだ射てはならぬ。南使に先ず射させよ」と伝え、馬拡は馬を躍らせてこれを一発のもとに射倒した。時に阿骨打以下、皆が賞賛の声を挙げ、その野営の夜には粘罕が阿骨打の「すごかったな。南使は晴ればれと俺の心を射抜きおったわ（射得煞好、南使射中我心上快活）」という言葉を馬拡自身に伝えた、と云う。

直截敏活で情の深い阿骨打たちの風貌をよく伝えるルポルタージュである。

また宋よりの使節が宴会に招かれた折の次の記録は、阿骨打以下の人々の気風、世態を、そしてこの阿骨打という人物の独特の風貌を、よく伝えるものであろう。

阿骨打は其の妻、大夫人なる者と、炕の上に金装の交椅二副を設け、並びて坐す。阿骨打は二妻、皆な夫人と称す。次なる者は衣を摳《かか》げて親しく食物を上《たてまつ》る。……各おの跪《ひざまず》きて寿杯を上《たてまつ》る。国主之に酬酢す。次に南使をして寿盃を国主及び夫人に上《たてまつ》ら令《し》む。飲し畢わる。阿骨打親しく二盃を逓《つた》えて南使に酬す。阿骨打云う。「我が家は上祖より相い伝え、止《た》だ、此《かく》の如き風俗あるのみ。奢飾を会《よく》せず。秪《た》だ這箇《こ》の屋子《いえ》を得《う》。冬は暖かく夏は涼し。更に、別に宮殿を修めて百姓に労費せざる也。南使よ笑う勿れ」と。然れども当時已に上京に掠到せる大遼の楽工を将《もっ》て屋外に列《つら》ね、曲を奏し觴《さかずき》を薦む。彼の左右・親近の「郎君」輩、玩狎悦楽す。独り阿骨打のみ以て意と為さず、殊に聞かざるが如し。宴畢わる。南使をして粘罕の家に往きて議事せ令む。

文中、「郎君」なる語は、巻二、馬政が阿骨打のもとに着いた折りの記載の内に、「其の事を用うる人は、粘罕と曰い、阿忽と曰い、兀室と曰う。皆な『郎君』と呼ぶ」とあるから、これら阿骨打の側近中の側近というべき三人を云うと取るべきであろう。ただし阿骨打を含む彼らの関係をいま使用した「側近」などという言葉で現し得るのか否かには大いに疑問があるから、おおよその言い方と注意しておかなければならない。が、とはいえ、また別には、いまの使節を迎えての宴会において、「郎君」たちが「玩狎悦楽」する中、馬拡によって「独阿骨打不以為意、殊如不聞（独り阿骨打のみ以て意と為さず、殊に聞かざるが如し）」と見届けられた阿骨打の、その場から自ら取り残されたような姿には、独特の色彩を帯びた阿骨打の、まさにその時に広がっていた孤独を見て取ることが出来る。この四人をまったく対等な「同士」的関係において見ることもすでに真実ではないのかもしれない。

ともあれ、いまの馬拡の記録は前の「金虜節要」の記事と相い照らすということが出来るであろう。「中国」の感覚からするなら、まことに身軽な、機敏で情の深い、肩を叩き合う男たちの世界がこのときここに広がっていた。馬拡が目の当たりにしたのは、その世界で、オンドル（炕）の上、「大夫人」なる女人もまた阿骨打の隣に並んで坐っている光景であった。

『三朝北盟会編』巻一六六「金国主完顔亶立」の条下所引の、その「金虜節要」は「手を携え背を握し、頭を齩《か》み耳を扭《じく》す」る太宗時代の気風を述べたあと、しかし次のように転ずる。

今の虜主は完顔亶也。童稚の時より、金人已に中原を寇し、燕の人・韓昉及び中国の儒士を得て之（すなわち完顔亶）に教う。其れ亶の学ぶや、明経博古なる能わずと雖も、而るに稍やも賦詩翰墨・雅歌儒服・烹茶焚香・奕棋戦象を解し、いたずらに女真の本態を失う耳《のみ》。是れに由れば則ち旧大功臣と、君臣の道、殊に相い合わず。渠《かれ》は旧大功臣を視れば則ち「無知なる夷狄也」と曰い、旧大功臣は渠《かれ》を視れば則ち「宛然たる一漢家の少年子也」と曰う。

……

我々はここに鋭く洗い出されて提出されている「無知夷狄」と「宛然一漢家少年子」との対置の言辞より、一見に現れる「夷狄」「漢家」の対置ではなく、「無知」すなわち「知」なる語をキー・タームとして拾い出しておきたい。ではこのテキストが抉摘する、前代を「無知」と貶める煕宗の視線とは、一体如何なるものなのだろうか。

『金史』巻四「煕宗」本紀に次のような記載がある。左丞相・完顔希尹すなわち兀室を「殺」した翌年である。

（皇統元年、一一四一、二月）戊子、上《じょう》、親しく孔子廟に祭し、北面し再拝す。退きて侍臣に謂いて曰く「朕は幼年のとき游佚し、学に志すを知らず。歳月愈いよ邁《ゆ》き、深く以て悔いと為す。孔子は無位と雖も、其の道は尊ぶ可し。万世をして景仰せ使めん。大凡善を為すは、勉めざる可からず」と。是れより頗る『尚書』『論語』及び『五代』『遼史』の諸書を読み、或いは夜を以て継ぐ焉。

「学に志す」とはすでにして『論語』為政篇の「吾十有五而志于学」を踏まえるのであろうか。いずれにせよここに我々は、影響するところまことに深甚な、あるひとつの「心性」の立ち上がりを読むことが出来るだろう。それは歴史を、また生涯をその前後に大きく二分してしまうような事件である。なぜならこの「心性」の立ち上がりによってこそ、そのそもそもの「歴史」や「生涯」という時間把持が人に訪れるからである。

熙宗の言葉の最後の部分「大凡善を為すは、勉めざる可からず」に因めば、これを「勉強・向上の心性」と呼ぶことが出来るだろう。この心性の道具立ては、ここに出現している「志」「学」「道」「善」などまさに『論語』そして「孔子」が中心的に提出した観念群であり、さらにそれらに見合って働く情動、「悔」（後悔）、「景仰」（あこがれ）、「不可不勉」（焦燥）、である。そしてこの、「志」「学」などの観念の接受によって熙宗の内にすでに胚胎してしまっていることれらの情動は、ここで二つの構造を、彼の「生《せい》」に宿った地図として描き出している。

すなわちひとつは、人の「生」の垂直的な価値づけの構造である。「道」は「尊（たかい）」として「卑（ひくい）」に対し、そして「たかい」と意識されるが故に「景仰（遥かに振り仰ぐ）」という身体的な情動表現が行われるのである。

今ひとつは、この空間的な垂直の感覚が、自らの「生」自身への自己把持に絡まり、今あこがれ仰いでいる「高き」価値をそこへと自らが近づき立ち上がっていくべき目標とすることによって、その「高き」価値を自らの「未来」として自らの「生」のうちに繰り込み、一方そのような価値を知らず、そのような価値を知った「今」となっては悔いるしかない、思い返される自らの「生」の空白を、「過去」としてやはり自らの「生」のうちに繰り込み、このようにこれらの情動をひとつの自らの「生」という自覚の中に統合することによって出現する、時間的な自己把持の構造である。

ここに初めて「過去」と「未来」という把持が、「自己」の把持に統合されて成立し、そこに「リニアー」に継続・展開するそもそもの時間把持そのものが出現すると言い得よう。「歳月愈邁」という句に表出される時間意識は、前後の「不知志学」と「深以為悔」の間に埋め込まれてこそ出現しているのである。

このようにして自己の「生」はすでに時間化され、止まることなく過ぎ行く時間の中で、あこがれの目標へとやはり止まることなく近づいて行くべき「今」そのものとなる（すなわち『論語』子罕第九の「逝者如斯夫、不舎昼夜」）。「大凡為善、不可不勉」という、「未来へのあこがれ」と「過去への悔い」に引き裂かれ、駆り立てられる「焦燥する今」

の情動がここにとどめ難く起動するに至るのである。
熙宗はすでに紹介した如く、やがて酒に耽り、無用の宮中殺人に陥るが、それもここに示される「焦燥する今」に追い詰められ強く振れて行った結果であると診ることが出来るのではないか。「勉強・向上の心性」が立ち上がることは、実は人の「生《せい》」にとって担うに難しい危険な出来事でもあった、と観察される。

二六

今の論点にかかわって洪皓『松漠紀聞』及びその『続』より二つの話柄を紹介しておきたい。「学津討原」、新大豊出版公司印行版、所収による。

女真は旧《も》と歳月を知らず。灯夕の如きも皆な暁《あき》らかならず。己酉の歳（一一二九、南宋・高宗・建炎三年、金・太宗・天会七年）、中華の僧ありて掠せ被《ら》れ、其の闕に至る。上元に遇えば、長竿を以て灯毬《ちょうちん》を引き、表して之を出《い》だし、以て戯と為す。女真の主・呉乞買（太宗）之を見て大いに駭《おどろ》き、左右に問いて曰く「星《ほし》に非ざるを得ん邪」と。左右実を以て対《こた》う。時に南人の、変を謀るあり。事泄れて誅せらる。故に乞買（太宗）之（すなわち灯夕を行った僧）を疑いて曰く「是の人、嘯聚して乱を為さんと欲し、剋日し（決起の日を決め）、時に此れを立てて以て信《しるし》と為す耳《のみ》」と。命じて之を殺す。後数年、燕に至り、頗る之を識る。今に至るまで遂に盛んなり。（『松漠紀聞』）
初め漢児、曲阜に至り、方《まさ》に宣聖陵を発《あば》く。粘罕之を聞き、高慶緒（注、渤海人）に問いて曰く「孔子とは何人ぞ」と。対《こた》えて曰く「古の大聖人」と。曰く「大聖人の墓、豈に発《あば》く可けん」と。皆な之を殺す。故に闕里（孔子の住地、すなわち曲阜のこと)、全きを得《う》。(『松漠紀聞続』)

呉乞買にしても粘罕にしても我々の言葉で云えば「十分に吟味する手間をかけず」、その時の状況に直結した瞬発の裁断によって「殺」しているのである。

彼らに対する、簡単に人を殺す、むしろ人を殺すことを好む(好殺、嗜殺)、といった類の評定が「中国」側の記載に時に現れる。例えば、二四節冒頭に紹介した完顔希尹(兀室)に関する『三朝北盟会編』巻三の資料、その直前には次のように云う。

(阿骨打は)粘罕、骨捨、兀室を謀主と為し、論議に参与せしむ。銀珠割、移烈、婁宿、闍母などを以て将帥と為す。阿骨打、度量ありて謀を善くす。粘罕、兵を用いるを善くし殺すを好む。骨捨、剛毅にして強忍。兀室、……大抵数人は皆な黠虜也。

また『金史』巻六四「后妃」下、には、世宗・昭徳皇后の父親について、

世宗・昭徳皇后。烏林荅氏。其の先は海羅伊河に居す。世よ烏林荅部の長たり。部族を率いて来帰す。上京に居す。本朝と婚姻家と為る。曽祖・勝管、康宗の時、累ねて高麗に使いす。父・石土黒、騎射絶倫、太祖に従いて遼を伐つ。行軍猛安(「金国語解」に「猛安、千夫長」と)を領す。行伍の間に在りと雖も、人を殺すを嗜まず。功を以て世襲謀克(「金国語解」に「謀克、百夫長」と)を授けられ、東京留守と為《な》る。

と云う。「行伍の間に在りと雖も、人を殺すを嗜まず」という文言につけば、「行伍の間」にあってはむしろ「嗜殺人」が普通であった、ということになろうか。

呉乞買と粘罕の例にもどれば、余りにも簡単に人を殺害している、つまり「好殺」だ、と、当時の「中国」士人の目には、あるいはまた「我々」の目には映るにしても、これらのエピソードにこそ、むしろ彼らの「生《せい》」の在り様がよく現れているのだ、と捉えることも可能であろう。

では、どのような「生」がここに姿を現しているのであろうか。我々はこれを「ランダムな生」と名づけて先ずは受け止めておきたい。一方これに対する、熙宗に胚胎した「孔子」をシンボルとする「生」を、『論語』里仁・衛霊公両篇に現れよく知られる「一以貫之（一にして以て之を貫く）」なる語に因んで、「一貫する生」と呼んでおく。

「ランダムな生」には「ランダムな知」が形成され、伴う。「一貫する生」には「一貫する知」が形成され、伴う。「一貫する生」とは、『金史』が伝える熙宗の文言について分析したように、「時間構造へと自己把持する生」である。この「生」においては「未来」と「過去」とに媒介されて「今」は成り立っており、したがって「今」は、そしてその「今」にある自己はすでにそして常に相対化されてしまっている。たとえば「道」などの普遍性の中へと位置づけてこそ意味を持ちうる自己となってしまっているのである。このような自己の営みとしての「知」は、ここではそのような自己の構造化に伴い、普遍へと個々の知を置き換え、普遍へと編成し、統合して行く「一貫する知」と成ってしまっているのである。この種の「知」から見るなら、このような編成、統合を知らない「知」はそもそも「知」の名に値しない、「無知」なる営みに過ぎないであろう。

しかし「ランダムな生」からすれば、この「南朝」由来の「一貫する生」「一貫する知」は、「北」に暮らす「生」の現実にはまったく合わない、まさに「宛然たる一漢家の少年子」と嘲るしかない「生」であり「知」であった。

二七

『三朝北盟会編』巻三「重和二年（宋・徽宗、一一一九）正月十日丁巳、金人・李善慶等、京師に至る」条下には、金人の「生《せい》」の状況を次のように伝える。なお、これは二四節冒頭に引いたテキストの出所でもあるが、便宜上、崔文印校証『大金国志校証』中華書局、一九八六、が附録一として示す呼称にも参照し、以下「会編・女真伝」と呼ぶ。

女真は古の粛慎国也。本名は朱理真、番語は訛して女真と為す。

……世《よ》よ混同江（松花江―黒龍江）の東、長白山、鴨緑水の源に居す。

又た「阿朮火」と名づく。其の河の名を取る。又た「阿芝川来流河」と曰う。阿骨打、号を建てて、「皇帝寨」と曰い、亶に至り、改めて「会甯府」と曰い、「上京」と称す。（『金史』巻二四「地理」上、「上京路」に、「金の旧土也。国言、『金』を『按出虎』と曰う。按出虎水の此こに源するを以て、故に『金源』と名づく。建国の号、蓋し諸《これ》を此こに取る。国初は称して『内地』と為し、天眷元年『上京』と号す」と。会編・女真伝の「阿朮火」は今の「按出虎」に当たると考えてよかろう。『中国歴史地図集第六冊』四八―四九図によれば、現在のハルピン市東で松花江に南より入る河川（現在の阿什河）を「按出虎水」と記し、ハルピン市よりこの川沿いに南東へとやや遡ったところ（現在の阿城付近）が「上京」となっている。すなわち会編・女真伝の「又名阿朮火、取其河之名」は、上から引き取って、女真のことを、別に女真語では「阿朮火」と曰うが、これは「阿朮火（按出虎）水」という河の名前から取ったのだ、と云うのであり、次の「又曰阿芝川来流河」とは、この「阿朮火水」の別名を挙げているのであろう。四庫全書本『三朝北盟会編』ではこの部分を削除し、崔文印校証『大金国志校証』附録一では「阿朮火」を「阿木火」に作る。これは単なる誤植であろう。）

……其の人は戇朴勇鷙、生死を辨ずる能わず。女真は戦に出《い》ずる毎《ごと》に、皆な被《き》るに重《ちょう》札金甲（一枚張りではなく、ふだ状の金属片を重ね合わせたよろい）を以てして前駆す。名づけて「硬軍」と曰う。種類一《いっ》なりと雖も、居処は緜遠として相い統属せず。自ら相い残殺して各おの長雄を争う。

其の地は則ち契丹の東北隅に至り、土《ど》には林木多く、田《でん》には麻穀宜《よろ》し。耕鑿を以て業と為し、蠶桑を事とせず。土《ど》は名馬を産し、金・大珠・人参及び蜜蠟・細布・松実・白附子を生ず。禽には鷹鸇・海東青あり。獣には牛・羊・麋鹿・野狗・白彘・青鼠・貂鼠多し。花果には白芍薬・西瓜あり。海には大魚・螃蟹多し。

冬は極寒なれば皮を衣《き》ること多し。一鼠を得ると雖も、亦た皮を褫《は》ぎて之を蔵す。皆な厚毛を以て衣と為し、屋に入るに非ざれば、徹《と》らず。稍やも薄ければ則ち指を堕《お》とし、膚《はだ》を裂《さ》く。盛夏も中国の十月の如し。……

其の人は則ち、寒きに耐え、飢えに忍び、辛苦を憚らず。生《なま》物を食らい、勇悍にして死を畏れず。其の性は奸詐、貪婪、残忍。壮を貴び老を賤しむ。騎を善くし、崖壁を上下すること飛ぶが如し。江を済《わた》るに舟楫を用いず。馬を浮かべて渡る。射猟に精ず。鳥獣の蹤を見る毎《ごと》に能く躡《つ》けて之を推し、其の潜伏するの所を得《う》。樺の皮を以て角吹を為り、呦呦の声を作りて麋鹿を呼び、射て之を啖《くら》い、但だ其の皮と骨を存《のこ》すのみ。

酒を嗜みて殺すを好む。酔えば則ち縛りて其の醒むを候《ま》つ。然《しか》せざれば、人を殺す。父母と雖も、辨ぜざる也。

其の俗は山谷に依りて居す。木を聯ねて柵を為《つく》り、屋の高さは数尺、瓦なく、覆うに木板を以てし、或いは樺の皮を以てし、或いは草を以て之に綢繆す。牆垣籬壁は率皆《みな》木を以てす。門は皆な東向きにし、屋を環《めぐ》らせて土床を為《つく》り、火を其の下に熾んにし、相い与《とも》に其の上に寝食起居す。之を「炕」と謂い、以て其の煖きを取る。（『金史』巻一「世紀」には太祖・阿骨打より五世遡る献祖・綏可について次のように云う。「黒水（黒龍江）の旧俗、室廬なし。山水を負いて地に坎《あなほ》り、其の上に梁木して、覆うに土を以てす。夏には則ち出でて水草に随いて以て居し、冬には則ち入りて其の中に処る。遷徙常ならず。献祖乃ち徙りて海古水に居す。耕墾樹藝し、始めて室を築き、棟宇の制あり。人、其の地を呼びて「納葛里」と為す。「納葛里」なる者は漢語の居室也。此れより遂に居を安出虎水の側に定む矣。」）

仏を奉ずること尤も謹む。……儀法なし。君臣川を同じくして浴し、……父死せば則ち其の母を妻《めと》り、兄死せば則ち其の嫂を妻《めと》り、叔伯死せば則ち姪も亦た之《かく》の如くす。故に貴賤を論ずるなく、人に数妻あり。飲宴には賓客尽く親友を携えて来たり、及び相い近きの家、召《よ》ばずして皆な至る。……酒行算なし。酔い倒れると及び逃げ帰れば則ち已む。

……其の節序は、元日には則ち拝日して相い慶す。重午には則ち射柳して天を祭る。其の人は紀年を知らず。之を問えば則ち、「我、草の青みたるを見ること幾度《いくたび》」と曰う。草の一たび青むを以て一歳と為す。（二六節に引いた『松漠紀聞』の記事にも「女真は旧と歳月を知らず。灯夕の如きも皆な暁らかならず」とあった。また『金史』巻一「世紀」には太祖・阿骨打より四世遡る昭祖・石魯について、「生女直の俗、昭祖の時に至りて稍や条教を用い、民頗る聴従するも、尚お未だ文字あらず、官府なく、歳月晦朔を知らず、是こを以て年寿の修《ながい》・短《みじかい》、得て考うる莫し焉」と云う。）

……其の疾病するには、則ち医薬なくして巫祝を尚《とうと》ぶ。病せば則ち巫者猪狗を殺して以て之を禳《はら》う。或いは車に病人を載せて深山大谷に之《ゆ》き、以て之を避く。其の死亡するには則ち刃を以て額に剺《きりつ》け、血涙交ごも下る。之を「送血涙」と謂う。死者は之を埋《うず》め、而して棺槨無し。貴き者には、生きながらに寵する所の奴婢を焚《や》き、乗る所の鞍馬、以て之に殉じ、所有《あらゆる》祭祀飲食せるの物は尽く之を焚《や》く。之を「焼飯」と謂う。

これら以外にも、「飲食」「言語」「婚嫁」「歌」「道路」「市易」「姓氏」「官名」「法律吏治」「獄」「税賦」「用兵」などを紹介し、遼に対して挙兵した経緯などを解説するが、今は略に就く。

馬拡の「茆斎自叙」には、二五節にすでに紹介した、彼が阿骨打たちと狩猟に出かけた記事の後、続けて次のように云う。『三朝北盟会編』巻四・一四葉。

某《それがし》、打囲するに随い、来流河、阿骨打の居する所より、北を指し東に帯《つら》なりて行くこと五百余里、皆な平坦なる草莽、絶えて居民少なし。三・五里の間毎《ごと》に、一・二の族帳あり。帳毎の族、三・五十家を過ぎず。咸州を過ぎしより混同江以北に至るまでは、穀麦を種えず。種うる所は止だ稗子のみ。

狩猟に出かけたのはハルピン以北とおぼしいが、ここでは「帳」としており、居住の形態が違うようである。

会編・女真伝の記事にもどれば、その記載にはどの程度の真実性があるのだろうか。四庫全書本『三朝北盟会編』では、今引用した部分のかなりの部分が当たり障りのない、したがって平板な記載に削除され、整えられている。しかし、この種の「民族誌」にはつきものの欠点を数え上げることは容易であるにしても、ここに我々とはまことに異質な、しかし実は深いところでは我々もまた基礎に置いているとおぼしい、強烈な「生《せい》」の光景が報告されていることは見逃すことが出来ない。その限りにおいて、我々は前（二六節）に、ここにある「生」を「ランダムな生」と受け止めたのである。


先ずこの「生」を作り上げている決定的な要件は、その地理的状況、なかんずくその気象・気温状況であると我々は認めたい。

現在の黒龍江省・ハルピン市付近を一つの指標とすることが出来るであろう。一九八四年出版の『中華人民共和国地図集（縮印本）』（原図集は一九七九年）によれば、一月の平均気温はハルピンが摂氏マイナス一九・七度《てん》、北京がマイナス四・七度《てん》、西安がマイナス一・三度《てん》、南京四・九度《てん》、成都五・六度《てん》、長沙四・六度《てん》、福州一〇・四度《てん》といった具合である（一〇図）。吉林省で見るなら、一月の平均気温がマイナス二〇からマイナス一四度、興安嶺や長白山区域ではマイナス二三度以下、七月の平均気温が二〇から二三度（三八図「概況」）、黒龍江省では一月平均気温がマイナス三〇からマイナス一八度、七月の平均気温が一八から二三度（三九図「概況」）である。約九百年前の状況とただちには同一視出来ないがおおよその見取りはつくであろう。

我が邦、江戸時代、越後・塩沢の鈴木牧之が「……唐の韓愈が雪を豊年の嘉瑞といひしも暖国の論なり……我越《わが》後のごとく年毎に幾丈の雪を視ば何の楽き事かあらん。雪の為に力を尽し財を費し千辛万苦する事、下に説く所を視ておもひはかるべし」とその『北越雪譜』（岩波文庫）に記した心事をここに思い合わせるべきであろうか。長い厳冬期を過ごすことは、消長はあれ、時に死神に魅入られるが如く厳として過ごさねばならぬ夜々を含んでいたであろう。

暖地をも含む一般的な状況として、すでに第一章に強調した如く、現在の日本に生きる我々には想像もつかないような生存環境に当時の人々は先ずはあった。そのことを我々は常に想い知る必要がある。乳幼児の死亡率や産婦の死亡率などは我々の現在に比べて青ざめるほどに高かったと推測してまず間違いない（日本・江戸時代の例ではあるが、鬼頭宏『人口から読む日本の歴史』、講談社学術文庫、二〇〇〇、一四三―一五〇頁、参照）。とするなら、ここではまさにこの厳冬の日々に、乳幼児や出産前後の婦人がふるい落とされるように死の手に落ちていった、と推測する必要があるのではないか。

彼らの「生《せい》」とは、生まれてこの方、繰り返し、繰り返し、この厳冬に曝され、耐え、そして渡り合うことの裡に形成されたのではないか。我々には「その日暮らし」という言葉があるが、これを彼らの「生」に合わせてもじれば「その冬暮らし」となろう。この冬をとにかく越し得るか否かがその「生」の最大関心事である。冬が過ぎ、一面に草が芽吹けば、我も、人も、世界も、生き返ったようなものであろう。年齢を問われて、「我、草の青みたるを見ること幾度《いくたび》」とはそのような彼らの感覚の端的な表現である、と解釈することが出来る。

すなわち「歳月」は彼らの「生」に在っては、冬の終わりによって決定的に切れていたのではないか。その切れ目を平板に引き繋ぎ連ねて行く「歳月」の感覚はそもそもここでは希薄であろう。あるいは端的に「ない」と云うべきか。「ない」のはおかしいと云うのは、鈴木牧之風に言えば、当地の厳冬の何たるかを知らぬ暖地の輩の考えというものであろう。したがって「歳月」なる観念は、彼らに在っては厳冬によって互いに切り離されており、その意味では一筋には編成され得ない、「ランダム」な記憶の集積に過ぎなかったであろう。それ程に、この冬、次のこの冬にその都度集中しなければ、到底それを耐え抜くことは出来なかった、すなわち生きて行けなかったと覚しい。

ある地点を採ってそこに現れる「気象」の状況を捉えるとき、それは極めて「ランダム」な変化をとる。特にそこに人を置き、その生死に目を注いで観察するならば、その「ランダム」の度合いはより高くなるだろう。一気に冷え込む寒波が来たとしても、平均で〇度前後の地点と、マイナス二〇度前後の地点とでは、人の生死への打撃には雲泥の差がある。マイナス二〇度がすでにその装備からして限界に近いなら、急激な寒波は防ぎようがない死を意味するであろう。また温暖な地点なら特に死にはつながらないような失敗も、極寒の中では死に直結する。いわば、そこここに「ランダム」に散らばって起こる些細な事故あるいは条件偏差が、ここではただちに死という極限値に振れてしまうのである。同じ家屋内に寝ていた六人のうち、翌未明一段の風音に気づいて一人が目を覚ました時にはすでに、寒風が吹き付ける側に寝ていた二人が白くなって凍死している、という光景がそう珍しくなかったのではないか。変な息をしだし目色の曇りだした子を抱いて、さて何をするのか。時には吹雪の具合が特別で、ある家屋のすべてが凍死してしまうという事態もあっただろう。冬季に狩猟や漁撈に出れば、何時どのような形である人に死への極限値に振れる状況が訪れるかは、まさに「ランダム」に潜み飛び出してくる麋鹿のようなものであったに違いない。

この種の極限状況に至った時、その窮地を打開するためには、どのような「知」が必要だろうか。いわゆる「経験」

は必ずしも役に立たない。間違った「経験」に引き当てることによって、状況判断を誤る可能性もある。ランダムにおきる特異状況に対処するには、むしろ「経験」へと救いを求める判断の遅延が命取りとなる。必要なのは、その特異状況を特異ならしめているここに一回こっきりの要件を瞬発的に見抜き、そのいわば「ランダムに跳び出す死神」を出し抜く観察眼と「狡知」であろう。「ランダムに跳び出す死神」を出し抜くには、こちらも「ランダム」な存在に変容するのでなければ話にならない。経験も、知識も、そして所謂アイデンティティーも、下手な編成は排し、ランダムなまに起動態勢に置き、瞬時に反応する「自由」こそがその「知」の持ち味であった。

変幻自在、臨機応変、即座に鞭をあて、そして晴ればれと射抜く。彼らの「知」には狩猟の身体感覚が生きていたのではないか。

会編・女真伝は歴史に姿を現す前の阿骨打について次のようにも伝える。

阿骨打は身長八尺。状貌、雄偉にして沈毅、言笑寡《すく》なく、顧視常ならず。而して大志あり。能く其の人を用う。稍《や》稍《や》傍辺の部族を并呑す。或いは説きて以て叛亡を誘納し、或いは加えて以て牛馬を盗蔵す。好めば則ち親を結びて以て之を和取し、怒れば則ち兵を加えて以て之を強掠す。農に力《つと》め穀を積み、兵を練り馬を牧す。外には則ち多く金珠良馬を市《う》り、歳時に進奉賂遺して以て情好を通ず。此《かく》の如くする者、十余年。道宗（遼の道宗・耶律洪基、在位一〇五五―一一〇一）末年、阿骨打（遼朝廷に）来朝す。悟室（兀室）の従うを以て、遼の貴人と双陸《すごろく》す。貴人、瓊《さいころ》を投ずるに勝たざれば、妄りに馬を行《すす》む。阿骨打憤ること甚だし。小佩刀を抜き、之を剚《さ》さんと欲す。悟室急ぎ手を以て鞘《さや》を握る。阿骨打止《た》だ其の柄《つか》を得るのみ。其の胸を揕《つ》く。死なず。道宗怒る。

……

ここに瞬発する阿骨打の「生《せい》」を、その「双陸《すごろく》」に因んで、一種賭けに出る「勝負師」の攻撃的な「生」と呼ぶことも出来るだろう。

二八

前に示したテキストには総評的に「其の人は則ち、寒きに耐え、飢えに忍び、辛苦を憚らず。生物《なま》を食らい、勇悍にして死を畏れず。其の性は奸詐、貪婪、残忍。壮を貴び老を賤しむ」と云うが、このテキストの向こうに、我々は今展開して見た「生」の有り様、「知」の有り様を読むことが出来るだろう。そしてこの「生」と「知」の様相は、完顔希尹・兀室に指摘した「サマン」的な「知」の様相でもあることは云うを待たない。ただそこでは、兀室生来の鋭敏さが昂進して異形に近づいていたのである。

そしてさらに「サマン」なる現象自体が、そのような「女真」に云われる「生」と「知」の、異形にまで昂進した発現であったと解釈することが出来るだろう。すなわち、「サマン」に示される異形性は、厳冬の刃《やいば》がいわば原型として彼らの心底に刻みつけた、ランダムな「生」と「死」の鬩ぎ合いが、それとして裸形に立ち現れるところにあったのではないか。

「サマン」なる現象は、島田正郎《まさお》氏の言を襲えば、「北方ユーラシア」、すなわち「旧大陸の内陸乾燥地帯」において「歴史的に独自の一つの世界を形成」して来たと認識される「その草原において有史以来遊牧生活を営んで来た雑多な民族の間」(『北方ユーラシア法系の研究』創文社、一九八一、「序」の語)に広く観察される。女真・金やあるいは契丹・遼などについての研究においては、「シャーマニズム(シャマニズム、薩満教)」の問題が取り上げられるのは普通のことであり、さらに北方ユーラシア全般を通観しての「シャーマニズム」の研究もかなりの成果を標している。しかしそれらの研究には共通して、一つのフィルターが掛かってしまっていると我々には観ぜられる。すなわち「一貫する生《せい》」「一貫する知」を先ずは対象に求めてしまう我々の側の「学知」の癖というフィルターである。またそのために、そこに息白く暮らす人々の心底に刻み込まれている「生」なり「知」なりの裸形に至らないままに、多くの論述は「シャーマニズムは宗教であり、深く信仰され、大きな影響をその社会に与えていた」といった風な、一般的で平板な結論に落ち着いてしまっているかに観ぜられる。

「サマン」なる現象が彼らの生活に日常的に遍在していたと考えるわけにはもちろん行かない。彼らにあっても、それはやはり異形であり、病的な現象と捉えられていたと思われるからである（前出・田中訳『シャマニズム　アルタイ系諸民族の世界像』四〇八頁「シャマンの能力と素質」、参照）。しかしそれにもかかわらずこの現象は「北方ユーラシア」に生きる人々に重大な意味をもつ現象として受け入れられ、社会的にも機能していた。それはこの「サマン」なる現象が広くこの「北方ユーラシア」に生きる彼らの「生」に鋭く対応していたからであろう。すなわち彼らにおける「シャーマニズム」とはこのような彼らにおける「生」の原型のレベルでの対応現象として取り扱われるべきであり、そしてその「シャーマニズム」に対応している彼らの「生」とはすなわち我々が女真・阿骨打たちに見た「ランダムな生」であったのではないか、と想定されるのである。というのも、氷雪の衣をまとって訪れる圧倒的な死と狂乱のしじまに、そこに生きる限り、また一度、また一度と、全身を耳にし目にして対峙し続けなければならない厳冬の「生」において、「北方ユーラシア」の人々は狩猟、遊牧、採取、漁撈と生活形態を変化・混在させつつもその状況を共にしていたと判定されるからである。

『遼史』「礼志」には、所謂「中国」の「正史」に慣れた目には妙に生々しい、その意味では「中国」的に「儀礼」と呼ばれるものとは別の風合いを持つ宮中風俗の記載が現れる。その冒頭「吉儀」の最初に置かれる「祭山儀」「瑟瑟儀」「柴冊儀」、その「瑟瑟儀」に現れる「射柳」、「柴冊儀」中に現れる「再生儀」、などがそれである。その生々しさとは、例えば「軍儀」の「皇帝親征儀」に、

出師には死囚を以て、還師には一諜者を以て、柱を植《た》てて其の上に（死囚なり一諜者なりを）縛り、向かう所の方に于《お》いて之を乱射す。矢の集まること蝟《はりねずみ》の如し。之を「射鬼箭」と謂う。

と云うがごとき記載である。

これら『遼史』に特徴的に現れる宮中風俗については、島田正郎氏がすでに次のような論考を発表されている。すなわち、a「契丹における生母の地位―嘉礼諸儀を中心として」、b「遼制における生誕儀の意義―契丹における幼児の地位」、c「遼の社会における咒術力の作用」、d「契丹の祭祀―祭山儀と柴冊儀」、e「契丹の再生礼」、f「契丹の射柳儀」（以上、『遼朝史の研究』創文社、一九七九、所収）、g「敵烈麻都司と礼部―巫の機能と地位」（『遼朝官制の研究』創文社、一九七八、所収）など。また『遼制之研究』第二編第二部「礼書及び遼朝雑礼」（一九五四。汲古書院、影印版、一九七三）、『遼史』（明徳出版社、一九七五）、『契丹国　遊牧の民キタイの王朝』II「キタイ（契丹・遼）国の制度と社会」5独自の儀式と典礼、6シャマンと巫（東方書店、一九九三）など。島田氏の所説にも参照しながら、以下四点に分かち、これら「礼志」中の記載に就いて考察を広げておきたい。

（1）「祭山儀」「瑟瑟儀」「再生儀」など、これらの特異な儀式の次第を記すテキストには「太巫」「巫」などの漢字表記で表される者が現れ、それらの儀式の司会進行という中心的な取り仕切りを行っている。また「祭山儀」「柴冊儀」などには、その全体や節々に、例えば前出のウノ・ハルヴァ著、田中訳『シャマニズム　アルタイ系諸民族の世界像』に報告されているシャーマンの行う儀式を髣髴とさせるものがあり、紛れもなくそれらの儀式がシャーマニズムに由来するものであると窺わせる。島田氏の論文c・dに参照。

（2）島田氏は論文a「契丹における生母の地位－嘉礼諸儀を中心として」において、順に「冊皇太后儀」（礼志五、嘉儀上）、「皇太后生辰朝賀儀」（礼志六、嘉儀下）、「正旦・冬至朝賀儀」（礼志六、嘉儀下）を取り上げて分析し、さらに「礼制以外の面に見える皇太后の優位性」の節では、宋の使者が国書を遼の国主に捧げる際に、それに先んじてまず皇太后に呈した事例を挙げ、次に天子が崩じた際に直ちに称制を行うのが新帝の母后であり、クリルタイで新帝の決定を行う時に最も重んじられたのが皇太后の意中であったことを指摘している。その上で、最後の節「皇太后優位性の意味－生母の地位の優位性」において、「契丹人においては、家族の構成は父権的であり、夫及び父の権力は大きかったが専制的ではなく、婦人の地位もそれ程低くはなかった。夫の留守中及び死後、妻たる母は家庭及び家族の経済を支配し、名誉ある地位を占めていた。それは契丹の婚姻習俗に、母処婚や逆縁結婚の事例があるとか、夫の狩猟中妻が留守を監督したとかいう事実によって立証できる。このような社会では、ルブルクやカルピニのような一二・一三世紀の旅行家が、モンゴルについて伝えたと同じように、生母の地位の高かったことを推測してもよさそうである」として、天子の生母たる皇太后の優位性のみならず、「契丹人一般の間に生母の地位を特別視する考えがあったと結論」づけ、さらにその理由として三つの仮説を提出された。すなわち、1、母権制の残滓、2、契丹人がシャマン（巫）を尊敬し、且つその巫が一般に女性であること、3、狩猟遊牧民族であるところから、狩猟・掠奪行のため父または夫である男性が留守勝ちであった、の三つである。氏自身はいずれも「仮説の域を脱していない」とした上で、3が有力な事由となったのではないかとしておられる。

ここに思い合わされるのは、澶淵の盟において本格的な遼朝廷との交流が始まった真宗中期以後に当たる仁宗当初の章献皇太后「垂簾聴政」期の宋朝廷において、ここに指摘された、例えば遼朝廷「正旦・冬至朝賀儀」では皇帝・皇后が羣臣の賀を受けた後に羣臣を率いて皇太后の殿に詣《いた》り賀を行う規定があるなどに類する儀礼が、変例であると批判されながらも、当の宋の皇帝たる仁宗によって行なわれている事実である（本章一四節に参照）。真宗の有名な道教崇敬政策がやはり主《おも》には遼朝に優越せんがための配慮に出たと考えられることとも絡んで、これは興味深い事実である。

（3）『遼史』「礼志」に記録されているこれら特異な儀礼のうちでも、「再生儀」は特に、まさに彼らにおける自らの「生《せい》」への生々しい受け止め方を示唆していて興味深い。島田氏の論文eはこの儀礼についての専論であり、また明徳出版社『遼史』にはその訳注を撰んでおられる。今（2）で紹介した契丹人における「生母の地位」というテーマにも示唆するところがあるので、改めて「礼志」のテキストから関連の記載を紹介し、考察を広げておく。

「再生儀」は「礼志」に二回見える。一つは「礼志」一の「柴冊儀」に次のように見えるものである。

柴冊儀。吉日を択ぶ。期に前《さき》だち、柴冊殿及び壇を置く。壇の制、厚く薪を積み、木を以て三級の壇を為《つく》り其の上に置く。百尺の氈・龍文の方茵を席《し》く。又た「再生」「母后」「捜索」の室を置く。皇帝、「再生」室に入る。再生儀を行う。畢る。八部の叟、前導後扈し、左右、皇帝を冊殿の東北隅に扶翼す。日を拝す。畢る。馬に乗る。外戚の老者を選びて御す。皇帝疾馳す。仆《たお》る。御者、従者、氈を以て之を覆う。皇帝、高阜地に詣《いた》る。大臣、諸部の帥《すい》、儀仗を列《つら》ね、遥かに望みて以て拝す。皇帝、使を遣わし勅して曰く「先帝升遐す。伯叔父兄有りて在り。当《まさ》に賢者を選ぶべし。沖人は不徳、何ぞ以て謀《はかりごと》を為さん」と。……僉《み》な曰く「唯だ帝が命《めい》にのみ是《こ》れ従わん」と。……

島田氏は「柴冊儀」を「祭山儀」に対して、「およそ北アジアの遊牧狩猟民族の民族祭に、純宗教的な目的をもって、春秋の二季に行なわれる時祭と政治的な集会に先立って臨時に行なわれる神事との二種があったことは、人のよく知るところである。すなわち『祭山儀』は春秋の二季に行なわれる純宗教的な祭儀であり、これに対し『柴冊儀』とは、政治的な集会に先立って行なわれる臨時の神事と認められる。政治的な集会とは、外征・掠奪・集団狩猟などの大事を、合議して決することを目的とする。なかんずく、選挙首長制をとった段階では、次期首長を選出し、これを推戴する集会こそが、最も重要であったことはいうまでもない。いわば、のちのモンゴルのクリルタイに相当する。」と位置づけられた（論文d）。そして「再生儀」は、今見た如く、元来この「柴冊儀」の前儀であったのであるが、聖宗・太平元年（一〇二一）以後、「柴冊儀」が唐・晋の旧儀に遵う純然たる漢儀である「皇帝受冊儀」（礼志五）と置き換えられ、それ自体は「上契丹冊儀」と改められた改革の後、「再生儀」が分離独立し、やがて道宗初年に編纂されたと考えられる「遼朝雑礼」に至って、礼制として完成したのではないかと推定された（論文e）。これが「礼志」六に見える、二つ目の「再生儀」である。

再生儀。凡そ十有二歳、皇帝、本命前一年季冬の月、吉日を択ぶ。期に前《さき》だち、禁門の北に地を除きて、再生室・母后室・先帝神主の輿を置く。再生室の東南に在りて、倒《さか》しまに三つの岐木を植《た》つ。其の日、童子及び産医嫗を以て室中に置く。一婦人酒を執り、一叟矢箙を持ち、室外に立つ。有司、神主に輿に降らんことを請い、奠を致す。奠訖《お》わる。皇帝寝殿を出で、再生室に詣《いた》る。羣臣奉迎し、再拝す。皇帝、室に入る。服を釈《ぬ》ぎ、跣《はだし》となる。童子を以て従い、三たび岐木の下を過ぐ。過ぐる毎《ごと》に産医嫗、詞を致し、帝の躬《み》を払《はら》い拭《ぬぐ》う。童子は岐木を過ぐること七たびす。皇帝、木側に臥す。叟、箙を撃ちて曰く「男を生めり矣」と。太巫、皇帝の首《こうべ》を幪《おお》う。興《お》く。羣臣、賀を称し、再拝す。産医嫗、酒を執酒婦より受けて以て進む。太巫、襁褓・綵結等の物を奉じて之を賛祝す。予《あらかじ》め七叟を選び、各おの御名を立てて綵に繫ぎ、皆な跪《ひざまず》きて進む。皇帝、嘉名を選びて之を受く。物を賜う。再拝し、退く。

羣臣皆な襁褓・綵結等の物を進む。皇帝、先帝の諸御容を拝す。遂に羣臣に宴す。

この儀の全体が、「出産」の一場を模擬するに掛かることは見間違えようがない。ここにあるのは、儀礼化されることによって「生《せい》」の原型に高められた「出産」である。すなわち、「母」における「出産」の現場を、現場そのままに儀礼化し、その生々しく繰り返される呪術的衝撃によって「生」の根底をここに現出させようというのである。「出産」は「母」が行なう根源的な「生」の現場である。そのことが、この儀礼の中で開示され、演ずる者の「生」に刻み込まれる。この儀礼が表現し、人に刻み付けるのは、人のこの「生」を何よりも「母」による「出産」に、「母」の代え難い苦しみに直結させる根源的な「生」の自己把持なのではないだろうか。

彼らにおいて「生母」が優位を得ていたのは、ここに露呈している彼らに刻まれていた「生」の原型において当然のことであった、と理解することが出来るであろう。これが彼らの「生」の現実であった。いささかこと分けるなら、先ず前節までに見た如く、彼らの「生」は厳冬という「死」に深く刻まれ続けていた。さらに当時の一般的な死亡率の高さに比べても出産にかかる女性の死亡率は相当に高かったと考えるべきであろう。また彼らの「生」は狩猟にせよ遊牧にせよ、人と同じ形態の生き物たちの「死」と「生」によって成り立っていた。出産が如何なるものか、出産にかかる「死」がいかなるものか、は、牧畜生活の基礎的な知識であっただろう。「生」と「死」が膚を接して、統御不可能に転ずるさまこそ、彼らのわが身内の「生」の現実であり、そのなか予断を許さぬ苦悶を犯して「出産」を行なった「母」こそは、端的に、ここにある我が「生」の源基であったのではなかったか。

この「再生儀」の一段には、『遼史』を編纂した史臣の次のような「賛」が付けられている。

……再生の儀は、歳《もくせい》の一周星に、天子をして一たび是の礼を行わ使め、以て其の孝心を起こす。夫れ之を体《たい》するや真なれば、則ち其の之を思うや切ならん。孺子の慕うこと（母への懐かしみ）、将に油然として中心（心のなかば）

に発する者あらんとす。感発の妙、言語文字の能く及ぶ所に非ず。……之を始むるに三たび岐木を過ぐを以てす。母氏の劬労《ほねおり》、能く念《おも》うことなからんか。之を終えるに先帝の御容を拝するを以てす。宗廟を敬承すること宜しく如何すべきや。『詩』に曰く「爾《なんじ》の祖を念うことなからんか、聿《こ》れ厥《そ》の徳を脩む」(大雅・文王)と。

「孝」に受け止め、最後は儒教的な父系観念へと収束しようとはしているが、しかしこの儀礼の生々しい(感発の妙、言語文字の能く及ぶ所に非ざる)力が「出産」における「母」の苦悶への身をもって演ずる追思にあることは的確に捉えられていると謂うことが出来るだろう。

なお我々がこの「柴冊儀」「再生儀」の一段を読んで思い合わされるのは、かって折口信夫氏が「大嘗祭の本義」(中央公論社『全集』第三巻)において解釈を展開された、例えば「真床襲衾」のことなどである。或いはそのような独特の触覚に満ちた折口氏の解釈の道をここで採るべきなのかもしれないが、今は一言するのみに止めたい。

(4) 島田氏は論文b「遼制における生誕儀の意義—契丹における幼児の地位」において、「礼典の成立」、「賀生皇子儀」(礼志六)、「皇后生産儀」(『説郛』五六所収、北宋・王易『燕北録』、「生産。皇后生産。……其餘契丹婦人産時。……」によって示される)、「皇后生産儀の内容」、「北アジア遊牧民の出産習俗と皇后生産儀」、「皇后生産儀と賀生皇子儀」、「中国の冠礼とその意義」、「遼制における生誕礼の意義」と、節を重ねて考察を展開され、「中国王朝の礼制には冠礼があって生誕礼を欠き、遼朝の礼制ではこれとは対蹠的に生誕礼があって冠礼を欠く事実に着目し、これを単に宗室の子女の出生もしくは成長に伴う国の定めた賀儀の違いとだけ見ないで、その基盤にあるところのものに検討を加え」られた。この遼における「生誕礼があって冠礼を欠く」事態と中国における「冠礼があって生誕礼を欠く」事態との対比は、重要な指摘である。

ひとつには、今(3)において「再生儀」に就いて我々が加えた、彼らが自身の「生《せい》」の原初と自己把持する場所についての解釈、それは「出産」であり、「出産」する苦悶にあった「母」に他ならない、という解釈、に、この指摘が端的に関わっているからである。すなわち彼らにおける最も深い「生」把持の在り処を儀礼化に刻んでいる点、「再生儀」「生産儀」「生誕礼」は根を同じくしていると診ることが出来る。このことは贅言するを待たないであろう。

ふたつには、司馬光がその『司馬氏書儀』(学津討原、新文豊出版公司影印)において、まさに彼の住まう「中国」の現実について、「冠礼の廃れるや久し矣」(巻二「冠儀」)と慨嘆しているからである。すなわち、ここで島田氏が対比的に描出された「中国」はすでに司馬光においては現実ではなくなっていたのである。司馬光の今の慨嘆に就いて、その「中国」と今も不用意に一括されている観念そのものを歴史の現実において問い直してみる必要があろう。さらにそもそも「中国」なる観念はいつ、どこに、いかにして成立していたのかをも。

三〇

ここでふたたび二四節の冒頭に引いた「会編・女真伝」の一文、

「珊蛮」なる者は、女真語の巫嫗也。

に戻り、前節までとは違う筋へと資料をたどっておこう。

すなわちこの一文において、「珊蛮」なる女真語に「巫嫗」なる漢語が対置されているのであるが、その「巫嫗」なる漢語の、漢語としての「響き」が何処から何処にまで響き、漢語の成す意味世界の中でどのような共鳴を引き起こしているかを探り出しておきたい。

「巫嫗」なる語の姿を鮮明に漢語世界に刻印し、その点でおそらく最もよく知られていたであろうと思われる古典テキストは、『史記』の巻一二六「滑稽列伝」、褚少孫補筆に見える西門豹「投巫」の一節である。
すなわち魏・文侯の時、西門豹が鄴の令となり、当地の人々を苦しめていた「河伯娶婦（河の神に洪水除けの人身御供として土地の娘を嫁がせる）」の風習をその機略によって廃絶する顛末を描くテキストである。当地の長老よりその風習の害毒について聞き知った西門豹は、「巫」によって「小家の女」より「好《よ》き者」として選び出された娘が、十数日の「斎宮」暮らしの後、飾り立てられて「河中」に流し遣られるその時には自身も臨んで「三老・巫祝・父老」と共にその娘を送りたいので知らせてもらいたいと約した。その当日の一段は、次のように記されている。

其の時に至る。西門豹往きて之に河の上《ほとり》に会す。三老・官属・豪長者・里の父老皆な会す。以て人民の往きて之を観《み》る者、三・二千人。其の巫は老女子也。已に年七十。従う弟子の女《むすめ》は十人所《ばかり》。皆な繒《きぬ》の単衣を衣《き》て大巫の後に立つ。西門豹曰く「河伯の婦を呼びて来《き》たらせ。其の好醜を視《み》ん」と。即《ただち》に女《むすめ》を将《ひき》いて帷《とばり》の中より出だす。来たりて前に至る。豹、之を視《み》る。顧みて三老・巫祝・父老に謂いて曰く「是の女子、好《よ》からず。大巫嫗に煩わして入りて河伯に報ずるを為さん、更めて好き女《むすめ》を求め、後日に之を送るを得ん、と」。即《ただち》に吏卒をして共に大巫嫗を抱きて之を河中に投ぜ使む。頃《しばら》く有りて曰く「巫嫗、何ぞ久しきや。弟子、之に趣《おもむ》け」と。復た弟子一人を以て河中に投ず。頃《しばら》く有りて曰く「弟子、何ぞ久しきや。復た一人をして之に趣《おもむ》か使めん」と。復た一弟子を河中に投ず。凡そ三弟子を投ず。西門豹曰く「巫嫗・弟子は是れ女子なるなれば、事を白《もう》す（事情を申し開く）能わざらん。三老に煩わして入りて之を白《もう》すを為さん」と。復た三老を河中に投ず。西門豹、簪筆・磬折し、河に嚮《むか》い、立ちて待つこと良《や》や久し。長老・吏の傍らに観る者、皆な驚恐す。西門豹顧みて曰く「巫嫗・三老来たり還らず。之を柰何《いかん》せん」と。復た廷掾と豪長者一人とをして入りて之に趣《おもむ》か使めんと欲す。皆な叩頭す。叩頭して且《まさ》に破れんとす。額血、地に流る。色、死灰の如し。西門豹曰く「諾《だく》。且《しばら》く留まりて之を待つこと須臾たれ」と。須臾す。豹曰く「廷掾よ起《た》て矣。河伯の客を留むることの久しきを状《じょう》せば、若《なんじ》ら皆な罷《まか》り去りて帰れ矣」と。鄴の吏民大いに驚恐し、是れ従《よ》り以後、敢えて復び河伯に婦を娶るを為すを言わず。

「大巫嫗」が先ず二出し、次に「巫嫗」が三出するが、いずれも「其の巫は老女子也。已に年七十」と云うものを指していることに間違いはない。この「老女子」が前に居り、その後ろに十人ばかりの「弟子」たる巫女たちが立ち並ぶ。テキストのこの部分の描出の視覚的な焦点深度の設定は、この「老女子」をこそ、この、数千人が見守る「河伯娶婦」というイベントの、その数千の視線が向かい行く「中心」に置く仕掛けであると覚しい。ここで西門豹は厳然たる機略を以てこの「中心」を奪位する。「老女子」を中心に設定が整っていた「河伯娶婦」というイベントが彼の手によって突如その「中心」の剝奪という事件にすりかわる。彼こそが先ず「大巫嫗」と呼びかけてこの「老女子」を引きずり出し、そして後には「大」をはずして「巫嫗」とのみ三度にわたり呼んでいるのである。そしてこの奪位にすれ違えて、「驚恐」するに心を抉り取られた人々の視線が新たに凝集する先に今や現出するのが、河水を背景に、切り取られたように「簪筆・磬折する」西門豹の姿なのである。

「簪筆」については、張守節「正義」に、

毛を以て簪頭に装す。長さ五寸。挿して冠の前に在り。之を謂いて筆と為すは、筆を挿して礼に備うるを言う也。

と云う。

「磬折」については、同じく「正義」に、

体を曲げて之に揖すること石磬の形の曲折するが若きを謂う也。

と云う。相俟って、微塵も揺るがぬ「文官」の本旨を示す視覚的象徴として点ぜられているのであろう。

最後に西門豹は、当日のイベントの落着として「廷掾」に、以上の出来事は河伯がこちらから弁明のための使者として送り込んだ巫嫗・三老たちを帰してよこさないという河伯の「不正事件」であるとして、その河伯の「罪状」を文書に仕立て置くことを命ずる。ここには一層明瞭に、そして十分意識的に、この一段のテキストが仕掛けている奪位劇という設定の軸となっている、その「奪位する者」と「奪位される者」との「対立」の真相が露呈されていると見ることが出来るであろう。すなわち、文字に記録し立て、点検吟味し、決着を着けて行く「書記合理主義」を本旨とする「文官」による、「巫嫗」への、あるいは「巫嫗」が「中心」となって人々の視線が凝集し流れ行く呪術的情動的なイベント世界への「驚恐」すべき、すなわち厳たる奪位行動、である。

滑稽列伝の記事は、以下、西門豹が民人に動員をかけて十二渠を開鑿し、河水を引いて民田に灌漑したことを記す。この灌漑整備については「今に至るまで皆な水利を得《え》、民人以て給足して富む」と謂う。そして末尾には総評して次のように云う。

故に西門豹、鄴の令と為《な》りて、名、天下に聞こえ、沢《たく》（その恩沢）は後世に流れて、絶えて已《や》む時無し。幾《あ》に賢大夫に非ずと謂う可けん哉。
伝に曰く「子産、鄭を治むれば、民、欺く能わず。子賤、単父《ぜんほ》を治むれば、民、欺くに忍びず。西門豹、鄴を治むれば、民、敢えて欺くをせず」と。三子の才能、誰か最も賢なる哉。治を辨ずる者、当《まさ》に能く之を別《わか》つべし。

西門豹の事跡に我々は第一章「闘う民政官たち」で取り上げた宋代の民政官たちの事跡を思い合わせることが出来るだろう。そしてここに云う「伝」の要略、「治」と「民」との対照のあり方を三つに要略して提示するその視点、すなわち「民政」如何の視点からは、子産、子賤なども、まさしくこの「民政」官の伝統の中に西門豹と共に並べられ、その「民政」の三類型を現す存在となっているのである。したがって我々が「中国」における「民政官の伝統」「民政の伝統」について考える時には、いま見た西門豹に関する記事は重要な資料となると言うことが出来るだろう。

この滑稽列伝の記事は「魏・文侯の時、西門豹、鄴の令と為る」に始まる。同じく『史記』巻四四「魏世家」には、

（魏）桓子の孫、文侯都と曰う。魏・文侯の元年は秦・霊公の元年也。……文侯は子夏に経芸を受く。段干木を客とし、其の閭を過ぎるに、未だ嘗て軾せざるなき也。秦嘗て魏を伐たんと欲す。或るひと曰く「魏君、賢人には是れ礼し、国人は仁と称す。上下和合すれば、未だ図る可からざる也」と。文侯此れに由りて誉《ほまれ》を諸侯に得《う》。西門豹に任じて鄴を守らしむ。而して河内、「治《ち》（世情が平穏であった）」と称せらる。

と云う。

同じく『史記』巻一五「六国年表」には、その元年を周・威烈王二年に掛けるが、これは紀元前四二四年に当たるとされる。したがって西門豹の事跡もこの頃ということになる。注目されるのは西門豹を鄴の令に任じた魏・文侯が孔子の弟子の子夏に経芸を受けたとされ、テキスト中、同時代人に「礼」や「仁」といった言葉によって評定されていることである。

とはいえ、むろんこの滑稽列伝、褚少孫補筆にかかる記事が、現実に、紀元前四二〇年前後の一日に起こった事件の忠実な記録であるとは到底言い得ない。このような事件が現にあったかどうかすら、その断定は不可能であろう。またその記事の言語テキストとしての性格を改めて問うならば、「記録」と言うよりは「伝説」、あるいは伝説に基づく「創作」とするのが妥当なところであろう。さらにこの記事の言句の端々がいつの時点で確定されたのかという点でも何らかの断定を行なうことは不可能である。十二渠の開鑿と民田への灌漑についての記事の後に「今に至るまで皆な水利を得《え》、民人以て給足して富む」と言い、最後に「伝」を引くなどして総評を加えているのは当の褚少孫であると考えることが出来ようが、例えばここで紹介した「投巫」の一節など、我々が先に示した読み、すなわちこのテキスト展開の核心には「書記合理主義」を本旨とする「文官」による「巫嫗」への厳たる奪位という対立構造が仕掛けられている、という読みが正しいとするならば、その言句の端々はまことに見事にこの仕掛けに読者を引っ掛けて行く形に形成されて

いる、と考えざるを得ず、したがってこのテキストは明瞭にこの対立構造をある歴史的動態の中に読み取り認識していた人物の口端、あるいは筆端に出るものだと推定せざるを得ないが、しかしそれが一にかかって褚少孫その人の認識、筆端に出るともやはり言い得ないと思われる。

我々として少なくとも言い得るのは、

（1）褚少孫の時までにそのような「文官」「民政官」に関わる対立構造についての歴史的認識が凝集され、鮮明になっていたこと、

（2）この認識が西門豹の「投巫」事件としてテキスト展開されていたこと、

（3）そしてこのテキスト展開が褚少孫によって『史記』への補筆部分として確定記録され、

（4）その形でこの佳く出来たテキストは、後世の人々に、「文官」「民政官」なる存在の使命に関わる認識を具体的な西門豹の姿と齢七十のやはり具体的な「巫嫗」の形姿とをもって語り継がせて行く「典拠」となった、

という辺りまでであろう。

思い併されるのは、『論語』雍也第六に、

樊遅、知を問う。子曰く「民の義に務め、鬼神を敬して之を遠ざくれば、知と謂う可し」と。仁を問う。曰く「仁者は難きを先にして獲るを後にす。仁と謂う可し」と。

と云う、よく知られた一条である。

「知を問う」に対する「孔子」の答応は、その冒頭の「務民之義」という句に注目するなら、その思考展開の基底に「民政においては」というマクラがあるのではないだろうか。とするなら、「敬鬼神而遠之」とは今ここに見て来た西門豹「投巫」の一節と同じ、当時の「民政」に関わる基本的な対立への認識を現していると読むことが出来る。すなわちこの認識の顕現は、褚少孫に先立つ最近のことであるのではなく、むろん『論語』のこの一章のテキストがにわかに実

在の孔子に由来するとなし得るのか否かには大いに疑問があるにしても、相当に以前よりの事態であったとは推測し得るのではないだろうか。

因みに「文淵閣・四庫全書・電子版・原文及全文検索版」（迪志文化出版・中文大学出版社、一九九九）によって「巫嫗」を「文淵閣・四庫全書」全体に検索してみると次のようなことになる。

「正文文字」検索では凡そ六五巻一五三個。この内、『史記』『史記集解』『史記正義』（各五個）及び『水経注』『水経注集釈訂訛』『水経注釈』（各二個）はそれぞれ「正文」そのものは同じであるから重なるものを引き、また『御定佩文韻府』の一つは項目として立っているに過ぎないので除くと、凡そ六〇巻一三八個となる。内、今の滑稽列伝の一節を引用あるいは要略し、あるいはそれに言及するものは、合わせて三七巻一〇九個。これには『史記』そのものは含めていない。含めると三八巻一一四個。

他には程知節が王世充を論評した次のような、たとえば『資治通鑑』巻一八七、唐・高祖・武徳二年（六一九）の記事に次のように出る論評に関わるものが六巻六個。

> （王）世充、穀州を寇す。世充、秦叔宝を以て龍驤大将軍と為し、程知節を将軍と為す。之に待すること皆な厚し。然れども二人、世充の多詐なるを疾《にく》む。知節、叔宝に謂いて曰く「王公は器度浅狭にして妄語多し。好みて呪誓を為す。此れ乃ち老巫嫗なる耳《のみ》。豈に撥乱の主たらん乎」と。

また、例えば『太平寰宇記』巻一二六、淮南道・四、廬州・合肥県に次のように云うに関わるものが三巻五個。

> 巣湖は今の県の東南六十里に在り。……耆老相い伝えて曰く「居巣県の地、昔、一巫嫗有り。未だ然らざるを予知す。説く所の吉凶咸《み》な徴験《しるし》有り。居巣の門に石亀有り。巫云う「若《も》し亀、血を出ださば、此の地、当《まさ》に陥りて湖と

為るべし」と。未だ幾《いくばく》ならざるの間、郷邑祭祀す。人有りて猪の血を以て龜の口中に置く。巫嫗、之を見て南走す。回顧するに其の地已《すで》に陥りて湖と為る。人多く之に頼り、巫の為《ため》に廟を立つ。今の湖中姥の廟、是れなり。

これに『三朝北盟会編』巻三「女真伝」の「珊蛮なる者は、女真語の巫嫗也」に関わるもの四巻四個が加わり、それ以外の九巻九個は散在的に現れるものである。

参考として「巫」「嫗」それぞれについて「正文文字」の全文検索を行なうと、「巫」は一万三八七六巻三万〇〇四七個、「嫗」は三二一九巻五三九三個。

以上の数字はあくまでもの目安に過ぎないが、少なくとも「巫嫗」という言葉は文献上ありふれた言葉ではなかった、とは言い得るだろう。「四庫全書」の規模を考える時、滑稽列伝の一節を伴わずに「巫嫗」という語が使用される例は十分に少ない。すなわち「巫嫗」なる語は、古典語彙を中心とする漢語世界では、西門豹「投巫」伝説に埋め込まれた語として先ずは機能していたと覚しいのである。

三

「嫗」という言葉は如何なる意味を響かせているのか、という点、『説文解字注』十二篇下「女」部における段玉裁の注釈は勝れた展望を与えてくれる。

『説文解字』本文はこの辺り、

……

母《ボ》、牧《ボク》也、女に从《したが》い、子を褱《いだ》く形に象《かたど》る、一《いっ》に子に乳《ちち》するに象《かたど》る也と曰う。

嫗、母也、女に从う、區の声《せい》。
媪、母老いたるときの偁《な》也、女に从う、𥁕《オン》の声、読みて奥の若くす。
姁、嫗也、女に从う、句の声。
……

と並んでいる。

その「嫗、母也」下の段玉裁の注釈には次のように云う。

「楽記」に「煦《クウ》嫗して万物を覆育す」と。鄭曰く「気を以てするを煦《ク》と曰い、体を以てするを嫗《ウ》と曰う」と。（『礼記』本文の前後は「是の故に大人、礼楽を挙《おこ》なえば、則ち天地将に昭焉と為らん。天地訢合し、陰陽相い得て、煦嫗して万物を覆育す。然る後に草木は茂り、区萌は達し、羽翼は奮い、角觡は生まれ、蟄蟲は昭蘇し、羽者は嫗伏し、毛者は孕鬻し、胎生する者は殰《やぶ》れずして卵生する者は殈《き》けざれば、則ち楽の道焉《ここ》に帰する耳《なり》」。「煦嫗して万物を覆育す」について孔穎達の疏には「天は気を以て之を煦し、地は形を以て之を嫗す。是れ天、煦覆して、地、嫗育するなり。故に『煦嫗して万物を覆育す』と言う也」と云う。）

『詩』「毛伝」（小雅「巷伯」）に「柳下恵、門に逮《およ》ばざるの女《じょ》を嫗《あたた》む」と。亦た「体を以てするを嫗と曰う」の意。「門に逮ばず」なる者は「門に入るに及ばず」、荀卿の所謂「門に後《おく》るる者と衣を同じくす」（大略篇第二十七）、即ち此れ也。

凡そ人及び鳥の子を生むを「乳」と曰う、皆な必ず体を以て之を嫗《あたた》む。（「皆」とは「人も鳥も」ということ。「人及鳥生子曰乳」は『説文解字』十二篇上「乳」字に「乳、人及鳥生子曰乳、獣曰産」と云うより引く。そこでは誕生期から生育初期の子個体に対する母個体の対し方によって、大きく人・鳥と獣とを分ける。すなわち段玉裁は、この「乳」字下「説解」が示す「乳」と「産」との言い分けを、人・鳥の方はともに子個体に母個体が抱き暖める形で関わるに対し、獣はそれをしない、という観察にもとづく言い分けであると理解し、ここでその一方、人・鳥の方を引用し、その理解からの示唆を明示する形で、「皆な必ず体を以て之を嫗む」と繋ぐのであろう。十四篇下には「獣、守備者也、一曰、両足曰禽、四足曰獣」と云うから、獣の基本は四足であるとするなら、抱き暖める姿勢をとることは母の側からも子の側からも形態的に無理がある。すなわちその形骸からして元よりそのようには出来ていない。四足獣の場合には哺乳についても、抱き吸わせるというのではなく、子の方が母の腹下に頭を突っ込む形で吸い付くことになり、抱き吸わせ、抱かれ吸い取る、という感覚からはいささか遣りっ放しというものになる。とするなら、人・鳥における母子関係の重大な形態的特質は懐に抱き暖め、暖められるという姿勢を取ることが可能なところにあるということになる。段玉裁がここで「人及鳥生子曰乳」を引くに当たり、その文のアタマに「凡」なる語を付けているのは、その事実の「人・鳥」にとっての重大性、基底性を特に現そうとしてのことであると理解すべきであろう。）

『方言』に「鶏を伏《だきあたた》むるを抱と曰う」（巻八）と。郭云う「江東には蓲《ウ》と呼ぶ。央富の反」と。按ずるに、「蓲《ウ》」は即ち「嫗《ウ》」也。「母」を之《これ》「嫗」と呼ぶは、此れに由る。

「高帝本紀」に曰く「一老嫗の夜に哭《な》く有り」と。（『史記』巻八「高祖本紀」、『漢書』巻一上「高帝紀」）

最後に引く用例、「高帝本紀」の「有一老嫗夜哭」は、漢の高祖についてのよく知られた一段からのものである。『史記』によって示す。

高祖、亭長なるを以て県のために徒《と》を酈山に送るを為す。徒《と》多く道に亡《に》ぐ。自《みずか》ら、至る比《ころおい》には皆な之を亡《うしな》わんと度《はか》り、豊の西沢中に到るや、止まりて飲み、夜、乃ち送る所の徒《と》を解き縦《はな》つ。……高祖、酒を被《くわ》え、夜、沢中に径《こみちゆ》く。一人に令して前に行かしむ。前に行く者還り報じて曰く「前に大蛇有りて径《みち》に当たる。願うらくは、還《もど》られよ」と。高祖酔いたり。曰く「壮士行くに、何をか畏れん」と。乃ち前《すす》む。剣を抜き、撃ちて蛇を斬る。蛇遂に分かれて両と為る。径《みち》開く。行くこと数里、酔い、因りて臥す。後人来たりて蛇の所に至るに、一老嫗の夜に哭く有り。人、何ぞ哭くや、と問う。嫗曰く「人、吾が子を殺す。故に之を哭く」と。人曰く「嫗が子、何んすれぞ殺さ見《る》」と。嫗曰く「吾が子は白帝の子也。化して蛇と為りて、道に当たり、今、赤帝の子の之を斬るところと為れば、故に哭く」と。人乃ち嫗を以て誠ならずと為し、之を告《こく》せんと欲す。嫗因りて忽として見えず。後人至る。高祖覚《めざ》む。後人、高祖に告ぐ。高祖乃ち心に独り喜び、自負す。諸《もろもろ》の従う者、日びに益ます之を畏る。

この「嫗」なる漢字が表記している「ウ」なる「ひびき（言葉）」の「ひびかせ（意味合い）」を捉え行く段玉裁の行論が遂にこの「高帝本紀」の「一老嫗の夜に哭く有り」一文に至る気息を私はかつて次のように評したことがある。

この「一老嫗の夜に哭く有り」という一文は、ここの段注の最後に引かれることにより、以上の、「子供をからだでだきあたためる」というところから「母」を「嫗」というのだという論証に照らされて、その一つ一つの言葉が輝き出すかのようである。ここの段注は、冒頭、「楽記」の世界大の思惟を述べる言葉から、最後の「高祖本紀」の、夜に一人、我が子を身からはがされ殺された老母が、その子を、夜気の中で抱きかかえて（或いは抱きあたため得ずに）哭いているという言葉まで、間断なく流れ行く。そして、その中で、「嫗」という言葉の姿は、まさに一篇の文学として、ここに明かされているのだと言うことが出来るであろう。（「段玉裁をめぐって―その言語観を中心に―」岡山大学文学部紀要・第六号所収、一九八五）

段玉裁の論証に従えば、「嫗」なる漢字の表記している「ウ」なる「ひびき」が往古の漢語世界に響かせていた原経験は、人と鳥とに特異な、母個体が子個体を抱き暖めるという行為であり、感覚であるということになり、その行為・感覚の「ひびき」を源基に、言葉として「母」を呼び指す名称詞となっているのだ、ということになる。そしてこのように、この「ウ」なる「ひびき」の芯となっている「ひびかせ」が明らかとなってみれば、「有一老嫗夜哭」という、ある意味ではよく知られた言葉を綴って成り立っている一句も、前後の一段を背景ににわかに深みを増し、その老女の「はだえ」にその時そのままに渦巻いていた我が子「喪失」の皮膚感覚を我々に知らせ、そしてそのことによって「言葉以前」のその哀しみとそれを包む夜の深さを「歴史」の広がりへと一気に吹き広げることに我々は気づくことになる。逆に言えば、この一句が論証の止《とど》めとして置かれることによって、読む者の思考は人の体温の織り成す歴史世界への洞察に深まり、或る「生《せい》」の源基と呼び得る風光へと至る、そしてそのことによってその以上の論証は飛躍的な説得力をここに有《も》つこととなる。段玉裁のここでの行文は、そのような力を持った論証の典型例であると謂うことが出来るだろう。その限りにおいて、その「嫗」の「ひびき」についての段玉裁の見定めを我々は心に止め、資料を増やし見て行く中で、思い返して行くこととしたい。

三二

「嫗」の次に並ぶ「媼」について、段玉裁は、その「从女𥁕声、読若奥」下の注釈において、

　按ずるに、𥁕に从うは蓋し嫗と同意。形声中に会意有る也。

と云う。

「同意」とは、『説文解字』中での言い方では、会意文字についてその字の作り具合が同じことを謂い、段氏もこれを襲う。「嫗」は「女」を意符（形声文字においてその字の意味の属するカテゴリーを示す部分）とし、「區」を声符（その字の音を示す部分）とする形声文字、「媼」は「女」を意符、「𥁕」を声符とする形声文字であるが、さらに「嫗」における「區」は単に音を表すだけでもなく「抱き暖める」意味を担う「意符」でもあって、したがって「嫗」は会意文字

でもあり、同じく「媼」の「𥁕」は「うちにこもるあたたかみ」という意味を担う「意符」でもあって、「媼」もまた同じ具合に会意文字でもある、と謂うのである。

ここの段玉裁の行論の基礎となっているのは、「𥁕」が現す意味合いこそがむしろ「媼」字の表記する「オウ」なる言葉の意味の芯となっているという考え方である。これは元々「𥁕」の表していた言葉とその意味合い（「うちにこもるあたたかみ」という意味合い）があり、それが様々な場面での意味合いに転訛し、その段階でその転訛して出現した言葉・意味を元のものや他の転訛した言葉・意味と区別して表すべく、その転訛の適合している場面（ここでは「女人」という場面）を特定して表す「意符（ここでは「女」）」を付加して「媼」なる文字・言葉が出来たと見るのである。その限り、その「𥁕」が示す意味は、それが声符となって出来ている形声文字の一群を見渡し、そこに共通する意味の芯として、ある太古的な本源性を持つ感覚へと透かし取る中で探り出されるものである。「𥁕」で言うならば、「嗢（むせぶ）」「緼（乱れもつれた麻）」「蘊（つみこもる）」「慍（うらむ）」また「氤氳・氛氳」の「氳」など。例えば「蘊」について言えば、その用例を辿るに、風の通らない、むんむんと肌に迫る、こもった熱気の盛んさを謂う言葉である（詳しくは木下「段玉裁の思考様式」三の2、中国思想史研究・第三号所収、一九七九、に参照）。すなわち今挙げた「𥁕」を声符とする一連の文字が表している言葉のひびきの芯に、我々は「熱気のこもり」の感覚を透かし見ることが出来るのではないだろうか。そして今問題となっている「媼」についても、その芯にこの「熱気のこもり」を見るならば、段玉裁がいささか示唆的に述べている「嫗」と「媼」が同じ作り具合の会意文字であるという言明もよく理解出来るであろう。すなわち「嫗」が「抱き暖める」感覚を芯とするに対し、「媼」はその抱き暖める者の「こもった暖かさ」、「尽きせぬ暖かさのこもり」の感覚を芯としているのだ、と。この感覚の芯を以て、「媼」は「母老いたるときの偁《な》」、すなわち老いたる母を呼ぶ名称詞となっているのである。

老いたる母たちは、限りなく暖かく、暖かさのこもりそのものである。「媼」なる言葉の「ひびかせ」はそこにある。

「媼、母老偁也」下の段玉裁の注釈は、冒頭「『母』は大徐『女』に作る。非也」と述べ、以下『史記』と『漢書』からの用例とそれぞれについての注釈を引き示す。「大徐」は徐鉉（本書六頁所引『続長編』巻一六・開宝八年一一月に参照）、あるいはその徐鉉が校訂した『説文解字』のこと。現在「四部叢刊」初編に収められて見ることが出来る版本である。そのテキストではここを「媼、女老偁也」に作るが、段玉裁はそれが誤りであるとここに云うのである。以下の『史記』と『漢書』からの用例とその注釈の引用はここが「母老偁也」でなければならないことの証拠として列挙されているのであろう。

段玉裁が挙げるところを前後を含めて紹介すると次のようである。

（1）高帝の母を「劉媼」と曰う。文穎曰く「幽州及び漢中は皆な老嫗を謂いて媼と為す」と。孟康曰く「長老の尊称也。左師、太后に謂いて曰く『媼は燕后を愛すること長安君より賢《まさ》る』」と。

『史記』巻八「高祖本紀」冒頭に、

高祖、沛・豊邑・中陽里の人、姓は劉氏、字は季。父は「太公」と曰い、母は「劉媼」と曰う。

その裴駰「集解」に文穎・孟康の注解を載せる。

孟康の注解は以下、

礼楽志には地神を媼と曰う。媼は母の別名也。音は烏老の反。

と云う。

この孟康の「礼楽志、地神曰媼」については司馬貞「索隠」に、孟康注の「地神曰媼」なる者は、礼楽志に「后土富媼」、張晏「坤は母為れば、故に媼と称す」と曰う、是れ也。

と解説している。段玉裁が以下「礼楽志」からの引用を行うのも、この孟康・司馬貞の注解の線に沿ってのことなのであろう。

孟康注解中の「左師」云々のことは、『史記』巻四三「趙世家」・孝成王元年に見える。秦が来攻し、三城を抜いたのであるが、当年、趙王は新たに立ったばかりであり、「太后、事を用う」、すなわち太后が国事を取り仕切っていたのであるが、秦の攻撃に対し、斉に救いを求めたところ、太后の少子・長安君を人質に出せということで、太后はこれを拒否する。そこで左師・触龍が太后に、長安君が本当にかわいいのなら、人質として行かせ、趙国の命運に功績を獲《と》らせ、長安君の趙国内での立場を確立しておくべきであろう、と説得するのである。趙世家では「老臣窃かに以為《おも》えらく、媼の燕后を愛するは長安君に賢《まさ》る（媼之愛燕后賢於長安君）、と」に作る。ここでは「媼」は「老臣」が「太后」を呼ぶ言葉である。

（2）「礼楽志」に「媼神は蕃釐たり」「后土富媼」と。張晏曰く「媼は老母の偁《な》也。坤は母為れば、故に媼と偁《な》す」と。

『漢書』巻二二「礼楽志」、「郊祀歌十九章」、「帝臨二」に、

帝、中壇に臨み、四方承宇し、縄縄として意変じて、備えて其の所を得《う》。六合を清和し、数を制するに五を以てす。海内安寧し、文を興し武を偃《ふ》す。后土富媼、三光に昭明す。穆穆として優游し、上黄を嘉服す。

と載す。

いまの「制数以五」の顔師古注に、

張晏曰く「此れは后土の歌也。土の数は五」と。

と云う。

また「后土富媼、昭明三光」の注に、

張晏曰く「媼は老母の称《な》也。坤は母為れば、故に媼と称《な》す。海内安定せるは、富媼の功なる耳《なり》」と。

と云う。

段玉裁の注はここの前半を採っているのである。

同じ「郊祀歌十九章」の「惟泰元七」には、

惟れ泰元は尊く、媼神は蕃釐たり。天地を経緯し、四時を作成す。……

と。

顔師古の注に、

李奇曰く「元尊は天也。媼神は地也。……」と。師古曰く「李の説、非也。泰元、天也。蕃は多也。釐は福也。天神は至尊にして地神は多福なるを言う也。……」と。

と云う。李奇によれば、「惟れ泰けし元尊、媼神蕃釐たり」と訓むことになる。

この「郊祀歌十九章」については、同じ「礼楽志」に、

武帝に至り、郊祀の礼を定む。太一を甘泉に祠る。乾位に就く也。后土を汾陰に祭る。沢中の方丘也。乃ち楽府を立て、詩を采りて夜誦するに、趙・代・秦・楚の謳《うた》有り。李延年を以て協律都尉と為し、多く司馬相如等数十人を挙げて詩賦を造り為し、律呂を略論して以て八音の調に合わせ、十九章の歌を作る。正月の上辛を以て事を甘泉の

> 圜丘に用う。童男女七十人をして倶に歌わ使め、昏《こん》（西空の残映が消え果てとっぷりとくれる時刻）に祠りて明《あさまだき》に至る。夜（西空の残映が消え果てる「昏」より東空が明るくなり始める「明」「早」「晨」までが「夜」）、常に神光の流星の如き有りて祠壇に止集し、天子は竹宮自《よ》りして望拝す。百官の祠に侍する者、数百人、皆な粛然として心を動かす焉。

と云うのが参考となろう。

男女の童子七十人が夜を徹して謳《うた》う謳《うた》の中で、「地神」が、「媪」なる言葉をもって謳《うた》われ、呼び掛けられているのである。

「富媪」の「富」、「媪神蕃釐」の「蕃釐（すなわち「多福」）」という附益の語に注目すれば、「媪」なる言葉の芯には子を抱き暖める母個体の「こもった暖かさ」、「尽きせぬ暖かさのこもり」の感覚があるという先の論定がここにも有効に拡大し得るものとして了得されるだろう。むしろここでは、「媪」という言葉が機能することによって、その「尽きせぬ暖かさのこもり」が人たる母の「あたたまり」からさらに深く豊かに、そのものとして広がる「地」そのもののイメージへと重層化しているのである。

さらにこのような「媪」の現れ方に、先に見た「媪」字下の段注が冒頭に引く「楽記」「煦嫗して万物を覆育す」に出る「嫗」に通底する、ある種の「世界を捉える感覚的構成」を見出すことも容易であろう。これらのテキストに出現する「嫗」や「媪」は、その漢語世界における機能において、端的に身体感覚的である同じその「ひびき」を世界把捉の核心にまで浸透させていると謂うことが出来るだろう。

三三

『史記』巻八「高祖本紀」には「嫗」や「媼」が印象的に出現する。「母権」的な気息がそこには見紛うことなくあるように思われる。

先ずその冒頭、すでに前節の（1）に、『説文解字』「媼」字下の段注に因んで一部を示した、高祖の出生にまつわる次のような一段である。

高祖、沛・豊邑・中陽里の人、姓は劉氏、字は季。父は「太公」と曰い、母は「劉媼」と曰う。其の先、劉媼嘗て大沢の陂に息《いこ》う。夢に神と遇《あ》う。是の時、雷電晦冥す。太公往きて視れば、則ち蛟龍を其の上に見る。已《すで》にして身《みごも》る有り。遂に高祖を産《う》む。

一種の感生帝説話なのであろうが、そのルーツにおいて母親が父親を圧倒する存在感を持つことは否めない。「劉」なる姓も、母の方についていて、父の方は「太公」と云うのみである。解釈の仕様はいくらもあろうが、母の方がむしろ家を代表して立ち働いていた、というような実世間をそこに見ることも出来るのではないか。いずれにせよ、この冒頭の文章では、高祖の存在とその「劉」という名は母親にこそ強く結び付けられているという仕掛けになっている。

一方その父「太公」の存在感は薄い。高祖が王朝を立てた後の記事には次のようにもある。

未央宮成る。高祖大いに諸侯羣臣を朝す。酒を未央の前殿に置く。高祖、玉卮を奉じ、起ちて太上皇に寿《じゅ》を為《な》して曰く「始め大人、常に以《おも》えらく、臣は無頼にして能く産業を治めざれば、仲《ちゅう》の力に如《し》かず、と。今某《それがし》の業の就《な》る所、孰《いず》れか仲《ちゅう》と多からん」と。殿上の羣臣皆な万歳と呼《よ》ばわり、大いに笑いて楽しみと為す。

この「太上皇」はこの場面でこのとき一緒に笑うのであろうか。この父が若年時の高祖に、後年を予感させる何物かを見抜くことの出来ぬ凡物であったことがここで笑いのめされているわけである。が、しかし笑いのめしている羣臣たち自身にも、同じ自らへの、この高祖という男の正体がよくは分かっていなかった、との思いがあって、それ故にこそ尚更に笑いのめす「楽しみ」が爆発するのであろう。すなわち「殿上の羣臣皆な万歳と呼ばわり、大いに笑いて楽しみと為す」という場面を、我々は、この群臣たち、すなわち高祖をかついで戦乱を切り抜いた男たちの、実は何物ともよく分からずに高祖をかついでいた、その呑気な凡愚を、陽気な言祝ぎとして漢王朝の出現に捧げる一場の笑場と見たい。

一方、話を「母たち」に戻せば、つとに彼女たちは、この、後に漢王朝の創始者となる男の正体に気づいていた。「高祖本紀」のテキストは、高祖が挙兵するに至るまでの段において、この種の話柄を重ねる。そこに以下の如く「嫗」や「媼」の姿が現れる。

高祖の人と為《な》り、隆準にして龍顔……壮なるに及び、試されて吏と為り、泗水亭長と為る。廷中の吏、狎侮せざる所無し。酒及び色を好む。常に王媼、武負に従いて酒を貰《かけがい》す。酔いて臥するに、武負、王媼、其の上に常に龍有るを見る。高祖、酤《か》いて留飲する毎《ごと》に、酒讎《さけのうりあげ》数倍す。怪を見るに及び、歳の竟《おわり》に、此の両家、常に券を折りて責《さい》を弃つ。

……

秦の始皇帝、常に曰く「東南に天子の気有り」と。是に於て因りて東游して以て之を厭《しず》む。高祖、即ち自ら疑い、亡匿し、芒・碭、山沢巌石の間に隠る。呂后、人と倶に求め、常に之を得《う》。高祖怪しみて之を問う。呂后曰く「季の居る所の上、常に雲気有れば、故に従いて往けば常に季を得《う》」と。高祖心に喜ぶ。沛中の子弟或いは之を聞き、附かんと欲する者多し矣。

この間に、三一節に紹介した

……高祖、酒を被《くわ》え、夜、沢中に径《こみちゆ》く。……後人来たりて蛇の所に至るに、一老嫗の夜に哭く有り。人、何ぞ哭くや、と問う。嫗曰く「人、吾が子を殺す。故に之を哭く」と。人曰く「嫗が子、何んすれぞ殺さ見《る》」と。嫗曰く「吾が子は白帝の子也。化して蛇と為りて、道に当たり、今、赤帝の子の之を斬るところと為れば、故に哭く」と。人乃ち嫗を以て誠ならずと為し、之を告《こく》せんと欲す。嫗因りて忽として見えず。後人至る。高祖覚《めざ》む。後人、高祖に告ぐ。高祖乃ち心に独り喜び、自負す。諸《もろもろ》の従う者、日びに益ます之を畏る。

の一段が存在する。

「王媼、武負」の「負」については、『漢書』巻一上「高帝紀上」の顔師古注に、

如淳曰く「武は姓也。俗に、老大母を『阿負』と謂う」と。師古曰く「劉向『列女伝』に云う『魏の曲沃負なる者は、魏の大夫・如耳の母也』と。此れ則ち古語に老母を謂いて『負』と為す耳《なり》。王媼は王家の媼也。武負は武家の母也。」

と云う。高祖の母を「劉媼」と呼ぶに類する、当地の実世間での通り名なのであろう。その呼びつきから、彼女たちも、広い意味での「母」と観念されていたと理解することが出来る。

そして「吾が子は白帝の子也。化して蛇と為りて、道に当たり、今、赤帝の子の之を斬るところと為れば、故に哭く」と応える「一老嫗」もまた、高祖となるこの男の正体をつとにここで告げていたのだということになる。この老女の姿と嘆きは、男たちの「斬り」殺し合いである「歴史」を、深い夜の中、自らの膚《はだえ》の温かみに受け止める「母たち」の面持ちを顕現していると言い得るだろう。

この「母たち」の高祖の正体に対する認識は、観察にもとづく分析的な吟味されたもの（『論語』為政に「子曰、視其

所以、観其所由、察其所安、人焉廋哉、人焉廋哉」と云うようなもの）ではなく、「王媼・武負」について「怪を見るに及び」と云われる如く、直覚的な幻視によって行なわれる。白帝の母についても、斬られた蛇と斬った高祖とを、「白帝」と呼び為し「赤帝」と呼び為して、世に隠された神々の「闘争」を描き出すことが端的に幻視である上に、この老女自体が「忽として見えず」と云われる如く、幻視なのである。この点で、「雲気」を幻視する呂后もまた、この「母たち」の一員であった、と見なすことが出来るであろう。

この「母たち」の高祖の正体についての幻視は、いまだ高祖そのものの現実としては顕在化していないのであるから、一種の予言的な幻視であるということになる。そしていまだ無名の高祖は、「高祖乃ち心に独り喜び、自負す」「高祖心に喜ぶ」と、その「母たち」の幻視をそのまま自らの自我意識の芯に引き込んで、その「自己幻想」を膨らませて行くわけである。ここに高祖の自己理解が成立するのであるが、言うなればそれは「母たち」の幻視を自らの芯とするところに育ったのであるから、このように膨らんでいった高祖の自我とは端的に「母権」的であった、と言う以外にないのではないか。あるいは「母権親昵的」であった、と。『史記』のテキストに就く限り、このような見取りが出来る。そしてこの見取りは、漢王朝の性格を考える場合に常に考慮されるべきポイントであると思われる。

漢・高祖の十二年、黥布を撃った後、高祖は故郷の沛に道すがら逗留した。よく知られた一段であるが、『史記』にはこの逗留をまとめて、

沛の父兄諸母故人、日び楽しみ飲みて驩《かん》を極む。旧故を道《い》いて笑楽《らく》と為す。十餘日、高祖去らんと欲す。……

と記す。「諸母」がここに現れることに注意すべきであろう。男女の雑居を何よりも嫌う所謂「儒教倫理」、「七年、男女、席を同じうせず、共に食らわず」（『礼記』内則）の規範などはむろん関係のない世界に彼らの生活は息づいていたのである。（呂思勉『呂思勉読史札記』上海古籍出版社、一九八二、乙帙「秦漢」・「漢時男女交際之廃」参照。）

三四

政治権力としての漢王朝の中枢部分の歴史は、何よりも、「母権」の歴史である。このことは、例えば『史記』巻九「呂太后本紀」、巻二八「封禅書」、『漢書』巻九七上・下「外戚伝」上・下、巻九八「元后伝」などを読めば、見間違えることの出来ないところである。だがしかし、一夫一婦制、それも近代的な「民法」における婚姻倫理に馴致された「我々」の目から見るとき、その記事はほとんど把捉不可能なほどの乱倫状態にあると言うことが出来るだろう。『史記』や『漢書』に、生々しい同時代史として残されているこれらの記録を、その「同時代」の真実において読み、把捉するためには、彼我の懸隔に驚き、こちら側の「制度」や「秩序」に親昵してしまっている感性を、その驚きによって、向こう側の生々しい「生《せい》」へと開き、破却しておく必要がある。先ずいくつかの話柄を示しておきたい。

一つは文帝の四年（前一七六）からその後二年（前一六二）まで、足掛け十五年、丞相の位にあった（巻二二「漢興以来将相名臣年表」に拠る）張蒼についての『史記』巻九六「張丞相列伝」の記事である。

この「張丞相列伝」末の「太史公」語には、

　張蒼は文学・律暦、漢の名相為り……

と云い、巻一三〇「太史公自序」には、

　漢既に初めて定まれば、文理未だ明らかならず。蒼は主計と為り、度量を整斉し、律暦を序す。張丞相列伝第二十六を作る。

と云う。

いまの「文理未明」については巻六九「蘇秦列伝」に、

（蘇秦）乃ち西のかた秦に至る。秦の孝公卒す。恵王に説きて曰く……秦の、士民の衆《おお》きと兵法の教えを以てすれば、以て天下を呑み、帝を称して治む可し、と。秦王曰く、毛羽未だ成らざれば、以て高く蜚《と》ぶ可からず、文理未だ明らかならざれば、以て并兼する可からず、と。方《まさ》に商鞅を誅せば、辯士を疾《にく》む。用いず。

と云い、巻一二八「亀策列伝」に、褚少孫補筆の部分ではあるが、

故に云う、之を取るには暴彊を以てするも、治むるには文理を以てす、と。四時に逆らうことなく、必ず賢士に親しめ。陰陽と化して、鬼神使《つか》いと為《な》らん。天地に通じて、之と友と為《な》れ。諸侯賓服し、民衆殷《おお》いに喜ばん。邦家安寧にして、世と更始せん。湯・武之《これ》を行いて、乃ち天子を取る。『春秋』之《これ》を著《しる》して、以て経紀と為す。……

と云う。

前者では「兵法の教え」によって「天下を呑む」ことに対置して言われ、後者では「暴彊」に対置して言われるより考えれば、これらの「文理」は「文治の制度」を意味すると先ずは理解出来よう。

『荀子』仲尼篇第七には、

仲尼の門人、五尺の豎子の言にも、五覇を称するを羞《は》ず。是れ何ぞや。

との問いに対する応えに、

然り。彼（五覇）は政教に本づくに非ざる也。隆高を致すに非ざる也。文理を綦《きわ》めるに非ざる也。人心を服するに非ざる也。……

と云い、その楊倞の注には、

極めて文章条理有るに非ざる也。

と云う。

同じく『荀子』に就くに、王制篇第九にも「綦文理」と云い、富国篇第十には、

仁人の国を用うるや、将に志意を脩め、身行を正し、隆高を伉げ、忠信を致し、文理を期さんとす。

と云い、王覇篇第十一にも「綦文理」と云う。

一方、礼論篇第十九、性悪篇第二三、賦篇第二六には「礼」を解説するキータームとして、「文理」なる語が次のように出てくる。

先ず礼論篇から拾えば、

礼は何に起こるや。曰く。人生まれて欲有り。欲して得ざれば、則ち求むること無き能わず。求めて度量分界無ければ、則ち争わざる能わず。争えば則ち乱る。乱るれば則ち窮す。先王は其の乱るるを悪《にく》む也。故に礼義を制して以て之を分かち、以て人の欲を養い、人の求むるに給し、欲をして必ず物を窮《きわ》めざらしめ、物をして必ず欲に屈《つ》きざらしめて、両者をして相い持して長《なが》から使む。是れ礼の起こる所也。故に礼なる者は養う也。……夫《か》の出死要節することの、生を養う所以なるを熟知する也。夫《か》の費用を出だすことの、財を養う所以なるを熟知する也。夫《か》の恭敬辞譲することの、安きを養う所以なるを熟知する也。夫《か》の礼義・文理の、情を養う所以なるを熟知する也。……

（故に人）苟くも情説《えつ》するを之《これ》楽しみと為《な》さば、若《かくのごと》き者は必ず滅びん。故に人、之を礼義に一《いつ》にせば、則ち両《ふたつ》ながら之を得《う》矣。之を情性に一《いつ》にせば、則ち両《ふたつ》ながら之を喪《うしな》う矣。故に儒なる者は将《まさ》に人をして両《ふたつ》ながら之を得《え》せ使めんとする者也。墨なる者は将《まさ》に人をして両《ふたつ》ながら之を喪《うしな》わ使めんとする者也。是れ儒・墨の分也。……

礼なる者は財物を以て用と為し、貴・賤を以て文と為し、多・少を以て異と為し、隆・殺《さい》を以て要《かなめ》と為す。文理繁く、情用省くは、是れ礼の隆《たか》き也。文理省き、情用繁きは、是れ礼の殺《そ》ぐ也。文理・情用、相い内・外、表・裏と為り、並び行われて雑《ま》じるは、是れ礼の中流也。……

故に曰く。性なる者は本始の材朴也。偽なる者は文理の隆盛なる也。性無ければ則ち偽を之《これ》加うる所無し。偽無ければ則ち性は自《みずか》ら美たる能わず。性・偽合《がっ》して然る後に聖人の名は一《いっ》にして、天下の功、是に於て就《な》る也。……

次に性悪篇から拾えば、

人の性は悪たり。其の善なる者は偽也。今、人の性、……生まれながらにして耳目の欲有りて、声色を好むこと有り焉。是れに順《したが》えば、故に淫乱生じて礼義・文理滅ぶ焉。……

次に賦篇には、

爰《ここ》に大物有り、絲に非ず帛に非ずして、文理章《あや》を成す。日に非ず月に非ずして、天下の明《めい》と為《な》る。生者は以て寿《いのちなが》く、死者は以て葬らる。城郭は以て固く、三軍は以て彊《つよ》し。粋なれば王、駁なれば伯。一《いっ》も無ければ亡ぶ。臣は愚にして識《みわ》けず。敢えて之を王に問わん。王曰く。此れは夫《か》の文にして采ならざる者与《か》。簡然知り易《やす》くして理有るを致す者与《か》。……匹夫之《これ》を隆《たかく》せば則ち聖人と為《な》り、諸侯之《これ》を隆《たかく》せば則ち四海を一《いっ》にする者与《か》。致って明にして約、甚だ順にして体あり。請らくは之を礼に帰さん。

また礼論篇には、

本《もと》を貴《とうと》ぶを之《これ》「文」と謂う。用に親しむを之《これ》「理」と謂う。両者合して文を成し、以て大一に帰る。夫《そ》れ是れを之《これ》「大隆」と謂う。

とも云う。

賦篇に云う「大物」とは結局「礼」だとなる。「文」は「美しい模様」、「理」は「くっきりとしたすじめ」という意味からこの「文理」という言葉に参加していると判断できるが、それとしてはそのままに「礼」の燦然たる秩序性を表現する言葉となっていると覚しい。ただし単純に「礼」のレベルに「文理」もあるというのではなく、礼論篇では「文理」と「情用」を対置して「礼」の程度を解析しており、その意味では、「文理」とは、「情用」という現実の人間感情のレベルにおいて、具体的にそれにエッジを立て、それに切れ込みを入れて行くことによって、「礼」なる秩序を現実裡に「礼」として実現している、その具体的な「制度」を指す言葉だ、となろう。

以上の行文に、「文理」という言葉が荀子の思想の核心をなす一連の用語の一つであることは明らかである。ここでは端的に「礼義」を秩序、「文理」はそれを現実裡に実現する実定的な制度、「情用」はこの「文理」によって切れ目を入れられる、生存・生活裡に動き行く人の生《なま》な欲望や気持ち、と解しておきたい。

『史記』は「本紀・表・書・世家・列伝」という体裁をとるが、そのうち一種の制度通史の部とでも謂うべき「書」においては先ず「礼」が第一に取り上げられ、以下に「楽」「暦」「天官」と続く。その「礼書第一」の冒頭には「礼」なるものへの「太史公」の託身《オマージュ》とも呼び得る言句に始まる歴史的考察がおかれている。このことを思い合わせるなら、「太史公」がその自序において「文理」という言葉を使う時、頭に措いているのが、これら、『荀子』において「礼義」と関連して出現する「文理」であることは、まず間違いない。

すなわち「太史公」は、人の生存、生活を、争いのない、深く、高く、美しいものへと「養い」、馴致する理想的秩序「礼」の実現を、歴史を評定するための基本視座として設定していたと覚しい。その基本視座から漢王朝の成立を眺め、張蒼という人物を、そのような「礼」を実現する実定的制度である「文理」を漢にもたらした「名相」であると評定しているわけである。

ちなみに「名相」という言葉は、「太史公」の評語としてはここに見えるだけである。

その張蒼が丞相を免ぜられて後の生活について、しかし列伝は次のように記す。

蒼の相を免ぜられし後は、老いたれば、口中に歯なく、乳を食らい、女子を乳母と為す。妻妾は百を以て数う。嘗て孕《はら》みし者は復た幸い（「幸い」は交接を謂う）せず。蒼、年百有餘歳にして卒《しゅつ》す。

この直前に、張蒼は「長《た》け八尺餘」とあるから、そのまま換算すれば一八五センチメートルを超える身の丈となる。

またこの列伝の最初には、

張丞相蒼なる者は陽武の人也。書・律暦を好む。秦の時、御史と為り柱下の方書を主《つかさど》る。罪有り。亡《に》げ帰る。沛公、地を略して陽武を過ぎる。蒼は客を以て従い、南陽を攻む。蒼、法の当《まさ》に斬すべきに坐す。衣を解きて質《しち》（斬首の台）に伏す。身は長大にして肥えて白きこと瓠《ふくべ》の如し。時に王陵見て其の美士なるを怪しみ、乃ち沛公に言う。赦《ゆる》して斬ること勿れと。……

と云う。

ここで思い合わされるのは、『漢書』巻五二「竇田灌韓伝」が韓安国について伝える記事である。韓安国は梁の孝王（劉武。景帝の同母弟、母は竇皇后）に事《つか》え、呉楚七国の乱の時には将として呉の軍より梁を守ったことで知られる。

其の後、安国、法に坐して罪に抵《あた》る。蒙（梁国の県）の獄吏・田甲、安国を辱《はずかし》む。安国曰く「死灰独り復た然《も》えざらん乎」と。甲曰く「然《も》ゆれば即《ただ》ちに之に溺《いばり》す（燃え返せば小便を引っ掛けてやるさ）」と。居ること幾《いくばく》ならず、梁の内史缺《か》く。漢、使者をして安国を拝して梁の内史と為《な》ら使め、徒中に起こして二千石と為す。田甲亡《に》ぐ。安国曰く「甲、官に就かざれば、我、而《なんじ》の宗（一族）を滅ぼさん」と。甲、肉袒して謝す。安国笑いて曰く「公等、治するを与うるに足らん乎」と。卒《つい》に善く之を遇《ぐう》す。

「辱む」とはよく目にする表現であるが、ここでは前後の言辞、状況から見て我々の所謂「凌辱」と云うに等しいのではないか。すなわち男色の風尚にもとづく「陵辱」である。

あるいは次のような「弄児」をめぐる記事。先ず『漢書』巻九九「元后伝」、元帝の皇后であり、成帝の生母である王政君についての記事。政君の異母弟・曼の子が新の王莽である。

……明年、哀帝崩ず。子無し。太皇太后、莽（王莽）を以て大司馬と為し、与《とも》に共に徴して中山王を立てて哀帝の後に奉ず。是れ平帝なり。帝は年九歳、当年疾《やまい》を被《こうむ》れば、太后臨朝し、政を莽（王莽）に委《ゆだ》ぬ。莽（王莽）、威福を顓《もっぱら》にす。……太后の旁の弄児、病みて外舎に在り。莽（王莽）自ら親しく之を候《み》る。其の太后の意を得んと欲すること此《か》くの如し。……

顔師古の注には「弄児」について、

「官婢侍史、児を生めば、取りて以て弄児と作《な》す也。

と云う。

また巻六八「霍光金日磾《てい》伝」には次のように云う。

金日磾、字は翁叔、本は匈奴・休屠王の太子也。武帝・元狩（前一二二〜前一一七）中、票騎将軍・霍去病、兵を将《ひき》いて匈奴の右地を撃つ。斬首すること多し。休屠王の祭天金人を虜獲す。其の夏、票騎復た西のかた居延を過ぎ、祁連山を攻む。大いに克獲す。是《ここ》に於て単于、昆邪・休屠の西方に居りて漢の破る所と為ること多きを怨み、其の王を召して之を誅せんと欲す。昆邪・休屠恐れ、漢に降らんことを謀る。休屠王、後悔す。昆邪王之《これ》を殺し、并せて其の衆を将《ひき》いて漢に降る。……日磾は、父の（漢に）降らずして殺さ見《る》を以て、母・閼氏、弟・倫と倶に（漢の）官に没入せられ、黄門に輸して馬を養わしむ。時に年十四たり矣。之を久しくするに、武帝、游宴して馬を見る。後宮（後宮の女人たち）、側《かたわら》に満つ。日磾等数十人、馬を牽《ひ》きて殿下を過ぐ。窃視せざる莫し（顔師古注に「宮人（後宮の女人たち）を視《み》る（「視」はじっと見つめる）」と）。日磾に至るに独り敢えてせず。日磾は長《た》け八尺二寸（一九〇センチメートル近い）、容貌甚だ厳たり、馬又た肥えて好し。上《じょう》、異として之を問う。具《つぶさ》に本状を以て対《こた》う。上《じょう》、奇とす焉。即日、湯沐衣冠を賜い、拝して馬監と為す。侍中駙馬都尉光禄大夫に遷《うつ》さる。日磾既に親近し、未だ嘗て過失すること有らざれば、上《じょう》甚だ之を信愛し、賞賜千金を累《かさ》ぬ。出でては則ち驂乗し、入りては左右に侍す。貴戚多く窃かに怨みて曰く「陛下妄りに一胡児を得《え》、反って之を貴重す」と。上《じょう》聞きて愈いよ厚くす焉。

日磾の母（すなわち閼氏）は両子（すなわち日磾と倫）を教誨して甚だ法度有り。上《じょう》聞きて之を嘉《よみ》す。病死す。詔して甘泉宮に図画せしめ、署して「休屠王閼氏」と曰う。日磾、画を見る毎《ごと》に常に拝し、之に郷《むか》いて涕泣し、然る後に乃ち去る。

日磾の子二人は皆な愛《あい》らし。帝の弄児と為りて、常に旁側《かたわら》に在り。弄児、後ろ自《よ》り上《じょう》の項《うなじ》を擁《いだ》くこと或《あ》り。日磾、前に在り。見て之に目す（顔師古注「目すとは、視怒する也」）。弄児走《に》げ且つ啼《な》きて曰く「翁怒る」と。上《じょう》、日磾に謂う「何すれぞ吾が児に怒る」と。其の後、弄児、壮大となりて不謹。殿下と自《いえ》ども宮人と戯《たわむ》る。日磾適《たま》たま之を見る。其の淫乱なるを悪《にく》み、遂に弄児を殺す。弄児は即ち日磾の長子也。上《じょう》、之を聞き、大いに怒る。日磾、頓首して謝し、具《つぶさ》に弄児を殺す所以の状を言う。上《じょう》、甚だ哀れみ、之に泣くを為す。已《すで》にして心より日磾を敬す。

……

のち武帝が病に伏し、霍光に「少主を輔《たす》けよ」と後を託した時には、霍光はこの日磾にその任を譲ろうとした、と記される。「少主」とは昭帝、後元二年（前八七年）二月に武帝は病に伏し、鉤弋子を立てて皇太子としたのであるが、時に年八歳であった（『漢書』巻七「昭帝紀」）。『漢書』巻六八には以下、次のように云う。

光は日磾に譲る。日磾曰く「臣は外国の人、且つ匈奴をして漢を軽んぜ使めん」と。是に於て遂に光の副と為る。光は女《むすめ》を以て日磾の嗣子・賞に妻《めとら》す。初め、武帝の遺詔、莽何羅を討ちし功を以て日磾を封じて秺《た》侯と為すも、日磾は帝（昭帝）の少《おさな》きを以て封を受けず。輔政すること歳餘、病困《やまい》しむ。大将軍・光、日磾を封ぜんことを白《もう》し、臥に印綬を授く。一日、薨ず。葬具冢地を賜い、送るに軽車介士を以てし、軍陳、茂陵（武帝の墓陵）に至る。諡《おくりな》して「敬侯」と曰う。

金日磾と云う人物の事跡自体が興味深い。この人物が「弄児」とされた自身の長男を殺したのには、この「弄児」の振る舞いと「淫乱」とに表れている武帝内宮の靡風への厳たる処断という意味もあろう。「弄児」と呼ばれること自体が、子供を、いわば手肌にやわらかく当たり、あたたかく弾む、触覚的、嗅覚的な、あるいは体性感覚的な、「官能」的とも言い得る慰みとしての「活きたぬいぐるみ」として扱うことを意味している。そのような、ひたすらに触覚的、嗅覚的、体性感覚的な慰みの対象に置かれて子供が育てば、そのような官能性に泥み、むしろそのような官能性がその「生」の芯となっている存在となるであろう。「壮大」となった「弄児」が「不謹」であり、人目をはばからず殿下に宮人と戯れるのもむしろ当然のことである。

三五

今の記事において武帝より少主・昭帝の輔政を遺嘱された霍光は、もと武帝の皇后・衛子夫の姉・衛少児と私通して霍去病を生ませた平陽の人・霍中孺が後に娶婦してもうけた子である。衛皇后の弟が衛青であり、将軍となって匈奴を撃つに功を挙げ、長平侯に封ぜられた。霍去病も衛皇后の姉の子であるというので取り立てられ、軍功によって冠軍侯に封ぜられ大司馬票騎将軍に至っている。その霍去病が票騎将軍として匈奴を撃つにあたり、平陽を通過した際、父の霍中孺と面会を果たし、その遠征の帰路再び平陽を通過した折に、異母弟の霍光を長安に連れ帰り、官に入れたのである。霍去病の死後、霍光は奉車都尉光禄大夫となって「出でては則ち奉車し、入りては左右に侍す。禁闥に出入すること二十餘年」（巻六八「霍光伝」）となる。以下この外戚・霍光に因んで漢朝帝室の動態に関わる『漢書』の記事を辿ってみよう。

　武帝が霍光に少主を託すに至る事情について、巻九七上「外戚伝上」には次のように云う。

　孝武・鉤弋・趙倢伃、昭帝の母也。家は河間に在り。武帝巡狩して河間を過ぐ。望気する者、「此に奇女有り」と言う。天子亟《すみ》やかに使をして之を召さ使む。既に至る。女の両手皆な拳たり。上《じょう》自ら之を披《ひら》けば、手、即時に伸《の》ぶ。是れに由《よ》りて幸いさる（「幸」は交接するを謂う）を得《う》。号して「拳夫人」と曰う。……

武帝の話柄には、女人にかかわる「幻視」譚が頻出する。

　拳夫人、進みて倢伃と為る。鉤弋宮に居す。大いに寵有り。太始三年（前九四年）昭帝を生む。「鉤弋子」と号す。任身十四月にして乃ち生まる。……後、衛太子（衛皇后の生み子）敗《やぶ》る。而して燕王・旦、広陵王・胥（劉旦と劉胥。ともに李姫の生み子）、過失多し。寵姫・王夫人の男・斉懐王（劉閎）、李夫人の男・昌邑哀王（劉髆）は皆な蚤《つと》に薨ず。

　鉤弋子、年五・六歳、壮大にして多知、上《じょう》常に「我に類す」と言う。又た其の生まるること衆と異なる（胎内に十四月いたことを謂う）に感じ、甚だ奇として之を愛せば、心、立てんと欲す焉。其の年の穉《おさな》く母の少《わか》きを以て、女主の顓恣して国家を乱すを恐れ、猶与すること之を久しくす。

　鉤弋倢伃、甘泉に幸《みゆき》するに従い、過《あやま》つこと有りて譴せ見《ら》れ、憂いを以て死す。因りて雲陽（顔師古注「甘泉宮の南に在り。今の土俗の人、嘑《よ》びて女陵と為す」）に葬る。後、上《じょう》、疾病《やまいおも》し。乃ち鉤弋子を立てて皇太子と為す。奉車都尉・霍光を拝して大司馬大将軍と為し、少主を輔せしむ。明日、帝崩ず。……

少帝を補佐するについて、霍光が譲らんとし、金日磾がこれを断わったという一段は、巻六八「霍光伝」によれば、武帝をも含めた遣り取りの中でのことであった。しかしこの一段、その「霍光伝」では所謂「巫蠱」の事件にまで遡って始まる。元狩元年（前一二二）に皇太子となっていた衛皇后の子・衛太子（戻太子・劉據）がこの事件からの展開の中で京兆尹・湖県（河南省霊宝市西北）に逃れ、自ら縊《くび》れて死んでいたために、武帝の後継をどうするのかという問題が深刻になっていたからである。

巫蠱の事件は、武帝の晩年、征和元年（前九二）に起こった。先ず時の丞相・公孫賀の子で太僕であった公孫敬声が北軍の銭千九百万を擅用した事が発覚、獄に下される。敬声の母は、賀の夫人・君孺、武帝・衛皇后の姉であり、賀が武帝に寵用されたのも、その縁からであった。賀は我が子・敬声の罪を購《あがな》うために、当時逃亡中であった京師の大俠・朱安世を捕捉することを願い出る。果たして朱安世を捕らえたのであるが、賀が子の敬声の罪を購《あがな》うために自身を捕らえたのだと知った朱安世は、獄中より上書し、敬声が武帝の女《むすめ》・陽石公主と私通し、「人巫をして祭祀して上《じょう》を詛《のろ》い、且《か》つ甘泉に上るの当たる馳道に偶人を埋《うず》め使む。祝詛して悪言有り」と告発した。公孫賀、敬声父子は獄中に死亡、その家は族せられ、陽石、諸邑の両公主（いずれも衛皇后の生む女《むすめ》）、及び衛皇后の弟（すなわち衛青）の子・長平侯・衛伉も誅せられた。（巻六六「公孫賀伝」）

この事件に、水衡都尉となり法に坐して免ぜられていた趙国・邯鄲の人・江充がつけいる。かねてより江充は衛太子と怨恨を生じていたため武帝の後に衛太子が帝位に即けば、自身誅せられる恐れがあった。武帝が、年老いて強くなった猜疑心のままに左右のものが皆な「蠱道祝詛」しているかと疑い徹底的にこの事件の究明を行おうという意志をもっていることを江充は察知し、この「巫蠱」の病巣はさらに広がっている旨を武帝に奏上した。ここで武帝は江充を「巫蠱」事件を窮治する特使に任命する。江充は、「胡巫」（巻四五「江充伝」顔師古注「張晏曰く『胡なる者は華と同じならざるを言う。故に充、任じて之を使う』と」）を手先に、

地を掘って偶人を求め、蠱（巫蠱）及び夜祠するもの、視鬼するものを捕らえ、染汚して処《ところ》有ら令《し》むれば（顔師古注「充、巫を遣わし地上を汚染して祠祭するの処《ところ》と為さしめ、以て其の人を誣《し》うる也」）、輒《すなわ》ち収捕・験治し、焼鉄もて鉗《はさ》み灼《や》き、強いて之を服す。

民は転じて相い誣《し》うるに『巫蠱』を以てし、吏は輒《すなわ》ち劾するに『大逆亡道』を以てし、坐して死する者、前後数万人。

という荒業をなし、

という状況であった。（巻四五「江充伝」）

かくして江充の手はその元来のターゲット衛太子の宮に及び、ここに巫とともに「蠱を掘り、桐木の人を得」たのであった（巻六三「戻太子據伝」、巻四五「江充伝」）。

武帝は折悪しく甘泉宮に避暑に出御中、京師には衛皇后と衛太子のみが居り、状況の切迫に訴えどころを失った衛太子は、自ら人を出して江充を捕らえる挙に出る。しかしその際に諸役の者との行き違いが生じる。衛太子は、生母の衛皇后に言上、長楽宮（巻九七上「外戚伝上」孝景・王皇后の条に、武帝が、この我が生母・王氏がかつて金王孫の婦であった時に生み、遺されて民間に在った同母の姉を探し出す記事が載るが、そこに「左右をして入りて之を求め使む。家人驚恐し、女《じょ》は逃匿す。扶《たす》け将《ひ》き出でて拝す。帝、下車し、立ちて曰く『大姉。何ぞ蔵《かく》るることの深きや』と。載せて長楽宮に至り、与に倶に太后に謁す。太后垂涕し、女《じょ》も亦た悲泣す……」と云う。この王皇太后は武帝・元朔三年（前一二六）に崩じている。また孝宣・霍皇后の条には「初め許后……五日に一たび皇太后に長楽宮に朝す」とある。こちらの「皇太后」は

下に孝宣・霍皇后の「姉の子」と云うから、孝昭・上官皇后のことである。霍皇后は霍光の女《むすめ》、上官皇后は霍光の女《むすめ》が上官安に嫁いでもうけた女《むすめ》である。上官皇后は宣帝の時には皇太后であったから、「長楽宮」はこれら太后たちの居所であったということになる。『三輔黄図』巻二「漢宮」に「長楽宮……高帝、此の宮に居す。後、太后常に之に居す。孝恵より平帝に至るまで、皆な未央宮に居す」と。）の衛護にあたる兵たちを発動して江充を斬り、「胡巫」を上林に炙《あぶ》り殺し、遂に丞相・劉屈氂たちと衝突するに至った（「戻太子據伝」）。

巻六六「劉屈氂伝」によれば、甘泉宮にいた武帝は、衛太子が江充を殺し兵を発動して丞相府に侵入した当初、帝にも通報せず、兵も発動せず、穏便に事を済ませようとした丞相に、粛然たる処置を取るよう「璽書」を以て命じ、やがて自身、城西の建章宮に戻り、詔して三輔近県の兵を発動、丞相が将を兼ねて事に当たることとなった。

　太子、兵を引きて去る。四市の人・凡そ数万の衆を敺《か》り、長楽の西闕の下に至る。丞相の軍に逢う。合戦すること五日。死者数万人。血流れて溝中に入る。丞相の附兵浸《ようや》く多く、太子の軍敗《やぶ》る。南のかた覆盎城門に犇《はし》る。出ずるを得《う》。

と云う。

巻九七上「外戚伝上」によれば、

　太子は自ら明らかにする能わざるを懼《おそ》れ、遂に（衛）皇后と共に充（江充）を誅し、兵を発す。兵敗《やぶ》る。太子亡《に》げ走る。詔して宗正・劉長楽、執金吾・劉敢を遣わし、策を奉じて皇后の璽綬を収め、自殺せしむ。……衛氏悉く滅ぶ。

となる。

かくして衛太子は自ら縊《くび》れ、他の男子である燕王・劉旦、広陵王・劉胥は行状が芳しくなく、武帝はいまだ少年である鉤弋子に後継の意を定め、霍光に輔佐を託さんとし、その意を告げるべく、「周公、成王を負いて諸侯を朝す」の絵を描かせて霍光に与えた。

> 後元二年（前八七）春、上《じょう》、五柞宮に游す。病篤し。光、涕泣し、問いて曰く「如《も》し不諱（武帝の崩御）有れば、誰か当《まさ》に嗣《つ》ぐべき者ぞ」と。上《じょう》曰く「君未だ前《さき》の画《え》の意を諭《さと》らざる邪。少子を立つれば、君、周公の事を行なえ」と。光、頓首し譲りて曰く「臣は金日磾に如《し》かず」と。日磾も亦た曰く「臣は外国の人、光に如《し》かず」と。上《じょう》、光を以て大司馬大将軍と為し、日磾を車騎将軍と為し、及び太僕・上官桀を左将軍と為し、捜粟都尉・桑弘羊を御史大夫と為す。皆な臥内牀下に拝し、遺詔を受けて少主を輔く。……（『漢書』巻六八・霍光金日磾伝）

かくして後元二年（前八七）二月、昭帝が即位した。時に八歳、政治は一《いっ》に霍光に決したと云う。霍光の長女は上官桀の子・上官安の妻となっており、その娘、すなわち霍光と上官桀の孫娘は、昭帝と年が釣り合うというので、上官桀が、当時幼い昭帝の世話役として禁中に居た昭帝の姉・鄂邑・蓋長公主に渡りをつけて後宮に入れ、倢伃とし、その数月後には皇后となった。これが昭帝・上官皇后である。時に六歳。この間、霍光はこの女《じょ》があまりに年少であるというので後宮に入れることを認めなかったのであるが、蓋長公主の愛人・丁外人と親しかった上官安がその筋を通じて蓋長公主に話をつけたのである。安は娘が皇后になったというので、票騎将軍と為り、桑楽侯に封ぜられた。この辺りから上官桀は霍光と権を争う状態となる。昭帝の兄でありながら、帝位につけなかった燕王・劉旦、酒権塩鉄を始めた功を誇り権勢の拡大を求める桑弘羊、これに蓋長公主、上官安などが反・霍光のラインで結びつき、霍光弾劾の上書が燕王の名で行われるに至った。

これにはしかし、当時十四歳となっていた昭帝が、霍光への揺るがぬ信頼のもと裁可を下さなかった。上官桀たちは蓋長公主に霍光を酒宴に招かせて暗殺し、昭帝を廃して燕王を即位させようと画策した。が、事は漏れ、霍光は上官桀・安の父子、桑弘羊、丁外人の宗族を尽く誅殺し、燕王と蓋長公主は自殺した。

以後昭帝の治世は十三年に及ぶが、この間、霍光の威令が行き渡り、「百姓充実し、四夷賓服す」と巻六八・霍光金日磾伝には云う。

元平元年（前七四）夏四月、昭帝が崩御、しかし後継の男子はなく、武帝の男子では今や広陵王・劉胥が残っているだけであり、群臣は皆なその即位を支持したのであるが、その行状には不安があり、霍光は躊躇していた。時に広陵王は相応しからずと上書する者が現れ、霍光の意は決する。即日に皇太后の詔を承け、武帝の孫、昌邑哀王・劉髆の子の劉賀を迎えに人を遣り、帝位に即けた。

ここで云う「皇太后」とは、以下に同じく昭帝・上官皇后、すなわち霍光の外孫女、のことであろう。「外戚伝上」には、

> 皇后立つこと十歳にして昭帝崩ず。后の年は十四・五と云う。昌邑王・賀、徴されて即位し、皇后を尊びて皇太后と為す。光は太后と共に王・賀を廃し、孝宣帝を立つ。元（通行本は「宣」）帝即位し、太皇太后と為す。

と云う。

だが、この昌邑王・賀は食わせ物であった。霍光は親しかった大司農・田延年に相談し、陰に車騎将軍・張安世と謀り、遂に丞相・御史・将軍・列侯・中二千石・大夫・博士を未央宮に招集し、大会議を開いた。席上、

> 光曰く「昌邑王の行い、昏乱たり。恐るらくは社稷を危うくせん。如何」と。羣臣皆な驚鄂して色を失う。敢えて言を発するもの莫し。但だ唯唯する而已《のみ》。田延年前《すす》み、席を離れ剣に按《てか》けて曰く「……如令《もし》漢家、祀を絶てば、将軍死すと雖も、何の面目あってか先帝に地下に見《まみ》えん乎。今日の議、踵《くびす》を旋《めぐら》すを得ず。羣臣後《おく》れて応ずる者、臣請

うらくは剣もて之を斬らん」と。光謝して曰く「九卿、光を責むるは是《ぜ》也。天下、匈匈として安んぜず。光当《まさ》に難を受くべし」と。是《ここ》に於て議する者皆な叩頭して曰く「万姓の命《いのち》、将軍に在り。唯だ大将軍のみ令《れい》せよ」と。光即ち羣臣と倶に見《まみ》えて太后に白《もう》し、具《つぶさ》に昌邑王の以て宗廟を承くる可からざるの状を陳《の》ぶ。皇太后、乃ち車駕して未央・承明殿に幸《みゆき》し、諸禁門に、昌邑の羣臣を内《い》るること毋れ、と詔す。(巻六八。以下同じ)

ここで昌邑王が入朝するが、王が入るとただちにその背に接するように門扉が閉じ合わされ、王の羣臣は締め出された。張安世が羽林の騎を将《ひき》いてその昌邑王の臣下二百餘人を縛り上げ、廷尉の詔獄に送った。昌邑王は状況が分からぬまま、自分の臣下がなぜ大将軍によってすべて捕縛されたのか、と訝《いぶか》しがるが、やがて太后の詔があって太后臨朝の場に召し出される。

……

王、召さるるを聞く。意恐る。乃ち曰く「我安《いず》くんぞ罪を得て我を召す哉」と。太后は珠襦を被《き》、盛服して武帳中に坐す。侍御数百人皆な兵を持ち、期門の武士、陛戟し、殿下に陳列す。羣臣、次を以て上殿す。昌邑王を召し、前に伏して詔を聴かす。光、羣臣と連名して王に奏す。尚書令、奏を読みて曰く

……

先ず連名した者たちの名が並び、昌邑王の不行跡が並べられて行く。突如、太后がその朗読をさえぎる。

太后曰く「止めよ。人の臣子為《た》りて、当《まさ》に悖乱すること是《か》くの如かるべけん邪」と。王、席を離れて伏す。尚書令復た読みて曰く……

奏上の最後は、皆なで会議を開いた結果、

「……宗廟は君より重し。陛下は未だ高廟に命ぜ見《ら》れざれば、以て天序を承け、祖宗の廟を奉じ、万姓を子《こ》とする可からず。当《まさ》に廃すべし。」

と決した、と報告し、これを「高廟」に「告祝」することを請《もと》めて終わる。この奏上は最初に「光与羣臣連名奏王」とある通り、昌邑王その人に奏上する形になっている。

皇太后、詔して曰く「可」と。光、王に令し、起ちて詔を拝受せしむ。王曰く「聞くならく『天子に争臣七人有り、無道なりと雖も、天下を失わず』（『孝経』諫諍章）」と。光曰く「皇太后、廃せよと詔す。安くんぞ天子たるを得ん」と。乃ち即《つ》きて其の手を持ち、解きて其の璽組を脱《と》り、奉じて太后に上《たてまつ》り、王を扶《たす》けて殿を下り、金馬門に出ず。羣臣随送す。王、西面し拝して曰く「愚戇、漢の事に任《つとめ》えず」と。

……

昌邑王の、先に捕らえられた二百餘人の臣下は尽く誅殺された。後継は結局、前に「巫蠱」事件の一端につけこまれて湖県に自ら縊《くび》れた衛太子の孫が「皇曾孫（すなわち武帝の曾孫である）」と号して民間に在ったのを帝位に即けることとなり、霍光が、丞相・楊敞らとともに奏上し、皇太后が「可」と詔して、裁可が下り、ここにその『詩』『論語』『孝経』を師受し、躬行節倹、慈仁愛人」と推薦された「皇曾孫・病已」が即位した。これが宣帝である。

霍光が薨じたのは宣帝・地節二年（前六八）、宣帝が崩じたのが黄龍元年（前四九）。元帝が即位して太皇太后となった昭帝・上官皇后が崩じたのが元帝・建昭二年（前三七）、皇后として立ってより四七年、年五二歳であった（「外戚伝上」）。

以上をたどった上で、霍光と後宮にまつわっては、さらに次の二つの記事を紹介しておきたい。

先ず「外戚伝上」孝昭・上官皇后の一段。上にも紹介したように、この女人は六歳で皇后となり、祖父・上官桀、父・上官安とその宗族が誅滅された後も、「年少《おさな》くして謀《はかりごと》に与《あずか》らず、亦た光の外孫なるを以て」、廃されることもなく、昭帝の皇后であり続けたのであるが、昭帝が崩じた時、いまだ十四・五歳であった。この間の話柄である。すなわち、光は皇后の、（昭帝の）寵を擅《もっぱら》にして子《こ》有らんことを欲す。帝時に体《からだ》安からず。左右及び医、皆な（霍光の）意に阿《おもね》りて、宜《よろ》しく内を禁ずべしと言う。宮人の使令と雖も、皆な窮絝（顔師古注「服虔曰く『窮絝は、前後の当《あて》有りて交通するを得ざる也』と。師古曰く『使令は使う所の人也。絝は古の袴の字也。窮絝は即ち今の緄襠袴也』と」）を為し、其の帯《おび》を多くす。後宮、進む者有る莫し。

と載せる。

霍光の上官皇后に昭帝の子を孕ませんとする意におもねって、後宮の使い走りにまで男女の交接が出来ない態《てい》の上ズボンを着けさせ、帯を多くした、と云う。すなわち昭帝に上官皇后との交接に集中させようとしたということであろう。「使令」までが皇帝の交接の対象になる可能性があると見なされていたのである。これに思い併されるのは「孝武・衛皇后・子夫」に見える次の一段である。

子夫、平陽主（武帝の同母長姉）の謳《うた》う者と為る。武帝即位す。数年子無し。平陽主、良家の女《むすめ》数十餘人を求め、家に飾り置く。帝、覇上に祓《はら》いし、還りて平陽主を過《よ》ぎる。主、侍《たくわ》える所の美人を見《すす》む。帝説《よろこ》ばず。既に飲めば、謳《うた》う者進む。帝独り子夫を説ぶ。帝起《た》ちて衣を更《あらた》む。子夫侍して軒中に尚衣す（顔師古注「尚は主《つかさど》る也。時に軒中に於て帝に侍し、権《かり》に衣裳を主る」）。幸いさる（「幸」は交接を謂う）を得《う》。坐に還りて驩《よろこ》ぶこと甚だし。平陽主に金千斤を賜う。……

すなわち皇帝を中心とする「乱婚」状態が、後宮、及びさらに広がった範囲において存在していたと考えるべきなのであろう。

前節に見た張蒼の例でも、「妻妾は百を以て数う。嘗て孕みし者は復た幸いせず」と見えていた。皇帝のみならず、当時の男たちの周りに、この種の「乱婚」状態が承認されて広がっていたと考えることも出来るだろう。

とするなら、例えば皇帝を中心とする「乱婚」状態の広がりの中ではどのような人間関係のユニットが採られて行くであろうか。特に皇帝の子供たち、皇子・皇女においては。皇帝を父とする点においては大した差異はなく、「乱婚」状態の中ではその父を中心とする血の配分のルールも緩くしかあり得ないとするなら、皇子・皇女たちは生母を中心としてグループピングされるのが自然というものであろう。つまり皇帝を中心とする「後宮」の囲い込まれた「乱婚」状態にある多・母子集団の中では「母系」によるグループピングが自然と行われるのではなかろうか。(『呂思勉読史札記』乙帙「漢人多従母姓」条、及び牟潤孫『注史斎叢稿』所収「漢初公主及外戚在帝室中之地位試釈」及び「春秋時代母系遺俗公羊証義」、中華書局、一九八七、参照。)

『史記』巻五九「五宗世家」には、冒頭、

孝景皇帝の子は、凡そ十三人、王と為る。而して母は五人。同母なる者、宗親と為す。栗姫の子には曰く、栄、徳、閼于。程姫の子には曰く、餘、非、端。賈夫人の子には曰く、彭祖、勝。唐姫の子には曰く、発。王夫人・児姁の子には曰く、越、寄、乗、舜。

と云い、唐・司馬貞の「索隠」には、

景帝の子は十四人。一は武帝、餘の十三人は王と為る。『漢書』は之を「景十三王」と謂う。此こに「五宗」と名づける者は、十三人、王と為り、其の母は五人。同母なる者、宗と為す也。

と云う。

ここには生母を中心とするグルーピングが明らかであろう。「宗」とは儒教系の父系血族集団に関わる言葉として知られるが、ここではそれが同母集団をあらわす語となっているのである。（牟潤孫「漢初公主及外戚在帝室中之地位試釈」の「二　外戚称宗室」、参照。上記『注史斎叢稿』五五頁。）

　この「五宗世家」ではまた、劉非の子・劉建について「又た尽く其の姉弟と姦す」と云い、劉彭祖の太子・劉丹について「其の女《むすめ》及び同産の姉と姦す」、劉越の子・劉斉が「同産と姦す」と告発されたと云うなど、この同母集団の中での兄弟姉妹におけるインセスト・タブーの低さを窺わせる記事も目立つ。逆に言えば、このような同母集団におけるつながりの内向的な濃さを意味するものでもあろう。

　霍光と後宮にかかわる話柄の今ひとつは、「外戚伝上」、霍光夫人・顕による宣帝・許皇后暗殺の記事である。顕は、霍光と自身との女《むすめ》を皇后にしたいと考えていたのであるが、当時許氏が既に皇后となっており如何ともし難かった。宣帝が立つに際してはこの霍光の女《むすめ》に皇后の位がまわるチャンスもあったのであるが、宣帝自身の意向もあって、許氏が皇后となったのであった。その翌年、許皇后は妊娠し、体調を崩す。霍氏所愛の「女医」淳于衍が入宮して皇后の疾《やまい》に侍することとなるが、その夫《おっと》の賞が自らの出世を入宮に際しての挨拶にかこつけて霍光夫人・顕に頼むよう淳于衍に言い、淳于衍が夫人・顕に夫《おっと》の言葉どおり告げるところから、顕のたくらみは回り始める。

　顕因りて生心し、左右を辟《しりぞ》け、字《あざな》もて衍に謂う「少夫よ、幸いに我に報ずるに事を以てせば、我も亦た少夫に報ぜんと欲す。可なる乎」（特に淳于衍の字《あざな》「少夫」で言い掛けることでおもねったのである。「ね、少夫。あなたがちょっとした骨折りを私にしてくれたら、私のほうからもしてあげることがあるものね」）と。衍曰く「夫人の言う所、何等のことか不可なる者ぞ」と。顕曰く「将軍素《もと》より小女・成君を愛し、之を奇貴ならしめんと欲す。願うらくは以て少夫を累《わずら》わさん」と。衍曰く「何の謂《い》いぞ邪」と。顕曰く「婦人の免乳するは大故、十死に一生たり。今、皇后、免身するに当たる。因りて毒薬を投じて去《さ》る可き也。成君、即《ただ》ちに皇后と為るを得《う》矣。如《も》し力を蒙りて事成れば、富貴なること、少夫と之を共にせん」と。衍曰く「薬は雑《ま》じえて治む。当《まさ》に先に嘗《な》めるべし。安《いず》くんぞ可《か》ならん」(「薬は他の医者と共に投じるのですし、毒見もせねばなりませんから、そんなことは無理です」)と。顕曰く「少夫に在りては之を為す耳《のみ》。将軍、天下を領す。誰か敢えて言う者ぞ。緩急相い護る。但だ少夫の意なきを恐るる耳《のみ》」と。衍良《や》や久しくして曰く「願うらくは力を尽くさん」と。

許皇后は淳于衍の紛れ込ませた毒に当たり悶え苦しみながら崩じた。顕の女《むすめ》・成君はねらい通り皇后となったが、やがて宣帝は許皇后の生んだ男子を太子としたので、顕は怒りのあまり食事も喉を通らず、血を吐いて、

此れは民間の時の子。安《いず》くんぞ立つを得ん。即《たと》い后に子有るも、返りて王と為らん邪。

と言い、自身の女《むすめ》である成君・霍皇后にこの皇太子を毒殺させようとした。しかしこれは成功せず、後、許皇后を殺害した件が漏れ、顕は諸壻昆弟と謀反するも発覚、誅滅せられた。霍皇后は、皇太子暗殺未遂の共犯を問われて廃せられ、十二年後に自殺した。

我々としては「婦人の免乳するは大故、十死に一生たり」という言葉に改めて注目しておこう。「免乳」は子を産むこと。「免」は「娩」、「乳」は先にあげた『説文解字』に「乳、人及鳥生子曰乳、獣曰産」(十二篇上)と出て来た。「十死一生」とは十人死んで一人生きるということで間違いなかろうが、これでは余りという感がある。しかしいずれにせよ、このような認識が、強調があるとはいえ、当時あったのであろう。出産にかかる苦痛と死がありふれたものであってこそのこの際の暗殺である。このような生存状況の中では、父から子への父系継承をノルマとする限り、囲い込まれた「乱婚」としての後宮の存在にも必然性があると言うべきか。いずれにせよ、後宮をめぐる、例えば今見たような話柄にも、またさらに広く当時の人々の感情生活のエッジの立ち方にも我々は、人の出産・生育をめぐる状況の厳し

さに思いを深めておく必要があると思われる。

さて以上のごとく霍光に因んで、前漢王朝の権力中枢の動態に関わる『漢書』の記載の一端を辿って来た。結局ここに我々は何を見出すのであろうか。次のようにまとめておきたい。

すなわち、男たちへの権力の配分が、女人をローカルセンターとする人間関係の系列に従ってなされて行くという生理・心理が、この前漢王朝の権力中枢の動態に見て取れる、ということである。この局面で言うなら、女人をローカルセンターとする人間関係の系列とは、後宮という、皇帝を中心に囲い込まれた乱婚空間における差異原理としての生母帰属によるグルーピングによって形成される「母系」的人間関係の系列、ということである。

三六

呂后が戚夫人の手足を断ち、眼を去り、耳を煇き、瘖薬を飲ませ、廁中に居せ使め、これを「人彘」と呼んだことはよく知られた話柄である。しかしこれも寵をめぐる嫉妬の果ての行状と解釈するだけではことを誤るだろう。すなわち後宮内の生母帰属によるグルーピングを以て行われる権力配分にかかわる抗争の一端と読むべきではないだろうか。

そのようなグルーピングの帰属源泉となっている生母たちは否応なくその抗争の渦点とならざるを得ないし、その意味で常に皇帝に由来する「権力」流出の新たなローカルセンターとして浮上せざるを得ないのである。そして時には、特に生母たちの中に自身権力源泉となるに相応しい資質、強烈な権力意志、行動力、裁可能力などを備えた人物が現れたり、当の皇帝が年少や病弱など権力源泉としての資質に欠けるなどの場合には、皇帝という本来の源泉そのものは抗争の中で脱位され、生母たちこそが逆に「(皇帝)権力」の源泉として表に出て来る。或いは呼び出される景色も人々の中に現れて来る。このような権力源泉の転倒が起こる原因は、実に、皇帝自身もそれぞれ、生身の人間としてはそのような生母帰属グループの一員として即位したのであり、もとより「母のあたたかみ」に源泉してこの世に出来《しゅったい》した、というところにあろう。

このような生母帰属集団は「母」なる一人の女人が結節点となり、そこからの系列化によって成り立っているという点で、一種の「母系」集団であるとみなすことが出来るであろう。しかしこの場合、この集団があくまで皇帝権の「父系」継承を貫くために機能している後宮と云う「乱婚」空間に下属して、それ故にこそ機能している「母系」集団であるという重層性には注意しておかなければならない。

『史記』巻九「呂太后本紀」は、全篇まさに、高祖・劉邦という皇帝権力の下、後宮に形成された生母帰属集団間に起こった権力配分をめぐる抗争の有り様をこそ、それとして描き出そうとしていると覚しい。

その要略を取れば次のようになろう。すなわち、「呂太后本紀」は先ず、

呂太后なる者は、高祖微なりし時の妃也。孝恵帝、女《むすめ》・魯元太后を生む。

と始まる。記述の端緒として、恵帝・魯元太后の「生母」たることが先ず与えられるのである。

そして話はただちに、「呂后―景帝・魯元太后」という生母帰属集団に対抗することになる「戚姫―趙隠王如意」という生母帰属集団の導入が行われ、高祖生存時に、この二集団間の抗争が始まっていたことを知らせる。恵帝は既に太子であったが、高祖は恵帝の仁弱なるを「我に類せず」と嫌い、如意を「我に類す」として常に恵帝に換えて太子に立てようとの意を持っていたため、この二集団間に抗争が始まるのである。すなわち後宮の中には、この抗争を鎮定する、皇帝の好悪感情をも超える「法」として確立されたランク付けのルールはなく、その意味では、当時の後宮とは皇帝の恣意に翻弄される「乱婚」空間でしかなかったことがここに明らかにされている。

ここでその記述は、

呂后は人と為《な》り、剛毅、高祖の天下を定むるを佐《たす》く。大臣を誅する所、呂后の力多し。呂后の兄は二人、皆な将と為る。長兄・周呂侯は事に死せば、其の子・呂台を封じて酈侯と為し、子・産（呂台の弟）を交侯と為す。次兄・呂釈之を建成侯と為す。

と、呂后という「生母」の個人的資質とその生母帰属集団の外延を明らかにする。

次いで高祖が崩じ、恵帝が即位するが、記述はここで改めて以後の展開の舞台を立てるために、

是の時、高祖は八子。

長男・肥、孝恵の兄也。異母。肥は斉王と為る。

餘は皆な孝恵の弟。

戚姫の子・如意、趙王と為る。

薄夫人の子・恒、代王と為る。

諸姫子、子・恢、梁王と為る。

子・友、淮陽王と為る。

子・長、淮南王と為る。

子・建、燕王と為る。

高祖の弟・交、楚王と為る。

兄の子・濞、呉王と為る。

劉氏に非ざる功臣・番君呉芮の子・臣、長沙王と為る。

と並べる。生母帰属によってグルーピングされていることは明らかである。そこに兄・弟のランク付けが乗っている。

そしてこの舞台の上で、呂后の権力意志が発揮され、先ず戚姫・趙王が攻撃対象となって行くのである。

以降の呂后のよく知られた行動も、後宮における生母帰属によって差異づけられる感覚、すなわち「母系」による権力配分・統序の感覚が後宮という枠をも越えて展開して行った軌跡だと見ることが出来るだろう。

一例をあげれば、呂后は自らの子・恵帝の皇后として、やはり自らの女《むすめ》である魯元公主が宣平侯・張傲に嫁いでもうけた女《むすめ》、すなわち恵帝からすれば妹の子、姪に当たる女《むすめ》を立てている。所謂「宗法」の感覚からすればとんでもない仕儀であるが、呂后たちにそのような論理は元来ないのだろう。さらにこの皇后に恵帝の子が出来るよう呂后は万般努めたが、遂に皇子は出来なかったので、後宮の「美人（後宮姫妃のポスト名の一つ）」の産んだ子を取ってこれを皇后の子とし、その生母たる当の「美人」の方はこれを殺害、この世から抹消している。

この一段は『史記』巻九「呂太后本紀」、巻四九「外戚世家」、また『漢書』巻九七上「外戚伝上」に載せる。「呂太后本紀」には、

（孝恵皇后）子無し。詳《いつわ》りて身《みごもる》有りと為し、美人の子を取りて之に名づけ、其の母を殺し、名づくる所の子を立てて太子と為す。恵帝崩ずれば、太子立ちて帝と為る。帝壮にして或るとき其の母死して真《まこと》の皇后の子に非ざるを聞く。迺《すなわ》ち出でて曰く「后安《いず》くんぞ能く吾が母を殺して我に名づくや。我未だ壮ならず。壮なれば即ち変を為さん」と。太后聞きて之を患《うれ》う。其の乱を為すを恐れ、迺《すなわ》ち之を永巷中に幽《と》ず。……帝廃位す。太后之《これ》を幽殺す。

と云う。

「名づく」の意味については、「外戚伝上」の顔師古注では「名づけて皇后の子と為す」と云い、「呂太后本紀」の方では「正義」に「劉伯荘云う『諸美人は元《も》と呂氏に幸いされ（「幸」は交接を謂う）、懐身して宮に入りて子を生む』と」と云う。こちらならば、計画的に「美人」に呂氏（すなわち呂氏一族の男子）が種付けして送り込んだということになろうか。陰にではあるが、帝系すら呂氏の血に換わる、ということになる。

『史記』や『漢書』の記事を読む時、またそれを通じて当時の、すなわち前漢時代の政治状況、社会状況、文化状況を理解しようとする時に、以上取り上げてきたものだけに関わらず、なお多くの「母系」的、「母権」的な感性・心性の濃密に存在し機能していた様子を窺わせる資料が存在する。だがこの論点については、牟潤孫氏がすでにその論考「漢初公主及外戚在帝室中之地位試釈」及び「春秋時代母系遺俗公羊証義」（『注史斎叢稿』所収、中華書局、一九八七。「漢初……」はもと一九五一年稿。「春秋……」はもと一九五五年稿）において、前者では「外戚称宗室」「外戚不称異姓」「長公主之特権」「長公主之地位」「子女之称母姓」「母舅之尊重」、後者では「婦人尊重」「女子不嫁与婚姻自主」「重舅権」「同母為兄弟」「婚姻為兄弟」「春秋因母系遺俗而発之義」と節を重ね、具体的な資料にもとづいて論じておられる。そして後者の「結語」には、簡潔に、

ほぼ確実だと思われるのは、殷人は父系を採っていたのではあるが、なお極めて濃厚に母系の風習を保持しており、これが周人となると益々父系を重んじるようになったとはいえ、母系の遺風はなおも完全には滅びずに活きていた、ということである。そこで『春秋』中には、なおも父系の制度に違反する記事が留められているのであろう。これらの記事から推測するところ、春秋時代にまで保存されていた母系習俗の事項は、おおよそ次のようになる。

（一）家の世代継承は父系に拠るとはいえ、母権は極めて重大な力を持っていた。

（二）親族関係においては父系、母系ともが等しく勘案され、どちらかに偏るということはなかった。

（三）女性の行動は母系の遺風に沿って行われ、父系的な礼教の観点からは放恣であるとしか言い様のないものであった。

（四）母系の遺風にしたがい、舅権が極めて強く、このことは当時普遍的な現象であったと考えられる。

（五）この母系の遺風を最もよく保存していたのは斉・魯・宋・衛など東方の諸国であり、これらはいずれも殷人の故地である。

……

と箇条しておられる。

これらの論考において展開された牟潤孫氏の議論は、前漢期およびそれを遡る時代の政治、社会、文化などについて理解する際に決定的に重要な観点をこの「母系遺俗」という言葉によって提出されていると我々は観じる。その議論の詳細については、氏のこの二篇の論考に参照を求めるとして略に就きたい。ただし以下、氏の提出された観点を我々の考索・思索に活かすために、三点にわたる補遺を加えておく。

先ず第一に、純粋な「母系」習俗社会が歴史的現実として考え得るかということである。我々にはそれはどうも無理な様に思われる。である以上、氏の「遺俗」という言い方には余計な前提、つまり「中国」の太古には純粋な「母系」社会があったという非現実的な前提が措かれることになるのではないか。もちろんそれは実証的には是とも非ともつかない。しかし、そのような純粋な太古の「母系」社会の方向からの推測的視線では、例えば前漢期の「母系」的現象は、本当には解析出来なくなってしまうのではないだろうか。既に述べたごとく、前漢期当時の、皇帝権の父系継承を現に保証するという側面でも機能していた、すなわち畢竟「父系」的ノルマの下にある皇帝の「乱婚」保証のための「後宮」という場における特異現象、あるいは増幅現象として、その「母系」的現象を捉える視点も必要であろう。これは戦国期、春秋期と遡ってもおそらく必要な視点であろうし、前漢以後の後宮制度を抱える諸王朝についても有効な視点となるのではないだろうか。

前漢期帝室の風尚に対する「母系」という牟潤孫氏が提示する切開レベルは、先ずは適切であると判断出来る。しかしこのタームの使用こそが、その、「父系」との純化された対立という図式を当然一方で呼び起こし、ために平板な「母系」から「父系」へといった歴史理解を呼び出し、そこから氏の「遺俗」という表現も実は出ているのではないだろうか。前漢期帝室に現れる「母系」の風尚については、実はそれが皇権の継承という「父系」秩序との相関関係の下に、当時の現実においては、具体的な「権力」の配分経路となっていたという、共時的な立体的構造性への理解が必要であると思われる。それが権力配分と関わっている以上、その経路に立ってみるならば、そこに実権限を機能させている「母権」の存在・活動を見ることも可能であろう。我々としては、氏が前漢期帝室に解析された氏の所謂「母系遺俗」なる風尚を、後宮における生母帰属集団結束にともなう権力配分の生理にかかる風尚と解釈し直しておきたい。その意味では「母系」「母権」と云うよりも「生母帰属の風尚」と云う方がより適切であろう。そしてその上で、そのような構造自体、またその細目について、通時的な理解を深めて行く必要があろう。

第二に、これは氏が明快に示唆されていること（『注史斎叢稿』七八頁）であるが、この前漢王朝の帝室にみられる「母系」「母権」的な風尚と、よく知られる「黄老」思想との親和性についての指摘である。

文帝・竇皇后は景帝の生母であり、武帝の建元六年（前一三五）に崩じたが、『史記』巻四九「外戚世家」には、

竇太后、黄帝・老子の言を好み、帝及び太子、諸竇、『黄帝』『老子』を読み、其の術を尊ばざるを得ず。

と云う。

よく知られた話柄であるが、『老子』について言うなら、この書の文言に、「道」「言」「学」「礼」「仁」「義」「聖」「智（知）」など所謂「儒家」において強調される諸価値に対するあからさまな反発があり、そしてその反発の下には「母」なるものへの訴求、原初の充足した無言の内にある安らぎとしての母の懐《ふところ》への回帰があることは見紛うべくもない。

第三に、氏は『春秋』と前漢期帝室について「母系」的な風尚が濃厚に残存していたとの考察を踏まえて、次のような儒学の歴史的展開に関わる見通しを述べておられる。『注史斎叢稿』三頁。

孔子においても、礼義を明らかにし、人倫を正して、乱れた世を撥《おさ》めて正しい世に反《かえ》そうとするところから、（その『春秋』執筆において）母系の遺俗について譏貶するところがあったのであるが、董氏（仲舒）はこの孔子の意向を承け、陽《よう》が尊《たか》く陰《いん》が卑《ひく》いとの義を申明し、何氏（休）は篤く董仲舒の学を守り、『白虎通徳論』は三綱の説を倡《とな》え、その論を持すること日々に峻厲となりまさり、男尊女卑の議がかくして盛んに行なわれるようになったのである。このことが倡《とな》えられ始めた当初にはそれほどきつくはなかったのだが、時が経つにつれ益々烈しくなり、その余りの烈しさに人は儒家を攻撃するのであるが、しかしこの烈しくなりまさった男尊女卑の説がどのようにして成立したのかについては人は知らない。が、言うまでもなくそれには知られるべき由来がある。すなわち『春秋』より『春秋繁露』に至り、そして『白虎通』に至り、と、時代が進むにつれて母系の遺俗も改まり行き、かくして父系にかかる礼が日々益々人々に輝き至ることとなったのである。しかしながら当時の記録はこの母系の風尚については口ごもりがちであり、ために後の人々は当時のその風尚の存在に気づかず、それを敵としてきびしい議論を立てている一方の説だけを（それが対抗して立てられる理由となっていた敵の何たるかについての情報も、さらにそのような敵が存在したという情報もなしに）聞かされて来たのである。しかし今やその、当時における母系の風尚の存在は明らかとなったのであるから、前後の思想の脈絡もはっきりと姿を顕わし、かくして孔子（の今まで非難されて来た、きびしい男女倫理への要求）の已《や》むを得ざる仕儀であった事情が理解されるのである。

その言われるところは明快である。まことに重要な、そして所謂「中国史」理解の基本に関わる指摘である。

「高祖本紀」に戻れば、高祖の母が「劉媼」と呼ばれ、父は「太公」とのみ曰《い》われている点、以上に見た「生母帰属の風尚」を勘案するならば、実は「劉」とは母の姓であったのではないか、と解釈する可能性も出て来よう。

ともあれそこに窺われる「劉媼」と呼ばれ、「王媼」「武負」と呼ばれる女人たちの生きていた世間にあっては、それは高祖・劉邦が生い立った世間でもあるが、濃厚な「生母帰属の風尚」が存在したらしい。これらの呼称、「媼」「嫗」に我々はむしろそのような世態の立てる「ひびき」を聴き取るべきであろう。これらが「媼神」「富媼」と地神を呼ぶ語となって現れることも、かく考えればよりよく理解出来るように思われる。

かなり後世の例に飛ぶことになるが、次の二例を加えて本章を閉じたい。

先ずひとつは『蘇魏公文集』巻一四「挽辞」に載せる「宣仁聖烈皇后五首」の第一首である。北宋・真宗の天禧四年（一〇二〇）に生まれ、慶暦二年（一〇四二）に進士に合格、哲宗の元祐七年（一〇九二）六月に右僕射、すなわち宰相となった、泉州・同安県の人・蘇頌が、英宗の皇后、神宗の生母であり、哲宗の即位とともに太皇太后となり、以後足掛け九年にわたり「垂簾聴政」を行なった宣仁・高氏（本書一六〇頁参照）が元祐八年九月に年六二で崩じた際に「挽辞」として作ったものである。

辰極、軒輝に閟《とざ》され、天人、玉衣を覆う。両朝、大宝に臨み（原注「太皇太后、神宗の末年に在りて已《すで》に聴政す」）、九載、璇璣を運《めぐ》らす。永巷に私門絶え、通闈に外族稀なり。蕃釐、崇構闢《ひら》き、応に待《まさ》すべし富神の帰るを。（中華書局、一九八八、点校本『蘇魏公集』に拠る。文淵閣・四庫全書本では「富神」を「媼神」に作る。）

第三首には、

……鴻名、四徳を兼ね、尽くし難し坤元を賛ずるを。

とも云う。

末尾の「蕃釐崇構闢、応待富神帰」が、すでに本章第三二節で見た漢朝「郊祀歌」の「后土富媼」「媼神蕃釐」なる文言からこの太皇太后に重ねて句を作っていることは明らかであろう。ただし「媼」という字はうまく避けているのだが（文淵閣・四庫全書本に従えば郊祀歌からそのまま「媼神」と取っていることになる）。いずれにせよ太皇太后に漢朝「郊祀歌」由来の地神を重ねるという「挽き歌」の鎮め方になっている。

今ひとつは、『遼史』巻七一「后妃」列伝、太祖・耶律阿保機の皇后、淳欽・述律氏（本書一七九頁参照）についての記事である。

后は簡重果断にして雄略有り。嘗て遼・土二河の会に至るに、女子の青牛車に乗る有りて、倉卒に路を避け、忽として見えず。未だ幾《いくばく》ならず、童謡に曰く「青牛嫗、曾て路を避く」と。蓋し諺に地祇を謂いて青牛嫗と為すと云う。太祖即位すれば、羣臣尊号を上《たてまつ》りて、「地皇后」と曰う。神冊元年（九一六）、大冊し、加えて「応天大明・地皇后」と号す。

もちろんもとは契丹語で伝えられた記事であろうから、字面に拘るわけにも行かないが、漢語の「嫗」に当てられる語が、地神を呼ぶ語として用いられ、したがって皇后自体が地神に敬意を表される「地」そのものの形象へと透化される存在となっている話柄である。太祖はこの時「天皇帝」と尊号されたわけであるから、この話柄は、述律氏が「地皇后」と尊号される由来、さらにはそれを通じて阿保機が「天皇帝」となることを示す幻視・予言譚ということになる。

ここに見られる皇后や皇太后へのイメージ付けの一端には、「嫗《ウ》」や「媼《オウ》」なる言葉がひびかせている地神の形象、生み育てる「尽きせぬ暖かさのこもり」の豊かさが駘蕩していると言い得よう。そしてさらにその「ひびき」の底流には、前節までに見た父系継承のノルマ下にあるが故にこそ深化する「生母帰属の風尚」が駘蕩してひびき至っているのではないだろうか。

第三章　馴致の理想と現実

『十三経注疏』の中でも『毛詩注疏』は別して読み難いテキストなのではないだろうか。特にその冒頭、周南・召南の諸篇からして、その所謂「詩序」が各詩篇に掛けている解読格子が各詩篇それぞれの内容とは理解し難いほどに掛け違っている。その種の解読格子がいつごろどこから現れて来たのかについては、にわかには把捉し難い。しかしその解読格子が所謂「経学」の形成の中で採択され、強化、精錬されて今に遺る「詩序」の示すものとなっていることは確かであろう。そして「経学」が本源的に「政治学」である以上、その「経学」における特定の解読格子の成立は、当時の、すなわち戦国から後漢にかけての、永世に安定した民政国家の確立という政治課題と暗に陽に協働する関係にあったと見ることが出来る。

「詩序」が示す解読格子の特徴の一つは、それがその冒頭「王化の基《もとい》」としての「后妃の徳」を打ち出す点である。このことはしかし、前《さき》に述べ来たった呂太后に具現されていたような母権の威力を如何にしても馴致すべき現実として当時の政治学的思考が受け止めたところに発しているのではないだろうか。

一

『論語』においては「学」なる営為が強調される。我々の理解では、そこに提示される「学」とは、各人の内面的な自己意識のレベルにまで届き、そしてそのレベルの自覚からこそ意味化される、文王由来の「文」の伝統へ向けての、その伝統に係る知識の習得において果たされる「自己馴致」の努力を謂う（木下「『論語』に現れる第一人称代名詞『予（われ）』について」文部省科学研究費特定領域研究「古典学の再構築」総括班編「第Ⅰ期　公募研究論文集」二〇〇一、所収、参照）。

『老子』においてはこの意味での「学」が人間存在の根底に至る視点から批判される。例えば王弼本第二十章「絶学無憂（学を絶てば憂い無し）……」などにこの間の事情はよく読み取れるが、この「絶学無憂」は郭店竹簡・乙本、馬王堆帛書・乙本にも見出せる（丁原植『郭店竹簡老子釈析与研究（増修版）』万巻楼図書、一九九九、二六六頁。高明『帛書老子校注』中華書局、一九九六、三一五頁）から、『老子』における深刻な批判が可能となる前提として、「学」というこの「自己馴致」の思想が戦国期にはすでに存在し、それなりの力をもって当時に流通していたということになる。

しかしたとえば呂后について改めて観察してみるに、この種の「学」なる「自己馴致」の風合いは見て取れない。呂后は「学」の世界とは別種の、おそらく「学」の思想が対抗し、まさに馴致せんとした世界に生きている。

呂太后が崩じたのはその治世八年（高后八年、前一八〇）七月、死への病を発したのはその三月中のことであるが、その病の由縁について『史記』巻九「呂太后本紀」は次のような記事を載せる。

三月中、呂后祓《はら》いし、還りて軹道を過《す》ぐ。物の蒼犬の如きを見る。高后の掖《わき》を拠《かか》う。忽として復た見えず。之を卜《うらな》う。趙王・如意、祟《たた》りを為す、と云う。高后遂に掖《わき》の傷に病あり。

我が邦、清盛入道の最後（『平家物語』「物怪の事」「入道逝去の事」）にも思いあわされる蒼古たる幻視譚である。

ここに「物の蒼犬の如きを見る（見物如蒼犬）」と云い、これが嘗て彼女が殺害した趙王・如意の祟りと解された、と云うが、この、「物の怪」とでも訳し得る「物」なる語は、同じく『史記』の中、次のようにも使用されている。すなわち巻五五「留侯世家」、留侯・張良についてのよく知られた話柄である。

良は嘗《つね》に閒従容として歩みて下邳の圯上に游ぶ。一老父《ほ》有り。褐を衣《き》る。良の所に至る。直《まさ》に其の履《くつ》を圯下に堕《おと》す。

顧みて良に謂いて曰く「孺子よ、下りて履《くつ》を取れ」と。良、鄂然として之を殴《う》たんと欲す。其の老いたるが為《ため》に彊《し》いて忍《しの》び、下りて履《くつ》を取る。……父《ほ》去ること里所《ばかり》、復た還《もど》りて曰く「孺子教える可し矣。後五日の平明、我と此《ここ》に会《かい》せ」と。良因りて之を怪しみ、跪《ひざまず》きて曰く「諾《だく》」と。……

しかしその約束の日の平明、老父《ほ》が先に居て張良が遅れたこととなり、五日、五日と日が延ばされ、張良は遂に夜半前に出向いて老父《ほ》を待ち受ける仕儀に至る。

頃《しばらく》有り。父《ほ》も亦た来たる。喜びて曰く「当《まさ》に是《かく》の如かるべし」と。一編書を出だして曰く「此れを読めば則ち王者の師と為《な》る矣。後十年にして興る。十三年、孺子、我を済北に見ん。穀城山下の黄石、即ち我なり矣」と。遂に去る。他言無し。復た見ず。

やがて日が上って、まじまじとその「一編書」を見つめれば、それは『太公兵法』であった。

良因りて之を異として常に習いて之を誦読す。下邳に居し、任俠を為す。項伯常《かつ》て人を殺し、良に従って匿《かく》る。後ち十年、陳渉等兵を起こす。良も亦た少年百餘人を聚《あつ》む。……

となる。

以下、記事が連ねられるが、その最後はそれまでの記事の流れからは離れる形で再びこの「圯上の老父《ほ》」の話柄に戻って、

子房の始めに見る所の下邳の圯上の老父と太公の書なる者と、後ち十三年、高帝に従いて済北を過《よ》ぎるに、果たして穀城山下に黄石を見る。取りて之を葆祀す。留侯死せば、黄石を并《あわ》せ葬《ほうむ》る。上冢せる伏臘毎《ごと》に、黄石を祠る。

と締め括り、これを承ける如く、太史公は次のように云う。

太史公曰く。学ぶ者多くは鬼神無しと言うも、然れども物有りと言う。留侯見る所の老父《ほ》、書を予《あた》うるが如きに至りては、亦た可《まこと》に怪たり矣。高祖の困しみに離《かか》る者、数《しば》しばたり矣、而して留侯常に功力有り焉（高祖が危殆に瀕することしばしばであったが、その都度いつも留侯がその危殆より高祖を救ったのであった）。豈に天なるに非ずと謂う可けん乎。……

以上「圯上の老父《ほ》」に関わるテキストからは「見る」という動詞の頻出、および「怪」という心情を表す言葉を取り上げることが出来るだろう。一方「太史公」の言葉からは、当時の、「学」の営為の「鬼神」の世界との対抗、にもかかわらずそれとすれ違う形での「物」の存在の承認、そして「見る」という「証言」の動かし難さに伴って「怪」という心情が発出する、という関連を見て取ることが出来る。

ここに見られる太史公は、「鬼神」の存在を否定する「学」の営為に参照しながらも「物」については「見た」という証言の動かし難さからその存在を承認するらしい微妙な物言いをする。太史公に有るこの間の振れは巻二八「封禅書」末尾の「太史公」語にも思い併せることが出来る。すなわち、

太史公曰く。余は、天地・諸神・名山川に巡祭し而して（武帝が）封禅するに従う焉。寿宮に入り、神語を祠るに侍し、究《きわ》めて方士・祠官の意を観る。是に於いて退きて、古自《よ》り以来、事を鬼神に用いる者を論次し、具《つぶさ》に其の表裏を見《あら》わす。後に君子有らば、以て見るを得ん焉。俎豆・珪幣の詳しき、献酬の礼に至るが若きは、則ち有司存す。

と云う。

ただしこちらは「鬼神」、さらには「鬼神に事を用うる者」が取り上げられており、それらに向かう口吻は自身の実見にも基づく否定的な示唆を読むものに預けている。

「鬼神」と「物」とは「留侯世家」の「太史公」語では区別されていたが、「封禅書」の記事においてはたとえば次の

ように錯綜する形で出て来る。

是の時、萇弘、方《ほう》を以て周の霊王に事《つか》う。諸侯、周に朝するもの莫し。周の力少《か》く。萇弘乃ち鬼神の事を明らかにし、設けて狸首を射る。狸首なる者は諸侯の来たらざる者。物怪に依りて以て諸侯を致さんと欲す。諸侯従わず。而して晋人執りて萇弘を殺す。周人の方《ほう》怪を言う者、萇弘自《よ》りす。

武帝に関わるその「封禅書」の記事そのものは、この皇帝が「鬼神」「物怪」の世界に深く生きていたことを伝えてあまりある。今の「太史公」語にあった「寿宮に入り」云々に関わる部分を見ておく。

「封禅書」は武帝の記事に入るに際し、先ず、

今の天子初めて即位するに、尤《もっと》も鬼神の祀に敬たり。

と述べ、

後ち六年、竇太后崩ず（建元六年、前一三五）。其の明年、文学の士・公孫弘等を徴す。

と継いで、次のように述べて行く。

明年、今上《きんじょう》初めて雍に至り、郊して五時を見る。後ち常に三歳に一郊す。是の時、上《じょう》、神君を求め、之を上林中の蹏氏観に舎《お》く。神君なる者は長陵の女子、子《う》むを以て死す（出産のために命を落とした。巻十二「孝武本紀」褚少孫補筆には「以子死悲哀、故見神於先後宛若」に作る。『漢書』巻二五上「郊祀志上」には「以乳死、見神於……」に作る。この「乳」は『説文解字』十二篇上に「乳、人及鳥生子曰乳、獣曰産」と云うに当たる。李笠遺著・李継芬整理『広史記訂補』復旦大学出版社、二〇〇一、七五頁、参照）。神を先後の宛若に見《あら》わす（「孝武本紀」褚少孫補筆の「集解」所引孟康語に「兄弟の妻、相い先後と謂う」と）。宛若、之を其の室に祠る。民多く往きて祠る。平原君、往きて祠る（「平原君」は武帝の母・王氏の母・臧児、すなわち武帝の母方の祖

母。故燕王の孫であるが、先に王仲に嫁いで王氏を含む一男二女をもうけ、王仲死して後、長陵の田氏に嫁し、男の田蚡・田勝をもうけている。王仲との長女である王氏は先に金王孫に嫁ぎ一女を生《な》していたが、臧児が占うと王氏とその一女ともに高貴の身分になると出たので、金の家より離縁させようとした。金氏の方ではこれに腹を立て、この妻・王氏を太子、後の景帝の宮中に入れた。王氏は太子の寵愛を得て三女一男をもうけたが、その男子が後に即位して武帝となったのである。武帝は即位後、祖母・臧児を「平原君」とした。この祖母は田氏に嫁して長陵に居たので、ここに出る「神君」にお参りを行っていたのである）。其の後、子孫以て尊顕たり。（臧児が神君にお参りをしたので、霊験あらたか、その子・王氏は皇后となり、その孫・武帝は太子となり皇帝となった。というわけで）今上《きんじょう》即位するに及べば、則ち厚く礼して、之を内中に置祠す。其の言を聞くも、其の人を見ずと云ぬん。

「神君」とは数奇な運命に順い抜けて孫を皇帝にまでした母方の祖母、平原君・臧児由来の思いのこもった武帝の守り神であった。神君自体が、出産に際して死亡した女性のなり代わりであったと云うから、安産の祈願や産み子の安全・栄達など「母」なる女人たちの思いを受け止める苦悶と愛しさに満ちた祠主として祠られていたのであろう。

武帝の父方の祖母は、父・景帝の母、文帝の皇后である竇太后である。即位後も六年、この祖母・竇太后に武帝は文字通り頭を抑えられていた。燕王に連なる平原君・臧児に弾け飛ぶこの母方の因縁は武帝の思考に運命的な翳りを与えていたと覚しい。

「封禅書」の記述ではこの一段の後、李少君の「祠竈、穀道、卻老の方《ほう》を以て上《じょう》に見《まみ》ゆ」、亳の人・謬忌「太一を祠る方《ほう》を奏す」、斉の人・少翁「鬼神の方《ほう》を以て上《じょう》に見《まみ》ゆ」などの段が続き、その少翁は「文成将軍」とされるが、やがて自身の手品めいた手管が武帝自身によって見破られるという事件が起こって誅殺され云々となる。そしてそれに継いで次のような記事が現れる。

文成死せし明年、天子、鼎湖に病して甚だし。巫医、致さざる所無きも愈《い》えず。游水発根言う「上郡に巫有り、病みて鬼神之に下る」と（『漢書』巻二五上「郊祀志上」の顔師古注に「服虔曰く、游水は県名、発根は人の姓名、と。晋灼曰く、地理志に游水は水名にして臨淮の淮浦に在り、と。師古曰く、二説皆な非也。游水は姓、発根は名也、蓋し水に因りて姓と為す也、本と嘗て病に遇《あ》いて鬼《き》之に下れば故に巫と為る也、と」）。上、召して之を甘泉に置祠す。病するに及び、人をして神君に問わ使む（巻十二「孝武本紀」褚少孫補筆の「集解」に「韋昭曰く、即ち病巫の神、と」）。神君言いて曰く「天子、病を憂うる無かれ。病少しく愈《い》えなば、彊《し》いて我と甘泉に会《かい》せ」と。是に於いて病愈《い》え、遂に起《た》ちて甘泉に幸《みゆき》す。病良《まこと》に已《い》ゆ。大赦す。寿宮に神君を置く。寿宮神君の最も貴き者は太一（「郊祀志上」は「神君最貴者曰太一」に作り「寿宮」二字なし。「太一」は「孝武本紀」褚少孫補筆には「大夫」に作る）。其の佐は大禁と曰う。司命の属は皆な之に従う。見るを得《う》可きに非ず。其の言を聞けば、言、人の音《こえ》と等し。時に去り時に来たる。来たれば則ち風粛然たり。室の帷《とばり》の中に居す。時には昼に言うも、然れども常には夜を以てす。天子は祓《はら》いして然る後に入り、巫に因りて主人と為し、飲食を関《とう》し、以て言う所は行下す（原文は「因巫為主人、関飲食、所以言行下」。巻十二「孝武本紀」褚少孫補筆には「所以言行下」を「所欲者言行下」に作り、「郊祀志上」は「所欲言行下」に作る。顔師古注には「李奇曰く、神の言わんと欲する所、上は輒ち之に下るを為す、と。晋灼曰く、神君の言う所、巫に行下す、と。師古曰く、晋説是也、と」）。又た寿宮北宮を置き、羽旗を張り、供具を設け、以て神君に礼す。神君の言う所、上《じょう》は人をして受けて其の言を書せ使め、之に命じて「畫法」と曰う。其の語る所は世俗の知る所也。絶殊なる者無きも天子は心に独り喜ぶ。其の事は祕にして世に知るもの莫し。

ここに出る「神君」は、韋昭に拠れば、前に平原君・臧児が祠り、武帝が内中に置祠した「神君」とは異なると解されるが、必ずしも異なるとする必要もない様に思われる。ともあれ「太史公」が「寿宮に入り、神語を祠るに侍し、究めて方士・祠官の意を観る」と云うのが、この一段に云う「神君」と天子・武帝との「巫」を介しての「語り」であることは間違いのないところであろう。あるいは「神君の言う所、上は人をして受けて其の言を書せ使め」と云う、その「人」とは、太史公その人ではないのかとも疑われる。以下の「其の語る所は世俗の知る所也。絶殊なる者無きも天子は心に独り喜ぶ。其の事は祕にして世に知るもの莫し」と云うのも、みずから「寿宮に入り、神語を祠るに侍し」たと云う人ならではの「証言」ではあるまいか。

今の一段では武帝の病気の治癒に「巫医」が当たり、「神君」の霊験があって完治したということになっている。その返礼として「寿宮」を設け「神君」をそこに置祠したわけである。病気の治療は古来「巫覡」の重要な役割であったが、武帝はその意味でも「巫覡」の世界に生きているということになる。

二

しかしここで思い併せられるべきは同じ『史記』の巻一〇五「扁鵲倉公列伝」に記される、次のような一段である。

使《も》し聖人預《あらかじ》め微《かす》かなるを知りて能く良医をして蚤《つと》に従事するを得《え》使めば、則ち疾已《い》ゆ可く、身活《い》く可き也。人の病《なや》む所は病疾の多きこと、而して医の病《なや》む所は病道（病をいやす道筋）の少きこと。故に病に六不治有り。驕恣して理に論《さだ》めざること、一不治也。身を軽んじ財を重んずること、二不治也。衣食、適なる能わざること、三不治也。陰陽併さりて蔵気定まらざること、四不治也。形羸《からだや》せて服薬する能わざること、五不治也。巫を信じ医を信じざること、六不治也。此の一も有る者は則ち重《はなは》だ治め難き也。

この一段のテキストは扁鵲の言葉として記載されているのではなく、斉の桓侯の下に扁鵲が客として滞在した折の話柄が語られ、「桓侯遂に死す」とけりがついた後に置かれ、「扁鵲の名、天下に聞こゆ。邯鄲を過ぎるに……今に至るまで天下の脈を言う者は、扁鵲に由る也」と終わる扁鵲伝の最後の一段の前にあって、前後から浮き上がっているテキストである。

瀧川資言「考証」は徐孚遠の語「叙事の後に断語を為す。此れ諸子の旧文に似る」を引く（「史記考証引用書目挙要」に拠れば『史記測義』からの引用である。未見）。『中国科学技術史・医学巻』（科学出版社、一九九八）の第一章「医学的起源」第二節「巫医与巫術」五「巫術在医学中的地位」では、司馬遷の認識としてここの「信巫不信医」に言及する（一八頁）。しかし『史記』本来の記述にこのままの形でこの箇所にこのテキストが含まれていたかどうかについては疑問が大きい。

ともあれ我々は「中国医学史」においてはよく知られたこのテキストを、同じく「信巫不信医、六不治也」なる言明に注目し、しかしさらに冒頭の「驕恣不論於理、一不治也」にも勘案して、先ず第一に、感情の発作するままに振る舞う（驕恣なる）生き方を「知」に刻む（理に論《きだ》める）生き方へと馴致すべきことを勧め、最後に病疾という「鬼神」が下り「物怪」が現れる「巫」の本領において、まさにその「巫」に訣別して「医」に就くべきことを明言するテキストと読むことが出来るだろう。

ではしかく「巫」と訣別した「医」とは如何なるものなのであろうか。この「扁鵲倉公列伝」の扁鵲に継ぐ太倉公・淳于意の記事に、病疾という人の災厄に立ち向かう「医」の、当時に先端的な、「知」の営みとあらためて認定できるその詳細な姿を見ることが出来る。

ただし現行『史記』の、その太倉公・淳于意伝のテキストはさらに二つに分けて見る必要がある。すなわち瀧川資言

「考証」が、

> 愚按ずるに、倉公の本伝は「亦除肉刑法」に止む。「意家居」以下は倉公の手記にして未だ史公の刊正を経《へ》ざる者、後人併録す。

と云う如く、その記載のスタイルが大きく二分されるからである。またこの「扁鵲倉公列伝」の末尾に置かれた「太史公」語は扁鵲伝と淳于意伝の内の文帝による肉刑廃止に至る一段のみを承けた内容であり、その点からも瀧川氏「考証」の判断に従うべきであろう。瀧川氏の言う「倉公手記」の部分は、おそらく後人の併録に係るとはいえ、来歴から言えば倉公自身の筆録になる生史料を伝えたものとなる。確かにその記述は具体性に富み、生々しい「証言」の息づかいに満ちている。

その、

> 意《い》（すなわち淳于意の諱《いみな》を用いての自称）家居するに詔あり、召して問う、為す所の治病、死生の験ある者は幾何《いくばく》の人なるや、主の名は誰れ為るか。

と始まる「倉公手記」のほとんどは二五例に及ぶ現代風には「カルテ」とも呼ぶべき医事記録によって占められる。「巫」の世界に訣別した医療に係る「知」の技術が形式的自覚にも貫かれてここで確かに成立していることが、同形式の「カルテ」が実証の具体性を意識して次々と並べられて行くスタイルによっても明らかにされる。

この「カルテ」列挙に至る一段は次のように始まる。

> 詔ありて故《もと》の太倉長・臣意《い》に問う——方伎の長ずる所、及び能く治病する所の者は（如何ぞ）。其の書有りや有る無きや。皆な安《いず》くにか学を受く。学を受けしは幾何《いくばく》の歳ぞ。嘗て験する所有れば、何の県里の人なるや。何の病なるや。医薬の其の病を已《いや》すの状は皆な何如《いかん》。具悉して対《こた》えよ。
> 臣意《い》対《こた》えて曰く——意《い》の少《わか》き時自《よ》り、医薬を喜ぶも、医薬の方《ほう》、之を試すに、験あらざる者多し。

高后八年（前一八〇）、師の臨菑・元里の公乗・陽慶に見《まみ》ゆるを得《う》。慶は年七十餘、意《い》、見《まみ》えて之に事《つか》うるを得《う》。（慶が）意《い》に謂いて曰く「尽く而《なんじ》の方《ほう》書を去れ。是《ただ》しきに非ざる也。慶には古の先道の遺伝せし黄帝・扁鵲の脈書有り。五色もて診病し、人の生死を知り、嫌疑を決し、治める可きを定めて、薬論に及ぶまで、書くこと甚だ精たり（慶有古先道遺伝黄帝扁鵲之脈書、五色診病、知人生死、決嫌疑、定可治、及薬論、書甚精）。我が家は給富たり。心より公を愛す。尽く我が禁方《ほう》の書を以て悉《つ》くして公に教えん」と。臣意《い》即ち曰く「幸いなること甚だし。意《い》（すなわち「わたくしめ」）の敢えて望む所に非ざらんや」と。臣意《い》即ち席を避け、再拝して謁め、其の脈書上下経・五色診・奇咳術・揆度陰陽外変・薬論・石神・接陰陽禁書を受け、読解を受けて之を験すること、可《およそ》一年所《ばかり》。明歳、即ち之を験するに、験有り。然れども尚《な》お未だ精ならず。之に要事とすること三年所《ばかり》、即ち嘗《こころ》みに已《もっ》て人に治するを為して、診病し、死生を決するに、験有りて、精なること良《はなはだ》し。今、慶已《すで》に死して十年所《ばかり》。臣意《い》は年、三年を尽せば、年三十九歳也（「学を受けしは幾何の歳ぞ」との問いに対する答えであろう。慶に師事したのが三年、その慶が亡くなって十年、と指折り数えれば、高后八年に陽慶に会見したのは自分が三十九歳の時となる、ということだろうか。上掲『中国科学技術史・医学巻』八九－九〇頁参照）。

以上文帝の質問に応じて先ず淳于意は自らの医方「学び」の来歴を答え、以下これも質問に応える形で「カルテ」を並べて行く。今紹介したその「学び」の来歴は、瀧川氏「考証」の云う司馬遷の筆に出る「本伝」においても、ほぼ並行する形で、次のように綴られている。

太倉公なる者は、斉の太倉長。臨菑の人也。姓は淳于氏、名は意《い》。少《わか》くして医方《ほう》の術を喜ぶ。高后八年（前一八〇）、更に受けて同郡・元里の公乗・陽慶を師とす。慶は年七十餘、子無ければ、意《い》をして尽く其の故《もと》の方《ほう》を去ら使め、更《あらた》めて悉《ことごと》く禁方《ほう》を以て之に予《あた》え、黄帝・扁鵲の脈書を伝う、五色もて診病し、人の死生を知り、嫌疑を決し、治む可きを定め、薬論に及ぶ、甚だ精たり（伝黄帝扁鵲之脈書、五色診病、知人生死、決嫌疑、定可治、及薬論、甚精）。之を受くること三年、人に治病を為すに、死生を決して験多し。然れども左右《ふらふら》として諸侯に行游し、家を以て家と為さず。人に治病を為さざることも或《あ》れば、病家に之を怨む者多し。文帝四年（前一七六）中、人、上書して意《い》を言う（淳于意を告発した）。刑罪の当たるを以て伝して西のかた長安に之《ゆ》く。……

「本伝」においては、その文脈が「人に治病を為さざることも或れば、病家に之を怨む者多し（或不為人治病、病家多怨之者）」と云うに流れ込み、次にそれを承けて人に告発されるという形になっている。この「或不為人治病、病家多怨之者」と云う部分は、上に「五色もて診病し、人の死生を知り、嫌疑を決し、治む可きを定め、薬論に及ぶ、甚だ精たり」と云い「死生を決して験多し」と継ぐこと、すなわちやみくもに投薬などの治療に奔るのではなく、診断を正確に行って病因・病勢を見極め、その治療が可能か否かを決定し、可能であれば投薬などの治療に入るという、まさに精緻ないわば理詰めの手続きを確立した医方であり、特に「死生を決して験多し」と、治療可能か否かの見極めに勝れていた、と云うから、診断した結果、治療不可能と判定すれば、投薬などの治療行為は無駄であるとして行わなかった（以下の「カルテ」第一例、第六例を参照）、ということであろう。病人の家族からすれば、すがる思いで治療を期待しているのに、これは何をしても死にます、と理詰めに見放されるわけであるから、なんだこいつと「怨む」者が出るのも当然ということになる。

「倉公手記」に戻れば、その「慶有古先道遺伝黄帝扁鵲之脈書、五色診病、知人生死、決嫌疑、定可治、及薬論、書甚精」の部分、「本伝」のテキストと幾分異なり、「薬論」下の「書」字については特に不安があるとはいえ、やはり同じく「五色診病、知人生死、決嫌疑、定可治、及薬論（書）」の部分こそが受け止められて「甚だ精たり」と評されていると覚しい。「精」とは「しっかりと手がかけられている」「細部にまで手抜かりがない」と訳せる語である。「古の先道遺伝せし黄帝・扁鵲の脈書」について、その医方が精確に段階づけられた観察・洞察・解釈・処方の選択・着手という手続きを確立しているからこその評価である。「倉公手記」において以下に列挙されていく「カルテ」の要点もそここにある。今ひとつ、「倉公手記」において認めるべきはその「験」による知識・手法の自己吟味が強調されている点であろう。ここに明確に、対処すべき事態に「観察－洞察－解釈－処方の選択－着手－結果による回路全体の自己検証」という、「知」が着実に進展・深化して行く手順を刻む精神、いわば「方法的」と呼ぶことも出来る精神が出現しているのである。

以下に列挙される「カルテ」二五例中から四例を示しておく。

第一例

① 斉の侍御史・成、自ら頭痛を病むと言う。臣意《い》其の脈を診《み》る。告げて曰く「君の病悪しきこと言う可からざる也」と。即ち出ず。独り成の弟・昌に告げて曰く「此の病は疽也。内に腸胃の間に発す。後ち五日にして当《まさ》に癰腫《は》れるべし。後ち八日にして膿を嘔《は》きて死なん」と。

② 成の病は之を飲酒して且つ内する（「内する」は房事あること）に得《う》。成即ち期の如く死す。

③ 成の病を知る所以の者は、臣意《い》、其の脈を切《み》るに、肝気を得《う》。肝気濁りて静かなるは、此れ内関の病也。「脈法」に曰く……其の後ち五日にして癰の腫《は》れ、八日にして膿を嘔きて死すと知る所以の者は、其の脈を切《み》し時……

第二例

① 斉王の中子の諸嬰児の小子病む。臣意《い》を召して其の脈を診切せしむ。告げて曰く「気鬲の病なり。病、人をして煩懣せ使め、食下らず、時に嘔沫す」と。

② 病は之を心憂いて数しば忔《むり》に食飲するに得《う》（「心」字は中華書局・校点本に従う。瀧川氏「考証」参照。「忔」の読みについても「考証」参照）。臣意《い》は即ち之に下気湯を作りて以て之を飲ますを為す。一日にして気下り、二日

にして能く食らい、三日にして即ち病愈《い》ゆ。

③　小子の病を知る所以の者は、其の脈を診《み》るに、心気也、濁り躁ぎて経《けい》に在る也（「在」はもと「而」。「考証」参照）。此れ絡陽の病也。「脈法」に曰く……此れ悲心の生む所也。病之《これ》を憂いに得る也。

第三例

①　斉の郎中令・循、病す。衆医は皆な以て、蹷《さから》いて中に入る、と為して之を刺す。臣意《い》は之を診《み》て曰く「湧疝也。人をして前後に溲《ゆばり》する（小便・大便する）を得ざら令む」と。循曰く「前後に溲《ゆばり》するを得ざること三日たり矣」と。臣意《い》は飲ますに火斉湯を以てせば、一飲して前後（「後」字を補う。「考証」参照）に溲《ゆばり》するを得《え》、再飲して大いに溲《ゆばり》し、三飲して疾愈《い》ゆ。

②　病は之を内するに得《う》（「内する」は房事あること）。

③　循の病を知る所以の者は、其の脈を切《み》し時、右口気急にして（「正義」に「王叔和脈経に云う、右手寸口は乃ち気の口也」と）、脈に五臓の気無し、右口に脈は大にして数しばす。……

……

第六例

①　斉・章武里の曹山跗、病す。臣意《い》、其の脈を診《み》て曰く「肺の消癉也。加うるに寒熱を以てす」と。即ち其の人に告げて曰く「死す。治らず。適《まさ》に其れ共養せよ。此れ当《まさ》に医治すべからず」と。法に曰く「後ち三日にして当《まさ》に狂うべし。妄《みだ》りに起行し、走らんと欲す。後ち五日にして死す」と。即ち期の如く死す。

②　山跗の病は之を盛怒して以て内に接するに得《う》。

③　山跗の病を知る所以の者は、臣意《い》、其の脈を切《み》るに、肺気熱き也。「脈法」に曰く……

……

以下第二五例にまで至る。繁簡の違いはあるが、以上四例におおよその範例は見ることが出来る。いずれも、先ず①診断とそれが「死す」でない場合には投薬などの処置が、「死す」場合にはいかなる経過でいつ死亡するか、という見立て、そしてその予測どうりに死亡した云々ということが述べられ、次に②その病の原因が簡潔に述べられ、最後に③なぜこのような診断がなされ処置がなされたのかという解説が行われる。その解説の特徴は、先ずその病者の「脈」についての観察結果が如何なるものであったかが記され、次にその観察結果が「脈法」などの医書に参照されながら解析されて、病因、病理が割り出され、生死の判断、治療法の決定へと進む点である。

③と立てた解析を始める文言「所以知……病者」はほぼすべての例に出現し、倉公の思考の行く立てをよく表している。そしてここに、すなわち「所以知……病者」という割り込んだ解説を以下に引き出す切り出しの中に「知（知る）」という言葉が定型的に現れることに注意しておく必要があろう。すなわち「知（知る）」という言葉は、以下の解説がたどる項目からして、「切（診）脈」に基づく解析によって割り出された病因・病理と、その死生・治癒という時間経過までを含むその病者の病像全体を認識することを意味し、まさに淳于意の医療者としての営為の中心を担うキータームであったと思われるからである。

この「カルテ」列挙の最後には、

臣意《い》曰く。他の診《み》る所、期して死生を決すると及び治する所、病を已《いや》すとは衆多《おお》きも、久しくして頗《すこぶ》る之を忘れ、尽くは識《おぼ》ゆる能わざれば、敢えて以て対《こた》えず。

と云う。この言い方では記憶によって以上の「カルテ」を記載したということになる。

しかし次の、文帝からの、

診・治する所の病、病名多くは同じくして診は異なり、或いは死し或いは死なず。何ぞや。

という質問には、

病名相類すること多くして、知る可からず。故に古の聖人、之がために「脈法」を為《つく》り、以て度量を起こし、規矩を立て、権衡を懸け、縄墨を案じ、陰陽を調えて、人の脈を別ちて各おの之に名づけ……然れども脈法、勝《あ》げて験する可からず。疾人を診るに度を以て之を異にすれば、乃ち同名なるを別ち、病主の在所居を命《な》ずく可し。今、臣意《い》の診る所の者は皆な診籍有り。之を別つ所以の者は、臣意《い》の受くる所の師方適《ほうまさ》に成り、師死せば、故を以て診る所、期して死生を決するを表籍し、失う所と得る所の者を観て「脈法」に合わす。故を以て今に至りて之を知る。

と答えている。

すなわち病名は大まかなものであり、実際の診断に当たっては細目にわたる診察項目が設けられており、それによって同じ病名の中でも、そのような診察項目での具合に応じて病因を的確に診断して行くのである。このことはすでに「脈法」に細かく設けられているが、その全般は、到底実際の診断例として経験、検証できないほどの範囲にわたる。そこで私はわが師の達成した検証を引き継ぐとともに、その師の死せし後は、自らの診断例を「診籍」として記録し、その「脈法」への検証を行って来た、というのである。

最後に「故を以て今に至りて之を知る（以故至今知之）」と云う言句は如何に読むべきであろうか。文帝の質問が、君の診断・治療例では、同じ病名に含まれるものにも、さらに細かな診断分けが為されているが、どういうことか、すなわち、何故そんな繊細な区分けを行う診断が出来るのか、というものであると覚しいから、それへの対《こた》えとしては、そのような繊細な診断の手法はすでに古聖人の「脈法」にそれとして提示されていること、しかしその繊細にわたる診断分けが実際に出来るためには（所以別之者）、師の診断経験の成果を引き継ぎ、自身「診籍」を作って「脈法」に引き合わせながら、実際の診断における繊細な判別を検証し続けて来た結果、そのような細かい区別が出来るようになった、という次第になろう。以上のような文脈理解が妥当であるとするならば、「以故至今知之」は「今に至りて」と訓んだ如く、「診籍」の積み重ねに基づく経験的な検証の努力の結果、繊細にわたる診断法のコツをようやく「つかんだ（知）*のです」ということになる。この最後の「知る」はここの「臣意」の対応の最初に出る「病名多相類、不可知」の「知る」に応じ、また「所以別之者」の「別つ」を承けると見て間違いなかろう。また前に指摘した「カルテ」中に定型的に現れる「所以知……病者……」という句に出る「知る」にも通じているだろう。

＊　旧稿では問題となっている「知」字を「わかった」と訳していた。ここに「知」字を「つかむ」と訳し直したについては木下「『事』『物』『事物』『事事物物』―朱熹の『致知在格物』解釈を理解するために―」、『東洋古典學研究』第二十集、二〇〇五年一〇月、所収、の二、三九頁上段以下、に参照。

古来巫術に係ることが多く、実際前節にも見た如くこの時代にも、また以降の時代にも巫術にすがることの多かった病疾の分野に、「診籍」という診断実践の書記記録の集積とそれによる検証によって「知る」ことを精緻にして行くという精神が、この倉公において明確に出現している。そしてこの精神こそは我々の所謂「学」の精神にも連なると見なし得よう。この倉公においてまさしく「医学」が出現しているのである。

文帝の質問は以下にも、

――期する所の病に死生を決すること、或いは期に応ぜず。何の故ぞや。

――意《い》の方《ほう》は能く病の死生を知り、薬用の所宜を論《さだ》む。諸侯王・大臣に嘗て意《い》に問う者有りや不《いな》や。及び（斉の）文王病みし時に意《い》の診・治を求めざるは、何の故ぞや。

――(斉の)文王の病を得て不起ならん所以の状を知るは(如何ぞ)。

(巻五二「斉悼恵王世家」によれば文帝の元年に斉の哀王が卒し、太子・則が立ったが、これが斉の文王である。翌く文帝二年が斉・文王の元年であり、その十四年、すなわち文帝一五年に文王は卒《しゅつ》している。文王が卒した時、子は無く、そのために国は除かれ、地は漢に入る、と云う。文王には特に記事もなく、『漢書』巻三八「高五王伝」にも「文帝元年……是歳、斉・哀王薨、子・文王・則嗣。十四年薨、無子、国除」というだけである。ここの意《い》の対《こた》えには、直接文王の病を見たことはないが、喘息、頭痛、目の不明という症状は聞いていたので、それは病気ではなく、肥満のための症状だから医療によって治すことは出来ないと考えていた、文王は当時、年二十にもなっておらず……と云うから、幼少時に王となり、年二十にもならぬうちに肥満などの所謂「成人病」に罹っていたのであろう。文帝の「不起」という文言がその死を見取ってのものとするなら、この倉公「手記」は文帝一五年(前一六五)以降の記録となる。)

――師・慶は安《いず》くにか之を受けん。斉の諸侯に聞こゆるや不《いな》や。

(意《い》の対《こた》えには、慶の師受する所を知らず、と云う。)

――師の慶、何ぞ意《い》に見《まみ》えて意《い》を愛《いつく》しみ、悉く意《い》に方《ほう》を教えんと欲するや。

(意《い》の対《こた》えはここでは、師・慶に見《まみ》えるまでの医方の勉学の経緯を詳しく述べる。それに拠れば、意《い》は菑川・唐里の公孫光が古伝の方《ほう》を善くするというのでこれに師事し、方化陰陽及び伝語法を受け、「悉く受けて之を書し」、その他の精方《ほう》を秘伝として受けたが、百世にもわたってその精なるを極めたい(百世為之精)という意《い》の言葉に喜んだ光の紹介によってやがて陽慶に師事することになったのだと云う。先に意《い》が陽慶に師事した当初、陽慶は「尽く而《なんじ》の方《ほう》書を去れ。是《ただ》しきに非ざる也」と云ったと意《い》自身が証言しているのであるから、意《い》がそこで捨てさせられた方《ほう》書とは主には公孫光の下で書写し習得したものを云うのであろう。光が陽慶の方《ほう》に言及した評価には「吾は若《し》かず。其の方《ほう》は甚だ奇なり。

世の聞く所に非ざる也」と云う。）

――吏民に嘗て事《つとめ》として意《い》が方《ほう》を学ぶもの及び畢尽《ことごと》く意《い》が方《ほう》を得るもの有りや不《いな》や。

――診病して死生を決す。能く全く失うこと無き乎。

と続き、その連なって行く文帝の質問自体が興味深い。

『史記』巻一二一「儒林列伝」には、
叔孫通、漢の礼儀を作り、因りて太常となる。諸生弟子の共に定むる者、咸《み》な選首と為る。是に於いて喟然として歎じて学に興る。然れども尚お干戈有り、四海を平定するも、亦た未だ庠序の事に暇遑《いとま》あらざる也。孝恵・呂后の時、公卿は皆な武力有功の臣。孝文の時、頗《や》や徴用さるるも、然れども孝文帝は本と刑名の言を好む。……

と云うが、今たどった質問にその具体的で克明な文帝の性格を見ることが出来るように思われる。

文帝の最後の質問は、いわば誤診率を問う態《てい》のものであり、そこに文帝の性格を窺い得るとともに、それに対える淳于意の言葉には、この人物における「医学」の成立をよく示すものがある。

すなわち、
臣意対《いこた》えて曰く。意《い》は病人を治するに、必ず先ず其の脈を切《み》て、乃ち之を治す。敗逆する者は治す可からず。其の順なる者は乃ち之を治す。心、脈とるに精ならざれば、死生を期し治す可きを視る所、時時に之を失う。臣意全《いまった》きこと能わず。

と云う。

誤診の少なからざることを淳于意は率直に認めているのである。

重要なのはしかし、その誤診が何故起きるのかについての理解であろう。淳于意は先ず簡潔に「必ず先ず其の脈を切て、乃ち之を治す」と、彼の医方の要点をまとめる。我々はここの「必ず……乃ち……」という句法に注意すべきであろう。治療は、個々の病人のその実際の脈についての観察と解析を尽くして精確にその病因・病理を捉えることを絶対的な前提としているのである。したがって誤診とは、とりもなおさず、診断主体であるこの自分の「心」のその病者それぞれの脈の切《み》取りに精緻に欠けるところがあり、見落としが起こっていたためにそれに基づく病因・病理の解析に誤りが生じ、それによって死生の判断に誤りが生じ、また治療に失敗するのだ、と云う。ここで淳于意が云う「心」とは、人の観察し解析して真実を精細に「つかむ（知る）」能力の、その発動主体として自身の内に自覚されるものとして言及されていると考えることが出来るだろう。誤診は医療者自身の観察し解析する実証的な認識能力が不十分なところに発する、と、淳于意は自らに引き受ける形で文帝の質問に対《こた》えているのである。

先に「カルテ」について見たところでは、「切（診）脈」に基づく解析によって病因・病理・経過予測を割り出す作業を行い精確な病像を認識することが出来るとされ、そのような精確な病像認識を得ることを淳于意は「知（知る）」と表現していた。そのことを今の「心、脈とるに精ならざれば、死生を期し治す可きを視る所、時時に之を失う」なる言句、すなわち「心」の観察作業が不精確であるところにこそ病像認識誤謬の原因があり、治療過誤の原因がある、という言句に勘案するならば、ここに思い併されて来るのは、『礼記』大学篇のよく知られた一節、

古の明徳を天下に明らかにせんと欲する者は、先ず其の国を治む。其の国を治めんと欲する者は、先ず其の家を斉う。其の家を斉えんと欲する者は、先ず其の身を脩む。其の身を脩めんと欲する者は、先ず其の心を正す。其の心を正さんと欲する者は、先ず其の意を誠ならしめんと欲す。其の意を誠ならしめんと欲する者は、先ず其の知を致さんと欲す。知を致すは物に格《かく》するに在り。物格《かく》して而して后《のち》に知至る。知至りて而して后《のち》に意誠たり。……

である。

天下に働きかけるという規模の行為の有効性も、順次遡って、その行為者自身がよく自己馴致によって練り上げられた人間（下に「琢するが如く磨するが如しなる者は自脩する也」と云う。「〜身」と「自〜」とは畢竟同じ言葉つき、「自分

で自分に～する」という意味である。すなわち「～身」は「(自分で)自分に～する」、「自～」は「自分で(自分に)～する」と分かれるが、カッコに入れた部分は当然に予定された意味として互いに与えられているのである。「脩身」はまさしく「自己馴致」と訳すことが出来るだろう)となっていることを前提とし、さらにそのような自己馴致の有効性は、順次遡って、その「知」の作業の精確さに支えられ、そしてその「知」の作業の精確さは「格物」して「物格」となっているところに始まるのである。「格」字の解釈については諸説あるが、人の「知」なる営為についての同時代における最も実践的で深刻な自己理解であると見なし得る、以上に見てきた淳于意の医方についての自己理解をここにあらためて重ねて「致知在格物」を読む必要がむしろあるのではないだろうか。すなわち「格物」とは、「切(診)脈」にも等しく、物事に直接触れて精確な観察・解析を実行することを謂うのだ、と。

ともあれこの一節が行為の有効性を行為者自身の自己馴致に基づけ、さらにそれを物事についての「知」の精度に基づけたことは確かであろう。そしてこの一節が「大学」と名づけられる一篇に含まれるテキストであり、文脈上、一篇冒頭の「大学の道は明徳を明らかにするに在り」を承けて「古の明徳を天下に明らかにせんと欲する者は……」と入り、「致知格物」に至って「物格而后知至」と折り返して行く位置にあることは明らかである。すなわち、この「大学」と命名された一篇のテキストに、我々は「学」をめぐる次のような提示を読むことが出来るのではなかろうか。すなわち孔子由来とされる「文」の伝統への自己馴致を核心とする「学」の思想が、「自己馴致」とまさに訳し得る「脩身」という言葉に受け止められ、さらにそこに、淳于意に一端が示されるような、当時にあるいは当時までに先端的であった様々な領野における「知」の精度を上げる営みが生み出した方法的な「知」の自己理解が結び合わされて出来《しゅったい》した、「知」の精度を追求する自覚的な営みこそが「学」という自己馴致の基礎過程を為す、という提示である。

「知」の精度を求める営みは、代表的には戦国期の国家どおしの、猛烈とも言いうる競争、「富国強兵」の競争において展開した、それこそが秦・漢に至る「国家」と呼びうる観念を具体的に成立させていった試みでもある、様々な「制度」のデザイン、実施、チューニングの活動、また例えば、前に紹介した（本書二四二頁）西門豹の十二渠の開鑿などに見られる、民政官たちの水利整備事業の推進などに伴う土木工学や水利工学的なデザイン、実施、チューニングに伴う「知」の営みなどを通じても、様々な達成を果たしていたと思われる。「倉公手記」が伝える淳于意の「医方」についての証言はその中でも当時の先端的な「知」の成立の様相を立ち入った形でよく知らせてくれるものと評価することが出来るであろう。

三

「扁鵲倉公列伝」「六不治」の第一、「驕恣して理に論《さだ》めざること」に戻れば、この言句にも自己馴致と「知」の営みとが結びついているという認識を認めることが出来る。この「六不治」は医療者ではなく病者に即して言われていると見るのが適当であるから、「不論於理」の「理」はしたがって病理ではなく、一般的に人が関わる物事に見出せる「割れ筋（それに順って処置を当てていけばうまく物事が解決する当て処）」であり、「論於理」とは、問題として人に掛かって来る物事への対処の仕方において「驕恣」に対立する一方の仕方を謂うと捉えることが出来よう。すなわち「驕恣」とは問題に直面して誘発される怒りや恐れなどの感情の発作のままに暴発して行く態の対処を謂い、「論於理」とは問題の姿をよく観察してその「割れ筋」を見出しそこに合わせ順って対処して行くこと、それによってこちら側の勝手な怒りや恐れなどをまさに「勝手なもの」と相対化して問題を合理的に解決し、自らの「驕恣」を馴致して行く対処法を謂う、となる。例えば淳于意の「カルテ」から挙げた第二例の②の「病は之を心憂いて数しば忔《むり》に食飲するに得《う》」、第六例の②の「山跗の病は之を盛怒して以て内に接するに得《う》」などに、その「驕恣して理に論《さだ》めざる」に起因する病疾を窺うことが出来るであろう。

『史記』を読んでいると、この時代には「怒《ど》」の世界が確固として広がり存在していたと感じさせられる。孟嘗君の次の例などはその最も印象的な例である。すなわち孟嘗君は秦に入り、昭王によってその相《しょう》となっていたが、やがて秦からの出国を謀り、よく知られる狗盗・鶏鳴の助けもあって窮地を脱し、函谷関より秦外に出た。それに続く話柄である。巻七五「孟嘗君列伝」。

趙を過《よ》ぎる。趙の平原君、之を客とす。趙の人は孟嘗君の賢なるを聞けば、出でて之を観る。皆な笑いて曰く「始め薛公を以て魁然ならんと為す也。今之を見るに、乃ち眇小の丈夫なる耳《のみ》」と。孟嘗君之を聞く。怒《ど》す。客の倶にする者と下り、斫《おの》もて数百人を撃殺す。遂に一県を滅ぼして以て去る。

「孟嘗君列伝」の「太史公」語は、

吾嘗て薛を過《よ》ぎる。其の俗、閭里には率《おおむ》ね暴桀の子弟多し。鄒・魯と殊なる。其の故《ゆえ》を問えば、曰く「天下の任俠・姦人の薛中に入るもの、蓋し六万餘家たり矣」と。世の、孟嘗君は客を好みて自喜すと伝うるは、名、虚ならず矣。

と云う。

いずれにしてもこのテキストには「怒」とのみあって、記述上、それで一県を滅ぼした「斫もて撃殺」する行為の説明もついておらず、また実際に何らかのとがめだても特になく、孟嘗君たちは忘れ去ったかのようにその場を立ち去っているのである。

「孟嘗君列伝」及び巻一五「六国年表」では孟嘗君の入秦を斉・湣王の二五年、これは秦・昭王の八年に当たり、中華書局・点校本「六国年表」では紀元前二九九年に当てているが、楊寛氏『戦国史料編年輯証』（上海人民出版社、二〇〇一）では、同じ紀元前二九九年ではあるものの、斉・湣王の二年と考証し（六五五・六七二頁）、翌く紀元前二九八年において、この「遂に一県を滅ぼして去る」の話柄について、孟嘗君は函谷関を出て後は随行の賓客もそれほどの規模では到底あり得なかったはずであるから、この逸話は「未だ信ずる可からず」としておられる（六七八頁）。確かにそれが穏当な判断という気もするが、しかしそれでは『史記』がここに仕掛けている歴史理解の真実性そのものを失ってしまうのではなかろうか。人があざ笑った、それが何百と集まった人々の間に一瞬に広がり行き、孟嘗君という男を石のような「怒《ど》」の塊に変えてしまう。それが解けて元の人に戻るためには、一県の人々の血と断末魔の叫喚が必要なのである。あざけり笑った人々にしても、その笑いが広がり行く一瞬に、そこに「怒」という運命があざ笑っているその自分たちに襲い来るのを別の感情をもって見るように受け取り、その感情の塊と化し、手もなく逃げ惑い、振り下ろされる孟嘗君たちの鋭利な兵器の下に倒れて行ったのかも知れない。

同じ時代、その秦の昭王のもとに活躍した白起に関わる次の話柄はその間の事情をよく伝えるのではないだろうか。すなわち秦・昭王の四七年（前二六〇）、長平（山西省高平市西北の王報村）に塁壁を築いて陣地戦の構えにある趙軍の糧道を、上将軍・武安君・白起率いる秦軍は絶ち、その九月に至る四六日間趙卒は食料を得ることが出来ず、ひそかに殺しあって食らう状況に至っていた。そして遂に趙卒四〇万が白起に降り、捕虜となったのである。

武安君は計りて曰く「前《さき》に秦已《すで》に上党を抜く。上党の民、秦と為るを楽しまずして趙に帰す。趙卒反復す。尽く之を殺すに非ざれば、恐らくは乱を為さん」と。乃ち挟詐して尽く阬《あな》にして（生き埋めにして）之を殺す。其の小なる者二百四十人を遺《のこ》して趙に帰す。前後、斬首し虜するは四十五万人。趙人大いに震《ふる》う。（白起王翦列伝）

と。

その数字は想像にあまる。四〇万人の軍卒を生き埋めに殺害したというがどうすればそのようなことが出来るのか。

項羽率いる楚軍が秦の降卒二十余万人を新安（新安県。河南省義馬市西の石河村）の城南に夜に撃って阬《あな》にしたと云う（項羽本紀）が、これも想像にあまる。

また随分と時代を降り、規模も桁が違うが、北宋・仁宗・慶暦四年（一〇四四）、保州（河北省保定市）の兵乱が鎮圧された後、その二千餘人の降卒の扱いをめぐり、時に河北宣撫使であった富弼が河北都転運按察使であった欧陽脩と内黄（河南省内黄県西）に行き遇った時に、夜半人を避け、諸州に分けて預けられたこれらの降兵を示し合わせて誅殺しようと持ち掛けたことも思い併せられる。

この場合には欧陽脩が、

禍い、已に降るを殺すより大なるは莫し。況や従うを脅かさんか。既に朝命に非ざれば、諸州一《いつ》も従わざる有れば、変を為すこと細ならず。

と歯止めを掛け、富弼も思いとどまったと云う。富弼にこう言った時の欧陽脩の頭には恐らく白起や項羽の例が置かれていたであろう。が富弼の身になれば、時代を超えて、降卒多数を抱えてしまった将官に起こる不安には通じるものがあったであろう（中華書局・点校本『続資治通鑑長編』一一冊三六八九頁、巻一五一）。

白起の例においては、「趙人大いに震う」という表現が目を打つ。ここで白起は「怒」しているわけではないが、その振る舞いは圧倒的な「怒」そのものとして趙人に迫ったのではないか。その白起の前に、趙人は震え上がっている。「怒」と同じレベルに起こる、自分にも抑えがたい情動のとりことなってしまっていると覚しい。それは両者とも一種の原生的な層からの、群集心理と同根の、身体ぐるみの情動の揺すり上げであろうと思われる。それがいわば人々を相い見互いに揺すり動かし、歴史を劇的に動かして行くと言い得るであろう。『史記』の記述はその間の気息に敏感なのである。その気息の中では、飢えと相い殺し相い食むことにひしがれた四〇万に餘る兵卒たちの生き埋めも現に可能なことだった。もちろんそれは史実として可能だったか否かとは別のことではあるが。

したがって『史記』での表現に関する限り、「怒《ど》」を「いかり」「おこる」程度の心理表現に平板化するわけには行かない。『史記』の言語においては、それ自体が歴史世界を織り成す人間の身体・心理の根源から発条し襲い来る力、すでにして神話的であるような力動、不可思議に、しかし圧倒的なリアリティーを持って突如現れ、潮の如く身内より人を支配する「物」と観念されていた可能性もある。

次のような武安公・白起の死にまつわる話柄も、この「怒」に関わって興味深い。ただし白起自体はこのような「怒」とは縁遠い人物であったようである。（以下「白起王翦列伝」にしたがって示す。年・月の記載には疑問も多いが、今はそのままに示す。）

前に紹介した長平の戦いの翌年、秦・昭王の四八年（前二五九）一〇月、秦は軍を三分し、武安君・白起は帰し、王齕は趙の武安・皮牢を攻めてこれを抜き、司馬梗は北上して太原を定めた（以上は「秦本紀」による。楊寛氏九七九頁参照）が、この情勢に韓と趙は恐れをなし、人を遣って時に秦の相《しょう》であった応侯・范雎に、武安公・白起が秦軍を率いて邯鄲を落とし、趙が亡び、秦王が王となれば、白起は必ず三公となってあなた（すなわち范雎）はその下風に就くことになるが、よろしいか、云々と説き、韓・趙に一部割譲を条件に講和することを許すように求めた。范雎はこの説得を承けて、秦王に、兵も疲れているので割譲を条件に韓・趙と講和することを進言、王もこれに聴《したが》い、講和がなり、秦は正月に兵を引いたのであった。武安君・白起はこの間の事情を聞き、范雎との間に齟齬が起こることとなった。しかしその九月、秦は趙・邯鄲を攻めるべく兵を発し、五大夫の王陵が将として向かう。武安君・白起は病気のため行かなかった。秦・昭王四九年正月、王陵が邯鄲を攻めたが、なかなか進まない。秦は新たに兵を動員して注ぎ込むも、五校を失う状況であった。武安君・白起の病も癒えたので、秦王は武安君が王陵に代わって邯鄲攻略軍を率いるように願った。しかし武安君は、邯鄲は実に未だ攻め易からざる也。且《か》つ諸侯の救い日びに至る。彼の諸侯の秦を怨むの日久し矣。今、秦は長平の軍を破ると雖も、而るに秦の卒の死する者は半ばを過ぎ、国内は空《から》たり。遠く河山を絶ちて人の国都を争う。趙は其の内に応じ、諸侯は其の外に攻む。秦軍を破ること必せり矣。

との状況判断から、軍に赴くを「不可」とした。秦王自身が直接に武安君に命を下したが、武安君は動かない。そこで王は応侯・范雎に武安君の説得を依頼するが、武安君はこれにも応じず、結局最後まで邯鄲に赴くことなく、病気だと称して動かなかった。秦王はやむなく王齕に王陵と交代させる。いずれにせよこの間八・九ヶ月にわたり、秦軍は邯鄲を攻めあぐねて、抜くことが出来なかった。

やがて楚が春申君及び魏公子に兵数十万を委ねて邯鄲に送り、秦軍の戦況は一気に不利となる。武安君の状況判断が正しかったことが明らかとなったわけである。

武安君言いて（口に出して）曰く「秦、臣が計に聴《したが》わず。今、如何たりし矣（ほうれ見ろのざまだろが）」と。秦王、之を聞く。怒《ど》す。彊《し》いて武安君を起こす。武安君遂に病篤しと称す。応侯之に請うも、起たず。是に於いて武安君を免じて士伍と為し、之を陰密に遷す。武安君は病めば、未だ能く行かず。

居ること三月、諸侯の秦軍を攻むること急にして、秦軍数しば卻《しりぞ》く。使者日びに至る。秦王乃ち人をして白起（ここでは「武安君」という呼び方が捨てられている）に遣わし、咸陽中に留まるを得《え》ざら使む。武安君既に行き、咸陽の西門を出ずること十里にして、杜郵に至る。秦の昭王、応侯・羣臣と議して曰く「白起の遷るや、其の意、尚お怏怏として服せず。餘言有り」と。秦王乃ち使者をして之に剣を賜い自裁せ使む。

武安君、剣を引きて将《まさ》に自ら剄《くびき》らんとして曰く「我、何の罪か天にありて此こに至る哉」と。良《や》や久し。曰く「我、固《もと》より当《まさ》に死すべし。長平の戦い、趙卒の降りし者、数十万人、我詐《いつわ》りて尽く之を阬《あな》にす。是れ以て死するに足る」と。遂に自殺す。武安君の死するや、秦・昭王五十年（前二五七）十一月を以てす（秦本紀では十二月に繫ける）。死して其の罪に非ざれば、秦人之を憐れみ、郷邑皆な祭祀す焉。

ここで「怒」しているのは秦の昭王であるが、「怒」が多くの場合、ただちにであれ、あるいは何分の屈曲を経てであれ、「殺」に至る起点となる事情はここにも見られる。すなわち先に見た孟嘗君の場合と同じく、「怒」の一撃が以後の「殺」についての説明を全て飲み込んで最初に、ほとんど先験的に与えられる記載となっているのである。「怒」一語だけで十分な説明になっている、そのような人の「殺」という行為への本源的な理解が『史記』のこの種の記述の前提となっていると覚しい。

四

『史記』における「怒」と「殺」についてはさらに例を重ねることが出来るが、今の武安公・白起の最後に関わる話柄からは、そのまさに最後の、死へと自らを納得させる論理を求める白起自身の「我、何の罪か天にありて此こに至る哉」という言葉を問題化しておきたい。

ここでこの白起の言葉に並べてみたいのは後漢・鄧太后の下、大将軍・鄧騭に召辟された楊震のよく知られる「四知」の語とその自死に際しての語である。（以下楊震については主に范曄『後漢書』中華書局・点校本、巻五四「楊震列伝」によるが、袁宏『後漢紀』、周天游校注「後漢紀校注」天津古籍出版社、一九八七などにも参照する。）

すなわち楊震は年五〇にして始めて州郡に仕え、大将軍・鄧騭に召辟されて、茂才に挙げられ、四遷して荊州刺史となり、東萊の太守となったが、東萊へと赴く途次、山陽郡の昌邑を通過した。荊州刺史の時代に楊震が茂才に挙げた王密がこの時その昌邑の令となっており、楊震に謁見するが、その席上、夜に至るに及び王密は金十斤を懐より出《い》だし楊震に遺《おく》ろうとした。

震曰く「故人、君を知るも、君、故人を知らざるは何ぞや（荊州以来の旧知である私の方は君の人柄をよく理解して茂才に推挙したつもりであるが、君の方は私のことがよく分かっていないのだなあ）」と。密曰く「暮夜なれば知る者無し」と。震曰く「天知る、神知る、我《われ》知る、子《し》（あなたが）知る。何ぞ知る無しと謂うや」と。密《みつ》愧じて出ず。

この楊震「四知」の語は、『後漢紀』では、

君知る、我知る、天知る、地知る。何が故に知る無からん。（『後漢紀校注』四七九頁）

とし、袁宏はこれに

震の言行、心に媿《い》じざること、皆な此《かく》の類《たぐい》也。

と評語をつけている。

因みに司馬彪の『続漢書』には「天知、神知、子知、我知」に作っていたらしく（周天游輯注『八家後漢書輯注』上海古籍出版社、一九八六、四二六頁）、また『資治通鑑』巻四九には「天知、地知、我知、子知」に作るが、元初にかかる胡炳文『純正蒙求』の「伯起（楊震の字）四知、和靖六有」下には「天知、地知、子知、我知」、曽先之『十八史略』にも同じく作る。人口に膾炙しているのは、この『十八史略』によると思われる「天知る、地知る、子知る、我知る」の形である。

いずれにせよこの「四知」における要点は、「子知る、我知る」にあるということが出来るだろう。さらには、「子知る」とは、王密の「我」に対する鋭い問い掛けであると読むべきであろうから、要は今ここにいて「知る」ことに実在しているこのそれぞれの「我」においてすべては明らかではないか、という突きつけであろう。この楊震の鋭い言葉に

おいて、このような「知る我」という自覚の座こそが、ほかでもない自らの倫理性の責任主体として実現し提示されているのである。

楊震は後ち元初四年（一一七）、朝廷に徴せられて太僕、次いで太常となり、永寧元年（一二〇）には司徒となるが、翌・永寧二年（一二一）に鄧太后が崩じ、安帝の親政が始まると安帝の乳母であった王聖が力を持つなど朝政が壊敗して行く情勢となる。その中、延光二年（一二三）に太尉となっていた楊震は前後、厳しい弾劾を繰り返し奏上し、河間の男子・趙騰が都に至って時政批判を上書し、安帝が「発怒」してこれを獄に下した折には押して趙騰弁護の上疏を行っている。しかし安帝は見向きもせず、「騰は竟《つい》に都市に伏尸す」となった。

翌く延光三年（一二四）春、安帝は岱宗（泰山）に巡するために都を離れたが、その留守をいいことに、中常侍・樊豊たちは競って第宅を修めだす。楊震の部掾・高舒が調査し、樊豊たちが偽造して下した詔書を見つけ、帝の還るのを待って具奏することとなったが、これに震え上がった樊豊たちは一気に反撃に出、ちょうど太史が星変逆行を言上したのに機を捉え、楊震を、

趙騰死せし自《よ》りの後、深く怨懟す。且つ鄧氏の故吏にて、恚恨の心有り。

と讒訴した。安帝が帰還し、いまだ入城の吉時に控えて太学に滞在していたその夜に、その太学よりあわただしく使者が派遣されて楊震から太尉の印綬を奪い、閉門の処置がとられた。さらに楊震は「大臣にして罪に服せず、恚望を懐く」との奏上があり、本部に帰れとの詔が下された。

震は行きて城西の几陽亭に至る。乃ち慷慨して其の諸子・門人に謂いて曰く「死なる者は士の常分。吾は恩を蒙りて上司に居りて、姦臣の狡猾なるを疾《にく》むも誅する能わず、嬖女の傾乱するを悪《にく》むも禁ずる能わず。何の面目あってか復た日月を見ん。身死するの日、雑木を以て棺と為し、布の単被、形《からだ》を蓋《おお》うに足るを裁《た》て。冢次に帰す勿れ。祭

祠を設くる勿れ」と。因りて酖を飲みて卒《しゅっ》す。時に年七十餘。

強いられた自死を自らにおいて納得するに当たり、その自死を強いる秦・昭王や後漢・安帝に暴発した「怒の法廷」を拒否し、自覚される自らの罪にその納得の根拠を求める点で、武安公・白起と楊震とは等しいと見ることが出来るであろう。しかし白起がその自らの罪を「天」を呼び出す中で、つまり「天の法廷」において意識し出すのに対し、楊震においては「士」としての矜持と「上司」の任にある責務において自覚される「知る我という法廷」に自らの罪は意識されている。ここに両者の間に横たわる大きな差異を認めるべきであろう。「四知」の話柄を記載した後に袁宏がそれを承けて「言行、心に媿じず」と評したことによるなら、楊震によって自己を裁く真正の「法廷」として提示されている「知る我」とはほかでもない「心」だ、ということになる。ただし楊震の「四知」の言辞の強さが、「知る」という動詞の現場性にあることは言うまでもない。この現場性が王密の内にその「我」を「知る」の起点と終点の両端、「(われ)知る(われ)」として立ち上げ、そこに「愧ず」という自我意識の揺らぎが可能となるのである。そのように「知る」の両端として揺らぎ行く二重性の中でこそ「心に媿ず(媿於心)」という言葉は真正の意味を持ち得る。

楊震の八世の祖は楊喜、自刎して果てた項羽の遺骸に功を争うものたちが相い殺しあいつつ数十人とりついたと『史記』巻七「項羽本紀」に云うが、最後にその遺骸を五分していた、その一部を獲得し、その功により「赤泉侯」に封じられたと云われてそこに現れる楊喜その人である。高祖の楊敞は昭帝の時に丞相となって安平侯に封じられ、父の楊宝は「欧陽尚書」を習い、哀帝(前七−前一)・平帝(前一−五)の世に隠居して教授したが、居摂二年(七)、すなわち王莽が実権を握った時代に、その応徴によって朝廷の世評を鎮め得る高節の名士として龔勝、龔舎、蔣詡と倶に徴せられたが、その徴に応ぜず逃亡して行方を隠した。後漢・世祖・劉秀が即位すると、公車もて特に徴したが、老病をもって、家に卒《しゅっ》した。楊震は、その子であり、「欧陽尚書」を太常・桓郁に受け、明経博覧にして諸儒に「関西の孔子、楊伯起」と語られた人物であった。

戦国の気風の中に生きていた楊喜から、前漢二百年余りをかけて進行した「学」による士風の馴致を、世代を数えながら典型的に具現してきた家系であると言い得ようか。すでに紹介した楊震の「四知」と自死前の語は、その世々にわたる馴致の結果として、武安公・白起の「天」に自身の罪責を引き出す自意識と微妙ながらも決定的に異なる、「知り・行う」その「われ」にこそ罪責の在り処を引き受ける自意識の定立を示すに至っていると言うべきであろう。

しかしそれは、まったく新しいタイプの自意識の出現ではない。

その点で楊震が「関西の孔子」と当時の儒学者たちに語られたというのは興味深い。言うまでもなく『論語』における孔子の言句が人に迫るのは、
古の学ぶ者は己がために為《な》し、今の学ぶ者は人のために為《な》す（古之学者為己、今之学者為人。憲問）。

や、また、
君子は諸《これ》を己に求め、小人は諸《これ》を人に求む（君子求諸己、小人求諸人。衛霊公）。

などに典型的な、自己の責任を端的に自己に担う底の、すなわち行動・判断の第一義的な起点として「われ（己）」を揺るぎなく据える自己意識の起動であったからである。楊震はその意味でまさしく今に生きる「孔子」であった。

五

自らの罪責を明らかにしそれを担うのは、そのことを「知る」自己自身に他ならないという自己意識の確立こそ、「学」という自己馴致の思想の鍵鑰をなす。そのような自己意識の研ぎ出しの一端に、我々が第一章「闘う民政官たち」の第六節に言及した「自新」の思想があることは改めて贅言するまでもなかろう（本書四五頁）。

しかし実はこの「自新」という語は早い例として、恐らく独自の形で、先に紹介した倉公・淳于意に関わる話柄の中に姿を現す。このことに我々は改めて注目すべきであろう。

『史記』巻一〇五「扁鵲倉公列伝」に戻って示す。

文帝四年（前一七六）中、人、上書して意《い》（すなわち淳于意のこと）を言う。刑罪の当たるを以て伝して西のかた長安に之《ゆ》く。意《い》に五女有り。随いて泣く。意《い》怒る。罵《ののし》りて曰く「子を生《な》すも男《だん》を生《な》さず。緩急に使う可き者無し」と。是に於いて少女・緹縈、父の言に傷《かな》しみ、乃ち父に随いて西す。上書して曰く「妾《われ》の父の吏為《た》るや、斉中、其の廉平なるを称《たた》う。今、法に坐して刑に当たらんとす。妾《われ》の切に傷《かな》しめるは、死せる者は復た生くる可からずして刑ある者は復た続《つな》ぐ可からざれば（「続」は孝文本紀には「属」に作る。手足を切り落とすなどの肉刑にかかれば、ふたたび手足をつなぐことは出来ないから）、過ちを改め自新せんと欲するも、其の道（すなわち「過ちを改め自新する」道筋・手だて）の由《よ》る無くして、終《つい》に得る可からざること。妾《われ》願うらくは、身（わたくし自身）を入れて官婢と為《な》り、以て父が刑罪を贖《あがな》い、（父の淳于意に）行いを改めて自新するを得《え》使めん」と。書聞《のぼ》る。上《じょう》、其の意《こころ》を悲しみ、此の歳中、亦た肉刑の法を除く。

この話柄は巻一〇「孝文本紀」ではその「十三年」に繋けて載せるが、緹縈の上書の文言は、

妾父為吏、斉中皆称其廉平、今坐法当刑、妾傷夫死者不可復生、刑者不可復属、雖復欲改過自新、其道無由也、妾願没入為官婢、贖父刑罪、使得自新。

とほぼ等しく、同じく「自新」が二度出て、そのキー・ワードとなっている。

文帝がこの上書に動かされて下した詔は、「孝文本紀」に拠ればおおむね次のようである。

……今、法に肉刑三有り（「集解」に「孟康曰く『黥・劓二、左右趾合一、凡そ三』」と。「索隠」に「韋昭云う『断趾、

黥、劓の属」と)。而るに姦は止《や》まず。其の咎安《とがいず》くに在らん。乃ち朕が徳の薄くして教えの明らかならざるに非ざらん歟。吾甚だ自ら愧ず。故に夫れ馴道純ならずして愚民焉《ここ》に陥る。詩に曰く「愷悌たる君子、民の父母」(大雅「洞酌」。ただし現行「十三経注疏」本では「豈弟君子、民之父母」に作る)と。今、人に過ち有れば、教え未だ施さずして刑焉《ここ》に加う。或いは行いを改め善を為さんと欲するも道に由る毋《な》き也。朕甚だ之を憐れむ。夫れ刑は、支体を断ち、肌膚を刻み、終身息《やす》まざるに至るは、何ぞ其れ楚痛にして不徳なるや。豈に民の父母為《た》るの意に称《かな》わん哉。其れ、肉刑を除かん。

ここには「其の咎安くに在らん。乃ち朕が徳の薄くして教えの明らかならざるに非ざらん歟。吾甚だ自ら愧ず。故に夫れ馴道純ならずして愚民焉《ここ》に陥る」の部分に明らかな如く、「馴道」、すなわち天下の民庶を「教」によって馴致する道筋、の純・不純という、所謂「経学」の営みの中で中心的に練り上げられた「政治学」の基本枠が提示されて緹縈の投じた問題が受け止められ、それが文帝自身の自責、自覚のもとに改新されるという、まさにそれ自体が「自新」である自己馴致、自己改新の、皇帝における実現が果たされている。

先に示した淳于意の「手記」には、文帝が「得病不起」と斉の文王の死を見取った上で質問していると考えられる箇所が存在するから、そこに記録される淳于意と文帝との問答は、文帝の一五年以降のことと考えるべきであろう。事の前後から考えて、文帝が淳于意のことをそれと知ったのは、淳于意が罪を問われて長安に繫獄された事件以降のことであろうから、この緹縈の上書はやはり「孝文本紀」に従い、その十三年の事件とするのがより自然なように思われる。

ここに出る「自新」という語は、巻六「秦始皇本紀」の「太史公」語に、……善しき哉乎、賈生の之を推言するや。曰く……

として引く賈誼の所謂「過秦論」に、

郷使《もし》も二世（すなわち秦の二世皇帝・胡亥）に庸主の行い有りて忠賢に任せ、臣主一心にして海内の患《わずら》いを憂い、縞素して先帝（すなわち始皇帝）の過ちを正し……法を約《つづ》め刑を省《はぶ》きて以て其の後に持し、天下の人をして皆な自新するを得使《え》め（使天下之人皆得自新）……而して威徳を以て天下に与《くみ》すれば、天下集《やす》んぜり矣。

と云うにも見える。

巻八四「屈原賈生列伝」には、

（梁の）懐王騎し、馬より堕ちて死す。後《のち》無し。賈生、自ら傅為《ふた》ること状無きなる（懐王の守り役としてのみずからのふがいない有り様）に傷《かな》しみ、哭泣すること歳餘、亦た死す。

と云い、巻五八「梁孝王世家」及び巻一七「漢興以来諸侯王年表」によれば、懐王の死は文帝一一年であるから、賈誼の死はほぼ文帝一二年頃と推定される。また『漢書』巻四八「賈誼伝」には「賈生の死するや、年三十三たり矣。後四歳、斉の文王薨ず」と云い、前にも見た如く斉の文王・劉則は文帝の一五年に薨じているから、同じく、賈誼は文帝の一二年に亡くなった、と推定される。

「太史公」語に今見える「過秦論」のテキストを賈誼の親筆に成ると信ずるならば、緹縈の上書中におけるこの語の使用は、賈誼に、あるいは賈誼の語彙入手と同源のソースに由来する可能性もある、ということになろう。しかしこの辺り、当の「太史公」語の形から見ても即断は出来ない。

いずれにせよ言い得るのは、「文淵閣・四庫全書・電子版」（迪志文化出版・中文大学出版社、一九九九）に全文検索をかける限り、この文帝の時代が「自新」なる語の初出として信頼できる上限であり、その前後のテキストとの適合性において、『史記』の伝える淳于意の「少女（年端も行かぬ末のむすめ）」緹縈の一身を挺しての上書こそが、後世に響き行くこの語の起源を切り出しているということである。

しかし一方この「自新」なる語の響き、意味合いが、前に本章第二節において見た淳于意の率直な、誤診も少なくないという自己理解、絶えざる検証によって診断という自らの「知」の精度を挙げて行こうと努力する自己改新の精神に関わっていることも見逃すことが出来ない。緹縈は紛れもなく、淳于意の、当時に先端的な「知病」の営為に連なって、そしてそのような父への傷《かな》しみに切り開かれて、この上書の言葉をひねり出しているのであり、それが故にこそ文帝の、その「詔」に表出している鋭敏な「自愧」「自新」を呼び起こしたのであろう。

六

『史記』「封禅書」には、高祖の時代のこととして次のように云う。

……後ち四歳、天下已に定まる。御史に詔す、豊《ほう》に令し、謹みて枌楡社を治め、常に四時を以てし、春には羊・彘を以て之に祠れ、と。祝官に令して蚩尤の祠を長安に立てしむ。長安に祠、祝官、女巫を置く。

其の梁巫は天・地・天社・天水・房中・堂上の属を祠る。

晋巫は五帝・東君・雲中・司命・巫社・巫祠・族人・先炊の属を祠る。

秦巫は社主・巫保・族累の属を祠る。

荊巫は堂下・巫先・司命・施糜の属を祠る。

九天巫は九天を祠る。

皆な歳時を以て宮中に祠る。

其の河巫は河を臨晋に祠る。
而して南山巫は南山に秦中を祠る。秦中なる者は（秦の）二世皇帝。
各おの時月有り（「月」は点校本「日」に正す）。

公設の女巫がこの規模で存在していたと伝えるのである。長安という町のかどかど、宮中の建物のくまぐまに「物の蒼犬の如き」ものが現れてもなんら不思議はない世界であったと覚しい。

そのような「物」の予感と幻視が染み付いている軒端と路地が、城壁に囲まれて人の吐息が犇《ひし》めき合う都街に、宮城内に、そして内宮に広がっていた。この時代、人の生自体が常に死の影に追い詰められ、いわば夕暮れ時の城壁の如き姿をもって人を囲い込んでいた。要するところ内宮も、朝廷も、都街も、そして国々も、天下も、人の吐息が犇めき合う「ちまた（巷）」に他ならなかっただろう。犇めき合う吐息の中には、死した人々の吐息も遺《のこ》されている。自らの命よりも長持ちする家屋を、囲壁を、宮殿を、城壁を、そして都街を建て、その世代を超えて存続する建物・衢路の景観が支える、入り組んだその「ちまた」の、「物」の予感に彩られたざわめき、つまりは「場所」の記憶の永続性に自らの死に絶たれざるを得ない不安をしがみ付かせて暮らす「しがなさ」こそ、「場所」に繋がれて生まれ育つ人間の奥処に宿る、終に消しえない性《さが》と云うべきであろうか。

そのような「場所」の記憶、死にくまどられた人の身内からのまなざしが、生の永続への思いをしがみ付かせて行く、切ない「場所」の記憶に「封禅書」は満ち溢れているのである。

緹縈によって提示され文帝によって受け止められた「自新」の思想の核心は、やがて、そのような「場所」の記憶の永続性に自らの思いをしがみ付かせていく人の奥処に宿る自己忌避の回路を切断し、責任主体、行為主体としての自己自覚を新《あら》ためて人に起動させるというところにあろう。そして前に取り上げた「怒」なども、深くは、この自己忌避の回路が逆立てられる時に起こる発作と解釈することも可能であるから、実はこの「自新」の思想は、歴史的実在としての人間の恐らく最も深い処にある自己忌避と自己自責とが張り合って生まれている、自己自覚起動スイッチングの不安定振動に関わって、自己自責の力量を守り立て、自己自覚起動の安定を確立する、絶えざる自己馴致の営みとして展開せざるを得ないであろう。ここに、十全な意味での「学」という自己馴致の営みが姿を現して来るのである。

七

范曄『後漢書』楊震列伝（巻五四）には、先に紹介した「四知」の話柄の後、

後ち涿郡太守に転ず。性は公廉、私謁を受けず。子孫常に蔬食《そし》歩行すれば、故旧の長者、或いは産業を開くを為さ令めんと欲す。震は肯《うべな》わずして曰く「後世をして称《たた》えて、清白吏の子孫、と為さ使む。此れを以て之に遺《のこ》す、亦た厚からざらん乎」と。（中華書局、点校本一七六〇頁）

という一段を載せる。

楊震はここで、自身を「清白なる吏」すなわち「吏」と把捉しているわけである。ここまでのところ楊震は荊州刺史、東萊郡太守、涿郡太守と来ているのであるから、具体的にはここに云う「吏」とは郡太守辺りが中心となっていると覚しいが、実はこの「吏」であると自身を把捉することと、「四知」の話柄に我々が読み取った、自らの倫理性の責任主体は自らであると自覚する自己意識の実現とは、当時のまさに自身を「吏」と把捉している者の意識の中では相互に適合的であり、相互に指示的であった。

中国の伝統的な国家を「皇帝制」の国家と捉え、そこで「皇帝専制」「専制的支配」「家父長制的支配」「家産制国家」

「家産官僚」といった学術用語が使用されることがある。しかしこれらの用語が作り出す「皇帝―吏」の関係は終ずるところ、絶対的命令者と絶対的服従者との関係であって、そこでは「吏」が「吏」である限り、「吏」本人の自立した自己による独自の裁定・判断の存在そのものは認められない、それが存在するにしてもそれは「吏」としての官職を離れた「私（わたくし）」の領域として認められるだけであって、「公（おおやけ）」には圧殺すべきものでしかない、と理解される。いささか戯画化して示すなら、一方にはふんぞり返って威張り散らす強欲そうな皇帝、一方には下卑た追従の笑みを浮かべて這いつくばる臣下、という歴史理解の風景である。いずれの側にも独自の内面性、精神性は見出せず、「専制支配体制」という「絶対秩序」に示嗾されて動く内面なき「人もどき」がこの歴史理解には存在するだけである。

　すなわちこの種の用語を基礎概念として置く視線の中では、個々に取り上げ得る、独自の内面性を有する「皇帝」や「吏」などは原理的に存在し得ないのである。しかしこれは、楊震たちに即して見る限りまったく通用しない。

　和帝「永元・困頓之季《とし》」すなわち永元一二年（紀元一〇〇）の日付が記された「自叙」をもつ許慎『説文解字』は、その五四〇部の冒頭「一」の部の最後に「吏」字を載せ、

　　吏、人を治むる者也。一に従う、史に従う。史は亦た声《せい》。（吏、治人者也。从一、从史。史亦声。以下段玉裁『説文解字注』経韵楼本に拠る。）

と解説を加えている。『説文解字』は楊震とまさに同時代の著述である。

「治人者也」という訓釈については、これも同時代として良かろう『漢書』巻二・恵帝紀に、

　　又た曰く。吏なる者は民を治める所以也。能く其の治を尽くせば則ち民之《これ》に頼る。故に其の禄を重くするは、民の為《ため》にする所以也。……

と載せるのが参考となろう。

『説文解字』の冒頭「一」の部は、

一、惟れ初め大極、道、一に立つ。天地を造分し、万物を化成す。……

元、始め也。一に从《したが》う、兀の声《せい》。

天、顚也。至高無上なれば、一・大に从う。

丕、大也。一に从う、不の声。

吏、人を治むる者也。一に从う、史に从う。史は亦た声。

と並んで終わる。

この「一」の部の次が「二（じょう。「上」に同じ）」の部であり、

二、高き也。……

帝、諦也。

……

と並び、次が「示」の部、

示、天、象を垂れ、吉凶を見《あら》わす。人に示す所以也。二（じょう。「上」に同じ）に从う。三垂は日・月・星也。

天文に観て以て時変を察す。神事を示す也。……

……

と並び、つぎに「三」の部が来て、

三、数の名、天・地・人の道也。……

と記し、次に「王」の部が来て、

王、天下の帰往する所也。董仲舒曰く、古の造文者、三画して其の中を連ね、之を王と謂う、三なる者は天・地・人也、而して之を参通する者、王也、と。孔子曰く、一、三を貫くを王と為す、と。……

閏、……

皇、大いなる也。自・王に从う。自は始まり也。始めて王なる者は三皇、大いなる君也。……

と終わる。

『説文解字』においては、「吏」字が「一」なる始元に直結する形で先ず「一」の部を締め括る位置に置かれ、以下「一」を受ける部の流れの中で次々と「帝」「王」「皇」が置かれている、と読める。すなわちここでは「吏」は、「王」ならざる天地万物の働きの始原である「一」にこそ直結して「人を治める」存在なのであり、むしろ「王」から独立し、「王」に先行し並行する存在として現れるのである。

このことは前漢・司馬遷の『史記』にさかのぼっても確認できる。すなわちその巻一一九「循吏列伝」の冒頭、太史公語には、

法令は民を導く所以也。刑罰は姦を禁ずる所以也。……職を奉じ理に循《したが》えば、亦た以て治を為す可し。何ぞ必ず威厳もてせん哉。

と云い、巻一三〇「太史公自序」には、

法を奉じ理に循《したが》うの吏、功を伐《ほこ》り能を矜《ほこ》らず、百姓称《たた》えること無きも、亦た過行無し。循吏列伝第五十九を作る。

と云う。

ここにも「王」「皇帝」は出て来ない。循吏とは要するに「職・法を奉じ理に循う」に尽きる「吏」なのである。ここに出る「職」「法」特に「理」の内容についてはすでに議論がある（鎌田重雄「漢代の循吏と酷吏」史学雑誌、五九－四、一九五〇、所収。今村城太郎「漢代の循吏」、東方学、三〇輯、一九六五、所収。伊藤徳男「循吏と循理」、東北学院大

学論集、一五、一九八五、所収）が今は措きたい。いずれにせよそれらが非人格的に措定される職務、法令、解析などであることは明らかであり、それらを奉じそれらに循うことは具体的な王の言《こと》のままに従うこととは全く別のことである。

この区別意識の存在は同じ『史記』の巻一二二「酷吏列伝」、杜周の条に、

> 其の治は大いに張湯に放《なら》いて候伺（皇帝のご機嫌を伺《うかが》う。すなわち皇帝の意のままに従う吏治の有り方を謂う）を善くす。上《じょう》の擠《おと》さんと欲する所の者は因りて之を陥れ、上《じょう》の釈《と》かんと欲する所の者は久しく待問に繋ぎて微かにも其の冤状を見《あら》わす。客の周を譲《せ》むるもの有りて曰く「君は天子のために決平するを為すに、三尺の法（集解に「漢書音義曰く『三尺の竹簡を以て法律を書する也』」と）に循《したが》わず。専ら人主の意指を以て獄を為す。獄なる者、固より是《かく》の如からん乎」と。周曰く「三尺は安《いず》くに出づる哉。前主の是《ぜ》とする所、著《しる》して「律」と為し、後主の是《ぜ》とする所、疏して「令」と為す。時に当たりて是《ぜ》と為すぞ、何か古の法なる乎（書かれて定まっている法と言ったところが、要は前の権力者がその時その通りと考えて律にしたものに、後の権力者が今度はこれが是《ただ》しいと考えるものを加えて令としたという具合のもので、その時その時に是しいと思うものを法としているのであって、何が古来不変の法なのかと言ったたって仕方なかろう）」と。

と紹介する話柄に明らかであって、武帝の考えに合わせて法的処置を手加減する杜周にそれはおかしいと云う人物のいること自体が、実定法に循うことと、王の意のままに従うこととに顕然たる違いのあることが武帝の時代、一般に知られていたことの証拠であろう。それに対して杜周はここで苦しい強弁を行っているのである。

八

范曄『後漢書』巻二四「馬援列伝」には、世祖・光武帝・劉秀に関わる次のような話柄が記録されている。

建武四年（二八）冬、囂（隗囂）、援（馬援）を使《つか》わして書を洛陽に奉ぜしむ。援至れば、宣徳殿に引見す。世祖迎え笑い、援に謂いて曰く……帝甚だ之を壮とす。援は黎丘に（帝が）南幸するに従い、転《うた》た東海に至る。還るに及び、以て待詔と為し、太中大夫・来歙をして節を持して、援の隴右に西帰するを送ら使む。

隗囂、援と臥起を共にし、問うに東方の流言及び京師の得失を以てす。援、囂に説きて曰く「前《さき》に朝廷に到るに、上《じょう》引見すること数十、讌語するに接する毎《ごと》に、夕《ゆうべ》自《よ》り旦《ひので》に至る。才明雄略、人の敵《ならびむかう》に非ざる也。且つ心を開き誠を見《あら》わして隠伏する所無く、闊達にして大節多きことは、略ぼ高帝（高祖・劉邦）と同じく、経学博覧にして政事文辯たることは前世に比《くら》ぶる無し」と。囂曰く「卿（あなた）は、高帝に何如《いず》れならんと謂《おも》うや」と。援曰く「如《し》かざる也。高帝は可も無く不可も無し（『論語』微子に「逸民……子曰……我則異於是、無可無不可」と。これは可、これは不可、という限定性・選択性を超えていることを謂う）。今上《きんじょう》は吏事を好み、動くに節度の如くし、又た飲酒を喜《よろこ》ばず」と。囂、意懌ばず。曰く「卿（あなた）の言の如《ごと》かれば、反《かえ》りて復た勝《まさ》らん邪」と。然れども雅《つね》より援を信じたれば、故に遂に長子・恂（隗恂）を遣わして入質す（すなわち長子の隗恂を世祖の下に人質として入れ恭順の意をあらわした）。援、因りて家属を将《ひ》きて恂に随い、洛陽に帰す。……（中華書局・点校本八三〇頁）

この一段、隗囂と馬援との掛け合いは、『後漢紀』巻五では、

囂曰く「必ず卿（あなた）の言の如《ごと》かれば、高帝に勝《まさ》らん邪」と。援曰く「如《し》かざる也。高帝は大度、可も無く不

可も無し。今上《きんじょう》は吏事を好み、動くこと軌度に循《したが》い、又た飲酒せず、如《し》かざる所也」と。囂大いに笑いて曰く「是くの若《ごと》ければ、反りて勝《まさ》らざらん邪」と。(『後漢紀校注』一二二頁)

に作る。

自在闊達な英雄肌の高祖・劉邦に対し、世祖・劉秀が酒も遣らぬ、謹厳実直な「吏事を好む」人物であると紹介して、高祖には及ばない、と馬援が「とぼけた」、いわばその馬援の「反語」性の誘いに弾かれて、隗囂は、それは逆に、劉秀が高帝につまりは勝《まさ》っているということではないか、と応じているのである。

范曄『後漢書』の「囂、意懌ばず」なる語に因めば、「吏事を好む」に始まる馬援の紹介は劉秀への帰順に肯じ得ない隗囂のコンプレックスに突き刺さったらしい。一方『後漢紀』に従えば隗囂は大きな笑い声で闊達に応じたことになる。しかしいずれにせよ隗囂の「卿の言の如かれば、反りて復た勝らん邪」あるいは「是の若《かく》ければ、反りて勝らざらん邪」という半畳は、高祖・劉邦を理想とする帝王像に替わって「吏事を好む」謹厳実直な帝王像が彼の胸に落ち、「大きさ」においては劣りこそすれ、逆にそれこそが高祖・劉邦風の帝王に勝るこの時代の帝王の在り方であることを心底に振り返り認め出《い》だした言葉であると解釈することが出来るであろう。

高祖・劉邦風の帝王こそ正しく「帝王」であるという「常識」の覆しがここで馬援によって提示され、その機知が隗囂という「世論」の、今はじめて自らの変化に気づき到った態《てい》の同意をここで引き出しているのだと読めば、ここには当時の劉秀や隗囂、馬援などといった王朝政権の創設にかかわる人々における「帝王」及びその「帝王」に掛かって存立している「国家」なる権威への評価が、その可も無く不可も無き「英雄」性から日常的で輪郭の明瞭な「能事」の方へと傾いて来ていることを知ることが出来るであろう。

そのキー・ワードが「吏事」であることに鑑みれば、この新しい実務的な「帝王」像においては、皇帝もまた「民を治める」まさにその当事者である限り、「吏」であるに他ならない、ということになる。

九

袁宏『後漢紀』光武皇帝紀には世祖・劉秀の「吏」的性格に関わる話柄がよく採られている。他の資料にも思い併せながら考察を広げておく。

【事例一】

初め更始、躬（謝躬）を遣わし、馬武等六将軍を将《ひき》いて世祖と倶に河北を定めしむ。王郎平《たい》らぐるに及び、躬は世祖と復た倶に邯鄲中に在りて、城内に分居す。躬の領する所の諸将は放縦なるもの多く、百姓《ひゃくせい》の苦しむ所と為る。躬は整うる能わず。又た数しば王（世祖・劉秀を謂う。時に世祖は更始により蕭王に封ぜられていた）と違戻し、常に之を襲わんと欲するも、以て兵彊《つよ》しと為せば、故に止む。然れども躬は吏事に勤たりて、所在に至る毎《ごと》に、冤結を理《ただ》し、詞訟を決す。王は常に之を称《たた》えて「謝尚書は真の吏也」と曰う。躬は此れに由りて自ら疑うをせず。躬の妻子嘗《つね》に之に誡《いまし》めて曰く「終《つい》に劉公の制する所と為らん焉」と。

（『後漢紀校注』五一頁による。范曄『後漢書』では巻一八・呉漢列伝に見え、「躬勤於職事、光武常称曰、謝尚書真吏也」に作る。）

【事例二】

（建武元年、紀元二五、九月）甲申。故《もと》の密令・卓茂（「密」は河南郡密県。河南省新密市東南）を以て太傅と為し、褒徳侯に封ず。茂、字は子康、南陽の人。温にして寛雅、恭にして礼有り……茂、徳行を以て挙げられて侍郎・給事黄門と為り、遷りて密の令と為る。其の治は民を視ること子の如くし、善を挙げて教え、口に悪言無し。

A民に常《かつ》て、亭長、米肉を受くと言う（告発する）者有り。

茂、之に問いて曰く「亭長、汝に従いて之を求むる乎。汝、事有りて之に嘱《たの》みて受取せる乎。将《は》た平居、恩意あるを以て之に遺《おく》る乎（亭長がおまえにくれと求めて来たのか。おまえの方に亭長への頼み事があって亭長が見返りとして受け取ったのか。それとも普段の生活において亭長に恩に感じるところがあって心ばかりのお礼をしたのか）」と。

民曰く「往きて之を遺《おく》り、而して受く（こちらからお礼に遺ると受け取ったのです）」と。

茂曰く「之を遺《おく》りて而して受くに、何ぞ故《ことさら》に言う邪（それならなぜこと騒がせに告発するのか）」と。

民曰く「聞くならく、君《きみ》賢明なれば民をして吏を畏れ使めず、吏は敢て取らず、民は敢て与えず、と」。

茂曰く「汝は敝《すた》れたる民為《た》り矣。凡そ人の禽獣より貴《たか》き所以の者は、其の仁愛して相い敬するを以て也。隣伍の長老には、歳時に礼を致す。人道、此《かく》の如くして、乃ち能く勧愛す。即《も》し是《かく》の如からずして、側目して相い視《み》る（『論語』為政に「子曰、視其所以、観其所由、察其所安、人焉廋哉、人焉廋哉」と。「視」は一つの取り落としもなきようにジーと見つめること、すなわち「監視」の「視」）は、怨憎・忿怒の由《よ》りて生ずる所也。吏は固《もと》より当《まさ》に威に乗じて力彊に請求すべからざる耳《なり》。誠《まこと》に能く盗賊に禁備し、彊暴に制禦して、相い侵《おか》さざら使め、民に事有りて争訟するときには、曲直を正すを為す。此れ、大功なる也。歳時に礼敬を修め、往きて之に相見するは、亦た善ろしからず乎《や》」と。

民曰く「苟《いや》しくも是《かく》の如かれば、律は何の故にぞ之を禁ずる」と。

茂曰く「律は大法を設く。礼は人情に順《したが》う。今、我、礼を以て汝に教うれば、汝は必ず怨む所無けんも、律を以て汝を治むれば、汝、手足を措《お》く所無けん。一門の内、小者は論ず可し、大者は殺す可き也。且《しばら》く帰りて之を念《おも》え」と。

民曰く「誠に君の言の如き也」と。

茂の民に教え法を制すること、皆な此の類《たぐい》也。

B初め茂の官に到るや、吏民皆な之を笑う。隣県及び府官、以て下治と為す。河南の太守は為《ため》に守令を置くも、茂は治めて自若たり。数年、教化大いに行われ、路に遺《お》ちたるを拾わず。

C天下嘗て蝗《いなご》す。河南の二十県皆な蝗《いなご》に傷む。独り密の境に入らず。

D是の時、王莽、安漢公為《た》り。大司農・六部丞を置いて農桑を勧課す。茂は京部の丞に遷さる。（密県の）吏民、老、小、皆な道路に啼泣す。

E王莽、居摂せば、茂、病を以て免《まぬか》れ、常に郡門の下掾と為りて、職吏と為るを肯んぜず。

F更始立てば、茂を以て侍中祭酒（「祭酒」二字は「校注」によりて補う）と為す。従いて長安に至る。更始の敗乱せるを知れば、老いたるを以て乞骸す。是《ここ》に至りて、年七十餘たり矣。

（『後漢紀校注』七六頁。范曄『後漢書』では巻二五・卓茂列伝）

范曄『後漢書』によれば、卓茂は、

父祖皆な郡守に至る。茂は元帝の時、長安に学び、博士・江生に事《つか》え、詩・礼及び歴筭を習い、師法を究極し、称《とな》えて通儒と為す……

と云い、

儒術を以て挙げられて侍郎・給事黄門と為る。

と、その儒学に通ずるを伝える。

光武帝によって「太傅」とされたについては、

時に光武、初めて即位す。先ず訪いて茂を求む。茂、河陽に詣《いた》りて謁見す。乃ち詔を下して曰く「前《さき》の密令・卓茂、束身自修し、節を執ること淳固、誠に能く、人の為す能わざる所を為す。夫れ名は天下に冠たり、当《まさ》に天下の重賞を受くべし。故《もと》より武王、紂を誅せば、比干の墓を封じ、商容の閭に表す。今、茂を以て太傅と為し、褒徳侯に封ず。食邑二千戸。几杖車馬、衣一襲、絮五百斤を賜う」と。

と述べ、

建武四年（紀元二八）薨ず。棺椁冢地を賜い、車駕素服して親しく送葬に臨まる。

と云う。継いで、

初め茂は同県の孔休、陳留の蔡勲、安衆の劉宣、楚国の龔勝、上党の鮑宣と六人志を同じくし、王莽に仕えず。時に並びに名《な》当時に重し。

と云う。

「太傅」とは、『漢書』巻一九上「百官公卿表上」には、

太師・太傅・太保、是れ三公為り。蓋し天子に参じ、坐して政を議し、総統せざる無し。故に一職を以て官名と為さず。……

太傅。古官。高后元年（前一八七）、初めて置く。金印紫綬。後ち省《はぶ》く。八年復た置く。後ち省《はぶ》く。哀帝・元寿二年（前一）復た置く。位は三公の上に在り。

と云い、司馬彪『続漢書』志「百官」にはその冒頭に挙げ、

太傅。上公一人。本注に曰く。善を以て導くを掌る。常職無し。世祖、卓茂を以て太傅と為し、薨ずれば、因りて省《はぶ》く。其の後ち毎帝初めて即位するに、輒ち太傅・録尚書事を置く。薨ずれば、輒ち省《はぶ》く。

と云う。

自らの朝廷政治の初発における指導理念を体現する人物として世祖が特に採り上げたポストとしてよかろう。主には王莽に出仕しなかった節操によって世祖は卓茂をこのポストに招いたということなのだろうが、しかし「前の密令・卓茂」と特に名指すなど、潜在的には、具体的な「吏事」の場である県令としてのその見事さが世祖の志向に符合し、自らの政権のこの「吏事」の全《まっと》うという基本をこの「卓茂」という人物によって宣揚し鎮定せんとしたと覚しい。

【事例三】

真定王・劉楊謀反す。耿純をして節を持して楊を収め使む。……楊入りて純に見《まみ》え、接するに礼敬を以てし、因りて延請し、其の兄弟皆な至る。純、門を閉じて悉く之を誅す。兵を勒して出づ。真定、振怖するも、敢えて動く者無し。

純、京師に還る。自ら請いて曰く「臣は本と吏家の子孫、幸いにして大漢の復興し、聖帝の受命するに遭《あ》い、位は列将に至り、爵は通侯と為る。天下略《ほ》ぼ定まれば、臣に志を用いる所無し。願らくは試みに一郡を治めしめよ。力を尽くして以て自ら効《いた》さん」と。

上《じょう》笑いて曰く「卿は復た人を治めて自ら著《なだか》くならんと欲する邪」と。乃ち純を拝して東郡の太守と為す。

純に詔して兵を将いて泰山・済南・平原数郡を撃たしむ。皆な之を平らぐ。

東郡に居ること数年、彊《つよ》きを抑《おさ》え弱きを扶《たす》け、令して行われ禁じて止む（令行禁止。『漢書』には六例見える。巻七二・貢禹伝には貢禹の上言中に「孝文皇帝時……故令行禁止、海内大化、天下断獄四百、与刑錯亡異」、巻七六・韓延寿伝には「在東郡三歳、令行禁止、断獄大減、為天下最」など。『資治通鑑』巻二六には韓延寿について『漢書』によりながら述べるが、その「在東郡三歳、令行禁止」に対する胡三省の注に「令之必行、禁之必止、無違者也」と云う。具体的な民政の場において「令・禁」秩序が行き亙り、違反して獄にかかる者が少なくなることを謂う定型句である。

『後漢書』巻二一・耿純列伝には「時に東郡未だ平らかならず。純、事を視ること数月、盗賊清寧す」と云うが「令行禁止」の句は見えない)。

後ち長吏を殺すに坐して免ぜられ、列侯を以て奉朝請たり。嘗て上《じょう》に従いて東征し、東郡を過ぎる。百姓老小数千人、車駕に随い、啼泣して曰く「願らくは耿君を得ん」と。上《じょう》、公卿に謂いて曰く「純は年少《おさな》くして甲冑を被《き》て軍吏と為る耳《なり》。郡を治めて何ぞ能く思わ見《る》ること是の若《ごと》からん」と。百官咸《み》な之を嗟歎す。

(『後漢紀校注』八四頁。范曄『後漢書』では巻二一。)

文中「長吏を殺す」については、范曄『後漢書』には、

東郡に居ること四歳、時に発干の長、罪有り。純、案奏し、之を囲守す。奏未だ下らざるに、長、自殺す。

と載せる。

この一段の後の范曄『後漢書』での記載をたどれば、建武六年(紀元三〇)には東光侯に封ぜられたが、耿純が辞して国に就こうとした時、帝は「文帝が周勃に、丞相は吾の重んずる所なればこそ、君には我が為《ため》に諸侯を率《ひき》いて国に就いていただきたい、と謂ったことがあるが、今も同じしだいであるぞ」と曰い、純は詔を受けて去った。国に至ると人々の死を弔い病を問い、民に愛敬された。八年(三二)東郡・済陰郡に盗賊が羣起すると李通・王常が派遣されたが、帝は耿純の威信がその地に著しいことから、これを太中大夫とし、東郡に向かい、李通・王常の軍に会同するよう命じた。東郡では耿純が入界したと聞くや、九千余人の盗賊が皆な耿純のもとに詣《いた》って降り、兵力を費やさずにことは済んだ。耿純には再び東郡の太守となるようにとの辞令があって、吏民は悦服した、と云う。耿純が世祖の厚い信頼を受けていたこと、嘗て太守となった東郡の人々に深く慕われていたこと、そのことを世祖がよく理解して政事の運営に生かしていることがここには記録されている。

【事例四】

六年（建武六年、紀元三〇）……二月、呉漢、朐城を抜く。……是に於て天下驫《ほ》ぼ定まる。唯だ隴・蜀のみ未だ平らかならず。上《じょう》は乃ち諸将を洛陽に休め、軍士を河内に分け、数しば置酒して諸将を会《かい》し、輒《すなわ》ち賞賜を加う。郡国に幸《みゆき》する毎《ごと》に、父老・掾吏に見《まみ》え、数十年の事を問う。吏民皆な驚喜す。自ら見識を以て、各おの力命を尽《つ》くさ令《し》む焉。

（『後漢紀校注』一二九頁）

范曄『後漢書』巻一上・光武帝紀上に拠れば、世祖・光武帝・劉秀は南陽郡・蔡陽県（湖北省棗陽市西）の人、高祖九世の孫であるが、景帝、長沙王・劉発、春陵節侯・劉買、鬱林太守・劉外、鉅鹿都尉・劉回、南頓令・劉欽と継いで劉秀に至る。生まれたのは哀帝・建平二年（前五）。九歳の時に父・劉欽が亡くなり、叔父・劉良に養われた。身の長け七尺三寸（一六八センチメートルほど）、美須眉、大口……であったが、

A性は稼穡に勤む。而して兄・伯升は俠を好み士を養い、常に光武の田業に事《つと》めるを非《そし》り笑い、之を高祖の兄・仲に比《くら》ぶ。

B王莽・天鳳（一四―一九）中、乃ち（ようやく。二〇歳を越えた頃にようやく、という意味合いであろう）長安に之《ゆ》き、『尚書』を受く。略ぼ大義に通ず。

C莽の末は、天下連歳に災蝗し、寇盗鋒起す。地皇三年（二二）南陽荒饑す。諸家・賓客、多く小盗となる。光武は吏を新野（河南省新野県）に避け、因りて穀を宛（河南省南陽市）に売る。

D宛人・李通等、図讖を以て光武に説いて云う「劉氏復び起こり、李氏、輔と為る」と。光武は初め敢えて当たらず。然れども独り念《おも》わく「兄の伯升は素《もと》より軽客と結べば必ず大事を挙げん、且《か》つ王莽の敗亡已に兆《きざ》し、天下方《まさ》に乱

る」と。遂に与《あずか》りて謀を定め、是に於て乃ち（ようやく）兵弩を市《か》う。……時に年二十八。

いまのCに云う「地皇三年」の飢饉については『漢書』巻九十九下・王莽伝下に、

（二月）関東、人相い食《は》む。

夏、蝗《いなご》東方従《よ》り来たる。蜚《と》びて天を蔽う。長安に至り、未央宮に入り、殿閣に縁《とまりつ》く。……流民の関に入る者数十万人。乃ち養贍官を置き之に稟食す。使者監領するに小吏と共に其の稟を盗む。飢死する者十に七・八。

と云う。

同じくCに云う「避吏新野」について李賢注は『続漢書』から、

伯升の賓客、人を劫《おびや》かす。上《じょう》は吏を新野・鄧晨の家に避く。

と引く。また同じく「因売穀於宛」の注には『東観記』から、

時に南陽旱饑す。而るに上《じょう》の田は独り収む。

と引く。

二十歳を過ぎたあたりに長安に遊学した以外は二八の歳まで、世祖は南陽にあって田業に打ち込み、地皇三年のひどい旱魃の時にも、その田地は稔りをもたらしたと云うのであるから、その田地経営の技量・精勤には見るべきものがあったということになる。

南陽郡は、西、北、東から新野の南より襄陽へと水系がすぼまる巨大な（半径百キロメートル前後に及ぶ）扇形に広がる傾斜地にあり、地形上、水田の灌排水の自在な調節がしやすく、後漢期にはその乾田化が進んでいたとされる。すなわち渡辺信一郎氏は、桓帝の時代にかかる、張衡がこの南陽の地を盛称して作った「南都賦」に、

……其の陂沢には則ち鉗盧・玉池・赭陽・東陂有り。水を貯えること渟滀として、亘望涯《はて》無し。……其の水は則ち

竇《あな》を開きて流れを灑《そそ》ぎ、彼の稲田を浸《ひた》す。溝澮脈連し、堤塍相い輑《つらな》る。朝雲興らざるも而るに潢潦独り臻《いた》り、決泄すれば則ち暵《かわ》き、溉《みずた》とも為れば陸《おかた》とも為る。冬には稌《いね》、夏には穱《むぎ》と、時に随いて代《かわりかわり》に熟す。……（渡辺氏所引には拠らず、宋・紹興辛巳・五臣注本『文選』巻二に拠った。読み及びその引用範囲も少しく変えている。）

と云うに拠り、

（米田賢次郎氏がこの「南都賦」により「先進地における年二毛作の存在を指摘し、その論理的帰結として田植法が後漢期の南陽地方に存在したことを推定」されたのに対し）私はむしろ……稲と麦とがそれぞれ年一作方式によって収穫されることを詠ったものと見た方が自然ではないかと思う。ただこの場合、灌排水が自在になされ、後漢期においてすでに水田の乾田化が高度に達成されていたことを知り得る。晋人楊泉の『物理論』には、《陸田は命天に懸かる。人力修むると雖ども、水旱時ならざれば、則ち一年の功棄つ。水田はこれを制すること人に由る。人力苟《も》し修まれば、則ち地利盡すべし》（『意林』巻五引）とあって、人間労働の能動性に基づく高度な水管理による水稲作の存在を指摘している。その背景には陂をともなう高度な灌排水技術の存在することが明瞭であり、それはすでに後漢期の南陽で先駆的に達成されていたのである。（『中国古代社会論』青木書店、一九八六、一八二―一八三頁。）

と述べておられる。

この後漢・桓帝期に先立つ資料としては、前漢・宣帝の時代にこの南陽の太守となった召信臣の、この南陽での治績を述べる、『漢書』巻八九「循吏伝」の記載がある。すなわち、

信臣の人と為《な》りは勤力して方略有り。好みて民の為《ため》に利を興し、務むるは之を富ますに在り。躬《みずか》ら耕農を勧め、阡陌に出入し、止舎は郷亭に離れ、安居する時有ること稀《まれ》なり。行くゆく郡中の水泉を視《み》、溝瀆を開通し、水門提閼を起こすこと凡そ数十処、以て灌漑を広げ、歳歳に増加し、多くして三万頃に至る。民、其の利を得《え》、畜積餘り有り。信臣は民の為《ため》に均水約束を作り、石に刻みて田畔に立て、以て分争するを防ぐ。……其の化大いに行われ、郡

中、耕稼力田せざる莫し。百姓之に帰し、戸口増倍し、盗賊獄訟衰止す。吏民、信臣に親愛し、之に号《な》づけて「召父」と曰う。

この時点で乾田化されていたか否かは分からないが、すでに前漢・宣帝期に南陽が召信臣という太守を得て、大規模で目の摘んだ灌漑水路を展開させ、田業の特筆される充実を果たしていたことがここには記録されている。（好並隆司氏「西漢元帝期前後に於ける藪沢・公田と吏治」、岡山大学・法文学部・学術紀要、第十九号、一九六四、の五六頁上段以下参照。）

「循吏伝」には九江とともに南陽でも祠を立ててこの召信臣を祀ったと云い、范曄『後漢書』巻三一「杜詩伝」には世祖・建武七年（三一）に南陽の太守となり、田業振興に力を注いだ杜詩のことを「故に南陽、之がために語を為して、前に『召父』有り、後に『杜母』有り、と曰う」と云うから、この南陽の地では爾来、召信臣のことを「召父」と懐かしく呼んで言い伝えていたことが分かり、この地で田業に精励した世祖・劉秀にも恐らくは近しく懐かしい人物であったと思われる。

ともあれ南陽が当時、召信臣以来の灌漑施設・取水規約を基礎にする田業経営の経験を蓄積、展開していた土地であり、二八歳に至るまでの若き日の世祖・劉秀がその実作業・実経営に打ち込み、深刻な旱魃の歳にも在郷唯一に収穫を上げ得る熟度に達していたと伝えられることは銘記しておくべきことであろう。

さらにその経営の規模であるが、家柄からして、また兄・伯升が「士を養った」と云うなど、いわゆる貧家層にあったとは考えられないから、それなりの規模の経営を行っていたのだと考えるべきであろう。

田土によって穀物を栽培し収穫を上げるということは、複雑な一連の設備・技術をこなし、状況に応じたさまざまな対応と工夫を必要とし、しかも複数の人間の協働を要する事業であるから、その積極的な展開は、単なるルーティーンとしての「作業」の羅列ではなく、いかに小規模とはいえ、一つの独立した「経営」、能動的な辛苦と創意と協力の統合行為である。兄の「非笑」を常に受けたというから、その兄を含めた、早くに父を失い「叔父」に身を寄せている当家の経済を担ってその経営に当たり、田地に立つ身に充実した手ごたえを感じて日を過ごしていたと覚しい。

そしてさらに、そのような在地の田業経営に身を打ち込んでいる一人の若き男として、地皇三年の大飢饉を経験し、目の当たりに、むしろ自らもその渦中にあるものとして、「諸家・賓客、多く小盗と為る」という在地郷村社会の荒廃に立会い、小民が没落・流氓する、そのことの実情と意味するところとを身をもって見たことであろう。宛人・李通たちに「劉氏」として決起を促された時、すなわち、お前は「劉氏」という生来においてこの天下の命運にかかわる宿命を担っているのだ、との自覚を突きつけられた時、この目の当たりの危機は、「王莽の敗亡已に兆し、天下方に乱る」という「歴史」への洞察に胚実し、田業経営の充実した小世界からその「歴史」に身を投じることへと自身の変貌を促したのであった。

「郡国に幸する毎に、父老・掾吏に見え、数十年の事を問う。吏民皆な驚喜す。自ら見識を以て、各おの力命を尽《つ》くさ令む焉」と云う。ここ数十年の、各郡国の在地の実経営者たちの困苦に満ちた経験を、自身そうであった在地田業経営者の実経験に引き合わせながら耳を傾け、質問もしたのであろう。この人は、違うぞ、俺たちと同じ目と心をもっているぞ、と「吏民皆な驚喜」し、よしやろう、と奮励したのも当然である。ここにこそ、世祖・劉秀の皇帝としての原郷があり、在地の実経営者たちの心を沸き立たせる「実業務者の共感するセンス（こころ）」こそこの皇帝の原核であると見分けるべきであろう。

【事例五】

十六年（紀元四〇）……是の時、天下の刺史、太守、墾田不実なるを以て獄に下り死する者十餘人。是に於て南郡の太守・劉隆も亦た獄に繋がる。上《じょう》、隆の功臣なるを以てするや、免じて庶人と為す。

上《じよう》従容として虎賁中郎将・馬援に問いて曰く「吾れ甚だ恨《くや》む、前《さき》に牧守を殺すこと多き也と」。援曰く「死して罪を得るに、何の多きこと之有らん。但だ、死者は既に往けば、復た生まる可からず」と。上《じよう》大いに笑う。其の（馬援の）時に順《したが》いて忤《さから》わざること、皆な此の類《たぐい》也。援は長け七尺五寸。疎眉美髯、博通多聞、進退に閑《のど》やかにして、善く前言往事を説く。上《じよう》の与《ため》に旧時の三輔の長者、閭里の豪傑を言うに、皇太子、諸王、之に聴《みみかたむ》けて倦むこと無し。上《じよう》は援の智餘り有るを知れば、甚だ親重さ見《る》。

（『後漢紀校注』一八七頁。）

范曄『後漢書』巻一上「光武帝紀」第一上に、

（建武一五年、紀元三九、六月）詔し、州郡に下して墾田の頃畝、及び戸口年紀を検覈し、又た二千石・長吏の阿枉して平《たい》らかならざる者を考実せしむ。……

（建武一六年、紀元四〇）秋九月、河南の尹・張伋及び諸郡の守十餘人、田を度《はか》ること不実なるに坐して、皆な獄に下りて死す。

と。その李賢注に、

東観記に曰く、刺史・太守、詐巧を為すもの多く、実核に務めず。苟《かりそめ》に田を度《はか》るを以て名（名目）と為し、人を田中に聚《あつ》め、並びに廬屋里落を度《はか》る。聚人、道を遮りて啼《な》き呼《さけ》ぶ、と。

と云う。

楊震は荊州刺史、東萊太守、涿郡太守と転じたさなかに自らを「吏」と把捉していたのであり、事例三の耿純も自ら先ず「臣は本《も》と吏家の子孫」と同定した上で、「願らくは試みに一郡を治めしめよ」と請願したのであった。すなわちこれらのテキストが示すのは「一郡の太守」辺りが彼らにとって「吏」と把捉される原像であったらしい、ということである。耿純の請願に対し世祖・劉秀は「卿は復た人を治めて自ら著ならんと欲するや（卿復欲治人自著邪）」と応じ、東郡の太守に拝したのであるが、この世祖の言葉が「太守」となりたいとの請願に「治人」の語を以て対していることに我々は、この時代の「吏」なる語の理解にかかわって注意すべきであろう。

一〇

「吏」という語の印象的な例が、「循吏」「酷吏」として武帝期・司馬遷の『史記』に出現することは言うまでもない。すなわちその巻一一九「循吏列伝」と巻一二二「酷吏列伝」とである。しかしそのそれぞれの記述は、一見して明らかなごとく、その両題名に示される対称性を保つ形には作られていない。

すなわち「循吏列伝」は簡単な序に続いて孫叔敖・子産・公儀休・石奢・李離五人についての短い記事をごくあっさりと並べ、最後にこれも短句型で各人のまとめを羅列しただけの太史公語があって終わる。一方「酷吏列伝」の方は、しっかりと書き込まれた序に続いて「高后の時」「孝景の時」「武帝即位す」と時代を進めながら時代時代の背景となる状況変化を書き込みながら各人物の事跡を丁寧に取り上げ、しかも人物どうしの絡みや引継ぎ、影響関係なども考慮して各事跡を分断せずに一つの流れとして構成し、最後にはかなりの息の長さをもつ熱のこもった太史公語があって終わる。その歴史記述としての充実度において「循吏列伝」とは雲泥の差がある。特にその主部が武帝の時代にあることは、これも一見して明らかであり、「封禅書」がそうであったように、これを武帝時代に生きた司馬遷による深刻なる同時代史と見ることが出来る。特に武帝時代の相次ぐ酷吏について、たとえば張湯について「陳皇后の蠱獄を治め、深く党与を竟《きわ》む。是に於て上《じょう》以て能と為し、稍《つい》で遷りて太中大夫に至る」と云うなど、「上以為能」なる語が繰り返される点には注意する必要があろう。これらの酷吏が相次いで活躍したのも、武帝の「能」なるを好む嗜好・意志に拠ってのことであった、と繰り返し刻み刻むフレーズと覚しい。

したがってこの「酷吏列伝」を、司馬遷が「吏」一般に見分けられる「酷吏」なるタイプを一方の「循吏」なるタイプに対称的に設定して抽出し鮮明しようとしたものだと考えるわけには先ずは行かない。「酷吏列伝」の圧倒的なリアリティーの前では「循吏列伝」は単に「酷吏列伝」の深刻なる同時代史としての叙述の特異性をその対称性によって平準化し、一三〇巻という体裁上にバランスをとる、形式的で「冷たい」動機が働いて仕立てられただけとの観がある。

しかし『史記』においてはしかく形式的でしかなかった「酷吏」と「循吏」の対称性は『漢書』に至って実質的なものとなり、巻八九「循吏伝」、巻九〇「酷吏伝」とまさしく比翼して現れる。「酷吏伝」の方は、その序からして『史記』のそれを踏まえたものであり、田広明・田延年・厳延年・尹賞四人を加え、賛もまた『史記』の太史公語を踏まえたものを置いて終わる。『史記』酷吏列伝において大きな位置を占めていた張湯が巻五九に、また杜周が巻六〇に立伝されて抜き出されており、その点、司馬遷の同時代史としての「酷吏列伝」の充実は解体されてしまったと言い得ようか。しかしそれに応じて「酷吏」は武帝の呪縛を離れて「吏」の一つの「タイプ」としての一般性を得たと謂い得るだろう。ともあれ、一方の「循吏伝」の方は「酷吏列伝」の「酷吏伝」への変容に逆に見合う形で見事に充実を果たしている。

読み様によっては『史記』における「酷吏列伝」の同時代史としての充実に『漢書』では「循吏伝」の充実が交替していると見ることも出来るだろう。すなわち『史記』の「酷吏列伝」が武帝時代の精神を同時代者たる司馬遷が深刻なリアリティーで描き出したものとするなら、一方『漢書』の「循吏伝」は自らの時代にまで引き継がれ来た前漢・宣帝時代の精神を後漢・班固がその継承者としての観点から描き出したものなのである。

『漢書』巻八九「循吏伝」がその事跡を取り上げて記載するのは、前漢・景帝末年に蜀郡の守であった文翁、宣帝の時代に膠東の相《しょう》であった王成、宣帝の時代に潁川の太守であり五鳳三年（前五五）に丞相となった黄覇、同じく宣帝の時代に北海の太守となった朱邑、同じく宣帝の時代に渤海の太守となった龔遂、同じく宣帝の時代に穀陽の長、上蔡の長、零陵の太守、南陽の太守、河南の太守、元帝・竟寧（前三三）中に少府となり九卿に列せられた召信臣（前節の事例四に言及した）、の六人。最初に取り上げられる文翁を除いてはすべて宣帝の時代に太守として治績を挙げた人々である。

宣帝時代に循吏が現れた理由について当の「循吏伝」の序は次のように述べる。

孝宣（宣帝・劉病已）に至るに及び、仄陋なる繇《よ》りして至尊に登り、閭閻に興れば、民事の囏難を知る。霍光薨ぜし後ち始めて万機に躬《みずか》らし……刺史・守相《しゅしょう》を拝するに及べば、輒《すなわ》ち親しく見問し、其の繇《よ》る所を観《み》、退きて行う所を考察し以て其の言に質《ただ》し（突き合わせ、その結果）、名・実（言うこととその実行）の相い応ぜざる有れば、必ず其の然る所以を知る（以上『論語』為政に「子曰、視其所以、観其所由、察其所安、人焉廋哉、人焉廋哉」と云うを踏むと覚しい）。常に称《とな》えて曰く「庶民の其の田里に安んじて歎息愁恨するの心亡《な》き所以の者は、政《まつりごと》の平《たい》らかに訟《さばきごと》の理《ととの》えば也。我と此れを共にする者は、其れ唯だ良二千石のみ乎（師古曰く「郡守、諸侯の相《しょう》を謂う」と）」と。以為《おもえ》らく、太守は吏民の本也、数しば変易すれば則ち下は安んぜず、民其の将《まさ》に久しからんことを知れば、欺罔す可からずして、乃ち其の教化に服従せん、と。故に二千石（すなわち郡守・国相）に治理《おさめる》の効《いた》すこと有れば、輒《すなわ》ち璽書を以て勉厲し、増秩賜金し、或いは爵、関内侯に至る。公卿の缺けば則ち諸《もろもろ》の表する所を選び、次を以て之を用う。是の故に漢世の良吏、是に於て盛んと為し、「中興」と称《とな》う焉。

郡・国の守・相における民政の現場こそが国政の核心であることを宣帝が明確に自覚し、その守・相の人材・人事に焦点を合わせて国政を推進したと云うのである。第一章「闘う民政官たち」で紹介した范仲淹や司馬光の民政国家構想の核心はすでにここに現れている（第一章第二節、本書一二頁以下、及び第九節、本書六九頁以下参照）。

次に循吏伝の序は具体的な名を挙げ、

趙広漢・韓延寿・尹翁帰・厳延年・張敞の属《たぐい》は、皆な其の位に称《かな》うも、然れども刑罰に任《まか》せ、或いは罪せられ誅せらるるに抵《いた》る。

王成・黄覇・朱邑・龔遂・鄭弘・召信臣等《など》は、居る所には民富み、去る所には思わ見《る》。生きては栄号有り、死しては奉祀さ見《る》。此れ廩廩として（師古曰く「廩廩は風采あるを言う也」と）徳譲君子の遺風に庶幾《ちか》し矣。

と終わる。

巻五八「公孫弘卜式児寛伝」の賛は、武帝期に人材の盛んであったことを述べて、儒雅、篤行、推賢、定令、文章、滑稽、応対、暦数、協律、運籌、奉使、将卒、受遺という箇条によって名を挙げ、後世これに及ぶものは莫いとし、次に宣帝期について、儒術、文章、将相、治民という箇条により名を挙げる。この「治民」の箇条に、黄覇、王成、龔遂、鄭弘、召信臣、韓延寿、尹翁帰、趙広漢、厳延年、張敞、と名が挙げられるのであるから、「循吏伝」は宣帝期に「治民」に功績を挙げた者を「其の位に称うも、然れども刑罰に任せ、或いは罪せられ誅せらるるに抵る」者と「居る所には民富み、去る所には思わ見。生きては栄号有り、死しては奉祀さ見。此れ廩廩として徳譲君子の遺風に庶幾」き者の二つに分け、後者を「循吏」として中心的に取り上げたのだ、となる。前者に含まれる厳延年は「酷吏伝」に載せられているのであるから、治民の人材即ち循吏、ではなく、酷吏にまで亙る幅の中で「治民」は認識されていたということになる。

二

「循吏伝」より先ず黄覇について見ておこう。『史記』「酷吏列伝」において張湯が占めていたのと同じ位置を黄覇はこの『漢書』「循吏伝」において占めていると覚しい。

（1）　黄覇は淮陽・陽夏の人であるが、豪傑を以て役使して雲陵に徙《うつ》った。顔師古注には、「豪傑」であったので郷里の人を役使したのである、と云う。巻六「武帝紀」の太始元年（前九六）には、郡国の吏民豪傑を茂陵・雲陵に徙す、とあるから、この時のことであろうか。ただし顔師古は、武帝の時代には雲陵はまだなく、これは雲陽の間違いであろう、茂陵は帝の自ら起こす所、而して雲陽は甘泉宮の居る所、故に総じて豪傑を徙ら使むる也、と云う。淮陽国・陽夏県は今の河南省太康県、雲陽県は今の陝西省淳化県西北、左馮翊に属す。秦・始皇帝はその三五年（前二一二）、九原郡より雲陽まで「山を塹《ほ》り谷を堙《うず》め」て「直道」を作り、五万家を雲陽に徙している（『史記』始皇本紀）。黄覇もこの武帝・太始元年に「豪傑」として郷里の人々を引き連れて移住したのであろう。一種の強制入植であると思われる。それがどの程度の規模であるかは分からないが、黄覇はもとの郷村社会のかなりの部分をその有力者としてまとめ、指導して雲陵に入植したのであろう。入植地での郷民集団の指導・経営に当たったことはもちろんであろう。

（2）　黄覇は若年時、律令を学び、吏と為るを喜び、武帝末年、待詔を以て入銭して官に賞せられ、侍郎謁者に補せられた。だが同産《きょうだい》の罪有るに坐して劾免され、後ちふたたび沈黎郡（四川省漢源県東北。四川盆地西南、当時、漢朝廷領下の前線地域であった）に入穀するを以て左馮翊・二百石卒史に補せられたが、入財により官となったというので高職には就けられず、郡の銭穀の計を領した。ついでその簿書正しきを評価されて河東の均輸長に補せられ、さらに河南の太守丞となった。ここで黄覇は太守の信任を受け、吏民に愛敬されたと云う。

(3) 武帝末から昭帝期にかけては霍光が権柄を秉ったが、内宮にかかる権力闘争は依然激しく、武帝由来の厳罰をもって羣下を縛り上げる政権運用が行われ、ために俗吏には厳酷なるものをたっとび、これを「能」と評価した（以為能。前に『史記』酷吏列伝において「上以為能」が繰り返されるフレーズとなっていることを指摘した）。黄覇はそのような風潮の中、「独り寛和を用いて名を為す」と云う。

(4) 昭帝に次いで宣帝が即位すると、自身の民間での経験から「百姓《ひゃくせい》が吏の急なるに苦しむを知」っていたので、黄覇が法を持すること平《たい》らかなるを聞き、召して廷尉正と為した。しばしば疑獄を決し、公平であると称せられた。丞相長史となったが、時に（巻八「宣帝紀」では本始二年、前七二、夏五月）宣帝が、武帝の功績を宣揚しその廟楽を完備すべく諸臣の議を命ずる詔を丞相・御史に発し、これにより羣臣が朝廷中に大議（総会議）を開催した（このような朝廷における「会議」については渡辺信一郎氏『天空の玉座——中国古代帝国の朝政と儀礼』柏書房、一九九六、「第Ⅰ章 朝政の構造——中国古代国家の会議と朝政」を参照）。

この会議において皆は宣帝の詔書に示された提案にそのまま従おうとしたのであるが、長信少府（皇太后宮を掌る）の夏侯勝が独りこれに異を唱えた。それは堂々たる武帝批判であり、「循吏伝」には「語、勝伝（夏侯勝伝）に在り」と参照を求めるだけであるが、この夏侯勝の武帝批判が「循吏伝」の踏む歴史認識の背景をなすと読むべきであろう。

武帝は四夷を攘《はら》い土《ど》を広げ境《さかい》を斥《ひら》くの功有りと雖も、然れども多く士衆を殺し、民の財力を竭《つ》くし、奢泰度《ど》を失い、天下虚耗し、百姓流離し、物故せし者半ばす。蝗虫大いに起こり、赤地数千里（荒涼と化した地が数千里に亙り）、或いは人民相い食《は》みて、畜積今に至るまで未だ復せず。徳沢を民に亡《うし》なう。宜《よろ》しく為《ため》に廟楽を立つべからず。

このように夏侯勝が議すると、公卿は「此れ詔書也（この提案は皇帝陛下直々のみことのりによるものだぞ）」と難じたが、夏侯勝は、

詔書、用う可からず。人臣たるの誼《ぎ》（「義」に同じ）、宜《よろ》しく直言正論し、苟《かりそめ》にも意に阿《おもね》り指《ゆびさ》すに順《したが》う（皇帝の意を迎い承けその指示のままに流されしたがう）に非ざるべし。議已《すで》に口を出《い》づれば、死すと雖も悔いず。

と言い返し、譲らなかった。

ここにおいて丞相の蔡義、御史大夫の田広明（「酷吏伝」に見える人物）は、

勝は詔書を非議し先帝を毀《そし》りて不道、及び丞相長史の黄覇は勝に阿縦して挙劾せず。

と劾奏し、夏侯勝、黄覇倶に獄に下した。

この一段、以下、「循吏伝」では、

皆な廷尉に下し、繋獄され当《まさ》に死すべし。覇は因りて勝に従いて『尚書』を獄中に受く。再び冬を踰《こ》え、三歳を積みて乃ち出《い》ず。

と云い、「夏侯勝伝」には、

勝と覇、既に久しく繋《つな》がる。覇は勝に従いて「経」を受けんと欲するも、勝は辞するに罪死せんを以てす（私に関わり私に教われば死に罪せられるぞ、と断った）。覇曰く「朝《あした》に道を聞かば、夕《ゆう》べに死すとも可なり矣」（『論語』里仁）と。勝は其の言を賢とし、遂に之に授く。

と云う。

獄に繋がれたまま再び冬を更《あらた》めるが、その間、勝と覇は講論して怠らなかった。本始四年（前七〇）夏に至り、関東四十九郡が同日に地震に襲われ、山の崩壊するところもあり、城郭室屋が倒壊し、六千余人が落命した。宣帝は素服して弔問の使者を派遣し、棺銭（死者を埋葬する棺《ひつぎ》のための金銭）を賜い、今回の天地の戒めを受け、吾が政治の欠《けつ》を言挙げするようにとの詔を下し、大赦を発した。これにより夏侯勝は獄より出《い》でて諫大夫給事中となり、黄覇は揚州刺史となったのであった。（以上主に巻七五「夏侯勝伝」による。）

この時代の事跡、たとえば政策の転換などについては、地震、旱魃、飢饉などの災害がその重大な契機となっていることを見逃すことは出来ない。佐藤長氏は柏祐賢氏の議論により「中国社会を不安定性を持つ脆弱な農業社会と見、それを人工的に安定せしめるために、強力な統制的専制政治機構が成立したものと考える」（『中国古代史論考』朋友書店、二〇〇〇、序。特に漢代については同書「第七　漢代の農業社会」を参照。そこでは、漢代一般農家の形態、農業技術の進歩、趙過の代田法、代田法における耕牛とその後の代田法、漢代農業における悪条件、農家の収入―李悝の尽地力之教、災害への対策―旱害と水害、同前―雹害・虫害、同前―不作・飢饉、生産奴隷の存在、専制主義成立の根拠とその制御装置、専制主義王朝の崩壊―後漢末の状勢、王朝崩壊の原因―農民層の分解、と節を重ねて論じておられる）とされた。「統制的専制政治機構」云々については今は措きたいが、しかし確かにこの千数百の県の広がりからなる領域においてはむしろ常態的に旱魃、洪水、蝗、疫病、地震などが広狭さまざまに襲い掛かっており、この広大な領域に亘る統治事業は、有効であろうとすればするほど、この災害を広域であるが故の力によって補塡する必要からその広域性を維持しなければならず、しかもその政策は基本的に政策内部の論理的展開よりは、波の如き大小のリズムをもって執拗に抜け目なく襲い掛かる災害に面し、各在地の社会、家族、人身に亙る荒廃を当面何如に補塡し生き抜くかの試練に曝されて案出・選択されていた、というこの広域国家の抱え込んだ基本的な事情について佐藤氏の指摘は銘記されるべきであろう。

（５）ともあれ黄覇は揚州刺史にあること三歳、宣帝の詔が下って潁川郡の太守となった。ここで黄覇が行ったのは、①時に宣帝は「治」に意を垂れ、よく恩沢を施す詔書を下されたのであるが、吏がこれを百姓《ひゃくせい》に知らせずに蔑《ないがし》ろにしていたので、良吏を選択し詔令を行き亘らせ、民みなに上《じょう》の意を知ら令《し》めた。②郵亭・郷官に雞豚を畜《やしな》い、鰥寡貧窮者に贍《すく》わ使めた。③その上で条教を為《つく》り、父老・師帥・伍長を置いて、民間に班行した。条教の箇条は、為善防姦のこと、耕桑に勤めること、節用殖財のこと、種樹畜養のこと、穀を消費する馬を去ること、であった。いずれも具体的でこまやかな気配りに満ちた勧奨であり、初めのうちは煩砕としか思えない態《てい》のものであったが、黄覇は精力的に取り組んでこれらを実現していった。④吏民とよく語らい、郡内の吏情、民情についてその襞々に至るまでを知悉するに努めた。吏民は黄覇の目が郡内の隅々にまで行き亙っていることに驚き、この人の視線の下では不正・姦悪の不可能なるを自ずから悟り、姦人は去って它郡に入り、盗賊は日々に少なくなったと云う。

（６）総論的には黄覇の潁川郡での治業は、「教化に力行し、而して後に誅罰す」ることに基本があり、信任できる長吏はみだりに交替させず、安定した業績を果たすことに努めるものであった。「外寛内明を以て吏民の心を得《え》」、戸口は歳々に増し、天下第一の治績と評価され、京兆尹、秩二千石となった。がしかし、ここでは、不手際もあり、軍興に乏しきを弾劾され、次々と秩禄を下げられ、やがて詔が有って潁川の太守に戻った。八百石を以て以前に変わらぬ治業を行い、前後八年、潁川郡はますます治まったと云う。

ここで興味深いのは、巻七六の「韓延寿伝」に、

（韓延寿）淮陽の太守に遷《うつ》る。治甚だ名有り。潁川に徙る。潁川は豪彊多く、難治なれば、国家常に為《ため》に良二千石を選ぶ。是れより先、趙広漢、太守と為り、其の俗に朋党多きを患《うれ》い、故に吏民を構会し、相い告訐せ令《し》め、一切以て聡明と為せば、潁川是れに由りて以て俗と為し、民に怨讐多し。延寿は之を更改し教うるに礼譲を以てせんと

欲するも、……百姓其の教えを遵用し、偶車馬・下里偽物を売る者、之を市道に棄《す》つ。数年、徙《うつ》りて東郡太守と為る。黄覇、延寿に代わりて潁川に居す、覇、其の（すなわち延寿の）迹に因りて大いに治む。

と云うこと、および同じ巻の、いまの「韓延寿伝」に次ぐ「張敞伝」に、

是の時、潁川の太守・黄覇、治行第一を以て入りて京兆尹を守る。覇、事を視ること数月、称《かな》わず、罷りて潁川に帰る。是に於て御史に、其れ膠東の相・敞を以て京兆尹を守らせよ、と制詔す。趙広漢誅されし後ち、比《しきり》に守尹を更《か》うも、覇等数人の如きは皆な職に称《かな》わず、京師ようやく廃《すた》る。長安の市には偸盗尤《もっと》も多く、百賈《こ》之に苦しむ。……犯す所を窮治し、或いは一人百餘発、尽く法罰を行う。是れに由り、枹鼓、鳴ること稀れに、市に偸盗無し。天子之を嘉《よみ》す。

と云うことである。

潁川郡において趙広漢、韓延寿、黄覇が相次いで太守となって治績を上げ、京兆尹においては趙広漢が治績を上げ、後ち黄覇が任ぜられたが治績を上げ得ず、その代わりとして任ぜられた張敞が治績を上げたのである。

（7）　やがて宣帝は黄覇の潁川郡での治績を嘉《よみ》し、爵・関内侯を賜わり、後ち数月黄覇を徴して太子太傅と為し、御史大夫に遷した。そして黄覇は五鳳三年（前五五）丙吉に代わって丞相となった。しかし「循吏伝」は前にも引用した如く、

覇は材、治民に長じ、丞相と為るに及び、綱紀号令を総ぶるに、風采、丙（吉）・魏（相）・于定国に及ばず、功名、治郡に損なう。

と云い、それについて二つの事例を載せる。

一つは、丞相となった黄覇が、丞相が各郡国からの上計吏が提出する報告書を受ける会合の遣り方について新たな申

請を行い、その申請された遣り方ではにわかには行われなかったものの、その報告会の最中に京兆尹・張敞の舎の鶡《かい》雀（『説文解字』四篇上には「鴿雀」に作る。段玉裁の注に参照）が丞相府に飛来してその屋上に集まるという事件があり、その鶡《かい》雀なる鳥を見知らなかった黄覇がそれを自分の申請し暗に実施している上計吏報告会の遣り方を皇天が嘉《よみ》して下した「神雀」であると上奏しようとしたことを、その張敞が批判し、宣帝がその批判を嘉納して上計吏たちを召集し侍中を通じて張敞の指意に沿った注意を申し渡したことである。この事件につき「循吏伝」に「覇甚だ慙ず」と云う。

上計吏の制度については渡辺信一郎氏『天空の玉座――中国古代帝国の朝政と儀礼』一二六頁以下に詳しい。要略するに、漢代、百余りある郡国各々から一年に一度、その属吏（以下に引く「循吏伝」に云う「長吏・守丞」）より選任された数人の「上計吏」が京師に派遣され、①戸口・墾田数、②銭穀出納数、③盗賊の発生件数を記載した報告書（計書。以上三条の報告項目であろう、というのは、渡辺氏の、『続漢書』百官志五・県令条の劉昭注補に載せる県から郡・国への「計最」の項目からの推定）を前漢であれば丞相に、後漢であれば司徒に提出し、また各郡国に蓄積された租税のうちから各郡国の人口数に六三銭をかけた銭額相当の銭または現物を上納し、一同「元会」に連なって、上計吏謁見儀礼に与《あずか》る、という制度が設けられていたのである。この、丞相が数百人の上計吏の報告を受ける会合の進め方について黄覇は、「循吏伝」が載せる張敞が黄覇に奏上した批判の文言に拠れば、

> 中二千石・博士と雑《とも》に、郡国の上計なる長吏・守丞に、民の為《ため》に利を興し害を除き大化を成すの条を問い、其の「耕す者畔《あぜ》に譲り、男女路《みち》を異にし、道に遺《お》ちたるを拾わざること有り」と対《こた》えると及び孝子・弟弟・貞婦を挙げる者を一輩と為して先に殿（師古曰く「丞相の坐する所の屋也……」と）に上り、挙げて其の人数を知らざる者之に次ぎ、条教を為さざる者後に在りて叩頭して謝す。

という、先の「戸口・墾田数」など三項目よりもさらに具体的な郡国における治業・教化の達成度に踏み込んでのランクづけをこの会合の際に明らかにする遣り方を申請したのである。

張敞の口ぶりではこのやり方は実施されたのではなさそうであるが、黄覇自身の取り扱い方は、口には出さないものの、その方向で取り仕切っていたらしい。そこに鶡《かい》雀が飛来したのであった。黄覇以下数百人がこれを実見した、と張敞は云う。辺吏（辺境地方からの上計吏）にはこの鳥を「鶡《かい》雀」と知るものが多くいたのだが、問われても、皆が知らぬ振りをした。黄覇は、

臣、上計なる長吏・守丞に問うに興化の条を以てするに、皇天、神雀を報下す。

と上奏しようと図ったが、後にそれらが張敞の舎から飛来したということを知って、止《や》めた。郡国の吏はこの件で、丞相のことを、「人情厚くお考えもしっかりしているが、どうも怪しげなことを信じてしまうお人のようだ」と窃かに笑っている（郡国吏窃笑丞相仁厚有知略、微信奇怪也）と張敞は云う。黄覇は並み居る上計吏たちに侮《あなど》られたわけである。丞相に遠慮して誰も申し上げないから私から申し上げるが、として張敞は黄覇への批判を行う。その批判を我々の言葉で要略すれば、――丞相は今回の上計吏の報告会で「耕す者畔に譲り、男女路を異にし、道に遺ちたるを拾わず」といった教化の理想を規範化し「条教」として各郡国が実施することを示唆しておられるが、そのような「条教」は結局、理想を条項化した、個々の現実から遊離した「看板」であるに過ぎないから、その条項を考えた者の「私の教え」である他なく、丞相なるお人の示唆に畏《かしこ》まってその「私教」を設けるに各地が競っていそしむということになると、各自その「看板」の見栄えを追求してますます繁華なものとなし「現実との距離＝偽り」を増殖し、それを指導の条項として掲げられた人々の生活はその「偽り」に引き裂かれ分裂して行かざるを得ないであろう。例えば人の繁華な、自分が預かっている「京師」では「耕す者畔に譲り、男女路を異にし、道に遺ちたるを拾わず」という黄覇の挙げた条教など、実施すべくもない。実施したとすれば、それは人々の間に偽善を促進するだけのことに終わろう、現在すでに、「勧善禁姦」のためには、歴史的経験を踏まえ十分に練り上げられた「法令」が存在しているのであるから、偽善を誘い偽善を押し付ける「条教」をあらたに作り加える必要はなく、むしろそのような偽善に走るものをこそ厳しく処罰すべきで

ある――ということになる。この批判に宣帝は心からの賛意を寄せ（嘉納し）、黄覇は深く慙じた（覇甚だ慙ず）のであった。注記すべきは、黄覇はだからと言って、虚栄に駆られて張敞を逆恨みなどはしなかったということである。「覇甚だ慙ず」とはそのような表現であろう。

二つ目は、宣帝の外族の史高にまつわる話柄である。武帝と衛氏の間の男子・劉拠が皇太子となり（衛太子）、衛太子と史良娣との間に出来たのが劉進（史皇孫）、史皇孫・劉進と王氏との間に出来たのが宣帝（皇曾孫）であるが、武帝末に巫蠱の事件が起こり、衛太子、史良娣、史皇孫は皆な殺害され、皇曾孫の宣帝は時に生後数ヶ月の赤子であったが、これに坐して獄に繋がれ、のち五歳にして赦に遭った。すでに寄る辺なきその身を治獄使者・丙吉（巻七四「丙吉伝」に従う。「宣帝紀」及び「外戚伝」では「邴吉」に作る）が憐れんで、史良娣の兄・史恭のもとに送り、その母、すなわち宣帝からは曾祖母に当たる貞君がこれを甚だ憐れんでみずから育てたのであった。その史恭の子三人のうちの長男が史高である（巻九七上「外戚伝」上）。この皇曾孫が即位すると、旧恩あるにより史高は侍中とされたのであるが、その史高を黄覇が太尉にかなう人物と推薦したのである。宣帝は尚書に黄覇を召問させ、太尉の官に長年実任がなく、丞相が兼任することとなっているのは、武をおさえ文を興そうとの基本方針に係るのであり（したがって今回の君の人事申請はその基本方針を崩すものであるが、そのことを君は自覚しているのか、となる）、それに「夫れ教化を宣明し、幽隠に通達して、獄に冤刑無く、邑に盗賊無から使むること、君の職也。将相の官は、朕の任たり焉」であって、今回の黄覇の推薦はそもそもが漢朝廷の基本方針に無自覚な、しかも皇帝専権である将官人事権に触れる越権行為であると詰問した。黄覇は冠を免《ぬ》いで謝罪し、数日ののち乃ち罪を免ぜられて丞相に留められたが、以後黄覇は敢えて申請を行うこともなくなったと云う。

（8）　しかし循吏伝は、

然れども漢の興りし自《よ》り、治民の吏を言うは、覇を以て首と為す。と、丞相時代の黄覇の失点を穏やかに収めている。

黄覇は丞相を足掛け五年務め、甘露三年（前五一）に薨じた。丞相を継いだのは于定国。宣帝が崩じたのはその二年後、黄龍元年（前四九）十二月である。

二

趙広漢、韓延寿、黄覇の三人が相い引き継ぐ形で同じ潁川郡の太守となっていることには興味深いものがある。趙広漢、韓延寿について資料を広げておく。主に巻七六の「趙広漢伝」、「韓延寿伝」による。

（1）　趙広漢は霍光が昌邑王を廃立し宣帝を立てた時にはその策定に預かり、爵・関内侯を賜っているが、潁川郡の太守に遷され、従来手を焼いていた大姓の原氏と褚氏の横恣を止めるべくその首悪を誅し、豪傑・大姓が婚姻関係を結び、吏俗に朋党が盛んであったものを解消すべく、大姓・豪傑間の分裂工作を画策し、潁川の彊宗・大族はそのため家ごとに仇讐《あだかたき》と対立・分裂し風俗が大いに改まったのである。この辺り、趙広漢には酷吏の面影が強いが、その人となりは彊力にして、天性、吏職に精であり、吏民と語らえば、夜も寝ずに旦《ひので》に至り、巧みに話をついで事情を探り出す「鉤距」の術に長け、当地の隅々に行き亙る情報通となり、これをその治業の基礎とした。守京兆尹となり、吏たちの信頼を得《え》、見事な治業を行い、京兆の政《まつりごと》は清《す》み、吏民は皆な称《たた》え、長老は伝えて、漢が興って以来誰も広漢に及ばないとした。

しかし長安の市で酒の商いをしていた広漢の「客」が「丞相の吏に逐われた。男子・蘇賢があやしい」と広漢に語り、広漢が長安の丞にその蘇賢を取り調べさせ、尉史の禹が蘇賢を罪に引っ掛け、そこで蘇賢の父親が上書して我が息子の無実を訴え広漢を告発した。再捜査が行われ、尉史の禹は「要斬」に坐し、広漢を逮捕することが申請されたが、「取り調べるだけにせよ」との詔があり（有詔即訊。師古曰く「就きて之に問わ令め、追いて獄に入れざる也」と）、広漢は辞服したが、赦にあって秩一等を貶されるだけに済《す》んだ。広漢の気はしかし収まらない。蘇賢の同邑の栄畜が教唆したのであろうと、它法を以て栄畜を論殺する。しかしそれを告発する上書が行われ、事件は丞相と御史のあずかりとなった。ここに事態は急を告げ、広漢は信頼できる長安の人間を丞相府の門卒に送り込み、丞相に何か弱みはないかと探らせた。地節三年（前六七）七月中、丞相の傅婢が自ら絞死するという事件が起こり、広漢はこれに飛びつく。丞相夫人が嫉妬のあまり府舎内で殺したとにらみ、中郎・趙奉寿を使って丞相に、こちらへの取調べを緩めるよう脅しをかけようとしたが、丞相は聴かず、追求にはますます拍車がかかるありさま、遂に広漢は丞相の罪を告発する上書を行い、「京兆尹の治に下す」との「制」を得ると、事の急迫するがままに、自ら吏卒を将《ひき》いて丞相府に乗り込み、夫人を庭下に跪《ひざまず》かせて辞を受《さず》け、奴婢十餘人を収容して退去、婢殺しの事件を責め立てた。丞相の魏相がここで上書し、我が妻が殺したのではないこと、広漢がこれまでも自分に圧力をかけて来たこと、明使者に今回の我が家内の事件を治めていただきたいとの旨を陳べた。事件は廷尉の治に下され、実際は丞相が傅婢を過誤あるが故に笞打ち、傅婢は外弟のところに出てそのまま自殺したのであり、広漢の言の如からざることが明らかとなった。司直の蕭望之が趙広漢を「不道」と劾奏、「宣帝は之を悪み」、これまでの一連の罪も裁かれ、宣帝の裁可が下った。

趙広漢は結局、「要斬」となったのであるが、この間、

　吏民の闕を守って号泣する者数万人、或るもの言う、臣は生くるも県官に益無し、願らくは趙京兆に代わりて死し、小民を牧養するを得《え》使めん、と。

という状態であった。

「伝」は、

広漢は法に坐して誅せらると雖も、京兆尹為《た》ること廉明、豪彊を威制し、小民、職を得《う》。百姓追思し、之を歌いて今に至る。

と締めくくっている。

（2）　韓延寿の事跡にも同様の気見合いがある。趙広漢に次いで潁川郡の太守となった韓延寿は、広漢が豪傑・大姓の姻戚関係に則った絡み合いが吏治を阻むことを解消すべく当地に持ち込んだ、互いを反目させる画策が成功して治績が上がったものの、しかし逆に互いに反目し合う風潮が社会に瀰漫して人々の間に怨讐だけが積もる刺々《とげとげ》しい世間となっていたものを変更すべく「礼譲」をこの地に教えんとした。しかもただ教えるだけでは百姓はこの教化に従わないと考え、郡中の長老で郷里の信向する所の者数十人を順番に呼び、酒食を設け、親しく語らい、礼意を以て接し、一人一人に閭里に流行る歌、民の疾苦する所を尋ね、和睦親愛して怨咎を銷除する路《みち》を陳《の》べ、長老たちが皆な、「そうなればよろしいですね（便）やりましょう（可施行）」との思いを持つを確かめ、その上で、嫁娶喪祭の次第・調度はおおむね古礼に従い、過法にはしない、という取り決めを相談した。そこで延寿は文学・校官諸生に令し、皮弁して俎豆を執り、吏民のために行喪・嫁娶の礼を為《な》さしめた。百姓はその教えを遵用し、呪物の類（偶車馬・下里偽物）を売る者はそれらを市の道に棄てた。

かくして数年、延寿は東郡の太守に徙り、黄覇が替わりに潁川郡に来たのである。

延寿の吏為《た》るや礼義を上《とうと》び、古の教化を好み、至る所必ず其の賢士を聘《まね》き、礼を以て待用し、広く謀議し、諫争を納《い》れ、喪を行い財を譲《ゆず》るものを挙げ、孝弟にして行い有るものを表し、学官（師古注曰く「学官は庠序の舎を謂う也」と）を修治し、春《はる》と秋《あき》の郷射（の儀礼）には鍾鼓管弦を陳《なら》べ、升降揖譲を盛んにし、都試講武するに及べば、斧鉞旌旗を設《もう》け、射・御の事を習う。城郭を治め、賦租を収むるには、先ず明布して其の日を告《つ》げ、期会するを以て大事と為せば、吏民敬畏して之に趨《おもむ》き郷《むか》う。又た正・五長を置き、相い率《ひき》いるに孝弟を以てし、姦人を舎《お》くを得ず。閭里仟佰に常に非ざる有れば、吏輒《すなわ》ち聞知して、姦人、敢えて界に入るもの莫し。

其の始めは煩なるが若きも、後には吏に追捕の苦無く、民に箠楚の憂い無ければ、皆な便にして之に安んず。下吏に接待するには恩施甚だ厚くして約誓明《あきら》けし。之に欺《あざむ》き負《そむ》く者或《あ》れば、延寿痛《いた》く自らに刻責し「豈に其れ之に負《そむ》かんか、何ぞ以て此こに至る（私の方に負くところがあったのだろうか、どうしてこんなことになってしまったのか）」と。吏の聞く者、自ら傷《かなし》み悔《く》い、其の県尉、自ら刺死するに至る。及び門下の掾、自ら剄《くびき》る。人《ひと》救いて殊《わか》たざる（師古曰く「殊は絶也、……身・首相い絶えざる也」と）も、因りて瘖となりて言《ものい》う能わず。延寿之を聞き、掾史に対《むか》いて涕泣し、吏毉を遣わして治視せしめ、厚く其の家に復《のぞ》く（「復」は税を免除するを謂う）。

延寿は、

少にして郡文学と為る。父・義は燕の郎中為《た》り。刺王の謀逆するや、義は諫めて死す。燕人之を閔《あわ》れむ。

と云うから、儒学の教養と父譲りの彊志の持ち主であったのであろう。古人《いにしえびと》の品格を持ち、情の行き届いた吏治を実現していたと云うのである。

かくして、

東郡に有ること三歳、令行われ禁止み、断獄大いに減じ、天下の最となる。

となり、延寿は御史大夫に遷った蕭望之に替わり、左馮翊を守ることとなった。

ここでも手腕を発揮したが、一方、侍謁者の福が、延寿が東郡にいた当時官銭千余万を放散していたことを、その御史大夫・蕭望之の耳に入れる。望之は丞相・丙吉と相談するが、丙吉は不問に付すべしとした（吉以為更大赦、不須考）。たまたま御史が東郡に問い合わせることがあったので、望之は延寿のこの件を并せて問わせた（師古曰く「望之は延寿の己《おのれ》に代わりて馮翊と為り、而して『能』名（吏として『能』であるとの評判）の己《おのれ》の上に出《い》ずること有るを以て、故に忌《い》みて之を害し、陥るるに罪法を以てせんと欲す」と）。延寿はこれを耳にすると、対抗して、望之が馮翊時代に廩犧の官銭を百餘万放散したとの件を立て、廩犧の吏を拷問にかけ、望之とともに姦を為したと自白させた。延寿はこれをもって劾奏して望之を禁足したが、望之は自ら、その弾劾の非を鳴らす奏上を行った。宣帝は延寿を直《ちょく》ならずとして、徹底的な調査を命じ、望之については延寿が弾劾したその事実のないことが明らかとなった。一方、望之は御史を東郡に派遣し、延寿の官銭放散について具体的な事実をつかんだ。それは延寿が東郡にあった時、毎歳の大試に、兵車を治飾し、龍虎・朱爵を画《えが》き、延寿自身は黄紈の方領を衣《き》、四馬に駕し……と儀仗を設《ととの》え盛儀を極め、官の銅物を取り、月蝕を候《ま》って刀剣鈎鐔を鋳作し、調度は尚方（天子の御物を管掌する）の事に放効《なら》い、という有様であった。ここで望之は延寿を「上僭不道」と劾奏、事件は公卿の審議に下されたが、東郡でのことと共に、我が罪を解くために典法の大臣を誣告したこともあり、「狡猾不道」と判じられた。「天子は之を悪み、延寿は竟に棄市に坐」した。

延寿が刑に就くについては、

吏民数千人、送りて渭城に至り、老小、車轂を扶持し、争いて酒と炙《あぶりにく》を奏《すす》む。延寿は距逆する（人々の争いすすめる酒とあぶり肉とをことわる）に忍びず、人人に飲むを為せば（人ごとにそのすすめる酒を飲みほし）、計るに飲酒すること石餘（「石」は一九・《てん》八リットル）。掾史をして送る者に「遠くに吏民を苦《わずら》わす。延寿死するも恨《くや》む所無し」と分謝せ使む。百姓流涕せざる莫し。

と云う。

『漢書』巻二八上「地理志」上に記録する統計、京兆尹の記載に「元始二年」と云うので以下の計数は平帝・元始二

年（紀元二）のものとなるが、に拠れば、

　潁川郡は戸・四三万二四九一、口・二二一万〇九七三。

であり、

　同じ豫州の汝南郡、戸・四六万一五八七、口・二五九万六一四八、

　沛郡、戸・四〇万九〇七九、口・二〇三万〇四八〇、

と共に、全一〇三郡国中三つだけである口・二〇〇万を超える郡の一つである。

　これらに次ぐものとしては、後漢・世祖・劉秀が田業に励んだ、

　荊州・南陽郡、戸・三五万九三一六、口・一九四万二〇五一。

雒陽が属する、

　司隷・河南郡、戸・二七万六四四四、口一七四万〇二七九。

また、

　徐州・東海郡、戸・三五万八四一四、口一五五万九三五七。

韓延寿が潁川郡より徙った、

　兗州・東郡、戸・四〇万一二九七、口・一六五万九〇二八。

などが並ぶ。

　宣帝期からは五〇年餘り下る、前漢極盛期の記録とされるものであるから、宣帝期以降の移動・増減もあろうが、潁川郡が全郡国中屈指の人口を擁する地域であることは変わらないであろう。

　同じく巻二八下「地理志」下、各地別の地域誌を並べる部分には次のように伝える。

　潁川・南陽は本と夏禹の国。夏人は忠を上《とうと》び、其の敝は鄙朴。……秦既に韓を滅ぼせば、天下不軌の民を南陽に徙

す。故に其の俗は夸奢、気力を上《とうと》び、商賈・漁猟を好み、蔵匿、制御し難き也。宛（南陽）は西のかた武関に通じ、東のかた江・淮を受け、一都の会也。宣帝の時、鄭弘、召信臣、南陽の太守と為り、治は皆な紀に見ゆ。信臣は民に農桑を勧め、末《すえ》を去《さ》り本《もと》に帰り、郡以て殷富す。

潁川は韓の都。士に申子・韓非の刻害の餘烈有りて、仕宦を高しとし、文法を好み、民は貪遴・争訟・生分（「河内……好生分」の師古注に「生分とは父母在すに而るに昆弟、財産を同じくせざるを謂う」と）を以て失と為す。韓延寿、太守と為り、之に先だつに敬譲を以てし、黄覇之に継ぎ、教化大いに行われ、獄或いは八年重罪の囚亡《な》し。南陽、商賈を好み、召父、富ましむるに本業を以てし、潁川は争訟・分異を好み、黄（覇）・韓（延寿）化するに篤厚を以てす。「君子の徳は風也、小人の徳は草也」（『論語』顔淵第十二）と、信《まこと》なり矣。

潁川と南陽が古来関連の強い、一つのまとまりを持つ地域として取り上げられ、この地域の振興に功績のあった宣帝期の太守たち、鄭弘、召信臣、韓延寿、黄覇の具体名が特に挙げられる。この「地理志」下の地域誌の部分において、漢代にかかる太守の具体名としては、他には、巴・蜀・広漢に、

景・武の間、文翁、蜀の守と為り、民に読書・法令を教うるも、未だ能く道徳を篤信せず、反りて好文刺譏、権勢を貴慕するを以てす。

と云う文翁、また、

衛地……宣帝の時、韓延寿、東郡の太守と為り、聖恩を承け、礼義を崇くし、諫争を尊び、今に至るまで東郡、吏為《た》るに善しと号するは、延寿の化也。

と重出する韓延寿のみであり、前に見た「循吏伝」の序に表出される宣帝期の歴史的位置付け、すなわち宣帝における自覚的な「治民」政策の中心化、実効化を特筆する『漢書』の歴史認識をここにも窺うことが出来るだろう。

ともあれ相次いで潁川の太守となり、宣帝期の「治民」を代表する人物として並べられる、この韓延寿と前の黄覇とは、しかしどこでどうすれ違っているのであろうか。

一三

宣帝は、『漢書』巻八「宣帝紀」に拠れば蒼古たる魔の手を逃れて生き延び皇帝の位に即いた人物であった。そしてそのことを深く自覚した皇帝でもあった。「蒼古たる魔の手」とは、語弊を承知で言うならば「古代的な生の跳梁」である。そして具体的にはそれは「武帝」という帝王が抱えていた、前にも（本章第一節以下、本書二九五頁以下）見た「古代的な生の跳梁」であり、「武帝」が主宰した武帝期漢朝廷社会における「古代的な生の跳梁」であった。「古代的な生」の特質をなすのは、これも前に見た（本章第三節、本書三一六頁以下）によれば、「虚栄心」と「暴力」とが直結する、「殺」に已みがたく至る「怒」のエネルギー放射であった。司馬遷が「酷吏列伝」に描こうとしたのは、武帝の承認によって進行する「古代的な虚栄心」に翻弄される男たちの、一方ではその虚栄心を吸収して成る「国家」なる秩序創生の荒業に導かれる男たちが演じた「古代的暴力の断末魔」とでも云うべき物語であったのではないだろうか。

宣帝は、前節にも触れた如く戻太子（衛太子・劉據）の孫、すなわち武帝の曾孫であるが、巫蠱の事件にかかって、祖父である戻太子、祖母である史良娣、父・史皇孫、母・王夫人を殺害され、自身はまだ生後数ヶ月の乳児であったが、郡邸の獄に収容されたのであった。時に廷尉監であった丙吉が巫蠱を郡邸に治めていたのであるが、その獄に送られてきた生後間もない皇曾孫（宣帝）の姿を憐れみ、この幼児に罪のあろうはずもないことに哀しみ、閒燥なる場所を選び、女徒復作である淮陽の趙徴卿、渭城の胡組に交替に乳養させ、身銭をついで衣食を給した。この間の様子は『漢書』巻七四「丙吉伝」に載せる、当時この郡邸の小吏として前後を目撃した尊なる男の元帝時代に上書した「証言」に詳しい。それによると、丙吉は皇曾孫の姿を見て、

仁心感動し、涕泣悽惻し、復作・胡組を選択して皇孫を養視し、吉常《つね》に従う。

……後ち条獄の詔に遭う。吉は大難を扞拒し、厳刑峻法を避けず。

……組の日満ちて当《まさ》に去るべきに及び、皇孫思慕せば、吉は私銭を以て組を傭《やと》い、留まりて郭徴卿（宣帝紀では「趙徴卿」）と並びに養うこと数月たら令《し》め、乃ち組を遣わして去らしむ。

後ち少内（師古曰く「少内は掖庭、府蔵を主るの官也」と）の嗇夫、吉に白《もう》して曰く「皇孫に食わすには詔令亡《な》し（皇孫を育てるために役所が出費することに関する規程はない）」と。時に吉、米肉を食わすを得ば（皇孫が乳離れして硬いものを食べさせることが出来るようになっていたので）、月月以て皇孫に給す。……

と、一身を呈してこの無実の幼児を守り通したのであった。尊は当時の丙吉の行為を改めてまとめ、

神霊を擁全し、聖躬を成育する所以、功徳已に亡量たり（「亡量」は「無量」に同じ。すなわち、丙吉が施した功徳のたかは当時のそれだけでも計り知れない）矣。時に豈に予《あらかじ》め天下の福を知りて其の報いを徼《もと》めん哉。誠に其れ仁恩内に心に結べば也。（当時丙吉は、やがてこの皇孫が皇帝になることを見越し、そうなれば褒美があるぞと踏んで、皇孫の養育に尽くしたのではない。無実の幼児《おさなご》に内なる心からの哀れを感じた已むに止まれぬやさしみの行為であったのだ。）

と評している。「誠其仁恩内結於心也」との解説、その行為が見返りに惹かれてのものではなく、丙吉内面の「心」に起発するものであったとの解説がここでなされていることに注意しておきたい。

巫蠱の事件は連歳、なかなか決着がつかなかった。「丙吉伝」の筆端では、巫蠱の事件に当たり丙吉は安易な決済は

下さず、連歳猶予したままに大赦を待った、と云う。そのさなか、武帝・後元二年（前八七）二月に武帝が崩ずるその歳のこと、「丙吉伝」によって示すに、

後元二年、武帝疾す。長楊、五柞宮に往来す。望気する者、長安の獄中に天子の気有り、と言う。是に於て上《じょう》、使者を遣わし中都官（巻八「宣帝紀」に、師古曰く「中都官は凡そ京師の諸官府也」と）の詔獄の繫ぐ者を分条し、軽重と亡《な》く、一切、皆な之を殺さしむ。内謁者令・郭穰、夜、郡邸の獄に到る。吉、門を閉じ、使者を拒《こば》みて納《い》れず。曰く「皇曾孫在《いま》す。他人の辜亡《つみな》くして死する者すら猶お不可なり、況《いわん》や親曾孫を乎《や》」と。相い守りて天明に至るまで入るを得ず。穰還りて以て聞《のぼ》し、因りて吉を劾奏す。武帝亦た寤《めさ》む。曰く「天之《これ》を使《つか》わす也」と。因りて天下に赦す。郡邸の獄の繫ぐ者独り、吉に頼りて生くるを得《う》、恩、四海に及べり矣。

となる。

前《さき》ほどの尊の証言に「後ち条獄の詔に遭う。吉は大難を扞拒し、厳刑峻法を避けず」と云うその「条獄の詔」「大難」であろう。ここの「郡邸獄繫者独頼吉得生」、すなわち丙吉が守った郡邸の獄に繫がれる囚徒だけが「独り」生きるを得たという表現からすると、この時の武帝による京師所在の獄に繫がれる囚徒は重罪、軽罪に関わらず、すべて殺せとの命令が、丙吉の守った郡邸の獄以外ではその一夜に実行された、ということなのであろう。

この話は、『新約聖書』マタイ伝の第二章が伝える話柄に思い及ばせる。すなわちヘロデ王の時に東の博士たちがエルサレムに来《きた》り、「ユダヤ人の王とて生れ給へる者は、何処に在すか。我ら東にてその星を見たれば、拝せんために来《きた》れり」と言い、ヘロデ王がこれを聞いて悩みまどい、エルサレムも皆然り、となるが、ヘロデ王は博士たちをベツレヘムに行かせるに当たり、「往きて幼児《おさなご》のことを細にたづね、之にあはば我に告げよ。我も往きて拝せん」と云うが、博士たちには、母マリヤとその幼児《おさなご》を見出し拝した後の夢見に、ヘロデの許《もと》に返るな、との御告げがあり、博士たちはほかの路より帰国の途に就き、またヨセフにもマリヤと幼児《おさなご》を連れてただちにエジプトに逃れよとの御告げがあり、彼ら

はその夜のうちに逃れた。そしてヘロデは、「博士たちに賺《すか》されたりと悟りて、甚だしく憤《いきど》ほり、人を遣し、博士たちに由りて詳細にせし時を計り、ベツレヘム及び凡てその辺の地方なる二歳以下の男の児をことごとく殺せり」となる（以上、日本聖書協会、一九七五、『舊新約聖書』による。傍点は木下）。

我に替わる者の予兆に震撼した王がその震撼に駆られて振り下ろす古代的な暴力の下、内面に湧出する、幼児《おさなご》の生を傷み守る「心」がこれら二つの話柄には出現する。この「心」の出現は端的に内面的な、苦境にある他者の生への思いの結ぼれ（尊の証言に云う「仁恩内結於心」）として、予兆に操られ我がために人を屠る底の「古代的な生」を破棄する新しい「心」すなわち「苦境にある生を傷み守る内面的情熱」の開披なのではなかろうか。

丙吉は魯国の人、律令を学び、魯の獄史となり、功労を積んで廷尉右監に至ったが、法に坐して官を失い、帰りて州従事と為り、武帝末、巫蠱の事が起こると、丙吉は故《もと》廷尉監なるを以て徴せられ、詔して巫蠱を郡邸の獄に治めしめた、と云う。生来の資質、魯国での育ちなどもあるのだろうが、その深みのある人の生への思い遣りは、郡邸の獄に送られて来た皇曾孫＝幼児《おさなご》に邂逅し、その哀れさに涕した時に、歴史的な意義をもつ深さに達した、と言い得るのではないだろうか。

恩赦の後、丙吉は時に五歳の皇曾孫を祖母・史良娣の家に送り、曾祖母に当たる貞君が憐れんで養育したが、やがて詔があって、掖庭に養視せられることになった。時に掖庭の令であった張賀は嘗て戻太子に事《つか》えたことがあり、その旧恩を思い起こして皇曾孫を哀れみ、大切に奉養し、私銭を以て調え、教育を与えた。壮となるに及び、暴室の嗇夫・許広漢の女《むすめ》を娶り、皇曾孫は許広漢兄弟と祖母の家・史氏とに因って生活し、『詩』を受け、才能豊かに学を好んだが、一方、游侠を好み、閭里に出入りして、その奸邪、吏治の得失を具《つぶさ》に知ったのであった。各地を遍歴したが、おおむね長安の南・下杜に在った。元平元年（前七四）四月、昭帝が崩じ、霍光は昌邑王・劉賀を徴し、六月丙寅、昌邑王・劉賀は帝位に即いたが、その淫乱であるにより、同癸巳、上官皇太后の臨席の下、廃位された（「宣帝紀」に拠る。前章第三五節参照、本書二七四頁以下）。秋七月、霍光は上官皇太后に今年十八歳になる武帝の曾孫・劉病已を帝位に即けることを奏議し、皇太后の裁可が下って、皇曾孫は皇帝となった。これが宣帝である。

一方、五歳、満年齢で言えば四歳前後、の皇曾孫を史氏に送って後、丙吉は車騎将軍軍市令と為り、大将軍長史に遷り、その大司馬大将軍である霍光に甚だ重んぜられ、入りて光禄大夫給事中となった。昭帝が崩ずると、大将軍・霍光は丙吉を遣わして昌邑王・劉賀を迎えさせた。しかしいったん即位した昌邑王は淫乱故に廃され、しかも霍光は車騎将軍・張安世など諸大臣と誰を次に立てるかを議するものの、なかなか定まらない始末であった。時に丙吉が霍光に奏記し、現在は十八・九になっているであろう武帝の曾孫・劉病已のことを思い起こさせたのであった。霍光はこの丙吉の議を覧《み》、遂に皇曾孫を立てることに決意し、宗正・劉徳と当の丙吉を遣わして掖庭に皇曾孫を迎えさせた。皇曾孫・劉病已、すなわち宣帝自身は迎えに来た丙吉が自分にとって何者であるのか、満年齢四歳で別れているのでは、知る由もない。ともあれ丙吉はこの間の功により、爵・関内侯を賜った。

丙吉伝には、

　吉の人と為《な》りは深厚、善を伐《ほこ》らず。曾孫遭遇せし（師古曰く「遭遇とは大位に升るを謂う也」と）自《よ》り、吉、絶えて口に前恩を道《い》わず。故に朝廷能く其の功を明らかにするもの莫き也。

と云う。以下の御史大夫に至る丙吉の人事が決してその「前恩」によるものではないことを強調するのであろう。すなわち地節三年（前六七）、宣帝は皇太子を立てたが、丙吉はその太子太傅に任ぜられ、数月して御史大夫に遷されたのであった。

霍氏一族が謀反に追い詰められて粛清された後、宣帝の親政が始まる。その情勢変化を見てのことであろう、掖庭の宮婢・則なる者がその民夫を通じて上書し、私には皇帝陛下をお育てした功績がございます、と申し出た。事は掖庭の令に下されて調べられたが、則の言には丙吉がよく知っている、とのことであったので、掖庭の令は則を御史府に送り丙吉に確かめさせた。丙吉は、確かにこれはそれであると確認したが、その則に「お前は嘗て皇曾孫を養育するについて真面目ではないと笞打たれたことがあるだろう。それでは功があるとはとても言えまい。（本当に功があるのは）渭城の胡組と淮陽の郭徴卿だけだろう」と謂った。そこで胡組などが皇曾孫を養育した様子を丙吉は上奏したのであった。丙吉に詔が下り、胡組と郭徴卿を捜させたが、二人とも已に死亡しており、その子孫に厚い褒賞がなされた。則についてはこれを庶人となし、銭十万が与えられた。この事件についての見問を通じて、宣帝は始めて、丙吉が自分にとって何者であるかを知ったのであるが、丙吉は終《つい》に自分については何も言わなかった。

前にも見た元帝期の尊の証言では、

> 孝宣皇帝の時、臣、上書して状を言う。幸いに吉に下すを得るも、吉は謙譲して敢えて自ら伐《ほこ》らず。臣が辞を删去し（臣《わたくし》が上書した証言の丙吉自身に関わる字句を削除して）、専ら美を組・徴卿に帰す。

と云う。

宣帝はしかしこれを賢とし、丙吉を博陽侯、邑千三百戸に封じようとしたが、時に丙吉は病の床にあり、宣帝は生きているうちに、と慌て、もうだめなのではないか、と心配した。時に太子太傅となっていた夏侯勝が帝に「陰徳あるものは末代までその御蔭を受けると聞きます。丙吉はまだその御蔭を受けもせずに病の床に伏しているのですから、きっとその病は癒えましょう」と慰め、その通り丙吉の病は癒えたのであった。丙吉は上書し、空名を以て賞を受けるわけには行かない、と固辞したのであるが、宣帝は、

> 朕の君を封ずるは空名に非ざる也。而るに君は上書して侯の印を帰す。是れ朕の不徳なるを顕《あきら》かにする也。方今、天下、事少なし。君は其れ精神を専らにし、思慮を省き、医薬を近づけ、以て自持せよ。

と、いずれの時には天下を任せねばならないから、ゆっくりと静養せよと、心からの信頼を託した。後ち五歳、神爵三年（前五九）丙吉は魏相に代わって丞相となった。

一四

丙吉の前任の丞相・魏相は、巻七四「魏相伝」によれば、『易』を学び、郡卒史と為り、賢良に挙げられ、対策高第なるを以て茂陵の令となったが、御史大夫・桑弘羊の客が県の伝舎に御史であると詐称して止まり、丞が挨拶に来ないと腹を立てて縛り上げるという事件が起こり、魏相はこの客を検挙、市に処刑した。この処断によって茂陵は大いに治まった。「治民」における検挙・処断という手法がここでも採られ、効果を挙げているわけである。

後、魏相は河南の太守に遷り、姦邪を禁止し、豪彊畏服す、と云うから、ここでも同じ「治民」の手法が行われ、効果を挙げたということであろう。後ち、魏相は「不辜を賊殺した」と告発され、事案は有司に下されたのであるが、河南より中都官（京師の諸官府）に卒戍する者二・三千人が大将軍・霍光を道に遮って直訴し、自分たちの卒戍期限を一年伸ばし、それによって太守・魏相の罪を贖《あがな》いたいと訴え、また別に河南の老弱万餘人が関所に至り、入関して上書したい、と申し出たのであった。霍光は魏相を別件で検挙し、投獄、魏相は一冬を越して恩赦に遭い、出獄したのであった。ふたたび詔があって茂陵の令となり、揚州刺史に遷され、郡国の守・相を貶退することが多かった。「魏相伝」はここで丙吉を登場させ、

相は丙吉と相い善し。時に吉、光禄大夫為《た》り。相に書を与えて曰く「朝廷已に深く弱翁（魏相の字《あざな》）の治行を知り、方《まさ》に且《まさ》に大いに用いんとす矣。願らくは少しく事に慎み自重し、器を身に臧《かく》されよ（師古曰く「易・下繋辞に云う『君子は器を身に臧し、時を待ちて動く』と、其の材能を顕見《げん》せざるを言う」と）」と。相、其の言を善しとし、威厳を霽《はら》う（カラリと取りのぞく）を為す。

と載せている。

やがて魏相は諫大夫となり、河南太守に戻された。

宣帝が即位し、魏相は大司農、御史大夫と進むが、やがて霍光が薨じ、宣帝は霍光の功績を思い、其の子・霍禹を右将軍にするなど霍氏への優遇を行った。魏相はこれに諫言を呈し、霍氏専権に処置することを頭に置いた諸政策を提議、宣帝はそれを善しとして、すべて従った。やがて霍光の夫人・顕が淳于衍を使って許皇后を毒殺した一件（前章第三五節、本書二七九頁以下参照）が宣帝の耳に入り、霍氏一族は朝廷から締め出される。丞相の韋賢が老病を以て退くと、地節三年（前六七）六月壬辰、魏相が代わって丞相となった（巻一九下「百官公卿表」下）。霍氏一族は魏相を怨み憚り、上官皇太后の詔を矯《かた》り、先ず魏相を召して斬り、その上で宣帝を廃するという策謀を立てた。しかしこの策謀は発覚し、霍氏一族は誅せられた。宣帝はこの後ち始めて万機を掌握することになった、と云う。

この一段は巻六八「霍光伝」に詳しいが、その結末として、霍禹は要斬、霍光夫人・顕及び諸女昆弟は棄市、宣帝・霍皇后は処刑は免れたが廃せられ、「霍氏と相い連坐して誅滅せらるる者、数千家」と云う。

元康（前六五～六二）中、匈奴が兵を出して車師（国名。新疆維吾爾自治区吐魯番市一帯。地節三年、前六七、にその王を降し屯田した）に屯田する者を襲うという事件が起こった。宣帝は後将軍・趙充国などと議し、匈奴が衰弱しているのに乗じ、出兵してその右地を撃って、匈奴が以後西域を騒がせることがないようにするという戦略を立てた。しかし魏相は上書してこれを止めた。すなわち――匈奴は基本的には善意を持っているのであり、屯田の地を争うことになったとしても、特に意に介する必要はない。将軍たちは兵を興そうと考えていると聞くが、一体何の名目があるというのか。現在辺郡は窮乏しており自存することも危ぶまれる状態であり、兵を出すことは困難である。一体、軍旅の後には必ず凶年が来る、と言われる。出兵し、たとえ勝ったとしても後憂が有り、恐らくは災害の変がこれに因り生まれるであろう。現在、郡国においては、その守・相の人事が人を得ておらず、ために風俗は軽薄になり、水害・旱害が相次ぎ、本年の上計された統計によれば、子弟が父兄を殺し、妻が夫を殺す者が全国に二二二人となっている。わたくしはこれを並々ならぬ事態であると考えるが、帝の左右の者はこのことに意を向けない。なんとしようか。兵を発して取るに足りぬ忿りの意趣返しを遠夷に加えようとしているが、見所が転倒しているとしか云いようがない——と云う。国内民政の不備こそが現在最大の政治課題であることを訴えたのである。宣帝はこれに従い兵のことを取り止めた。

この魏相の諫言には、水害・旱害などに襲われ、郡守・国相に人を得ずに荒廃している郡国の広がりの中で、何よりも民政を優先すべきだという観点と共に、その民政状況の指標が、検察的な秩序違反例の統計によって標《しる》されるという魏相の視点も窺える。

太守・国相による厳たる検挙、処断が、当時筆頭に上がる、一般的な社会秩序の回復・創生の手段であった、あるいはそれとして社会的に流通し現実的な実効性をもっていた、と考えることが出来るであろう。そして『史記』「酷吏列伝」のすでに指摘した「上以為能」というフレーズからするならば、そのような捜査、摘発、検挙、処断の厳酷な実行能力こそ、武帝によって「能」と評価され、そこに酷吏が活躍する場が生じているのであった。

「循吏伝」にも、

趙広漢、韓延寿、尹翁帰、厳延年、張敞の属《たぐい》、皆な其の位に称《かな》うも、然れども刑罰に任《まか》せ、或いは罪せられ誅せらるるに抵《いた》る。

と云う。

魏相も「不辜を賊殺した」との告発を受け、故丞相・車千秋の子が雒陽の武庫令となっていたものを逐斥したとして霍光により罪に即《つ》けられている。しかも一方では地域社会を荒廃させる不正を厳正に摘発することによって、その地域社会に血の気を呼び戻すという県令、太守に求められる職責を見事に果たし、その地域社会の人々からの、この人を我々から奪わないでくれ、という希求をも得ている。まさしく魏相も趙広漢たちの属《たぐい》に入ると謂うべきであろう。

一五

この魏相が薨じた後、丞相に代わったのが丙吉であり、そして丙吉が五鳳三年（前五五）に薨じた後、丞相に代わったのが黄覇であった。

「魏相伝」の最後には、

　時に丙吉は御史大夫為りて同心に輔政し、上《じょう》皆な之を重んず。相の人と為りは厳毅にして、吉の寛なるに如《し》かず。事を視ること九歳、神爵三年（前五九）、薨ず。

と云う。「吉の寛なるに如かず」と云うによれば、『漢書』は、その人となりにおいて丙吉を魏相の上に置くかと思われる。

すなわち『漢書』の記載に従えば、魏相がその厳毅なるにもかかわらず趙広漢・韓延寿の如く身を誤らないで済んだのは、一方に丙吉がいたからだ、となる。

霍光に、いわば「ひっかけられる」形で罪せられ、一冬を獄舎に過ごし、大赦にあって出獄、ふたたび茂陵の令、楊州刺史となった辺りは、「郡国の守相を考案するに、貶退する所多し」と、魏相はある種、霍光という貴顕への恨みが沈潜してその厳毅さに寄る辺知らずの凄みが加わり、きっかけがあれば趙広漢や韓延寿が突っ込んでいったような自らの権柄に促され闇雲に摘発を繰り返してしまう回路に踏み込む危地に在った、と見ることが出来る。丙吉はそこを見て取ったのだろう、時宜正によろしく、自重することを魏相に勧め、それにより魏相も自らがはまり掛けている自らの心中の罠、すなわち「能」であるという罠に気づいたのである。

この辺りの気息こそ、韓延寿と黄覇とが交差しすれ違って行くところでもあろう。趙広漢、韓延寿にしても最後にその「要斬」（趙広漢、第一二節（1）参照）「棄市」（韓延寿、第一二節（2）参照）を裁可しているのは宣帝自身であり、『漢書』の記載によれば、その直前に「宣帝之を悪む」（趙広漢伝）「天子之を悪む」（韓延寿伝）という他には見えない印象的な一句が挿入されている。

両者の最後に見られる、権柄を握るものとしての自制・自省を欠いた摘発の私物化に宣帝は、ほとんど生理的な嫌悪を抑えきれず、その厳しい処分に裁可を下した、と読める。その治績からすれば、趙広漢・韓延寿は宣帝期を代表する民政官であると言い得るであろう。さらにその能力を生かす方策もあったかも知れない。数万の人々が号泣し、身代わりになることを願い出る人も現れ、涙が流れるのを堰きも押さえ得ぬ数千の人々が渭城まで送って行った、当時のその彼我の心事を思えば、我々は言葉を失うしかない、としか言い様はない。事実、趙広漢については「取り調べるだけに済ませよ」の旨の詔が出ていったん赦に遭い、韓延寿については丙吉が「不問に付すべし」と済ませようとしたのであった。しかし何か身内から来る弾みのようなものが趙広漢、韓延寿の背中を押して行った。同僚間の牽制意識をきっかけに、両者とも、いわば魔が差したとしか言いようのない仕儀に至り、宣帝の嫌悪を引き出している。

しかし宣帝のその嫌悪は、より深くは、丙吉と再会を果たして照らし出され、以来反芻されるに至ったであろう、武帝期の権柄づくの断獄の対象となり、わずかな人の情けに助けられて生き延び、いわば被害者の、下の立場からの武帝権力の実像を経験した人間の心底に埋められた生《せい》のリアリティーに起発する感情であったとも思われる。その限り、微妙ではあれ、その嫌悪の視線の深みには、趙広漢、韓延寿が権柄を持つものとして武帝時代より引き継いでいる体質への嗅覚が働いていたと見るべきであろう。韓延寿に即して言うなら、彼がそもそも告発されたのは、東郡太守時代の、毎歳の大試において、天子のそれにも及ばんかとする儀仗、備品を調えた盛儀を挙行し、そのために莫大な官銭を費やしたという罪過であった。この、権柄にまつわる豪奢あるいは思い上がりを犯す人間の根にある感覚こそが宣帝の嫌悪を引き出したと覚しい。

我々の観察を直截に記せば、すなわち韓延寿は、権柄に与《あずか》り、しかもその権柄の操作において勝れた能力を持つ人間が往々にして陥る罠、権柄を執る者の心中に往々にして生まれ展開する「秩序への虚栄」という美意識の罠にはまってしまった、のである。

五鳳元年（前五七）の冬十二月に韓延寿は棄市されたが、その翌年秋八月に次のような詔が出ている。当時の丞相は丙吉である。

夫れ婚姻の礼は人倫の大なる者也。酒食の会は、礼楽を行う所以也。今、郡国の二千石、或いは擅《ほしいまま》に苛禁を為し、民に禁じて嫁娶するときに酒食を具《そな》えて相い賀召するを得ざらしむ。是れに由りて郷党の礼を廃し、民をして楽しむ所亡《な》からしむるは、民を導く所以に非ざる也。詩に云わざらんか、「民の徳を失う、乾餱以て愆《たが》う」（小雅・伐木）と。苛政を行う勿れ。（巻八「宣帝紀」）

第一二節の（2）に見たように、韓延寿は潁川郡において「民に怨讐多き」を改め「礼譲」を教えんとする所から始め、郡中の長老たちと相談して「嫁娶・喪祭の儀品を議定し、略ぼ古礼に依りて、法を過ぎるを得ざらしめ」「是こに於て文学・校官諸生に令して皮弁して俎豆を執り、吏民のために行喪・嫁娶の礼を為さしめ」た、と云うから、この詔に云う「酒食の会」「酒食を具えて相い賀召する」ことは、古礼に法った韓延寿の「嫁娶の礼」からは「法を過ぎる」ものとして排除されている可能性が高い。ともあれこの詔に現れている精神は、太守など権柄を握るものが、自らの秩序意識を押し付け、在郷の実生活中に生きている儀礼を否定している現状を気遣うところにあろう。韓延寿には野放図に自らの秩序意識、古礼への美意識、に溺れてしまうところがあったことは確かであり、一方、この宣帝の詔には、そこに嫌悪すべき「苛政」の種子《しゅじ》が見えていたのだと覚しい。

巻九「元帝紀」が伝える次のような話柄も、宣帝における同じ感覚を伝えると思われる。すなわち、

（元帝）八歳、立ちて太子と為《な》る。壮大、柔仁にして儒を好み、宣帝の用うる所多く文法の吏にして、刑名を以て下を縄《ただ》す……を見《み》、嘗て燕に侍するに従容として言う「陛下、刑を持すること太だ深し。宜《よろ》しく儒生を用うべし」と。

宣帝、色を作《な》して曰く「漢家には自ずから制度有り。本より覇・王の道を以て之を雑《まじ》う。奈何《いかん》ぞ純《ひとえ》に徳教に任《まか》せ、周の政《まつりごと》を用いん乎。且《か》つ俗儒は時宜に達せず、好みて古を是《ぜ》とし今を非《ひ》とし、人をして名実に眩《くら》み、守る所を知らざらしむ。何ぞ委任するに足らん」と。乃ち歎じて曰く「我が家を乱す者は太子也」と。……

と。

儒学の徒が抽象的な理想とその洗練によって人の目を眩《くら》まし、現に生きる「人の生《せい》」の現実に目が据わらないままに、人に、何が本当に大切なことなのか（守る所）を忘れさせてしまうことを指摘しているのである。

前に韓延寿に指摘した「秩序への虚栄」という美意識の罠に儒生は往々にして陥り、現実をそちら側から矯正しようとする、と。

今のテキストに宣帝の云う「守る所」とは、前引の五鳳二年秋八月の詔、さらに第九節に引いた『漢書』「循吏伝」序が述べる宣帝の国政に関する基本的な認識に思い併せるに、民生の現場、その安寧に他ならなかった、と言い得るであろう。すなわち――国権行使の目的は、いつに係って民生の現場、その安寧の実現にある。「覇」の遣り方（道）にせよ、「王」の遣り方（道）にせよ、その現場に焦点が合っている限りにおいて有効なのであって、遣り方自体に「こちらでなければ」という価値が置かれてはならない。国権の行使者に必要なのは、その行使の先ずは目に付く「遣り方」にこだわり価値を置く行使者自身の抱きがちな「秩序への虚栄」に溺れず、その真の目的である民生の現場の安寧にあらゆる工夫を動員して取り組むことである。遣り方にこだわる行使者の「虚栄心」は真の目標たる民生の現場を見えなくさせ、そこに非現実的な遣り方の押し付けが起こって現場が迷惑することになる。そうなれば本末転倒、国権の正当性そのものが危殆に瀕しよう――と。

宣帝は太子、後の元帝の考えにひそむ危険性をここに警告したのである。その警告における重点は、我が漢家の国権行使の遣り方が「覇道」と「王道」との混交である、というその「遣り方」の指定にあるのではなく、国権行使の真の現場、目的を常に鮮明に自覚し、そこでの有効性をあらかじめのこだわりなしに工夫せよ、と云うにあると読むべきであろう。

一六

東《ひがし》晋次氏はその著『後漢時代の政治と社会』（名古屋大学出版会、一九九五）において『東観漢記』巻二より、

初め、世祖（後漢・光武帝）前世の権臣太《はなは》だ盛んにして、外戚政《まつりごと》に預《あずか》り、上《かみ》は明主を濁し、下《しも》は臣子を危うくするを閔傷し、漢家の中興するには、唯だ宣帝にのみ法を取る。建武に至れば、朝《ちょう》には権臣無く、外族陰・郭の家も九卿に過ぎず、親属の勢位も、許・史・王氏の半ばにも及ぶ能わず。（呉樹平『東観漢記校注』中州古籍出版社、一九八七、上冊五八頁。東氏も同書による。おおむねは『太平御覧』巻九一によるテキストであるが、今の読みは必ずしも東氏にはよっていない。「唯」は東氏では「惟」に作る。）

を引かれ、「漢家の中興するには、唯だ宣帝にのみ法を取る（漢家中興、唯宣帝取法）」と云う言句によって、

……光武帝の統治理念が、前漢宣帝のそれを踏襲しているのは何故なのであろうか。……

と論じておられる（同書四五頁）。

前後よりして「漢家の中興するには、唯だ宣帝にのみ法を取る」の意味するところ、朝廷における外戚・権臣への権

力配分の如何に主点があるとも思われるが、東氏の取られたようにその「統治理念」全般に亙る記述として挿入されていると読むことにも妥当性はあるだろう。

その限り、光武帝の国権行使の模範が宣帝にあったという認識が『東観漢記』テキストが成立した当の後漢時代より存在していたということになる。二八の歳まで田業経営に打ち込み習熟していた「吏事を好む」帝王、困苦に満ちた民生の安寧こそが国権行使の真の現場であることを自らの体験と反芻された思索を通じて思い知っている「皇帝」、宣帝と世祖・光武帝を結ぶそのような、国権行使における「民政現場への情熱」の出現を、ここに我々は読み取ることが出来るだろう。

我々がここで、その「民政現場への情熱」に関わって、宣帝期に相継いで丞相となった丙吉と黄覇の風貌に思い併せるのは、次のようなケネス・クラークがシャルトル大聖堂、西正面玄関口の人像円柱について行った論評である。

しかし文明の観点からすると、中央戸口について最も重要な点、そのギリシア的由来よりもさらに重要な点は——だれもその正体を知らないので——王たち、王妃たちと呼ばれている群像の頭部に見られる特質です。九世紀および一〇世紀のところでお目にかかった人々を思い出して下さい——精力的、情熱的で、ある種の知的な光にひたろうと本気で努力していましたが、基本的にはまだ野蛮人でした。すなわち、かれらの像は、意志の体現であり、生存の必要によってかたどられたものでした。シャルトルの王と王妃たちは、西欧人の上昇過程における新しい段階を示してはいないでしょうか。実際私は、これらの頭部に窺われる洗練、無私無欲の超然たる風貌、精神性といったものは、芸術におけるなにかまったく新しいものだと思うのです。これらの頭部に比べれば、古代ギリシアの神々も英雄たちも、横柄で魂が抜けている上、少々野卑にさえ見えてきます。過去からわれわれに目を向けているあの顔面こそは、一時代の意味を最も確実に示すものではないか、と私には思われます。……シャルトルの西玄関に彫られたあの顔面は、西ヨーロッパが生みだした中で最も誠実な、真の意味で最も貴族的なものに属します。

（河野徹訳『芸術と文明』法政大学出版局、一九七五、五六頁）

ケネス・クラークが「文明の観点からすると」と云い、「芸術におけるなにかまったく新しいものだと思う」と云う、その気見合いは『漢書』「宣帝紀」賛の云うところにまさに通じる。すなわち、

孝宣の治は、信賞必罰、名実を綜核し、政事・文学・法理の士、咸《み》な其の能を精にす。技巧工匠の器械に至るまで、元（帝）・成（帝）の間自《よ》り、能く之に及ぶもの鮮《すくな》し。亦た以て吏の其の職に称《かな》い、民の其の業に安んずるを知るに足る也。

と。

ここに現れるキー・ワードは「精」である。そしてこの「精」なる語はただちに我々に、前《さき》に見た倉公・淳于意における自己吟味による知の精度を追求する「学知」の情熱へとこの宣帝期の精神を思い併せて行かせる（本章第二節。本書三〇三頁以下）。淳于意に関わるテキストにおいても、すでに見た如く「精」こそそのキー・ワードであった。『漢書』「宣帝紀」賛は、この「精」というキー・ワードを挙げ、宣帝期の「時代の精神」は、そのものとしてはまさに「物」として沈黙している器物によってこそ善く伝わる底の、地味な、しかし手の積んだ、自己吟味を重ねる裡に埋められる「情熱」であった、と云うのであろう。そしてその「時代の精神」の典型が、丙吉、黄覇、夏侯勝辺りにあることもまた、以上に見たところより明らかである。

武帝期権力が自己目的化の渦に堕ちて人を屠り続ける中、人を傷み、守り生かさんとする思いを心底に結んだ人々の、切れば血の出るその思いが宣帝という人を得て、心底からの実現に打ち込む「情熱」へと結晶し、そこに「民政官という情熱」とでも呼び得る「人の生《せい》」の新しい歴史的・社会的アイデンティティーが発現したのではないだろうか。「人

を治むる者也」と『説文解字』に訓釈される「吏」とは実にそのような新しい宣帝期由来のアイデンティティーを付与された語であったと覚しい。

一七

班固『漢書』巻八九「循吏伝」から范曄『後漢書』巻七六「循吏列伝」に目を移せば、やはりそこには後漢朝廷国家における、前漢・宣帝期以来の民政の充実と拡大の継承が標《しる》されている。

『漢書』「循吏伝」の序は、

……孝武の世、外には四夷を攘《はら》い、内には法度を改め、民用彫《しぼ》み敝《やぶ》れ、姦軌禁ぜられず。時に能く化治を以て称《しょう》せらるる者少なきも、惟だ江都の相・董仲舒、内史・公孫弘、児寛、居官紀す可し。三人は皆な儒者……孝宣に至るに及び、仄陋なる繇《よ》りして至尊に登り、閭閻に興れば、民事の艱難を知る……

と、宣帝の時代を循吏出現の画期として提示していた（本章一〇節、本書三五三頁参照）。民政重視という基本姿勢の由来を宣帝の経歴に求めているのである。

范曄の「循吏列伝」は同じ気息を世祖・光武帝の経歴に求め、その序を次のように始めている。

初め光武は民間に長ずれば、頗《すこぶ》る情偽に達し、稼穡の艱難、百姓《ひゃくせい》の病害を見る。天下の已に定まるに至りては、安静を用いるに務め、王莽の繁密を解き、漢世の軽法に還る。……勤約の風、上下に行わる。数《しば》しば公卿郎将を引きて、禁坐に列《つら》ね、広く民瘼を求め、風謡を観納す。故に能く内外懈《おこた》ら匪《ず》、百姓寛息し、邦邑に臨宰する者自《よ》り、競いて其の官を能くす。杜詩の南陽に守たるが若きは、号《よ》びて「杜母」と為し、任延、錫光は辺俗を移変す。斯《こ》れ、其の績用の最も章章たる者也。……

世祖・光武帝由来の後漢朝廷国家の基本を范曄はその民政の充実に認めたと読んで間違いないであろう。

一八

『後漢書』「循吏列伝」より見ておこう。

【事例二】

任延。前漢・平帝・元始五年（紀元五）生まれ。字は長孫、南陽・宛の人。世祖・光武帝と同じく、当時の農耕先進地である南陽の人である（本章九節・事例四、本書三四五頁以下参照）。

年十二、諸生となり長安に遊学、『詩』『易』『春秋』に明らかにして太学に名を顕《あらわ》し、「任聖童」と呼ばれた。王莽・新末からの混乱期には兵乱を隴西に避け、隗囂より招請されたが応じていない。

更始元年（二三）、一九歳、会稽郡・都尉。兵乱を江南に避けた人士が中土に還っていなかったこともあり、会稽郡は多士と称されたが、任延は高行の人々を師友の礼を以て招き、掾吏の貧しい者には俸禄を分けて救い、諸卒を省いて公田に耕作せしめ、県に行けば孝子を励ました。云々。

建武（二五〜）初、九真郡（現在のベトナム中北部）の太守となる。九真の人々は射猟を生業として、牛耕するを知らず、北に位置する交阯（ベトナム北部）よりの穀実に頼り毎《つね》に困乏に瀕していた。任延は耕作用具を作らせて人々に田地開墾を教え、かくして年ごとに田地も増えて、当地が飢えることもなくなった。また駱越の民には嫁娶の礼法がなく、一種の「乱婚」状態にあって父子・夫婦の観念などなかったのであるが、任延は一夫一婦の婚姻を属県を通じて指導し、時に二千余人が結ばれたのであった。この年は気候も順調で豊作となり、子をもうけた当地の人々は始めて自分の子と認知する我が子に血が継がれ行くという「種姓（血筋）」の観念を持つようになり、「自分にこの我が子を持たせてくれたのは任君だ」というので、多くのものが自らの子に「任」という名を与えたのであった（是歳風雨順節、穀稼豊衍、其産子者、始知種姓、咸曰、使我有是子者任君也、多名子為任）。

これより先、前漢・平帝の時には漢中の錫光が交阯郡の太守となり、礼儀を以て教導し、任延にも等しい評価を得ていた。錫光は王莽・新末の混乱期には郡境を閉じて動かず、世祖・光武帝が政権を立てると遣使貢献して、塩水侯に封ぜられた。領南の華風はこの錫光と任延の二人に始まる。

任延が九真に事を視ること四年、徴せられて洛陽に詣《いた》り、睢陽の令に左遷されたが、九真郡の吏人は生祠を立てて任延をまつった。

ついで武威郡（甘粛省武威市）の太守となった。九真郡という南辺の地より西辺の地への配転である。武威では当時将兵長史・田紺が郡の大姓であり、その子弟・賓客が暴害を為していた。任延は田紺を繫ぎ、その父子・賓客の、法に伏する者五・六人であった。田紺の少子・田尚が軽薄数百人を聚会し、自ら将軍と号して、夜中、郡を攻めて来たので、任延はただちに兵を発してこれを破った。これを機に郡中に威令が行き渡り、吏民は息をひそめたのであった。

武威郡は北からは匈奴が迫り、南には羌族に接し、その侵入を畏《おそ》れて、田業は多く廃されるという状態であった。任延は武略の士・千人を選集し、賞罰を明らかにし、雑種胡騎の休屠・黄石を将《ひき》いて要害の地に屯拠せしめ、急あらば迎え撃たしめたので、匈奴・羌族の侵入も止んだ。

当地は雨が少ない土地柄であるので、水官吏を置いて溝渠を修理し、また校官を造立して掾史の子孫より皆なに学業を受けしめ、その傜役を復《のぞ》いた。章句が通ずるようになれば、すべて抜擢したので、教育の効があがり、郡中に儒雅の士が現れるに至った。

のち召陵の令に左遷されたが、顕宗・明帝が即位すると潁川郡の太守に拝せられ、永平二年（五九）に河内郡の太守となり、事を視ること九年にして病卒した。永平一〇年（六七）、六三歳で没したことになる。

【事例二】

王景。字は仲通、楽浪郡の人。少《おさな》くして『易』を学び、遂に広く衆書を闚《うかが》い、また天文・術数の事を好み、沈深にして伎蓺多し、と云う。

司空・伏恭の府に辟《まね》かれたが、時に王景を治水に長《た》けると推薦する者がいたので、顕宗・明帝は将作謁者・王呉と共に浚儀渠の修作に当たらせた。王呉は王景の「堨流法」（その詳細は未詳）を用い、水の害も治まった。

永平十二年（六九）、王呉と王景は黄河河道の大改修に当たった。当時までの黄河下流域の状態は、姚漢源氏『中国水利史綱要』（水利電力出版社、一九八七）の要略するに従えば次のようになる。

戦国期、黄河は現在の鄭州市付近より河北省内へと北上し、天津付近に集まる現在の海河水系と重なり行く「北流」河道を取っていた。黄河の特徴は、その流量の割には砂泥が極めて多いということである。そのため河床がすぐに上昇して天井川となり、決壊・洪水が起こりやすく、河道が安定しない。「北流」河道も全般的に河床が上がり、より低地である東寄り、山東山塊に接する地域へと河流を移して行こうとする。この「北流」河道期から「東流」河道期への移行期が前漢中期から後漢初期にかけてであり、黄河は河道変更を求めて決壊を繰り返しながらのたうち回ったのである。この河道を「東流」河道に定め、北宋期に始まる、南東へと向かい淮水水系へと重なり行く「南流」河道期への移行までの千年近い年月における比較的安定した黄河の流路設定を作り上げたのが王呉と王景の大改修事業であった。

黄河河道の安定はむろんそれだけの問題ではなく、黄河とかかわってその下流域に展開している灌漑水利、航運水路の安定の問題でもあった。戦国中期、魏の恵王はその九年（前三六二。楊寛『戦国史料編年輯証』上海人民出版社、二〇〇一、では前三六一に繫ける）に大梁（現在の河南省開封市）に遷都し、翌一〇年（前三六一。楊寛氏、前三六〇）、滎沢

（鄭州市西北）より河水を引いて圃田沢（河南省中牟県西、鄭州と開封との半ば）に導いた（『水経注』巻二二「渠出滎陽北河、東南過中牟県之北」注所引『竹書紀年』）。これが「鴻溝」開鑿の濫觴であるが、恵王の三一年には、これがさらに東へと開鑿されて大梁城郭の北に及び（『水経注』巻二二「（渠）又東至浚儀県」注所引『竹書紀年』）、さらに東へ、また南へと分支しながら黄河と淮水とを結ぶ、「中原の地にあって、四通八達し、その水路沿いに多くの重要城市が存在する」（三九頁）渠水水系を展開していった。

この鴻溝が発する滎沢からは別に東北へと向かい大野沢（巨野沢）に入り山東山塊の北を通って渤海に至る済水も出ており、これと合わせれば、大華北平原の中・南部、黄河以南の平野部の水利と水運の安定は一《いっ》にこの滎沢辺りにおける河水導入の成否にかかっていたとも言い得る。鴻溝は前漢時代には「狼湯渠」と呼ばれたが、この鴻渠から展開する渠水水系の主なものを拾うと、先ずは東へと向かう一支が、後代「汴渠（汴は古く汳の字を使った）」と呼ばれるものである。これは浚儀県（開封市西北）の北に別れて東に向かい、やがて甾獲渠となり、獲水となって、彭城（徐州市）東北で泗水に入り、淮水に至る。汴渠のやや南には睢水、やはり浚儀県で鴻溝から分かれる別の一支であるが、これも南から回り込んで泗水に入る。浚儀県から南に向かう一支は前漢時代にはそのまま「狼湯渠」と呼ばれ、南下して陳県（淮陽）に至り、潁川郡に発する潁水に入って、淮水に及ぶ。

『漢書』巻二八上「地理志」上に記録する平帝・元始二年（紀元二）の戸口数によれば（ただし以下の数字は梁方仲編『中国歴代戸口、田地、田賦統計』上海人民出版社、一九八〇、による）、州別で見るに、

トップの兗州が戸・一六五万六四七八、口・七八七万七四三一、

継いで豫州が戸・一三四万一八六六、口・六九四万四三五三、

司隷が戸・一五一万九八五七、口・六六八万二六〇二、

と続く。

兗州の陳留郡・山陰郡・済陰郡・東郡・淮陽国・東平国など、また豫州の沛郡・梁国などが済水・鴻溝水系に属すと見ることが出来るが、この範囲で戸口を取ると、戸・一八七万五五〇八、口・九〇八万二二七五。これ以外にも黄河・済水の河口部にかかる青州の平原郡・千乗郡・済南郡を加えるならば、黄河の「北流」河道から「東流」河道への移行期に伴う河道変動の影響に直接さらされた地域は、およそ戸・二二八万七三八三、口・一〇八八万〇四二二、となる。諸州総計は戸・一二三五万六四七〇、口・五七六七万一四〇一。したがってこの済水・鴻溝水系に連動している戸口は、前漢国家全領域に対し、ともに約一九%、という目安になる。

これらの郡国は人口密度においても全国の上位にあるものが多く、『中国歴代戸口、田地、田賦統計』の「甲表4。前漢元始二年各郡国人口密度」(一八・一九頁)によれば、

平原郡の平方キロあたり四一六・《てん》六人は飛び抜けた数値で全国最高であり、
済陰郡の二二三・《てん》二人がそれに次ぎ、
潁川郡の二〇六・《てん》四人、
冀州・清河郡の一九四・《てん》五人と来て、
東平国の一九三・《てん》〇人、
冀州・広平国の一六五・《てん》六人、

という調子である。

清河郡や広平国は黄河の北側下流域にかかる地帯である。

『漢書』「溝洫志」には、

漢興りて三十有九年、孝文の時、河、酸棗に決し、東に金隄に潰《つい》ゆ(顔師古注に「金隄とは河隄の名也、東郡白馬界に在り」と)。是に於て東郡大いに卒を興して之を塞《ふさ》ぐ。

と云う。

姚氏は、劉邦が漢王に封ぜられた前二〇六年を元年としてこの決壊を文帝一二年（前一六八）としておられる（五二・五四頁）。『史記』封禅書には文帝の一七年（前一六三）にかかる「今ま河溢れて泗に通ず」との記録がある。

武帝・元光三年（前一三二）五月、東郡・濮陽の瓠子（河南省濮陽県の西南）に決壊、東南に流れて鉅野沢に至り、さらに泗水、淮水に氾濫し、十六郡を淹没した。武帝は汲黯・鄭当時に人徒を興して塞がせたが、ふたたび決壊。時に丞相であった武安侯・田蚡は自らの食邑が黄河の北、清河郡にあったので、河水が南に決壊するのをむしろ利とし、この決壊口を塞ぐことが天の意志に反すると武帝に言上、ためにこの決壊は長く放置されるに至った。以後二十四歳、この決壊放置のため、関連地域の作況は不安定となり、特に梁・楚の地に甚だしかった。元封二年（前一〇九）に至り、武帝は汲仁・郭昌に命じ卒数万人を動員して瓠子の決壊口を塞がせた。

河流はついで北に、館陶において決壊、分流して「屯氏河」となり、広さ・深さともに本流に等しく、渤海に至る河川となった。この分流により、館陶側の四・五郡には小規模の水害が及ぶとはいえ、南側の兗州以南六郡には水害の恐れがなくなった。元帝・永光五年（前三九）には清河郡・霊県の鳴犢口（山東省高唐県南）に決壊、分流して「鳴犢河」となり、このため屯氏河は断流した。しかし鳴犢河は流れが悪く、分流として本流決壊のリスクを軽減する点、屯氏河ほどの効果を期待できないものであった。このため、成帝の初年、清河郡の都尉・馮逡が屯氏河の浚渫を奏上し、屯氏河断流をそのまま放置することのリスクを説いたが、財政逼迫のためその浚渫は見送られた。

後ち三年、屯氏河断流より十年、成帝・建始四年（前二九）、果たして河流は館陶と東郡の金堤に決壊、兗州、豫州に氾濫し、平原・千乗・済南三郡に入り、およそ四郡三二県に灌《そそ》いで、十五万余頃を水没させ、水深は三丈（約七メートル）に達し、官亭室廬、約四万を壊敗した。

御史大夫・尹忠は対応のまずさを成帝に問責され自殺、大司農・非調が派遣されて水没地域の銭穀の調整にあたり、謁者二人が司隷・河南郡以東の漕船五百を徴発して被災民九万七千余を水没を免《まぬか》れた丘陵地に避難させた。河隄使者・王延世が決壊口の修復にあたり、三六日にして河隄を完成、成帝はこれを記念して「河平」と改元した。

しかしその河平三年（前二六）には平原郡に決壊。済南・千乗両郡に流入、被害は先の半ばに及んだ。

成帝・鴻嘉四年（前一七）、幽州・勃海郡、冀州・清河郡、信都国に溢溢。県邑三一に灌《そそ》ぎ、官亭民舎四万余を壊敗した。人為的な改修は加えず、自然の水勢を見極め、天意にかなう水路を図るべきだとする意見により、決壊箇所の改修は行われず、放置された。

『漢書』「溝洫志」に辿れば以上のような状態で前漢が終わり王莽の新へと至ったことになる。

巻九九中「王莽伝」中には、

（始建国三年、一一）河、魏郡に決す。清河以東の数郡に泛《あふ》る。是れより先、莽は河の決して元城の冢墓に害を為すを恐る。決して東に去るに及び、元城は水を憂えず。故に遂に隄塞せず。

と云う。

清・胡渭が『禹貢錐指』略例に歴代にわたる河道の変動を「五大変」とまとめた内の第二には、

二。王莽・始建國三年、河、魏郡に決し、清河・平原・済南に泛《あふ》れ、千乗に至りて海に入る。後漢・永平中、王景之を修め、遂に大河の経流と為す。『水經』称する所の「河水」なる者、是れ也。

と云う。

前漢時代、魏郡の領域は一部、黄河を南東に越えて兗州・東郡側に食い込んでいたが、元城はそこに位置し、この度の河道を大変させる決壊はその元城付近、すなわち河水南岸を主力に起こり、そこから東へと向かって青州の平原・済南両郡に氾濫したというものらしい。王莽の王氏は斉の田氏に出るが、曾祖父の王翁孺の時に魏郡・元城・委粟里に徙って三老となり、子孫にやがて貴女が出るだろうと予言され、その子・王禁の次女・政君が孝元皇后、いわゆる「元后」であり、その政君・元后の異母弟・王曼の子が王莽なのである（『漢書』巻九八「元后伝」、巻九九上「王莽伝」上）。

『元和郡県志』巻二〇・魏州・元城県には、
王翁孺の墓、県東二百歩に在り。元后の祖也。

と云うから、王莽がその水害に罹るを心配したのはこれらの墓なのであろう。

いずれにせよこの度の決壊と溢出した河水の東への流れ行きが黄河の河道東遷を決定づけたとされる。王莽は自らの父祖の冢墓がからくも難を逃れたところで安心してしまい、河隄改修などは行わずに黄河南岸における決壊をそのままに放置したのであった。

『後漢書』「循吏列伝」の「王景伝」に戻れば、王景による永平一二年の大改修に至る起点として述べられるのは、前漢・平帝の時の「河・汴決壊」である。すなわち、
初め平帝の時、河・汴決壊するも、未だ修むるを得るに及ばず。

と。

建武一〇年（三四）に河南郡・陽武県の令・張汜が河隄改修を上言、世祖・光武帝はただちに卒を発し、改修にかかろうとした。しかし陳留郡・浚儀県の令・楽俊が――武帝の元光年間には人が多く、河隄沿いに農耕が営まれていた。しかしそれでも瓠子に決壊した時には二〇年以上にわたってそれを放置し、ただちには河隄の修築を行わなかった。現在は当時とは打って変わりこの地に人は少なく田地が余っている状態であるから、いそいで河隄の改修をしなくとも害は少ないだろう。さらに現在は王莽・新以来の兵乱を経たところでもあり、大事業を興して民力を困憊して怨嗟の的《まと》となるよりも、休息の時間を取り、他日に備えるべきである――との上言を行ったので、世祖は河隄改修を中止した。

長年の放置に伴い、河水は汴渠へと流入・氾濫して日々に月々に東へと浸水域を広げ、そこでは汴渠と河水との従来あった区別がつかなくなり、旧《もと》の、河水から汴渠への水の引き込みを取り仕切っていた水門も、現在は広がった河水の

中に取り残されてしまって機能していない有様で、兗・豫両州の人々は、「県の役人は無用の労役ばかりをさせて、我々民草に一番大切なことは後回しだ」と怨嗟した（光武得此遂止、後汴渠東侵、日月弥広、而水門故処、皆在河中、兗・豫百姓怨歎、以為県官恒興佗役、不先民急）と云う。

永平一二年（六九）、汴渠の改修が議題となり、王景が引見される。「理水（水を理《おさ》める）の形便」についての諮問に王景は打てば響くがごとく応《こた》え、顕宗・明帝は之を善しとした。さらに先の浚儀渠の修作に王景の功業は明らかでもあり、帝は王景に『山海経』『（史記）河渠書』『禹貢図』及び銭帛衣物を賜わった。そしてこの夏、黄河治水史上空前絶後ともされる改修工事が始まった。

この改修工事の具体的な内容については「王景伝」の記録と巻二「顕宗紀」永平一三年に載せる詔にその一斑を窺うしかない。

先ず「王景伝」の記録。

夏、遂に卒数十万を発し、景と王呉とを遣わして渠を脩め隄を築く。滎陽自《よ》り東のかた千乗の海口に至ること千余里。景は乃ち地勢を商度して、山阜を鑿《うが》ち、砥績を破り、直《ちょく》に溝澗を截《き》り、衝要を防遏し、壅積するを疏通し、十里に一水門を立て、更《こも》ごも相い洄注して、復たび潰漏するの患《うれ》い無から令《し》む。景は役費を簡省すと雖も、然れども猶お百億を以て計る。明年夏、渠成る。

ここに云う「百億」については李賢の注に「十万を億と曰う也」と云う。これに拠れば「百億」は一千万となる。姚氏は古代には十万を億とすると万万を億とするとの両方があったとし、ここの億は万万、すなわち我々の文字通りの一億、の方だろうとされ、「以百億計」は百億強から二百億銭程度のことだとされる（六三頁）。

この「以百億計」については巻九〇「鮮卑伝」に見える次のような記事が参考となろう。

永平元年（五八）、祭肜復た偏何に賂《まいな》いし歆志賁を撃ち、破りて之を斬る。是に於て鮮卑の大人皆な来たりて帰附す。並びに遼東に詣《いた》りて賞賜を受く。青・徐二州、銭を給すること歳に二億七千万、常と為す。明・章の二世、保塞事《こと》無し。

ここでの「二億七千万」という言い方からすると、億はまさに「万万」であろう。帰附した鮮卑に毎年、青州・徐州から計二億七千万銭が給付された、と云うのである。また巻八七「西羌伝」に、安帝・永初元年（一〇七）以来の対羌戦役を元初五年（一一八）の段階で総括した、次のような記事がある。

零昌・狼莫死せし自《よ》り後、諸羌瓦解し、三輔・益州に復た寇儆する無し。羌の叛せし自《よ》り十余年間、兵は連なり師は老い、暫《しばら》くも寧息せず。軍旅の費《つい》え、転運委輸、二百四十余億を用い、府帑空竭す。

五十年ほど後であるが、百億という銭数のおおよその規模はつかめるであろう。

次に「顕宗紀」永平一三年（七〇）の記載。

夏四月、汴渠成る。辛巳（四日。七〇年五月三日）、滎陽に行幸す。乙酉（八日）、詔して曰く「汴渠決敗せし自《よ》り六十余歳、加うるに頃年以来、雨水不時、汴流東侵して、日に月に益ます甚だしく、水門の故処、皆な河中に在り。漭瀁広溢、圻岸を測る莫く、蕩蕩極望、綱紀を知らず。今ま兗・豫の人、水患を被ること多く、乃ち云う、県官は人の急なるを先にせず、好んで它役を興す、と。……（以上の状況に関わる治水を如何にすべきかという具体的構想については）議する者同じからず、南北論を異にす。朕は従う所を知らざれば、久しくして決せず。今ま既に隄を築き渠を理《おさ》め、水を絶ち門を立つれば、河と汴は分流し、其の旧迹に復し、陶丘（李賢注に「郭璞曰く『今ま済陰・定陶城中に陶丘有る也』」と）の北、漸くに壊墳するに就く。故に嘉玉・絜牲を薦《すす》め、以て河神に礼す。東のかた洛汭を過《よ》ぎり、禹の績に歎ず。今ま五土の宜、其の正色に反《かえ》る。渠に濱《ちか》き下田は、賦《あ》てて貧人に与《あた》え、豪右をして其の利を固め令《し》むること無し。世宗（前漢・武帝）『瓠子』の作（本書三九三頁）を継ぐに庶《ちか》からん」と。因りて遂に河を度《わた》り、太行に登り、進みて上党に幸《みゆき》す。壬寅、車駕宮に還る。

両史料を突き合わせれば、この工事の要点は次のようであったと推測される（姚氏六二・六三頁参照）。工事の柱は河南尹・滎陽（鄭州市西北）より楽安国・千乗の海口（山東省・利津付近）に至る河隄の改修と汴渠の改修、そして特に黄河から汴渠へ水を引き入れる水門部を改修して無秩序に河水が汴渠に流れ込まない施設を整備すること、の三つであった。王景伝に云う「十里に一水門を立て、更ごも相い洄注せ令む」について、姚氏は「解釈が難しく、様々な説がある」としながらも、これを黄河から汴渠へと河水を引き込む施設についての記録と読み、一つの水門で黄河から汴渠への引き込みを済ませるのではなく、おおよそ十里ごとに黄河に平行して接続する閘門を設けたのだろうと推測され、さらにこの推測の裏付けとして、『水経注』に載せられる黄河から汴渠への引き込み水門についての記録に、西から建寧石門、滎口石門、宿須口、陽溝口、済隧口、十字溝口、と百里内に六座の水門が見いだせることを挙げておられる。

王景はこれより名を知られ、三遷して侍御史となり、永平一五年には明帝の巡狩に従って東平国・無塩に至ったが、帝は王景の功績をたたえ、河堤謁者に拝した。

章帝・建初七年（八二）には徐州刺史に遷され、翌く八年（八三）には揚州刺史部・廬江郡の太守に遷された。当地は人々が牛耕を知らぬため、土地の力を生かし切れず、食糧不足に悩んでいた。郡界には、春秋時代、楚の相であった孫叔敖（『史記』「循吏列伝」に載せられる）が開いた芍陂の稲田（李賢注に「陂は今の寿州・安豊県の東に在り。陂の径は百里、灌田すること万頃」と）が残っていたので、王景は吏民を駆率して、荒れるにまかされていたその陂田を修復し、犂を用いて耕すことを教えた。田地の開墾は倍以上に及び郡内は満ち足りた。そこで石を立てて誓《いまし》めを刻み、人々

(民)に常禁を知ら令《し》めた。さらに訓《おし》えて蠶織せ令《し》め、人々のために法制を作り、郷・亭すべてにこれを著《あらわ》し広めた。廬江ではその文言を代々伝えた。官に卒す。

【事例三】

秦彭。字は伯平。右扶風・茂陵(陜西省興平市東北)の人。漢が興ってより世位相い承け、六世の祖・秦襲は潁川の太守となった。当時一族より二千石となるものが五人であったので三輔では「万石の秦氏」と号した。秦彭の同産女弟が顕宗・明帝の時に「貴人」となって寵愛され、永平七年(六四)、秦彭は貴人の兄であるというので、四姓小侯(「顕宗紀」永平九年「四姓小侯の為に学校を開立し、五経の師を置く」、李賢注に「袁宏『漢紀』に曰く『永平中、儒学を崇尚し、皇太子、諸王侯自《よ》り功臣の子弟に及ぶまで、経を受けざる莫し、又た外戚の樊氏・郭氏・陰氏・馬氏の諸子弟の為《ため》に学を立つ、四姓小侯と号し、五経の師を置く』と。列侯に非ざるを以て、故に『小侯』と曰う」と)の例にならい(その学問所に学び)、開陽城門候とされた。永平一五年(七二)には騎都尉に拝され、駙馬都尉・耿秉の副となって匈奴に北征した。

粛宗・章帝・建初元年(七六)、兗州・山陽郡の太守に遷された。礼を以て人に訓《おし》え、刑罰に任《まか》せず、春・秋に饗・射の礼を行い、四誡を設けて六親長幼の礼を定め、この教化に遵《したが》い奉ずる者を郷三老に抜擢し、八月に酒肉を振る舞って彼らを励ました。過咎のあった吏についても、罷遣するに止め、恥辱を加えなかった。人々(百姓)は秦彭に懐愛して、その訓《おし》えに欺犯するものもなかった。

その一方秦彭は稲田数千頃を開き、農月には自ら田地に赴いて、その広さを計り、地味の肥・瘠を分けて、上・中・下にランク付けし、それぞれを文簿に記載して郷・県の役場に保管させたので、姦悪な吏員が付け入る隙もなくなった。秦彭は、この方式を天下の州郡全体で行うべきだと上言し、章帝の裁可を得て、彼の立てた「条式」が三府(太尉・司徒・司空各府)に班令され、並びに州郡に下された。

在職六年、潁川郡の太守に転じた。鳳皇・麒麟・嘉禾・甘露の瑞祥が潁川郡内に集まり現れ、粛宗は二度まで潁川を訪れ、銭穀を秦彭に賞賜した。章和二年（八八）卒。

【事例四】

王渙。字は稚子。広漢郡・郪県（四川省中江県東南）の人。父の王順は涼州・安定郡の太守であった。王渙は若い時は俠を好んだが、後に節を改めて儒学に敦《あつ》く、『尚書』を習い律令を読み、略ぼ大義を挙げた。当地、広漢郡の太守・陳寵の功曹となり、職に当たっては割断、豪右にも遠慮しなかった。太守・陳寵の評判は上がり、都に呼ばれて大司農となった。和帝の「郡太守としてどのように治めていたのか」との質問に陳寵は「臣は功曹の王渙に賢能なる人物の選抜を任せ、主簿の鐔顕に拾遺補闕を任《まか》せました。臣は詔書を奉宣致すだけで御座いました」と応《こた》え、和帝は感に入った、と云う。王渙の名はこれにより知られるようになった。

州より「茂才」として推挙され、河内郡・温県の令となった。県には姦猾が多く、長年の習いとなって人を苦しめる元凶となっていたが、王渙は方略を以て討伐し、悉く之を誅した。県域は平安となり、治安が行き届いた。温県に三年いた後、兗州刺史に遷され、諸郡を縄正し、風威が大いに行われた。一時罪に坐したが、やがて侍御史に拝された。

永元一五年（一〇三）、和帝の南巡に随い、還ると洛陽県の令となった。寛・猛のバランスをよく得た為政であった。司法・検察の実務に秀で、歴代にわたり積み残されて来た難しい裁きを、委細を尽くして結審し、また詐術を用いて潜伏している者を摘発し、京師の人々は、渙は神筭を持っている、と、その見事な手腕に賛嘆した。

元興元年（一〇五）、病没。人々（百姓）に市道に無念の声を上げぬはなく、男女老壮、皆なが銭物を出し合って弔いをしたが、その数は千を以て数えるほどであった。

王渙の遺体は洛陽より故郷の広漢郡へと帰るべく西へと道を取った。河南を出て弘農郡に入ると、人々（民庶）が槃桜（供え物）を道に並べて待っていた。吏がわけを尋ねると、ここの者は平生、穀実（米）を洛陽に持って行くのだが、いつも半ばを卒司に掠め取られていた、王君が洛陽の令となってからは掠め取られなくなったのであり、その恩返しにと待っていたのである、とのことであった。

> 其の政化の物を懐けしむこと此《かく》の如し。民は其の徳を思い、為《ため》に祠を安陽亭の西に立て、食らう毎《ごと》に輒《すなわ》ち弦歌して之を薦《すす》む。

永初二年（一〇八）には次のような鄧太后の詔が出ている。

> 夫れ忠良の吏は国家の理《おさ》まるを為す所以也。之を求むること甚だ勤《つと》むるも、之を得ること至りて寡《すく》なし。……昔し大司農・朱邑（『漢書』「循吏伝」）、右扶風・尹翁帰（『漢書』巻七六「趙尹韓張両王伝」）は、政迹茂異にして、令名顕聞す。孝宣皇帝、嘉歎愍惜し、而して黄金百斤を以て其の子に策賜す。故《もと》の洛陽令・王渙は清脩の節を秉《と》り、羔羊の義を蹈み、心を尽くして公を奉じ、務《つと》むるは民を恵《いつく》しむに在り。功業未だ遂げずして、不幸にして早世す。百姓追思し、之が為《ため》に祠を立つ。自《もと》し忠愛の至りに非ざれば、孰《たれ》か能く斯《かく》の若《ごと》き者ならん乎。今ま渙の子・石を以て郎中と為し、以て労勤を勧む。

連年深刻な天候不順と地震が続き、それと連動していると思われる羌族の侵攻に揺れる当時の後漢朝廷国家を担った鄧太后もまた、前漢・宣帝由来の民政国家の理念を王渙の姿に確認していると謂うことが出来るであろう。

延熹（一五八－一六七）中、桓帝は黄老道に事《つと》め、諸房の祀をすべて破毀したが、密県の故《もと》の太傅・卓茂（范曄『後漢書』巻二五「卓茂伝」。本章九節・事例二、本書三三九頁以下参照）の廟と洛陽の王渙の祠とは、特に詔を下して遺したのであった。

【事例五】

孟嘗。字は伯周。会稽郡・上虞（浙江省上虞県）の人。彼に至る三世代は郡吏であったが、いずれも節を曲げずに難死した。孟嘗は郡の戸曹史となったが、後ち孝廉に策せられ、茂才に挙げられ、徐州・下邳国・徐県（江蘇省泗江県南）の令となり、やがて交州・合浦郡（広西壮族自治区南部・広東省南西部）の太守に遷された。当地は穀実を産せず、産物は海から出る珠宝であり、隣の交阯郡と商販を通じて糧食を買い入れていた。ところが歴代の宰守たちは多くが貪穢で、その珠宝をらちもなく採らせたために、当地の産出量が減り、交阯郡の方へと産地が移動してしまい、そうとなれば他に交易の当てとなる産物もなく、行旅も途絶え、貧者は道に餓死する有り様であった。孟嘗は太守として赴任すると、旧弊を革《あらた》め、民利・民病《へい》の実情を求めた。歳を越えぬうちに、珠宝の産地が戻り、人々（百姓）も旧業に復し、商貨も流通し、孟嘗は「神明」と称された。

孟嘗は病気であると上申し、合浦より戻るよう徴せられたが、合浦の吏民は、孟嘗の載る車にすがって去らぬように口説いた。車では身動きがとれなくなったので、孟嘗は郷民の船に載り、夜半に合浦を遁げ去った。

以後のことを范曄「循吏列伝」は、

窮沢に隠処し、身自ら耕傭す。隣県の士民、其の徳を慕い、就きて居止する者、百餘家。

と伝える。朝廷に推薦する者もいたが、竟《つい》に用いられず、年七十にして、家に亡じた。

【事例六】

第五訪（「第五」が姓）。字は仲謀。京兆・長陵県（陝西省咸陽市東北）のひと。司空・第五倫の族孫。少《おさな》くして孤《こ》（すなわち父を亡くした）、常に傭耕して以て兄嫂を養う。閑暇あれば則ち以て文を学ぶ。郡に出仕して功曹となり、孝廉に察せられて、広漢郡・新都県（四川省新都県西）の令となった。

この新都県での為政について、范曄「循吏列伝」は興味深い記載を行っている。すなわち、

　政《まつりごと》平《たい》らかに化《か》行われ、三年の間、隣県之に帰し、戸口十倍す。

と。

やがて涼州・張掖郡（甘粛省張掖市西北）の太守に遷された。当郡は飢饉に見舞われ、粟一石が数千銭と高騰した。第五訪は倉を開いて賑給して救おうとしたが、吏員は上からの許可を待つべきだとした。訪は「上申してその許可を待つなどは民を棄てるに等しいことだ、太守とは我が一身を喜んで捨てて百姓《ひゃくせい》を救うものだ」として、一存にて人々に穀実を分け与えたのであった。順帝は璽書をもってこれを嘉《よみ》し、張掖郡は全きを得た。歳余、官・民ともに豊かにして、郡内に姦盗は起こらなかった。

南陽郡の太守に遷されたが、官を去った。護羌校尉に拝せられ、辺境はその威信に服した。

護羌校尉の一段は、巻七七「西羌伝」には、

　永寿元年（一五五）、校尉・張貢卒《しゅっ》す。前《さき》の南陽太守・第五訪を以て代えて校尉と為す。甚だ威恵有り。西垂事《こと》無し。延熹二年（一五九）、訪卒す。中郎将・段熲を以て代えて校尉と為す。

と云う。

范曄「循吏列伝」は以下、

劉矩、沛国・蕭県の人、孝廉に挙げられ、陳留郡・雍丘県（河南省杞県）の令となり、太尉に至る、

劉寵、東萊郡・牟平の人、明経を以て孝廉に挙げられ、済南国・東平陵県の令となり、後ち四遷して豫章郡の太守、又た三遷して会稽郡の太守となり、桓帝・延熹四年（一六一）に司空、霊帝・建寧元年（一六八）に司空、司徒、太尉、

劉岱、劉矩の子、兗州刺史、

劉繇、劉矩の子、献帝・興平年間（一九四―一九五）に揚州の牧、振威将軍、「時に袁術が淮南に拠っていたので、繇は乃ち呉郡・曲阿県（江蘇省丹陽市）に移居した。中国喪乱に値《あた》り、士友には南に奔るものが多かった。繇は携接収養した」。袁術が孫策を遣わし攻めたので、豫章に奔り、病没、

仇覧、陳留郡・考城県の人、年四十、県吏となり、蒲亭の亭長となり、考城県の令であった河内の王渙により主簿、後ち太学に入り、故郷に帰り、病没、

と続き、童恢、その弟・童翊に終わる。

【事例七】

その童恢。字は漢宗。徐州・琅邪国・姑幕県（山東省諸城市西北）の人。父の童仲玉は世の凶荒に遭い、家を傾けて賑卹し、九族・郷里、命を救われたものは百を以て数えるほどであった。童恢は少《わか》くより州郡に出仕して吏となり、司徒の楊賜は童恢が執法廉平であるとの評判を聞き、司徒府に辟《まね》いた。楊賜が弾劾されて司徒を免ぜられる情勢になった時には、その府の掾属が皆な楊賜を見捨てたのに対し、童恢だけは闕《けつ》に詣《いた》って弁争した。楊賜が事なきを得た後、掾属が手の平を返したように府に戻ったのに対し、童恢は府を立ち去った。これにより立派な人物であるとの評価が定まった。

ふたたび公府に辟《まね》かれ、青州・東萊郡・不其県（山東省青島市城陽区北）の令となった。

吏人に禁法に犯違する者有れば、輒《すなわ》ち方に随いて暁示し、吏の其の職に称《かな》い、人の善事を行う者の若《ごと》きは、皆な賜うに酒肴の礼を以てし、以て之を勧励す。耕・織・種・収、皆な条章有り。一境清静、牢獄に連年囚無し。比《ちか》き県の流人、帰化し、居を徙《うつ》すもの二万餘戸。

民嘗《つね》に虎の害《そこ》なう所と為る。乃ち檻を設けて之を捕う。生きながらに二虎を獲る。恢は聞きて出で、虎を呪《のろ》いて曰

く「天万物を生むに、唯だ人のみ貴《たか》しと為す。虎狼は当《まさ》に六畜（李賢注引く『左伝』杜預注に「六畜とは馬・牛・羊・豕・犬・雞也」と）を食らうべし。而るに人に残暴す。王の法に、人を殺す者は死、人を傷つくるは則ち法に論《さだ》む、と。汝若《も》し是れ人を殺す者なれば、当《まさ》に頭を垂れて罪に服すべし。自ら非《しから》ざるを知る者は、当《まさ》に号呼して冤《ぬれぎぬ》なりと称《とな》うべし」と。一虎は低頭して目を閉じ、状、震懼するが如し。即時に之を殺す。其の一は恢を視て鳴吼し、踴躍自奮す。遂に放ち釈《と》か令《し》む。吏人之がために歌頌を為す。

青州、「尤異」に挙げ（「尤異」は県令などの官員を考課する語の一つ。特に優れていることを謂う）、丹楊の太守に遷さる。暴《にわか》に疾《あつ》くして卒《しゅっ》す。

童恢の云う「天生万物、唯人為貴」は、事例四に見た鄧太后の王渙に対する「務在恵民」という言葉に通じ、彼らの行動の熱源となっている思想を明かす言葉である。

『孝経』の所謂「聖治章」に、

曽子曰く。敢えて問わん、聖人の徳も、以て孝に加うる無き乎。

子曰く。天地の性《う》むは、人、貴《たか》しと為す（天地之性、人為貴）。人の行いは孝より大なるは莫し。孝は父を厳《とうと》ぶより大なるは莫し。父を厳《とうと》ぶは天に配《なら》ぶるより大なるは莫し。則ち周公、其の人也。……

と云うものに拠るのであろうか。

巻一下「光武帝紀」下・建武一一年（三五）には、

十一年春二月己卯、詔して曰く「天地の性《う》むは、人、貴しと為す。其れ奴婢を殺せるは、罪を減ずるを得ず」と。

と載せる。「奴婢」を法的に「人」として遇する措置の根拠としてこの『孝経』の「天地之性、人為貴」なる言句が挙げられているのである。
以降、奴婢に関わる光武帝の「詔」が、

（十一年八月）癸亥、詔して曰く「敢えて奴婢を灸灼せしものは、論《さだ》むること律の如くす。灸灼する所の者（灸灼された奴婢）を免じて庶人と為す」と。

冬十月壬午、詔して「奴婢、人を射傷すれば、弃市」の律を除く。

……

（十二年）三月癸酉、詔、「隴・蜀の民の略《りゃく》せ被《ら》れて奴婢と為るの自ら訟《うった》える者、及び獄官の未だ報ぜざるは、一切免じて庶人と為す」。

……

（十三年）冬十二月甲寅、詔、「益州民、八年自《よ》り以来略《りゃく》せ被《ら》れて奴婢となる者は、皆な一切免じて庶人と為す。或いは依託して人下の妻と為り、去らんと欲する者は、恣《ほしいまま》に之を聴《ゆる》す。敢えて拘留する者は、青・徐二州に比《なら》び、人を略《りゃく》するの法を以て事に従う」。

……

（十四年）十二月癸卯、詔、「益・涼二州の奴婢、八年自《よ》り以来自ら在所の官に訟《うった》うるは、一切免じて庶人と為す。売る者は直《あたい》を還すこと無し」。

と出て来る。
隗囂と公孫述に帰していた領域をこの年月、光武帝朝廷権下に繰り込んで行くに関わる「詔」であるが、ここには光武帝の為政の基本にあるセンスが明かされてもいるだろう。

また『漢書』巻五六「董仲舒伝」に載る対策に、

天令を之命《これめい》と謂う。……

人、命《めい》を天に受く。固より超然として羣生に異なる。入れば父子兄弟の親《しん》有り、出づれば君臣上下の誼《ぎ》（「誼」は「義」に同じ）有り、会聚して相い遇えば、則ち耆老長幼の施《し》有り、燦然として文有りて以て相い接し、驩然として恩有りて以て相い愛す、此れ人の貴《たか》き所以也。（天は）五穀を生みて以て之（すなわち人）に食らわし、桑麻（を生みて）以て之に衣《き》せ、六畜（を生みて）以て之を養い、牛を服《つ》け馬に乗り、豹を圏《かこ》い虎を檻《と》ず、是れ其の天の霊を得て物より貴きなる也。故に孔子曰く「天地の性《う》むは、人、貴しと為す」と。天性に明らかなれば、自らの物より貴《たか》きを知る。自らの物より貴《たか》きを知りて、然る後に仁誼《じんぎ》（「誼」は「義」に同じ）を知る。仁誼を知りて、然る後に礼節を重んず。礼節を重んじて、然る後に安んじて善に処《お》る。安んじて善に処りて、然る後に楽しみて理に循《したが》う。楽しみて理に循いて、然る後に之を君子と謂う。故に孔子曰く「命《めい》を知らざれば、以て君子と為す亡《な》し」と、此れの謂い也。

と云う。

人の万物に勝《すぐ》れる所以を明かし、このことを自覚するところから君子であるに至る人の道が発すると謂うのである。ここでも『孝経』の「天地之性、人為貴」なる言句が論の根底に置かれている。

劉向『説苑』巻一七「雑言」には、

孔子、栄啓期に見《まみ》ゆ。鹿皮の裘を衣《き》る。瑟を鼓《つまび》きて歌う。孔子問いて曰く「先生何ぞ樂しき也」と。対《こた》えて曰く「吾の樂しきは甚だ多し。天万物を生むに、惟《た》だ人のみ貴《たか》しと為す（天生万物、惟人為貴）。吾既《すで》に已《すで》に人為《た》るを得《う》、是れ一の樂しき也。（『孔子家語』巻四「六本」、『列子』巻一「天瑞」には「天生万物、唯人為貴」に作る。）

と云う。文言としては童恢の言に一致する。

王充『論衡』巻三「奇怪篇」には、

儒者、聖人の生まるるは人気に因《よ》らず、更《あらた》めて精《せい》を天に稟《う》くと称《しょう》す。禹の母は薏苡を呑《の》みて禹を生む、故に夏の姓は姒と曰う。卨《せつ》の母は燕《つばくろ》の卵を呑《の》みて卨を生む、故に殷の姓は子と曰う。后稷の母は大人の跡を履《ふ》みて后稷を生む、故に周の姓は姫と曰う。……且《か》つ夫《そ》れ薏苡は草也、燕の卵は鳥也、大人の跡は土也。三者は皆な形にして気に非ざる也。安《いず》くんぞ能く人を生まんや。聖を説く者は以て、天の精微の気を稟《う》くと為せば、故に其れ殊絶の知有りと為す。今ま三家（禹・卨・后稷）の生まるるは、草を以てし、鳥を以てし、土を以てす。精微と謂う可けんや。「天、地の性《う》むは、唯だ人のみ貴《たか》しと為せ」ば、則ち物は賤《ひく》し矣。今ま貴《たか》き人の気、更《あらた》めて賤《ひく》き物の精を稟《う》くれば、安《いず》くんぞ能く精微ならんや。……（楊宝忠『論衡校箋』河北教育出版社、一九九九、による。以下同じ。）

「天地之性、唯人為貴」は『孝経』に拠るのであろう。他に巻六「龍虚篇」に、

且《か》つ世に、龍は天に升《のぼ》ると謂う者は、必ず神《しん》なる龍のことを謂わん。神《しん》ならざれば、天に升《のぼ》らず。天に升《のぼ》るは神《しん》なるの效《しるし》なり。「天地の性《う》むは、人、貴《たか》しと為せ」ば、則ち龍は賤《ひく》し矣。貴《たか》き者（すなわち人）神《しん》ならずして、賤《ひく》き者（すなわち龍）反りて神《しん》なる乎。

また巻一三「別通篇」、巻一四「状留篇」、巻二四「辨祟篇」にも、同様の文脈において引かれている。

由来の定かではない偽孔安国伝本『古文尚書』の「泰誓」上・冒頭に、

惟れ天地は万物の父母、惟れ人は万物の霊、亶《まこと》に聡明なる元后《おおきみ》と作《な》り、元后《おおきみ》民の父母と作《な》る。

と云うのも、同じ趣意において、為政の根幹となる認識を宣言したものであろう。

また『説文解字』八篇上「人」の部の冒頭には、

人、天地の性《う》むの、取《もつと》も貴《たか》き者也。

とも云う。

以上すなわち童恢の云う「天生万物、唯人為貴」とは、宣帝期を画期として来たった後漢期前後における「民政国家」の理念を精錬しその実経営を推進した人々の、その為政行為の根底となっていた認識を明かす言葉であると覚しい。

一九

范曄『後漢書』「循吏列伝」には、孟嘗について、

窮沢に隠処し、身自ら耕傭す。隣県の士民、其の徳を慕い、就きて居止せる者、百餘家。

と云い（前節事例五）、第五訪について、

政平らかに化行われ、三年の間、隣県之《これ》に帰し、戸口十倍す。

と云い（前節事例六）、童恢について、

比き県の流人、帰化し、居を徙すもの二万餘戸。

と云う（前節事例七）。

我々はこれらの記録に、循吏に応《こた》える当時の社会の出来具合、動き具合を見ることが出来るであろう。ただし「社会」という言葉を安易に使わない方がよいのかも知れない。人と人が結び付き行く、この時代に特徴的な具合があって、それが人の集まりを作り、やがては国をも作り、動かして行く。その具体的な人と人が結ばれる具合の在処《ありか》をこれらの

記録に読むことが出来るのである。
いま再挙した孟嘗についてのテキストに因《ちな》めば、それは「徳を慕う」という結ばれ方だと言い得ようか。
我々の暮らす今日とは愕然たるほどに生活状況、生存状況が不安定であり、天災・人災・病疾に襲われて簡単に人が命を落とし、成人に至る以前に半数程度がばたばたと死して行き、特に女性は「婦人の免乳するは大故、十死に一生たり」（『漢書』「外戚伝」上。本書二七九頁）と云われるほどに、出産時の死亡率が高かった時代である。この人の「近み」に住めば、心のこもった、まっとうな人としての生活、生存が出来る、とあれば、人はこの時代、家族と共にその人の「近み」へと大挙して移り住んだのである。現代では法律、経済、制度、組織といった実体化している「関係秩序」が主に人と人の関係を媒介し、分割・統序しているのだが、当時は一人一人の人の、生活、生存のすべてがかかった裸形《らぎょう》の「思い」が人と人を結び付け、人を集め、人を動かしていた。
この種の人の結ぼれの気息を窺わせる事例を増しておこう。

【事例二】

世祖・光武帝について。前にも紹介したごとく世祖は二八の年まで南陽郡にあって農耕に従事し、兄の劉伯升は「俠を好み士を養い、常に光武の田業に事《つと》めるを非《そし》り笑っ」ていた（本章九節・事例四、本書三四五頁）。地皇三年（二二）十月、年二八の世祖は李通の従弟・李軼等と宛に決起した。『後漢書』「光武帝紀」上は、それに続けて次のように載せる。

十一月、……光武遂に賓客を将《ひき》いて春《しょう》陵（春陵侯国。湖北省棗陽市南）に還る。時に伯升已《すで》に衆を会《あ》わせて起兵す。初め、諸家の子弟は恐懼し、皆な亡逃して自匿す。曰く「伯升、我を殺さん」と。光武の絳衣大冠する（李賢注に引く『東観記』に「上《じょう》は時に絳衣大冠す、将軍の服也」と）を見るに及び、皆な驚きて曰く「謹厚なる者も亦た復た之を為す」と。乃ち稍《ようや》く安んず。

あの温厚篤実な人物が「絳衣大冠」しているという姿が「殺されるかも知れない」という人々の不安を落ち着けたわけである。これは次のような同じく世祖に関わる話柄においては、朝廷国家が当時の人々において有《も》っていた「意味」とは何かという問題にもつながって行く。

すなわち、更始元年（二三）、劉玄（字・聖公、光武の族兄）はこの年二月に擁立されて天子となり、「更始」と改元したのであるが、その年の冬十月、劉玄すなわち更始帝が洛陽に入城した様子を袁宏『後漢紀』は次のように伝える。

> 更始（すなわち劉玄・更始帝）北のかた洛陽に之《ゆ》かんと欲し、世祖（すなわち劉秀・光武帝）を以て司隷校尉と為す。初め、三輔（すなわち長安）の官府の吏の東して迎うる者、更始の諸将数十輩を見る。皆な幘（校注に引く『漢官儀』に「幘なる者は古の卑賤の執事して冠せざる者の服する所也」と）を冠《かぶ》り、婦人の衣《ころも》を衣《き》れば、大いに長安（校注に「長安なる者は三輔の官府の吏の東して迎うる者也」）の笑う所と為る。智者或いは亡《に》げて辺郡に入る。司隷の官属（すなわち司隷校尉・劉秀所管の官員たち）の至るに及び、衣冠制度皆な旧儀の如し。父老・旧吏、之を見て、涕《なみだ》を垂《た》れて悲喜せざる莫し。曰く「何ぞ幸いにして今日又た漢官の威儀を見んや」と。（周天游『後漢紀校注』二〇頁。范曄『後漢書』巻一上）

人の生きる思いは過去の佳き「思い出」に染められて安らぐ。この「思い出」を共に生きる気息が人に我が身を措くべき「意味」を復元し、ここに人の生《せい》に確たる形を与え輝かせる意味空間（漢官の威儀）が現出するのである。

前に紹介した耿純（本章九節・事例三、本書三四三頁）が世祖に帰順した一段の話柄も興味深い。『後漢書』巻二一「耿純伝」。

> 耿純は鉅鹿郡・宋子県（河北省趙県東北）の人。父の耿艾は王莽期、済平の尹、耿純は長安に学び、納言士となった。更始帝が立つと、耿艾は更始が派遣した李軼に降って済南郡の太守となった。李軼兄弟がこの方面に専制し、賓客・游

説する者が蝟集したが、耿純は李軼にようやく会見がかなうと自重を求め、李軼はそれを奇とし、また耿純が鉅鹿の大姓でもあるので、騎都尉に拝し、節を授け、趙国・魏郡に派遣した。たまたま世祖も黄河を渡り趙国南部の邯鄲県に至ったので、耿純はただちに謁見し、世祖も深く之に接した。

純退きて（世祖の）官属・将兵の法度を見るに、它将と同じからざれば、遂に求めて自ら結納し、馬及び縑帛数百匹を献ず。世祖北のかた中山に至り、純を邯鄲に留む。会たま（邯鄲に）王郎反す。世祖は薊（北京城西南隅）自《よ》り東南に馳《は》す。純は従昆弟の訢・宿・植と共に宗族・賓客二千余人を率い、老病者は皆な木に載りて自随し、貫（原文は「育」に作る。『後漢紀』巻二は「貫」に作る。周天游・校注に拠りて「貫」に正す。『後漢紀校注』三七頁。貫県は鉅鹿郡に属す。河北省辛集市西南。宋子県より南東へ二・三〇キロほど）に（世祖を）奉迎す。純を拝して前将軍と為し、耿郷侯に封じ、訢・宿・植は皆な偏将軍、純と前に居ら使む。宋子を降し、従いて下曲陽及び中山を攻む。

是の時、郡国は、邯鄲（王郎勢力）に降る者多し。純は宗家の異心を懐くを恐れ、迺《すなわ》ち訢・宿をして帰りて其の（宋子県の）廬舎を焼か使む。世祖、純に故《ゆえ》を問う。対《こた》えて曰く「窃《ひそ》かに見るに、明公（世祖のこと）は単車にて河北に臨み、府臧の蓄えの、重賞甘餌して以て人を聚む可き者有るに非ざる也。徒《た》だ恩徳を以て之を懐《なつ》くるのみ、是の故に士衆楽しみて附く。今ま邯鄲自立し、北州疑惑す。純は族を挙げて帰命し、老弱は行に在りと雖も、猶お、宗人・賓客、半ばは心を同じくせざる者有らんかと恐るれば故に屋室を燔焼して其の反顧の望みを絶つ」と。世祖歎息す。

耿純は世祖が「恩徳を以て之を懐くるのみ」なのに感じ、邯鄲を離れて北上中にその邯鄲で離反が起こっていわばハシゴをはずされるという危機に落ちた世祖が貫県にまで戻って来たのを迎え、宗族・賓客二千余を挙げて「帰命」すなわち一命を世祖に預けたのである。老弱者も「自随し」たと云うのであるから、耿純たちに率いられたこの集団の主体は耿純たち耿氏にまさに「帰命」した人々であったと見ることが出来るであろう。この人々が故郷を捨てて耿純に随い、世祖・劉秀の恩徳という「近み」に生きる意味を汲もうと決意した、ということになる。耿純はしかし猶お半ばの者は決意が弱かろうと、残して来た屋室を焼いてその退路を断ったのである。耿純の言葉に明かされた、人と人の結び行きの機微に、また同時に明かされた、自らへの帰命に二千余の生《せい》を担い切らんとする耿純の決意に感じて、世祖・劉秀は「歎息」したのである。

【事例二】

後に「赤眉」と号することになる樊崇たちの率いる勢力は、琅邪・東海両郡に起こったのであるが、その引き水となった事件として『後漢書』巻一一「劉盆子伝」および『後漢紀』巻一に挙げられるのが琅邪郡・呂母の復讐騒動である。『後漢書』にしたがって紹介すると、それは次のような事件であった。

王莽・新・天鳳元年（一四）、琅邪郡・海曲県（山東省日照市西）に呂母という者がおり、その息子は県吏となっていたが、小罪を犯すにかかり、県宰は死刑と論《さだ》めてこれを殺した。呂母は県宰を怨み、密かに客を聚め、仇《あだ》に報《むく》いんことを規《はか》った。呂母の家はもとより家産が豊かで、資産数百万（銭。『後漢紀』では「数百金」）であったが、これより益ます醇酒を醸《かも》し、刀剣・衣服を買い込み、少年の酒を買いに来る者にはもれなく掛けで与え、これは貧しいと見れば、惜しみなく衣装を貸し与えた。かくすること数年、家産は尽き果てんとし、これを見た少年たちはこれまでの借りを返したいと集まった。呂母は涙ながらに「諸君に厚くせる所以の者は、利を求めんと欲するに非ず。徒だ県宰の不道にして吾が子を枉殺せば為《ため》に怨みに報いんと欲するを以てする耳《のみ》」とかき口説いた。少年たちは呂母のその気持ちに感じて奮い立ち、加えては日頃より恩を受けてもいたので、皆な呂母の復讐に加わることに同意した（少年壮其意、又素受恩、皆許諾）。その中の勇士は自ら「猛虎」と号し、遂に数十百人にふくれあがり、そこで呂母と共にいったん海に出で、亡命者にも声をかけて招き、数千の勢となった。呂母は自ら「将軍」と称し、軍勢を率いて海曲県へと戻って県城を攻め破り、県宰を執らえた。県吏たちは叩頭して県宰の命乞いをしたが、呂母は「吾が子は小罪を犯して、死に当らざるも宰の殺す所と為る。人を殺すは死に当たる。又た何をか請わん乎」とこの命乞いを蹴り、遂に県宰を斬《ざん》した。その首を子の冢に祭り、ふたたび海へと還り去った。

　呂母の抱いた怨恨が、その少年たちへの「恩」を通じて少年たちを呂母に結び、やがて数千にふくれあがり、思いを遂げて海へと去った。裸形の思いがそのままに人を結び行く、そのダイナミズム、当時の人と人とが結び行く時の根底に動く具合をここに窺うことが出来るだろう。

【事例三】

これに続く「赤眉」の歴史は、范曄『後漢書』巻一一に従えば、

　後ち数歳、琅邪の人・樊崇、莒（山東省莒県）に起兵す。衆百余人。転じて太山（泰山郡）に入り、自ら「三老」と号す。時に青・徐（両州）大いに飢え、寇賊蜂起す。衆盗、崇の勇猛なるを以て皆な之に附く。一歳の間に万余人に至る。崇の同郡人・逢安、東海（郡）の人・徐宣、謝祿、楊音、各おの起兵す。合わせて数万人、復た引きて崇に従う。

と始まる。

　樊崇たちは莒に戻って攻めたが落とせず、北上して姑幕（琅邪郡北辺）に至り、王莽の探湯侯・田況を破って万余人を殺し、北に青州に入り、太山に戻り、南城（後漢・泰山郡南部）に留屯した。樊崇たちはもともと困窮しての起兵であったから、これと云った目的も計画もない集団であったが、人数も増えたので、「人を殺す者は死、人を傷つくる者

は償創」という約定を作った。取り決めなどは口頭で行われ、文書、旌旗、部曲、号令はなかった。階位としては最上を「三老」、以下「従事」「卒史」としたが、互いには普通「巨人」と称した。

王莽は平均公・廉丹、太師・王匡を派遣し樊崇たちを撃とうとした。樊崇たちはこれと一戦を交えるに当たり、敵味方を区別するために自分たちの眉を朱に染めた。ここから「赤眉」という名が出た。赤眉軍は廉丹・王匡軍に大勝、万余人を殺し、無塩（東平国。山東省東平県東）にまで追い至り、廉丹は戦死、王匡は敗走、樊崇はその兵十余万を引いてふたたび莒に戻りこれを数月包囲した。父母の国をどうして攻めるのか、と説得され、包囲を解いて離れたが、時に呂母が病死し、その下にいた者たちは「赤眉」「青犢」「銅馬」各軍中に分入した。かつて呂母に率いられて海に去った集団はその後も存続しており、ここで赤眉たちに合流することになったわけである。赤眉軍は東海郡に侵入したが、沂平の大尹（李賢注に「王莽は東海郡を改めて『沂平』と曰い、郡守を以て大尹と為す」と）と戦って破れ、ここを出て南西から西、西北へと向かい、楚国、沛郡、汝南郡、潁川郡と回って劫掠し、潁川郡から東、陳留郡に戻って魯城を抜き、転じて濮陽（東郡）に至った。すなわち徐州・豫州・兗州と巡ったことになる。

ここで洛陽に都をおいた更始帝・劉玄が使者を派遣して来たので、樊崇たちは、漢室が復興した、と、ただちに兵を留めた。樊崇は渠帥二十余人と共に洛陽に至って更始帝に降り、皆な列侯に封ぜられた。とはいえ腰を落ち着ける国邑を有《も》ったわけでもなく、東に留め置いた兵からは離反者も出る始末であったので、洛陽からその兵団の下に逃げ帰り、これを率いてふたたび潁川郡に侵入、兵団を樊崇・逄安率《ひき》いる一団と徐宣・謝祿・楊音率《ひき》いる一団に分け、崇・安は西に南陽郡の宛県を攻撃して、県令を斬り、宣・祿たちは北に河南郡に入り、河南郡の太守を撃殺した。

赤眉の兵たちは当時、戦勝は重ねていたものの、疲れ切って兵に倦《う》み、「皆な日夜愁泣して東に帰らんと思欲した」。樊崇たちは、この兵たちの意に添って東へ向かえば、兵たちの帰郷の気持ちに火を点《つ》け、兵団としてのまとまりが崩れ去ってしまうだろうと考え、むしろ西のかた、長安を目指すことにした。

更始二年（二四）冬、崇・安の一団は武関（陝西省丹鳳県東南）経由、宣たちの一団は陸渾関（河南省嵩県東北）経由の道を採って関西に侵入することとし、翌三年（二五）正月には両方面とも弘農郡に至り、更始朝廷の諸将を連破して、両方面軍は大集結するに至った。軍団を整理し、一万人を一営として、すべてで三十営、営ごとに三老、従事各一人を置いた。この時約三〇万人の軍団に膨れ上がっていたということになる。この軍団は継いで太華山の下、華陰県に至った。

ここで赤眉軍は大きな節目を迎えた。すなわち「立帝建元」である。武闘集団としての「実力《フォース》」を、天子という「権威《オーソリティ》」を添加することによって、正当性を認められる「権力《パワー》」に転換しようとする試みであった（「実力《フォース》」「権力《パワー》」「権威《オーソリティ》」についてはダントレーヴ『国家とは何か』、日訳本、石上良平訳、みすず書房、二〇〇二、の「序論」参照）。

この一段、先ず

軍中には常に斉巫有りて鼓舞して城陽景王を祠り、以て福助を求む。巫は景王大《おお》いに怒ると狂言して曰く「当《まさ》に県官（天子を云う。『史記索隠』巻一六「絳侯周勃系家第二十七に「県官。県官は天子を謂う也……」と）と為るべし、何の故にぞ賊と為る」と。巫を笑う者有れば、輒ち病《や》む。軍中驚動す。

と云う。

「城陽景王」とは、高祖・劉邦の長庶男、恵帝の兄、高祖六年（前二〇一）に斉王に立てられた劉肥（悼恵王）の子である劉章のこと。斉王の位は恵帝六年（前一八九）に兄の劉襄が承け継いだが、これが斉の哀王である。すなわち劉章は斉の哀王の弟であるが、長安に出て宮中に宿衛し、呂太后に朱虚侯に封ぜられ、呂太后の兄・呂釈之の子・呂祿の女《むすめ》を妻とした。呂太后時代呂氏が勢力を持ったが、これに強硬姿勢を崩さず、呂太后の崩じたのち、呂氏が長安に乱を起こそうとした時には、妻の線からその謀《はかりごと》を知り、兄の斉王に連絡すると共に、太尉・周勃、丞相・陳平たちと呂祿、呂産らの誅討に当たった。『史記』巻五二「斉悼恵王世家」には「朱虚侯首《はじ》めに先ず呂産を斬る。是に於て太尉・勃等乃ち尽く諸呂を誅するを得《う》」と云う。兄の劉襄を「帝に立てん」という劉章の計に従い、その兄の斉王・劉襄は軍を率いて斉の西際に待機していたが、琅邪王たちの議により結局は立てられず、代王を立てることとなったのであった。これが文帝である。劉章は大臣たちに派遣されて兄・劉襄のもとに向かい、その兵を解いた。後ち漢朝廷は斉の城陽郡をもって朱虚侯・劉章を立てて「城陽王」とした。これが「城陽景王・章」である。そしてこの城陽景王・章が城陽国の都としたのが樊崇の「父母の国」と云われた莒である。（『史記』巻九「呂太后本紀」、巻五二「斉悼恵王世家」）

斉の地の風俗について『漢書』「地理志」下に、

初め太公、斉を治む。道術を修め、賢智を尊び、有功を賞《ほ》むれば、故に……始め桓公の兄・襄公は淫乱にして、姑姉妹嫁《とつ》がず。是に於て国中の民家に令《れい》して長女は嫁《とつ》ぐを得ざらしめ、名づけて「巫児」と曰い、家の為に祠を主《つかさど》り、嫁《とつ》ぐ者は其の家に利せず。民今《いま》に至るまで以て俗と為す。……

と伝える。

したがって「劉盆子伝」に云う「斉巫」とは女巫であろう。前《さき》の呂母の話柄も、この女巫が盛んな斉地の風尚を背景に置くべきかと思われる。

樊崇たちが蜂起後の初期に斉の地に転々と劫掠していた時、泰山郡・式県で劉盆子及びその二人の兄、劉恭と劉茂が樊崇たちの軍中に掠取されていた。彼らはまさに「城陽景王・章」の子孫であった。劉恭は「少《わか》いときに『尚書』を習い、略ぼ大義に通じた」と云われ、樊崇たちが洛陽に至り更始帝に降った際に同行して式侯に封ぜられ、侍中として更始帝と共に長安に移っていた。一方劉盆子と劉茂は赤眉軍中に残り、右校卒史・劉俠卿に属して牧牛に当たり「牛吏」と呼ばれていた。

斉の女巫が軍中に景王を狂言していた当時、方望の弟・方陽は兄を更始帝に殺されたことを怨み、樊崇たちに、劉氏を立て、その権威の下に長安に向かい更始帝を誅伐するように説いた。鄭県（陝西省華県）に至ったところで、「今や長安にも迫近し、鬼神も此《かく》の如し（前《さき》の斉巫の「当《まさ》に県官と為るべし」との狂言を謂う）。当《まさ》に劉氏を求めて共に之を尊立すべし」と議し、軍中に景王・劉章の子孫を求めると七十余人を得た。劉盆子・劉茂の兄弟と前《さき》の西安侯・劉孝が最も近い血筋だというので、鄭県の北に壇場を設け、城陽景王を祠り、三老・従事たちが陛下に控えるなか、三人が真ん中に並び、年の順に籤《くじ》を引いたのであった。

最年少の劉盆子が最後に籤《くじ》を当て、並み居る一同が臣《しん》としてこの少年を拝した。その時の盆子の姿は、

被髪徒跣、敝衣赭汗、衆の拝するを見て、恐畏して啼《な》かんと欲す。

と写される。

かくして六月、劉盆子が帝に立ち、「建世元年」と号した。樊崇は皆の信望を集めていたが、書数を知らないので、もと県の獄吏で『易経』に通じていた徐宣を丞相、樊崇を御史大夫、逄安を左大司馬、謝祿を右大司馬、楊音以下を皆な列卿とし、体制を整えた。

赤眉軍は歩を進めて高陵に至り、更始の叛将・張卬等と連和し、長安城の東都門を攻略して入城した。更始帝が来降、劉盆子は長楽宮に天子の格好で暮らし始めた。しかし諸将は論功に明け暮れ、怒鳴りあい、抜剣撃柱、まとまりがつかない。三輔の郡県からの貢献は兵士たちが脅し取る始末、重ねて吏民に虜暴したので、人々（百姓）は壁を厚くし、固く身を守る次第となった。

臘日（今推算するに建武元年一二月一六日・庚戌の日か）、樊崇たちは楽を設けて大会した。劉盆子は正殿に坐し、中黄門が兵を持して後に構え、公卿は皆な殿上に列坐し、と威儀を正した。が、酒もまわらぬうちに、一人が立ち上がり刀筆を出して賀《いわ》いの謁《なふだ》を書き始め、周《まわ》りの字を書けぬ者は次々と字を書ける者の周《まわ》りに集まってわいわいと賀《いわ》いの謁《なふだ》に自分の名を書いてくれと頼み込む。あちこちに人のかたまりが出来、威儀も何もなくなってしまう。

大司農・楊音は剣を按《にぎ》り、罵《ののし》りて曰く「諸卿は皆な老傭也。今日君臣の礼を設くるも、反って更に殽乱す。児戯も尚《な》お此《かく》の如からず。皆な格殺す可し」と。更に相い辯闘し、兵衆は遂に各おの宮を踰え関を斬り、入りて酒肉を掠《かす》め、互いに相い殺傷す。衛尉・諸葛穉は之を聞き、兵を勒《ひき》いて入り、百余人を格殺す。乃ち定まる。盆子は惶恐し、日夜啼泣す。独り中黄門と共に臥起すれば、唯だ観閣に上ぼるを得るのみにして外事を聞かず。

という有り様であった。

劉盆子の兄であり、更始帝の侍中でもあった劉恭は、赤眉のていたらくを見て先は長くないと見切り、自分たち兄弟が巻き込まれるわけにはいかないと盆子に璽綬を帰して天子を辞任するようにさとし、その際の辞任の弁を盆子に教え込んだ。建武二年（二六）正月朔《ついたち》、樊崇たちは大会した。劉恭は赤眉朝廷の混乱を指摘し盆子の退位を懇願した。樊崇たちはすべて自分たちの罪であると謝したが、式侯（すなわち劉恭）の知ったことか（為すべきしごとではないぞ）、と声が上がり（或曰、此寧式侯事邪）、劉恭は惶恐し起《た》ち去った。

盆子乃ち牀を下り璽綬を解き、叩頭して曰く「今県官（天子）を設置す、而るに賊為《た》ること故《もと》の如し。吏人貢献すれば輒《すなわ》ち剽劫さ見《る》。四方に流聞して怨恨せざる莫く、復た信向せず。此れ皆な其の人の致す所に非ざるを立つれば、願うらくは骸骨を乞いて、賢聖に避けん。必ず盆子を殺してもって責めを塞《ふさ》がんと欲する者には、死を離《さ》くる所無し。誠《まこと》に冀《ねが》わくば、諸君の肯《うべな》いて之を哀憐せんことを」と。因りて涕泣嘘唏す。崇等及び会する者数百人、之を哀憐せざる莫し。乃ち皆な席を避け頓首して曰く「臣は無状、陛下に負《そむ》く。請うらくは今自《よ》り已後、敢えて復た放縦せず」と。因りて共に盆子を抱持し、帯びしむに璽綬を以てす。盆子は号呼して已むを得ず。既に罷り出づれば、各おの営を閉じて自守す。三輔翕然として天子（すなわち劉盆子）は聡明なりと称す。百姓争いて長安に還り、市里且《まさ》に満ちんとす。

ここが赤眉の頂点であった。赤眉の乱暴と裏腹にある純真、そして三輔の人々（百姓）の裏切られ続けてなお残る「天子の近みに在る」ことへの思いとが、盆子という少年の、自らに責めを求めるまさに「聡明」なる天子にふさわしい言葉としゃくり上げ膝を震わせる姿の「哀れさ」に交錯し、この長安の市里に数日間結ぼれて溢れたのであった。

しかし「劉盆子伝」は続けて、

後二十余日、赤眉財物を貪《むさぼ》り、復た出でて大いに掠《かす》む。城中糧食尽くれば、遂に珍宝を収載し、因りて大いに火を縦《はな》ちて宮室を焼き、兵を引きて西す。

と云う。

「敢えて復た放縦せず」と誓い、「各おの営を閉じて自守す」となったが、二十余日で我慢が切れた、と云うことだろうか。略奪によって生存を維持して来た感覚をまっとうで日常的な生業の心組みに帰すことが、この時のこの赤眉集団の課題であった。しかしこの、三〇営、三〇万人の集団に今まで真に必要な「生業」を与えることは不可能なことであった。現に樊崇を頭とする人々もそんなことは考えなかったのだろう。臘日の大会が混乱した時に、大司農の楊音は児戯にも劣ると罵り、兵衆が掠奪・殺傷に及んだ時には衛尉の諸葛穉が百余人を格殺して定めたと云うが、しかしそもそもそれらの叱声・矯正は、この、生業を離れて彷徨い、また生業に戻る当ても、そのための指導者も持たない兵衆に対しては単なる対症療法的な警告であるに過ぎない。樊崇たちが洛陽に至り、更始帝に降った時も、列侯に封じられはしたが、国邑を与えられたわけではなく、自身を、また率いる兵衆を生業に戻す機会も、文字通りの「余地」もなかった。樊崇たちは兵衆の下に返り、潁川郡に侵入、二手に分かれ、南陽郡と河南郡に進んだが、時に、

赤眉の衆は、数しば戦勝すと雖も、而るに疲敝して兵に厭《あ》き、皆な日夜愁泣して東に帰らんと思欲す。

と云うから、この段階では多くの兵衆たちが、戦に倦み、故郷におけるまっとうな生活に戻りたいと切望していたのである。しかし樊崇たちはその兵衆たちの望みを絶つために西へと向かったのだから、ますますこの集団は生業の心組み

からは遠い掠奪という生存形態の泥沼に落ちて行くしかなかったのだろう。

放縦は二度としないといくら誓ったところで、数十万の人間が生存を継ぎ行く生業とその生業が動かす心組みを持たずに、手持ちの糧食を食い潰すだけに逼塞し「自守」し続けることは無理というものであろう。放縦になずんだ自身を矯め「自守」して行くには、強い意志、前の言葉で言うならば、強い「自新」「自己馴致」の意志の持続が必要であるが、それには先ず自他を養う生業の場が必要であろう。しかし彼らの現実にそれはなかった。二〇日ばかりで糧食と共にその意志も食い潰してしまったのである。

三輔の人々が争って長安に戻り市里に溢れた、その思いの結ぼれを、結局赤眉集団は、ここで永続的な信頼関係へと固めて行く心具合を持ち合わせていなかった。彼らにとってはむしろさっぱりとした群賊への退行がこののちあるだけではなかったかと覚しい。

長安を出た赤眉は百万と号し、劉盆子は王車に乗り、数百騎を従えていた。城邑を掠《かす》め、更始の将軍・厳春と郿県（陝西省眉県東・渭河北岸）に戦って破り、やがて安定郡・北地郡に侵入、大雪に遭い多数の凍死者を出した。そこでまた戻って漢の諸陵を発掘し、呂后の屍を汚辱した。長安には時に鄧禹がいたが、兵を派遣したものの赤眉軍に破れ、雲陽へと長安を後にした。建武二年（二六）九月赤眉はふたたび長安に入った。時に漢中の延岑が散関より出て長安南東の杜陵に駐屯したので赤眉・逢安が十余万を率いて出撃した。鄧禹はその隙をつき長安を攻撃したが敗退、一方杜陵では延岑と更始の将軍・李宝の連合軍が逢安に大敗、死者万余であった。李宝は逢安に降り、延岑は散卒を収めて走《にげ》た。李宝は延岑に、とって返して逢安と戦え、こちらは中から反乱を起こして応じる、と密使を送り、かくして逢安側は潰走、自ら川谷に投じ、死者十余万という有り様であった。逢安自身は数千人と共に脱出して長安に帰った。

時に三輔は大いに飢え、人相い食らう。城郭皆な空しく、白骨野を蔽う。遺《のこ》りし人は往往聚まりて営保を為《つく》り、各おの堅く守りて下らず。赤眉は虜掠するも得る所無し。十二月、乃ち引きて東帰す。衆は尚お二十余万、道に随いて復た散ず。

となり、かねて「赤眉は糓無ければ自ら当《まさ》に来東すべし。吾は捶《むち》を折るまで之を笞《う》たん」（巻一六「鄧禹伝」）と鄧禹に語っていた世祖・光武帝は、まさに糓尽きて東へと戻って来る赤眉軍を、洛陽西方七〇キロメートルほどの新安県と宜陽県のラインで待ちかまえ、かくして赤眉軍は世祖・光武帝に降ったのであった。

世祖・光武帝は降伏した赤眉軍に対して、

諸卿大いに無道を為す。過ぐる所皆な老弱を夷滅し、社稷を溺し、井竈を汚す。然れども猶お三善有り。城邑を攻破して天下に周徧するも、本故の妻婦は改易する所無し、是れ一の善也。君を立つるに能く宗室を用う、是れ二の善也。餘賊の君を立つるや、迫急すれば皆な其の首を持ちて降り、自ら以て功と為すに、諸卿は独り完全にして以て朕に付く、是れ三の善也。

と云い、

乃ち各おの妻子と洛陽に居せ令《し》め、宅を人に一区、田二頃を賜う。

という処置であった。

彼らが故郷の妻婦との絆を忘れずにいたことを多とし、妻子との生業に落ち着く暮らしを世祖・光武帝は与えたのである。

呂母の事件から数えても一三年、樊崇の起兵からは十年ばかり、生まれたばかりの子と分かれて西に向かったとしても、戻ってくればその子はまだ声変わりもしていない。人の日常生活からすればその程度の時間であった。この赤眉の歴史の節々は当時に暮らしていた人々の心根をそのままに窺わせる。飢饉に追いつめられて決起し、戦闘に明け暮れ、その戦《いくさ》暮らしも嫌になって、日夜故郷に残してきた妻子を思って泣き暮らしたこともある男たちのドラマはここに幕を閉じた。

樊崇と逢安はその夏に謀反、誅死。楊音は長安にいた時に趙王・劉良に遇って恩を与えたことがあったので爵・関内侯を賜わり、徐宣とともに帰郷、家に卒《しゅっ》した（『後漢紀』巻四では「寿を以て終わる」）。劉恭は謝祿を、かつて彼が更始帝を殺した報いに殺害、自ら獄に繋がれたが、世祖はこれを赦《ゆる》した。また世祖は劉盆子を憐れんで手厚い処置を行い、趙王の郎中とした。盆子はのち失明したが、収入を得る道を与えられて身を終えた。

二〇

世祖・光武帝が赤眉について「城邑を攻破して天下に周徧するも、本故の妻婦は改易する所無し、是れ一の善也」と述べ、「乃ち各おの妻子と洛陽に居せ令め、宅を人に一区、田二頃を賜う」たことは、この皇帝のまっとうで簡素な、生業に即した倫理感情をよく表していよう。そしてその倫理感情は赤眉の多くの男たちにも実は共有されていた。その急所を世祖はよく知っていた。と、我々はこのテキストを読むべきなのであろう。

すなわち、まっとうに生業に励み妻子と共にこの世に暮らしている人間の、日常の身丈にあった信義を守るという倫理感情である。世祖は、数十万に及ぶこの男たちを白起や項羽の如く穴埋めにする（本章三節、本書三一八頁）のではなく、この男たちのその倫理感情を突くことによって彼らを殺傷・掠奪に明け暮れる暮らしから生業に励み妻子と暮らすまっとうな暮らしに戻そうとしたのであった。

この倫理感情は、世祖の言葉に因んでさらに絞れば、妻婦との絆を生きる鍵とする生活感覚と云うことになる。任延が建武初に九真郡・太守となった時に、嫁娶の礼法を知らず一種「乱婚」の状態にあった駱越の民に父子・夫婦の観念を始め、二千余人に及ぶ婚姻を挙行していた（本章一八節・事例一）が、これは端的に、当時「循吏」たちが実行した開化・教化の基本が人々におけるこのような生活感覚の育成にあったことを示しているであろう。
世祖・光武帝を初めとする後漢期の皇帝による皇后の選択、皇帝と皇后との結ばれにも、実は同じこの感覚が働いていた。馬后や鄧后など、前漢時代とは一線を画する皇后が現れたのも、皇帝と皇后がこの感覚によって結ばれ、この感覚による皇后の選出に応《こた》える世間がすでに朝廷の内外に広がっていたからのことであった。

二

『史記』巻四九「外戚世家」は冒頭次のように云う。

古より命《めい》を受くるの帝王及び継体守文の君、独り内の徳茂《すぐ》るるのみに非ざる也。蓋し亦た外戚の助け有り焉。夏の興るや塗山を以てなり。而して桀の放《はな》たるるや末喜を以てなり。殷の興るや有娀を以てなり。紂の殺さるるや妲己に嬖すればなり。周の興るや姜原及び大任を以てなり。而して幽王の禽《と》らえらるるや褒姒に淫すればなり。

故に『易』は乾坤に基《はじ》め、『詩』は関雎に始め、『書』は釐降を美《ほ》め、『春秋』は親迎せざるを譏《そし》る。夫婦の際は人道の大倫也。礼の用は唯だ婚姻をのみ兢々と為す。夫れ楽 調《ととの》いて四時和す。陰陽の変は万物の統也。慎まざる可き與《か》。人能く道を弘《ひろ》むるも、命《めい》を如何するも無し。甚だしき哉、妃匹の愛、君も之を臣より得《うば》う能わず、父も之を子より得《うば》う能わず。況や卑下なるものを乎。既に驩合せるも、或いは子性を成す能わず。能く子性を成せるも、或いは其の終わりを要《もと》むる能わず。豈に命《めい》なるに非ざる也哉。孔子の命《めい》を称《とな》うること罕《すくな》きは、蓋し之を言い難《がた》ければ也。幽明の変に通ずるに非ざれば、悪《いず》くんぞ能く性命を識《し》らん哉。

単に所謂「外戚」の朝廷政治における重要性を言うだけではなく、むしろ夫婦という結ぼれが人の生《せい》にとって運命としか云いようのない、子という生命の始源となるだけではなく、まさに最も深いその人の生そのものの始源となる現場であることを述べる一文である。

世祖・光武帝は更始二年（二四）春、王郎を撃って真定国に至り、その地の著姓であった稾県・郭昌の女《むすめ》・郭聖通を后に納《い》れた。その母は景帝七代の孫、真定国・恭王・劉普の女《むすめ》であり、郭昌に嫁いで「郭主」と号した人である。光武帝が即位すると郭聖通は「貴人」となり、建武二年（二六）皇后に立てられ、前年、建武元年（二五）にその郭貴人がもうけた皇子・劉彊が皇太子と為された。のち光武帝の郭皇后への寵は衰え、皇后は数《しば》しば怨懟を懐くようになったと云う。建武一七年（四一）遂に郭皇后は廃され中山王太后となった。（『後漢書』「皇后紀」上に拠る。以下も同じ。）

郭皇后と交差して皇后に立てられたのが陰皇后。南陽郡・新野の人、諱《いみな》は麗華である。光武帝・劉秀は同じ南陽郡・蔡陽の人（「光武帝紀」上）。蔡陽は新野からは南に位置する。

初め光武、新野に適《ゆ》き、后の美しきを聞き、心に之を悦ぶ。後ち長安に至り、執金吾（近衛兵）の車騎の甚だ盛んなるを見る。因りて歎じて曰く「仕宦するには当《まさ》に執金吾と作《な》るべし、妻を娶るには当《まさ》に陰麗華を得《う》べし」と。

更始元年（二三）六月、遂に后に宛の当成里に納《い》る。時に（陰麗華は）年十九。

光武帝は地皇三年（二二）に南陽郡の宛に起兵する二八の年まで郷里にあって田業に励み、その間、二十歳過ぎの頃に長安に出て『尚書』を受け大義に通じた、と云う（「光武帝紀」上）。今の一文に「後ち長安に至り」とあるのをその時のこととすると、二十歳前後の頃に新野で陰麗華の美質なるを聞き、あこがれ、眼前の執金吾の雅《みやび》やかなると並べて思い出すほどに、そのあこがれが心に附いていたのだとなる。そして宛に起兵した翌年にその長年のあこがれが叶ったのであった。時に光武帝・劉秀は二九、陰麗華は一九、劉秀が新野にその噂を聞いた時はまだ陰氏は一〇を越えたばかりくらいの計算となる。

しかしその更始元年（二三）九月には宛に居た更始帝が洛陽に都を置くこととし、光武・劉秀を司隷校尉とし、先行して洛陽の宮府を整修するよう命じたので、光武・劉秀は宛に居た陰麗華を新野の実家に帰し、新たに設けた僚属を率いて洛陽に向かった。その間、鄧奉が新野の北、淯陽（育陽）に起兵すると、后の兄・陰識がその将となり、后は家属と共に淯陽に徙り、鄧奉の舎に身を置くことになった。一方、光武・劉秀は河北に向かい、翌更始二年（二四）に郭聖通を后に納れたのであった。

光武・劉秀は建武元年（二五）六月に即位したが、侍中・傅俊を后（陰麗華）の迎えに遣り、后が洛陽に至ると、「貴人」と為した。そして、

帝は后の雅性寛仁なるを以て崇《とうと》ぶに尊位を以てせんと欲す。后は固辞す。郭氏に子有るを以て、終《つい》に当るを肯《うべな》わず。故に遂に郭皇后を立つ。

となる。

郭氏の立后はそもそもが光武帝の心底で掛け違っていたのである。

建武四年（二八）、薊城（今の北京）に拠って自ら燕王に立っていた彭寵を征《う》つため、光武帝が中山国・盧奴（河北省・定州市）まで幸《みゆき》した折りには（「光武帝紀」上、『後漢紀』巻四・建武四年五月）、陰氏はこれに従い、その途次、常山郡・元氏県（河北省・元氏県西北）において後に顕宗・明帝となる男児を生んでいる。

建武九年（三三）、陰氏の母・鄧氏と弟・陰訢が盗賊に劫殺された折りには、光武帝は甚だ之を傷み、大司空に次の

ような詔を出している。陰氏はいまだ「貴人」であった。

吾は微賤の時、陰氏に娶るも、兵を将《ひき》いて征伐せるに因り遂に各おの別離す。幸いにして安全なるを得《え》、倶《とも》に虎口を脱す。貴人に母儀の美有るを以て、宜《よろ》しく立てて后と為すべきも、而るに固辞して敢えて当たらず、媵妾に列《つら》なる。朕は其の義譲するを嘉《よみ》し、諸弟を封ずるを許す。未だ爵土に及ばざるに、而るに患に遭い禍に逢い、母子命《めい》を同じくせば、懐《こころ》に愍傷す。小雅に曰く……魂にして霊あらば、其の寵栄を嘉《たの》しめ。

これでは郭氏ならずとも「怨懟を懐く」というものであろう。

かくして建武一七年（四一）郭皇后は廃され陰氏が皇后に立てられた。その時の三公への制詔には次のように云う。

皇后は怨懟を懐き執り、数《しば》しば教令に違《たが》い、它子を撫循し異室を訓長する能わず。宮闈の内、鷹鸇を見るが若し（『左伝』文公十八年に「其の君に礼有る者を見れば之に事《つか》うること孝子の父母を養うが如き也。其の君に礼無き者を見れば之を誅すること鷹鸇の鳥雀を逐うが如き也」と。すなわち、内宮では郭皇后のことを小鳥を逐う鷹《たか》や鸇《はやぶさ》のように見ている、と云う）。既に関雎の徳無く、而して呂・霍（高祖呂皇后と孝宣霍皇后）の風有り、豈に託するに幼孤を以てし明祀を恭承す可けんや。……陰貴人は郷里の良家なるも、微賤自《に》帰《とつ》ぐ（帰自微賤。「微賤」は光武帝自身を謂う。直前に引いた大司空宛の詔にも「吾微賤之時、娶於陰氏」と云う）。「我の見ざる自《よ》り、今に于《おい》て三年」（『詩』豳風「東山」。遠征に出て帰らぬ夫を思う妻の語とされる。直前に引いた大司空宛の詔に「……陰氏に娶るも、兵を将《ひき》いて征伐せるに因り遂に各おの別離す」という、その陰氏との足かけ三年にわたる別離、その間における陰氏の心遣いを、この『詩』の句に託して云う）。宜《よろ》しく宗廟を奉じて、天下の母と為るべし（宜奉宗廟、為天下母。「天下母」は皇后を謂う。本書一九七頁参照）。主《つかさど》る者旧典に詳案するに、時にして尊号を上《のぼ》す、と。異常の事にして、國の休福に非ざれば、上寿称慶するを得ず。

郭氏を廃し陰氏を立てるについては、いかんせん「異常の事」であるから、陰氏の立后を言祝ぐ「上寿称慶」を光武帝は許さなかったのである。

『後漢書』郅惲列伝（中華書局・点校本・巻二九）には、この郭氏廃后に関わる次のような一段を載せる。

後ち惲をして皇太子に「韓詩」を授け、殿中に侍講せ令《し》む。郭皇后の廃せらるるに及び、惲乃ち帝に言いて曰く「臣聞くならく、夫婦の好《よしみ》は、父も之を子より得う《うば》能わず、と。況や臣能く之を君より得う《うば》乎。是れ臣の敢えて言わざる所なり。然りと雖も願うらくは陛下、其の可否の計を念《おも》いて天下をして社稷を議すること有ら令《し》むる無かれと而已《のみ》」と。帝曰く「惲善《よ》く己《おのれ》に恕《はか》りて主を量《はか》り、我の必ず左右して天下を軽んずる所有らざるを知る」と。

郅惲の「臣聞く」として引く「父不能得之於子」は前の『史記』外戚世家に見える一句と同じである。そこに出る言葉かどうかはにわかには断じ得ない。いずれにせよこの言葉に対する光武帝の反応からしても、郭氏から陰氏へと皇后を替える光武帝の行いが、光武帝の心の深みに宿った已みがたい陰氏との結ぼれに出ることを、この言葉が善く言い当てていた、とは言い得るであろう。光武帝が「上寿称慶」を許さなかった措置も、この忠言に応じるものとしてよかろうか。光武帝は我が心の真実を自身の心で受け止めた（惲善《よ》く己《おのれ》に恕《はか》りて主を量《はか》る）上での郅惲の忠言を多としたのであった。

「皇后紀」は光武帝の制詔を引いた後、次のように続く。

后は位に在りて恭倹、嗜玩すること少なく、笑謔するを喜ばず。性は仁孝、矜慈多し。七歳にして父を失い、已に数十年と雖も、言い及べば未だ曽《かつ》て流涕せざるなし。帝は見て常に歎息す。

顕宗即位せば、后を尊びて皇太后と為す。……七年（永平七年。紀元六四）崩ず。在位二十四年、年六十、原陵に合葬す。
明帝、性は孝愛にして追慕して已む無し。
十七年（紀元七四。明帝は時に四七歳）正月、原陵に謁するに当たり、夜、先帝と太后の平生の如く歓ぶを夢む。既に寤《めさ》むれば、悲しくして寐《い》ぬる能わず。即ち歴《こよみ》を案ずるに、明旦は日吉《ひきつ》なれば、遂に百官及び故客を率《ひき》いて陵に上る。……会畢《お》われば、帝は席従《よ》り前《すす》みて御牀に伏し、太后の鏡奩中の物を視る。感動悲涕し、脂沢装具を易《か》え令《し》む。左右皆な泣きて能く仰ぎ視るもの莫し焉。

翌永平一八年（七五）八月に明帝は崩じている。

三

前漢、武帝・昭帝期の後宮を宛てに皇帝を中心とする一種の「乱婚」状態がそこに広がっていたのではないか、と前《さき》に見定めた（第二章「母権の現実」三五節、本書二七七頁）が、後漢・明帝の目に即して見るならば、光武帝と陰皇后には、心底からの、互いが在ることの「歓び」に結ばれた「夫婦」の生活が、数十年を経て四七歳となった二人の子の夢寐になつかしく蘇るほどの現実として存在したと云い得るであろう。

しかし前漢・武帝の後宮に関わる話柄にはこの種の「歓び」「夫婦」といった心性の存在を窺うことは出来ない。或いは育っていなかったと云うべきか。改めてこの観点から武帝にかかる二つの資料を紹介しておこう。

一つは李夫人に関わる話柄である。『漢書』「外戚伝」上、「孝武李夫人」。夫人の兄・李延年は耳がよく歌舞を善くしたところから武帝が愛顧したのであるが、ある時、延年は武帝の前で舞いながら、「北方に佳人有り、絶世にして独立す。一顧すれば人が城を傾け、再顧すれば人が国を傾く。寧《なん》ぞ知らざる城を傾くと国を傾くと、佳人は再び得ること難《かた》ければよ」と歌い、武帝はこれを聞いて、「善し。世豈に此の人有る乎」と歎息するということがあった。平陽主（武帝の同母長姉）が李延年には妹がいると武帝の耳に入れ、武帝はその妹、すなわち李夫人を召見した。「実に妙麗にして善く舞う」と云う。かくして李夫人は武帝の幸い（交接するを謂う）を得《う》、一男、昌邑哀王を生んだのであるが、「李夫人は少《わか》くして蚤《つと》に卒《しゅっ》す。上《じょう》憐閔す焉。其の形を甘泉宮に図画す」となる、その前後の一段である。


初め、李夫人病篤《やまいあつ》ければ、上《じょう》自ら臨みて之を候《み》る。

夫人被《ふすま》を蒙《かぶ》り、謝して曰く「妾《われ》は久しく病に寝《い》ぬ。形貌毀壊すれば、以て帝に見《まみ》える可からず。願うらくは王（すなわち夫人の生み子である昌邑哀王）及び兄弟を以て託《たの》みと為さん」と。

上《じょう》曰く「夫人は病甚だし。殆ど将《は》た起きざらん。我に一見して王及び兄弟を属託せば、豈に快からざらん哉」と。

夫人曰く「婦人は貌《かたち》修飾せざれば、君父に見《まみ》えず。妾《われ》、敢えて以て燕婧に帝に見《まみ》えず」と。

上《じょう》曰く「夫人弟《た》だ我に一見せば、将《まさ》に千金を加賜し而して兄弟に尊官を予《あた》えん」と。

夫人曰く「尊官は帝に在り、一見するに在らず」と。

上《じょう》復た、必ず之に見《まみ》えんと欲す、と言うも、夫人遂に転じ郷《むか》い、歔欷して復た言《ものい》わず。是に於て上説《じょうよろこ》ばずして起《た》つ。

夫人の姊妹之を譲《せ》めて曰く「貴人独り上《じょう》に一見して兄弟を属託するを可《ゆる》さず。何為《なんすれ》ぞ上《じょう》を恨むこと此《かく》の如きなるや」と。

夫人曰く「帝に見《まみ》えんと欲せざる所以の者は乃ち以て深く兄弟を託《たの》まんと欲すれば也。我は容貌の好《よ》きを以て微賤従《よ》り上《じょう》に愛幸さるるを得《う》。夫《そ》れ色を以て人に事《つか》える者は色衰うれば愛弛《ゆる》む。愛弛めば則ち恩絶ゆ。上《じょう》の攣攣として我を顧念する所以の者は乃ち平生の容貌を以て也。今ま我の毀壊して顔色の故《もと》に非ざるを見れば、必ず我を畏悪吐棄せん。意尚《な》お肯《うべな》いて復た追いて思い閔《いた》みて其の兄弟を録せん哉」と。
夫人の卒《しゅっ》するに及び、上《じょう》は后《きさき》の礼を以て葬《ほうむ》る焉。其の後ち上《じょう》、夫人の兄・李広利を以て貳師将軍と為し海西侯に封じ、延年を協律都尉と為す。

ここには「伴侶」といった言葉によって表される個々の生の深奥からの結ぼれとしての「夫婦」という関係性の意識は、武帝の言葉にも、李夫人や李夫人の姉妹の言葉にも窺い得ない。有り体《てい》に言えば、彼らの言葉の遣り取りに就く限り、皇帝との「幸（一回一回の性行為）」と呼ばれる関係を通貨として金品や兄弟に地位を獲得する功利的な駆け引きがここでは皇帝の側からも夫人の側からも行われているのである。その意味ではまさに今のテキストは皇帝を中心とする「乱婚」空間の出来具合、そこに生きる人間の採らざるを得ない心性と言葉つきを好く描き出していると云うことが出来るだろう。

しかしここにはまた、例えば「夫人遂に転じ郷い、歔欷して復た言わず。是に於て上説ばずして起つ」の箇所などに、既に互いに感じている深い愛着を、すれ違ってしまうしかない乱暴な「功利の言葉」で表すしかすべのない、武帝と李夫人の自分の気持ちを上手く扱いかねている姿を読むことも出来る。自分が持っている気持ちを適切に、従って確実に、それとして把捉し言葉にする、そのための「感情教育」がこの時代のこの男女に十分に発達していないと云うことになろうか。或いはそのような感情の馴致を果たす「言葉」がいまだ十分に人々に示されていなかったと云うことになろうか。

今一つは鉤弋子すなわち昭帝の立太子にまつわる話柄である。『漢書』「武帝紀」に拠れば、景帝の後三年(前一四二)正月に十六歳で即位、後元二年(前八七)二月に崩御、時に七〇歳、足かけ五五年の治世となる。「外戚伝」上では、

……後ち衛太子敗《やぶ》る。而して燕王・旦、広陵王・胥は過失多し。寵姫・王夫人の男・斉の懐王、李夫人の男・昌邑の哀王は皆な蚤《つと》に薨ず。鉤弋子は年五・六歳、壮大にして多知、上《じょう》常に「我に類す」と言う。又た其の生るるの衆と異なる(胎内にあること十四ヶ月にして生まれたこと)に感じ甚だ奇として之を愛し、心、立てんと欲す焉、其の年の穉《おさな》く母の少《わか》きを以て、女主の顓恣して国家を乱すを恐れ猶與《ゆうよ》之を久しくす。鉤弋倢伃、甘泉に幸《みゆき》するに従い、過《あやま》つこと有りて譴せ見《ら》れ、憂いを以て死す。因りて雲陽に葬る。後ち上《じょう》疾病《やまいおも》し。乃ち鉤弋子を立てて皇太子と為す。……明日、帝崩ず。昭帝即位す。

と崩御間際の鉤弋倢伃の死と鉤弋子の立太子を記すが、この間の事情につき『史記』外戚世家末尾の褚少孫補筆は次のように記録する。

鉤弋夫人、姓は趙氏、河間の人也。幸い(交接するを謂う)を武帝に得て子一人を生む。昭帝、是れ也。武帝は年七十、乃ち昭帝を生む。昭帝立ちし時、年五歳なる耳《のみ》。(『漢書』昭帝紀では「遂に昭帝を立てて太子と為す。年八歳。……明日、武帝崩ず。戊辰、太子、皇帝位に即き、高廟に謁す」と。)

衛太子廃せられし後、未だ復た太子を立てず。而して燕王・旦、上書し、帰国して宿衛に入らんことを願う。武帝怒す。立ちどころに其の使者を北闕に斬る。

上《じょう》、甘泉宮に居る。画工を召して周公の成王を負うを図画せしむる也。是に於て左右・群臣、武帝の意に少子を立てんと欲するを知る也。

後ち数日、帝、鉤弋夫人を譴責す。夫人は簪珥《かんざしみみだま》を脱《と》りて叩頭す。帝曰く「引き持ちて去れ。掖庭の獄に送れ」と。

夫人還顧す。帝曰く「趣《すみ》やかに行け。女活《なんじい》くるを得ず」と。夫人、雲陽宮に死す。時に暴風塵《ちり》を揚ぐ。百姓感傷す。使者夜に棺を持して往き之を葬り、封《つちもり》して其の処を識《しる》す。其の後ち帝閑居せしに、左右に問いて曰く「人の言うこと云何《いかん》」と。左右対《こた》えて曰く「人言う、且《まさ》に其の子を立てんとするに何ぞ其の母を去る乎、と」。帝曰く「然り。是れ児曹愚人の知る所に非ざる也。往古、国家の乱るる所以なる也《や》、主の少《おさな》く母の壮《さかん》なるに由る也。女主独居して驕蹇し、淫乱自恣せば、能く禁ずるもの莫き也。女《なんじ》呂后を聞かざる邪」と。

故に諸《もろもろ》の武帝のために子を生むを為す者は、（その生み子の）男・女と無く、其の母、譴死せざる無し。豈に（武帝のことを）賢聖に非ずと謂う可けん哉。昭然として遠見し、後世のために計慮するを為す。固《もと》より浅聞なる愚儒の及ぶ所に非ざる也。謚《おくりな》して「武」と為すは豈に虚（中身のないこと）ならん哉。

『漢書』外戚伝では「憂いを以て死す」と云うが、褚少孫の記事では、鉤弋倢伃がいずれ幼帝を擁して女主擅恣するを慮って、武帝が殺害させた、と伝える。「諸為武帝生子者、無男女、其母無不譴死」とも云うから、武帝は、婦人を子を生むという機能においてのみ「幸い（交接）し」使い捨てた、ということになろうか。

後世、北魏朝廷において「子貴母死（生み子が皇太子に立てばその母に死を賜う）」の制が、世宗・宣武帝期に除かれるまで行われた。『魏書』「太宗紀」には、

太宗・明元皇帝、諱《いみな》は嗣、太祖（道武皇帝）の長子也。母は劉貴人と曰う。登国七年（三九二）雲中宮に生まる。太祖は晩《おそ》くして子有れば、聞きて大いに悦び、乃ち天下に大赦す（「太祖晩有子」と云うが太祖・道武帝は時に二三歳。崩じたのは三九歳。鮮卑における年齢感覚を示す言句である）。……天興六年（四〇三、時に太宗は一二歳）、斉王に封ぜられ、相国に拝され、車騎大将軍を加えらる。初め、帝の母・劉貴人、死を賜わる。太祖、帝（すなわち

太宗）に告げて曰く「昔、漢の武帝将《まさ》に其の子を立てんとして其の母を殺し、婦人をして後に国政に与《あずか》ら令《し》め外家をして乱を為さ使めず。汝当《まさ》に統を継ぐべければ、故に吾は遠く漢武に同《どう》じて長久の計を為す」と。帝は素《も》と純孝、哀泣して自ら勝《た》うる能わず。太祖之に怒す。……

と云う。

これに拠れば、この制は漢の武帝を先蹤として道武帝が始めたものであった、となる。（李凴『北魏平城時代』社会科学文献出版社、二〇〇〇、第三章「乳母干政」参照。）

武帝にしても道武帝にしても、このような措置を採る心因は共通しており、それはすなわち母であることをテコに女主が出現することへの警戒であり、さらにその背景には、母権が馴致されないままに擅恣する圧迫に関する彼ら自身の体験があった。

武帝について言えば、ここでは「呂后」の名が挙げられているが、例えば次のような話柄に示される文帝の皇后、景帝の皇太后、武帝においては太皇太后であった竇氏の姿がその脳裏に生々しかったのではなかろうか。

建元元年（前一四〇。前年に武帝一六歳で即位）……魏其（竇嬰。竇氏の従兄子。時に丞相）、武安（田蚡。景帝の王皇后の同母弟。時に太尉）は倶に儒術を好み、趙綰を推轂して御史大夫と為し、王臧を郎中令と為す。魯の申公を迎え、明堂を設けんと欲し、列侯に国に就《おもむ》か令《し》め、関を除き（索隠「関門の税を除くを謂う也」）、礼を以て服制と為し（索隠「案ずるに、其の時礼度踰侈し、多く礼に依らず、今ま吉凶の服制をして皆な礼に法《のっと》ら令《し》むる也」）、以て太平を興す。適《ちゃく》諸竇・宗室の節行毋《な》き者を挙げ、其の属籍を除く。時に諸外家、列侯と為り、列侯多く公主（皇帝の女《むすめ》を謂う）を尚《めと》り、皆な国に就《おもむ》くを欲せず、故を以て（そのような施策を推進する魏其・武安・趙綰・王臧への）毀《そし》り日びに竇太后に至る。太后は黄老の言を好む。而るに魏其・武安・趙綰・王臧等は儒術を隆推するに務め、道家の言を貶《おと》す。是を以て竇太后、滋《ます》ます魏其等を説《よろこ》ばず。建元二年（前一三九）、御史大夫・趙綰、東宮に奏事すること無からんことを請う（集解「韋昭曰く、其の政を奪わんと欲する也」。「東宮」については『資治通鑑』巻一七「漢紀」九・建元二年の胡三省注に「漢の長楽宮は東に在り。太后之に居る。故に之を東宮と謂う。亦た之を東朝と謂う」と。『史記』「酷吏列伝」に、武帝の問いに答えた博士・狄山の言葉に「孝景の時、呉楚七国反す。景帝、両宮の間に往来し、寒心する者数月」と。『漢書』「張湯伝」には「景帝東宮の間に往来し、天下寒心すること数月」に作る。顔師古注に「太后に諮謀するを謂う也」と。「両宮」とは皇帝の宮と太后の宮の両者を謂うのである。すなわち当時、竇太后は自らの宮殿で皇帝と並行して政務を執っていたのであり、趙綰はこの二重権力状態を絶つことを請《もと》めたのである。宋代、司馬光が同じく「両宮」と云うことにも参照。本書一五六頁）。竇太后大いに怒《ど》す。乃ち趙綰・王臧等を罷逐し、而して丞相・太尉を免じ、柏至侯・許昌を以て丞相と為し、武彊侯・荘青翟を御史大夫と為す。魏其・武安、此れに由りて侯を以て家居す。（『史記』魏其武安侯列伝）

趙綰・王臧のことは、封禅書では次のように記されている。

今の天子初めて即位す。尤《もつと》も鬼神の祀に敬す。元年……而して上《じよう》、儒術に郷《むか》い、賢良を招く。趙綰・王臧等、文学を以て公卿と為り、議古して明堂を城南に立て以て諸侯を朝せんと欲し、巡狩・封禅・改暦・服色を草《はじ》むるも事未だ就《な》らず。会《たま》たま竇太后、黄老の言を治め、儒術を好まざれば、人をして微《ひそ》かに伺いて趙綰等姦利するの事を得《え》せ使む。召して綰・臧を案《とりしら》ぶ。綰・臧自殺す。諸《もろもろ》の興す所皆な廃するところと為る。後ち六年、竇太后崩ず。其の明年、文学の士・公孫弘等を徴す。

趙綰・王臧は別件に引っかけて竇太后に自殺に追い込まれたのである。記事の流れは明らかに、儒術の方向に向かう武帝の政策意志が竇太后が生きている内は押しつぶされており、その死と共に解き放たれた、という具合になっている。

一方、北魏の太祖・道武帝については李凭氏『北魏平城時代』序章に詳しい。それによれば、道武帝は幼少時より母・賀氏の強力な保護によって幾多の危機を乗り越え、登国元年（三八六）春正月に代王に即《つ》く（夏四月に魏王に改称）についても母・賀氏とその兄すなわち舅父である賀訥の力が大きく、皇始元年（三九六）夏六月に賀氏が崩ずるまで、かなり大きな干渉を受けていたのだろう、とされ、この深刻な体験と認識が、太宗・明元帝の生母・劉貴人の殺害を決心させ、「子貴母死」の制度を作らせたのだろう、としておられる（一〇―一一頁）。

いま出た「皇始」という年号は『魏書』「太祖紀」に拠れば、

皇始元年……夏六月……丁亥（一五日。三九六年八月五日）、皇太后・賀氏崩ず。是の月、献明太后を葬る。秋七月、左司馬・許謙、上書して尊号を勧進す。帝始めて天子の旌旗を建て、出入に警蹕し、是に於て改元す。八月庚寅（一九日。一〇月七日）、兵を東郊に治む。己亥（二八日。一〇月一六日）、大挙して慕容宝を討つ。帝、親しく六軍四十餘万を勒《ひき》い、南のかた馬邑に出で……初めて台省を建て、百官を置き、公侯・将軍・刺史を封拝す。尚書郎已下悉く文人を用う。帝初めて中原を拓き、留心慰納し、諸士大夫の軍門に詣《いた》る者は、少・長と無く、皆な引入賜見す。……

と、皇太后・賀氏の死の翌月に「天子」の儀仗を始めて立て、「皇の始め」と改元を行ったものである。そして母・賀氏の死が大きな節目として、まるで待っていたかのように漢・魏をモデルとする皇帝国家の創設へと向かう道武帝の意志がここでカーブを切るかのように発進して行くのである。武帝における竇太后と同じく、賀氏という母権の圧力がそれだけ大きかった、ということを窺わせる前後である。

二三

光武帝の皇后郭氏を廃する制詔にも「既に関雎の徳無く、而して呂・霍の風有り、豈に託するに幼孤を以てし明祀を恭承す可けんや」と「呂后」への言及があった。呂后は武帝や光武帝にとって朝政に関わる婦人のマイナスイメージを代表する存在であった。『後漢書』「光武帝紀」下には次のような記載がある。

> 中元元年……冬十月……甲申（一九日。五六年一一月一五日）、司空をして高廟に告祠せ使めて曰く「高皇帝、羣臣と約す、劉氏に非ざれば王たらず、と。呂太后、三趙（李賢注「高帝の子・趙幽王友・趙恭王恢・趙隠王如意を謂う」）を賊害し、専ら呂氏を王とす。社稷の霊に頼《よ》りて、祿・産、誅に伏し（李賢注「呂産・呂祿、並びに呂后の兄弟の子。呂后崩ずれば、各おの南北の軍を擁し乱を為さんと欲す。周勃・陳平等之を誅す」）、天命幾ど墜ちんとして、危朝更《あらた》めて安んず。呂太后は宜しく高廟に配食し至尊に同祧すべからず。薄太后は母徳慈仁にして（李賢注「薄太后は高帝の姫、孝文帝の母」）、孝文皇帝賢明に国に臨み、子孫福に頼《よ》り、延祚今に至る。其れ薄太后に尊号を上《たてまつ》りて「高皇后」と曰い、地祇に配食し、呂太后の廟主を園に遷し、四時に上祭せよ（李賢注「園は塋域を謂う也。中に於て寝を置く」）」と。

「母性（母徳慈仁）」を肯定し「母権」を排斥する心性、とまとめ得ようか。

「薄太后母徳慈仁、孝文皇帝賢明臨国、子孫頼福、延祚至今」の部分は、この一文の趣旨が呂太后を貶《おと》し薄太后を尊《たか》めることにあるところからして、「薄太后」が大主語となっていると見るべきであろう。すなわち薄太后の「母徳滋仁」

の流れの中でその子の孝文皇帝は「賢明臨国」であったのであり、その故に、すなわち孝文皇帝の「賢明臨国」を薄太后の「母徳滋仁」が育てもたらしたが故に、劉氏の子孫は天命を失わずに今に至るまで天位を嗣ぎ来たったのだ、と云うのである。「子孫福に頼り、延祚今に至る」の「福」とは薄太后の「母徳慈仁」のことだ、となる。

実際に国政に当たり、その善政によって天命を失わずに皇統を嗣いで行くのは男子であるが、しかしいかにせん幸運と云うしかない「天命を失わない」という事態は、「母徳滋仁」である女性が皇母になるという「福」に大きく頼っているのだ、という感覚がここにはある。

この感覚は、同じく光武帝が、天水郡に反叛した隗囂をこちらと挟む形で河西に居た竇融に与えた次のような言葉にも窺える。

『後漢書』「竇融列伝」。すなわち竇融は扶風・平陵の人であるが、七世の祖・竇広国は孝文皇后・竇氏の弟であった。更始帝期、東方の擾乱を嫌った竇融は張掖属国都尉の任を得ると、家属を率《ひき》いて西に向かい、更始が敗れた後の混迷期、河西五郡（酒泉・金城・張掖・武威・敦煌）大将軍としてこの地を束ね、独立した経営を行いながら、天下の帰趨が定まるのを待った。やがて光武帝が即位したが、その建武五年（二九）夏四月、竇融は光武帝に帰せんと連絡を通じるため長史の劉鈞を派遣する。一方、時に光武帝の方でも「河西が完富で隴・蜀に隣接するところから、河西の竇融を招いて隴に割拠する隗囂と蜀に割拠する公孫述に逼る」という戦略を描いて竇融への書簡を持たせた使者を既に派遣していた。この光武帝からの使者は道中竇融派遣の劉鈞に行き会い、共に光武帝のもとに戻ったのであった。光武帝は甚だ歓び、劉鈞を礼饗すると竇融への璽書を与えて還《かえ》し、竇融を涼州の牧とした。隗囂が反叛すると、竇融はこれを責める書簡を隗囂に出すが、隗囂は竇融の意見を聞き入れず、ここに竇融は五郡の太守と共に兵馬を整え、光武帝に隗囂征討の師期を請うた。

帝深く之を嘉美す。乃ち融に賜うに外属図及び太史公の「五宗」「外戚世家」「魏其侯列伝」を以てし、詔報して曰く「毎《つね》に外属を追念するに、孝景皇帝は竇氏自《よ》り出で、定王は景帝の子、朕の祖とする所。昔《むかし》魏其、一言して、継統以て正しく（李賢注「梁の孝王は景帝の弟也。亦た竇太后の生む所。梁王朝《ちょう》す。因りて昆弟燕飲す。是の時、景帝未だ太子を立てず。酒酣《たけなわ》、帝従容として曰く『千秋の後、梁王に伝えん』と。太后驩ぶ。竇嬰巵酒を引き上《じょう》に進めて曰く『天下なる者は、高祖の天下、父子相い伝うること、漢の約也。帝何ぞ以て梁王に伝うるを得んや』と。帝遂に止む矣」。この注は『史記』「魏其武安侯列伝」に拠る。魏其侯・竇嬰は竇太后の従兄子。竇太后が驩んだについては、北斉の神武・明皇后・婁氏の例と思い合わせるべきであろう。本書一九三頁）、長君・少君、師傅を尊奉し（李賢注「長君は竇太后の兄也。少君は太后の弟・広国の字《あざな》也。絳・灌等、両人の出ずる所微なるを以て、為《ため》に師傅、長者の節行有る者を択び与《とも》に居らしむ。長君、少君、此れに由りて退譲君子と為り、富貴を以て人に驕らず。前書に見ゆ」。これは『漢書』「外戚伝」上に拠る）淑徳を修成し、施《ひ》きて子孫に及ぶ（竇融は少君の子孫であるから、ここは長君、少君が淑徳を修成し、それが代々に及んで竇融にまで至っていると謂うのであろう）。此れ皇太后（すなわち竇太后）の神霊、天に上りて漢を祐《たす》くる也。……」と。融、詔を被《こうむ》れば、即《ただ》ちに諸郡守と兵を将《ひき》いて金城に入る。

竇太后に出て景帝、定王より自らに至る流れを述べ、竇太后に別につながる男子たちの功績、修徳を述べて、「此れ皇太后の神霊、天に上りて漢を祐くる也」とまとめる。薄太后については「福」と云い、ここでは「祐」と云うが、いずれも功業を果たす男系の存続の守りとしての皇母の福祐の力に呼びかけている点、同じ感覚を示していると謂い得るであろう。

これらの文言に示されている薄太后、竇太后についての光武帝の感覚は、『詩経』大雅の「大明」「思斉《さい》」両篇に表れる大任や大姒に対する感覚に通ずる。

「大明」には次のように云う。

明明なる下に在り、赫赫なる上に在り。天は忱《まことあり》とし難く、易《やす》からず維れ王。天位殷適、四方に挟《とお》らざら使む。（第一章）

（「明明在下、赫赫在上」、毛伝に「文王の徳、下に明明たれば、故に赫赫然として天に著見す」と。鄭箋は「文王・武王」と承ける。「不易維王」、毛伝はなし、鄭箋は「改易す可からざる者は天子也」と云う。「天位殷適」は殷の紂王。）

摯《し》の仲氏任、彼の殷商自《よ》りす。来たりて周に嫁し、京に嬪《けい》すと曰う。乃ち王季及《と》、維れ徳を之《これ》行う。（第二章）

（毛伝に「摯国任姓の中女也」「王季は大王の子、文王の父也」と。第一章から第二章への文脈の移行について、孔穎達「正義」は「既に文王の明徳、天の与うる所と為るを言えば、故に其の由る所を本づく」と解説する。文王はその明なる徳によって天より大位に在れとの天命を与えられることになったと既に述べたので、次に文王がその明なる徳を得た由来である本源を求め、その母である「摯仲氏任」を述べるに至ると云うのである。）

大任身《はら》む有り、此の文王を生む。維れ此の文王、小心翼翼たり。昭《あきらか》に上帝に事《つか》え、聿《つ》いで多福ならんと懐う。厥《そ》の徳回《たが》わず、以て方《よも》の国を受く。（第三章）

（「大任」は「摯の仲氏任」。毛伝はこの章について「此《ここ》は、文王の徳有ること、亦た父母に由るを言う也」と云う。）

天の監《み》ること下に在り、命有りて既に集《つ》く。文王初めて載《し》り、天之が合《つれ》を作る。洽の陽《きた》に在り、渭の涘《ほとり》に在り。（第四章）

（鄭箋に「天、善悪を下に監視し、其の命将《まさ》に依り就く所あらんとすれば、則ち豫め之を福助す。文王の生まれて適《まさ》に識《し》る所有るに於て、則ち之に気勢の処に配《つれあい》を生むを為し、必ず賢才あら使む。大姒を生むを謂う」と。）

文王嘉《よみ》す、大邦に子有り。大邦に子有り、天の妹に俔《たと》う。文に厥の祥《よき》を定め、渭に親迎す。舟を造《なら》べて梁《はし》を為《つく》る、其の光あるを顕かにせざらんか。（第五章）

（鄭箋はこの章を文王による大姒への求婚、婚姻の進行を謂うと解する。すなわち「文王嘉止、大邦有子」には「文王大姒の賢なるを聞けば、則ち之を美《ほ》めて、大邦に子女有り、以て妃と為す可し、と曰い、乃ち求昏す」、「大邦有子、俔天之妹」には「既に問名せ使め、還れば則ち之を卜《うらな》い、又た大姒の賢なるを知り、之を尊ぶこと天の女弟有るが如くす」、「文定厥祥」には「問名せし後、卜いて吉なるを得ば、則ち文王、礼を以て其の吉祥を定む。納幣せ使むるを謂う也」、「親迎于渭」には「賢女聖人に配《めあわ》す。其の宜しきを得れば、故に礼を備うる也」、「造舟為梁、不顯其光」には「大姒を迎う、而して更《あらた》めて梁《はし》を為《つく》る者は、其の昭著に後世に昏礼に敬《つつし》むを示さんと欲すれば也。其の礼の光輝有るを明かにせざらんかとは、之を美《ほ》むる也」と云う。毛伝はこれほど整った流れを読んではいない。「文定厥祥」に「大姒の文徳有るを言う也。祥は善也」と云い、「親迎于渭」には「聖賢の配《つれあい》なるを言う也」、「造舟為梁、不顯其光」には「命を受くることの宜しき、王たるの基《もとい》乃ち是《ここ》に始まるを言う也」と云うに止まる。）

命有り天自《よ》りす、此の文王に命ず。于《ここ》に周に于《ここ》に京に、女《じょ》を纘《つ》ぐは維れ莘。長子維れ行い、篤く武王を生む。保右して爾《なんじ》に命ず、燮《あわ》せて大商を伐てと。（第六章）

（毛伝に「纘は継ぐ也。莘は大姒の国也、長子は長女也。能く大任の徳を行う焉」。）

殷商の旅《もろびと》、其の会するや林の如し。牧野に矢《なら》び、維れ侯の興るを予《あた》う。上帝女《なんじ》に臨む、爾《なんじ》の心を貳《ふた》つにする無かれ。（第七章）

牧野洋洋たり、檀車煌煌たり、駟騵彭彭たり。維《こ》れ師尚父、時に維れ鷹の揚がるがごと、彼の武王を涼《たす》く。肆《と》く大商を伐《う》ち、会朝に清明たり。（第八章）

細部についての解釈は多様であり、例えば光武帝の時代にこの詩がどのように読まれていたかはにわかに定め難いが、大筋のところ、文王、武王と至り、牧野に行われた商の討伐が、それぞれに下った天命に依ることを謳うものであること、そしてその天命を下すについて天が文王、武王に認定する卓越性が、文王についてはその母である大任に、武王については文王のために天が用意したと謳われる大姒に源泉することが前面に謳われていることは覆い難いであろう。

第六章「篤く武王を生む」について、鄭玄は、

天、気を大姒に降し、厚く聖子・武王を生む。

と箋し、これに孔穎達「正義」は、

「厚く生む」とは、聖性感気の厚きを謂う。故に「天、気を大姒に降す」と言う也。聖人は則ち父有りと雖も、而るに聖性は之を天に受く。故に「天、気を降す」と言う也。

と解説を加えている。「聖人」の「聖性」を突き詰めれば、このように考えざるを得ないと云うことになろう。となれば、このような天の気が降される女性は、その聖性を受胎するにふさわしい「聖女」であるはずだとなる。

「思斉《さい》」は次のように謳い始める。

思斉《さい》なる大任、文王の母。思媚なる周姜、京室の婦。大姒徽音を嗣げば、則ち百たり斯《こ》の男。（第一章）

詩序には、

思斉《さい》は文王の聖たる所以也。

と云う。その「正義」には、

思斉《さい》詩を作る者は、文王の聖たるを得る所以は其の賢母の生む所なるに由ると言う。文王は天性自《よ》り当《まさ》に聖なるべきも、聖なるは亦た母の大賢なるに由れば、故に其の母を歌詠す。文王の聖なる、所以《ゆえん》有りて然ると言う也（言文王之聖、有所以而然也）。

と云う。それぞれ時代を異にはするが、「思斉《さい》」篇第一章の読み取りについて参考となろう。

光武帝の薄太后や竇太后についての言句とその発想が、これら「大明」「思斉《さい》」における大姜・大任・大姒についての謳われ方に通底することは疑うべくもないように思われる。郭皇后を廃する制詔には「既に関雎の徳無く」ともあった（本章二一節、本書四二七頁）。そこに言う「関雎」とは『詩経』冒頭の「関雎」篇のこととして間違いなかろう。すなわち光武帝の皇后・皇太后という内宮の中心にある女性の理想は『詩経』に基づいてイメージされていた、ということになろうか。思えば前に紹介した『後漢書』「皇后紀」が伝える光武帝の陰皇后に対する若年時のあこがれに始まる思い掛かり（本書四二五頁）も、「大明」第五章に謳われる文王の大姒に対する思い掛けに通底していると云えるようである。

二四

『詩経』は男女の情愛を歌う詩篇を多く含むから、それは男女・夫婦関係についての感情教育、その馴致のための「教科書」に使われる素質を持っていると言い得るであろう。前に紹介したように武帝も述べ、他にもしばしば言及される如く、漢朝廷においては、呂后擅恣の記憶は一種のトラウマとして受け継がれ、母権擅恣への警戒は武帝の極端な例を含めて濃淡はあれ皇帝や朝臣たちに意識されていたであろう。皇后となり、また皇帝の母となる可能性のある後宮の女性をいずれ母権擅恣に走らせぬためには、そのための教育・馴致が必要であり、また皇帝についてもそれに見合う、男女関係の折り目正しさ、後宮という空間を無秩序な「乱婚」空間と化してしまわないための馴致が必要であった。

『漢書』「外戚伝」下には孝成・班倢伃について次のように云う。

帝初めて即位するに（班氏は）後宮に選入さる。始めは少使と為る。蛾《にわ》かにして大いに幸い（交接を謂う）せられ、倢伃と為り、増成舎に居し、再び館に就く（顔師古注「蘇林曰く『外舎に子を産む也』と。晋灼曰く『陽祿と柘館とを謂う』と」)。男有るも、数月にして之を失う。成帝後庭に遊するに、嘗て倢伃と輦を同じくして載らんと欲す。倢伃辞して曰く「古の図画を観るに、賢聖の君には皆な名臣有りて側《かたわら》に在り。三代の末主にして乃ち嬖女有り。今ま輦を同じくせんと欲するは、之に近似すること無きを得ん乎」と。上《じょう》其の言を善しとして止む。太后(王太后)之を聞き、喜びて曰く「古に樊姫有り、今に班倢伃有り」と(顔師古注「張晏曰く『楚王田《かり》を好み、樊姫為《ため》に禽獣の肉を食らわず』と」)。

倢伃は「詩」及び「窈窕」「徳象」「女師」の篇を誦す。進見上疏する毎《ごと》に、古礼に依則す。

いまの「倢伃誦詩及窈窕徳象女師之篇」について顔師古注は、

師古曰く。「詩」は「関雎」以下を謂う也。「窈窕」「徳象」「女師」の篇は、皆な古箴戒の書也。故に伝に「詩及び窈窕以下の諸篇を誦す」と云いて、「詩」の外に別に此の篇有るを明かす耳《のみ》。而るに説く者便《すなわ》ち「窈窕」等は即《すなわ》ち是れ「詩」篇なりと謂う。蓋し之を失へり矣。

と、従来の解釈に批判を加えている。

ともあれ「窈窕」「徳象」「女師」は字面から見て婦女に向けた教戒のテキストであると覚しいが、「詩」すなわち「詩経」がそれらの頭に置かれているのである。

二一節の最初に紹介した『史記』「外戚世家」の冒頭にもすでに、

……周の興るや姜原及び大任を以てなり、而して幽王の禽らえらるるや褒姒に淫すればなり。故に易は乾坤に基《はじ》め、詩は関雎に始《はじ》め、書は釐降を美《ほ》め、春秋は親迎せざるを譏《そし》る。

と、「易」と「詩」について、そのテキストの書本としての組み立てが「男女の別」(『礼記』「経解」篇)「夫婦の義」

（「郊特牲」篇）を基底の視座として為されていると指摘していた。

改めて今に伝わる所謂「毛詩」、その冒頭「関雎」以下、「周南」「召南」諸篇の詩序を辿ると次のようである。

周南

関雎

関雎（の謳う）は后妃の徳也。風《ふう》の始め也。天下に風《おし》えて夫婦を正す所以也。故に之を郷人に用う焉、之を邦国に用う焉。（以下は所謂「大序」の部分である）風は風《かぜふ》く也。教う也。風《かぜふ》きて以て之を動かし教えて以て之を化す。……然らば則ち「関雎」「麟趾」の化は王者の風、故に之を周公に繋《か》く。「南」とは化の北自り南するを言う也（「周南」と云う呼び名の由来を解く）。「鵲巣」「騶虞」の徳は諸侯の風也。先王の教える所以、故に之を召公に繋《か》く（「召南」と云う呼び名の由来を解く。「南」は「周南」の「南」と同じならん）。「周南」「召南」は始めを正すの道、王化の基《もとい》、是を以て「関雎」は、淑女を得て以て君子に配するを楽しむ。憂うるは賢を進むるに在り。其の色に淫せず。窈窕たるを哀れみ、賢才を思い、而して善きの心を傷《やぶ》ること無し焉。是れ「関雎」の義也。

葛覃

葛覃（の謳う）は后妃の本也。后妃、父母の家に在りては則ち志《こころざし》女功の事《つとめ》に在り。躬倹節用、澣濯の衣《ころも》を服《き》、師傅を尊敬せば則ち以て帰りて父母を安んじ天下を化するに婦道を以てす可き也。

巻耳

巻耳（の謳う）は后妃の志也。又た当《まさ》に君子を輔佐すべし。賢を求め官を審らかにし、臣下の勤労を知り、内に賢を進むるの志有りて険詖私謁の心無く、朝夕思念し、憂勤するに至る也。

（「又た」と云うについては「正義」に『又た』と言う者は前に繫《か》けるの辞、則ち篇を異にすと雖も、而るに同じく是れ一人の事なれば、故に『又た』と言い、亜次と為す也」と云う。すなわち直前の「葛覃」詩序に続けて言うからだとする。また「正義」は「賢を求め」以下を后妃が自身するのではなく、君子にそうさせるのだ、と解している。）

樛木

樛木（の謳う）は后妃下に逮《およ》ぶ也。言《ことば》能く下に逮《およ》び、而して嫉妬するの心無し焉。

（鄭箋に従えば、后妃が能く衆妾を和諧して嫉妬せず、恒に善言を以て下のものに逮《およ》び、之を安んずること。「言」は后妃の言葉、「下」とは「衆妾」のこととなる。）

螽斯

螽斯（の謳う）は后妃の子孫衆多なる也。言うこころは、螽斯《キリギリス》の若く妬忌せざれば則ち子孫衆多ならんと也。（「正義」に「其の妬忌せざれば則ち嬪妾倶に進み、生む所は亦た后妃の子孫、故に衆多なるを得《う》」と解説する。）

桃夭

桃夭（の謳う）は后妃の致す所也。妬忌せざれば則ち男女正しきを以てし、婚姻時《とき》を以てし、国に鰥民無き也。

兎罝

兎罝（の謳う）は后妃の化也。関雎の化行わるれば則ち徳を好まざる莫く、賢人衆多なる也。

芣苢

芣苢（の謳う）は后妃の美《うま》しき也。和平なれば則ち婦人子有るを楽しむ矣。

漢広

漢広（の謳う）は徳広きの及ぶ所也。文王の道、南の国に被《およ》び、美《うま》しき化、江漢の域に行われ、礼を犯さんと思うもの無し。求むるも而るに得《う》可からざる也。

（本文「南に喬木有るも、休《いこ》う可からず。漢に游女有るも、求むる可からず」の鄭箋に「『可《べ》からず（不可、出来ない）』なる者は、本と『可し（可、出来る）』の道有る也」と云い、これを承けて「正義」に「本と淫風大いに行われし時、女に求む可きもの有るも、今ま文王の化を被《こうむ》り、游女皆な絜《きよ》し」と云う。文王の化が及び、誘っても女《むすめ》は誰も応じなくなったので、男も誘おうとは思わなくなった、と云うのである。）

汝墳

汝墳（の謳う）は道の化行わるる也。文王の化、汝墳の国に行われ、婦人能く其の君子を閔《あわ》れみ、猶お之を勉《はげ》ますに正しきを以てする也。

麟之趾

麟之趾（の謳う）は関雎の応也。関雎の化行わるれば則ち天下に非礼を犯す無し、衰世の公子と雖も皆な信厚なること麟趾の時の如き也。

召南

鵲巣

鵲巣（の謳う）は夫人の徳也。国君は行いを積み功を累ねて以て爵位を致し、夫人は家より起こりて之を居有す。徳、鳲鳩の如ければ、乃ち以て配す可し焉。

采蘩

采蘩（の謳う）は夫人職を失わざる也。夫人以て祭祀を奉ず可ければ則ち職を失わず矣。

草虫

草虫（の謳う）は大夫の妻能く礼を以て自ら防ぐ也。

采蘋

采蘋（の謳う）は大夫の妻能く法度に循《したが》う也。能く法度に循《したが》えば則ち以て先祖を承け祭祀に共《そな》える可し矣。

甘棠

甘棠（の謳う）は召伯を美《ほ》むる也。召伯の教え、南の国に明けし。

（鄭箋に「召伯は姫姓、名は奭」と。『史記』「燕召公世家」に「召公奭は周と同姓、姓は姫氏、周・武王の紂を滅ぼすや、召公を北燕に封ず。其の成王の時に在りては召公、三公と為る。陝自り以西は召公之を主《つかさど》り、陝自り以東は周公之を主《つかさど》る……」と。ただし新釈漢文大系『詩経』上、明治書院、一九九七、五〇頁には本文の「召伯」について「『召伯』は召伯虎。西周宣王朝に南方を宣撫した召穆公虎。」と云う。）

行露

行露（の謳う）は召伯、訟《うった》えごとを聴《おさ》める也。衰乱の俗微《おとろ》え貞信の教え興《おこ》り、彊暴なるの男、貞女を侵陵する能わざる也。

羔羊

羔羊（の謳う）は鵲巣の功の致す也。召南の国、文王の政《まつりごと》に化し、位に在るは皆な節倹正直、徳、羔羊の如き也。

殷其雷

殷其雷（の謳う）は勧むるに義を以てする也。召南の大夫、遠くに行きて政《まつりごと》に従い、寧処に遑《いとま》あらず。其の室家能く其の勤労するを閔《あわ》れみ、勧むるに義を以てする也。

摽有梅

摽有梅（の謳う）は男女時に及ぶ也。召南の国、文王の化を被《こうむ》り、男女以て時に及ぶを得る也。

小星

小星（の謳う）は恵みの下《しも》に及ぶ也。夫人に妬忌の行い無く、恵み賤妾に及び、君に進御す。（賤妾は）其の命（「命」は職階の意。ここでは後宮官女の職階）に貴賤有るを知りて能く其の心を尽くす矣。

江有汜

江有汜（の謳う）は媵（正夫人に付き添って後宮に入る妾のこと）を美《ほ》むる也。勤めて怨むこと無ければ、嫡（すなわち正夫人）も能く悔過する也。文王の時、江沱の間、嫡の其の媵を以て数に備えざる有り。媵は労に遇うも而るに怨むこと無ければ、嫡も亦た自ら悔ゆる也。

野有死麕

野有死麕（の謳う）は無礼を悪《にく》む也。天下大乱し、彊暴相い陵《しの》ぎ、遂に淫風を成すも、文王の化を被《こうむ》れば、乱世に当たると雖も、猶お無礼を悪《にく》む也。

何彼襛矣

何彼襛矣（の謳う）は王姫を美《ほ》むる也。則ち王姫にして諸侯に下嫁すれば車服は其の夫に繫《か》からず王后に下ること一等なりと雖も、猶お婦道を執りて以て粛雝の徳を成す也。

騶虞

騶虞（の謳う）は鵲巣の応也。鵲巣の化行われ、人倫既に正しく、朝廷既に治まり、天下純《ひとえ》に文王の化を被《こうむ》れば、則ち庶類蕃殖す。蒐田《かり》するに時を以てし、仁なること騶虞の如くせば則ち王道成る也。

これら、「周南」「召南」の諸篇に付された詩序群が、それぞれに緊密な首尾一貫性を持つことは明らかであろう。「周南」においてはその首篇「関雎」に「后妃の徳也」と云い、その終篇「麟之趾」に「関雎の応也」、「召南」においては首篇「鵲巣」に「夫人の徳也」、終篇「騶虞」に「鵲巣の応也」と云う。また「周南」と「召南」の二群自体が、

「后妃」と「夫人」との次序、対比をなして作成されていることも明白である。「大序」には、

「関雎」「麟趾」の化は王者の風、……「鵲巣」「騶虞」の徳は諸侯の風也。

と云うから、これに従えば、「后妃」とは王者の配偶、「夫人」とは諸侯の配偶、となる。

「周南」においては「后妃の徳」を謳う流れの中に「文王の道、南の国に被び」（漢広）「文王の化、汝墳の国に行われ」（汝墳）が当て込まれて「関雎の化行わるれば則ち天下に非礼を犯す無し」と収められ、「召南」においても「夫人の徳」を謳うなか、「召伯の教え、南の国に明けし」（甘棠）「衰乱の俗微え貞信の教え興り」（行露）「召南の国、文王の政に化し」（羔羊）「召南の国、文王の化を被り」（摽有梅）「文王の化を被れば、乱世に当たると雖も、猶お無礼を悪む」（野有死麕）と云われて「鵲巣の化行われ、人倫既に正しく、朝廷既に治まり、天下純に文王の化を被れば、則ち庶類蕃殖す……仁なること騶虞の如くせば則ち王道成る」（騶虞）と収められる。「騶虞」詩序における「王道成る」との収めは、「召南」だけではなく、「王者の風」を謳う「周南」から「召南」に継いでの、「周南」一一篇「召南」一四篇、すなわち「関雎」に始まる二五篇の展開の止《とど》めでもあろう。従って「騶虞」は「関雎」を大きくは承けると詩序は設けているのである。

その「関雎」小序には、

「関雎」は后妃の徳也。風《ふう》の始め也。天下に風《おし》えて夫婦を正す所以也。故に之を郷人に用う焉、之を邦国に用う焉。

と云う。后妃の徳による王者における「夫婦」の充実が、風《かぜ》が物皆なを震わせる如く邦国に郷人に行き渡り、そこにある数多《あまた》の「夫婦」を充実させて行く。それが「漢広」「汝墳」「摽有梅」「野有死麕」「騶虞」に云う「文王の道」「文王の化」の実質に他ならない。

それらが実現するのは、

（男女の）礼を犯さんと思うもの（そのような男は）無し。（男が）求むるも而るに（女《じょ》を）得《う》可からざる也。（漢広）

婦人能く其の君子（夫）を閔れみ、猶お之を勉ますに正しきを以てする也。（汝墳）
男女以て時に及ぶを得る也。（摽有梅）
天下大乱し、彊暴相い陵ぎ、遂に淫風を成すも、文王の化を被れば、乱世に当たると雖も、猶お（淫風のままに犯される）無礼を悪む也。（野有死麕）
庶類蕃殖す。（騶虞）

という夫婦の折り目正しい親和と、それがもたらす生活・生殖の充実であると云われる。そしてこの充実が実現されたことを、最後に「騶虞」詩序は「王道成る」と止《とど》めるわけである。

つづめるなら「詩序」は、「周南」「召南」二五篇を一連のまとまった詩篇群として、すなわち后妃の徳による王者における夫婦の折り目正しい親和の実現とその后妃の徳が天下に風化、波及することによって人々の生活・生殖が充実することを謳う一連の詩篇として提示しているのである。

二五

「周南」「召南」の詩序が示している政治学的思考が、民政の充実を目指し、その指標を折り目正しい親和に結ぶ「夫婦」の普及に置いていることは既に明らかであろう。そしてかくまとめることの出来る「詩序」の政治学的思考が前に見た前漢・宣帝期を画期とし世祖・光武帝を経て後漢期へとわたって行く「民政」思考の進展によく適合することもまた明らかであろう。

「民政」充実の指標を世に住まう人々における折り目正しい「夫婦」の親和に採る、この期に目立つ政治学的思考の成り行きを告げるテキストを『漢書』から拾っておく。

【事例一】

既に本章一四節に紹介したが、元康（前六五〜六二）中、匈奴が車師に屯田する者を襲うという事件が起こり、宣帝は後将軍・趙充国などと議し、匈奴の右地を撃って西域の安定を得ようと図ったが、丞相・魏相はこれに反対、上書して宣帝を諫めた。その上書には次のように云う。

今ま郡国の守・相は実選せざるもの多く、風俗尤も薄く、水旱時ならず。今年の計（毎年各郡国が都に派遣する上計吏が丞相に提出する、各郡国の戸口・墾田数、銭穀出納数、盗賊の発生件数などの報告書「計書」のことであろう。本書三六一頁）を案ずるに、子弟の父兄を殺し、妻の夫を殺す者、凡そ二百二十二人、臣愚以為《おも》えらく、此れ小変に非ざる也と。今ま左右此れを憂えず……（『漢書』巻七四・魏相丙吉伝）

すなわち「子弟の父兄を殺し、妻の夫を殺す者、凡そ二百二十二人」という数字が、民生の異変、民政の異常を告げる指標とされているのである。

【事例二】

王吉、字は子陽。琅邪・皐虞の人。五経に兼通し、能く騶氏『春秋』を為し、『詩』『論語』を以て教授し、梁丘賀の説く『易』を好んで、子の王駿に受けさせた。王吉は昌邑王の臣となり、王の乱脈を見てしばしば諫言を呈するが、聞き入れられなかった。昭帝が崩じ、昌邑王は一旦即位するも二十餘日で淫乱を以て廃される。その群臣は皆な獄に下され誅殺されたが、王吉と龔遂だけは数《しば》しば昌邑王を諫めていたことより死一等を減じられた。吉は官に復し益州刺史と為るが、病して官を去り、復た徴せられて博士・諫大夫と為った。

是の時、宣帝は頗る武帝の故事を修め、宮室車服、昭帝より盛んなり。時に外戚の許・史・王氏は貴寵、而して上は躬《みずか》ら政事に親しくするに、能吏を任用す。

であったので、王吉はその得失を論ずる上疏を行った。『漢書』巻七二「王貢両龔鮑伝」には先ずこの上疏を、

陛下、躬《み》聖質にして万方を総べ、帝王の図籍、日び前に陳《なら》べ、惟《た》だ世務を思いて将《まさ》に太平を興さんとす。詔書下る毎《ごと》に、民、欣然として更生するが若《ごと》し。臣伏して之を思うに、「至恩」と謂う可きも、未だ「本務」と謂う可からざる也（顔師古注「師古曰く『天子此《かく》の如くするは、百姓に於ては至恩と為すと雖も、然れども未だ政務の本を尽くさず、と言う也』と」）。

治めんと欲するの主は不世出なるも（「不世出」は、めったに出会わない、という意。顔師古注に「師古曰く『時有りて遇うことの常には値《あ》わざるを言う』と」）公卿幸いに其の時に遭遇《あ》うを得《え》て、言《ものい》えば聴《き》かれ諫《いさ》むれば従わる。然れども（公卿には）未だ万世の長策を建てて明主を三代の隆《たか》きに挙ぐる者有らざる也。其の務むるは期会簿書、断獄聴訟に在る而已《のみ》。此れ、太平の基《もとい》に非ざる也。……

「春秋」の大一統する所以の者は、六合風を同じくし、九州貫を共にする也。今ま俗吏の民を牧する所以の者は、礼義科指の世世通行す可き者有るに非ざる也。独り刑法を設けて以て之を守るのみ。……孔子曰く「上を安んじ民を治むるに礼より善きは莫し」（『孝経』広要道章）と。空言に非ざる也。……臣願うらくは、陛下天心を承け、大業を発し、公卿大臣延《ひ》きて及び儒生と、旧礼を述《つ》ぎ王制を明らかにし、一世の民を敺《か》りて之を仁寿の域に済《わた》せば（顔師古注「師古曰く『仁を以て下を撫づれば則ち羣生安逸して寿考す』と」）、則ち俗何ぞ以て成・康に若《し》かざらん、寿《いのちなが》きこと何ぞ以て高宗に若《し》かざらん。窃《ひそ》かに当世の趨務の道に合わざる者を見れば、謹んで条奏せん。唯だ陛下のみ財択せん焉。

と引き、以下その「条奏」の指意をまとめて、

吉意に以為《おも》えらく。夫婦は、人倫の大綱、夭寿の萌也（顔師古注「師古曰く『之に由りて生ず、故に萌と云う』と」）。

世の人々が夭折するか長生きするかの違いは夫婦の道がきちんと立っているかどうかにかかっていると云う）。世俗の嫁娶すること太《はなは》だ早ければ、未だ人の父母為《た》るの道を知らずして子有り。是を以て教化明かならずして民に夭するもの多し。

妻を聘き女《むすめ》を送るに節亡《な》ければ、則ち貧人は及ばずして、故に子を挙げず。

又た漢家の列侯、公主を尚《めと》り、諸侯には則ち国人、翁主を承《う》くれば（顔師古注「晋灼曰く『天子の女《むすめ》を娶るは則ち公主を尚《めと》ると曰い、国人、諸侯の女《むすめ》を娶るは翁主を承《う》くと曰う。尚・承は皆な卑下するの名《ことば》也』と」）、男をして女に事《つか》え使め、夫、婦に詘《かが》み、陰陽の位に逆らえば、故に女の乱るること多し。……

又た言う。……

と伝え、最後に、

其の指は此《かく》の如し。上《じょう》は其の言の迂闊なるを以て甚だしくは寵異せざる也。吉遂に病に謝して琅邪に帰る。

と締めている。（この上疏については巻二二「礼楽志」にも言及される。ただしそこでは「欲治之主不世出……則俗何以不若成康、寿何以不若高宗」の部分のみが引かれ、「上不納其言、吉以病去」と締められている。）

王者としての天下の一統は、礼義による民政によって「一世の民」を「仁寿の域」へと馴致することだとし、その「大綱」として、世の人々における「夫婦」の折り目正しい成立を挙げるのである。成熟した、人の「父母」となるに相応しい男女の折り目正しい婚姻によって成立する「夫婦」こそが、教化が行き届き、世が長寿を享受する「太平」の起点だと述べる。ここにはまた当時の世、すなわち宣帝の治世の現実が、その理想を裏切るものであることが具体的に指摘されている。（宣帝がこの王吉の言を「迂闊」としたについては本書三八三頁に参照。）

【事例三】

武帝・建元六年（前一三五）、閩越が南越を攻め、武帝が兵を興して閩越を討とうとした時の、それを諫める淮南王・劉安の上書には、

天下、宗廟の霊に頼り、方内大寧、戴白の老も兵革を見ず、民の夫婦相い守り父子相い保つを得るは、陛下の徳也。（『漢書』巻六四上・厳助伝）

と云う。

武帝は南越を征し、元封元年（前一一〇）に儋耳・珠厓二郡を立てた（共に海南島）が、反叛常ならず、昭帝・始元五年（前八二）に儋耳郡を罷めて珠厓郡に併せ、元帝の初元元年（前四八）に珠厓が重ねて反叛し、之を討つもなかなか安定しなかった。元帝は大軍を発動する方針を出したが、これに賈捐之が反対した。元帝は詰問のための使者を派遣、賈捐之はこれに対《こた》えたが、その中に次のように云う。

今ま天下は、独り関東有るのみ。関東に、大なる者は、独り斉・楚有るのみ。民庶久しく困《くる》しみ、連年流離し、其の城郭を離れ、相い道路に枕席す。人情は父母より親しきは莫く、夫婦より楽しきは莫きも、妻を嫁し子を売るに至り、法も禁ずる能わず、義も止むる能わず。此れ社稷の憂い也。（『漢書』巻六四下・賈捐之伝）

この賈捐之の議は丞相・于定国の支持もあり、元帝もこれに従い、珠厓郡は廃罷された（初元三年、前四六）。

「妻を嫁し子を売る」という現実があるならば、「夫婦」「父母子」の安寧な暮らしを広く実現するというのは、当時の世情においては極めて切実な民庶の願望であり、従って朝廷に参画する士人にはこのことがその朝廷政治全般の得失状況を標《しる》す中心的な指標と意識されていたと覚しい。

【事例四】

平帝元始四年（紀元四）の詔には、

蓋し夫婦正しければ則ち父子親しみ、人倫定まる矣。前《さき》に有司に詔して、貞婦に復《のぞ》き、女徒を帰すは、誠に以て邪辟を防ぎ貞信を全うせんと欲す。……（『漢書』平帝紀）

と云う。

「夫婦正しければ則ち父子親しみ、人倫定まる矣」と云うのは、「父子」関係に「夫婦」関係を先行させる点、注意すべきであろう。平帝の当時は、太皇太后・王氏が臨朝して、王莽に政を委ね、王莽は太后の意を迎えるのに熱心であったと云う（『漢書』巻九八「元后伝」）から、このことと関わるのであろうか。

【事例五】

王莽伝、地皇二年（二一）の記事には次のように云う。

秋、隕霜、菽《まめ》を殺す。関東大いに饑《う》う。蝗《いなご》あり。

民《たみ》、鋳銭を犯せば、伍人相い坐し、没入して官奴婢と為す。其の男子は檻車、児女子は歩、鉄鎖を以て其の頸《くび》を琅当《つなぎしば》り、鍾官に伝詣し、十万を以て数う。到る者は其の夫婦を易《か》う。愁苦して死する者、什《じゅう》に六・七。……

「愁苦して死した」のは、夫婦を易《か》えられるという措置を受けてのことであろう。この種の措置が行われ得たという現実を示し、かつそれが当時の「民」とされる人々にとって自らの生《せい》の根幹を傷つけ奪う措置であった事実を窺うことが出来る。

二六

范曄『後漢書』皇后紀には、

古自《よ》り主幼く時艱《かた》く、王家釁《すき》多しと雖も、必ず冢宰に委成し、忠賢を簡求し、未だ婦人に専任して重器を断割すること有らず。唯だ秦の芈太后始めて政事を摂《と》り、故に穰侯、権、昭王より重く、家、嬴国より富む（李賢注「太后は昭王の母也。宣太后と号す。史記に曰く『昭王立つも、年少《おさな》ければ、宣太后自ら事を知《つかさど》り、同母弟（宣太后の同母弟、すなわち昭王の舅父《おじ》）の魏冉を以て将軍と為して政《まつりごと》を任せ、封じて穰侯と為す』と。太后の政《まつりごと》を摂《と》ること此《ここ》に始まる也」）。漢は其の謬りを仍《かさ》ね、患《わざわい》なるを知るも改むる莫し。東京《とうけい》（すなわち後漢朝廷）は皇統屢《しば》しば絶えて、権、女主に帰し、外立する者は四帝（李賢注「安・質・桓・霊を謂う」）、臨朝する者は六后（李賢注「章帝・竇太后、和熹・鄧太后、安思・閻太后、順烈・梁太后、桓思・竇太后、霊思・何太后也」）、帷帟に定策し、父兄に委事し、孩童を貪りて以て其の政《まつりごと》を久しくし、明賢を抑えて以て其の威を専らにせざる莫し。……

と、後漢朝廷に太后臨朝の例が多いことを指摘している。

范曄の筆致は非難に傾くが、しかし例えば和熹・鄧太后などは当時必ずしも母后擅恣とのみ非難されたのではなかった。

和熹・鄧皇后、諱は綏。光武帝の政権樹立に協力し、明帝に太傅とされた鄧禹の第六子・鄧訓の女《むすめ》である。母・陰氏は光武帝の皇后・陰氏の従弟女。

鄧禹は南陽郡・新野の人、光武帝と同じく南陽郡、陰皇后と同じく新野の出身であるが、年一三、能く『詩』を誦し、長安に受業したが、時に二十歳前後の光武帝も遊学中で、相い親附した、と云う。更始帝が立つと鄧禹を推薦する者が多かったが鄧禹は更始朝廷には出ず、光武帝が河北に安集するを聞くや、徒《かち》立ちに河を渡って鄴に尋ね及んだ。光武は之を見て甚だ歓び、謂いて曰く「我は封・拝を専らにするを得《う》（「封」は土地と爵位を与えること。「拝」は官職を与えること。すなわち、わたしは更始朝廷の行う封・拝を吾が一存で専権に行い得る、と云う）。生《せい》（あなた。すなわち鄧禹）の遠来するは、寧《むし》ろ仕えんと欲する乎（すなわち、あなたが遠くわたしのところまでやって来たのは、いずれにせよ更始朝廷に出仕したいということか）」と。禹曰く「願わざる也」と。光武曰く「即《も》し是《かく》の如ければ、何を為さんと欲するや」と。禹曰く「但だ願うらくは、明公（すなわち劉秀・光武帝）の威徳四海に加うるに、禹其の尺寸を効《いた》すを得て功名を竹帛に垂《た》れんと耳《のみ》」と。光武笑う。因りて留宿閒語す。禹進み説きて曰く「……更始既に未だ挫《くじ》く所有らざるも……四方分崩離析し、形執見る可し。明公（更始朝において）藩輔の功を建《た》つと雖も、猶お恐らくは成立する所無からん。今に於けるの計、英雄を延攬し、民心を悦《ほど》くに務め、高祖の業を立て、万民の命を救うに如《し》くは莫し。公《こう》（あなた。すなわち劉秀・光武帝）を以てして天下を慮れば、定むるに足らざる也（以下に、光武が広阿県の城楼上において輿地図を鄧禹に示して「天下の郡国是《かく》の如し。今ま始めて乃ち其の一を得《う》。子《し》（あなた。すなわち鄧禹）前《さき》に吾を以て天下を慮れば定むるに足らずと言うは、何ぞ也」と云う。「不足定」は、定めるにも値しない、すなわち、定めることは何と云うこともないほどに当たり前のことだ、という意）」と。光武大いに悦び（心がほどけ）、因りて左右に令して禹を号《よ》びて「鄧将軍」と曰《い》わしむ。常に中《うち》に宿止し、与《とも》に計議を定む。（范曄『後漢書』巻一六「鄧寇列伝」）

すなわち鄧禹は、劉秀・光武帝に更始朝廷下に跼蹐するのではない、帝王たる格位と気宇をつとに見出し引き出した幕賓《ブレイン》であると云うのである。

赤眉が西に向かい、入関して長安に迫り、関中を併せる勢いを示すと、自らは山東にあって動けない光武帝は西討の総指揮を鄧禹に委《ゆだ》ね、鄧禹は二万の精兵を率《ひき》いて先ず河東郡に入り、戦闘の末にこれを平定、李文を河東郡太守に拝し、属県の令・長をすべて入れ替えて鎮撫した。同じ月に光武帝は鄗県（河北省柏郷県北）に即位したが、使者を派遣、鄧禹を大司徒に拝した。鄧禹は当時年二四という若さである。やがて鄧禹は汾陰河を渡って夏陽（陝西省韓城市南西）へ、現在の陝西省へと進軍、当地の人々は蝟集してこの鄧禹軍を迎え、衆百万と号し、鄧禹の名は関西にとどろいた。諸将豪傑は、ただちに長安に向かい既に入城していた赤眉軍を撃つことを勧めるが、鄧禹は現在の赤眉軍は当たり難い勢いにあるので、「土広く人稀れにして饒穀多畜」なる上郡、北地郡、安定郡に兵を休め、赤眉軍の疲弊するのを待つ、とした。

鄧禹のこの辺り以降の事績を見るに、実際の戦闘指揮に特に長《た》けていたとは謂い難い。彼の真骨頂は平安をもたらす「王の軍」として民心を帰趨させるところにあったと思われる。建武二年（二六）正月、赤眉軍が糧食も尽きたため長安を離れさらに西に向かうと、鄧禹は長安に至った。しかしやがて赤眉軍が戻って来ると鄧禹軍は連戦連敗、長安を明け渡す次第であった。三年（二七）春には車騎将軍・鄧弘とともに赤眉軍を撃つが大敗、二十四騎と宜陽（洛陽から西七〇キロメートルほど）に駆け戻り、謝して大司徒・梁侯の印綬を上《おさ》めた。詔により侯の印綬は戻され、数月後、右将軍に拝されたのであった。（本章一九節事例三参照。特に四二一頁。）

鄧禹の人柄については范曄『後漢書』の伝に、

> 禹は内《うち》文明にして、篤行淳《あつ》く備わり、母に事《つか》うるに至孝。天下既に定まれば、常に名埶《せい》（勢）より遠ざからんと欲す。子十三人有り、各おの一蓺《げい》（藝）を守ら使む。閨門を修整し、子孫を教養すること、皆な以て後世の法と為す可し。国邑に資用して、産利を修めず。帝益《ます》ます之を重んず。

と、篤実な「家庭人」であったことが記されている。

いま出る「終整閨門」の「閨門」について『漢語大詞典』は、『礼記』「楽記」篇の、

（……是の故に楽《がく》、宗廟の中に在りては君臣上下同じく之を聴けば則ち和敬ならざる莫く、族長郷里の中に在りては長幼同じく之を聴けば則ち和順ならざる莫く）閨門の内に在りて、父子兄弟同じく之を聴けば則ち和親ならざる莫し。

などを例文として、

宮苑、内室の門。借りて宮廷、家庭を指す（宮苑、内室的門。借指宮廷、家庭）。

と解説し、また、

婦女居る所の処（婦女所居之処）。

と解説する（『漢語大詞典』第一二巻、漢語大詞典出版社、一九九三、一〇一頁）。すなわち「閨門」とは、我々の所謂「奥向き」、邸第、家居において「表向き」と区別され、夫婦・父子・兄弟の私生活が営まれる現場としての「家庭」ないし「家庭生活」そのものが謂われているとしてよかろう。

思うにこの時代、我々の所謂「家庭」と呼ぶに相応しい独自の質と範囲に展開する生活圏域、ここの「閨門を修整し」という項目及び前節までに見た「夫婦」を重視することの後漢にかけての進展に参照するなら、「夫婦」の折り目正しい親和を中心に世代の上下左右に広がる親密な生活圏域が人の生《せい》の基底圏域として形をなし、そしてまた人の生を支える基底圏域として人々に気付かれ来たり、その保全にこそ芯を置く政治学的思考が、「詩経」学などの経学の進展と絡みながらこの時期に確立しつつあったのではないか。鄧禹が「年十三、能く『詩』を誦し、長安に受業した」（范曄『後漢書』巻一六「鄧寇列伝」）と伝えられることにも注意すべきであろう。

鄧禹はそのような時代の中で、「皆な以て後世の法と為す可し」と称される、実践裡にある「家庭人」であり、政治学的思考であったと言い得ようか。

光武帝を継いで顕宗・明帝が即位すると、この鄧禹が、新しい政権の基本的な指導理念を生身に明かすポストである

「太傅」に任ぜられた（光武帝における太傅・卓茂に参照。本章九節、事例二、三三九頁以下）。

鄧訓は鄧禹の第六子である。范曄『後漢書』巻一六には「少《おさな》くして大志有り、文学を好まず、禹常《つね》に之を非《ひ》とす」と云う。顕宗・明帝が即位すると郎中となり、下士に親身に接し、心を寄せる士大夫が多かったと云う。

明帝の永平年間（五八〜七五）、朝廷は虖沱河・石臼河を理《おさ》めて都慮より羊腸倉（李賢注「酈元『水経注』に云えらく「汾陽故城、積粟の所在、之を羊腸倉と謂う。晋陽の西北に在り……」と）まで漕運水路を整備する工事を興した。太原の吏人はこの役に苦しみ、しかも連年工事は完成せず、転運は三百八十九隘を経るため、水に墜ちて溺死する者が数え切れぬ有り様であった。章帝・建初三年（七八）、鄧訓は謁者に拝せられ、この工事の監領を命ぜられた。種々検討の結果、この工事は成り難しとの結論に達し、これを具《つぶさ》に上言、章帝はこの鄧訓の言に従い、工事を中止、羊腸倉への穀実の運搬には驢輦を使用するに変更したので、歳どしに億万をもって数えられる費用が省かれ、徒士数千人が助かったのであった。

後漢国家の北辺、幽州・上谷郡の太守・任興が赤沙・烏桓を誅さんとし、烏桓がこれを怨恨して謀反せんとする情勢下、鄧訓は変事あるに備えるべく黎陽（河南省浚県東）営の兵を率《ひき》いて漁陽郡の狐奴に派遣され、建初六年（八一）には護烏桓校尉に遷された。前《さき》に鄧訓と結ばれた黎陽の人々の多くが老・幼を連れ、喜んで鄧訓に随い、北辺の地に徙り住んだ。鮮卑は鄧訓が威恩をそなえた人物であると聞き、南下しなかった。李賢注の引く『東漢記』には、

吏士常《かつ》て大いに瘧《おこり》を病む。転易して数十人に至る。訓は身《みずか》ら湯薬を煮るを為し、咸《み》な平愈するを得《う》。其の妻無き者には、配偶を適《あ》つを為す。

と云う。

元和三年（八六）、盧水胡が反畔すると、鄧訓は謁者として西方、武威郡に派遣され、張掖郡太守に拝せられた。章

和二年（八八）、護羌校尉・張紆が焼当種羌の迷吾らを誘誅すると、諸羌は大いに怒《ど》し、怨みに報いんとする情勢となった。公卿は鄧訓を張紆に代えて護羌校尉とした。諸羌は激忿し、従来諸羌間にあった仇讎を解いて通婚をなし、同盟を結び、四万餘をもって結氷を待って渡河、鄧訓を攻めんとした。時に張紆に殺された迷吾の子・迷唐が別に動いて武威種羌と合わせ万騎をもって塞下に至ったが、敢えては挑まず、塞内に分居して羌族と小競り合いを重ねて来た小月氏胡を脅かさんとした。鄧訓は小月氏胡を擁衛してその兵が挑発に乗ることを抑え、羌と胡の間に戦闘が起こるを防いだ。羌・胡の相い戦うを利とし、戦闘させればよい、とする議論もあったが、これに対し鄧訓は、

然らず。今ま張紆信《しん》を失い、衆羌大動す。経常の屯兵は二万を下らざれば、転運の費《つい》え、府帑を空竭す。涼州の吏人、命《いのち》絲髪に県《かか》る。諸胡の意を得《え》難き所以の者を原《たず》ぬれば、皆な恩信の厚からざれば耳《なり》。今ま其の迫急に因り、徳を以て之を懐《なつ》くれば、能く用うること有るに庶《ちか》からん。

と応じ、

遂に城及び居る所の園門を開か令《し》め、悉く羣胡の妻子を駆りて之を内《い》れ、厳兵守衛せしむ。

という措置を採った。ために、

羌は掠するも得る所無く、又た敢えて諸胡に逼らず、因りて即《ただ》ちに解き去る。是れに由り湟中の諸胡（李賢注「湟中とは月氏胡の居る所、今の鄯州・湟水県也」）、青海省楽都県）皆な言う「漢家は常に我曹《ら》を鬭わせんと欲す。今ま鄧使君、我を待するに恩信を以てし、門を開きて我が妻子を内《い》るれば、乃ち父母（父母に等しい保護者）を得《う》」と。咸な歓喜叩頭して曰く「唯だ使君の命ずる所なるのみ」と。訓、遂に其の中《うち》・少年の勇なる者数百人を撫養し、以て「義従」と為す。

となった。

羌・胡の俗は病死するを恥とし、病して苦しむに臨む毎《ごと》に、輒《すなわ》ち刃を以て自刺す。訓は疾いに困しむ者有りと聞け

ば、輒《すなわ》ち拘持縛束して兵刃を与《あた》えず、医をして之を薬療せ使む。愈《い》ゆる者一《いっ》に非ず、小大感悦せざる莫し。是に於て諸羌種を賞賂して相い招誘せ使む。

かくして、迷唐の伯父・号吾がその母と種人八百戸を率いて塞外より来降したので、鄧訓は湟中の秦・胡・羌の兵四千人を発して迷唐を撃ち、六百餘人を斬首、馬・牛・羊万餘頭を得た。さらに迷唐の気が故地に帰って田業に就きたいと弛《ゆる》んだ所を湟中六千人をもって奇襲、前後一千八百餘首を斬り、生口二千人、馬・牛・羊三万餘頭を獲り、ここに迷唐の一種は殆ど尽きたのであった。迷唐はさらに西に逃げ延びるが附いていた諸種も背《そむ》き離れ、餘も皆な帰附するところとなって「威信大いに行わる」に至った。

ここで鄧訓は、

遂に屯兵を罷《や》め、各おの郡に帰ら使む。唯《た》だ弛刑の徒二千餘人を置き、分かちて以て屯田せしめ、貧人のために耕種し、城郭・塢壁を修理するを為す而已《のみ》。

と治めた。

鄧訓は和帝・永元四年（九二）冬、年五三、病をもって官に卒したが、その際には、

吏人・羌・胡、愛惜し、旦夕に臨む者、日に数千人。戎の俗は父母死せば、悲泣するを恥とし、皆な騎馬して歌い呼ぶ。訓の卒《しゅつ》するを聞くに至り、吼号せざる莫し。或いは刀を以て自割し、又た其の犬・馬・牛・羊を刺殺して曰く「鄧使君已に死す。我曹《ら》も亦た倶に死する耳《のみ》」と。前《さき》の烏桓の吏士、皆な道路に奔走し、城郭を空しくするに至る。吏執りて聴《ゆる》さず、状を以て（護烏桓）校尉・徐傿に白《もう》す。傿、歎息して曰く「此れ義也」と。乃ち之を釈《と》く。遂に家家に訓のために祠を立つるを為し、疾病有る毎《ごと》に輒《すなわ》ち此《ここ》に請禱して福を求む。

という有り様であった。後漢国家の北辺に護烏桓校尉、西辺に護羌校尉として威・恩を兼ね備えた、北宋の范仲淹を彷彿とさせる辺境統治官であった。

鄧訓は閨門に於ては甚だ厳しく、兄弟は敬憚せざるはなく、諸子が進見するに席を賜い温色をもって接したことはなかった、と云う。鄧太后は、この父・鄧訓がその才識を異とし「事の大小と無く、輒《すなわ》ち与《とも》に詳議」したと伝えられる（范曄『後漢書』皇后紀）その女《むすめ》であった。

六歳にして「史書」（漢字の書体のひとつ）を能くし、十二歳にして『詩』『論語』に通じ、諸兄が経伝を読む毎《ごと》に、輒《すなわ》ち意を難問に下し、典籍に心を寄せ、居家の事に関心を持たなかった。母の陰氏が「博士に挙げられようとでも考えているのかしら」と非難したと伝える。以来昼は婦業に励み暮れには経典にいそしみ、家人はこの娘を「諸生」と号《よ》んだ。父・鄧訓はしかしこれを異とし、事の大小と無く、相談した、と云う。

和帝・永元四年（九二）、後宮に選入さるべきところ、父・鄧訓の死に遭い、日夜号泣し、三年の喪中、塩菜を食らわず、憔悴して親しい人にも見間違えられるほどであった。七年（九五）諸家の子と倶に後宮に選入された。身の長《た》け七尺二寸（一六六センチ余）、姿顔姝麗、衆に絶異し、左右皆な驚いた、と云う。因みに、光武帝は長《た》け七尺三寸、明徳・馬皇后は同じく長《た》け七尺二寸、と記録されている。八年（九六）冬、掖庭に入りて貴人となる。時に年十六。父・鄧訓が死したのは十二歳の冬となる。同じ年に光烈・陰皇后の兄の曾孫である陰氏が皇后に立っていたが、和帝の心は鄧氏に傾き、皇后陰氏は祝詛を造って鄧氏に害を為さんとするに及ぶ。

一四年（一〇二）夏、陰氏は巫蠱の事を以て皇后を廃された。鄧氏はこれを救おうとしたがかなわず、深く身を閉絶する。有司が長秋宮を建てるを奏上した（「明徳・馬皇后紀」に「永平三年春、有司長秋宮を立つるを奏す」と。その李賢注に「（長秋宮は）皇后の居る所の宮也。……皇后を立つるを請うに、敢えて指さし言わず、故に宮を以て之を称す」と）

が、これに和帝は、

皇后の尊き、朕と同体、宗廟を承《う》け、天下に母となる、豈に易《やす》からん哉。唯だ鄧貴人のみ徳は後庭に冠たれば、乃ち之に当《あ》つ可し。

と応じている。

後漢・和帝期における皇后とはまさに皇帝の配偶と観念され、皇帝と共に「夫婦」として天下に臨むというイメージに置かれていたことが明らかであろう。

この永平一四年（一〇二）の冬、鄧氏は三度辞退した後、皇后の位に即いた、時に二二歳。

元興元年（一〇五）十二月和帝は年二七で崩ずる。長子の平原王・劉勝には疾が有り、諸皇子は前後十数人が夭没し、以後に生まれた者は人間に隠秘に養わせていたが、その生後百餘日になる乳児を鄧皇后は迎えて立て（殤帝）、自らは皇太后となって、太后臨朝を始めた。時に二五歳。

延平元年（一〇六）夏四月、鄧太后の兄・鄧隲が車騎将軍・儀同三司に拝せらる。八月、殤帝が崩御。鄧太后は鄧隲と禁中に策を定め、粛宗・章帝の孫・劉祜を迎えて、皇帝に立てた（安帝）。時に年一三であった。鄧太后は二六歳。鄧太后は臨朝を続け、建光元年（一二一）三月に崩じた。時に四一歳。皇后に即いてより足かけ二〇年、太后臨朝は一七年に及んだ。（以上、范曄『後漢書』孝和孝殤帝紀、孝安帝紀、皇后紀、鄧隲列伝に拠る。）

「皇后紀」には、

太后臨朝せし自《よ》り、水旱（洪水と干魃）十歳、四夷外に侵し、盗賊内に起こる。人の飢うるを聞けば、或いは旦《ひので》に達するまで寐《い》ねず、而して躬《みずか》ら自《みずか》ら減徹し、以て災戹を救う。故に天下復た平らかにして歳還りて豊穣たり。

と云い、鄧隲列伝には、

時に元二の災《わざわい》に遭い、人士荒飢し、死者相い望み、盗賊羣起し、四夷侵畔す。隲等は節倹を崇《とうと》び、力役を罷《や》め、天下の賢士、何熙・殺諷・羊浸・李郃・陶敦等を推進して朝廷に列《つら》ね、楊震・朱寵・陳禅を辟《まね》きて之を幕府に置く。
故に天下復た安らけし。

と云う。

いま云う「元二」とは李賢注には「臣賢案ずるに」として、「二二」は字の繰り返しを表記する記号であり、したがって「元二」とは「元元」のことと云う。宋・洪邁の『容斎随筆』巻五「元二之災」には趙明誠『金石跋』を引き、また王充『論衡』恢国篇の「今上嗣位、元二之間、嘉徳布流、三年霊陵生芝草、四年……」を示し、「元二」とは「元年」と「二年」を併せた言い方であると論じる。今はこれに従う。新帝の即位改元当初の二歳をその皇帝の治世の成り行きが始めて現れる年々として特に重視して「元二」と云うのであろうか。安帝で言えば、永初元年（一〇七）二年（一〇八）となる。

范曄「孝和孝殤帝紀」及び「孝安帝紀」に拠れば、前年、延平元年（一〇六）、

六月……郡国三十七雨水。

八月辛亥、帝（孝殤帝）崩ず……年二歳。

（癸丑、安帝即位、年十三。）

九月……六州大水。

西域諸国叛す。都護・任尚を攻む。副校尉・梁慬を遣わし尚を救わしむ。之を撃破す。

冬十月、四州大水、雨雹。

そして永初元年（一〇七）には、

是の歳、郡国十八地震、四十一雨水、或いは山水暴至す、二十八大風、雨雹。

とまとめ、また、

六月……先零種羌叛す。隴道を断つ。大いに寇掠を為す。車騎将軍・鄧隲、征西校尉・任尚を遣わして之を討たしむ。

と記載する。

永初二年（一〇八）には、

春正月……車騎将軍・鄧隲、種羌の、冀（李賢注「続漢書曰く『種羌九千餘戸、隴西・臨洮谷に在り』と。冀は県、天水郡に属する也」）の西に敗《やぶ》る所と為る。

……

六月、京師及び郡国四十大水、大風、雨雹。

……

冬十月……征西校尉・任尚、先零羌と平襄（李賢注「平襄は県、天水郡に属す」）に戦う。尚軍敗績す。

十一月辛酉、鄧隲を拝して大将軍と為し、徴して京師に還らしむ。任尚を留めて隴右に屯せしむ。先零羌・滇零、天子を北地に称し、遂に三輔に寇《あだ》し、東は趙・魏を犯し、南は益州に入り、漢中の太守・董炳を殺す。

……

是の歳、郡国十二地震。

と記載する。

三年（一〇九）に入ってもこの情勢は続く。

三月、京師大いに飢う。民相い食らう。

……

六月、烏桓、代郡・上谷・涿郡に寇《あだ》す。

秋七月、海賊・張伯路等、縁海九郡を寇略す。……

九月、雁門・烏桓及び鮮卑叛す。……

冬十月、南單于叛す。……

十二月辛酉、郡国九地震。

是の歳、京師及び郡国四十一雨水雹。并・涼二州大いに飢う。人相い食らう。

永寧二年（一二一）二月、鄧太后は病い漸《ようや》く篤く、次のような詔を出した。

朕は無徳を以て天下に母たるを託さる。而るに薄祐不天、早《つと》に大憂（和帝の崩御）に離《かか》る。延平の際、海内に主無く、元元（民を謂う）の戹運、累卵より危うし。勤勤苦心、敢えて万乗を以て楽しみと為さず、上には天を欺き先帝に愧じざらんと欲し、下には人に違い宿心に負《そむ》かず、誠に百姓を済度し以て劉氏を安んずるに在り。自ら謂《おも》えらく、天地に感徹して当《まさ》に福祚を蒙《こうむ》るべし、と、而るに内外に喪禍ありて傷痛絶えず。……公卿百官よ、其れ勉めて忠恪を尽くし以て朝廷を輔《たす》けよ。

鄧太后はこの三月に崩じるのであるから、これは遺詔とも謂うべきテキストである。

この詔に伺えるのは、鄧太后が自らを安帝の母であるが故に摂政している存在としてではなく、和帝の配偶、「天下に母たるを託さ」れた皇后として、和帝亡き後その天下の大権を引き継いだ者と考えていることである。形の上では

「母后臨朝」という体裁を執ってはいるが、実はここに機能しているのは、「夫婦」という結ぼれの基底から湧き出る妻による夫業引き継ぎの感覚であると覚しい。

鄧太后は十七年に亙り、大権を執って、崩ずるまで安帝に還政しなかった。「鄧騭列伝」によって摘要すると、安帝は幼少時には聡敏とされたが、長ずるに及び不徳な振る舞いが多く、安帝の乳母であった王聖は、鄧太后には安帝を廃する意志があるのではないかと疑い、常々中黄門・李閏と結んで、鄧太后の左右を窺がっていた、と云う。袁宏『後漢紀』巻一七では、

上《じょう》は少《おさな》きとき聡明と号すれば、故に太后之《これ》を立つ。後ち（鄧太后に）『可ならず』の意有り。上《じょう》の乳母・王聖之《これ》を知り、太后の久しく政《まつりごと》を（上《じょう》、すなわち安帝に）帰さざるを見て、廃置の意あらんと恐る。

と云う。

鄧太后が崩ずると、鄧太后の兄弟、鄧悝・鄧弘・鄧閶が平原王・劉得を立てようと謀ったと誣告する者が現れた。安帝はこれに怒《ど》し、有司に令して鄧悝らを大逆無道と奏上せしめ、その爵土を追奪し、その子・鄧広徳らも廃して庶人とした。鄧騭自身は謀に与《あずか》っていなかったので但だ特進を免ぜられ国に就くようにとだけの処置であった。しかし宗族は皆な官を免ぜられて故郷に帰り、鄧騭らの貲財田宅は没収され、鄧訪及び家属は遠郡に徙された。郡県が逼迫して鄧広宗、鄧忠は自殺、さらに鄧騭は羅（李賢注「羅は県、長沙郡に属す」）侯に徙封せられた。鄧騭とその子の鄧鳳は並びに食を絶って自死し、鄧騭の従弟・河南尹の鄧豹、度遼将軍・舞陽侯・鄧遵、将作大匠・鄧暢は皆な自殺するという仕儀に至った。

始め鄧騭の幕府に辟《まね》かれた朱寵は、時に大司農となっていたが、鄧騭が罪なくしてこの禍《わざわい》に遇うを痛《かな》しみ、肉袒して櫬《ひつぎ》を輿《かつ》ぎ、上疏して騭を追訟した。

その上疏に次のように云う。

伏して惟《おもんみ》るに、和熹皇后、聖善の徳は、漢の文母為《た》り。兄弟は忠孝にして、同心に国を憂う。宗廟に主有るは、王室是れ頼《よ》る。……（「鄧騭列伝」）

朱寵はここで鄧太后を「和熹皇后」と呼び「漢の文母」と言い止《とど》めている。その「文母」という語は「詩経」周頌「雝」に、

来る有りて雝雝たり、至り止《とど》まれば粛粛たり。
相《たす》くるは維れ辟公、天子は穆穆たり。
広《おお》いなる牡を薦むるに於て、予を相《たす》け肆《つら》ね祀る。
假《よ》き哉皇考、予が孝子を綏《やす》んず。
宣《あまね》く哲たるは維れ人、文武なるは維れ后《きみ》。
燕《やすん》じて皇天に及び、克く厥《そ》の後を昌《あきら》かにす。
我が眉寿を綏《やす》んじ、介《たす》くるに繁なる祉《さいわい》を以てす。
既に烈考に右《たす》けられ、亦た文母に右《たす》けらる。

と見える。

その毛伝には、

烈考は武王也。文母は大姒也。

と云う。

また劉向『列女伝』巻一・母儀伝「周室三母」に、

大姒なる者は武王の母……大姒は号《よ》びて文母と曰う……

と云う。

朱寵が「漢の文母」と云うその「文母」とはすなわち文王の婦、武王の母である大姒のことなのである。

朱寵が鄧氏を「文母」と言い止《とど》めるその発想は、前《さき》に見た「詩経」大明篇などに見られる文王と大姒の配偶に、そしてさらに「文王の化」を支える「関雎の徳」を説く「詩序」の発想へと繋がり広がっていると見て間違いなかろう（本章第二三・二四節参照。四三九頁、四四五頁）。あるいはこの言葉は、そのような広がりを惹き出すことによって、豊かな説得力を当時の人々に向かって発出していたと覚しい。

二七

朱熹が「周南」関雎の詩序「関雎は后妃の徳也」について述べたテキストをここで紹介しておきたい。すなわち「朱子遺書」所収「詩序辨」。訳で示す。

「関雎は后妃の徳也」

「后妃」とは文王の妃、大姒のことである。天子の妃を「后」と曰う。最近の学者はたいていが、文王は当時「王」とは称《とな》えていなかったのだから、大姒も「后」とは称《とな》えていなかったはずだと云うが、「序」を作った人間はさかのぼってそう言ったまでのこと、そう目くじらを立てなくともよかろう。ただ問題は、この詩篇はいかにも大姒がすばらしいことを謳い上げているように見えるが、実のところはそれによって文王の徳を測り知れぬ深みから明かしているのだ（但其詩雖若専美大姒而実以深見《げん》文王之徳）。ところが「序」を作った人間は、言葉の上辺を見るだけで、そこに込められた詩人の思いを汲まず、要するにこの詩篇は后妃のことを謳い上げたものと考え、その謳う詩人の心の芯に文王が凛として在《いま》すことをまったく理解していない（序者徒見其詞而不察其意、遂壹以后妃為主而不復知有文王）。このことだけでもすでにポイントをはずしてしまっている。ましてや、化が国中に行われ、天下を三分した、などということまで、同じくすべて「后妃の致す所」（「桃夭」詩序の語）と考えるのでは、礼楽・征伐のすべてが婦人の手に出るということであり、文王などは実もなく見かけを張って婦人にすがっていただけの君となるだろう。誤解も甚だしいというものだ。（至於化行国中、三分天下、亦皆以為后妃之所致、則是礼楽征伐皆出於婦人之手、而文王者徒擁虚器以為寄生之君也。其失甚矣。）

南豊の曽氏は次のように言う。「先王の政《まつりごと》は必ず内より始まる。したがって家庭生活（閨門）を治めるについては、家人のために介添えとなる師傅・保姆、訓戒を与える詩書図史……を設け与え、家人に教えるこのような具体的な手だてを整えるものの、しかし古の君子はそれらの手だてにまかせるのではなくきまって自身が手本となることによって家人を感化せずにはおかなかったのである。だから「家人」卦の義も、我が身を振り返ることに帰するのである（……然古之君子未嘗不以身化也。故家人之義帰於反身。『周易』「家人」卦・上九「孚有り、威如たれば終吉」、象伝「威如たるの吉は反身の謂い也」）。「周南」「召南」の謳う徳化の功業も、文王にこそ始まる。文王その人以外のどこに由来するだろうか（二南之業、本於文王、豈自外至哉）。世の人々は文王が興った理由は大姒の内助を得ることが出来たからだとは知っているが、何故大姒の内助を得ることが出来たかは知らない。思うにそれは、文王が我が身を振り返り我が身を自ら練り上げ続けたことに本づく（蓋本於文王之躬化）。だからこそ内には后妃に関雎の行いが現れ、外には羣臣に「周南」「召南」の美が現れ、互いが相乗し、溢れて波及し、商・辛の昏俗、江・漢の小国、兎罝の野人も誰一人としてわれ知らず善を好まないものはいない有り様となった。これこそが所謂「身修まれば故に国家・天下治まる」というものなのである。」（曽鞏『元豊類藁』巻一一「列女伝目録序」）

思いみるにこれこそ真実に迫る言説と謂うべきであろう。

前《さき》に紹介した周南・召南「詩序」の性格を見抜き、文王に王化の主座を取り戻そうという意識が明確な文章である。

しかしその主座の奪還は外的な経路を執るのではなく、「詩序」の謳う大姒の婦徳をステップに、それをも惹き出した、より深い文王の「躬化」、すなわち深々とした自己馴致の力に「王化」の核心を見て行くという道を採る。

第四章　「中国」の現実

『詩経』が「周南」「召南」二篇に始まることについて朱熹は『論語或問』の中で、

周南の詩は文王・后妃の閨門の化を言い、召南の詩は諸侯の国の夫人、大夫の妻、文王・后妃の化を被りて徳を成すの事を言う。蓋し文王岐《き》を治め而して化《か》、江・漢の域に行わる。北自《よ》りして南す。故に其の楽章、南を以て之に名づく。之を郷人に用い、之を邦国に用い、以て天下・後世に「誠意・正心・修身・斉家」の道を教う。蓋し『詩』の正風也。（巻一七。「陽貨」第十七の「子謂伯魚曰、女為周南・召南矣乎、人而不為周南・召南、其猶正牆面而立也与」にかかる或問。）

と云う。すなわち朱熹は「文王・后妃の閨門の化」に「文王の治・化」の実質を見ているのである。鄧禹について范曄『後漢書』が云う「修整閨門」（本書四五九頁）に参照すれば、「閨門（家庭生活）」の「修整」如何こそが「文王の治・化」の核芯であると朱熹は認識していたということになる。

所謂「古文孝経」には「閨門」なる章が存在し、その本文、

閨門之内、具礼矣乎。厳父厳兄、妻子臣妾猶百姓徒役也。（閨門の内、礼を具《そな》えり矣乎。親を厳《とうと》び、兄を厳《とうと》ぶ。妻子臣妾は猶お百姓徒役のごとき也。）

二二字が伝えられるが、司馬光はこれに、

宮中の門、其の小なる者、之を「閨」と謂う。礼なる者は天下を治むる所以の法也。閨門の内、其の治むるは至狭なれども、然り而して天下を治むるの法は挙げて是《ここ》に在り矣。

と注している（『古文孝経指解』）。「閨門」なる語を鍵鑰《キー》に朱熹と同じ認識を示すとしてよかろう。

この認識と関わる朱熹の次のような言葉が『朱子語類』巻一三六「歴代」三に記録される。

唐の源流は夷狄に出る。だから閨門に礼を失う事態があったのも異とするに及ばない。（唐源流出於夷狄、故閨門失礼之事、不以為異。四九条）

ここに出る「夷狄」という語は、例えば、『詩経』小雅「六月」の詩序に、

「六月」は宣王北伐する（を謳う）也。「鹿鳴」廃るれば則ち和楽缺《か》く矣（「鹿鳴」は小雅中の詩篇の名。以下の「四牡」……「彤弓」「菁菁者莪」も同じ）。「四牡」廃るれば則ち君臣缺《か》く矣。……「彤弓」廃るれば則ち諸夏衰う矣。「菁菁者莪」廃るれば則ち礼儀無し矣。小雅尽《ことごと》く廃るれば則ち四夷交《こもご》も侵《おか》して中国微《おとろ》う矣。

と云う如く、また『河南程氏遺書』巻二上に、

礼一《ひと》たび失えば則ち夷狄と為り、再《ふたた》び失えば則ち禽獣と為る。聖人初めて人の禽獣に入るを恐るる也《や》故に『春秋』の法に於て謹厳を極め、中国にして夷狄の礼を用うれば則ち便《すなわ》ち之を夷狄とす。……（標点本『二程集』一冊四三頁）

と云う如く、一方に「中国」という語を、「礼」の「得・失」如何を軸にして潜ませている語である。

すなわち朱熹はここで、「夷狄―中国」という差異づけを「閨門」における「修整」と「失礼」との差異に帰着させ、もともと「唐」皇家の源流《ルーツ》は「夷狄」に出るのだからその「唐」皇家における皇帝・皇后によって営まれた「家庭生活（閨門）」が「失礼」であったのも驚くに当たらないと述べるわけである。

しかしながらこの朱熹の解析、すなわち唐代の皇帝とその后妃たちは「中国」であることの核芯である「文王・后妃の閨門の化」とは無縁の「夷狄」であったという解析は、自らが生きる時代を、長らく自らの「中国」なる勝れた「源流」を忘却した果ての、むしろ「夷狄」の風になずむ現実として問題化する朱熹の現実認識と併行してこそ生じ、鮮明となっていたと考えるべきであろう。

「中国」なる語は当時、一方では趙氏・宋朝廷を戴く人士の源流《ルーツ》を標《しる》す「原籍」として現に有効な呼称であった。しかし一方「中国」とは、それがかって標《しる》していた、そして今は忘却されてしまった生《せい》の有り方について断片的に遺された書記テキストをよすがに望見される「理念」、あるいは源流《ルーツ》における卓越にすがる自尊心の「拠り所」を表す「記号」

に過ぎなくなっていた。これが当代における「中国」の現実であったと覚しい。

朱熹は、司馬光、程伊川などの時代認識を引き継ぐ形で当代における「中国」の現実に対峙し、「閨門」を「修整する」要《かなめ》としての「家礼」の編纂を手がけた。中でも司馬光の『書儀』に拠るところが大きいとされるが、この「書儀」と題された「家礼」テキストの夾注には、当時の世態についての司馬光のリアルな記述とつぼを押さえた反問とが見られる。今の世の人の暮らしは到底「中国」とは呼び得ない喧噪浮薄に堕ちていると司馬光は我が眼前の実生活に細を穿って警告を発している。

一

司馬光『書儀』の項目立ては以下の通りである（「学津討原」所収『司馬氏書儀』による。以下同じ）。

表奏
公文
私書
家書
　以上巻第一
冠儀
　巻第二
婚儀　上・下

巻第三・四
喪儀　一〜六
巻第五〜十

『文公家礼』にも引かれて有名な「居家雑儀」は巻之四「婚儀・下」の末尾に置かれている。

その『文公家礼』の項目立てを参考に示せば次の通りである（『朱子全書』上海古籍出版社、二〇〇二、所収による。第柒冊八五七頁「校點説明」によれば、國家圖書館所蔵宋刻鈔配本、五巻本系統に属する淳祐五年、一二四五年、刻の楊復注附録本を底本とする。以下同じ）。

通礼
巻第一
冠礼
巻第二
昏礼
巻第三
喪礼
巻第四
祭礼
巻第五

「司馬氏居家雑儀」は巻第一「通礼」の末尾に置かれている（ただしその内、第四条「凡子事父母、婦事舅姑……」、第五条「凡子受父母之命……」の二条は「学津討原」本『書儀』の「居家雑儀」には見えない）。『文公家礼』巻第四は「初終」に始まり「大祥」「禫」と至って、末尾に「居喪雑儀」「致賻奠状」「謝状」「慰人父母亡疏」「父母亡答人疏」「慰人祖父母亡啓状」「祖父母亡答人啓状」と置き、巻第五の「祭礼」に続く。『司馬氏書儀』では、「冠儀」「婚儀」「喪儀」に並んで「祭儀」は立てられていないが、巻第九「喪儀五」は「小祥」「大祥」「禫祭」と来て、「居喪雑儀」「訃告書」「致賻奠状」……「慰人子姪孫亡」「子孫亡答人状」と至り、巻第十「喪儀六」に入って「祭」に始まる。すなわち『司馬氏書儀』では「祭」は「喪儀」に付されるが、『文公家礼』ではそれが前後の並び方は変えずに「喪」から分離されて「祭礼」に立てられたと見て間違いなかろう。

二

『司馬氏書儀』巻第二「冠儀」の冒頭、

　男子年十二より二十に至る、皆な冠す可し。

の夾注には次のように言う。

「冠義」に曰く「冠なる者は礼の始め也」。是の故に古《いにしえ》の道《みち》や、「人と成るの道なる者は将《まさ》に、人と成るの礼を焉《ここ》に責《もと》めんとする也。人と成るの礼を焉《ここ》に責《もと》むる者は将《まさ》に、人の子為《た》り・人の弟為《た》り・人の臣為《た》り・人の少《おさな》き為《た》る者の行いを責《もと》めんとする也。将《まさ》に四者の行いを人に責《もと》めんとす。其の礼重んぜざる可き与《か》」（『礼記』「冠義」）と。冠礼の廃れるや久し矣。吾少《おさな》き時に聞けり、村野の人、尚《な》お之を行う者有り、之を「上頭」と謂う、と。城郭には則ち之を行うもの莫し矣。此れ「礼失わるれば諸《これ》を野に求む」と謂う者也（『漢書』藝文志「諸子」に「仲尼有言、礼失而求諸野」と）。
近世以来人情尤《もっと》も軽薄為り。子を生めば、猶お乳を飲むに、已に巾・帽を加え、有官者は或いは之に公服を製《つく》るを為して之を弄《もてあそ》ぶ。十歳を過ぎれば、猶お總角なる者蓋し鮮《すくな》し矣。彼（『礼記』「冠義」）の責《もと》むるに四者の行いを以てせしこと、豈に之を知らん哉。往往幼き自《よ》り長ずるに至るまで、愚騃なること一《いつ》の如し。人と成るの道を知らざるの故に由る也。

「冠儀」の次第そのものは『儀礼』「士冠礼」の次第を時代に合わせて手直ししたものであるが、その儀礼としての基本線はそのまま引き継いでいる。すなわち、この儀式には「賓」が招かれ、成人せんとする若者に手ずから「巾」「帽」「幞頭」（『儀礼』「士冠礼」では緇布冠・皮弁・爵弁）を加え、その都度、都合三度の「祝」を行うが、その「祝」、例えば「巾」の時の、

令月吉日、始めて元服を加う。爾《なんじ》が幼き志を弃《す》てよ、爾《なんじ》が成徳に順《したが》え。寿考其れ祺《よろ》しかれ、爾《なんじ》が景《おお》いなる徳を介《おお》いにせよ。

「帽」の時の、

吉月令辰、乃ち爾《なんじ》が服を重《かさ》ぬ。爾《なんじ》が威儀に敬《つつ》しみ、爾《なんじ》が徳に淑慎せよ。眉寿万年、永く胡《おお》いなる福を受けん。

「幞頭」の時の、

歳《とし》の正《よ》きを以てし、月の令《よ》きを以てす。咸《すべ》て爾《なんじ》が服を加えり。兄弟具《つぶさ》に在り、以て厥《そ》の徳を成せ。黄耇無疆、天の慶《さきわ》いを受けん。

という言葉は『儀礼』「士冠礼」に載せるものをそのままに承けている。
「冠儀」という儀礼空間はこの言葉の響きを刻印するために組み立てられていると覚しい。

人倫に生きる人としての自覚を非日常的な儀礼空間においてその若者の心身に刻印するのが「冠儀」という儀礼の核芯であり、この自覚の上に「礼」の責《もと》めるすべては有意なものとして始まる。しかしその、人が人と成る「けじめ」が、久しく廃れてしまっている、と司馬光はここで指摘しているわけである。

「冠義」より引く「成人之道」すなわち「人が人と成るその成り方」という言葉に就けば、その基底に、人は生まれたままでは「人」ではない、ある決定的な儀礼的切断によって「人」と「成る」のだ、という考えがあることは明らかであろう。すでに第二章『「母権」の現実』の二九節において、島田正郎氏が「遼朝の礼制」における「生誕礼があって冠礼を欠く」事態と「中国王朝の礼制」における「冠礼があって生誕礼を欠く」事態とを対比して指摘されていることを紹介した（本書二三八、二三九頁）。これに思い併せるならば、「中国」という文化意識の核心に、この、人は生まれたままでは「人」ではない、ある決定的な儀礼的切断によって「人」と「成る」のだ、という特殊な人間観が存在すると見ることが出来るであろう。「近世以来人情尤も軽薄為り……」の一段において司馬光は、子供に見境《みさかい》なく大人の服飾を与える当時の風潮に、「冠礼」の核芯にあるこの「中国」的な人間観の崩壊を見届け、折り目のない生涯とけじめのない生き方の広がりを、この崩壊がもたらした現実であると断ずるのである。

子供と大人との折り目の崩壊状況については巻四の所謂「居家雑儀」にも次のように触れられている。すなわち、

凡そ子の始めて生まるるや……

の一段、

……子《こ》能く言《ものい》えば、之に自らの名及び「唱喏《じゃ》」「万福」「安置」を教う（自分の名前と挨拶の仕方を教える。「唱喏」は男子の行う尊長者への挨拶、胸の前に両腕を組んで会釈（すなわち揖）し「喏（rě）」と声を出して敬意を表す。「万福」は婦女が行う尊長者への挨拶、「万福」と称える。「安置」は婦女が尊長者の就寝時に行う挨拶、「安置」と称

える)。* 稍や知有れば、則ち之に教うるに尊長に恭敬することを以てす。尊卑長幼（の別）を識《こころえ》ざる者有れば、則ち厳に訶《しか》りて之を禁ず。

* この部分初稿では読み違えていたので改訂した。『文公家礼』所引「司馬氏居家雑儀」には、その第四条、「凡そ子の父母に事え、婦の舅姑に事《つか》うる、天明けんと欲せば咸《み》な起きて盥《てあら》い、漱《くちすす》ぎ、櫛《くしけず》り、総《かみたば》ね、冠・帯を具う。昧爽《あさまだき》、父母・舅姑の所に適《ゆ》きて省問す」の夾注に「丈夫は唱喏し、婦人は『万福』と道《い》う。仍《よ》て侍者に夜来の安否如何を問う。侍者『安らかなり』と曰えば乃ち退く。其れ或いは安節ならざれば則ち侍者以て告ぐ。此れ即ち礼の『晨省』也」と云い、同条の以下「……已に夜にして父母・舅姑将《まさ》に寝《い》ねんとすれば則ち安置して退く」の夾注には「丈夫は唱喏し、婦女は『安置』と道《い》う。此れ即ち礼の『昏定』也」と云う。両夾注に対比的に云う「晨省」と「昏定」は、『礼記』「曲礼」上に「凡そ人の子為《た》るの礼、冬には温《あたた》かくして夏には凊《すず》しくし、昏に定めて晨に省みる」と云うに出る。その鄭玄注には「其の牀衽を安定する也。其の安否何如を省問する也」と云う。また「居家雑儀」第一三条、「凡そ卑幼坐して尊長之を過ぐれば則ち起つ。……卑幼、遠方自《よ》り至りて尊長に見《まみ》えるが若《ごと》き、尊長の三人以上同処するに遇う者は、先ず共に再拝して寒暄を叙べ起居を問い、訖《おわ》れば又た三たび再拝して止む」の夾注に「晨・夜には唱喏・万福・安置す。尊長三人以上同処するが若《ごと》きは亦た三たびにして止む。皆な煩を避くる所以也」と云う。『東洋古典學研究』第一七集、二〇〇四年五月、所収、佐藤仁氏の「『江州陳氏』について」の注38に参照。六六頁上段。

の下に次のように云う。

古《いにしえ》に胎教有り。況や已に生まるるの子に於てをや。始めて生まれ未だ知有らざるも、固より挙《そだ》つに礼を以てす。況や已に知有るに於てをや。孔子曰く「幼成は天性なるが若く、習慣は自然なるが如し」（『前漢紀』巻七）と。『顔氏家訓』に曰く「婦に教うるには初来、子に教うるには嬰孩」（教子篇第二）と。故に慎むは其の始めに在り、此れ其の理也。

若《も》し夫《そ》れ子の幼きや、之をして尊卑長幼の礼を知らざら使むれば、毎《つね》に父母を侮《あなど》り詈《ののし》り、兄姉を殴《う》ち撃《う》つを致すも、父母は訶《しか》り禁ずるを加えず、反《かえ》って笑いて之を奨《すす》む。彼は既に未だ好《よ》し悪《あ》しを辨ぜざれば、礼として当《まさ》に然るべしと謂《おも》い、其の既に長ずるに及ぶや、習い已に性と成れば、乃《ようや》く（親が）怒りて之を禁ずるも、復た制する可からず。是に於て父は其の子を疾《にく》み、子は其の父を怨む。残忍悖逆、至らざる所无《な》し。此れ蓋し父母に深識遠慮无《な》く、防微杜漸（芽のうちに摘み取る）する能わず、小慈（目先の愛情）に溺れて、其の悪を養成するが故也。

子の可愛さに溺れ、しつけを忘れたツケに堕ちる「子ゆえの闇」を、司馬光は描き出していると言うべきか。近松のかき口説きと同時代に司馬光の世態はあると覚しい。

三

巻三「婚儀・上」の冒頭、

男子年十六より三十に至るまで、女子十四より二十に至るまで、身及び主婚者の期以上の喪無きは皆な婚を成す可し。必ず先ず媒氏《なこうど》をして往来通言せ使め、女氏《よめのいえ》の之を許すを俟《ま》ちて然る後に使者を遣わして納采（結納）す。

の下に次のように言う。

使者は家の子弟を択《えら》びて之と為す。

凡そ婚姻を議するには、当《まさ》に先ず其の壻《むこ》と婦《よめ》との性行及び家法の何如《いかん》を察すべし。苟《かりそめ》に其の富貴を慕うこと勿かれ。壻苟《いやしく》も賢たれば、今は貧賤と雖も、安《いず》くんぞ異時に富貴ならざるを知らん乎。苟《いやしく》も不肖なれば、今は富盛と雖も、安《いず》くんぞ異時に貧賤ならざるを知らん乎。

孔子、南容を謂う、邦に道有れば廃せられず、邦に道無きも刑戮を免《まぬか》る、と、其の兄の子を以て之に妻《めとら》す（『論語』

公冶長）。彼の行能には必ず人を過ぐる者有らん。故に邦に道有れば廃せられざる也。寡言にして事に慎《つとめ》めば、故に邦に道無きも刑戮を免《まぬか》るる也。壻《むこ》を択ぶの道、是れより善きは莫し矣。婦なる者は家の由りて盛衰する所也。苟《いやしく》も一時の富貴を慕いて之を娶《めと》らば、彼（婦は）其の富貴なるを挟《ほこ》りて、其の夫を軽んじ其の舅姑を傲《あなど》らざること有ること鮮《すくな》し。驕妬の性を養成せば、異日に患を為すこと、庸《あ》に極まること有らん乎。借《か》りに使《も》し婦の財に因りて以て富を致し、婦の勢いに依りて以て貴きを取れば、苟《いやしく》も丈夫の志気有る者、能く愧《は》ずること無き乎。

又た世俗は襁褓《むつき》せる童幼の時に於て軽がろしくも許して婚を為す（許嫁《いいなずけ》とする）を好む。亦た指腹して（子を孕んで脹らんでいる婦人の腹を指さして、すなわち子が生まれる前から）婚を為す者有り。其の長ずるに及ぶや、或いは不肖無頼、或いは身に悪疾有り、或いは家貧しくして凍餒し、或いは喪服相い仍《かさ》り、或いは遠方に従宦すれば、遂に信を弃《す》て約に負《そむ》き、獄を速《まね》き訟えを致《まね》く者多し矣。是を以て先祖の太尉嘗て曰く「吾の男《むすこ》・女《むすめ》は必ず既に長ぜるを俟《ま》ちて然る後に婚を議せ。婚既に書を通ずれば、数月ならずして必ず成婚す。故に終身此の悔い無し」と。乃ち子孫の当《まさ》に法《のっと》るべき所也。

同じく「婚儀・上」「親迎」の冒頭、

前期一日（婚儀の日の前日）、女氏、人をして其の壻の室に張陳せ使む。

の下には次のように云う。

俗には之を「鋪房」と謂う（『中国語大辞典』角川書店、一九九四、二三五五頁に「方言」として「鋪房－新婚の夫婦のための部屋をしつらえる・結婚式の前日に作る風習」と云う。『日中大辞典』増訂第二版、大修館書店、一九八九、一四二三頁には「鋪房－結婚の前日または当日に嫁の家から人をやってふとんを敷いたり室内調度品を飾ってやったりすること」と云う)。

古《いにしえ》は之《これ》无《な》しと雖も、然れども今の世俗の用うる所、廃す可からざる也。

牀・搨・薦・席・椅・卓の類は、壻《むこ》の家当《まさ》に之を具《そろ》うべし。氈・褥・帳・幔・衾・絢の類は、女《よめ》の家当《まさ》に之を具《そろ》うべし。

張陳《ならべたて》る所の者は但だ氈・褥・帳・幔・帷・幕の類、応《まさ》に用うべきの物。其の衣服・襪履等、用いざる者は皆な之を篋笥に鎖《とざ》す。世俗は尽《ことごと》く之を陳《なら》べ、富多なるを矜《ほこ》り誇《ほこ》らんと欲す。此れ乃ち婢妾小人の態、為すに足らざる也。

文中子曰く「昏娶して財を論ずるは夷虜の道也」と(『中説』事君篇)。

夫れ婚姻なる者は、二姓の好《よしみ》を合わせて、上《かみ》には以て宗廟に事《つか》え、下《しも》には以て後世に継ぐ所以也。

今ま世俗の貪鄙なる者は、将《まさ》に婦を娶らんとするに、先ず資装(嫁入り持参金)の厚薄を問い、将《まさ》に女《むすめ》を嫁がせんとするに、先ず聘財(結納金)の多少を問う。(婚姻の際に)契約を立てて「某《しかじかの》物若干《いくらいくら》、某《しかじかの》物若干《いくらいくら》、以て某女《しかじかのむすめ》を售《う》るを求む」と云える者、亦た既に嫁がせて復た欺紿《あざむ》(「紿」は「四庫全書」所収による。「学津討原」本は「給」に作る。以下同じ)きて約に負《そむ》くこと有る者に至りては、是れ乃ち(結局のところ)駔儈《ブローカー》の奴《しもべ》を鬻《う》り婢《はしため》を売るの法、豈に之を士大夫の婚姻と謂うを得ん哉。

其の舅姑は、既に欺紿《あざむ》か被《る》れば、則ち其の婦《よめ》に残虐し以て其の忿《いか》りを攄《はら》す。是れに由りて其の女《むすめ》を愛《いと》しむ者は資装(持参金)を厚くして以て其の舅姑を悦ばさんと務む。殊《まこと》に知らず、彼の貪鄙なるの人は厭《あ》くを盈たす可からざる(その欲望を一〇〇パーセント満たしてやることは出来ない)ことを。資装(持参金)既に竭《つ》くれば、則ち安《いず》くにか汝(すなわち嫁の実家)の力を用いん哉。是に於て其の女《むすめ》を質《しち》(人質)として以て貨《かね》を女氏《よめのじっか》に責《もと》む。貨《かね》は尽くること有るも、而るに責《もと》むるは窮まること无《な》し。故に婚姻するの家は往往終《つい》に仇讎《あだかたき》と為る矣。是を以て世俗、男を生めば則ち喜び、女を生めば則ち戚《かな》しみ、其の女を挙《そだ》てざること有るに至る者は、此の故《ゆえ》に因《よ》る也(是以世俗、生男則喜、生女則戚、至有不挙其女者、因此故也。「不挙其女」は産み落とした子が女児の場合これを取り上げて育てないことを謂う。所謂「溺女」の風なども含まれるのであろうか）。

然らば則ち婚姻を議して財に及ぶこと有る者は、皆な与《とも》に婚姻を為すこと勿《な》きぞ可《よろ》しき也。

今ま言及された「文中子」については、『資治通鑑』巻一七九「隋紀三」高祖文皇帝上・仁寿三年（六〇三）に、

是の歳、龍門の王通、闕に詣《いた》り、太平十二策を献ず。……大業（煬帝、六〇五～六一八）末、家に卒す。門人諡《おくりな》して「文中子」と曰う。

と云う。

「昏娶して財を論ずるは夷虜の道也」の「夷虜の道（「道」は遣り方・行き方の意）」とは、まずは、正準な「中国」とは異なる世態ということであろう。司馬光がここでこの文中子の言葉を引く時に、前後に彼が述べる当時の世俗における婚姻と経済との結合が実際に夷風の影響によると判断される何か具体的な根拠が確とあったのか否かはここだけでは分からない。

四

司馬光の観察による当時の「世相誌」とでも呼べる『書儀』夾注における興味深い記述の中には、その世相の動向にまさに「夷風」が影響しているのだと具体的に指摘する例がある。

巻五「喪儀一」、「魂帛」の項の本文に、

魂帛は白絹を結びて之を為《つく》る。椸《ころもかけ》を尸《しかばね》の南に設《もう》く。覆うに帕を以てす。倚《いす》・卓《テーブル》を其の前に置く。魂帛を倚上に置

き、香炉・杯注・酒果を卓子《テーブル》上に設く。是れを霊座と為す。銘旌を倚《いす》の左に倚《よ》す。侍者、朝夕に櫛・頮・奉養の具を設くること、皆な平生の如し。葬《まいそう》の畢《おわ》るを俟《ま》ちて、祠板有れば則ち魂帛を潔地に埋《うず》む。

と云う。

すなわち「魂帛」とは一種の「よりしろ」であるが、夾注では、まず『儀礼』「士喪礼」に出る「重木」を取り上げ、『礼記』「檀弓」の「重は主《よりしろ》の道也」及びその鄭玄注「始死には未だ主《よりしろ》を作らざれば、重を以て其の神を主《よりしろ》する也」を引く。すなわち「葬（埋葬）」までの間の一時的な「よりしろ」の設置を『儀礼』に出る「重木」という古式にたどり、以下次のように云う。

……「開元礼」の「重木」（巻一三八・一四二・一四六）、之に倣《なら》う。今ま国家も亦た之を用う。……士民の家、未だ嘗て識《し》らざる也。皆な魂帛を用う。魂帛は亦た主《よりしろ》の道也。礼に、大夫の主《よりしろ》無き者は帛を束《つか》ねて神を依《よ》す、と（『通典』巻四八「礼八吉七」の「卿大夫士神主及題板」に後漢・許慎『五経異義』の語として引くに拠るか）。今且《しばら》く俗に従い、其の簡易なるを貴ぶ。

然れども世俗或いは冠帽・衣屐・装飾を用いて人の状の如くす。此れ尤《もっと》も鄙俚にして従う可からざる也。

又た世俗、皆な影《すがた》を画《えが》きて魂帛の後に置く。男子は生きてし時に像《すがた》を画《えが》きて之を用うること有れば、猶お謂う所無きも、婦人に至りては、生きてし時、閨闥（邸宅の奥向き）に深居し、出ずるには則ち輜軿に乗りて其の面《おもて》を擁蔽するに、既に死ねばとて、豈に画士をして直《じか》に深室に入り、面《おもて》を掩《おお》うの帛を掲《から》げて筆を執り、相《かたち》を望みて其の容貌を画《えが》か使む可けんや。此れ殊《とりわけ》て非礼為《た》り。用う可き勿《な》けん也。

又た世俗、浮屠の誑誘を信じ、始死及び七七日（四十九日《しじゅうくにち》）・百日・期年・再期・除喪に於て、僧に飯《く》らわせ、道場を設く。或いは水陸大会を作《な》し、写経・造像し、塔廟を修建す。云えらく「此を為す者は彌天の罪悪を滅し、必ず天堂に生まれて種種の快楽を受けん、為さざる者は必ず地獄に入りて、剉・焼・舂・磨、無辺波吒の苦を受けん」と。殊に知らず、人は生まれて気血を含み痛癢を知るも、或いは爪を翦《き》り髪を鬋《そ》り従いて之を焼きや斫るやも已に苦を知らざることを。況や死者の形《けい》・神《しん》相い離れ、形は則ち黄壌に入り、腐朽消滅して木石と等しく、神は則ち飄《ただよ》うこと風・火の若く、何《いず》くに之《ゆ》くやを知らざるに於てをや。仮りに使《も》し剉・焼・舂・磨することあるも、豈に復た之を知らんや。

且つ浮屠の所謂「天堂」「地獄」なる者は、計るに亦た以て善を勧《すす》めて悪を懲《こ》らす也。苟《いやしく》も至公（くまなき公正）を以て之を行わざれば、鬼と雖も得て治む可き乎。是を以て唐の盧州刺史・李丹、妹に与うる書に曰く「天堂は、無ければ則ち已む、有れば則ち君子登る。地獄は、無ければ則ち已む、有れば則ち小人入る」と（『唐国史補』巻上に見ゆ。）。世人の親死せば浮屠に禱《いの》るは、是れ其の親を以て君子と為さずして積悪有罪の小人と為す也。何ぞ其の親を待《たい》することの厚からざる哉。就《も》し使《も》し其の親実《まこと》に積悪有罪なれば、豈に浮屠に賂《まいな》いして能く免《まぬか》るる所ならん乎。

此れ則ち中智の共に知る所なるに、而るに世を挙げて滔滔として之を信奉す。何ぞ其れ惑《まど》わし易《やす》く暁《さと》し難《がた》きや。甚だしき者は、家を傾け産を破ること有るに至りて然る後に已む。其の此《か》くの如くする与《よ》りは、曷《いず》くんぞ田を買《か》いて墓を営み而して之を葬るに若《し》かん乎。

彼の「天堂」「地獄」、若《も》し果たして之有らば、当《まさ》に天地と倶に生ずるなるべし。仏法の未だ中国に入らざるの前自《よ》り、人の死して復た生きる者亦た之有り矣。何が故に一人も誤って地獄に入り閻羅等十王を見し者無き耶。

学ばざる者は固より与《とも》に言うに足らず。書を読みて古《いにしえ》を知る者亦た以て少しく悟る可し矣。

「魂帛」と呼ばれる「よりしろ」を設けるに関わってここに展開されている「世相誌」と「世相批判」は、基本線において前節に見た婚姻に関わる「世相誌」「世相批判」と一貫していると見て好かろう。即物の哀歓に堕ち、即物の哀歓に翻弄されて、人として生きる意味をゆがめ、即物の狭窄に閉じこめ、忘れ果ててしまう「世俗」のあらぬ態《てい》が取り上げられ、その即物の痴愚が常識的な判断のレベル（中智）から反問されているのである。

ここで司馬光が決して高踏的な立場からこの即物の哀歓に「断罪」「否定」を加えていない点は特に注意されるべきであろう。すなわち「鋪房」については「古は之无《な》しと雖も、然れども今の世俗の用うる所、廃す可からざる也」と云い、「魂帛」については「士民の家、未だ嘗て（「重木」について）識《し》らざる也。皆な魂帛を用う。魂帛は亦た主《よりしろ》の道也。礼に、大夫の主《よりしろ》無き者は帛を束《つか》ねて神を依《よ》す、と。今且《しばら》く俗に従い、其の簡易なるを貴ぶ」と云う。

これらの言句には、家庭生活という人の日常の生、そこに交差する人々の哀歓に寄り添う司馬光の視点が明らかであろう。人の日常の生は、ごく即物的に出来ているのであるから、人の日常の生が即物の哀歓に揺れ動くことは否定し得ない事実である。むしろこの即物の哀歓こそが人の生の深み、すなわち人の生の「意味」を支える核心であるのではないか。そのような視点に覚悟することが人を例えば我が邦・柳田国男のような「世相誌」家にするのかも知れない。司馬光のいま見た筆致にはこのような「世相誌」家の面目が現れており、彼が『書儀』に「冠・昏・喪・祭」の「家礼」を提示したのも、そのような「世相誌」家がおのずから赴く責務の一端であったと考えることが出来るだろう。

五

近しい人が亡じた時、その遺骸という「物」にすがって悲しむ、その気持ちの延長に「よりしろ」というものは位置しているのだろう。それが「世俗或いは冠帽・衣履・装飾を用いて人の状の如くす」と、より明らかな人の形に追いすがる体《てい》となり、やがて故人の姿絵を設けるに至るのも、即物の哀歓に突き動かされる人の性《さが》というものであろう。司馬光は「此れ尤《もっと》も鄙俚にして従う可からざる也」「此れ殊《まこと》に非礼為《た》り。用う可き勿《な》けん也」と、その余りに即物に堕ちる人の迷妄を指摘したのであった。

しかし一方、即物の哀歓が「世相」を見る司馬光の視線の実は基点となっていた。次のようなテキストにその気息は明らかであろう。

すなわち巻五「小斂」の、

厥《そ》の明《あした》、小斂の衣を堂の東北下に陳《なら》ぶ。席《むしろ》を以てす。

の下に、

凡そ斂・葬なる者は、孝子、親の肌体を愛《いと》しみて物の毀《こぼ》ち傷《そこ》なう所と為《な》ら使むるを欲せざれば故に裹《つつ》むに衣・衾を以てし盛《おさ》むるに棺・槨を以てして、深く之を地下に蔵《かく》す。

と云い、巻七の「卜宅兆葬日（墓地と埋葬の日取りを占い定める）」の、

既に殯《かりもがり》すれば以て葬《まいそう》の事を謀る。既に地を択《えら》びて数処を得《う》。

の下に、

……礼に在りては、未だ葬らざれば、服を変えず、粥を食し、倚廬に居し、苫《とまむしろ》に寝《い》ね、塊《つちくれ》を枕とす。蓋し親の未だ帰る所有らざるを閔《うれ》うれば、故に寝食するも安んぜず、奈何《いかん》ぞ之を捨《お》きて出游し、稲を食らい、錦《にしき》を衣《き》ん。其れ何を以て心と為すやを知らず。

世人に又た游宦して遠方に没し、子孫、火もて其の柩を焚《や》き燼《もえのこり》を収めて帰葬する者有り。夫れ孝子は親の肌体を愛《いと》しめば故に斂して之を葬る。他人の尸《しかばね》を残毀するは、律に在りて猶お厳たり。況や子孫乃ち悖謬すること此《かく》の如きをや。

其の始めは蓋し羌胡の俗に出《い》で中華に浸染せん。之を行うこと既に久しければ、習いて以て常と為し、見る者恬然として曽《かつ》て之を怪しむこと莫し。豈に哀しからざる哉。

と云う。

「火葬」は親の身体への「愛しみ」という即物の哀歓によって何よりも耐え難い仕儀なのであり、この直截な日常生活に発する即物の哀歓を愛しみ抱えることが、司馬光にとっては「中華」の「中華」たる大切なのである。

六

即物の哀歓は、往々にして即物的な迷妄に導かれ、そこに常識的に考えればあり得ようはずもない「迷信」が乗じる機縁が生じる。司馬光は「浮屠の誑誘（仏教のたぶらかし）」をそのような世相の現象と見て批判していた（第四節所引。四八九頁）が、いま見た「火葬」に言及する巻七「卜宅兆葬日（墓地と埋葬の日取りを占い定める）」の、同じ本文、

既に地を択びて数処を得《う》。

の下の夾注においては、当時世俗に流行していた別の「迷信」に言及している。

『孝経』に曰く「其の宅兆を卜《うらな》いて之を安措す」（喪親章）と。地を卜《うらな》いて其の吉凶を決するを謂う爾《のみ》にして、今の陰陽家の其の山崗の風水を相《み》るが若きに非ざる也。

国子高曰く「葬《そう》なる者は蔵《ぞう》す也」（「葬《そう》」という言葉の意味は「蔵《ぞう》す（かくす）」ということだ。すなわち「葬」という言葉の元は「蔵」という言葉だと謂う。『礼記』檀弓上。「葬也者蔵也。蔵也者欲人之弗得見也（蔵すなる者は人の見るを得ざらんと欲する也）」と。又た曰く「死すれば則ち不食の地を択びて我を葬れ焉」（同じく檀弓上。鄭玄の注に「不食とは墾耕せざるを謂う」）と。地として葬る可からざる无《な》きを明らかにす。
古者《いにしえ》、天子は七月《げつ》、諸侯は五月《げつ》、大夫は三月《げつ》、士は踰月《ゆげつ》にして葬る。蓋し会葬する者の遠近に差有るを以て然らざ

るを得ざる也。然れども礼文多く「三月にして葬る」と云えるは、蓋し其の中制を挙げて之を言うならん。今ま五服の年月の勅は、王公已下皆な三月にして葬る。

按ずるに、『春秋』に「(冬十月)己丑。敬嬴を葬る。雨ふりて克《よ》く葬らず。庚寅。日中《ひちゅう》して克く葬る」(宣公八年)、「(九月)丁巳。定公を葬る。雨ふりて克く葬らず。壬午。日下り昃《かたむ》くに乃ち葬る」(定公十五年)と。何ぞ嘗て年・月・日・時を択《えら》ばんや。「北方に葬れば北首す」(『礼記』檀弓下。鄭玄注に「北方とは国の北也」)と。何ぞ嘗て地を択《えら》ばんや。

其の禍福を為すこと今と殊ならざるに、世俗、葬師の説を信じ、既に年・月・日・時を択《えら》び、又た山水の形勢を択《えら》び、以為《おも》へらく、子孫の貧富・貴賤・賢愚・寿夭、尽《ことごと》く此れに繋《か》かる、と。

又た葬師の有する所の書、人人に異同ありて、此れには以て吉と為し、彼れには以て凶と為し、争論紛紜、時の決す可き无《な》ければ、其の尸柩、或いは僧寺に寄せ、或いは遠方に委《ゆだ》ね、終身葬らず、或いは累世葬らず、或いは子孫衰替して処所を忘失し、遂に弃捐《す》てて葬らざる者有るに至る。

凡そ人の、身後(自分が死んだ後)に子孫有るを貴ぶ所の者は、正《まさ》に(その子孫が自分の)形骸を収蔵するが為《ため》なる耳《のみ》。其の子孫の為す所乃ち此の如《かく》きは、曷《いず》くんぞ、初《かつ》て子孫无《な》くして道路に死するも猶お仁者有りて見て之(すなわちその道路にある死骸)を殣《うず》むに若《し》かん邪。

且つ彼《か》の陰陽家は、人生まるる所の年・月・日・時、以て終身の禄命を定めるに足る、と謂う。信《まこと》に此の言う所の如ければ、則ち人の禄命固より已に初生に定まれり矣。豈に殯葬(の如何)に因りて(子孫の禄命を)改む可けん邪。是の二説なる者(すなわち埋葬の年・月・日・時及び葬地の風水如何が子孫の禄命を定めるという葬師の説と人の禄命はその人の生まれた年・月・日・時如何によって定まっているという陰陽家の説との二説は)自ずから相い矛盾す。而るに世俗は両つながら之を信ず。其の愚惑すること、甚だしと謂う可し矣。使《も》し殯葬実《まこと》に能く人に禍福を致すならば、子孫為《た》る者、豈に忍びて其の親をして臭腐暴露せ使め、殯葬して自ら其の利を求めざらん耶。（殯葬をきちんとやることが子孫に福をもたらすという説が正しいとするなら、子孫は親を思う気持ちからではなく己の福を求めるという動機に駆られて親の殯葬をするということになる。すなわちこの説は殯葬実行への動機を転倒し、親への思いではなく我が身の利を第一に謀る功利的心性を育てるという効果を持つことになるから）礼に悖り義を傷《そこな》うこと、此れに過ぎたるは无《な》し。

然れども孝子の心は、慮り患うること深遠、（埋葬の深さが）浅ければ則ち人の汨《みだ》す所と為り、深ければ則ち湿潤にして速やかに朽ちん、と恐る。故に必ず土厚く水深きの地を択びて之を葬る。択ぶに必ず数処たる所の者は、之を卜《うらな》いて吉ならざるに備うるが故を以て也。

或るひと曰く「世人の久しく未だ葬らざる者は尽《ことごと》くは陰陽の拘忌の故を以てなるに非ず。亦た家貧しくして未だ帰葬する能わざるが故を以て也」と。予《よ》之《これ》に応《こた》えて曰く……

引用の最後、或るひとの言葉に「拘忌」という語が見える。これには『書儀』中に重ねて現れる「忌諱」という語を思い併せるべきであろう。

先ず巻五「喪儀一」、「初終（息を引き取った時）」「復（去りゆかんとする死者のたましいに、「復《もど》られよ」と呼びかける）」「易服（服装を易える）」と始まるその「易服」、

既に復すれば、妻子婦妾、皆な冠及び上服を去り、被髪す。男子は上衽を扱《さ》し、徒跣す（すなわちはだしとなる）。婦人は徒跣せず。男子の人後と為る者（すなわち他家の跡取りとして養子に出た男子）の本生の父母の為《ため》にすると及び女子の已に嫁する者は皆な被髪・徒跣せず、但だ冠及び上服を去るのみ。凡そ斉衰《しさい》以下、内外有服の親及び喪側に在りて給事する者は皆な華盛の服を釈《と》き去り、素淡の衣を著《つ》く。

の下に次のように云う。

「問喪」（『礼記』「問喪」篇）に「親の始めて死するや、笄纚・徒跣し、上衽を扱《さ》す」と。……「開元礼」に「初終。男子は易《か》うるに白布衣を以てし、被髪・徒跣す。婦人は易《か》うるに青縑衣を以てし、被髪し、徒跣せず。人後と為る者、本生の父母の為《ため》には素冠し徒跣せず。女子の已に嫁する者、髽す。斉衰《しさい》以下、丈夫は素冠、婦人は首飾を去る。内外皆な素服す」（『大唐開元礼』巻一三八・一四二・一四六）。

按ずるに、「笄・纚」は今人平日の服《つ》けざる所、「被髪」は尤も哀毀して容无《な》し。故に「開元礼」に従う。然れども「白布・青縑の衣」「素冠」「素服」は皆な「始めて死す」ときの能く辨《ととの》うる所に非ざれば、故に但だ「華盛の服を釈《と》き去る」とのみす。本より応《まさ》に三年の喪たるべき者は則ち冠及び上服を去る。期喪以下は、士大夫は帽子・皂衫・青黄勒帛、庶人は常服を改めず。礼に、男子は髪を括り、婦人は多く髽す。故に「始めて死す」の時に於て、期喪以下は但だ首飾を去り、華盛の服を易《か》うるのみ。

世俗は忌諱多し。或いは父の為《ため》には則ち被左髪し、母には則ち被右髪し、舅には則ち被後左し、姑には則ち被後右す。皆な礼に非ず。宜しく之を全被すべし。

また巻六「喪儀二」、「聞喪・奔喪」の、

始めて親の喪《う》せしを聞けば、以て哭し、使者に答えて哀を尽くし、故《こと》を問いて又た哭して哀を尽くす。……斉衰《しさい》以下は喪《う》せしを聞けば、則ち位を為《つく》りて哭す。

の下に次のように云う。

古礼、父母、妻の党、及び師友・知識の喪《う》せしを聞くに、哭するには皆な処《ところ》有り。今の寝廟は制を異にすれば古《いにしえ》の如くする能わず。但だ尊長の喪《う》せしを聞けば、則ち正堂に位を為《つく》り、卑幼の喪《う》せしには位を別室に為《つく》りて之に哭す。

今人は皆な日を択《えら》びて挙哀す。凡そ悲哀の至るは、初めて其の喪《う》せしを聞くに在り。喪《う》せしを聞けば、則ち当《まさ》に之に哭すべし。何ぞ日を択《えら》ぶに暇《いとま》あらん。

又た挙哀・挂服、皆な僧舎に於てす。蓋し「五服年月勅」に州県の公庁内に於て挙哀するを得ざるを以てならん。若《も》し州県の公廨に在らざれば、何ぞ必ず僧舎に就きて本家に於てせざるや。蓋し今人に忌諱多きが故に由る也。

また同じく巻六の「五服制度」（「五服」は喪服の五ランク。重い方から順に、以下に見えるごとく「斬衰《ざんさい》」「斉衰《しさい》」「大功」「小功」「緦麻」と並ぶ）の本文に、

斬衰《ざんさい》（『説文解字』十三篇上「糸」部に「縗」字を載せ「服衣（段玉裁は「喪服衣」と「喪」字を補う）。長六寸博四寸、心に直《あ》たる」と云う。段玉裁の「注」に「按ずるに『縗』は経典多く『衰』を仮借して之と為す」と云う）は極《ご》く麤《あら》き生布（「生」は水に洗い晒し（湅）ていないこと。「布」は麻織物。段玉裁によれば、『説文解字』に現れる「いと」「ぬの」に関わる語・字は大きく「麻」系と「蠶」系に分かれる。「麻」系に属する語・字は「縷」「綫」「布」「緝」「績」など。「蠶」系に属する語・字は「絲」「糸」「帛」など。段玉裁『説文解字注』十三篇上「糸」部、「緝」字下、また「織、作布帛之總名也」下の注に参照）を用いて之を為《つく》り、緝《へりかがり》せず（『儀礼』「喪服」篇の「「斬衰裳……」」の「伝」に「斬なる者は何ぞや。緝せざる也」と云う。同じく「疏衰裳斉……」の「伝」には「斉なる者は何ぞや。緝する也」と云う。その賈公彦の「疏」に「『緝』は則ち今人之を謂いて『緶』と為す也」と云う。『説文解字』十三篇上「糸」部に「緝、績《つむぐ》也」「緶、交枲也。一曰、緁衣也」「緁、緶衣也」と云い、十篇下に「交、交脛也」と云う。「交脛」は両の脛《すね》をかわし組むこと。「交枲」は麻二筋をかわし組んでひもに編むこと。「緶、交枲也」下の段玉裁「注」には「枲二股を以て之を交辮するを謂う也。絲を交《かわしく》むを『辮』と為し、枲《あさ》を交《かわしく》むを『緶』と為す」と云う。ここからかがり縫うこと、

特に衣の縁辺をかがり縫うことを云う語としても使用される（すなわち「一に曰く衣を緁《かがりぬ》う也と」）。「緁、緶衣也」下の段玉裁「注」には『儀礼』「喪服」伝の「斬者何、不緝也」「斉者何、緝也」を引き、「『斉』は即ち『齋《シ》』、『緝』は即ち『緁』。仮借字也」と云う。一方「緝、績也」下の「注」にはもとの意味は「縷《いと》を績《つむ》ぐ」であるが、そこから「引伸」して「縷《いと》を用いて以て衣を縫うも亦た『緝』と為す」と云い、同じ「喪服」伝の語を引く。ともあれ司馬光が「喪服」伝によってここに云う「緝」とは、麻布を裁断したその裁断面がほつれないように糸でかがり縫うことを謂う語であり、したがって「不緝」とは、そのような「へりかがり」をせず、ほつれるに委《まか》せるを謂うとなる）。衣は縫うこと外に向かい、裳は縫うこと内に向かう。……負版は方一尺八寸（一尺八寸四方。原注「此の尺寸皆な周尺を用う」。周尺は一尺一八センチメートル。一尺八寸は約三二センチメートル）、背上に在りて領《えりくび》に綴《ぬいつ》け下垂して之を放す。辟領は方四寸（約七センチ四方）、負版の両旁に置く。……衰《さい》は長さ六寸、広さ四寸（縦約一一センチメートル、横約七センチメートル）、前衿《まええり》に綴《ぬいつ》け、心に当《あ》つ（『儀礼』「喪服」に「衰長六寸博四寸」と。鄭玄注には「広袤心に当たる也」と云う。「五服」中に云う「斬衰」「斉衰」の「衰」は『儀礼』「喪服」の「斬衰裳」「疏衰裳」に云う「衰」であり、その鄭玄注に「凡そ服、上は『衰』と曰い、下は『裳』と曰う」と云うごとく、「裳」と対して服喪中の「衣裳」の「衣」に当たるものを謂う。一方ここに「長六寸広四寸」として出る「衰」はいま云うごとく喪服の上衣（衰）の胸、心臓に当たる位置に着ける徽章である。『説文解字』十三篇上「糸」部「縗」字下の段玉裁「注」はこれら「喪服」とその「伝」に出る「衰」を「縗」の仮借とするが、またその本文「縗、喪服の衣」の下に「凡そ服は上を『衣』と曰い下を『裳』と曰う。礼の『衰裳』連言するは即ち『衣裳』也。『衰』を以て『負版』『辟領』等を統《す》べて言《げん》と為す也」と云う。すなわち段玉裁は「長六寸博四寸」のもとは徽章を云うここの「衰（縗）」なる語が「負版」「辟領」などを含めて「喪服の衣」全体をひっくるめて呼ぶ語となったとする）。……

斉衰《しさい》（『儀礼』「喪服」篇の「疏衰裳斉……」の「伝」に「斉《し》なる者は何ぞや。緝《へりかがり》する也」と云う。『説文解字』八篇上

「衣」部に「𧞤《シ》」字が載せられ、「緶《かがりぬ》う也」と解義されている。その段玉裁「注」に「按ずるに経伝多く『斉』を仮りて之と為す」と云う）は……

大功・小功・緦麻は……

凡そ緝《へりかがり》する者は皆な外に向かいて之を撚《よ》ず（布端《ぬのはじ》を外側に撚《よ》り込む形でかがり縫って行くのであろう）。

凡そ斉衰《しさい》以下は皆な当《まさ》に自ら其の服を制して往きて会喪すべし。今人忌諱多ければ、皆な喪家に仰ぎて之を為す。

喪家若《も》し貧なれば、親戚の居を異にする者自ら制して之を服《き》ること、礼也。……

と云う。

その夾注には、

……（唐の）裴茝・（五代・晋の）劉岳の「書儀」には、五服とも皆な布（すなわち麻織物）を用う。衣裳は上下に異なるも、制度は略ぼ相い同じ。但だ精粗及び負版・衰《さい》无《な》きを以て異なると為す耳《のみ》。然らば則ち唐・五代の際、士大夫の家の喪服、猶お古礼の如き也。

近世の俗は忌諱多し。子の父母の為《ため》にし、婦の舅姑の為《ため》にし、妻の夫の為《ため》にし、妾の君の為《ため》にするに非ざるの外自《よ》り、肯《うべな》いて布を服《き》るもの莫し。之を服《き》る者有れば、必ず尊長の容《い》れざる所、衆人の譏誚《そし》る所と為る。此れ、必ず此れを強うる可からず、之を如何する无《な》き者也。今は且《しばら》く父母・舅姑・夫君の服に於て、粗《あら》あら古《いにしえ》の制度を存す。庶《こい》幾《ねが》わくは、礼を好む者有らば、猶お能く之を行わんと。

と云う。

「拘忌」「忌諱」とは、人の儀礼や行為を実あるものたらしめている、何が大切かという「意味＝心」が忘れられ、形のための形が追求されてルール化され、逆に儀礼や行為に課されて行く「ルールの自己増殖」の当時における進展を示唆する言葉であると覚しい。

「卜宅兆葬日」の注に云う「葬師」にしても「陰陽家」にしても、即物の哀歓にゆらぐ世の人々の心理を慰藉するまさに即物的な「呪術的因果感覚」を一種の職業的技術として細密化し、人々のその心理に乗じて世の儀礼や行為の即物的細部を拘束する人たちであったと捉えることが出来るだろう。司馬光はその技術的言説の実質なき空虚さと矛盾を指摘し、さらに彼らによるその種の転倒した「因果感覚」の拘束が世俗の人々に功利的な計算一方に帰着する処世を吹き込むことをここで抉摘しているのである。

七

巻六「飲食」、

凡そ初喪、諸子三日食らわず。期・九月の喪は三たび食らわず。五月・三月の喪は再び食らわず、或いは一たび食らわず。……已に斂せば諸子粥《かゆ》を食らう。妻・妾及び期・九月の喪は疏食《し》・水飲し菜果を食らわず。五月・三月の喪は、既に葬れば、肉を食らい酒を飲むも、人と之を楽しまず。……

の夾注には次のように云う。ここでの問題は服喪の期間における「食肉飲酒」である。

……古人は喪に居れば敢えて公然と肉を食らい酒を飲む者無し。

漢の昌邑王、昭帝の喪に奔り、道上に居るに素食せず。霍光其の罪を数《せ》めて之を廃す。(『漢書』巻六八・霍光伝)

晋の阮籍才を負《たの》みて放誕、喪に居るに礼無し。何曽面《おもて》して籍を文帝の座に質《ただ》して曰く「卿(あなた)は敗俗の人、長《おさ》たる可からざる也」と。因りて帝に言いて曰く「公(あなた)は方《まさ》に孝を以て天下を治めんとす。而るに阮籍の重哀を以て公の座に飲酒食肉するを許す。宜しく四裔に擯《しりぞ》けて華夏を汚染せ令《し》むる無かれ」と。(『晋書』巻三三・何曽伝)

宋の廬陵王・義真……

隋の煬帝、太子為りて……

湖南・楚王・馬希声……

然らば則ち五代の時、居喪食肉する者、人猶お以て異事と為す。是れ流俗の弊、其の来たること甚だ近きなる也。……今の士大夫は居喪に食肉飲酒すること、平日に異なること無し。又た相い宴集に従い、靦然として愧《は》ずる無し。人も亦た恬として怪しむを為さず。礼俗の壊《こぼ》つこと、習いて以て常と為す。悲しき夫《かな》。乃至《ないし》鄙野の人、或いは初喪にして未だ斂せざるに、親賓は則ち酒饌を齎《も》ち往きて之を労《ねぎら》う。主人も亦た自ら酒饌を備え、相い与《とも》に飲み啜《すす》り、酔い飽くること連日、葬に及ぶも亦た之《かく》の如し。甚だしき者は、初喪にして楽を作《な》して以て尸を娯しませ、殯葬に及べば、則ち楽を以て轜車を導き、而して号哭して之に随う。亦た喪に乗じて即《ただ》ちに嫁娶する者有り。噫《ああ》、習俗の変じ難く、愚夫の暁《さと》し難きこと、乃ち此《ここ》に至らん乎。……


前節に「忌諱」に着目して引いた「五服制度」下の注にも、五代までは古礼が残っていたが、近々の世に至り失われた、という司馬光の歴史認識が見られたが、ここにも同じ認識が表されている。

巻七「喪儀三」の「親賓奠・賻・贈」、

賓客、奠を其の家に致さんと欲する者は、飯牀を以て茶果酒饌を其の庭に設《もう》く。暑ければ則ち之を覆うに幄を以てす。……（柩を載せた）轝の経過する所に奠する者の若《ごと》きは、酒饌を道の左右に設《もう》く。或いは幄有り或いは幄無し。柩の将《まさ》に至らんとするを望めば、賓は香を焼き、茶酒を酹《そそ》ぐ。祝《はふりびと》、拝して哭す。柩至れば、少しく駐《とど》まる。主人奠所に詣《いた》りて拝す。賓哭し、柩に従いて行く。餘は上儀の如くす。墓所に奠するは、皆な其の家に在るの儀の如くす。

の夾注には次のように云う。

「既夕礼」に……然らば則ち古者《いにしえ》は但だ奠具を致すのみ。漢氏以来必ず酒食を設《もう》く……然らば則ち哀誠を尊貴し、酒食は必ずしも豊腆ならざる也。

唐室の中葉自り、藩鎮強勢にして法度に遵わず。其の侈靡を競う。始めて祭幄を縛《つな》ぎ、高さ数丈、広さ数十歩に至る。鳥獣・花木・輿馬を作り、僕従・侍女は衣《き》すに繒綺を以てし、輛車過ぐれば、則ち尽《ことごと》く之を焚《や》く。祭食は百餘品に至り、染むるに紅・緑を以てし、実《まこと》には食らう可からず。流れて民間に及び、遞《たが》いに相い誇尚し、銭数百緡を費やす者有り。曷《いず》くんぞ留めて以て喪家に遺《おく》り賻贈と為すに若《し》かん哉。

「葬送」に際しての誇大・華美の風については、巻八「喪儀四」の「陳器」(葬送の人々が列をなして持ち行く器物を陳列すること)の本文、

轝夫、器を門外に陳《なら》ぶ。方相、前に在り。次に誌石、次に椁、次に明器、次に下帳、次に上服、次に苞、次に筲、次に醯醢、次に酒、次に銘旌、次に霊昇、次に大轝。

の夾注に次のように云う。

……今の世俗、轝夫の言を信じ、多く大木を以て轝を為《つく》りて高くするに務め、其の華飾を盛大にして、大門を出入りする能わざるに至る。紙もて幡花を為《つく》り、繽紛として路を塞ぐ。徒《いたずら》に観者に誇示せんと欲して、殊《まこと》に知らず、轝重く大門に触礙多くして進退し難く、峻隘なるに遇えば傾覆することあるを。轝夫は但だ人を用うること多くして厚き直《あたい》を取らんと欲するのみにして、豈に喪家の利害を顧みん耶。

またそれに継ぐ本文、

大轝の旁に翣有り。貴賤、数有り（すなわち身分の貴賤《たかいひくい》によって使用できる数量にランク分けがある）。

の下には次のように云う。

「開元礼」に「一品は引四、披六、鐸左右各八、黼翣二、黻翣二、畫翣二。二品三品は引二、披四、鐸左右各六、黻翣二、畫翣二」（巻一三九）……凡そ「引」なる者は輀車を挽く索《つな》也。「披」なる者は旁《かたわら》に繫ぎて之を執り以て傾覆するに備うる也。「鐸」は挽《ひ》くを節《ふしづ》くる所以の者……

按ずるに、今人は車を以て柩を載せずして轝を用うれば、則ち引・披は施す所無し矣。轝夫、衆を集め、乃ち行止の節《ふし》を為《つく》るに、多く鉦鼓を用う。以て鐸に代える可し。礼に、柩を望めば歌わず、里に殯有れば巷歌せず（『礼記』曲礼上）、と。豈に身もて柩車を挽《ひ》きて更《さら》に歌う可けん乎。況や又た歌う者復た柩を挽《ひ》くの人に非ざるをや。

巻七の「親賓奠・賻・贈」においては葬送における誇大・華美の由来として「唐室中葉」からの「藩鎮強勢」が取り上げられている。藩鎮のうちでも特に強勢を誇ったのは所謂「河北藩鎮」であるが、これは安祿山の乱を画期とする陳寅恪氏の所謂「胡化」（『唐代政治史述論稿』）の舞台であったのであるから、ここで司馬光は、当時に至る世相史の一つの流れとして、この胡風の逓伝を頭に置いているのかもしれない。ともあれ「藩鎮強勢」が意味するのは、第一章にも見た如く、一か八か命を張って勝負に出ることを生業《なりわい》とする武人の気風の横溢であろう（五頁）。その気風の逓伝が当時の莫大な浪費をむしろ誇る世態を生み出したと司馬光は診たのである。

八

「世相」とも「世態」とも呼ばれる人の世の有様があって、その「世俗」の人々の暮らしの大方が、自力とも他力とも一方的に言い得ぬあわいで動いて行く。一つの筋ではおさえ切れないその動きは、以上に見た司馬光の叙述が多く「又た……」と重ねて行くところにも窺えるであろう。ここにおける司馬光の、歯切れがよいとは決して言えない文章の息づかいは、むしろ「世相」や「世態」の現実を思考の中心においた経世家の成立を我々に告げているのではないだろうか。

このような司馬光の視線を前《さき》に「即物の哀歓」と言い止めてみたが、時に実《まこと》にもリアルな生活の細部に及ぶ、その濃《こま》やかで即物的な司馬光の物言いの例を補足しておこう。

すなわち巻十「喪儀六」の「祭」、

凡そ祭は仲月を用う。主人及び弟子孫、皆な盛服し親しく筮日に影堂外に臨む。……前期一日、主人、衆丈夫及び執事する者を帥《ひき》いて祭所を灑掃し……主婦、衆婦女を帥《ひき》いて釜鼎を滌《あら》い、祭饌を具《そな》う。

の夾注に次のように云う。

往歳、士大夫の家、婦女皆な親しく祭饌を造る。近日の婦女は驕倨にして肯いて庖厨に入ること鮮し。凡そ父母・舅姑に事《つか》うるには、使令の人有りと雖も、必ず身もて之を親しくす。其の孝恭の心を致す所以なり。今ま縦《たと》え親しく刀匕を執る能わざるも、亦た須《すべか》らく庖厨を監視し、精潔たら令《し》むるに務むべし。未だ祭らざるの物、人をして先に之を食らわ令《し》め、及び猫・犬及び鼠の盗み汚す所と為ること勿かれ。

祭饌を盗み食らう猫・犬・鼠にまで筆が及ぶ辺りは、実《まこと》にリアルな日常の情景の描出となって、司馬光の生活者としての心慮の行き届きを示すものであろう。

生活者としての心慮の行き届きという点では次のような例もある。すなわち巻一の「家書」に、冒頭「祖父母・父母に上す」書簡の様式を示すが、先ず本文の書き様を示し、次に「封皮」の書き様、そして「重封」の書き様に及ぶ。二重の封をし、その一番外側の「重封」、すなわち届いたときに先ず目に触れる外書きの書き様は、

平安家書附上　某州某県姓某官

と示される。この「重封」の「平安……」という書面について、司馬光は次のような説明を加えている。すなわち、

凡そ人、家書を得れば、喜びと懼れ相い半《なか》ばす。故に「平安」の字、闕《か》く可からず。之を見せ使むれば則ち喜ぶ。後の家書の重封、之に准《なら》う。

と。

家族から手紙が来れば、人は好い知らせなのか、悪い知らせなのかと胸騒ぐものである。だから先ず「平安」と見せて安心させるのだというのである。家庭人としての機微を突く心行きは、これも司馬光の生きていた思いの空間の濃やかさを証しているだろう。

九

同じ「家書」には「妻に与うる書」と「婦人夫に与うる書」が載せられている。夫から妻への書では、夫は、

某咨す。春寒……

と自らの「名」を称し、一方妻から夫への手紙では、妻は、

妾啓す。春寒……

と自らを「妾」と称する。司馬光の説明は次のように云う。

古者《いにしえ》婦人は夫を謂いて「君」と曰い、自称して「妾」と曰う。今ま夫の妻に与うるの書は名を称し、妻の夫に与うる書は「妾」と称す。乃ち冀缺・梁鴻相い推敬するの道也。

「冀缺」とは『左伝』僖公三三年に、

初め臼季使いして冀を過ぐ。冀缺耨《くさぎ》り、其の妻之に饁《かれいい》す。敬して相い待すること賓の如し……

と伝えられる人物。また梁鴻は『後漢書』逸民列伝に妻・孟氏との敬和をもって伝えられる人物である。

『書儀』においては、この二つの書簡の仕様が示すような夫と妻、主人と主婦、男子と女子の家庭における対称性が、意識的に貫かれており、このことは司馬光の家庭意識の基礎構造を表していると解することが出来るだろう。

すでに見た巻二「冠儀」に就いて見れば、「冠儀」は男子の成人式であるが、その後には「笄」が続いて置かれ、これは女子の成人式である。その記述も対称性を意識して書かれていることは明瞭で、例えば、「冠儀」には「其の礼、主人盛服し……」とある本文の「主人」につき、

主人とは冠者の祖父・父及び諸父諸兄、凡そ男子の家長と為る者、皆な可也。……

と注し、「笄」の方の「主婦・女賓、其の礼を執る」とある本文の「主婦」については、

主婦とは笄者の祖母・母及び諸母嫂、凡そ婦女の家長と為る者、皆な可也。……

と注し、司馬光の筆先が互いを対称的に作っていることは明らかであろう。

今のテキストに就くならば、司馬光の家庭意識にあっては、二人の家長、男子の「家長」と婦女の「家長」が家庭内

に対称的に存在していた、ということになる。

巻三・四の「婚儀」についても、すでに第三節にも見たように、「婦なる者は家の由りて盛衰する所也」「夫れ婚姻なる者は、二姓の好《よしみ》を合わせて上には以て宗廟に事え、下には以て後世に継ぐ所以也」と基本線は置かれており、所謂「家父長制」「男尊女卑」なる言葉が現在に響かせるいやしみは聴き取れない。

また当時、婦人たちが家庭においてまったく男子に圧伏されていたのではない司馬光による世相観察もすでに八節などに見た。

巻四の「居家雑儀」は「凡そ……」と始まる一五条よりなる。その第一条には、

凡そ家長と為れば、必ず礼法を謹守し、以て羣子弟及び家衆を御し、之に分かつに職を以てし、之に授くるに事《つとめ》を以てし、而して其の成功を責《もと》む。……

と、「家長」が先ず取り上げられる。しかしこれが直ちに「家父長」か、となると、必ずしも明確ではない。次の第二条、

凡そ諸《もろもろ》の卑・幼、事の大小と毋《な》く、専行するを得ること毋かれ。必ず家長に咨《はか》り稟《う》く。

の夾注には、

易に曰く「家人に厳君有り焉、父母の謂い也」（家人・彖伝）と。……父母に非ずと雖も、時に当たりて家長と為る者、亦た当《まさ》に咨《はか》り稟《う》けて之を行うべし、則ち号令、一人に出でて、家政始めて得て治む可し矣。

と云う。「父母」がならんで「家長」の現態とされていることは明確であろう。事実、続く第三条以下においては「父母」と「子婦」が柱となっている条が続き、「家長」が直ちに「家父長」と観念されているか否かは明確ではない。これらでは「父母」は家庭の共同主宰者という趣である。

第一〇条には、

凡そ宮室を為《つく》るには必ず内外を辨《わか》ち、宮を深くし門を固む。内・外は井を共にせず、浴堂を共にせず、厠を共にせず。男は外事を治め、女は内事を治む。男子は昼には故無くして私室に処らず。婦人は故無くして中門を窺わず。故有りて中門を出ずるには、必ず其の面を擁蔽す（原注「蓋頭・面帽の如きの類」）。男子は夜行するに燭を以てす（この一句は文脈上唐突の感があり、意味が取りにくい。『文公家礼』巻一「司馬氏居家雑儀」に引くところでは、上から「男子昼無故不処私室、婦人無故不窺中門。男子夜行以燭、婦人有故出中門、必擁蔽其面。男僕……」に作り、男子・婦人の対称性を整え、男子が夜に外出する際一般のことと取れるようになっている。しかしこの条が通じて屋敷の中での内・外の仕分けを謂うのであれば、屋敷からの外出一般にここで言及するのはやはり唐突である。按ずるに、ここは上の「男子は昼には……」に昼・夜で対し、男子は夜に燭をかかげて中門を入って内宮私室に行くものだ、と云うのであろうか）。男僕は繕修すること有ると及び大故（原注「大故とは水火盗賊の類を謂う」）有るに非ざれば、亦た必ず袖を以て其の面を遮る。女僕は故無くして中門を出でず。故有りて中門を出ずるには、亦た必ず其の面を擁蔽す。鈴下・蒼頭は、但だ内外の言を通じ、内外の物を伝致するを主《つかさど》るのみ。輒ち堂室に升り庖厨に入るを得ること毋かれ。

屋敷内において「中門」を境に男子の領域すなわち「外」と婦人の領域すなわち「内」とを厳格に仕分けすることが述べられている。「井」「浴堂」「厠」を共にせず、「鈴下・蒼頭」が「内」「外」間の言葉と物の遣り取りを取り扱うというのであるから、内・外とは両つの別立ての生活領域として成り立つことがここで考えられていると言えるだろう。

巻五「喪儀一」「初終」に、

疾病《やまいおも》ければ、正寝に遷居し、内外安静にし、以て気の絶ゆるを俟つ。

男子は婦人の手に絶えず。婦人は男子の手に絶えず。

と云い、その夾注に、

凡そ男子疾病《やまいおも》ければ、婦人の侍疾する者、至親と雖も、当《まさ》に数歩の外に処《お》るべし。婦人疾病《やまいおも》きも、男子亦た然り。此れ所謂、能く礼を以て自ら終わる、也。

と云うのも、まさにこの男女における生活空間の仕分け、仕付けが、およそ「礼」なる仕付けが成り立って行く基本であるを謂うのである。

そしてそのような生活空間の屋敷内での両断の上で、男子は、昼は「外」に夜は「内」に生活し、婦人は通して「内」に生活する。

第一一条には、司馬氏一族の事例を踏まえた、次のような記述が現れる。

吾が家は同居せる宗族衆多なり。冬正・朔・望に宗族、堂上に聚る（原注「此こは仮に南面の堂を設く。若《も》し宅舎制を異にすれば、時に臨みて宜《よろ》しきに従え」）。丈夫は左に処《お》る、西上。婦人は右に処《お》る、東上（原注「左右とは家長の左右を謂う」）。家長は南面しているので、左とは東側、右とは西側。すなわち家長を通る南北線を中心線として東に丈夫、西に婦人が東西方向に並び、それぞれ中心線に近い方が上席となる）。皆な北に向かい、共に一列を為《つく》る。各おの長幼を以て序と為す（原注「婦は夫の長幼を以て序と為す。身《みずか》らの長幼を以てせず」）。共に家長に拝し畢《おわ》る。長兄、門の左（東側）に立ち、長姉、門の右（西側）に立つ。皆な南に向く。諸弟妹、次を以て拝し訖《お》われば、各おの列に就く。丈夫は西上。婦人は東上。共に卑幼の拝を受く。拝を受け訖《お》われば先に退く。後輩立ちて拝を門の東西に受くること前輩の儀の如し。

ここには司馬光の家居の現実において、その儀礼空間が男女の対称性を基礎に組み立てられていることが明瞭である。

この対称性の整然たる様から見て、また前に紹介した「冠」「笄」における「主人」「主婦」に対する司馬光の説明を思い併せるなら、ここに云う「家長」が、男子一人として前に立ち拝を受けていると考えるよりも、同じ「居家雑儀」内で「子・婦」に対して「父・母」「舅・姑」と呼ばれる「夫・婦」が「外・内」両域それぞれの主宰者として前に、東西に分かれ並んで立っていると考える方が自然なように思われる。

むろん今の注中に、「婦は夫の長幼を以て序と為す。身らの長幼を以てせず」という如く、父系に則って宗族一家が広がっている以上、婦人たちがその父系秩序に従って系列化されることは明らかである。しかし『書儀』に就く限り、父系系列を主ルートとして発効する一人の「家父長」の強力な家政支配といったイメージは提示されていない。

一〇

巻三「婚儀・上」「親迎」。壻が婦を親《みずか》ら迎えて壻の家に至ると、影堂の上に舅姑（主人・主婦）が東西に向かい合って待っている。壻と婦が導かれて影堂の階下に至り、東に壻、西に婦と並んで北に向くと、主人が進み出て北に向き立って香を焚《た》き、跪いて酒を地に酹《そそぎまつ》って俛伏し、興きて立ち居住まいを正す。その主人の左側（すなわち西側）を通って祝《はふりびと》が進み出で、壻が婦を迎えたことを先祖の霊に告げる言葉を読み上げる。やがて壻と婦は導かれて壻の室に至り、食を取り交わし酒を飲み交わす。それが終わると壻が他室に移る。やがて、

壻復た室に入りて服を脱ぐ。婦の従者之《これ》を受く。婦、服を脱ぐ。壻の従者之《これ》を受く。燭《ともしび》出ず。壻・婦の其の室に適《ゆ》くに於けるや、主人は酒饌を以て男賓に外庁に礼す。主婦は酒饌を以て女賓に中堂に礼す。常儀の如くす。楽《がく》を用いず。

ここにも主人・主婦の儀礼における対称性が明確であるが、それはさておき、最後の「不用楽」の夾注には、

「曽子問」に曰く「婦を取《めと》るの家は三日楽《がく》を挙げず。親を嗣ぐを思えば也」（『礼記』）と。今の俗は婚礼に楽《がく》を用う。
殊《まこと》に非礼為《た》り。

と云う。

その『礼記』「曽子問」、鄭玄の注には、

世（世代）の変わるを重んずれば也。

と云い、その「正義」には、

楽《がく》を挙げざる所以の者は、己の妻を取《めと》りて其の親を嗣《つ》ぎ続《つ》ぐを思念すれば、則ち是れ親の代謝するなれば、所以《ゆえ》に悲哀感傷して世（世代）の改変を重んずれば也。

と云う。

司馬光が『書儀』において提示するところをまとめれば次のようになろう。すなわち宗族一家の生活においては、男子と婦人の対称性を基礎とする仕分け・仕付けが基本であり、敬し合う「夫・婦」が「主人・主婦」として「外・内」それぞれの領域をしっかりと主宰し、親から引き継いだ心身を間違いなく子へとつなぐ責務を果たさねばならない。人の命の継承に親に代わって参ずる自らの責務を自覚し、親の命の喪《う》せる哀しみに人の命の継承のもの深さを思うことこそ「冠儀」「婚儀」「喪儀」「祭儀」を核とする「家礼」のポイントである。人の生きる意味はまさにここにある家庭生活の深み、その思いの深さにある。その厳粛な自覚を心身に刻印することこそ、「家礼」という儀礼に回復されるべき、また見失わずに守られるべき心髄なのである。

二

司馬光の目には、当時の大方の世態は無駄遣いと些末な気遣いに我を忘れて浮動しているものと映っていた。「冠・昏・喪・祭」儀礼の心髄は喪《う》せていた。生きることの意味への思いを刻印する機会が人々の生活の中で喪失されつつあると司馬光は深刻に憂慮していたと謂い得るだろう。

前《さき》に見た如く、漢代前後、「中国」という価値体系が形成されて行ったが、その価値体系のまさにその価値が根付く基底として発見され定立されたのが夫婦を中心として実現される折り目正しく親愛に満ちた「家庭」という人の生の現場であった（本書四六〇頁以下）。冠・昏・喪・祭とは、その、人が生きる基底的現場である家庭生活において、人が人として生きることの意味が個々人の心身に刻印される儀礼である。その儀礼の断片化とその心髄たる意味の喪失の進行、『書儀』の夾注が告げる、それが司馬光の住まう「中国」の現実であった。

同様の憂慮は、少しく別の文脈においてではあるが、司馬光の同時代人である程頤によっても表明され、その憂慮のもと、程頤も同じく「家礼」の制作を企図していた。

『河南程氏遺書』巻一八「伊川先生語四」の一条に次のように云う。

> 冠昏喪祭は礼の大なる者、今人都《すべ》て以て事と為さず。某《それがし》旧と曽《かつ》て六礼（冠・昏・喪・祭・郷・相見）を修む。将《まさ》に就《な》らんとせし後、（朝廷に）召さ被《れ》て遂に罷《や》むるも、今、更に一・二年あれば成す可し。家間多く河北の旧俗を恋《した》い、未だ遽《にわか》に更《あらた》め易める能わず。然れども大率《おおむね》、漸くに義理を知ら使め、一・二年にして書成れば、皆な法の如かる可し。

毎月の朔《ついたち》には必ず新しきを薦め、四時（すなわち春・夏・秋・冬）の祭は仲月を用う。時祭の外に更に三祭有り。冬至には始祖を祭り、立春には先祖を祭り、季秋には禰を祭る。他は則ち祭らず。冬至は陽の始めなれば也。立春なる者は、物を生むの始めなれば也。季秋なる者は、物を成すの始めなれば也。始祖を祭るには主《よりしろ》無く祝《はふりびと》を用う。妣を以て廟中に配し、正位に之を享す。先祖を祭るにも、亦た主《よりしろ》無し。先祖なる者は始祖自《よ》り而下《じげ》、高祖而上《じじょう》、一人に非ざる也。故に二位を設く。常祭するは高祖而下に止《とど》む。旁親の後有る者は、自ら祭を為し、後無き者は之を別位に祭る。

凡そ配するは、止《た》だ正妻一人を以てす。諸侯、元妃を用いるの如き是れ也。或いは奉祀するの人是れ再娶の生む所の者なれば、即ち生む所の母を以て配す。

忌日には、必ず主《よりしろ》を遷し、出して正寝に祭る。蓋し廟中は尊者の拠る所にして又た同室は以て独り享すること難ければ也。

家には必ず廟有り。廟中位を異にし、廟には必ず主《よりしろ》有り。其の大略此《かく》の如し。

且《か》つ豺獺の如きすら皆な本に報ずるを知るに、今ま士大夫の家多く此れを忽《ゆるが》せにす。（父母を）奉養するに厚くして祖先に薄きは、甚だ不可なる也。

凡そ死に事《つか》えるの礼は、当《まさ》に生者に奉ずるより厚かるべし。嘗新すれば必ず薦め、享して後に方《はじめ》て食らうに至りては、人家能く此れ等の事数件を存し得《う》。幼き者と雖も漸くに礼義を知ら使む可し。

凡そ物の、母を知りて父を知らざるは、走獣、是れ也。父を知りて祖を知らざるは、飛鳥、是れ也。惟だ人のみ則ち能く祖を知る。若《も》し祭祀に厳かならざれば、殆ど鳥獣と異なる無し矣。（中華書局「二程集」二四〇頁。すでに木下『朱熹再読』研文出版、一九九九、三五一頁に引用し、論じたことがあるので参照されたい。）

「冠昏喪祭は礼の大なる者、今人都《すべ》て以て事と為さず」「且つ犲獺の如きすら皆な本に報ずるを知るに、今、士大夫の家多く此れを忽《ゆるが》せにす」「凡そ物の、母を知りて父を知らざるは、走獣、是れ也。父を知りて祖を知らざるは、飛鳥、是れ也。惟だ人のみ則ち能く祖を知る。若し祭祀に厳かならざれば、殆ど鳥獣と異なる無し矣」と示せば、程伊川の現実も、人を人たらしめる儀礼空間の喪失に直面していたと覚しい。

また「冠昏喪祭は礼の大なる者、今人都《すべ》て以て事と為さず。某《それがし》旧と曽《かつ》て六礼（冠・昏・喪・祭・郷・相見）を修む。将《まさ》に就《な》らんとせし後、召さ被《れ》て遂に罷《や》むるも、今、更に一・二年あれば成す可し」に継いで、「家間多く河北の旧俗を恋《した》い、未だ遽《にわか》に更易《あらた》める能わず。然れども大率《おおむね》、漸くに義理を知ら使め、一・二年にして書成れば、皆な法の如かる可し」と言うのであるから、伊川はそのような儀礼空間の喪失の一因を、自らの一族に即した経験として、彼らのルーツである「河北」の「旧俗」に捉えていると読んで間違いなかろう。

伊川の手になる「明道先生行状」（『河南程氏文集』巻一一、『二程集』六三〇頁）には、

先生の五世而上《じじょう》、中山の博野に居す。高祖は太子少師を贈らる。諱《いみな》は羽。太宗朝、輔翊の功顕《し》るきを以て、第《だい》（すなわち邸第）を京師に賜う。居すること再世、曽祖而下《じげ》、河南に葬る。今は河南の人と為る。

と云い、高祖の程羽については、『宋史』巻二六二、『東都事略』巻一一二「循吏伝」に伝を載せるが、いずれも、

程羽、字は沖遠、深州・陸沢の人。

としている。「中山の博野」は現在の河北省・蠡県、「深州・陸沢」は現在の河北省・深県西南。

同じく伊川の「先公太中家伝」には、

始め少師、五代、河北の亂多きを厭《いと》い、少監を京兆の興平（陝西省・興平県）に徙葬し、将《まさ》に醴泉（陝西省・咸陽市北西二五キロほど）に居せんと謀らんとす。貴なるに及び、第《だい》を泰寧坊に賜り、遂に再世京師に居す。（『河南程氏文集』巻一二、『二程集』六五〇頁）

と云い、同じく「家世旧事」には、

少師、河北、五代の兵戈を厭《いと》い、醴泉に宰たるに及び、遂に焉《ここ》に居せんと謀り、少監を県城の西に徙葬す。（『河南程氏文集』巻一二、『二程集』六五八頁）

と云う。

「河北の旧俗」とは如何なる習俗、風気を云うのかは明言されていないが、これだけで、当時それと分かる「土地柄」「お国ぶり」があったのかも知れない。文脈をたどれば、それは「漸くにも義理を知ら使むる」ことが必要な、したがって「義理」をよくは「知ら」ない習俗、風気であり、下には「且つ犲獺の如きすら皆な本に報ずるを知るに、今、士大夫の家多く此れを忽《ゆるが》せにす。奉養するに厚くして祖先に薄きは、甚だ不可なる也。凡そ死に事えるの礼は、当に生者に奉ずるより厚かるべし……」と来て、今の文言と類似する「幼き者と雖も漸くに礼義を知ら使む可し」という言い方がされ、「凡そ物の、母を知りて父を知らざるは、走獣、是れ也……」と承けられる。伊川がここに云う「河北の旧俗」とは、父系の先世へと自らを連接することの人が人たることにおける決定的な意味に無知な習俗、風気を謂うと読むことが出来るだろう。

二

今の条が示す世態認識にかかわるテキストを『河南程氏遺書』から拾い、理解を広げておきたい。

今人多く兄弟の愛を知らず。且つは閭閻の小人の如きは一食を得れば必ず先に以て父母に食らわす。夫《そ》れ何の故にや。父母の口は己の口より重きを以て也。一衣を得れば必ず先に以て父母に衣《き》す。夫《そ》れ何の故にや。父母の体《からだ》は己の体《からだ》より重きを以て也。犬馬に至るまで亦た然り（至於犬馬亦然。すなわち父母の体を己の体より大切にするのと同じように父母の犬馬を己の犬馬より大切にする）。父母の犬馬を待するに、必ず己の犬馬に異なる也。独り父母の子（つまり己の兄弟）を愛《いと》しむことのみ、却《かえっ》て己の子より軽く、甚だしきは仇敵の若《ごと》きに至る。世を挙げて皆な此《かく》の如し。惑えるの甚だし矣。（巻一八。『二程集』二四二頁。伊川先生語）

前《さき》の「今ま士大夫の家多く此れを忽《ゆるが》せにす。奉養するに厚くして祖先に薄きは、甚だ不可なる也」「生者に奉ず」なる言葉にかかわって見ておきたい。「至於犬馬」が出る辺り、『論語』為政篇の「子游問孝。子曰。今之孝者、是謂能養。至於犬馬、皆能有養。不敬、何以別乎」一章の言葉が頭にあるのだろう。

正叔（程頤・伊川）言う。某《それがし》の家は喪を治めるに、浮図（仏教）を用いず。洛に在りて亦た一・二人の家之《これ》に化し、自ずから釈氏を用いず。

道場の螺鈸を用うるは、蓋し胡人の楽《がく》也。今ま之を死者の側《かたわら》に用うるは、是れ其の楽《がく》を以て死者に臨むなる也。……（巻一〇。二先生語。洛陽議論。『二程集』一一四頁）

喪儀は当時、程頤の家居する洛陽では仏式で行うのが一般であったことを示す。

横渠、墓祭に一位と為す、「同几」の義を推し難きを恐る（本注「『同几』なれば、唯だ一位を設くるのみにて之を祭る。夫婦は牢を同じくして祭るを謂う也」。『禮記』「祭統」篇に「筵《むしろ》を鋪《し》きて同几を設け、依神《よりしろ》と為す也」と。その鄭玄注に「同の言は詷也。祭なる者は、其の妃を以て配すれば、亦た几を特にせざる也」と。疏に「同の言は詷。詷は共也。言うこころは、人生きし時は形体異なれば故に夫婦几を別にするも、死せば則ち魂気同じく此《ここ》に帰す。故に夫婦几を共にす……」と。張載『経学理窟』の「祭祀」に「『鋪筵設同几』なれば只だ一位を設くるのみ、其の精神の合せるを以て也。……」と云う。点校本『張載集』中華書局、一九七八、二九三頁）。……今ま祭祀するに、其の敬斉礼文の類は、尚お皆な緩《ゆる》ぶ可きも、且《かつ》は是れ大なる者の先ず正しきを要して始めて得《う》。今ま程氏の家祭、只だ是れ男女位を異にすと及び大いに義を害すること有る者と、稍や一二を変じ得れば、佗《た》は未だ遑《いとま》あらざる所也。吾曹の急ぐ所、正に此《ここ》に在り。

凡そ祭祀は、須《すべから》く是れ祖に及ぶべし。母を知りて父を知らざるは、狗彘、是れ也。父を知りて祖を知らざるは、飛鳥、是れ也。人は、上面に去りて一等を立て自《おの》ずから異なる所以を求むるを須《ま》ちて始めて得《う》。（巻二下。二先生語。『二程集』五一頁）

末尾の「人須去上面立一等、求所以自異始得」は、上の「母から父へ」「父から祖へ」と云う認知レベルの上向形式を承けて、「飛鳥」が「狗彘」より一段上向して「父を知る」レベルに立つことによって「狗彘」から異なったように、人は「父を知る」「飛鳥」のレベルより一段上向して「祖を知る」レベルに立つことにより、「飛鳥」に異なる「人」という存在へとおのずから異なり成るのであるから、その「飛鳥」と異なるレベルの存在へと成る「祖を知る」という条件を自分のものにするようにしなければならないと云うのであろう。この「飛鳥」を越えて「人」となる一歩の上向をもたらすものこそ「祖に及ぶ」祭祀である、というわけである。動物界における位階において人が人として他の動物から異なるのは「祖を知る」能力によってであるという自然学的な線引きを行っていると見て間違いないだろう。

天子自《よ》り庶人に至るまで、五服未だ嘗て異なること有らず、皆な高祖に至る。服既に是《かく》の如ければ、祭祀も亦た須く是《かく》の如かるべし。其の疏数の節、未だ考える可き有らざるも、但だ其の理は必ず此《かく》の如し。七廟五廟も亦た只だ是れ祭りて高祖に及ぶ。大夫士は或いは三廟・二廟・一廟、或いは寝廟に祭ると雖も、則ち異なると雖も、亦た祭りて高祖に及ぶを害せず。禰を祭るに止《とど》まるが若きは、只だ母を知りて父を知らざるが為《ため》にして、禽獣の道也。禰を祭りて祖に及ばざるは、人道に非ざる也。（巻一五。伊川先生語。『二程集』一六七頁）

万物は天に本づき、人は祖に本づく（万物本乎天、人本乎祖）。故に冬至には天を祭り、而して祖これ之に配す。冬至なる者は気至るの始めなるを以ての故也。万物は形を地に成し、而して人は形を父に成す（万物成形於地、而人成形於父）。故に季秋を以て帝に享し、而して父之《これ》に配す。季秋なる者は物成るの時なるを以ての故也。（巻四。二先生語。『二程集』七〇頁）

「天・地」を「父・母」や「男・女」に当てるのではなく、「祖・父」に当てる。古典的二元論とでも呼ぶべき「易」の陰陽二元の対称性を、それとの比定で行くなら、「陽＝天＝男」の側に決定的に傾斜させ、人の生成を「祖・父」系列に収攬する議論になっている。また「万物」の生成世界と「人」の生成世界が強く二分され、「人」は「万物」に入らないということになる。すなわち人においてこそ生成の世代系列という時間構造が存在するのであって、万物においてはその都度天地により生成するのであるから、そのような時間構造は存在しないのである。人についても、もし父母により生まれたとだけ認識するのなら、そこには生成の世代系列という時間構造の理解は欠落し、人が万物に隔絶する存在形式を自ら放棄することになる、となろう。

今ま宗子の法無し。故に朝廷に世臣無し。若し宗子の法を立つれば、則ち人、祖を尊び本を重んじるを知らん。人既に本を重んずれば、則ち朝廷の勢い自《おの》ずから尊し。古者《いにしえ》、子弟は父兄に従うも、今は父兄、子弟に従う（本注「子弟、強しと為す」）。本を知らざるに由る也。

且つ漢の高祖沛を下さんと欲せし時の如きは、只だ是れ帛書を以て沛の父老に与うれば、其の父老便ち能く子弟を率いて之に従うなり。又た相如、蜀に使いするが如きも、亦た移書して父老を責め、然る後に子弟皆な其の命に聴《したが》いて之に従う。只だ一箇の尊卑上下の分有りて然る後に順従して乱れざる也。若し法の以て之を聯属する無ければ、安くんぞ可ならん。

且つ宗子の法を立つるは、亦た是れ天理なり。譬うるに木の、必ず根従《よ》り一幹に直上し、亦た必ず旁枝有るが如く、又た水の、遠しと雖も、必ず正源有り、亦た必ず分派する処有るが如きは、自然の勢い也。然れども又た旁枝の達して幹と為る者有り。故に曰く、古者《いにしえ》、天子国を建て、諸侯宗を奪うと云ぬん。（巻一八。伊川先生語。『二程集』二四二頁）

宗子の法、すなわち宗法は、人のみが万物に隔絶して持つ生成における世代系列という時間構造を「法」として顕在化させるものである。

宗子の法立たざれば、則ち朝廷に世臣無し。宗法は須《すべか》らく是れ一・二の巨公の家、法を立つべし。宗法立てば、則ち人人各おの来処を知る。（巻一七。伊川先生語。『二程集』一七九頁）

宗子の法壊《こぼ》てば、則ち人自ら来処を知らず、以て四方に流転するに至り、往往親未だ絶えざるに、相い識《み》わけず。今ま且《しばら》く試みに一・二巨公の家を以て之を行えば……（巻一五。伊川先生語。『二程集』一五〇頁）

宗子の法廃《すた》るるも、後世の譜牒、尚《な》お遺風有り。譜牒又た廃《すた》るれば、人家は来処を知らず、百年の家無く、骨肉に統無く、至親と雖も、恩亦た薄し。（巻一五。伊川先生語。『二程集』一六二頁）

天下の人心を管摂し、宗族を収め、風俗を厚くし、人をして本を忘れざら使むるは、須《すべか》らく是れ譜系世族を明らかにすると宗子の法を立つとなるべし。（巻六。二先生語。『二程集』八五頁）

人々が自らの存在を世代系列の時間構造の中に位置づける時、人々はまさに自らの存在の基礎形式であるその時間構造に住まうこととなる。つまり、まさに「禽獣」ならざる「人」となる。以上おおむねは伊川の論と認められる「宗法」定立の主張は、そのような、人こそが世代系列という独立した時間構造を生成し、その中にみずから生成するという思考によるものであろう。そしてそれは、父母に奉養を尽くすに終始する当時の世態に対する彼の危機意識に発する思考であったと覚しい。

司馬光や程伊川の、当時の世態に言及する、或いはせざるを得ない言及が描き出す世態、世の風気の有り様は、誇張があるのではないかというくらいに頽廃している。彼らの鋭敏すぎる倫理感情にその原因を求めることも出来るであろうが、一方では、それがまさに彼らの「中国」の現実であったのではないかと思い返してみる必要はあるだろう。

一三

朱熹の当時に対する歴史認識も実に厳しいものであった。よく知られるテキストではあるが、『大学章句』序から先ず引用しておきたい。

……而して此の篇なる者（すなわち『礼記』「大学」篇）は則ち小学の成功に因りて以て大学の明法を著《あらわ》し、外には以て其の規模の大なるを極むる有りて、内には以て其の節目の詳らかなるを尽くす有る也。三千の徒、蓋し其の説を聞かざるもの莫からんも、而るに曽氏の伝、独り其の宗を得《う》。是に於て作りて伝義を為し以て其の意を発す。孟子の没するに及びて、其の伝、泯《ほろ》ぶ焉、則ち其の書、存すと雖も、而るに知る者鮮《すくな》し矣。是れ自《よ》り以来、俗儒、記誦詞章の習い、其の功、小学に倍するも、而るに用無し。異端、虚無寂滅の教え、其の高きこと大学に過ぐるも、而るに実無し。其の他、権謀術数、一切以て功名に就《つ》くの説と、夫《か》の百家衆技の流と、世を惑わし民を誣《あざむ》き、仁義を充塞する所以の者、又た紛然として其の間に雑出し、其の君子をして不幸にして大道の要を聞くを得ざら使め、其の小人をして不幸にして至治の沢を蒙るを得ざらしむ。晦盲否塞、反覆沈痼、以て五季（すなわち五代）の衰うるに及び、而して壊乱すること極まれり矣。天運循環し、往きて復せざる無し。宋の徳隆盛し、治教休明す。是に於て河南の程氏両夫子出《い》で、而して以て孟氏の伝に接《つ》ぐ有り。……

古の聖人に由来し、孔子によってまとめられ、曽子によって解説された「大道」「至治」の教説の命運について述べるのであるが、「晦盲否塞、反覆沈痼、以て五季の衰うるに及び、而して壊乱すること極まれり矣」の部分には、「中国」という世態そのものの下降し続ける歴史を極めての壊廃が述べられていると見て間違いなかろう。宋にいたってその下降線は上向に転じ、ここに程明道・伊川両夫子が現れてその壊廃に帰した「大道」「至治」の教説を復活する、という筋書きである。言うなれば孟子以降五代までを「暗黒時代」と捉える歴史認識であり、かの「古代」「中世」「ルネッサンス」という歴史認識と類似するとも言い得ようか。

明道・伊川によって「中国」の命運に点ぜられた希望の火を承け継ぎ、さらにそれを鮮明にする、と、朱熹は一途に思い、その思いをこの序、また『中庸章句』序に宣言していると覚しい。それほどに、朱熹の生きている「中国」の現実も憂慮される状況にあったのである。

一四

朱熹が生まれたのは建炎四年九月一五日の午時。一一三〇年一〇月一八日の正午。金軍が徽宗、欽宗を連れ去って北宋王朝が雲散し、張邦昌が「宋太后」に冊立し、ほどなく「元祐皇后」とした哲宗の皇后、昭慈聖献・孟氏の「垂簾聴政」の下、その手書をもって徽宗の第九子・康王が南京に即位し、「建炎」に改元したのが、一一二七年六月一二日。朱熹の誕生は所謂南宋政権の誕生から三年と四ヶ月後のことである。朱熹の父親である朱松が、妻の祝氏の父・祝確、すなわち朱熹の母方の祖父、に出した書簡は、朱熹誕生前後の状況を次のように報告している。『朱文公続集』巻八「韋斎与祝公書跋」。

松《しょう》（諱《いみな》「松」による朱松の自称、すなわち「わたくしめ」）、嬢子（東景南氏は「嬢子は朱松の母・程五娘及び朱松の長子と次子を指す」とし、「程五娘は歙県の人、元豊二年（一〇七九）に生まれ、十七歳、朱森（朱松の父、すなわち朱子の祖父、宣和二年、一一二〇、卒）に帰《とつ》ぎ、紹興四年（一一三四）に卒す」、また「『韋斎集』巻六に建炎四年庚戌六月廿八日の詩（すなわちこの書簡が書かれる三ヶ月ほど前の日付の詩）有りて『自ら児童に教え農圃を事《つとめ》とす。更に何処をか尋ねて愚を帰さんと欲せん』と云う。此の詩は即ち朱松が一家を挙げて深山に遯《のが》れ入っていた時の作であるが、ここに云う『児童』が即ち其の長子と次子である」と云われる。『朱熹年譜長編』華東師範大学出版社、二〇〇一、巻上、一四頁。『朱文公文集』巻九四「孺人祝氏壙誌」に「先妣・孺人・祝氏、徽州・歙県の人……年十有八、我が先君に帰《とつ》ぐ……三男を生む。伯・仲は皆な夭《はやじに》す。熹は其の季《すえ》也」と云う）を奉じて幸安たり。

小五娘（朱松の妻、すなわち朱熹の母・祝氏）、九月十五日の午時、免娠して男子（すなわち朱熹）を生む。幸いに皆な（母子ともに）安楽たり。

去年（すなわち建炎三年、一一二九）の十二月自《よ》り、初めて建州（福建北部）の権職官に在るも、虜騎（金軍）の江西自《よ》り邵武（福建北西部、邵武軍）に入る者有りと聞き、遂に摂《と》る所（すなわち職務）を棄て、家を携え政和に上り龔寺に寓す（建州より松溪沿いに北東の山間にある政和県にさかのぼった）。

（本年の）五月初間、龔儀の叛兵、処州を焼きて龍泉に入れば（福建の北、浙東路・処州の州城から大溪沿いに南西に向かうと龍泉に至る。さらに大渓をさかのぼると分水嶺地帯に入り福建側からの松渓に接続する。したがって今度は叛兵が北から処州、龍泉とこの大渓・松渓線をたどって政和県に迫って来たのである）、舟を買い倉皇として家を携えて南剣に下り、尤渓に入る（松渓を政和県から南西に下り、建州を通過し丁水を下って南剣州に至り、南東に三渓に入り、やがて南西に分かれて尤渓に入り、尤渓県に至ったのである）。而して某《それがし》は自ら単車を以て福唐（福州福清県に下り、程帥（程邁。下には「晋道」と字《あざな》で呼ぶ。「帥」は安撫司を云う。安撫司の長官が安撫使。「帥臣」と呼ばれる。『宋史』巻一六七・職官七「経略安撫司」に「旧制、安撫は一路の兵・政を総《す》ぶ。知州を以て兼充す……中興以後……凡そ帥府は皆な馬歩軍都総管を帯す」と云う。南宋期の福建路について言えば、知福州が福建路安撫使を兼充し、また馬歩軍都総管を兼ねることになっていた。校点本『三山志』海風出版社、二〇〇〇、二七六頁に、程邁が、前任・林遹が建炎四年正月に奉祠した後任として「三月に朝散大夫・徽猷閣待制を以て知《ち》す」と云う。『建炎以来繫年要録』巻一九、建炎三年正月甲申には「邁、歙県人也」と云う。朱松の母・程五娘も歙県の人であるから、朱松と程邁とは外親としての繫がりがあったのであろう。『建炎以来繫年要録』巻五六、紹興二年（一一三二）九月丙戌に程邁が徽猷閣待制・知温州に充《あ》てられたことを載せるが、『韋斎集』巻一一には「賀程待制知温州啓」、すなわち程邁の昇格を慶賀する挨拶状が載せられている）に見《まみ》ゆ。

福唐に在るに、賊兵、松渓隘（北から松渓水系に入り込む要衝を云うのであろう）を破り、駸駸として東下し、已に建州に入り、南剣を攻むること甚だ急なりと聞けば、又た匆匆として間道自《よ》り尤渓に還る。

六月十四日（一一三〇年七月二〇日）早《つと》に県（尤渓県城）に至る。而して賊兵已に十数里の外に在り矣。幸いにして二舎弟（朱松の弟、朱檉・朱槔）已に家を般《はこ》びて深く遯《のが》る。是の日、即刻に県官（東景南氏は、ここの「県官」は「尤渓県令・劉正」であると考証しておられる。『朱熹年譜長編』上巻一四頁）と同《とも》に走りて家間の遁《に》ぐる所の処に至る。

賊は延平（南剣州・剣浦県）に在りて官軍の破る所と為り、倉皇として山路自《よ》り遁《のが》れて漳・泉（福建南部の漳州と泉州）に下らんと欲せば、此《ここ》（尤渓県城）に至るは其の本心に非ざる也。県を過ぎるも更に駐《とど》まらず。甚だしくは人を害せず。亦た火を縦《はな》たず。家中は上下幸いにして皆な恙《つつが》無し。而して随行せると及び寓舎中に留めたる衣服・文字の類、皆な損失する所無し。他人に比《くら》ぶるに、尤《もっと》も幸いと為す也。

七月の間、方《はじめ》て県に還る。而るに甌寧の土寇・范汝為なる者、建・剣（建州と南剣州）の間に出没す。其の衆は数千、官軍之《これ》に遇えば輒《すなわ》ち潰《つい》ゆ。諸司、官に請いて招安するを免れず。（土寇はその招安に応じて）已に還状し、犒設を受け、将《まさ》に其の衆を散ぜんとす。何《いくばく》も無く、大兵、会稽より来たり（「会稽」は浙東路・越州。当時、高宗は越州に駐蹕し、行在が置かれていた。すなわち土寇・范汝為討伐のための中央派遣軍が招安の成った直後に到着したのである）、必ず進み討たんと欲す。昨日方《まさ》に報ぜり、大兵、味を冒して賊巣に入り、数千人を喪失し、賊勢又た震大す、と。

略ぼ今《この》夏自《よ》り以来、未だ嘗て一枕の安んじも有らず。此の懐《おも》い如何せん。程寿隆の近書（程寿隆から来た最近の手紙）を得るに、「郷里頗る擾擾たり」と云うも、詳らかには其の故《ゆえ》を言わず。度《はか》るに、江（揚子江）・浙（浙江、現在の銭塘江）に切近なれば、其の憂う可き、当《まさ》に啻《ただ》に此《ここ》のみならざるべし（程寿隆も程邁と同じく恐らくは朱松の母方の外親であり、また母・程氏と同じく徽州・歙県の人であるこの手紙の宛先たる岳父・祝確の存じ寄りでもあったのであろう。朱松も同じ徽州の婺源県出身であるが、程寿隆からの手紙には故郷・徽州の世情の不安なるを知らせていたのである。徽州は当時金軍が殺到していた揚子江下流と銭塘江に近く、当然その地の世情の不安はこちら福建の比ではなかろうと朱松は推度しているのである）。惟だ糧を聚《あつ》めて深く遯《のが》れ、一豪の珍幣をも以て自随すること勿《な》けれ。乃ち上策と為す。

此の中、城居すと雖も、但だ日夕に遁《のが》れて深山に入るの計を為すのみ。生意草草たりて、凡事苟且、知らず、百年未だ満たざるの間、此《かく》の如き者、更に幾《いくば》くの時にして後に定まらん邪を。

来書に謂ふ、某《それがし》（朱松の自称）従仕に懶《おこた》る、と。非也。中世の士大夫は官を以て家と為す。農夫の田に於けるが如し。其れ敢えて惰《おこた》らん邪。但だ未だ行在に赴く能わざるの間、閩中の所有《すべて》は、権局に過ぎず。遠きも三・五月に過ぎず。道里に遠・近と便・不便有り。家を携うれば、即ち費《つい》え厚く、独行するは又た便に非ず。是を以て此《ここ》に且《しばら》くして踰蔵す。意に亦た、来春の無事なるを俟《ま》ちて会稽（越州。先にも注するごとく、当時高宗の行在が置かれていた）に一走せんと欲す。別に当《まさ》に奉じて報ずべし。（この一段は、祝確より朱松への手紙に、朱松が出仕に不熱心だ、との言辞があったのに応えたものである。）

晋道（程邁の字）福に帥たりて一員の属官を辟《まね》き得るも、須《すべか》らく京朝官なるべし。大年（朱欋の字）は又た未だ曽て参部（吏部に参選すること）せず。一切の差遣皆な礙《さまた》ぐ。是を以て皆な参差する也。裘四（未詳）は此《ここ》に久しく、頗る忠戇にして任ず可きも、既に逢年（朱槔の字）と忤《さか》り、擾攘中に当《あ》たりて、遂に告げずして去る。情理、復た耐う可からず。今ま此《ここ》に復《ふたた》び来たる。其の意色を察《み》るに、復た制蓄す可からず。毎日来たりて食に就《つ》き、而して夜は客舎に宿す。然れども地遠ければ、人力の彼此に来往し、資《と》りて以て耗《たより》を通ずるを得ること難し。且く羈縻して絶たず、猶お鞭策す可からんと冀尚《ねが》う耳《のみ》。賊至るに方《あた》り、六月の間、村中に在り。裘四も亦た彼に在り。数しば人をして之を呼ば使むるも、至らず。却《かえっ》て妄りに云う、某《それがし》（朱松の自称）福唐に在りて未だ還らず、と。又た云う、賊、福州を破る、と。皆な妄言也。婺源（江南東路・徽州に属す）は先廬の在る所、興寐にも未だ嘗て忘れざる也。来書相い勧むるに帰るを以てす。当《まさ》に国家の克《よ》く中州を復し南北大いに定まるを俟《ま》ちて帰るも未だ晩《おそ》からざるべき也。

朱熹は六四歳の年、この、父・朱松が母方の祖父・祝確に当てた書簡を、母の兄すなわち伯舅である祝莘の子・祝康国に示されたのであった。『朱文公文集』巻九八「外大父祝公遺事」には「慶元戊午（四年。一一九八）臘月既望」筆の跋が付くが、その本文には祝康国に言及して「建の崇安に居す」と云うから、恐らくその実物を朱熹は崇安の地で示され手にしたのであろう。この書簡に因む朱熹の跋文は次の通りである。

内弟・祝康国、先君子の外大父に与うるの書を出《いだ》し示す。熹の不肖たる、是に於て始めて生まるれば、故に書中之《これ》に及ぶ。今ま六十有四年、手沢を捧玩すれば、涕血交《こも》ごも零《お》つ。敬んで其の後《しりえ》に書して之を帰す。紹熙癸丑（四年。一一九三）十二月七日。孤・朝散郎・秘閣脩撰・主管南京鴻慶宮・熹、謹んで書す。

朱松の書簡につけば、妻・祝氏が男子を出産したのは、建炎四年の七月中に逃げ込んでいた山中より戻った尤渓県の「寓舎」でのこととなる。東景南氏の『朱熹年譜長編』一三頁での考証に従うと、それは鄭安道の南渓別墅、後に「南渓書院」となったところであった。鄭安道は、朱松が尤渓県尉であった時にその県令であった鄭徳与の父と推定され、朱松はこの鄭徳与を師と敬愛し、交遊があった縁から、この南渓別墅に寓居するようになったのだろう、との考証である。

建炎三年（一一二九）一〇月、金軍は東西に分かれて揚子江以南に進行し、兀朮（『金史』では宗弼、本名「烏珠」、太祖・阿骨打の第四子）率いる軍勢は臨安府、越州、明州と至り、建炎四年（一一三〇）正月一六日に明州を占拠した。高宗は間一髪、その前日に海上に脱出、台州に至った。金軍は船を仕立てて追ったが、至らず、ようやく引き返すという情況であった。

朱松のこの書簡は、まさにこの時期、福建北部での朱松一家の消息を伝えているのである。朱松は父祖の地・婺源を離れ福建の地に生活を営んでいたのであるから、大家族ではないが、五二歳になる母親と長子・次子二人、弟二人、身重の妻、その他何人かを連れて、建州、政和、尤渓県城、さらにそこから山間に入り込んだ「村」、さらに尤渓県城に戻り、と、金軍、叛兵、土寇の来襲が叢生する中を逃げまどっていたわけである。

これが朱熹の生まれた、まさに現実であった。しかしこの一文には、一方、徹底的な壊滅、破綻には成り終わらない、朱松一家の生活を底支えしている、或る「心強さ」を読むことも出来る。朱松は家族を、何よりも身重の妻を引き連れて福建北部を転々とし、やがて鄭安道の南渓別墅に家族ごと「転がり込む」わけであるが、何よりもここには、それをがっしりと受け止める幾重にも重なった人脈というバックアップシステムが存在しているのである。

朱松はこの間、まさに「家長」としてこの一家を引き連れ、安全の地を求めて彷徨うのであるが、家長の家長たる何よりの力量は、当時、このようなバックアップシステムへとみずからの家族を結節出来る、そのような信頼関係を、他の家長たちとどれほど築いているかにあったのではないだろうか。極めて具体的な、家の来歴、血族、姻戚、そして共に闘い、或いは師を共にし、或いは時に際会して意気投合し、などの個人的な交際の積み重ねの中で、このバックアップシステムは形成される。その形成のまった中に確固とした働きを独自に果たし、強固な相互信頼を獲得している者こそが、家長としてみずからの家族をこのシステムに繋ぎ得るのである。

これは流行の言葉では「地域社会におけるネットワークの形成」とでも言われる事態なのかもしれない。ただ、「ネットワーク」という言葉には、現代的な「情報」の遣り取りに中心を置いた意味合いが強いように思われる。今の事態、すなわち、危機の中、「転がり込んで来る」或る家族を丸ごと引き受けるという、思い切った人と人との信頼関係の有り難さには、この「ネットワーク」という言葉は当たらないのではないだろうか。

紹興一三年（一一四三）三月二四日、朱松は建州城南の寓舎に、年四七にして亡くなった。朱松は死に至る病床に、みずから手紙を認《したた》め、自分亡き後の家事を崇安県（県城は、建州、今の建甌より建渓沿いに北上し武夷山を過ぎた所）在住の劉子羽に託し、また我が子・熹の今後については、いずれも同じく崇安県在住の籍渓・胡憲、白水・劉勉之、屏山・劉子翬の三先生に依嘱したのであった。

第一章にすでに紹介した（本書九四頁）が、羅大経の『鶴林玉露』には、

> 初め、文公の父・韋斎、疾《やまい》革《あらた》まれば、手自《みずか》ら書を為《つく》り、家事を以て少傅（すなわち劉子羽）に属《たの》む。韋斎歿す。文公、年十四。少傅、室を其の里に築くを為し、母を奉りて焉《ここ》に居ら俾《し》む。
>
> 少傅の手書、白水の劉致中（すなわち劉勉之）に与えて云う「緋渓に於て屋五間を得《う》、器用完備す、又た七倉の前に於て地を得《う》、以て樹《う》うる可し、圃の蔬す可き有り、池の魚す可き有り、朱の家、人口多からざれば、以て居す可し」と。
>
> 文公、卓夫人（劉子羽の継室）を視《み》ること猶お母のごとしと云う。

と云う。

『朱文公文集』巻九〇「屏山先生劉公墓表」には、

蓋し先人疾《やまい》病《おも》き時、嘗て顧みて熹に語りて曰く「籍渓・胡原仲、白水・劉致中、屏山・劉彦沖、此の三人なる者は吾が友也。其の学皆な淵源有り。吾の敬畏する所なり。吾即《たと》い死するも、汝往きて之に父事して惟だ其の言をのみ之れ聴けば、則ち吾死するも恨みず矣」と。熹、飲泣して言を受け、敢えて忘れず。既に孤《こ》（父を失った子）なれば、則ち奉じて以て三君子に告げ、而して学を稟《う》く焉。時に先生の兄・侍郎公（劉子羽）尤も孤窮を収卹するを以て己が任と為す。故を以て熹独り先生の側に朝夕するを得《う》。……

と云い、同・巻九〇「聘士劉公先生墓表」には、

熹の先君子、蚤《つと》に先生と遊して相い好し。将《まさ》に没せんとするに、深く後事を以て寄《たより》と為す。且《か》つ熹に戒めて往きて学ばしむ焉。諸《これ》を孤に棄つるに及び、先生慨然として其の家事を経理するを為し、而して熹に教誨すること、子姪の如くし、既にして又た其の息女を以て之に帰《とつ》がす。親旧の羈貧するは、収恤扶助し、亦た皆な曲《つぶさ》に恩意を尽くす。

……

と云い、同・巻九七「籍渓先生胡公行状」には、

……稍《や》や長ずるに文定公（胡安国）に従いて学び、始めて河南・程氏（程明道・程伊川）の説を聞く。尋《つ》いで郷貢を以て太学に入る。会《たま》たま元祐の学、禁ずること有り。乃ち独り郷人の白水・劉君致中と陰《ひそか》に誦して窃かに講ず焉。……先生与《とも》に志を同じくするところは唯だ白水先生のみ、既に与《とも》に倶《とも》に隠すれば、又た屏山・劉公彦沖先生を得て之と遊す。更に相い切磨（切磋琢磨）し以て其の学を就《な》す。而して熹の先君子も亦た晩にして交わりを定む焉。既に病みて且《まさ》に没せんとすれば、遂に因りて以て其の子を属《たの》む。故に熹、三君子の門に於て皆な嘗て洒掃の役に供するを得るも、而るに其の、先生に事《つか》うること尤も久しと為す。……

と云う。

朱松亡き後のその家族、その嫡子・熹は、朱松につながる、まさにその、気概ある士人たちが織り成すバックアップシステムによって保護され、育てられたのであった。

一五

これをしも「士大夫社会」と呼ぶべきなのだろうか。朱松のいま紹介した書簡には、まさに独自の気概をもって働く、「社会」と呼ぶことの出来る人間関係の充実した手応えが彷彿とする。朱熹はしかし、自ら当時の「中国」の現実に直面する中、そこに、「士大夫」には限定されない「社会」の手応えにも出会っている。

『朱文公文集』巻七七「建寧府崇安県五夫社倉記」、淳熙甲午（元年。一一七四）五月丙戌、は次のように云う。ただし我々が底本として採用している明・嘉靖本『晦庵先生朱文公文集』所載のテキストに対し『四部叢刊広編』所収、南宋・淳熙刻『晦庵先生文集』の「後集」巻一四に「社倉記」と題して載せるテキストには有意な異文が見出せるのでこれに従って訓んだところもある。この校訂を含め、有意な異文については「淳熙刻本」と称して注記しておく。

A　乾道戊子（四年。一一六八）、春・夏の交、建人大いに飢《う》う。

B　予は崇安の開耀郷に居す。知県事の諸葛侯・廷瑞、書を以て、来たりて予及び其の郷の耆艾・左朝奉郎・劉公如愚に属《たの》みて曰く「民飢えたり矣。盍《なん》ぞ豪民に蔵粟《ぞく》（「粟」はもみがらつきの穀実一般を謂う）を発するを勧め、其の直《あたい》を下げて以て之を振《すく》うを為さざる」と。劉侯と予と、書を奉じて事に従う。里人方《まさ》に幸いにして以て飢えず。

C　俄《にわか》にして盗、浦城（崇安の東隣の県）に発す。境を距つること二十里ならず。人情大いに震《ふる》う。（崇安県は劉侯と朱熹の処置もあって飢饉にならずにいたが、東隣の浦城県では飢饉から盗が起こったのであろう。そして崇安県側にもその噂が伝わり、世情不安に陥ったのである。）

D　蔵粟《ぞく》も亦た且《まさ》に竭《つ》きんとすれば、劉侯と予と之を憂うるも、出《いだ》す所を知らざれば、則ち書を以て県に府に請う（以書請于県于府）。時に敷文閣待制、信安の徐公壽、知府事たり。即日に有司に命じ、以て粟《ぞく》六百斛《こく》（約四二立方メートル）を船《ふなづ》みし、渓（建渓）を泝《さかのぼ》りて以て来たる。劉侯と予と郷人を率《ひき》いて行くこと四十里、之を黄亭の歩下に受けて帰る（「歩」は船着き場、波止場）。民口の大小、食を仰ぐ者若干人なるやを籍《せき》し（帳簿にして）、率《りつ》を以て粟《ぞく》を受《さず》く。民、遂に飢乱して以て死すること無きを得《う》れば、悦喜し歓呼せざる無く、声、旁邑を動《ゆる》がす。是に於て浦城の盗、復た随和するもの無ければ、束手して擒《とら》うるに就《つ》く矣。

E　（淳熙刻本にはここに「及秋（秋に及びて）」二字を置く。）徐公、奉祠して以て去り、而して直敷文閣、東陽の王公淮、之に継ぐ。

F　是の冬、年《みのり》有り。民、粟《ぞく》を以て官に償《つぐな》わんと願い、里中の民家に貯《たくわ》え、将《まさ》に輦載して以て有司に帰えさんと議す。（嘉靖本は「是冬有年、民願以粟償官、貯里中民家、将輦載以帰有司」。淳熙刻本は「貯里中民家」以下、「貯里中民家、倉廩皆満、議将輦載帰之有司」に作る。訓めば「里中の民家に貯う。倉廩皆な満つ。将に輦載して之を有司に帰さんと議す」となる。「将輦載……」の上に「議」字を置くことは特に有意な異文である。なぜなら、上下よりして「議」したのが穀実を持ち寄り里中の民家の倉廩を一杯にした「民」であることは明らかであり、この「議」一字の存在によって、ここのテキストは、里中の民家に穀実を持ち寄った「民」と呼ばれる存在が自らの集団的な行動意志を「議」によって主体的に形成し決定する底の積極的な存在であったという、その「民」の主体的な行動力をヴィヴィッドに描き出すことになるからである。また以下に「而王公曰……」と云う王淮の言も、この「民」の「議」に応じて出された教令として読めばその現実味が増すように思われる。今はここ、以上により淳熙刻本に従って「議」一字を補い訓んだ。）

G　而して王公曰く「歳には凶・穰有りて、前《さき》に料《はか》る可からず。後に食うに艱《かた》きこと或《あ》るも、復た前日の労有ること無きを得んか。其れ里中に留めて其の籍（帳簿）を府に上《のぼ》せ」と。劉侯と予と、既に（王淮の）教えを奉じ、明年（乾道五年、一一六九）の夏に及んで、又た府に請いて曰く「山谷の細民、蓋蔵の積む無ければ、新・陳の未だ接《つ》がざるには（嘉靖本「新陳未接」。淳熙刻本は「新稲未接」に作る。前の収穫を食い尽くし、しかし次の稲の収穫がまだ来ない時期には食べる穀実がなくなってしまい）、楽なる歳と雖も（収穫が順調な年でも）、倍称の息（『漢書』巻二四上「食貨志」上に「今農夫五口之家……当具有者半賈而売、亡者取倍称之息、於是有売田宅鬻子孫以償責者矣。而商賈、大者積貯倍息……此商人所以兼并農人、農人所以流亡者也」と。顔師古注に「如淳曰く『取ること一にして償《つぐな》うこと二なるを倍称と為す』と」）を出《いだ》して食を豪右に貸《か》るを免《まぬか》れず。而るに官粟《ぞく》（官が徴収し備蓄している穀実）は無用の地に積み、後ち将《まさ》に紅腐して復た食《くら》う可からざらんとす。願うらくは、今自《よ》り以来、歳に一たび斂・散し、既に以て民の急なるを紓《ゆる》め、又た（既に蔵積され来て陳《ふる》くなった穀実を）新しきに易《か》えて以て蔵するを得ん、と。貸《か》るを願う者をして息・什二を出《いだ》さ俾《し》め（利率二〇％で償還させれ）ば、又た以て僥倖する（幸運に無償でたかるばかりの気持ち）を抑え、儲蓄を広《ひろ》ぐ可し（利率分により穀実の備蓄量を増やして行くことが出来る）。欲せざる者に即《お》いては強いる勿《な》し。歳或いは不幸にして小飢せば則ち半息に弛《ゆる》め、大侵せば則ち尽く之を蠲《のぞ》く。於以《ここをもって》鰥寡に恵活し、乱源を塞絶せば（嘉靖本は「塞禍乱原」。淳熙刻本は「塞絶乱源」に作る。今これに拠る）、甚だ大いなる恵み也。請うらくは著《しる》して例と為さん」と。王公、「皆な施行すること章の如くせよ」と報ず。

H

既にして王公又た去り、直龍図閣、儀真の沈公度、之に継ぐ。劉侯と予と、又た請いて曰く「粟《ぞく》、民家に分貯するは、守視・出納するに於て便ならず。請うらくは、（淳熙刻本にはここに「度地里中（地を里中に度り）」四字あり）古法に放《なら》いて社倉を為《つく》り、以て之を儲《たくわ》えん、と。一歳の息を出捐するに過ぎざれば（施設整備には利率二〇％に当たる償還一年分を注ぎ込むだけであるから）、宜《よろ》しく辨ず可し」と。沈公之《これ》に従う。且《か》つ銭六万を以て其の役《えき》を助けよと命ず。……

I　かくして「社倉」の建築工事が乾道七年五月から始まり、その八月に竣工した。倉が三、亭が一、門・牆、守舎の整ったものであった。工事の指揮と出納には貢士の劉復、劉得輿、里人の劉瑞が当たった。この実績を踏まえ、朱熹は建寧府当局に、この劉復、劉得輿、並びに初めより共に携わって来た劉如愚の子・将仕郎・劉琦と族子・右修職郎・劉玶の四人を、この社倉の経営に当たる人員として推薦し、建寧府当局からの要請に応じる形で彼らはその任に当たることとなった。彼らは共に社倉運営上の問題点を洗い出し、運営細目である「条約」をまとめた。時あたかも、乾道九年（一一七三）一〇月に右丞相・清源公・梁克家が知建寧府となり（『宋史』巻三四「孝宗」二）、当地に「入境し俗を問う」たので、朱熹たちは社倉の「条約」について梁克家に告げ、梁克家は之を便とし、教令を出《いだ》して之を社倉の楣間に掲げさせた。「是に於て倉の庶事、細大に程有りて、久しくして壊れざる可し矣」。

朱熹の筆は以上「社倉」設立の事実経過を順を追って述べた上で、ついでこの「社倉」という施設の特色について述べる。

J　予惟《おも》う。成周の制、県・都に皆な委積有りて、以て凶荒を待つ（『周礼』地官「遺人」に「県都之委積以待凶荒」と）。而して隋・唐の所謂「社倉」なる者、亦た近古の良法也。今ま皆な廃《すた》る矣。独り「常平（倉）」と「義倉」、尚《な》お古法の遺意有るも、然れども皆な州・県（州城・県城）に蔵して、恩ある所（その恩恵が及ぶの）は（州城・県城に城居する）市井惰游の輩に過ぎず。深山長谷に力穡・遠輸するの民に於ては則ち飢餓して死に瀕すと雖も、而るに（その恩）及ぶ能わざる也。

K　又た其の（常平倉と義倉の）法為《た》るや太《はなは》だ密にして（倉内備蓄の穀実が不正に使用されることを恐れ細苛にすぎる管理規程が科されているので）、（倉の管理を行う）吏の、事を避け法を畏れる者をして、民の殍《うえじに》するを視《み》るも而るに発する（倉内備蓄の穀実を発給すること）を肯《うべな》わざら使む。往往其の封鐍を全うし（倉を厳重に密封閉鎖したまま任期を終え）、（吏から吏へと）遞《つた》えて相い付授し、或いは累《かさ》ぬること数十年、一たびも訾省せざる（倉の封を開けて中の穀実の状態や量を確かめずに受け継ぐままに放置する）に至る。一旦甚だ已《や》むを獲《え》ずして然る後に之を発すれば、則ち已に化して浮塵・聚壌と為りて食らう可からず矣。

L　夫《そ》れ、国家民を愛するの深きを以て、其の慮、豈に此《ここ》に及ばざらんや。然り而して未だ之を改むること有らざる者は、豈に、里社に皆な任《まか》す可きの人有る能わざるを以てならざらんや。一《いつ》に其の為《な》す所に聴《まか》せんと欲すれば則ち其の私《わたくし》を計りて以て公《おおやけ》を害せんかと懼れ、其の出入を謹《きび》しくして官府に同じくせんと欲すれば則ち鈎校すること靡密にして上下相い遁《のが》れ、其の害、又た必ず前に（すなわちKに）云う所より甚だしき者あらん。是を以て之を難《かた》しとして暇《いとま》あらざる有る耳《のみ》。

M　今ま幸いにして数公相い継ぎ、其の民を愛し遠きを慮るの心、皆な法令の外に出《い》づ。又た皆な吾人を鄙《いやし》みて以て任《まか》すに足らずと為さず。故に吾人得て以て是の数年の間に及びて左に提し右に挈し、上に説き下に教え、遂に能く郷閭の為《ため》に此の無窮の計を立つ。是れ豈に、吾が力の独り能くするならん哉。……

後半の「社倉」についての議論の要点は、それは「官」に対する「民間」が経営する「公共」施設だ、というところにあろう。ここに、我々の云う、独自の活力を持つ公共空間としての「民間」なるセンスの成立が告げられていることは見間違えようがないだろう。

目を打つのは、Mの部分、「今ま幸いにして数公相い継ぎ、……又た皆な吾人を鄙《いやし》みて以て任ずるに足らずと為さず」という文言である。「吾人（わたくしども）」にこの「記」を執筆している朱熹自身が含まれることは言うまでもない。

しかしもしそうであるなら、ここで朱熹は自身を「官」に対する「民間」側にいる者として立言しているということになる。

第一章において我々は、時に知潭州・荊湖南路安撫使であった朱熹の「乞放帰田里状」における、

天下国家の長久・安寧なる所以は、唯《た》だ、朝廷の三綱五常の教えの以て上《かみ》に建立修明すること有りて然る後に守藩述職するの臣の以て下《しも》に禀承宣布すること有るに頼《よ》る。……然らざれば則ち、一介の白面の書生を以て、彊《しい》て諸《これ》を数千百里軍民の上に置くも、彼亦た何《いず》くの所にか憑《たの》み恃《たの》みて能く其の衆を服せしめん哉」（『朱文公文集』巻二三）

という言葉を紹介し、これについて、

「安撫使」は一路の民政・軍政を兼ねる重職である。このテキストで注目されるのは、このポストに即いている者としての朱熹の目があくまでも下なる「軍・民」に向いているということである。朝廷は上に置かれているが、その上からの視線を受け止める所で彼の存立が問題化するのではなく、あくまで下からの「軍・民」の視線、そこにこもる「服・不服」の気配に面《おもて》をさらして、なおその視線を受け止め得るか否かという所に彼の存立の現場は成り立っているのである。

と述べた（一五頁）。

思い併せるなら、朱熹は元来、今の「五夫社倉記」が示すごとき、知潭州・荊湖南路安撫使を下から視る「民間」側の視線を自分のものとしていたが故にこそ、現下の「軍・民」の「上に立つ」我が面《おもて》に突き刺さる下からの「軍・民」の視線を感じ得たのであろう。

朱熹が「社倉」に込めた「民間」が経営する「公共」施設というセンスは、しかし世の士人たちの誤解を受けた。『朱文公文集』巻七九に載る「婺州金華県（浙江省金華市）社倉記」、淳熙十二年（一一八五）乙巳冬十月庚戌朔、には

次のように云う。

呂祖謙・東萊は淳熙二年（一一七五）四月一日、婺州より崇安県に朱熹を訪ね、この地に滞在して、朱熹と共に『近思録』を編むなどしたが、その間に朱熹たちが創設した社倉の「発斂の政」を参観し、

……然れども子《し》（あなた。朱熹を指す）の穀は之を有司に取る（朱熹たちが創設した社倉がそもそもの元手とした穀実は建寧府当局の用意に出るものであった。上に引く「五夫社倉記」のD・F・Gに参照）。而して諸公の賢なるは遭《あ》い易《やす》からざる也（朱熹たちが社倉を創設するに際し賢明にして理解ある措置を行う府知事が徐嘉・王淮・沈度・梁克家と相次いだことはむしろ僥倖とも云うべき幸運であった、と云う）。吾は将《まさ》に帰りて諸《これ》を郷人士友に属《たの》み、相い与《とも》に糾合して之を経営し、閭里に賑恤の儲《たくわ》え有りて公家《おかみ》に龠合（二龠が一合。一〇合が一升。わずか一龠一合）の費《つい》えも無から使めんとせん、又た（朱熹たち創設の社倉に）愈《まさ》らざらん乎。

と嘆じて、帰郷しての社倉の創設を企図したのであった。

呂祖謙の、朱熹たちの社倉に対する批判は、その原資となる穀実をやはり官に取っており、それについては当時の知建寧府事であった徐嘉、それを継いだ王淮など、朱熹の語を借りれば「其の民を愛し遠きを慮るの心、皆な法令の外に出づ」る賢公が当路に相次いだという幸運にも因るのであるが、我々はこのような幸運に頼らない、原資そのものから「民間」の合力により創設しようというものであった。

しかし、呂祖謙は帰郷後、朝廷に出仕することとなり、やがて病を得て帰郷、そのまま三年ならずして淳熙八年（一一八一）七月二九日に卒《しゅっ》してしまった。そのため遂に呂祖謙の手によってはこの計画は実行されずに終わった。その淳熙八年、浙東は飢饉に襲われ、朱熹は九月に、時に右丞相となっていた王淮の推薦により両浙東路常平茶塩公事に任ぜられ、この飢饉対策に当たることとなった。朱熹はこの任にあって、呂祖謙の郷里・婺州にも至ったが、時すでに多くの人々が飢饉の犠牲となっており、呂祖謙の先の用意が実っていたならばと悔やまれたのであった。その一二月には、

朱熹たちが練り上げた「社倉法」が中央政府に採択されて諸道に下され、「社倉」を創設せんと欲する者を募って之を聴《ゆる》す、との布令であったが、

民蓋し従わんと慕う者多からんも、而るに未だ幾《いくばく》ならずして予も亦た罷《まか》り帰れば、又た果たして為す所有らざる也。

という状況、すなわちほとんど普及しなかったのであった。

時に呂祖謙の門人、潘景憲・叔度が自らの家の儲穀五百斛《こく》を出資して金華県婺女郷安期里の四十有一都に社倉を創設したのであった。潘叔度はかくして朱熹に、

此れ吾が父師の志、母兄の恵み、而して吾子《ごし》（あなた。すなわち朱熹のこと）の建つる所。予幸いに克《よ》く之を成すと雖も、然るに世俗、以て疑うを為さざる、能わざる也。子《し》（あなた。すなわち朱熹のこと）其れ我の為《ため》に一言して以て之を解かざる可けん乎。

と、要請して来たのであった。これに対して朱熹は次のように応えた。

……抑《そも》そも凡そ世俗の之に病《なや》む所以の者は、王氏（王安石）の青苗を以て説を為すに過ぎざる耳《のみ》。予の前賢の論に観るを以て、而して今日の事を以て之を験《しら》ぶれば、則ち青苗なる者は、其の立法の本意は固《もと》より未だ、善《よ》からずと為《な》さざる也。

但《た》だ、（その一に）其の之を給するや金《かね》を以てして穀を以てせず、（その二に）其の之を処《お》くや県を以てして郷を以てせず、（その三に）其の之に職するや官吏を以てして郷人士君子を以てせず、（その四に）其の之を行うや聚斂亟疾の意を以てして惨怛忠利の心を以てせず……

朱熹は自らの「社倉法」と王安石の「青苗法」との対向を四点にまとめているが、ここにその「民間」性はより鮮明であろう。また朱熹がそのことを、すなわち「社倉」の「民間」性を、実に自覚的に措定していたこともこの行文に明

白である。

ここでふたたび、「建寧府崇安県五夫社倉記」のテキストに戻って注目しておきたいのは、その設立に至る事実経過のもっとも大きな節目が、恐らくはそのFの部分、

是の冬、年有《みの》り。民、粟を以て官に償《つぐな》わんと願い、里中の民家に貯え、将に輦載して以て有司に帰えさんと議す。

という事件にあるだろう、ということである。

呂祖謙はこの崇安県の社倉が、知建寧府事に人物を得るという得難い幸運によってその原資を得た、すなわち結局は所轄の「官」に頼ったのだということを指摘しているが、しかし実はそれとだけでやり過ごしては、社倉がそこに設立され得た「民間」という公共空間の朱熹における自覚の基本処を見逃してしまうだろう。

『朱文公文集』巻八〇「常州宜興県（江蘇省宜興県、太湖の西）社倉記」、慶元元年（一一九五）三月庚午、には次のように云う。

始め予、建の崇安に居し、嘗て民の飢うるを以て郡守・徐公嚞に請い、米《べい》（「米」はもみがらを取り去った穀実一般を謂う）六百斛を得て以て貸《か》す。而して因りて以て社倉を為《つく》り、今幾《ほとん》ど三十年たり矣。其の積むこと五千斛に至り、而して歳どしに之を斂散し、里中遂に凶年無し。中間、恩を蒙りて召対すれば、輒《すなわ》ち以て上聞す。詔ありて之を施行するも、然るに諸道に応ずる者有ること莫し。……

紹熙五年（一一九四）春、常州・宜興の大夫・高君商老（同巻の「常州宜興県学記」に「紹熙五年十二月、宜興県新たに学（学校）を脩めて成る。明年、知県事・承議郎・括蒼の高君商老、書を以て来たり記を請う……」とある）実に始めて之を其の県の善挙・開宝の諸郷に為《つく》る。凡そ倉を為《つく》る者十一、之を合わせて米《べい》二千五百有餘斛と為す。邑人の賢なる者、承議郎・趙君善石、周君林、承直郎・周君世德以下二十有餘人を択《えら》び、以て之を典司す。而して書を

以て来たりて予に記するを属《たの》む。予は心に之を許すも、而るに未だ為すに及ばざる也。会《たま》たま是の歳、浙西水旱し、常州の民飢尤《もっと》も劇《はげ》しく、流殍、道に満つ。顧《た》だ宜興のみ独り下熟を得て、而して貸《か》すことの及ぶ所の者、尤も焉《ここ》に頼る有り。然れども予は猶お夫《か》の貸《か》る者の償《つぐな》う能わずして高君の恵み将《は》た窮する所有らんかと慮る也。

明年の春、高君将《まさ》に代わるを受けて以て去らんとすれば、乃ち復た趙・周の諸君と、皆な書を以て来たりて予に文を趣《うなが》す。且《か》つ言う「去歳の冬、民、米《べい》を負いて以て輸する者、纚属《ぞろぞろとつらなつて》して先を争い、貸籍（貸し付け帳簿）に視《みあわ》すに龠合の入らざるも無し」と。予、是に於て益ます高君の恵みの将《まさ》に以て其の民に久しきを得んとするを喜び、又た其の民の其の上を信愛して欺くに忍びざるを喜ぶ也。……

社倉の経営が成り立つか否かは、何よりも、その穀実を春夏の交に借りた人々、朱熹の語で言えば「民」また「山谷の細民」が秋の収穫時にきちんと返しに来るかどうかにかかっている。その経営には「邑人の賢なる者」が当たるにしても、その恩恵にきちんと応え、返却する、借りにはきちんと償還をするという倫理的義務意志、公共性を成立させる双務的な信頼の取り交わし（契約）とその信頼を持続的に果たして行くしっかりとした、一種の（契約にもとずく）債務観念が「細民」にすでにして形成されているのでなければ、そもそも「社倉」というシステムは廻っていかないのである。いわばここが社倉という穀実循環システムの心臓に当たる急所なのである。

前引「建寧府崇安県五夫社倉記」のF、

　是の冬、年《みのり》有り。民、粟《ぞく》を以て官に償《つぐな》わんと願い、里中の民家に貯《たくわ》え、将《まさ》に輦載して以て有司に帰えさんと議す。

と云うテキストに就く限り、朱熹としては自身その春夏の交の飢饉時に建寧府より粟《ぞく》六百斛を受け取り、「民」に「民口の大小、食を仰ぐ者若干人なるやを籍し、率《りつ》を以て粟を受《さず》けたものの、その粟六百斛の「民」からの償還については特に考えていなかったような書き振りである。むしろ、意外にも人々が自発的に穀実を「里中の民家」に運び集め、償還しようとしたのだ、という口吻なのである。これに対する王淮の対応も、この読みを支持するように思われる。朱熹はこの時、人々のこの自発的な行動の中に、「官」が収攬し「法令」の拘束に形骸化するだけであった「公共性」を実世間に「民間」として運用して行く核となる「民」の意識における、ある種の新しい状況出現の手応えを感じ取ったのではないだろうか。

一六

『朱文公文集』巻七九「建寧府建陽県長灘社倉記」、淳熙十三年（一一八六）七月辛卯、には次のように云う。

この「記」に云う「社倉」は旧《も》と、朱熹とは胡憲・籍渓先生の同門である「里の名士」魏掞之・元履が紹興某年（以下の袁復一の記事から紹興一六年（一一四六）前後のことと考えられる）、建陽の地が飢饉もあって不穏な世情となった時に、常平使者・袁侯復一（提挙福建路常平公事。『建炎以來繫年要録』巻二五五・紹興一六年（一一四六）九月壬辰に「時に市舶官・右朝散大夫・袁復一、已に提挙福建常平公事に移る。詔ありて特に一官を降す」と。『宋会要輯稿』職官四四之二四・二五にも同様の記事が見える。そこでは「提挙福建路常平茶事」）に要請して米《べい》若干斛を得て民人に貸し出し、その秋、民人が償還するに際しては、輸送の便を考えて、長灘鋪（『建炎以来繫年要録』巻一六一・紹興二〇年九月丙申に「……布衣・魏掞之……遂置倉於長灘鋪……」と）に倉を築くことを要請、且つそのまま備蓄して将来の凶荒に備える施設としたものである。

しかし、魏元履がその管理をしていた間はよかったのだが、其の後ち元履既に没すれば、官吏の其の事に職する者、勤労恭恪たること元履の為すが如かる能わず。是に於て粟《ぞく》は倉に腐りて民は室に飢う……

と頽廃してしまった。

淳熙一一年（一一八四）、時に提挙福建路常平公事であった宋侯若水がこの元履の事績を聞き、邑人の宣教郎・周君明仲が賢であるとして元履の施設の復興を委嘱、併せて朱熹の提案にもとづき中央政府より本司に通達されていた社倉法の制書を周明仲に下し、これに従ってその復興を果たすよう求めた。以来足かけ三年、夏に貸し出し冬に二割の息を以て償還し、元履が生きていたときの如く世情は回復した。

什二の収、歳どしに以て益ます広く、周君既に以て其の棟宇を増葺し、又た将《まさ》に稍《や》や其の餘を振るいて以て漸《ようや》く傍近に及ぼさんとす。蓋し其の恵みの及ぶ所、且《まさ》に将《まさ》に日びに増し月づきに衍《ひろ》くして未だ其の極まる所を知らざる也。周君、予の嘗て此《ここ》に力《つと》むること有る者なるを以て、来たりて文を請い以て記と為さんとす。

朱熹「社倉法」の経営方針と周明仲の手腕によって、ここに、地域「細民」の生計をバックアップする、いわば、優良な「協同穀実融資組合」が出現し、已むことなく発展を続け、地域の生活を底支えし、世情に確かな安定を与えていたのである。

予は元履と早《つと》に師門を同じくし、遊好甚だ篤《あつ》し。……則ち又た念《おも》う。昔《むかし》元履既に是の役《えき》を為し、而して予も亦た之を崇安に為す。其の規模は大略元履に放《なら》うも、独り歳どしに貸《か》して息を収めることのみ、小異と為す。元履は常に予を病《うれ》う、当《まさ》に荊舒（王安石）聚斂の餘謀を祖とするべからざれ、と。而して予も亦た毎《つね》に、元履の粟《ぞく》、久しく儲《たくわ》うれば速やかに腐り、恵み既に狭く而して将《はた》久しからざらん、と憂うる也。講論すること餘日、盃酒従容として、時に以て相い呰警するも、而るに訖《つい》に以て相い詘《ま》ぐる能わず。聴く者、旁《かたわら》従《よ》り掌《て》を抵《たた》いて観笑するも、而るに亦た其の孰《いず》れか是《ぜ》・非《ひ》為《た》るやを決する能わざる也。

是《ここ》に及びて宋侯と周君、乃ち卒《つい》に予の請う所の事を用いて以て元履の志を成し、而して其の効果《ききめ》たして此《かく》の如し。

是に於て論ずる者、遂に予の言を以て得《え》たりと為す。

然れども知らず、元履の言は疏なりと雖も、而るに其の忠厚懇惻の意には藹然として三代王政の餘風あるを。豈に予の、一時苟《かりそめ》に事に便なるを以てするの説の能く及ぶ所ならん哉。当時の争いは、蓋し予の戯れを為す所以、而して後日の請うに、必ず、息は年数有りて以て免《や》む、と曰《い》う（『朱文公文集』巻九九「社倉事目・勅命并跋語附」の「勅命」に引く朱熹の劄子に「妄意に乞わんと欲す。聖慈特に義役の体例に依って諸路の州・軍に行下して人戸に暁諭し、此れに依りて社倉を置立せんと願う者有らば、州・県、常平（倉）の米斛を量支して本郷の出等の人戸与《に》斂散を主執するを責《もと》む。石毎《ごと》に息二斗を収む」として、設置当初は二〇％の利率であるが、この利息米量の積み立てが最初常平倉より支給された元手米量の十倍になればその元手米量を官に返納し、以降はその積み立てられた「息米」の差し引きで残った米量を運用して行くが、ここからは米量の増加をはかる必要はなくその運用米量の維持をはかるに方針を切り替え、目減りに備える「耗米」を三％の率でのみ取ると提案している。「事目」には「旧例、毎石、耗米二斗（二〇％）を収む。今ま更めて上件の耗米を収めず。又た倉敖の折閲《もとべり》の従《よ》りて出《いだ》す所無きを慮り、毎石、三升（三％）を量収し、折閲《もとべり》及び吏斗等人に支する飯米に準備す」と云う）所以の者は、則ち猶お、吾が友の遺《のこ》せし教えを忘れざるを以て也。……


今の部分は魏元履と朱熹自身とのかつての議論を伝える。その主張は鋭く対立し調停は不可能であった。「然れども」以下の朱熹自身の後日からの調停を見る限り、朱熹自身が両者の対立の重大性をどこまで明晰にしていたのか、いささか曖昧になるが、たとえ償還利率をゼロに持って行くにせよ、春夏の交、各家庭の穀実が底をついて苦しいときに貸し出し、冬に収穫にもとづいて償還するという、「歳どし」に繰り返される地域の生計リズムに即して定期的に貸し出し・償還を行う「社倉」の存在は、凶作の時にのみ備える魏元履の施設とはまったく異なった機能を当地の生計に果たすと見るべきであろう。

魏元履の線に沿う限り、そこに備蓄される穀実は「里の名士」が「常平使者」に掛け合って得た「官米《べい》」であり、その限り、その施設はあくまでも「国家・皇帝」という保護者からの一方向的な「恵み」配分の施設として機能し、したがって民の中に自立的なその運用に応じる倫理的意志があることを前提とはしないし、またそのような意志を育てもしない。すなわち「民間」という公共空間を魏元履の施設は切り開かないのである。

ここでは古来の言説に見る如く、民は「恵み」を文字通り有り難い僥倖として消費するだけの存在である。

一方、朱熹の「社倉」では、一年単位、夏・冬のリズムで、貸し出し・償還が行われる。飢饉に備える収蔵・備蓄の施設としてではなく、それはむしろ当地の生計を底支えする「協同融資組合」システムとして機能する。朱熹の言に、「社倉」は「市井惰游の輩」ではなく「深山長谷に力穡・遠輸するの民」（前節引用「五夫社倉記」のJ）にかかる施設だと云い、また「山谷の細民、蓋蔵の積む無ければ」（前節引用「五夫社倉記」のG）とも云うから、まさに当地の、たびたび襲い来る凶年にも耐え、投げ出すことなく稼穡に当たり、その生計を維持しようと日々に辛苦している「細民」こそが「社倉」の行う貸し出し・償還の宛てであった。「細民」の側から見るなら、自分たちの借り出し、そして償還が、この施設を支え、逆に翌年の自分たちの生計を支える「もとで」にもなって行くのであるから、きちんと償還するということは、自身の生計を含む地域諸世帯の生計への相互扶助的な責務でもあると意識されることになろう。このような経路を通じて、当地の世間に、日常的な、生活現場に直結した相互信頼、その相互信頼に応えんとする倫理的意志を育て、そこに「民間」という公共空間が実をもって息づき始めるのである。

朱熹の言葉に押さえるなら、

已に所降の指揮に遵依して朝廷に具申するを除くの他、須《すべか》らく再び勧勉を行いて米穀を量出し、聖旨を恭禀して社倉を建立するに至るべし。庶幾《こいねが》わくは、朝廷の発政施仁するの意を益広し以て閭里の睦婣任卹するの風を養成することと有らんと。……（『朱文公文集』巻九九「勧立社倉榜」）

と云う。

「社倉」創設の深意として朱熹が企望したのは「閭里の睦婣任卹するの風を養成する」ことであった。

逆しまに言うならば、「社倉」が成功するのは、そのような倫理的意志が当地の世間にすでに潜在し発露する限りにおいてであろう。乾道戊子（四年。一一六八）の冬、「民、粟を以て官に償わんと願い、里中の民家に貯え、将に輦載して以て有司に帰えさんと議す」なる事件に出会う中で、朱熹は眼前の具体として生起し示されたその「民」にある潜在的可能性に触れ、「社倉」創設の基礎となる手応えを得たのではないだろうか。

一七

魏元履の施設と朱熹の社倉とを分ける、その朱熹の得た手応えとは、しかし、一体何であるのだろうか。

我々は端的に、次のようなラートブルフの言葉に思い併せ、これを「物権」意識の世界に対置して現れる「債権」意識の世界の新しさと理解しておきたい。

権利は二つの種類に大別される。物権（dingliches Recht; Sachenrecht）と債権（persönliches oder obligatorisches

Recht; Forderungsrecht）とがそれである。……物権はある物に対する権利であり、債権はある人に対する権利である。物権とは、私が自分の馬に乗ったり、それに車をひかせたりする権利、要するに、それを随意に利用する権利であり、私自身が行為する権利である。それに対し、債権は他人の行為を要求する権利、たとえば私が自分の買った馬の引渡を他人に請求する権利、である。……法の世界における物権と債権とは、自然界での物質と力のようなものである。前者は静的な、後者は動的な要素である。両者の占める比重によって法生活における静的な諸形態と動的な諸形態とが区別される。中世の法生活は静的であり、この傾向は近世になっても長くのこっていた。中世では、労働秩序も物権にもとづいていた。……ところが、今日の資本主義の法生活は動的である。……（『ラートブルフ著作集3　法学入門』碧海純一訳、東京大学出版会、一九七五、改訂第一三刷、一〇五・六頁）

前節に引く「建寧府建陽県長灘社倉記」の後半にも明らかなように、ここに在る重大な意識の変更については、朱熹自身、事柄としては摑んでいたが、その変更点そのものについては明晰に分析し得ず、魏元履の古典的な主張に対する遠慮が彼の思考を膠着させていた。

朱熹のこの「社倉」にかかわる思考を惑わせている古典的なセンスに絡むキー・ワードは例えば「恵」という言葉であろう。魏元履の施設にしても、朱熹の社倉にしても、「民への恵み」という言い方でその一番の働きどころは言いくるめられてしまうわけである。

しかし、魏元履の施設と朱熹の社倉とでは、その「恵」のあり方は異なる。古典的には「恵」という語は魏元履の施設の働きにこそ適合するだろう。しかしそれは当然のことである。なぜなら魏元履はその古典的な「恵」のセンスに従ってこそその施設を捉え、創設し、運用していたからである。我々から見るならば、朱熹は自らの「社倉」にも不用意にこの「恵」なる語を当てることによって「社倉」と自身が立ち会ったその創設を可能とする状況をめぐる思考の明晰を自ら殺《そ》ぐことになってしまったのである。

古典的な意味での「恵」とは、或る物資について物権を持つ者が、物権の排他性故にその物資に触れることも出来ない（触れればまさに「盗」となる）者に、その物資の使用、端的にはその物資の消費を、恩情をもって許可することである。すなわち人と物との関係が「物権」を中心に秩序付けられている世界においてこそ「恵み」なる語は意味を持つのである。

しかし、朱熹の「社倉法」で見るならば、その運営の基本は定期的な「貸し出し」と「利息」付きの「償還」にある。例えばその利率は明示され、貸し出しの際にはあらかじめ「保（借り出し人相互連帯保証班）を結」んでその名簿を提出し、その「保」単位に「請米《べい》状」を作成して借り出しの細目を提出し、貸し出し当日は「社首」以下が倉に赴き、借り出し当人を「保簿」に確認し、保証を行った上で支給する（『朱文公文集』巻九九「社倉事目」）のであるから、厳重な保証人付きの貸し借り「契約」がそこで取り交わされているのだと考えることが出来るであろう。「社倉」は貸し方として借り方である人間に期日指定・利息付きの償還という行為をこの「契約」によって義務として課すわけである。すなわち「社倉」における穀実という物資の授受を秩序付けているのは「債権」「債務」のセンスなのである。

もしここで、「社倉」における穀実の授受を「恵」の語が背負う伝統的な観念から理解しようとするならば、明示された定率の「利息」を設定することなどは、「荊舒聚斂の餘謀を祖とす」としか云いようのない不穏の沙汰となろう。朱熹の社倉法が、まさに王安石の青苗法を継ぐものではないか、との嫌疑を当時の士人たちから受け、当初ほとんど普及しなかったのも、この「債権」のセンスが伝統的な「物権」中心の秩序センスを逆撫でするものであったからであろう。

「債権」のセンスは、貸し方、借り方、双方に、みずからの物権のうちにある物資を他方へ「動かす」ことを義務として課す。物権のうちに取り込んで固着してしまうのではなく、その物権意識を打破して物資を双務的に他方に「動かす」という意志の励起にこそ債権意識のキーポイントがある。その限り、空間的にも、時間的にも、物資の物権的所在が端的に動的である意識世界を展開して行く。

一方「物権」観念を基礎に物資の使用・消費が展開するところでは、物資の社会的に有効で円滑な使用・消費をめざす「動き」自体が、まさにその「物権」という「私」への固着意識によって阻害され、物資は往々滞留したまま無駄に腐り果てる。

朱熹の「社倉」とは、「債権」のセンスに基礎を置く経営により、穀実という生存基礎物資の「動き」を励起して、その社会的な使用効率を高め、凶年を含む長期的な地域諸世帯の生計を安定へとバックアップするシステムであった。一五節に引いた「婺州金華県社倉記」に「予の前賢の論に観るを以て、而して今日の事を以て之を験《しら》ぶれば、則ち青苗なる者は、其の立法の本意は固より未だ、善からずと為さざる也」と朱熹が言い放つのも、王安石・青苗法の、時代の現実における有効性をまさにここに見ていたからであろう。朱熹の「社倉法」は、その「立法」の最も核となるヴィジョンにおいて、紛う方なく王安石の青苗法を継いだものなのである。

一八

「社倉」について以上の如くまとめるならば、その経営ヴィジョンが、「天理流行」を基底事実と観じ、「感応（自己感応・対他感応）」を基礎に、世界を、そして人の「心」を「変易（化）の場」として捉え切る朱熹の哲学的ヴィジョン（木下『朱熹再読』第一－三章参照）、また「私欲」への取り込みを打破する意志を励起し続けよと説く朱熹の倫理ヴィジョン（『中庸章句』序）と通底することは明らかであろう。

社倉が春夏の交に発し秋冬に斂めるのも、天地万物を貫く春夏に発散し秋冬に収斂する周年リズム、根源的には「元・亨・利・貞」リズムのヴィジョンによる裏付けが推定される。

興味深いのは、崇安県における朱熹の「社倉」創設に到る経験の進行時期が、所謂「定論確立」なる語でよく知られる朱熹の思索の画期的な転轍の時期と重なっていることである。

すなわち、崇安県が大いに飢え、劉如愚と朱熹が建寧府に粟の支給を請い受け、人々に分配したのが、乾道四年（一一六八）春夏の交、その冬に人々が粟を償還せんと願い、粟を民家に集積、これを承けて、翌五年（一一六九）の夏に、朱熹は劉如愚とともに、建寧府に、「社倉法」の骨子となる、集積穀実の運用方案を提案、認可されている（一五節引用G）。

一方、「定論確立」の方は、『朱文公文集』巻七五「中和旧説序」に、

……乾道己丑（五年。一一六九）の春、友人・蔡季通に之を言うを為す。問辨の際、予《よ》、忽《こつ》として自ら斯《こ》の理を疑う也。吾の黙識する所と雖も、然れども亦た未だ以て人に告ぐ可からざる者有らず。

と云うによれば、まさに人々が自ら望んで官に償還すべく穀実を集積し、それを承けて劉如愚と朱熹が「社倉法」の基本方策を創案する時期と重なっているのである。

朱熹はこの時どのような思索の転轍を遂げたのであろうか。『文集』巻四三「答林択之」六には次のように云う。

昨日書中に「未発」を論ぜる者、看得《みえ》て如何。両日之を思う。疑うらくは、旧来説く所は、心・性の実に於て未だ差《たが》うこと有らざるも、而るに「未発・已発」の字は、頓放し得て未だ甚だしくは穏当ならざらん。疑うらくは、「未発」は只だ是れ、思慮と事物の未だ接せざる時ならん。此《ここ》に於て便《すなわ》ち性の体段を見る可《べ》ければ故に之を「中」

と謂う可きも、而るに之を「性」と謂う可からざる也。「発して節に中《あ》たる」は是れ思慮と事物已に交わるの際なり。皆な其の理を得れば故に之を「和」と謂う可きも、而るに之を「心」と謂う可からず。「心」とは則ち「已発」「未発」の間に貫通す。乃ち大易、生生流行し、一動一静するの全体也。……（云々）……旧《もと》疑うらくは、『遺書（二程遺書）』の記す所は審《つまび》らかならざらん、と。今ま此《ここ》（以上に述べた新しい考え）を以て之を勘《かんが》うるに、一《いつ》も合わざる無し。信《まこと》なる乎、天下の書未だ軽がろしく読む可からず、聖賢の指趣未だ明らかにし易《やす》からず、道体の精微未だ究《きわ》め易《やす》からざること、と也。

「中和旧説序」には、張栻・南軒より胡宏・五峰の説を聞き、殆ど寝食を忘れるほどの思索の末に、一日喟然として嘆じて曰く「人は嬰児自《よ》り以て老死するに至るまで、語・黙、動・静の同じからざると雖も、然れども其の大体は「已発」に非ざる莫し。特だ其の「未発」なる者のみ未だ嘗て発せずと為す爾《のみ》」と。と云う。これが「旧説」である。

「旧説」では「動き」の世界は「已発」に限られ、「未発」は「動き」の世界からは隔絶した、「未だ嘗て発したことのない」、つまり「動き」の世界へと開いたことのない、こちらには窺うことが遮断されている、いわば聖別されているテリトリーである。「新説」は、この「未発」という閉ざされていた聖域を「生生流行・一動一静」という止まらざる「感応」進行の「動き」へと組み入れ、開くのである。

「感応」とは「感（うごかし）」に「応（こたえる）」という励起的関係を謂う。朱熹においては「感応」は「対他感応」と「自己感応」とに分けられていた。「対他感応」とは人に呼びかければその人がこちらを向くように、別体の物どうしに起こる「感応」であり、「自己感応」とは同一の物においてその或る時点での或る状態が次の対比的な状態を励起し、その状態がそれに応じて起動すると再び次の対比的な（先の）状態を励起するというピンポンの遣り取り的な継続的励起関係を謂う。

今の「中和旧説序」に云う「語黙」「動静」などは「自己感応」の方の例である。「動静」は、その「動」を「運動」と誤解してしまう場合には、それが「感応」であるということがよく分からなくなってしまうので注意しなければならない。「動静」あるいは「一動一静」の「動」「静」は、ある物の両対をなす状態であって、「動」は他に対して開かれている状態、「静」は他に対して閉じている状態、を謂う。

「感応」関係を理解する上でポイントとなるのは、それが例えば「対他感応」で言うなら、或る物が或る物にぶつかって或る物を動かすという風《ふう》に、動かされた或る物の動きが完全に受動的な動きとして捉えられる、そのような機械論的世界観にしたがうものでは全くないという点である。「対他感応」で言えば、「感応」とは、他からの「感（うごかし）」を或る物が「感（感知）」し、その「うごかし」の種類に適合する反応形式（理。単数）を手持ちのさまざまな反応形式（衆理。複数）の中から選択し、その形式に従ってその他へと「応じる（応え返す）」という過程によって実現される或る物の「働き」である。

端的に「感応」とは、或る物の他からの励起にもとづく特定の、その物の働かせる意志行為なのである。

「自己感応」も同様の構造である。或る状態が或る臨界に達するとそのことが「自己感知」されてその状態に適合する自己反応の形式（この場合は「両対振動」の形式とでも言える形式）が励起され他方の状態へと「応じる（応え返す）」。或る極めて内的な「意志」がここでも働いていると観念されている。

朱熹が「天地万物」を考える時に機械論的な世界観、存在理解に立ってはいないことを我々は肝に銘じておかねばならない。（木下『朱熹再読』四四–五〇頁、五九–六四頁、二〇一–二〇二頁参照。）

この朱熹の「感応」のヴィジョンが、前節に述べた我々の謂う「債権」のヴィジョンに通底することはほとんど言を要しないであろう。「旧説」における「性」は我々の生きる「動き」の世界には一度も開かれたことのない、こちらからの「うごかし」に励起されることのない、聖別された閉鎖テリトリーである。それは端的に、「建寧府崇安県五府社倉記」が「又た其の法為るや太《はなは》だ密にして、吏の、事を避け法を畏《おそ》れる者をして、民の殍するを視るも而るに発するを肯《うべな》わざら使む。往往其の封鐍を全うし、遞《つた》えて相い付授し、或いは累《かさ》ぬること数十年、一たびも訾省せざるに至る。一旦甚だ已むを獲《え》ずして然る後に之を発すれば、則ち已に化して浮塵・聚壌と為りて食らう可からず矣」（一五節引用K）と述べた「常平」「義倉」を彷彿とさせる。「常平倉」「義倉」は「官」という権威によって聖別され、封鎖されたテリトリーとして終始するに終わるのである。

自らの意志によって自らの内のテリトリーを開き、他のテリトリーに物資を「動かす」、そのことによりその相手のテリトリーを開き、その相手にこちらに応えて物資を「動かす」意志を励起する。そこに開ける「動かす」意志の励起し合う繋がり、途切れることのない遣り取りの意志的継続と力動、そのようなヴィジョンが両者の転轍の根底に看取される。

このヴィジョンのもと、一方では「心」が、そして一方では穀実生計を基礎とする地域社会が、途切れることなく互いの行為意志を励起し合う関係の「ひろがり」、すなわち力動する「場」として、朱熹の思索にこの時期現成《げんじょう》したと理解できるのではないだろうか。

時期的な前後よりして、乾道四年（一一六八）冬の「是の冬、年《みのり》有り。民、粟を以て官に償《つぐな》わんと願い、里中の民家に貯え、将に輦載して以て有司に帰えさんと議す」なる事件の衝撃、王安石「青苗法」への思い併せ、「常平・義倉」「社倉」さらに『周礼』に遡り学友・魏元履の施設に下る関連事例の検討、「劉公如愚」たち士人との目を見合わせての議論、斯《かく》する我が住まう眼前の「山谷」の現実に食い込んで行く「立法」的思量の輻輳・反芻、端的に行動的である透察の瞬間、それらの「朱熹」という一介の自覚せる「民間人」の思考におけるざわめきと収束が翌年春の「已発」「未発」理解の変更を用意したという推定も可能であろう。

「朱子学」はここに胞胚したと覚しい。

一九

朱熹の「変易（化）の場」のヴィジョンにおいて重要なのは、その「変易（化）」が他動詞であるということである。すなわちそれが受動的で成るがままの「機械的」な変化・変質ではなく、或る「意志」に支えられた「行為」であるという点である。

我々は已に『論語』子罕第九の、

子、川の上《ほとり》に在りて曰く、逝《ゆ》く者は斯《かく》の如き夫《か》、昼夜を舎《お》かず、と。

に対する朱熹の「集注」、

天地の化は、往く者過ぐれば来たる者続き、一息の停《とど》まることも無し。乃ち道体の本然也。然れども其の指《ゆびさ》す可くして見易《みやす》き者、川の流るるに如《し》くもの莫し。故に此《ここ》に於て発して以て人に示し、学ぶ者の時時《ときどき》に省察して毫髪の間断することも無からんことを欲する也。

と、及びその「集注」が以下に続けて引く、

程子曰く。此れ道体也。天は運《めぐ》りて已まず。「日往けば則ち月来たる、寒さ往けば則ち暑さ来たる」（『周易』繫辞

下伝）、水は流れて息まず、物は生まれて窮まらず、皆な道の与《ため》に体と為り、昼夜に運《めぐ》りて未だ嘗て已まざる也。是《ここ》を以て君子は之に法《のっと》り、「自強して息《や》めず」（『周易』乾卦象伝）。其の至るに及ぶ也、「純にして亦た已《や》まず」（『中庸』二六章）焉。

について考察を加え、朱熹「集注」冒頭の「天地の化」は『中庸』二二及び三二章に出る「天地の化育」に本づく語であり、そこよりその「化」が「天地」を作主とする他動詞であることを分析し（木下『朱熹再読』一九四―二〇〇頁）、さらにその下に出る「道体の本然」のその「道」という言葉において、朱熹は、「世界＝変易の場」の存立をその芯において可能ならしめている「純粋持続意志」という形而上学的最高実在を措定したのだ、と見定めた（同書二〇二頁）。

この「川上の歎」章の「集注」には、いま引用して示した「程子曰く……」に続き、「又た曰く」として次のような程子の語を載せる。

すなわち本章第一三節において我々は、朱熹の『大學章句』序を引き、孟子没後より続く「暗黒時代」が宋に入って上向に転じ、その中、途絶えていた「中国」の命運に、程明道・伊川兄弟によってふたたび希望の火が点ぜられた、という朱熹の歴史認識を述べた。以下ここに「又曰く」として引く程子語は、朱熹におけるこのような「中国」についての歴史認識の核心が那辺にあるかをよく示すテキストである。

又曰く。漢自《よ》り以来、儒者皆な此の義を識《し》らず。此れ、聖人の心の「純にして亦た已まざる」を見《あら》わす也。「純にして亦た已まず」とは乃ち天徳也。天徳ありて、便《すなわ》ち王道を語る可し。其の要は只だ「独りなるに謹む」（『中庸』第一章「莫見乎隠、莫顕乎微、故君子慎其独也」）に在り。

この後に記す朱熹の「按語」も引いておく。すなわち、

愚按ずるに、此自《ここよ》り篇の終わるに至るまで、皆な人に、学に進みて已まざるを勉《はげ》ますの辞。

この程子語は『近思録』存養篇にも引くが、「漢自《よ》り以来（自漢以来）」の上に、「子在川上曰、逝者如斯夫、不舎昼夜」一四字が存在する。

これらの原《もと》となったテキストは『河南程氏遺書』巻一四（明道先生語四）に見える次の一条であろう。『二程集』一四一頁。

仏、「前後際断」を言う。「純にして亦た已まず」、是れ也。彼れ安くんぞ此れを知る哉。「子、川の上《ほとり》に在りて曰く『逝《ゆ》く者は斯《かく》の如き夫《か》、昼夜を舎《お》かず』」と。漢自《よ》り以来、儒者皆な此の義を識《し》らず。此れ、聖人の心の「純にして亦た已まざる」を見《あら》わす也。「『詩』に曰く『維《こ》れ天の命、於穆《ああ》として已まず』（周頌・維天之命、下も同じ）と。蓋し天の天為《た》る所以を曰う也、『於《あ》乎《あ》顕《あき》らかならざらんか、文王の徳の純なる』と、蓋し文王の文為《た》る所以を曰う也、純にして亦已まず」（『中庸』二六章）と。此れ、乃ち天徳也。天徳有りて便ち王道を語る可し。其の要は只だ「独りなるに慎む」に在り。

今のテキストと「川上の歎」章「集注」所引テキストとを比べれば、「集注」所引には朱熹の手がずいぶんと入っていることが分かる。しかしそれにしても朱熹が省略した、「仏」の「前後際断」なる語について、程明道はどこまでの意味をここで見ているのであろうか。にわかには読みがたい。今はただ、参考として、『維摩経』弟子品第三に見える「法無有人、前後際断故」に対する僧肇の注釈により我々としての注解を加えておきたい。

『維摩経』弟子品第三、僧肇の注、

天、万物を生ずるに、人を以て貴しと為す。始終に改まらざる、之を「人」と謂う。故に外道は人を以て神に名づく。始終に変わらざるを謂う。法の若きは、前後際断すれば、則ち新新として同じからず。新新として同じからざれば、則ち変ぜざるの者無し。変ぜざるの者無ければ、則ち復た人なる無し矣。(『注維摩経』巻二)

これによれば、「前後際断」とは、過去から未来へと同一実体として存続するという存在形態ではなく、一瞬一瞬に新たに現存し直すという存在形態を謂うと考えられる。我々の自己意識に即して云うなら、過去から未来にわたる自己の同一性という迷妄を断絶し、「いま、ここ」を透底に励起することを謂うのであろう。

程明道がどう考えたのかは不明とせざるを得ないが、敢えて今その意を取るならば次のようになろうか。すなわち「前後際断」においては、「在る」ということが状態ではなく、一瞬一瞬に行われる事件、現成《げんじょう》する意志となる、と。「在る」ことは惰性的に広がる状態ではなく、一瞬一瞬新たに自力に励起するのである。朱熹「集注」に謂う「間断」とは、この励起が途切れ、その瞬間に現存が途切れることを謂う、となる。人の普通はむしろ「在る」ことを日常的な惰性にまかせてその事件性を忘却しているに対し、「前後際断」においては、己の「在る」ことが「いま、ここ」の励起そのものへと純化すると言い得ようか。一瞬一瞬に怠ることなく「いま、ここ」を自己励起し続ける意志に純化すると言い得ようか。明道が最後に「其の要は只だ『独りなるに慎む』に在り」と収める、その「慎独」とは、己の「いま、ここ」の現成《げんじょう》に集中し、純化する、そのことを『中庸』の「莫見乎隠、莫顕乎微、故君子慎其独也」に読み取っての、明道独特の発想の跳び移りによる提示であろう。

かくして我々は「前後際断」から「純にして已まず」という程明道のヴィジョンに跳び移る。間断することのない「天地の化」の芯にある「純粋持続意志」を自らに体現すること、一瞬一瞬に途切れることなくその意志を「いま、ここ」に励起すること、「川上の歎」章における孔子の「逝《ゆ》く者は斯《かく》の如き夫《か》、昼夜を舎《お》かず」という語の本意はそこにあると、朱熹は「程子」と協働する思索の中で見定め、ここの「集注」を編集したと考えることが出来るだろう。この、人における天徳を体現せんとする意志の間断なき自己励起の忘却こそが、漢代以来の歴史の低迷の真因であると、朱熹はこの「程子」語をして云わしめたのである。

朱熹が二程から受け止め、自らの時代の現実に打ち込んだのは、彼の自覚によれば、このこと、すなわち、この「われ」自身における天徳を体現せんとする意志の間断なき自己励起であった。

第一章において、我々は、「自新」という言葉にかかわり、『大学』の冒頭「大学の道は、明徳を明らかにするに在り、親民に在り、至善に止まるに在り」の「親民に在り」にかかわる朱熹の注釈を取り上げたが（本書四六頁）、朱熹は程伊川の提案に従ってこの「親民」を「新民」に変え、例えば、次のような注釈を展開していた。

すなわち本文「湯の盤銘に曰く、苟《まこと》に日に新たなれば、日日に新たにして、又た日に新たにす、と」に対して、

……言うこころは、誠に能く一日も以て其の旧染の汚れを滌《あら》いて自新すること有らば、則ち当《まさ》に其の已《すで》に新しき者に因りて、日日に之を新たにし、又た日に之を新たにすべし、略《いささか》も間断すること有る可からず、と也。

と云い、本文「康誥に曰く、新民を作《おこ》す、と」に対して、

之を鼓し之を舞すを之《これ》「作」と謂う。言うこころは、其の自新するの民を振起す、と也。

と云う。

これらの注釈に謂う所が「川上の歎」章にかかわる、以上に紹介した朱熹の思索に関連していることは言うまでもないと思われる。しかしまた特に「自新するの民を振起す」との言葉には、その具体として、自らの「社倉」創設が基づいた「民」の姿、春夏の交に受けた賑救を貸借として償還すべくその秋に穀実を自発的主体的に持ち寄り、「まさに輦

載して之を有司に帰さん」と「議」した崇安県の「民」たちの姿が思い併されているのではないだろうか。

終章

朱熹が亡くなったのは慶元六年三月九日、午《うま》の初刻。一二〇〇年四月二三日の午前十一時過ぎ。建寧府建陽県の考亭（福建省建陽市西南の考亭村。朱熹の居宅）においてであった。

最後の日々に侍した蔡沈の覚え書き「夢奠記」によれば、先立つ三月五日の夜には、楼下の書院において滄洲精舎（竹林精舎。居宅・考亭の東に四方より来学する者のために設けた施設）の諸生を前に張載の『西銘』について説き、そのままにまた、

学を為すの要は、惟れ事《つとめ》事《つとめ》に審《つまび》らかに其の是《ただ》しきを求め、決して其の非《あやま》りを去り、積み累《かさ》ぬること日久《ひ》しければ、心は理と一《いつ》なりて、自然《ひとりで》に（心の）発する所皆な私曲なる無し。聖人の万事に応ずる、天地の万物を生む、直なるのみ。（「直」は上の「私曲」に対する。『孟子』公孫丑上に「敢問何謂浩然之気。曰、難言也、其為気也、至大至剛以直、養而無害、則塞于天地之間」と。また『周易』坤卦六二に「直方大、不習、无不利」、その「文言伝」に「君子敬以直内、義以方外」と。「事」字を「つとめ」と訓むについては木下「『事』『物』『事物』『事事物物』―朱熹の『致知在格物』解釈を理解するために―」（『東洋古典學研究』第二十集、二〇〇五年一〇月刊、所収に参照。本居宣長は『宇比山踏』の「相じるし」「ラ」の「論ひ」において「言《コトバ》と事《ワザ》と心《コヽロ》と」と訓んでいるが、まさにそれである。）

と語ったと云う。

ついで六日には楼下の書院において『大学』の「誠意」章の注釈を推敲するなどしたが、午後、大瀉、居宅に戻り、以後ふたたび書院に出ることは叶わなかった。七日、臓腑はなはだ脱し、八日、滄洲精舎より見舞いに来た諸生に対し、朱熹は床《とこ》より身を起こして坐り直し、

諸生を誤りて遠来せしむ。然れども道理は只だ是れ恁地《きりぬけるとてこうとほかにしかたもなかった》。但だ大家倡率して《みながはげましあって》些《いささ》かの堅苦なる工夫を做《な》せ。脚力を牢固とし著《つ》くるを須《ま》ちて方《はじ》めて進歩する処《ところ》有らん。（諸君を我が「偽学」の道に引きずり込むこととなり悪いことをした。しかし私の生き方を貫く限りこうなるしかなかったのだ。迷うことなく互いに励まし、この苦難にあるしかな

い生き方を貫け。おのが生き方を確固として磨き抜いてこそ前の光も見えるだろう。「然道理只是恁地」の「道理」は、『宋元語言詞典』上海辞書出版社、一九八五年一二月刊の九一六頁に「道理。辦法、打算」、『近代漢語断代語言詞典系列・宋語言詞典』上海教育出版社、一九九七年一一月刊の六八頁に「道理。主意、辦法。亦作『道礼』」、『漢語大詞典』第一〇冊、漢語大詞典出版社、一九九二年一二月刊の一〇七七頁に「処理事情的辦法、打算」というものであろう。現在の和漢語の「道理」では訳せない。「然道理只是恁地」とは、上の「誤諸生遠来」、すなわち諸生を「偽学の禁」において「偽学」と弾圧される身に巻き込んだことへの「あやまり」の言葉を承け、しかしその苦況に自身が堕ちたことにつき、これに対処してうまく切り抜ける算段としては、自分として、現にこうなってしまうような算段しかなかった、自責としかしこうなるのが自分の生き方としては必然だったのだという確認を告げる言葉と読むことができるだろう。「こうなることはよく分かっていた。しかし私としてはこのように生きるしかなかった。諸君にはゆるしていただきたい」と云う。ヴォルムスにおける第二回目の審問の際にルターが云ったと伝えられる言葉「我ここに立つ。わたしはこうするよりほかない。神よ私を助けたまえ。アーメン。Hier stehe ich/ich kann nicht anders/Got hilffe mir. Amen」に思い併せられるべき言葉であろう（ベイントン著『我ここに立つ』日約本、聖文社、一九五四年初版、一九七四年四版、二三四頁に拠る）。「我ここに立つ」という自己の生き方への、苦況を招くが、しかしついに、衷心手放すことの出来ぬ確信を告げる言葉である。したがって朱熹は、以下にその生き方を強く諸生に提示するわけである。）

と告げた。これは、所謂「慶元偽学の禁」に罹り厳しい情況下にあるにもかかわらず四方よりこの地に来学してくれた諸生に対する朱熹の、永訣せんとするに際しての感謝と餞《はなむけ》の言葉であろう。五日夜の言葉とも重なり、「偽学」と弾ぜられるに至った自身の生涯を「然道理只是恁地」と振り返り、ここに立つしかない我が「生」の立ち処《どころ》を眼前の後生に託したのである。

この八日やがて諸生が居室より退くと朱熹は范伯崇（念徳）、黄直卿（幹）、敬之（朱在。朱熹の三男）に手紙をしたためて後事を託した。夜半を過ぎ、翌九日の未明には寝を中堂に移した。これは『家礼』の喪礼「初終」に「疾病《やまいおも》ければ正寝に遷居す。既に絶ゆれば乃ち哭す」と云う「喪礼」の初段にことより入ったことを意味する。午の初刻、蔡沈が枕辺、范元裕が足辺に控えるなか、朱熹は視線を上下に移し、瞳はなお光を放っていたがやがてゆっくりとまばたきを繰り返し息の音もかすかになってこの世を後にした。李方子『紫陽年譜』や『続編両朝綱目備用』には、九日の平明に滄洲精舎の諸生が中堂の床辺に伺うなか「婦人を揮いて近づくを得ること無からしむ」と云う。これは第一章末尾の一二節に触れた張浚や孫奭の死に臨んでの話柄であるが、朱熹もまた「男子は婦人の手に絶えず、以て終わりを斉《はら》う也」（『穀梁伝』荘公三二年）という士人の筋立てに従ってその生涯を切り結んだということになる。

この朱熹の最後は彼が北宋以来の勝れた士人より承けて深化しみずからの時代と後世に生涯を賭けて提示した人としての「生」の立ち処《どころ》、第一章一二節にまとめた「妾婦」の「他主委任」に対する「大丈夫」の「自主自任」の気概を儀礼として実現したものと先ずは考えることが出来るだろう。しかし一方、その第一章一二節にも述べた如く、このような「大丈夫」の気概の自らにおける定立は、当時の「母権制」的風尚になじんだ世上と朝廷との〈母権〉の現実〉に対抗する「闘い」として強く励起されていたと覚しい。

八日の、滄洲精舎の諸生に対する朱熹の言葉が示唆する所謂「慶元・偽学の禁」なる事件も、当時の趙氏南宋国家における「母権」になじむ現実をその背景に置くことによってその深層に存在する対抗の力学を理解することが出来るのではなかろうか。すなわち韓侂冑などが依る「母権」の風尚と朱熹などが立つ「男子は婦人の手に絶えず」という厳しい「父権」の気風との対抗である。

北宋・趙氏朝廷における「母権」の現実はすでに第二章に見た。そこに見たのはこの時期に確立したとされる皇帝独裁制が実は、当の皇帝の実力やその制度としての機制によってではなく、母后（皇太后や太皇太后）と宰相などの重臣が「内」と「外」に別れながらも互いに気脈を通じて支えるという形でその危機を乗り越えて来たという事実であった。南宋・趙氏朝廷もこの姿をそのまま引き継いだ。

南宋初代の皇帝である高宗は、すでに見た如く「垂簾聴政」を行っていた元祐皇后・孟氏の指名により皇帝に即位した（第二章一二節）。建炎三年（一一二九）三月、金軍が江南に迫るなか、苗傅、劉正彦などが叛乱を起こし、皇子・魏国公（元懿太子、建炎元年六月に生まれ、魏国公に封ぜられた。この時満年齢で二歳に満たない）への譲位と「隆祐太后」となっていた孟氏の「垂簾聴政」を迫った。高宗は何が起こるか知れない情勢にこれを飲み、孟氏が「垂簾聴政」して朝廷の保持に当たり、「明受」と改元した。太后・孟氏は「垂簾聴政」によって朝廷を維持すると共に苗傅などを慰撫するに努め、一方宰相の朱勝非が苗傅、劉正彦を呼んで高宗の復辟についての相談を持ち掛けた。勤王の兵が集まる情勢に両人は身の安全を図って高宗の復辟を請願するに至る。翌四月、高宗の復辟が成り、年号を「建炎」に戻したのであった。孟氏は紹興元年（一一三一）四月、年五九で崩じた。

これより以前、欽宗の靖康二年（一一二七）四月、金軍は北帰するに当たり徽宗・欽宗二帝および両宮の后妃、皇太子、宗室を共に連れ去ったが、その中に高宗の生母である龍徳宮賢妃・韋氏も含まれていた。高宗は即位して「建炎」に改元するとこの生母・韋氏を「宣和皇后」とした。紹興七年（一一三七）正月、前《さき》に問安使として金国に赴いていた何蘚とこれに同道した都督行府帳前準備差使・范寧之が戻り、徽宗とその皇后・鄭氏がすでに崩じているという情報がもたらされた（鄭氏は建炎四年、一一三〇、九月甲辰に年五二で五国城に崩じ、徽宗は紹興五年、一一三五、四月甲子に年五四で同じ五国城に崩じた。五国城は今の黒龍江省依蘭県城の北、松花江の南岸、牡丹江の東。ハルピン市の東二〇〇キロメートルほどのところである。鄭氏と徽宗の崩じた日付は『中興小紀』巻九、巻一八に紹興一二年八月、宣和皇后・韋氏が帰還した時にもたらされたと云う）。『宋史』巻二四三「后妃」下には、紹興七年、徽宗及び鄭皇后崩ずとの聞《しらせ》至る。帝号慟す。輔臣に諭して曰く「宣和皇后、春秋高し。朕、之を思えば、寧処するに遑《いとま》あらず。己を屈して講和するは正に此れが為《ため》なる耳《のみ》」と。（『建炎以来繫年要録』では巻一〇九、紹興七年三月己卯に「宣和皇后を尊びて皇太后と為す。是《これ》に先んじて上《じょう》輔臣に諭して曰く、宣和皇后、春秋已に高し、朕、朝夕に之を思えば安処するに遑あらず、と」と云い、巻一二〇、紹興八年六月戊辰に、講和のための金からの使節がすでに常州（今の江蘇省常州市）に至ったと聞き、「上《じょう》愀然として曰く、太后、春秋已に高し、朕、朝夕に思念し早《つと》に相い見えんと欲す、故に己を屈するを憚らずして以て和議の成るを冀う者は此れ也、と。秦檜曰く、陛下、己を屈するを憚らずして好《よしみ》を外国に講ず、此れ人主の孝也……」と云う。『三朝北盟会編』巻二二三「紹興二十六年十月十八日丙戌」条下に『皇太后回鑾事実』が呈上されたことに因んで引くうちに、「紹興八年正月十四日、臣（趙）鼎奏して曰く、士大夫多く中原に図る可きの勢い有り、宜しく便《すなわ》ち兵を進むべしと言う、恐らくは他時便《すなわ》ち議論して朝廷此の機会を失へりと謂わざらんか、乞うらくは諸大将を召して更に問うに此の事を以てせられんことを、と。上《じょう》曰く、須《すべから》く此れを恤《うれ》ふべからず、今日の事勢、須《すべから》く当《まさ》に和を議すべし、両宮（徽宗とその皇后・鄭氏の棺）と皇太后（すなわち韋氏）と皆な未だ還らず、若《も》し与《ため》に和せざれば則ち還る可きの理無し、と。……二十五日、三省、虜使将《まさ》に界に入らんとすれば、官を接伴・館伴に差せんと進呈す。……接班使・范同等申す、虜使已に常州に到る、と。上《じょう》曰く、太后、春秋已に高し、朕、晨夕に思念し早く相い見えんと欲す、己を屈するを憚らずして和議の成るを冀う所以の者は此れぞ、と。枢密使・秦檜曰く……」と云う。）

と伝える。生母・韋氏の生還を期する高宗の心情が南宋国家の以後を決した「主戦か講和か」の方針決定において主導的な役割を果たしていたと謂うのである。紹興八年（一一三八）一二月に講和締結の詔が出されたが、多少の曲折があり、皇太后・韋氏が実際に帰還し臨安府に到着したのは紹興一二年（一一四二）八月のことであった。高宗は臨平鎮（今の浙江省余杭市）まで迎えに出、太后の姿を目にした時は喜びの極まるあまりに泣き、「軍衛は歓呼し、声、天地を振るわ」したと云う（『建炎以来繫年要録』巻一四六・八月辛巳）。南宋趙氏国家の「国是」はこの時奠定したと云うべきか。皇太后・韋氏が崩じたのは紹興二九年（一一五九）九月、年八〇であった。高宗が孝宗に帝位を譲り徳寿宮に退処したのは紹興三二年（一一六二）六月、その同じ徳寿宮に高宗が崩じたのは孝宗・淳熙一四年（一一八七）一〇月のことであった。

隆祐太后・孟氏、皇太后・韋氏の衣鉢を継いだのは高宗の皇后・呉氏である。年十四にして後に高宗となる康王の宮に選入された。高宗が即位すると常に戎服を以て左右に侍したと云う。頗る隆祐太后・孟氏の愛するところとなり、また皇太后・韋氏が帰還してからはその愛するところとなったと云う。隆祐太后・孟氏は哲宗の皇后となり、英宗の皇后、後に神宗の遺詔により後継・哲宗を託された太皇太后・高氏の謦咳に接し、趙氏の危急をやがてこの人が担うであろうと評されたと云うから、呉氏は北宋・英宗以来の、さらには太祖・趙匡胤の母后・昭憲皇太后・杜氏、真宗の皇后にして仁宗初期の朝廷を担った章献皇太后・劉氏、英宗初期の危機を韓琦とともに担った慈聖皇太后・曹氏以来の連綿と受け継がれ来た趙氏朝廷の守り神としての母后の系譜を受け継ぐ女人であったとも謂い得るであろうか。

孝宗は高宗の実子ではなく、太祖・趙匡胤の少子・秦王・趙徳芳に出る太祖七世の孫である。父は秀王・趙子偁、母は張氏、建炎元年（一一二七）十月の生まれである。苗傅、劉正彦の叛乱の折、高宗が譲位した当時満二歳に満たなかった皇子・趙旉は高宗の復辟後、皇太子とされたが、程なく疾につき、宮人が金鑪を落として立てた音に驚悸して疾が激変し薨じた（『宋史』巻二四六「宗室」三）。こののち高宗には後を託す子がなかったが、隆祐太后・孟氏が異夢に感じて高宗に行った密語に高宗は大いに悟るところがあり、仁宗の例に習い宗室の子弟より選んで禁中に育て後継とすることを決意した。かくして紹興二年（一一三二）五月、時に六歳の趙伯琮が禁中に入れられ育てられることとなったのである（『宋史』巻三三「孝宗」一）。伯琮は高宗の命により倢伃・張氏が育てた。伯琮が入宮した時、張氏、亡じた皇太子・趙旉の生母である賢妃・潘氏、時に才人であった呉氏の三人がこの幼子を取り囲んで坐し、どの女人に向かうかを見たところ、張氏に向いたので、張氏にその母となることが命じられたと云う（『宋史』巻二四三「后妃」下・張賢妃。『建炎以来繋年要録』巻五四・紹興二年五月辛未に拠れば宗子の伯琮と伯浩の二人を入れたが、二人が並んで立っている前を猫が通りかかったところ、伯浩がこれを足で蹴り、伯琮は控え立つこと故《もと》の如くだったので、高宗は伯浩に白金三百両を賜い去らせたと云う）。呉氏もまた宗子を育てることを請うたので、紹興四年五月、同じく太祖七世の孫、時に五歳の秉義郎・趙子彦の子・趙伯玖を宮に入れ呉氏に育てさせた（『建炎以来繋年要録』巻七六・紹興四年五月丁丑に「詔。秉義郎・子彦、特に武翼郎に転じ温州兵馬鈐轄に添差す。左中大夫・集英殿修撰・新知泉州・令懬、特に行左大中大夫に転ず。初め令懬、詔を奉じて宗室の子を選ぶ。是に至りて復た子彦の子・伯玖を得《う》。年五歳。上《じょう》、其の聡慧愛す可きを以て呉才人に命じて之を育てしむ」と云うに拠る）。これに先んじて紹興三年（一一三三）二月庚子には伯琮は和州防禦使に除せられ、単名「瑗」を賜り、同月壬寅には貴州防禦使に改められ、三月壬申には「貴州防禦使・瑗は育てて宮中に在れば、諸宗室と比ぶる可からず……」との詔が出ている。五年（一一三五）五月には左僕射・趙鼎の建議により書院「資善堂」を宮中に立てて瑗に教育を施すことになり、同月己亥には瑗を保慶軍節度使と為し建国公に封じた。六月己酉には資善堂に、徽猷閣待制・范沖、起居郎・朱震について聴読した。すなわち次代の皇帝としての帝王教育が趙鼎の主導により始められたのである。一方紹興四年五月に入宮した伯玖は紹興六年（一一三六）正月壬午、単名「璩」を賜り和州防禦使に除せられた。時に七歳であった。『宋史』巻二四三「后妃」下・憲聖慈烈呉皇后には「是に於て伯玖を得《え》、名を璩に更む。中外の議頗る籍籍たり」と云う。後継候補が二人並ぶこととなり、政情に不安が生じたのである。瑗が皇太子に立てられるのが紹興三二年（一一六二）五月甲子のことであるから、この状態が足かけ二七年続いたことになる。『宋史』巻二四六「宗室」三・信王には「顕仁太后（韋氏）崩じ、普安郡王、始めて立ちて皇太子と為る。璩因《よ》りて恩を加えて皇姪と称す。名位始めて定まる」と云う。

紹興八年（一一三八）八月には高宗の「和州防禦使・璩を節鉞（すなわち節度使）に除し国公に封ぜん」との御筆が

あり、執政が聚議したが、枢密副使の王庶が「后を並べ嫡を匹《なら》べるは古《いにしえ》以て戒めと為す。此れ豈に行う可けん」と声を励ました。時に徽宗と鄭皇后の崩御が伝えられてその棺の引き取りと高宗の生母・韋氏の生還をてこに金国との講和が煮詰まった時期であり、左僕射・趙鼎と右僕射・秦檜は高宗の信頼を争う暗闘のさなかにあったが、その綱引きがこの瑗と璩を対等に扱うか否かという争いにも持ち込まれていたと覚しい。秦檜はこの件に関し沈黙を守り、趙鼎は、建国公（瑗）は皇太子に立っているというのではないがすでに高宗の後継と世論に認知されており、その扱いには璩と差をつけるべきであり、同等に扱っては人心を不安に落とすだけであろうと帝前に述べ、数日後には参知政事の劉大中も意見を述べ、この件は沙汰止みとなった（『建炎以来繫年要録』巻一二一）。ただしかしこのことをきっかけとして高宗の趙鼎に対する信頼は減じ、趙鼎、劉大中はともに罷免された。これにより秦檜は朝廷を独占することとなり、講和への動きが決した。翌く紹興九年（一一三九）三月丁亥に璩は保大軍節度使と為り崇国公に封ぜられた（『宋史』巻四七三「姦臣」三・秦檜。『建炎以来繫年要録』巻一二七）。

このような微妙な情勢の中、紹興一二年（一一四二）二月に瑗の育て親・張氏は卒《しゅっ》したが、呉氏が瑗を収めて併せ育て、自身の養い子の璩と分け隔てをしなかったと云う。瑗はその年の正月に普安郡王に封ぜられていたが、『宋史』「后妃」下には、呉氏は「嘗《つね》に帝（高宗）に語りて『普安は其れ天日の表也』と曰う。帝の意決し、立てて皇子と為し、建王に封じ、璩を出して紹興に居らしむ」と云う。璩の育て親として呉氏が璩の皇子、皇太子へと進むことを望まず、むしろ瑗をその資質から応援したと伝えるのである。『四朝聞見録』乙集「憲聖擁立」には、

憲聖（すなわち呉氏）既に高宗に賛じて普安を立て、遂に大統の寄《たのみ》を定む。高宗登遐し、憲聖独り北宮に処る。春秋浸《ようや》く高く、孝宗、日びに侍して定省する（「定省」は『礼記』曲礼・上の「昏に定め晨に省《うかが》う」による語。夜に親の寝床をととのえ、朝に親の安否をうかがう、子として孝養を尽くす振る舞いを云う。四八四頁の＊に参照）を得ざるを以て歉《あきたりな》しと為す。光皇に内禅するに及ぶは実に憲聖の命ずる所、孝宗遂に日び長楽宮を奉ずるを得《う》。天下の

養いを極め、人子の歓びを尽くす。

と云う。孝宗が光宗に内禅した、その心情的な一因に憲聖太后・呉氏に孝養を尽くしたいという一念があったという口吻である。

高宗が徳寿宮に崩じたのが淳熙一四年（一一八七）一〇月。孝宗が光宗に譲位したのが淳熙一六年（一一八九）。しかし光宗はやがて心身症とも云うべき不調に陥る。嫉妬深い光宗の皇后・李氏が、光宗の寵妃・黄氏を光宗が冬至に行う祭祀・郊のため斎宮に宿り宮廷を留守にした機に殺害し、「暴《にわか》に卒《しゅっ》す」と光宗に知らせ、またその郊の当日夕刻激しい風雨のため黄壇の燭が尽く吹き消され、郊の儀礼は整わずに終わった。「帝の疾是れに由り益ます増劇し、朝を視ず。政事多く后に決す矣」と云う（『宋史』巻二四三「后妃」下。巻三六「光宗」紀では「（紹熙二年）十一月……辛未（二六日）太廟に事有り、皇后・李氏、黄貴妃を殺し、暴卒を以て聞す。壬申（二七日）天地を圜丘に合祭し、太祖、太宗を以て配す。大いに風雨し、礼を成さずして罷《や》む。帝は既に貴妃の薨ずるを聞き、又た此の変に値《あ》えば、震懼し感疾す……」と日取りを明らかにしている。巻三九二「趙汝愚」伝には「紹熙二年、召して吏部尚書と為す。是れに先んじて、高宗、宮人・黄氏を以て光宗に東宮に侍せしむ。即位するに及び貴妃と為す。后の李氏、意、平らかなる能わず。是の年、冬十一月の郊、有司已に戒め、而して風雨暴《にわか》に至る。光宗震懼す。青城に齋宿するに及び、貴妃暴《にわか》に薨ず。駕還《かえ》り、之を聞きて恚《いか》る。是の夕べ疾作《おこ》る。内侍馳せて孝宗に白《つ》ぐ。孝宗倉卒に南内（皇帝の居宮）に至り、疾を致す所以の由《よし》を問う。戒責する所有るを免れず」と云い、光宗が黄氏の暴卒を知ったのは内宮に戻ってからのこととする）。李氏の振る舞いはもとより高宗、孝宗の気に障るところとなっていたが、光宗が即位し、李氏が皇后となって後には、光宗が宦官を粛清せんとしたため近習がこれを牽制するために三宮、すなわち慈福宮にある高宗の皇后、時に「寿聖皇太后」であった呉氏、重華宮にある「至尊寿皇聖帝」の孝宗、そして光宗、この三者の仲を裂くことを謀ったこともあって、呉氏・孝宗と李氏との関係は険悪なものとなった。光宗の心身症が親郊の不首尾の後に激化した際には呉氏と孝宗が駆け付け李氏を責めたため李氏は怨みをますます深めたと云う（『宋史紀事本末』巻二二・光宗紹熙二年一一月辛未。ただし前《さき》に紹介した『宋史』巻三九二「趙汝愚」伝の記載では「是の夕べ疾作《おこ》る。内侍馳せて孝宗に白《つ》ぐ。孝宗倉卒に南内に至り、疾を致す所以の由《よし》を問う。戒責する所有るを免れず」と云い、以下孝宗と光宗との父子関係がこじれた事を云うから、「趙汝愚」伝では、発病した光宗のもとに駆けつけた孝宗が叱責した相手は皇后・李氏ではなく光宗その人ということになる。孝宗は思わず、今日の所謂「うつ病」かと思われる心疾を発症した光宗を叱責してしまい、光宗の喪失線上に彷徨い出てしまった心をさらに追いかけてはたき落としてしまったのであった。以後、光宗が孝宗のもとをなかなか訪れようとせず、訪れるとその心疾がぶり返すらしいことから診《み》て、「趙汝愚」伝の記載の方が真実性が高いように思われる）。やがて光宗は李氏の憤懣に引きずられる形で、重華宮にある父・孝宗への機嫌伺いを怠るようになった（光宗の孝宗に対する心事とは別に李氏の孝宗や呉氏に対する憤懣がここで働いていたことは確かと思われる）。

『宋史』巻二四三「后妃」下・光宗慈懿李皇后に次のような話を載せる。すなわち、

是の時、帝は久しく太上に朝せず。中外疑駭す。紹熙四年（一一九三）九月の重明節（巻三六「光宗」紀に拠れば、九月七日。光宗の誕生節）、宰執、侍従、台諫、章を連ねて帝に宮を過《よぎ》る（重華宮を訪ねること）を請う。給事中・謝深甫言いえらく「父子の至親たる、天理昭然たり。太上の陛下を愛する、亦た猶お陛下の嘉王（李皇后の生子、後の寧宗）を愛するがごとし。太上、春秋高し。千秋万歳の後、陛下何ぞ以て天下に見《まみ》えん」と。帝感悟し、趣《すみ》やかに、重華宮に駕朝せんと命ず。是の日（巻三六「光宗」紀に拠れば同月二一日）、百官班列して帝の出《い》づるを俟つ。御屏に至るに、后、帝を挽《ひ》き留めて入る。曰く「天寒し。官家且《しばら》く酒を飲まん（寒いわね。天子さま、ちょっとお酒を頂きましょうよ）」と。百僚、侍衛、相い顧みて敢えて言《ものい》うもの莫し。中書舎人・陳傅良、帝の裾を引きて入ること毋かれと請い、因《よ》りて屏の後ろに至る。后叱りて曰く「此こは何の地ぞ。爾《なんじ》秀才ばら、頭を斫《たたき》られんと欲する邪《や》」と。傅良、殿を下りて慟哭す。后復た人をして問わ使めて曰く「此れ何の理なる也《や》」と。傅良曰く「子諫《いさ》

めて父聴《したが》わざれば則ち号泣して之に随う」（『礼記』曲礼・下に「人臣為《た》るの礼、顕《あからさま》に諫《いさ》めず。三たび諫《いさ》めて聴《したが》わざれば則ち之を逃《のが》る。子の親に事《つか》うる也《や》、三たび諫《いさ》めて聴《したが》わざれば則ち号泣して之に随う」と云う。これを引いたのである）と。后益ます怒る。遂に伝旨して罷《や》めて宮に還る。其の後、孝宗崩ず。帝、親《みずか》ら喪を執る能わず。（『四朝聞見録』甲集「光皇命駕北内」にも同じ話柄が見える。）

孝宗は紹熙五年六月戊戌（九日。『宋史』「光宗」紀に拠る。一一九四、六、二八）の夜に崩じた。今の引用の最後にも云う如く、光宗は心疾のためか孝宗の喪儀を主宰せず、内宮の奥に引き籠もったまま時は経過した。いわば皇帝という朝廷の中心が、その中心としての心強さを天下の人心に示すべきこの時に、まさに自信なげに喪失線上にかすれ行くという事態に陥ったのである。趙氏朝廷今日の無体に内外ともに洶洶とし、やがて七月三日、左丞相・留正が朝廷より「逃帰する」（『続編両朝綱目備要』巻三）事件が起こる。そして事態は急展開、翌々日の五日（一一九四、七、二四）に、知枢密院事・趙汝愚の周旋のもと、孝宗の崩御にともない六月乙巳（一六日）に「太皇太后」となっていた憲聖太后・呉氏が主宰する形で光宗が引退し皇子・嘉王が帝位に即く「内禅」の儀が行われ、朝廷が更新されたのであった。

この光宗から寧宗への「内禅」は、その実から云えば本邦の「主君押し込め」に当たる仕儀であり、憲聖太后・呉氏を戴くことによってその正当性を得た、一種のクーデターであったと云うことが出来るだろう。

『宋史』巻三九二「趙汝愚」伝によれば、紹熙五年六月丁酉（八日）の夜、五鼓（三時過ぎ）、重華宮から孝宗崩ずとの知らせが宰執の私第にあり、中書は光宗に一報を入れようとしたが、趙汝愚は光宗がこの一報を内宮に受け取れば、判断がつきかねて朝に出視せずに引き籠もってしまうだろうと予測、この一報を差し止めた。その明けの朝に光宗が出視すると、趙汝愚は提挙重華宮・関礼の状を以て進め、これにより光宗は北内（「南内」すなわち皇帝の居宮に対し上皇や母后の居宮を云う。ここでは重華宮のことだろう）を過《よぎ》ることを約束したが、日が傾いても出御しなかった。仕方なく宰相が百官を率いて重華宮に詣《いた》り、喪を発した（「光宗」紀では孝宗の崩御を六月「戊戌（九日）夜」とするが、この発喪の時点を以てしたものだろうか）。壬寅（一三日）、「成服（規程に従った喪服を身に着ける）」する、すなわちいよいよ喪事に入るという時に、留正は趙汝愚と議し、少傅・呉琚（憲聖皇后・呉氏の弟・呉益の子）を仲介として憲聖太后に垂簾して暫時喪事を主宰して頂くよう請《もと》めたが、憲聖太后は許さなかった。この時、留正たちが付した憲聖太后への奏上には、連日南内に造《いた》り、光宗に面対するを請《もと》めるも叶わず、累《かさ》ねて上疏するも報《こた》えがない、と云う。光宗は完全に後宮の彼方に引き籠もってしまったのであった。この「趙汝愚」伝には留正と趙汝愚が憲聖太后の垂簾を請《もと》めたその意図について、次のような解説がなされている。

蓋し是の時、正と汝愚の垂簾を請《もと》める也《や》、国の本の嘉王に係るを以て、簾前に因《ちな》んで宗社の計を奏陳せんと欲す。使《も》し命、簾幃の間に出で、事、廟堂の上に行わるれば、則ち体は正しく言は順《したが》い、後の艱《なや》み無かる可し。而るに呉琚は素《もと》畏慎にして、且つ后の戚《みうち》（呉琚は憲聖太后の弟の子、すなわち甥）なるを以て大計に与聞するを欲せず。此の議竟《つい》に格《ふさ》ぐ。

憲聖太后に垂簾を請《もと》めることは、この「趙汝愚」伝では留正と趙汝愚の相談に出るかの如く云うが、同じく『宋史』巻三九七「徐誼」伝にはこの前後の事情を次のように伝える。

孝宗の疾、浸《ようや》く棘《せま》る。上《じょう》（光宗）久しく定省する（『礼記』曲礼・上に「凡そ人の子為《た》るの礼、冬は温かくして夏は凊《すず》しくし、昏《とばり》には定め晨《あした》には省《うかが》う」と。前出。また四八四頁の＊に参照）を稽《とど》む。誼、入りて諫む。退き、宰相に告げて曰く「上《じょう》、慰納すること従容たるも、然れども目瞪《めみは》りて瞬《まばた》きせず、意思怳惚たり。真に疾なる也。宜しく郊廟に禱祠し、皇子・嘉王を進めて参決せしむべし」と。丞相・留正、克《よ》く用いず。孝宗崩ず。上《じょう》喪する能わざれば、祭奠有祝、有司敢えては摂らず、百官皆な未だ成服せず。誼は少保・呉琚と、太皇太后に臨朝して嘉王を扶《たす》け（光宗に）代りて祭らしめんことを請《もと》めんと議す。将に禫せんとするに、正（留正）憂懼し、殿庭に仆《たお》れ、而して去る。誼、書を以て趙汝愚を誚《とが》めて曰く「古自《いにしえよ》り人臣、忠為《た》れば則ち忠、姦為《た》れば則ち姦、忠・姦雑《まじ》えて能く済《な》す者、未だ之《これ》有らざる也。公《あなた》は、内には心惕《うれ》うと雖も、外には坐観せんと欲す。（忠と姦と）雑《まじ》うるの謂いに非ざる歟《か》。国家の安危、此の一挙に在り」と。汝愚、策は安《いず》くに出ずやと問う。誼曰く「此《かよう》の大事、憲聖太后の命に非ざれば可ならず。而して知閤門事の韓侂冑、憲聖の戚《みうち》也。（わたくしと）同里の蔡必勝（徐誼と同じく温州の人）、侂冑と同じく閤門に在り。必勝に因《よ》りて之を招く可し（わたくしと同里の知り合いである蔡必勝が信用できますから、彼を通じて韓侂冑を呼び寄せ、事を含めて憲聖太后への仲介を頼むことが出来ます）」と。侂冑至る。汝愚、内禅の議を以て侂冑を遣わし、憲聖に請《もと》めしむ。侂冑、内侍の張宗尹・関礼に因《よ》りて汝愚の意を達す。憲聖、之を許す。

光宗への上疏を累《かさ》ね、南内に連日参内していた留正や趙汝愚には光宗の疾患への臣下としての遠慮、あるいは甘い幻想があったと謂うべきか。あるいは留正や趙汝愚にはある種の政治的な脇の甘さがあったということだろうか。

先回りすれば、韓侂冑がやがて、寧宗の定策にみずから功あるにもかかわらず軽視されていると感じて趙汝愚などに怨みを深め権力への執着を育て始めた頃、朱熹は趙汝愚に「当《まさ》に厚き賞を以て労に酬《むく》いるべし。政《まつりごと》に預から使むること勿かれ」と忠告した。が「而るに汝愚は其の制し易きを謂《おも》い、慮《おもんぱか》りを為さず」であったと云う（「趙汝愚」伝）。これについては、『四朝聞見録』乙集「趙忠定」に、

是れに先んじて考亭先生（すなわち朱熹。「考亭」は朱熹の居所）嘗て忠定（すなわち趙汝愚。「忠定」は趙汝愚の諡《おくりな》）

に勧むらく「既に已に韓（すなわち韓侂冑）を用うれば、当《まさ》に礼を厚くして之に陳謝すべし」と。意に、忠定の（韓侂冑を）処《お》くに節鉞（節度使。宋代には武官系の虚銜となっていたが、恩数は執政と等しく、俸禄は宰相を越え、儀仗を与えられる地位であった。名目的とはいえ州・府を節鎮として与えられる）を以てして之（韓侂冑）を国門の外に居らしめんことを欲す。忠定、猶豫して未だ決せず、而して禍作《わざわいお》こる。先生、門人に対《こた》えて曰く「韓は吾が郷の（いわゆる）「乳母」也。宜しく早《つと》に之に陳謝すべし」と。建（朱熹の故郷は福建路・建寧府・崇安県。建寧府は旧は建州、紹興三二年、一一六二、に建寧府に改められた）の俗は「乳母」を用いて其の子に乳《ちちあた》う。初めには券を為さず（契約証書を作らない）。児、乳を去れば、即ち首飾・羔幣を以て厚く之に遣わす。故に之を「陳謝す」と謂う。韓（すなわち韓侂冑）、後に其の説を聞き、建の俗を笑いて心に之を肯《うべな》う。故に公（すなわち朱熹）に禍《わざわい》する者、差《やや》軽し。

と詳しい。

徐誼もまた韓侂冑につき趙汝愚に「異時必ず国の患いと為らん。宜しく其の欲を飽かせて之を遠《とおざ》くべし」と「告げた」が、趙汝愚は「聴かなかった（不聴）」と云う（『宋史』巻三九七「徐誼」伝）。

いずれも趙汝愚と云う人の、政治的な抗争状況にかかわる認識の甘さを伝える話柄である。「趙汝愚」伝にも、

侂冑は功を恃む。汝愚の抑える所と為れば、日夜、其の党を引きて台諫と為し以て汝愚を擯《しりぞ》けんと謀る。汝愚は人、と為《な》り疎なれば、其の姦なるを虞《おもんぱか》らず。……

と云う。

ともあれ「徐誼」伝に拠れば、甘い判断にすがって時を過ごしていた留正、趙汝愚に対し、光宗がすでに「ダメ」と判断すべき時に至ったことをストレートに認識し、この判断に立って先手を打って行く方針、「内禅」断行を徐誼はつとに提案していたのである。さらに、この「内禅」断行という方針のターニング・ポイントが「憲聖太后の命」である

ことを徐誼は曇りなく認識していた。そこで徐誼は憲聖太后の「戚《みうち》」である韓侂冑（憲聖太后の女弟の子）を仲介役として周旋、憲聖太后に意を通じ、その垂簾のもと「内禅」を成功させたのである。しかしやがて趙汝愚の迂闊がこの「太后の甥子」が皇権の中枢に居座ることを許し、慶元党禁以降の政局に繋がって行く、ということになる。

「趙汝愚」伝にもどれば、六月一八日、宰臣以下が出揃って、光宗には会えぬまま、皇子・嘉王を皇太子にすることを請《もと》める奏上を行ったが、報《こた》えはなかった。二四日、再び請《もと》めたところ、「甚好（大変結構だ）」との御批があり、翌二五日、皇子・嘉王を皇太子にするという詔を降す旨の御批を学士院に付するよう乞うたところ、その夕べ、丞相に「歴事年久、念欲退閑（皇帝の仕事に長年たずさわり、やめてゆっくりしたいものだ）」八字の御批が付された。左丞相の留正はこの御批を見て懼れ、朝廷を去る計を思い初《そ》めたと云う。留正のつもりは、嘉王を光宗の命をもって皇太子とし、この皇太子が「権監軍国事」として国政を摂る一方、光宗には三年の服喪という休息を与え、喪が明けて後、光宗の疾患が平癒していれば国政にもどり、無理ならば皇太子に内禅するという方策であり、これならば光宗と嘉王との父子の情に摩擦も起きず、スムーズに政権交代が成るだろうというものであった。留正としてはそのつもりで光宗に嘉王を皇太子に立てることを請《もと》めて来たものが、皇太子を立てることを飛び越して皇位からの引退を暗示する光宗の御批が出てしまったのである。この光宗の御批をなかったことにするわけにも行かないし、かといって「内禅」を断行することは臣下の身としては到底為し得ない仕儀である、ということであろうか。趙汝愚はしかしこの事態についての責めを逃れることは出来ないと覚悟し、「内禅」断行を決意した。

趙汝愚はこの「内禅」断行が一種の「クーデター」であることはよく理解していた。あるいは起こるかも知れない兵乱に備え、殿帥（殿前都指揮使）の郭杲に意を通じて置く必要を「念じた」と云う。たまたま郭杲と親しい工部尚書・趙彦逾が趙汝愚の私第を訪れ、「語、国事に及ぶや、汝愚泣き、彦逾も亦た泣く」なか、汝愚は彦逾に「内禅」断行の我が意を示唆した。彦逾がこれを聞いて「喜ぶ」と、汝愚は彦逾が郭杲と親しいことは知らぬ振りで「郭杲がもし我々に味方しない場合にはどうしようか（郭杲儻不同、奈何）」と相談した。彦逾は「わたくしが説得に当たりましょう（某当任之）」と云い、明朝復命しますと約したが、これに対し汝愚は「此《かよう》の大事、已に諸《これ》を口に出《いだ》す。豈に俟つ所有るを容《い》れん乎」と云い、私室には入らず、屏後に退坐して彦逾がもどるのを待った。待つことしばし（有頃）、彦逾がもどり、「議遂に定む」と云う。皇宮師団の師団長を味方に付けて「議遂に定む」と云うのであるから、この挙がまさに「クーデター」であることを趙汝愚はよく理解していたということになろう。（ただし以上あくまで『宋史』「趙汝愚」伝に拠っての話柄である。周密『斉東野語』巻三「紹熙内禅」に拠れば、むしろ趙彦逾がこの間の画策において主導的な役割を担っており、趙汝愚は彦逾に決断を迫られたという筋書きになっている。）

そして「趙汝愚」伝は、ここで「明日、正（留正）、五更を以て肩輿もて出城し去る。人心益ます揺らぐ。汝愚は之に処《お》りて恬然たり」と云う。「内禅」断行の議が定まったその夜の夜明け前に留正は都城を出たのであった。汝愚はしかし議すでに決して覚悟も定まっていたのである。ここの史筆は留正と趙汝愚のこの期における処世の対比を描き出していると覚しい。

留正の出城について、『続編両朝綱目備要』巻三には、

秋七月壬戌（三日）、左丞相・留正、逃帰す。

と云う。『宋史』巻三六「光宗」紀には、

秋七月辛酉（二日）、丞相・留正、疾と称し、政《まつりごと》を罷めんことを乞い、遂に逃帰す。

と云う。『宋宰輔編年録』巻一九・紹熙元年・所引・留正「行状」には、

乃ち復た奏し、儲を立つるは事緩む可からず、望むらくは睿明独断し、速やかに施行を賜らんことを、と言う。是に至りて奏すること凡そ四たび、上《じょう》、報《こた》えず。公即ち国門を出で、上表して致仕せんことを乞う。其の末に曰く「願うらくは、陛下速やかに淵鑑を回《とりもど》し、前非を追悟し、漸《ようや》くに渙散せるの人心を収め、霊長の国祚を保つに庶《ちか》から

んこと」と。識者、公の惓惓たるの忠を知る也。越すこと二日、太皇太后（呉氏）、皇子・嘉王に命じて重華宮に即位せしむ。皇帝を尊びて太上皇帝と為し、公を以て大行欑宮総護使と為す。

初め……既にして趙公汝愚、左司郎・徐誼、尚書郎・葉適に因りて韓侂冑を遣わして巨璫（「璫」は宦官を謂う）・張宗尹、関礼に通ぜしめ、内禅を以て太皇太后に奏請せ使めんと欲す。公謂へらく「建儲降詔の命、未だ下らず。而るに遽《にわか》に此《ここ》に及ぶは、情理未だ安からず。両宮父子の間、他時、処《しょ》し難き者有らん」と。議論合わず。入奏するも復た報《こた》えず。遂に力《つと》めて去るを求む。

と云う。

留正「行状」が引く致仕を乞う上表の文言に拠れば、留正はあくまでも光宗の心疾の回復による事態の収拾を願っていたことになる。また嘉王を皇太子、すなわち公式の後継者とするという父・光宗の意志に拠る父子継承の筋を曲げるべきではなく、太皇太后・呉氏の垂簾下に「内禅」を断行しようとする趙汝愚の挙はむしろ父子継承における最大の障害、すなわち父子間の不和・軋轢を将来するだろう、と謂う。留正にはこの時、太皇太后にすがり、そのために太皇太后の「戚《みうち》」の知閤門事・韓侂冑や大物宦官（巨璫）に頼ってこの大事を進めるという趙汝愚たちの強引な画策が現実には朝廷に側近政治という衰頽の元凶をもたらすだろうという見通しがあったのではないか。留正「行状」のいま紹介したテキストはそのことを我々に伝えようとしていると読めるのである。

留正が光宗朝廷にあって、丞相（光宗即位時は右丞相、紹熙元年七月三日より左丞相）として日常政務をこなすのとは別に、特に強く光宗に請《もと》めた事案は、皇太子を立てることと光宗即位に伴い知閤門事となって勢威を振るう姜特立を朝廷より排除することであった。

「知閤門事」とは「閤門司」事務の主管者を意味するが、その閤門司とは皇宮執務部とも謂うべき部署で、皇宮で行われる朝会や宴会、宰相以下の官員や宗室、親王、使節の朝見などの行事全般を取り仕切る部署であり、またこれらの行事にともなう皇帝と臣下諸人との取り次ぎ事務を職掌としていた（『宋史』巻一六六・職官・六）。知閤門事はそのような部署の主管として、外廷における皇帝の近侍官であり、元来より「招権納賄」が生じやすい職位であった。

姜特立は、麗水（両浙東路・処州・麗水県。今の浙江省麗水市西）の人。父・姜綬の恩蔭により承信郎（武階官名）に補せらる。孝宗・淳熙年間、累遷して福建路兵馬副都監に至る。時に趙汝愚が福建路安撫使・兼馬歩軍都総監・知福州であった（淳熙九年七月より一二年一二月まで在任。『北宋経撫年表・南宋制撫年表』中華書局、点校本、一九八四年、五三二頁）。海賊・姜大獠が泉州南部を寇略したが、姜特立は一舟をもって先に進み、姜大獠を擒《と》らえた。趙汝愚が朝廷に推薦し、孝宗に召見されたが、自作の詩百編を献上し、閤門舎人（閤門司の役職）に除され、ほどなく充太子宮左右春坊（『宋史』巻三九一「留正」伝には「主管左右春坊」、『続編両朝綱目備要』巻二には「同春坊事」と云う。『宋史』巻一六二・職官・二に「主管左右春坊事、二人、内臣を以て兼ぬ。同主管左右春坊事、二人、武臣を以て兼ぬ」と云う）・兼皇孫平陽王（後の寧宗）伴読に命ぜられた。これにより太子（後の光宗）に幸いを得た。太子が即位すると知閤門事に除せられた。譙熙載と共に太子時代からの旧臣ということで権勢を振るい、忌憚するところがなかったと云う。（『宋史』巻四七〇・佞幸「姜特立」伝）

光宗は淳熙一六年（一一八九）二月二日に内禅を受けて即位したが、時に左丞相は周必大、右丞相は留正であった。同年五月七日、周必大は左丞相を解任、観文殿大学士・判潭州とされた。すなわち丞相は右丞相・留正一人となった。同月一九日、留正は知閤門事・姜特立の招権納賄の状を論じ、姜特立は知閤門事を解任、提挙江州太平興国宮（祠禄官）とされた。この間の事情は、次のようであったと云う。すなわち、これより以前より留正は姜特立の「権を招《もと》め政《まつりごと》に預かる」状を列べてこれを斥逐することを光宗に乞うていたが、光宗は決断できないままに過ぎていた（『宋史』「留正」伝）。たまたまこの時、宰相に次ぐ執政（参知政事、枢密院使など）のポストに欠員がある状態になっていたが、一九日の前日、すなわち淳熙一六年五月の一八日、姜特立がぶらりと留正の前に現れ（特立忽見正曰。特立、忽として正に見えて曰く）、「上《じょう》、丞相の位に在ること久しきを以て左揆（左丞相）に遷し、而して葉、張二尚書（葉翥、淳熙一六年より紹熙三年まで戸部尚書。張杓、淳熙一六年より紹熙二年まで兵部尚書。『宋代京朝官通考』巴蜀書社、二〇〇三年、第三冊二五一頁、五七二頁）の中《うち》、一人を執政に択《えら》ばんと欲す。二書（二人の尚書）、孰《いず》れか先にせん」と持ちかけた（文言は『続編両朝綱目備要』巻一に拠る。『宋史』「佞幸」伝参照）。翌日、留正はこのことを光宗に奏上、姜特立の「権を招《もと》め賄を納む」の状を論《あげつら》った。光宗は「大いに怒り」、特立を解任、提挙江州太平興国宮としたのである。姜特立は福建路兵馬副都監の時、一舟をもって海賊のもとに乗り込み、これを擒《と》らえたと云うから、英雄肌の向こう見ずな気性の持ち主であり、詩百編を孝宗に献じ、生涯に詩数千篇を作り、詩集『梅山集』が伝わるから、才気煥発の社交家でもあったのだろう。丞相、執政の人事という、朝廷の最高人事について、光宗が聞いて怒ったというのであるから、光宗があずかり知らぬ人事案を光宗の意として騙《かた》り、留正に持ちかけたのだということになる。所謂「近侍の臣」が権勢を振るう遣り方がよく伺える話である。留正もそこを執《と》って、光宗の、姜特立罷免の決断を引き出したと覚しい。

しかし姜特立の件は、これで終わりというわけには行かなかった。ほぼ四年後の紹熙四年の五月、光宗は姜特立のことを念《おも》い、祠禄官より浙東馬歩軍副総監に復活させ、ついで朝廷に召還し、旅装費用二千緡を賜《あた》える詔を出したのである。留正は光宗のこの措置に、自分と特立とは同じ朝廷に並び立つことは出来ないので、特立を召還するのならば、自分は丞相を罷《や》めねばならない（今特立召用、臣合罷相）と上疏したが、報《こた》えはなかった（『宋史』「光宗」紀では、以上、紹熙四年五月丙戌、二一日に繫《か》ける。『宋宰輔編年録』巻一九・紹興元年・所引「林大中状其行」には、「四月、旨有りて姜特立を召す。公言う……遂に居家待罪す。越えること七日、報ぜず。遂に国門を出で、機政より解くを乞う」と云い、四月に繫《か》ける）。給仕中・謝深甫が特立を弾劾し、趙汝愚もこの件に関し言上したが、効果はなかった。六月には留正はかさねて「臣と特立とは理として朝に並び立ち難し。早《つと》に処分を賜らんことを乞う」と上疏したが、光宗はこれに「成命已に行わる。朕は反汗すること無し。卿には宜しく自処すべし（命令はもう施行されたのだ。朕には一度出た命令を戻すことはない。卿にはどうするか自分で決めてもらいたい)」と、にべもなかった。留正はこの時、すでに国門を出て、六和塔（杭州市西南月輪山上）に「待罪」していたが、光宗はこれに召還の命を出すなどの措置を行わなかった。留正はさらに范村（杭州市西南梵村）の僧舎に移って「待罪」、結局この年の一一月まで留正は「待罪」を続けたのである（『続編両朝綱目備要』巻二には「正の待罪すること凡そ百四十餘日」と云い、『宋宰輔編年録』巻一九・所引「林大中状其行」には「凡そ五たび月を閲す」と云う）。

十月には地震、一一月に入っては八日に「日中に黒子が現れる（日中有黒子）」などの災異があり（『宋史』「光宗紀」）、朝廷内外の不安は高まり、光宗はようやく留正に折れる気になった。一一月一五日、光宗は久しぶりに重華宮の孝宗に朝し、都人は大いに悦んだが、一方この日、特に右司郎官・徐誼を城外に「待罪」する留正のもとに派遣し朝廷に召還した。一七日には留正が入朝、都堂に赴き政務を執った。累月未決のままにあった事案を留正は数日で処理したと云う（『宋宰輔編年録』巻一九・所引「林大中状其行」）。同日、姜特立は浙東馬歩軍副総監のままとし、召還は取り止めとなった。

知閤門事・姜特立の排除にこれだけの労力を尽くした留正である。その翌年、趙汝愚たちが「内禅」断行を画策した時、知閤門事・韓侂冑が憲聖太后との連絡役としてこの国家の大計に加わっていることに危険を感じなかったとは思えないのである。寧宗が即位すると、孝宗がいよいよという時に憲聖太后に「宰相は留正しかいない。軽忽に易《か》えてはならぬ（宰相須是留某、不可軽易。『宋宰輔編年録』巻一九）」と言い遺したこともあって、留正は朝廷に召還され、左丞相のまま朝廷にもどった。この前後の、韓侂冑に関わる次のような話柄が伝えられる。

韓侂冑、寖《ようや》く政《まつりごと》を干《もと》めんと謀り、時どきに都堂（宰相が議政する堂屋）に詣《いた》る。公（すなわち留正）の召還さるるに及び、一日、（韓侂冑が）復た趙汝愚の閤の中《うち》（都堂内の趙汝愚の執務処）に至る。公、之を聞き、省吏に令して諭して去ら使めて曰く「此《ここ》は知閤門往来するの地に非ず」と。侂冑、大いに怒りて出づ。是れ由り亟《すみ》やかに公を去るを謀る。（『宋宰輔編年録』巻二〇・紹熙五年・所引・留正「行状」に拠る。『宋史』巻三九一「留正」伝には「韓侂冑浸く政に預からんと謀り、数しば都堂に詣る。正、省吏をして之に諭せ使めて曰く『此は知閤日びに往来するの地に非ず』と。侂冑、怒りて退く」と、少しく文言を変える。）

「此《ここ》は知閤門往来するの地に非ず」という留正の言葉には、特に「知閤門」という語には、嘗ての一日、やはり都堂にあった自身の前にぶらりと現れ馴れ馴れしく自身と執政に関する人事を持ち出した「知閤門」姜特立の姿が苦々しく思い浮かべられているのではないだろうか。

ともあれ留正はしばしば寧宗と行き違って寧宗の信頼を失い、この間隙に韓侂冑がつけ込んだこともあって、この年、すなわち紹熙五年の八月二八日、寧宗の手詔をもって、観文殿大学士・判建康府に出されたのであった。以後紆余変転を経て嘉泰二年（一二〇二）一二月に少保・観文殿大学士に復した。開禧二年（一二〇六）四月、留正は辺事あるを聞き、「礼楽・征伐は天子自《よ》り出づ。侂冑、何人ぞ。国を誤ること此《ここ》に至る哉」と歎じ、これより思い悩む日々、寝食ともに廃した。七月、病勢おおいがたきも、辺事を念じてやまず、七八歳にて薨じた。

紹熙五年七月三日、留正が都城を退去、その五日に憲聖太后の垂簾の前に「内禅」の儀が成り、一一日に、趙汝愚の首薦をもって、時に知潭州であった朱熹に朝廷に赴き奏事せよとの召還の命が下った。やがて八月五日、朱熹を煥章閣待制・兼侍講に除するとの命が下り、臨江にいた朱熹のもとに届いた。辞退を繰り返すが許されず、九月三〇日に六和塔に次宿、一〇月二日、国門に入り、四日に行宮の便殿に奏事し、待制・侍講を辞退するも允《ゆる》されず、一〇日、「不允」との御筆を奉じ、煥章閣待制・兼侍講の辞令を拝命した。朱熹は、趙汝愚たちの憲聖太后にすがる「内禅」の画策が将来した韓侂冑による側近政治伸張のまっただ中に飛び込んだと云うことになろうか。

その閏一〇月二一日、朱熹に「朕、卿の耆艾なるを憫《あわれ》み、此《かよう》の隆冬に当たり、立ちながら講ずること難からんと恐れ、已に卿を宮観に除せば、知悉す可し」との内批（皇帝から直接出される指令の書き付け。「御筆」とも云う）が付下され、朱熹はこれを受けて即ちに霊芝寺に退居、待命した。『宋史』巻四七四・姦臣四「韓侂冑」伝には、この間の経緯に関わる次の様な話柄が載せられている。

右正言・黄度、侂冑を劾せんと欲す。謀《はかりごと》泄る。斥去さる。朱熹、其の姦なるを奏す。侂冑怒る。優人をして峨冠・闊袖して大儒に象《かたど》り、上《じょう》の前に戯せ使む。熹、遂に去る。

葉紹翁『四朝聞見録』丁集「慶元党」には同じ話柄を、

文公居る頃、韓、伶優に諷して木を以て公の像を刻み、峩冠・大袖を為し、上《じょう》の前に戯笑せしめ、以て上《じょう》の聴を熒惑す。公猶お身を講筵に留め、前奏を再び施行せんことを乞えば、則ち郡を予《あた》うとの批、已に径《ただ》ちに中《うち》従《よ》り出ず。然れども韓は猶お公の当世の重望なるを以て其の職名を美《かざ》り、而して優《よみ》するに大藩を以てす。

と伝える。

朱熹と時代を共にした楼鑰の『攻媿集』巻九六「宝謨閣待制・献簡・孫公（孫逢吉）神道碑」には、

慶元元年（一一九五）……待制・朱公熹の去るや、公力《つと》めて之を捄《すく》わんとす。侍郎・彭公亀年の郡に補せらるるや、又た、応《まさ》に近習の為《ため》に正人を逐うべからずと論《あげつら》い、韓侂冑の意に忤《さから》う。……一日、部中に会食する（孫逢吉は時に吏部侍郎）に、或るもの報ずらく、王喜、閤門祇候に除せらる、と。公曰く「此れは乃ち優伶、嘗て内廷に于《おい》て朱侍講の容止を效《まね》び、儒を以て戯を為す者、豈に以て清選を汚す可けんや。当《まさ》に抗疏・力争すべし。否《しからざ》れば則ち経筵に于《おい》て之を論《あげつら》わん（孫逢吉は侍講を兼任していた）」と。飛語有りて上聞す（孫逢吉がこんなことを言ったといううわさが寧宗の耳に届いた）。五月、内批ありて郡を与う。而して王喜の命も亦た寝《や》む。

と伝える。

周密『斉東野語』巻三「紹熙内禅」には、

　然れども宮中及び一時の議は、皆な功を侂冑に帰す。是れ自《よ》り宮掖に出入し、中《うち》に居りて用事す（権勢を振るった）。且つ伶人に嗾《そそのか》して、木を刻みて熹等《ら》の像を為《つく》り、峨冠・大袖して性理を講説し、戯を禁中に為さしむ。

と伝える。

韓侂冑の朱熹への対抗にはなかなか複雑なところがある。前に紹介した如く、『四朝聞見録』乙集「趙忠定」条には、朱熹が自らの故郷・建寧府の俗に言う「乳母」に韓侂冑をなぞらえ、これに「陳謝すべし」と趙汝愚に勧めたことに、韓侂冑は「後に其の説を聞き、建の俗を笑いて心に之を肯う。故に公（すなわち朱熹）に禍《わざわい》する者、差《やや》軽し」と伝えていた。何かしら遠慮するところがあったのである。事実、慶元二年（一一九六）一二月に監察御史・沈継祖が朱熹弾劾の奏上を行い、それによる処分の聖旨が出たが、言わば主犯の朱熹には「職を褫《うば》い祠を罷《や》む（祕閣修撰の職名を剝奪し、提挙南京鴻慶宮の祠禄を罷免する）」処分であったに対し、幇助を問われた蔡元定には道州編管（道州は今の湖南省道県、湖南省最南、山間部の盆地にあった。編管はその地に移送して保護観察する措置である）の処分が下され、蔡元定は翌年八月その地に死したのであった。

いま、『宋史』「韓侂冑」伝以下に見た話柄は、韓侂冑が朱熹に対抗するために朱熹を戯画化した「ものまね」笑戯を帝前に打たせた、と云うのであるが、しかしこれは韓侂冑にとっては戯画化という手口によってしかこの朱熹という強力な人物に対抗できなかったという事情を伝えているのではないだろうか。『四朝聞見録』の「上《じょう》の前に戯笑せしめ、以て上《じょう》の聴を熒惑す」という文言に因むなら、寧宗に対する朱熹の強い魅力を塞ぐために、その人物形象の強力な点を逆手に誇張し一方そこここに「実は……」というはずしやおちを入れて笑いを誘うくま取り深い笑戯を打ってその強力な形象自体を滑稽なものにすり替える手口を遣ったのである。

では韓侂冑にとっては戯画化することによってしか対抗し得ない朱熹という強力な人物の、その強力さとは何であったのだろうか。韓侂冑は朱熹という人物の何を戯画化したのだろうか。「韓侂冑」伝には「大儒に象《かたど》る」と言い、「孫公神道碑」が伝える孫逢吉の語には「儒を以て戯を為す」と言う。また通じて「峨冠・大（闊）袖」と云う。「峨冠・大袖」に象徴される「大儒」「儒」とは何なのか。朱熹という人物に現れ、王喜なる優伶によって戯画化された、その強力な「生」の形象とは何なのか。

しかしこれこそは本書が〈闘う民政官たち〉〈「母権」の現実〉〈馴致の理想と現実〉〈「中国」の現実〉の四章をかけて追求した朱熹の「学」の心底にある形象とその来歴そのもの、すなわち「母権制」的な他主委任の心性に対抗して「父権制」的な自主自任の意志をそこに打ち込まんとする終わりなき「闘い」、まさにそれではないか。

いまも触れた慶元二年一二月の朱熹を名指しで弾劾した監察御史・沈継祖の奏上は、「熹の大罪六有り」として、朱熹の大罪を六箇条列べる。事の真偽も定かでない、今日風に言うなら「個人攻撃」の羅列であるが、これも寄って以て、朱熹という人物の強力に思わず反発した人による、韓侂冑と同じく、そうすることによってしか対抗出来なかった「朱熹という人物の戯画化」の成果と見ることが出来るのではないだろうか。すなわちここに出る「朱熹の六大罪」とは、誇張とはずし、おちによってくま付けられた「朱熹という人物の戯画」として読むべきであろう。重要なのは、ここに列べられた話柄の事実としての真偽ではなく、このような戯画を描いた人（あるいは人々）が朱熹という人物の何に反発していたのかを考えてみることである。そしてその反発は、言い立てられた話柄の真偽を越えて朱熹という人物と思考の真相を案外に突いているものでもあろう。

その点で興味深いのは、沈継祖が列べる六つの「熹の大罪」の、その第一に挙げられるのが、朱熹が母を大事にしていないという「大罪」であることである。すなわち、人の子の親に於けるや、当《まさ》に甘旨《あまいうまい》の奉《やしない》を極むべし。熹や不天《ちちなく》、惟だ母のみ存す焉。建寧の米《こめ》白きこと閩中に甲たるも、熹は此れを以て其の母に供せず、而して乃ち日び倉米を糴《か》いて以て之を食らわす。其の母は食らうに堪えず、毎《つね》に以て人に語る。嘗て郷鄰の招きに赴き、帰りて熹に謂いて曰く「彼も亦た（同じ）人家也《なるに》此の好《よ》き飯《めし》有り」と。聞く者之を憐れむ。……熹の其の親に孝ならざる、大罪の一《いち》也。……（『四朝聞見録』丁集「慶元党」、中華書局点校本、一九八九年、一四三頁。また『道命録』巻七上、「知不足斎叢書」所収に拠る。なお共にこの弾劾の稿は前の監察御史・胡紘の製作に係ると伝える。）

と云う。

趙氏朝廷国家が一貫して「母后」に頼って存続して来たのであり、直近には憲聖太后・呉氏の垂簾による寧宗の即位によって亡国の危機を回避した当時の世上と朝廷にあって、一方、朱熹の「学」の心髄が心底「母権制」的な心性に対抗して「父権制」的な意志を打ち込まんとする「闘い」であったとするなら、当世の人間が朱熹を揶揄せんとするおちの第一にその母の「好《よ》き飯《めし》」を家で食わしてもらっていないというぐちを語り出《いだ》すのは、まことに宜《むべ》なるかな、と云うものだろう。

孝宗の病が重篤であるにもかかわらず光宗が重華宮に見舞いに行かず、世情騒然たる紹熙五年五月、朱熹は光宗に重華宮を訪問して「父子の歓を尽くす」ことを勧める「封事」の稿を作成した。ほどなく孝宗が崩じたので上呈せずに終わったこの「封事」には次のように云う。

請うらくは独り父子は天性なるの説を以て陛下の為《ため》に流涕して之を陳《の》べん。臣聞くならく、人の此の身（この「われ」という実在が）有る所以《ゆえん》の者は、形《かたち》を母に受けて始《いのち》めを父に資《と》る（『周易』乾卦彖伝に「大いなる哉、乾元。万物、始《いのちそ》むるを資《と》る。乃ち天を総ぶ」と、坤卦彖伝に「至れる哉、坤元。万物、生《かたちあ》るを資《と》る。乃ち天を順承す」と云う。坤卦彖伝の朱熹「本義」に「『始』なる者は気の始め、『生』なる者は形の始め」と云う。「気」と「形」が区別され対置されていることに注意する必要がある。「形」は端的に目に見え触れることの出来る「形骸＝肉体」であり、しかしこれは、これだけで生きている「身」なのではなく、「気」がそこに行きわたっている（流行している）限りにおいて生きた「身」となっているのである。死とは「形」から「気」が遊離して「身」がその「われあり」という実在性を失うことである。「気」とは「生命の生命たる感応活動」のプログラム（理）を現実に働くものへと賦活する媒質と理解することが出来るだろう。『朱熹再読』三六頁参照）と。強暴の人有りと雖も、子を見れば則ち憐れむ。襁褓《むつきする》の子に至りても、父を見れば笑《えま》う。果たして何為れぞ然る哉。初《かつ》て為《な》す（かくあれと意志してなす）所無くして然る。此れ、父子の道の、天性為《た》りて解《ほど》く可からざる所以《ゆえん》也。（『朱文公文集』巻一二「甲寅擬上封事」）

ここで朱熹は、我《われ》（身《み》）の一代に生死する肉体は母より受けるが、その核心にあって我（身）を生きた我（身）たらしめている「いのち」そのものは父に資《と》り承けたものであると云う。そして父と子（男子）との繋がりはそのように人の身の核心にある「いのち」にかかる「天性」のものであり、したがって人が解《ほど》くことの出来ぬものだと云う。子（男子）における父と母の位置づけに決定的な差異が設けられていることは見まごうべくもない。「父子の結びつきは天性である」という視座からは、母の姿はあたかも、死の床より追い払われる婦女の如く閉め出されている。しかしここに表明されている父子継承こそが人の生の根底だという言明は、決して時宜に叶えて出されたものではなく、第四章一二節に見た如く、程伊川の抱懐していた「中国」という秩序感覚の根底をなす思念でもあり、第三章に見た如く、朱熹の「学」が二程を通じて承けた「孔・孟の教え」「儒の学」の心底を決している思念でもあった。

どの程度自覚的な指弾であったのかは分からないが、沈継祖の弾劾がこの点を「大罪の一《いち》」としてまず挙げたことは、実は当世における朱熹の「学」の位置を案外によく射抜いていたように思われる。

（完）

あとがき

本書は「はしがき」にも述べた如く旧《もと》一九九八年九月刊『東洋古典學研究』第六集より二〇〇四年一〇月刊同誌第十八集まで一三回にわたって連載した稿をまとめたものである。私がこの連載を企図し得た機縁は、前著『朱熹再読』（研文出版、一九九九年六月刊）をまとめる頭の準備のため一九九七年の夏休みのかかり七月に岡道雄・河上倫逸監訳のバッハオーフェン『母権論——古代世界の女性支配に関する研究——その宗教的および法的本質』（みすず書房、一九九一年九月、一九九三年七月、一九九五年二月刊の全三冊）を読んだことである。バッハオーフェンが述べる「父権制」的な思考の特徴に朱熹の思考の特徴が自然と思い併せられ、そのさまざまな特徴の深層に通底する内在的な一貫性を感得する思いを得た。

それは例えば次のような行文である。（訳文中のギリシア語表示は省略し、その〔…〕で示される訳語をそのまま示す。）アリストテレースによれば、男性は〔第一動因〕、女性は〔質料〕とされている。この考えはいく度となく繰り返し現れてくる。『形而上学』第一巻第六章においては、女神（性？木下）原理は木材に、男性原理は〔形相〕として、その木材からテーブルを作り出す家具職人に喩えられている。……

……こうした相違ともう一つ別の相違との間には関連がある。ある種族の出自を男性的〔第一動因〕に遡ることによって、継続性 Continuation の観念、すなわち世代を繋いでいる〔絶えざるもの〕が生み出され、女性的〔質料〕に遡ることによって、反復というまったく別の観念が生み出されることになるが、この違いはアリストテレースが強調する加算と乗法の違いと似通った点がある。……

父系種族と母系種族に見られるごとく、継続性 Continuation や（と？木下）反復の相違は、ローマ市民法の領域からの類推を通じて明らかになるだろう。死者の財産の相続法上の承継は、その権利を得るだけであって、possessio〔占有〕という純粋に事実的な占有関係を生じさせるものではない。相続人本人が占有を新たに根拠づけなければならないのである。in possessionem nulla successio.〔占有は相続されない。〕……占有に関しては直前の所持人が起算点となり、権利に関しては逆に最初の相続人が起算点となる。……占有にはその本性に見られる事実的物質性に関して女と共通するところがあり、権利は〔形相〕あるいは形式を付与する原理の非物質性を父性原理と共有している。したがって、母系民族におけるすべての関係は、必然的に占有 possessio 的特徴をますます帯びることになる。というのも、〔質料〕が支配的なものと考えられているところではどこでも、こうしたことが出来するにちがいないからである。特に、個人の死と関係なく存続する法人の観念は、純粋な女性支配には欠落していたであろう。承継 successio と連続性の観念は精神的父権に由来し、ローマ法の偉大な成果の一つとなっている。
（訳書2、八二―八八頁）

バッハオーフェンのこれらの行文には、彼の提示する「母権制―父権制」という対立が、人間の心性の基底に存在する原型的な対立を抉摘するものであることが窺える。
今の引用に基づき図式化すれば次のようになる。

女性原理 ― 〔質料〕 ― 〔質料〕 ― 反復の観念 ― 加算 ― 占有 ― 個人
男性原理 ― 〔第一動因〕 ― 〔形相〕 ― 継続性の観念 ― 乗法 ― 権利 ― 法人

「反復の観念」と「継続性の観念」との対比には、直ちに程伊川の、よく知られる、

「一陰一陽を之《これ》道と謂う」（『周易』繫辞上伝）とは、道は陰陽に非ざる也。一陰一陽する所以《ゆえん》、道也。「一闔一闢を之《これ》変と謂う」（同じく繫辞上伝）が如し。（『二程遺書』巻三）

という言葉が思い併される。

「一陰一陽」は陰陽交替という「反復」を謂うが、伊川はこの「反復」そのものが「道」と解釈されることを絶ち切り、「所以」のレベルを思惟することにより、その「陰陽」の「反復」を継続して行く因子こそ「道」であるとしたのである。端的に、「易」の思想が基底に置く「反復の観念」を越える「継続性の観念」をここに提示したというべきであろう。本書第四章一二節（五一七頁以下）に見た、伊川の、人の人たる所以を父系系列という世代継続の自覚に求める思考、すなわち「宗法」の思考とこの提示は通底する。朱熹が伊川の提示する「継続性の観念」を自身の思考の基底として継承していることは言うまでもなかろう。明道・伊川を画期とする所謂「道統」の観念を朱熹がその歴史観の基本においていたことはよく知られるが、このことは本書の第四章一三節（五二〇頁以下）にも改めて見た。

また朱熹は、例えば、

陰陽は固より是れ形而下なる者なり。然れども一陰一陽する所以《ゆえん》の者は乃ち理也。形而上なる者也。（『朱文公文集』巻五九「答楊子順」四）

と明言し、程伊川の「所以一陰一陽、道也」を承けて、これを「理」としている。朱熹においては、陰・陽の二項が「反復の観念」に属する対称的関係にある一方、「理」は、気におけるその「一陰一陽」という「反復」を継続させていく、「気」という「反復」そのもののレベルを一つ割り込んだレベルに属する因子と観念されていたのである（木下「朱熹の思索、その面差しと可能性」、『日本中国学会報』第五十二集一三三頁以下）。

「加算」と「乗法」との対比には、易数の基本である、2、4、8、……という数列を「足し算（増）」によって展開する数列ではなく「掛け算（分）」によって展開する等比数列であると程明道と朱熹が喝破したことが思い併される

（明道については『朱子遺書』所収『上蔡先生語録』下の第一二条に記録される「加一倍法」の語。朱熹については『朱文公文集』巻三八「答袁機仲」一）。朱熹はこの数列について、［2×］演算子が次々に自己展開して出来て行く数列であると、明確に［2×］演算子の存在をそれとして把捉し、その継続的展開という「易数」理解を提示したのである。発想点が前項の「反復の観念」「継続性の観念」の対比と通底していることは見まがいようのないところである（木下『朱熹再読』二六二頁以下）。

「占有」と「権利」との対比には、やはり本書第四章一五節以下、特に一七・一八節に述べた朱熹「社倉法」の性格づけ、「『物権』意識の世界に対置して現れる『債権』意識の世界の新しさ」が思い併される（五四四頁以下）。

この「占有」「権利」の対比と「個人」「法人」の対比が関わることは見やすいところである。例えば王安石や当時の朝廷士人たちの言動に窺えるのは、国家を「機関」と、すなわち特定の目的へと機能づけられた構成体と捉え、皇帝をもそのような構成体において機能する「ポスト」として、生身の「皇帝」から区別する、「天皇機関説」ならぬ「皇帝機関説」とも呼びうる政治学的意識の成立である（木下「『治』より『理』へ——陸贄・王安石・朱熹——」、『東洋史研究』第五十五巻第三號、一九九六、所収。『朱熹再読』第五章に改訂）。朱熹もまたこの認識を承け、そしてこの認識に立って、その「性」理解の鍵鑰をなすとも謂い得る『中庸』冒頭「天命之謂性」一句の解釈を行っていた（日本中国学会・第五十六回大会、口頭発表「『命』と『令』——朱熹の『天命之謂性』解釈」、二〇〇四、一〇、一〇。『東洋史研究』第六十四巻第一号、二〇〇五、六、三〇、所載の同題論文）。

彼らにおいて成立していた皇帝意識や国家意識を「法人」という言葉で直ちに承け止め得るとは考えないが、しかしエルンスト・H・カントーロヴィチが『王の二つの身体』（日訳本、小林公訳、平凡社、一九九二）において明らかにしたような、国家を「法人」と把捉する国家意識への歩み出しをこれら宋代の士人たちの政治学的意識に考えて見るということは可能であろう。

一九九七年七月『母権論』を読み進む途次このようにその行文に現れる発想を朱熹や二程の言句へと思い併せ、バッハオーフェンが提示した「母権制－父権制」の対立が朱熹の思考の発想原基に至る深さにおいて働いていたのではないか、とあらたな視界が啓かれた。この啓発のもと、史料が史料を引き、テーマがテーマを惹き、整理するに苦しむほどに話柄が蝟集するに至った。ここに「朱熹」という生《せい》の現場に至る〈闘う民政官〉〈「母権」の現実〉〈「中国」の現実〉という構想が立ち、一九九八年九月からの連載に入ったのであった。当初の予定に反し話柄の蝟集するままに連載は回を追って遷延し、〈「母権」の現実〉章は三七節の規模に及んだので、一旦〈馴致の理想と現実〉と題した章に改め、これを〈「中国」の現実〉章への繋ぎの役を果たす章として独立させた。

今一つ是非とも著者としてここに述べておきたいのは、一九九一年のことだったと思うが、『もう一つの音楽史』（『現代思想』一九九〇年一二月、十二月臨時増刊号、第十八巻第十三号）に載せられていた丹生谷貴志氏の〈「もし私の顔が青いなら」〉（六八－七五頁）に深い感銘を受けたことである。古楽復興の旗手といわれたイギリス、デイヴィッド・マンローの一九七六年三三歳での謎の死をめぐるエッセイであるが、その論旨は次のような行文に窺うことが出来るだろう。とはいえ曲折の多い丹生谷氏の文章であるので、あくまで私が学んだところを中心に引用しておく。

……例えば『死と西欧』という大著を書き上げたミシェル・ボヴェルによれば、ヨーロッパにおいては数百年にわたって幼児から少年期にいたるまでの死亡率が極めて高く、出生者のうちの五割前後の者が二十歳に達する前に死亡するといういささか驚くべき数字が算定される。……

……二十歳までの死亡率がほぼ五割であるという数字は恐ろしく高い数字であり、当時の人口を考慮に入れれば、二十歳以前の者が自身に身近なものとして感ずる死の実感的な切迫は今のわれわれからは信じ難いほどに高いものとなるだろう。……

……

……平均寿命が三十半ばにも満たない世界は相対的に短い寿命しか許されていない「死すべき人間」たちの世界なのではなく、何かしら本質的に質を異にする世界ではないだろうか？　別の生物たちの世界と言えば言い過ぎではある。何しろ確かに多くのものを、お互い分かりあえるという「錯覚」を抱き得るほどには多くのものをわれわれと「彼ら」が共有していることは確かだからである。しかし、なお差異は本質的であるだろう。彼らはおそらく絶対に、われわれと同じ死を共有しはしないのだから。……

……

ともあれ、繰り返すが五割の者たちが二十歳前に消え去り、平均寿命が三十に満たぬ、そうした世界を、あらゆるセンチメンタリズムなしに想像して見なければならない。そうしてそれはおそらくあなたの想像力が不可能に出会う場所であるだろう。「彼ら」は短い生を持った人々だったのではなく、多分何かしら異質の者たちだったに違いないからである。（傍点は丹生谷氏。）

第一章に紹介した、例えば二程の例（一八頁）などを考えれば、事情は宋代の中国においてもそうは変わらないように思う。むしろ本書において私はどこまでこの「不可能」に真に出会い得ているのか、それが改めて問われるように思う。しかしこの点いまだに甚だ心許ない。

一九八一年四月に岡山大学に赴任した縁もあり、岡山時代を回想した内田百軒の文章を読んだことがあるが、やはり簡単に訪れる同世代の友人の死の話が多かったという記憶がある。確か県外からの寄宿生で同じ岡山中学に来ていた友人が夏休みに入り帰省するのを岡山駅まで見送り分かれたが、夏休みが終わって秋風が吹くようになっても戻ってこなかった、という話があったと覚える。一八八九年生まれ、一九〇〇年前後の岡山に少年期を過ごした百間という人は、丹生谷氏の謂う「不可能」の向こうに生きていたかと思われる。

一九一五年、山口の地に、可愛がっていた弟の亜郎を喪った八歳の中原中也のことも想い出される。彼の詩作はこの時に始まると云うが、中也もまたこの「不可能」の向こうに生きていたのだろうか。

『マクミラン・新編世界歴史統計［１］・ヨーロッパ歴史統計：１７５０〜１９９３』（東洋書林、二〇〇一）に検するに、ドイツにおいては一九世紀半ばにおいても、出生児一〇〇〇人あたりの一歳未満死亡児数が三〇〇前後を推移しており、つまり生まれた子供の十人に三人が一年以内に死亡するという数字が示されている（二二〇頁）。二〇歳までとすれば、当然さらに率は上がるとしてよかろうから、「五割の者たちが二十歳前に消え去り」と丹生谷氏が云うのも頷けるところである。

宋代の状況はどうであったのか。人々はどのような生の状況の中にあったのか。明瞭な数字は望むべくもないが、その一端を本書第一章において考えてみたのであった。『中世の秋』の著者として知られるホイジンガはＨ・Ｇ・ウェルズの『歴史概観』についての論評の中で次のように述べている。

ウェルズの歴史記述を妨害しているのは、著しい生物学的な傾向だけではない。さらに別の邪魔者——彼のユーモアがある。彼の作品、『神々の食物』とか、あるいは主要小説ほど内容のない空想物語だけしか読んでいない人でも、至るところにウェルズの新鮮なおかしみの感覚がきらめいていることを知るであろう。ところで、最も無意味な人間の愚行の歴史でさえ、決して冗談ではない。ユーモア感覚をコントロールできない歴史家は、困ったものだ。自分の主題を茶化す歴史の先生がある。そうすることによって、聴衆から喜ばれ、みごとな先生だという評判を得ることはまことに容易である。しかしそれは、歴史の理解を殺してしまう。なぜなら、歴史をユーモアをもって論ずると、我々のみる、過去の人々は、彼らが自分たちを眺めたと別なものになる。それは水をにごらす。……（河出書房新社・ホイジンガ選集③・兼岩正夫訳『歴史を描くこころ』、一九七一年五月刊、所収「天使と闘う二人」、七九

頁）

我々の「想像力が不可能に出会う場所」に生死した人々の生《せい》の現場にそれにしても至らんとするためには、その生の状況の我々の想像を絶する厳しさに想いを致し、彼らの生のそれ故の真剣さを曇りなく受け止めることが、先ず我々が自身に課すべき最低限の心得というものであろう。そしてそもそも我々の「想像力が不可能に出会う場所」にまっすぐに向き会わずして「歴史を知る」我々の営為に何の意味があるのだろうか。

当時の墓誌銘などを読んでいると、二人、三人の夫人を迎えている例はざらであるが、これも既婚女性がよく死亡したという事実を示すのであろう。おそらくその多くは出産の時に死亡したものと思われる。当時の人士の「死生観」あるいは「女性観」を理解するためには、このこと、すなわち実の母を早くに失い、継母やそれに代わる女性に哺育される例が多かったことを勘案する必要があるだろう。

岡山の地に長年暮らすということが与えてくれた、本書での具体的なテーマの展開に関わる機縁としては、一六〇〇年代後半に岡山藩の郡代として活躍した津田永忠を知ったことがある。一九九〇年前後のことと覚えるが、当時小学生だった長女が学校で借りてきた歴史マンガを読んでいると、灌漑や干拓や新田開発などに大活躍した津田永忠の一代記が描かれており、そこに若き永忠が『朱子社倉法』を読んで感激し、池田光政に申し出てこれを実施した旨のくだりがあった。

私が朱熹の文献を手に入れた最初は、中華書局「四部備要」本の『朱子大全』十二冊であった。学部に上がった一九七二年の十二月に、当時中国哲学史研究室の助手をしておられた久富木成大さんの下宿、たしか一乗寺辺りだっただろうか、に遊びに行き、譲りますよ、と言われたので、岡崎の自分の下宿まで抱えて帰ったのであった。『朱子語類』の方は、その後、正中書局の影印・八冊本を大学のすぐ脇にあった中文書店で購入した。先年物故された高畑さんに丁寧に紐をかけて持ちやすくしてもらい、これはぶら下げて下宿に持ち帰った。本格的に朱熹の文献を読み出したのは、岡山大学に移ってからである。先ず『朱子大全』から取り掛かった。近頃は朱子学というと『朱子語類』ばかりですが、やはり朱子の自筆になる「文集」や「四書集注」を基礎にすべきです、という旨のかつて耳にした湯浅幸孫先生の言に従った。『朱子大全』を読むに当たっては、学部時代に受けた授業、『礼記注疏』演習の最初の時間に福永光司先生が「本というのは一ページの第一行、つまり題目から読むものです」とおっしゃったのに従い、巻一の「詞」から始めた。二冊目、巻十一からは「封事」、以下「奏劄」「講義議状劄子」「奏状」「申請」云々と続き、先ずは思想家、哲学者としての朱熹ではなく、民政官としての朱熹に具体的なテキストとして出会った。この時には同じく朱熹の発給した民政文書というべき、巻九九・一〇〇の「公移」を併せ読んで行ったので、歴史マンガに津田永忠に出会った時には、「民政」「民政官」というポイントに改めて思い至るかたちで、朱熹と津田永忠とがぴたりと重なったのであった。

津田永忠が「社倉法」を知るに至る間の事情について、柴田一《はじめ》氏は「実は寛文八年二月、会津藩主保科正之が山崎闇斎が編纂した『朱子社倉法』を板行させ、町奉行や郡奉行たちに頒布したという事実がある。永忠は江戸詰めのとき、会津藩士から『朱子社倉法』を借覧したか、或はその概要を伝え聞いたかしたのであろう。」と推測しておられる（『岡山藩郡代・津田永忠・下』山陽新聞社、一九九〇、一七九―一八〇頁）。

山崎闇斎編纂の『朱子社倉法』については、岡山大学資源生物科学研究所（旧《もと》の大原農業研究所）の大原農書文庫に文化三年（一八〇六）、朝倉儀助刊の『朱子社倉法』が収められていたので、これを最初に見た。二〇〇四年、東京・神田にある山本書店の古書目録を見ていると江戸初期刊行として「朱子社倉法」の名が載っていたので購入した。藤井五郎右衛門刊行の書本である。

保科正之は承応四年（一六五五）春に「社倉法」を定め、会津藩内各地に社倉を設置している（中村彰彦『保科正之・徳川将軍家を支えた会津藩主』、中公新書、一九九五、一一四頁以下)。一方、岡山藩が「社倉法」を施行したのは、寛文一一年(一六七一)、本多下野守忠平に嫁いだ池田光政の長女・奈阿子の湯沐料銀千貫目を借り受け、これを原資としての出発であった(上出『津田永忠・下』一七八頁以下)。

本書第四章に見たごとく、朱熹の「社倉法」は在地の農村社会に互助的な一種の融資組合を創るものであり、その限り、ある種の貸し借りに関わる主体的な生活倫理の在地社会における潜在を前提とし、またそれを育成しようとする施設であった。この種の貸し借りに関わる生活倫理の在地社会における潜在こそが我々が「近世」と呼ぶ社会の重要な特色なのではないかと考えるならば、朱熹の生きた一二世紀後半の南宋・福建北部の在地社会と江戸初期、一七世紀後半の会津藩や岡山藩の在地社会における「近世」という同時代性がここで浮上して来るだろう。さらにその先には、江戸末期、農村復興に尽力した二宮尊徳の「仕法」の姿が現れて来るのではないだろうか。本書第一章五節の〈注〉に引用した山内正博氏の論考に再び思いを致しておきたい(本書四〇頁)。

◇　◇　◇

岡山市の郊外は児島湾に向かって島のような山々を浮かべ坦々とした平地が広がっている。それはまさに津田永忠たちが干拓した新田なのであるが、それらと共に旭川から百間川に入る辺り、「荒手」と呼ばれる土手のつらなる風景にも津田永忠たちの民政の具体が今も遺っている。江戸時代の朱子学についての研究というと、その体制イデオロギーとしての切開が主流のように見受けられるが、岡山に暮らすことより得たこのような機縁から私は、「社倉」や「民政」の具体をポイントとして日本の江戸期農村社会に及ぶ朱子学の影響を考えてみたいと思っている。

『東洋古典學研究』への連載が終わった直後、二〇〇四年一〇月一〇日のことであったと覚えるが、東京の二松学舎大学で開催された日本中国学会第五六回大会に出席した折りに知泉書館の小山光夫さんより本書出版についての慫慂をいただいた。小山さんとは前著『「清朝考証学」とその時代』（創文社、一九九六年一月刊）以来のえにしである。本書はこの前著を書いた時に得た話柄運用の気息を論述の方法としており、その意味では前著と本書とは姉妹編とでも云いうる関係にある。小山さんに今回も一書としての形を与えていただけることに改めて感謝の意を表したい。

「はしがき」にも触れたように本書の本身は『東洋古典學研究』への連載により出来たものである。もし同誌上に足かけ七年十三回にわたり紙幅を許していただくという僥倖がなかったならば、このようなかたちで本書が成るということはなかっただろう。広島大学・東洋古典學研究会および同誌の編集に当たっておられる野間文史さんに改めて感謝の微意を致したい。

二〇〇六年八月一四日　著者識

人名索引

あ　行

か　行

さ　行

た 行

な　行

は　行

ま　行

や　行

ら　行

わ　行

主要事項索引

1）第一章から終章に到る論述への索引である。論述の主要事項となっている限りで，人名，地名，書篇名，官職名などからも採録した。
2）引用テキストから事項化したものには「*」を付した。
3）「人」「民」など訓読みで慣れた語も漢語としては音読みで採る。
4）複数ページにわたる場合には，最初ないし主要箇所のページ数のみを示す。

あ　行

か　行

さ　行

た　行

な　行

は　行

ま　行

や　行

ら　行

わ　行

書名索引

1）所引史料中に云うものには「*」を付す。

あ　行

か　行

さ　行

た　行

な　行

は　行

ま　行

や　行

ら　行

わ　行

木下　鉄矢（きのした・てつや）

1950年生まれ．1969年，京都大学文学部入学．1979年，同大学院文学研究科博士課程（中国哲学史）退学，同助手．1981年，岡山大学文学部講師，1984年，同助教授，2001年，同教授．2003年10月，総合地球環境学研究所教授．

〔著書〕『「清朝考証学」とその時代』（創文社，1996年1月），『朱熹再読――朱子学理解への一序説――』（研文出版，1999年6月）

〔朱子学の位置〕　ISBN978-4-86285-005-8

2007年 3 月20日　第1刷印刷
2007年 3 月25日　第1刷発行

著　者　木　下　鉄　矢
発行者　小　山　光　夫
印刷者　藤　原　愛　子

発行所　〒113-0033 東京都文京区本郷1-13-2
電話03(3814)6161 振替00120-6-117170
http://www.chisen.co.jp
株式会社 知泉書館

Printed in Japan　印刷・製本／藤原印刷